Nicole Funck
Michael Narten

Ostfriesland

>> 'N mooien Dag wünsch ik di – abgekürzt ist das der
ostfriesische Gruß »Moin« und er bedeutet: Einen schönen
Tag wünsche ich Dir. <<

Begrüßung in Ostfriesland

Impressum

Nicole Funck, Michael Narten
REISE KNOW-HOW Ostfriesland

erschienen im
REISE KNOW-HOW Verlag Peter Rump GmbH,
Osnabrücker Str. 79, 33649 Bielefeld

© REISE KNOW-HOW Verlag Peter Rump GmbH
1. Auflage 2022
Alle Rechte vorbehalten.

ISBN 978-3-8317-3462-7

Gestaltung und Bearbeitung
Umschlag: Peter Rump, der Verlag (Layout);
    A. Pentzien (Realisierung)
Inhalt: G. Pawlak, W. Rump, der Verlag (Layout);
    A. Pentzien (Realisierung)
Karten: Ingenieurbüro B. Spachmüller,
    Catherine Raisin
Fotonachweis: siehe S. 466
    (Autorennachweis jeweils am Bild)
Lektorat: André Pentzien

Printed
in
Germany

Druck und Bindung
Hinckel-Druck GmbH, Wertheim

**Bibliografische Information
der Deutschen Nationalbibliothek**
Die Deutsche Nationalbibliothek verzeichnet
diese Publikation in der Deutschen Nationalbibliografie;
detaillierte bibliografische Daten sind im Internet über
http://dnb.dnb.de abrufbar.

Anzeigenvertrieb
KV Kommunalverlag GmbH & Co. KG,
Alte Landstraße 23, 85521 Ottobrunn,
Tel. 089-928096-0, info@kommunal-verlag.de

REISE KNOW-HOW-Bücher finden Sie in allen gut sortierten
Buchhandlungen. Falls nicht, kann Ihre Buchhandlung
unsere Bücher hier bestellen:
D: Prolit, prolit.de und alle Barsortimente
CH: AVA Verlagsauslieferung AG, ava.ch
A: Freytag-Berndt und Artaria KG, freytagberndt.com
B, LUX, NL: Willems Adventure, willemsadventure.nl
oder direkt über den Verlag: **www.reise-know-how.de**

Bildlegende Umschlag und Vorspann
Titelfoto: Mühle Bohlen in Warsingsfehn (mna)
Vordere Umschlagklappe: Emsfähre im Hafen
    von Ditzum (mna)
Kleines Foto: Schafe auf dem Seedeich bei Pilsum (mna)
S. 1: Windmühle Westgroßefehn am Hauptkanal (mna)
S. 2/3: Angler am Benser Tief (mna)

Wir freuen uns über Kritik, Kommentare
und Verbesserungsvorschläge, gern
per E-Mail an info@reise-know-how.de.

Da die längerfristigen Folgen der Corona-
Pandemie gerade für kleine und mittlere
Betriebe im Tourismus- und Kulturbereich
kaum abzuschätzen sind, bitten wir um
Nachsicht, wenn sich in dieser Ausgabe des
Buches Informationen finden, die nicht mehr
den Gegebenheiten vor Ort entsprechen.

Nicole Funck
Michael Narten

OSTFRIESLAND

Vorwort

Flaches Land und weiter Himmel, diese Beschreibung ist so einfach, wie sie wahr ist. Ostfriesland ist stark vom **Wasser** geprägt. Da sind zum Einen die Nordsee und das Wattenmeer vor den Deichen an der Küste. Zum Anderen gibt es unzählige Gräben, die hier *Schloote* genannt werden, Kanäle und Fließgewässer im Binnenland. Hinzu kommen natürliche Seen, die der Ostfriese „Meer" nennt, und eine große Zahl künstlicher Seen, die oft mit einem ansprechenden Freizeitangebot nicht nur Urlauber locken. **Über 50 Ferienorte** direkt an der See oder im grünen Binnenland gilt es zu entdecken.

Ferien kann hier jeder machen: aktiv mit dem Fahrrad, beim (Watt-)Wandern oder beim Wassersport. Für **Familienurlaub** ist die Region hervorragend geeignet. Es gibt Ferien auf dem Bauernhof, Urlaub mit Hund oder Pferd und viele **barrierefreie Angebote.** Man kann auch einfach nur abschalten und ganz entspannt die schöne Landschaft genießen, die vielfältiger und reicher an kulturellen Schätzen ist, als der erste Blick vermuten lässt. Ostfriesland ist ein **Paradies für Fahrradtouristen:** Gut 3500 Kilometer umfasst das Netz an gut beschilderten und leicht zu befahrenden Fahrradwegen, mehrere Radfernwege verlaufen innerhalb der Region oder quer durch sie hindurch. An der Küste und im Binnenland sorgen zahlreiche Museen, Spielhäuser und das ein oder andere Schwimmbad dafür, dass Kinder auch ihren Spaß haben, wenn es regnet.

Malerisch sind die ehemaligen Fischerdörfer an der Nordseeküste, inte-

▽ Auch den Schafen gefällt die ostfriesische Natur

ressant die zahlreichen Ortschaften im Hinterland. Die ehemalige Fehnlandschaft mit ihren Wasserläufen, Klappbrücken und historischen Windmühlen mutet beinahe niederländisch an. Und tatsächlich kommt einiges Kulturelles aus dem heutigen Nachbarland. Denn Ostfriesland prägen die **Friesen** – damals wie heute. Großstädte sucht man auf der ostfriesischen Halbinsel vergebens, die Mittelstädte sind dafür umso lebendiger und liebenswerter. Alle haben einen ganz eigenen Charakter, die Größten sind Leer und Emden im Westen, Aurich mittendrin und Wilhelmshaven ganz im Osten – umgeben von viel Natur. Das **Wattenmeer** ist das größte Naturschutzgebiet in Deutschland. Die Meeresbuchten **Dollart** und **Jadebusen** sind ein Paradies für die Vogelwelt. In dieser jahrhundertelang sehr abgelegenen ehemaligen Moorlandschaft haben sich regionale Sportarten, **Traditionen und Bräuche** entwickelt, die zum

Teil heute noch sehr regelmäßig praktiziert werden. So gehört die **Ostfriesische Teezeremonie** zum Alltag fast aller Ostfriesen. Sie sind Weltmeister im Teetrinken und führen mit mehr als 300 Litern pro Kopf und Jahr die internationale Rangliste an.

Auch in Sachen **Kultur** muss sich Ostfriesland keinesfalls verstecken, ganz im Gegenteil. **Mehr als 120 alte Kirchen** – oftmals romanischen Ursprungs – mit historischen Orgeln, Taufsteinen und Altären, gibt es zu bestaunen. Sie stehen oft auf Warften und sind in der meist waldlosen Landschaft in der Regel schon von Weitem zu sehen. Zahlreiche **Museen** widmen sich den verschiedensten Themen von der Kunst über die Schifffahrt, der Moorkolonisation und Fehnkultur bis hin zur alten Handwerkstradition. Selbst in den entlegeneren ländlichen Regionen wartet ein erstaunliches Angebot solcher Einrichtungen auf interessierte Besucher.

Wir wünschen unseren Leserinnen und Lesern eine schöne Zeit auf der ostfriesischen Halbinsel. Eine Reise lohnt sich, davon sind wir von ganzem Herzen überzeugt.

260ofi_mna

Nicole Funck

NARTEN

Nicole Funck und *Michael Narten*

Inhalt

1 Landkreis Leer 36

2 Emden 98

3 Landkreis Aurich 130

4 Landkreis Wittmund 220

▽ Störtebeker-Statue auf dem Marktplatz
von Marienhafe

005ofl_mna

Karten

Hinweise zur Benutzung

Nicht verpassen!
Die Highlights der Region erkennt man an der **gelben Hinterlegung.**

(UNSER TIPP) ...
... steht für spezielle Empfehlungen **der Autoren:** abseits der Hauptpfade und nach ihrem persönlichen Geschmack.

Der Schmetterling ...
... kennzeichnet Tipps mit einer ökologischen Ausrichtung: Naturgenuss, der besonders nachhaltig oder umweltverträglich ist.

Kinder-Tipps
Das Symbol kennzeichnet Sehenswürdigkeiten, Unterkünfte und Aktivitäten, an denen auch kleine Urlauber ihre Freude haben.

Verweise auf die Stadtpläne
1 Die **farbigen Nummern** in den „Praktischen Tipps" der Ortsbeschreibungen verweisen auf den jeweiligen Karteneintrag.

Preiskategorien für Unterkünfte
Die Preise gelten für ein Doppelzimmer pro Person/Nacht mit Frühstück in der Hochsaison.
① bis 45 €
② 45-65 €
③ über 65 €

Updates nach Redaktionsschluss
Auf der Produktseite dieses Reiseführers in unserem Internetshop finden Sie aktuelle Informationen und **wichtige Änderungen.**

■ Für dieses Buch stehen auf www.reise-know-how.de **GPS-Tracks** im Format gpx zum kostenlosen Download bereit. Sie finden die Daten auf der Produktseite dieses Titels.

Steckbrief Ostfriesland*

- **Name:** Ostfriesland
- **Landkreise:** Aurich, Leer und Wittmund
- **Kreisfreie Stadt:** Emden
- **Nordwestlichste Stadt Deutschlands:** Norden
- **Ostfriesische Inseln:** Borkum, Juist, Norderney, Baltrum, Langeoog, Spiekeroog und Wangerooge
- **Unbewohnte Inseln:** Lütje Hörn, Memmert, Minsener Oog, Mellum
- **Bundesland:** Niedersachsen
- **Lage:** an der Deutschen Bucht im Nordwesten der Bundesrepublik Deutschland
- **Fläche:** 3.144,26 km^2
- **Küstenlänge:** mehr als 500 km
- **Höchster Punkt:** Walter-Großmann-Düne auf der Insel Norderney mit 24,40 m und auf dem Festland eine Wanderdüne im Naturschutzgebiet Hollsand (Gemeinde Uplengen) mit 18,50 m
- **Höchster künstlich angelegter Berg:** mit 9 m Höhe der Plytenberg in Leer
- **Tiefster Punkt:** der Wynhamster Kolk in der Gemeinde Bunde mit 2,50 m unter N.N.
- **Städte (Einwohnerzahl):** Emden (50.195), Aurich (41.991), Leer (34.486), Norden (25.060), Wittmund (20.321)
- **Einwohnerzahl Ostfriesland:** 468.919 (Stand 31.12.2020)
- **Bevölkerungsdichte Ostfriesland:** 148 Einwohner pro km^2 (Niedersachsen 168, Bundesrepublik Deutschland 230)
- **Am dichtesten besiedelte Stadt:** Leer
- **Kleinste Gemeinde:** die Insel Baltrum mit 652 Einwohnern
- **Sprache:** Hochdeutsch und Niederdeutsch (Plattdeutsch)
- **Internet:** www.ostfriesland.de

*Siehe dazu **Kapitel Ostfriesland oder Ost-Friesland,** S. 13, 14.

Die Regionen im Überblick

1 Landkreis Leer | S. 36

Das **Rheiderland** liegt westlich der Ems unmittelbar an der **niederländischen Grenze.** Die Landschaft ist flach und baumlos, überall sieht man Enten und Gänse, Entwässerungsgräben und schützende Deiche für die landwirtschaftlich geprägte dünn besiedelte Region ganz im Westen Ostfrieslands. Sehenswert sind der kleine Fischerort Ditzum (S. 48), Weener (S. 40), das Steinhaus in Bunderhee (S. 45) und die vielen alten Backsteinkirchen.

Leer ist Ostfrieslands drittgrößte Stadt und die am dichtesten besiedelte. Sie bezaubert durch eine **schöne Altstadt** mit vielen historischen Gebäuden. Kleine Geschäfte laden zum Bummeln ein, und die Lage am Wasser der Leda sorgt dafür, dass Boote für regen Schiffsverkehr sorgen. Im Landkreis Leer befinden sich Deutschlands **längste Klappbrücke** (S. 50) und die **schmalste Autobrücke** (S. 68) sowie die Ostfriesische **Insel Borkum.**

2 Emden | S. 98

Die größte Stadt Ostfrieslands wurde im Zweiten Weltkrieg stark zerstört. Dementsprechend gibt es nur wenige historische Gebäude. Dennoch ist Emden einen Besuch wert. Vor allem mit einer **Tour auf dem Wasser** bekommt man einen schönen Eindruck von Stadt und Hafen. Sehenswert sind die **Rüstkammer im Landesmuseum** (S. 117), die **Kunsthalle** (S. 117) und die einzigartige **Kesselschleuse** (S. 116).

3 Landkreis Aurich | S. 130

Er ist sowohl hinsichtlich der Fläche als auch der Einwohnerzahl der größte Ostfrieslands. Landschaftlich hat er stellvertretend alles zu bieten, wofür Ostfriesland steht: idyllische Fischerdörfer an der Küste, landwirtschaftlich genutztes grünes Marschland, kultivierte Moorlandschaft, Naturschutzgebiete, eine jahrhundertealte Fehnkultur,

viele Windmühlen, alte Kirchen und die Städte **Aurich** (S. 168) und **Norden** (S. 195). Auch die Inseln Juist, Norderney und Baltrum gehören zum Landkreis

4   Landkreis Wittmund | S. 220

Mit 87 Einwohnern pro km^2 ist der Landkreis Wittmund sehr dünn besiedelt, nur etwa 57.000 Menschen leben hier. Die Region ist von Landwirtschaft und Tourismus geprägt, viele **Badegäste** und **Fahrradtouristen** machen hier Ferien, besonders im Sommerhalbjahr sind

5   Landkreis Friesland | S. 280

Friesland gehört nicht mehr zu Ostfriesland, sondern zum Oldenburger Land. Mit dazu gehören die Insel **Wangerooge** und die unbewohnten Inseln **Minsener Oog** und **Mellum.** Der Verwaltungshauptsitz ist Jever. Sehenswert sind vor allem die im Sommer gut besuchten Küstenorte wie **Horumersiel-Schillig** (S. 298), **Hooksiel** (S. 303) und **Dangast** (S. 321). Auch der **Garten von Schloss Gödens** (S. 313) sowie der **Neuenburger Urwald** (S. 317) sind beliebte Ausflugsziele.

Das Jeverland mit der **Stadt Jever** (S. 285) liegt im nordöstlichen Teil der ostfriesischen Halbinsel im Landkreis Friesland. Jever wird inoffiziell auch als „Marienstadt" bezeichnet, knapp 15.000 Menschen leben hier. Sehenswert sind vor allem das **Schloss** (S. 288), die **Altstadt** (S. 288) und die nach der Stadt benannte **Brauerei** (S. 290). Den aus der Werbung bekannten Leuchtturm Westerhever wird man hier allerdings vergeblich suchen, denn der liegt in Nordfriesland.

6   Wilhelmshaven | S. 330

Die kreisfreie Stadt liegt am nordwestlichen Jadebusen. Hier befinden sich Deutschlands einziger **Tiefwasser-Seehafen** (S. 339) und verschiedene Einrichtungen für Meeres-, Küsten- und Vogelforschung. Die belebte Stadt zieht vor allem die Urlauber aus den umliegenden Küstenorten an, die in den Geschäften bummeln oder eines der vielen Museen besuchen. Aber auch der **Südstrand** (S. 340) und verschiedene **Ausflugsfahrten mit Schiffen** locken die Besucher.

Küstenorte wie **Neuharlingersiel** (S. 239) und **Carolinensiel** (S. 264) sehr belebt. Zum Landkreis gehören auch die Ostfriesischen Inseln **Langeoog** und **Spiekeroog.**

Touren in Ostfriesland

Ostfriesland ist für **ausgiebige Spaziergänge** durch seine abwechslungsreichen Landschaftsformen prädestiniert. Sie führen an den Strand, auf den Deich, durch die Marsch, auf die Geest und in die Wälder, Felder und Wiesen. Viele Tourist-Informationen halten **Kartenmaterial** bereit und geben Tipps zu Routen verschiedener Längen und Schwierigkeitsgraden. Ein besonderes Erlebnis ist eine **Wattwanderung,** die geführten Touren werden vorwiegend während der Saison von den Nationalpark-Häusern und geprüften Wattwanderern angeboten. **Dringend abzuraten** ist von einer **alleinigen Tour ins Watt** ohne erfahrenen Führer. Ebbe und Flut bringen im Wattenmeer viele Gefahrensituationen, die nur kundige Wattführer kennen. Viel Wissenswertes und Interessantes lässt sich in den Städten und Badeorten bei einer **geführten Stadtführung** erfahren.

Die ostfriesische Halbinsel lässt sich aber auch hervorragend mit dem **Fahrrad** erkunden, es gibt kaum Steigungen und mehr als ein paar Höhenmeter sind normalerweise nicht zu bewältigen. Und wer es ganz bequem angeht, leiht sich ein **E-Bike.** Schön ist es vor allem in den ländlichen Gebieten im Binnenland, weil dort wenig Verkehr herrscht und man durch Felder und Wiesen fährt. Es gibt rund 3000 Kilometer ausgewiesene und meist leicht zu befahrende Radwege. In einigen Regionen kann man nach einem sogenannten **Knotenpunktsystem,** bei dem man sich nach Zahlen von Punkt zu Punkt bewegt, wandern oder radeln. Die meisten Tourist-Informationen haben verschiedene Radrouten mit unterschiedlichen Schwerpunkten entwickelt oder bieten **geführte Fahrradtouren** an. Das Radwegenetz in Ostfriesland ist denkbar einfach, denn an den Kreuzungen stehen Armwegweiser mit kleinen Richtungspfeilen mit Fahrtrichtung und der Entfernung zum Wunschziel. An unübersichtlichen Stellen stehen vor dem Kreuzungsbereich Tabellenwegweiser und geben Informationen über die weitere Fahrtrichtung.

Wer **Radwandern** möchte, kann sich auch Teiletappen aus den **Radfernwanderwegen** wie der „Ems-Dollard-Route", der **„Friesenroute Rad up Pad"** oder der **„Friesischen Mühlentour"** aussuchen. Eine weitere Tourmöglichkeit führt vom Rheiderland an der niederländischen Grenze aus an der Küste die ostfriesische Halbinsel entlang von West nach Ost.

Die **„Tour de Fries"** ist ein Rundkurs, der in sechs Tagen die schönsten Seiten des Landkreises Friesland zeigt. Start und Ziel: Wilhelmshaven. **Weitere Informationen** zu möglichen Wanderungen oder Radtouren gibt es bei den Tourist-Informationen oder beispielsweise unter www.ostfriesland. travel, www. mein-ostfriesland.de und www.wanger land.de. Einige Touren lassen sich auch als **Komplettpaket mit Übernachtung und Gepäcktransfer** buchen.

Starten wollen wir mit einer **zweitägigen Auto-Rundtour** (Start/Ziel: Aurich) bis hoch zur Küste auf den Spuren der vielen, teilweise versteckten Schönheiten, die Ostfriesland zu bieten hat.

Tour 1 / Auto

■ **Länge/Dauer:** Zweitagestour, rund 120 km
■ **Start/Ziel:** Aurich

Die nachfolgend beschriebene Rundroute ist so gestaltet, dass sie sich an jedem Punkt beginnen lässt. Ziel dieser Tour ist es, Ostfriesland **überwiegend auf Nebenrouten zu erkunden** und dabei die verschiedenen typischen Landschaftsformen und kulturellen Sehenswürdigkeiten zu passieren. Wie viel Zeit den einzelnen Etappenzielen gewidmet wird, kann jeder selbst nach eigenen Interessen bemessen.

Startpunkt ist die Stadt **Aurich.** Die sehenswerte Innenstadt lässt sich in einer guten Stunde zu Fuß erkunden. Mit dem Auto geht es dann weiter auf der Bundesstraße 72 in Richtung der Stadt Norden, nach etwa fünf Kilometern gibt es die Möglichkeit zu einem Abstecher

ins **Moormuseum Moordorf.** Das kleine Freilichtmuseum zeigt sehr eindrucksvoll die Geschichte der Moorkolonisation.

Weiter geht es auf der B72, nach rund zehn Kilometern erreicht man **Marienhafe.** Dort lohnt die **Marienkirche** einen Besuch. Besonders sehenswert sind das Turmmuseum und die obere Aussichtsplattform, die einen weiten Blick über das Norder Land ermöglicht.

Wieder zurück auf der B 72 in Richtung Norden führt der Weg ein kleines Teilstück um die Stadt Norden herum, bis ein Abzweiger nach rechts zum **Schlosspark Lütetsburg** führt. Nach etwa zwei Kilometern ist der herrliche Park im Stil der Englischen Landschaftsgärten erreicht. Das Lütetsburger Schloss befindet sich zwar in Privatbesitz und kann nicht besichtigt werden, aber ein Rundgang durch den abwechslungsreich gestalteten Park allein lohnt schon einen Besuch.

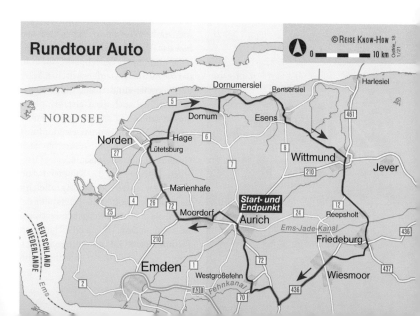

Anschließend führt der Weg kurz weiter auf der Landstraße nach **Hage,** wo es links abgeht und man nach gut zehn Kilometern **Dornum** erreicht. In Dornum wartet eine Fülle an Sehenswürdigkeiten wie das **Wasserschloss Norderburg,** in dem sich eine Schule befindet, die **Beningaburg** und die **St.-Bartholomäus-Kirche.** Darüber hinaus steht hier die **älteste Windmühle Ostfrieslands.** Sie ist die einzige noch erhaltene Bockwindmühle und wurde bereits während des Dreißigjährigen Kriegs Anfang des 17. Jahrhunderts gebaut.

Der weitere Verlauf der Rundfahrt führt nach wenigen Kilometern an die **Nordseeküste.** Auf der Küstenstraße werden die Orte Dornumersiel und Bensersiel passiert. In Bensersiel geht es wie-

☑ Klappbrücke in Ostrhauderfehn

012ofl_mna

der wenige Kilometer ins Landesinnere nach **Esens.** Am Ortseingang steht die **Peldemühle,** in der sich ein Museum befindet. Auch lohnt sich ein Abstecher in die **Esenser Innenstadt.** Zu Fuß führt ein kleiner Stadtbummel durch die älteste Fußgängerzone Ostfrieslands bis zum klassizistischen Rathaus. In unmittelbarer Nähe des Rathauses befindet sich die St.-Magnus-Kirche mit einem Turmmuseum. Bei klarer Sicht lässt sich vom Turm aus in der Ferne sogar die Ostfriesische Insel Langeoog erkennen.

Von Esens aus geht es 15 Kilometer weiter auf der Landstraße **über Wittmund** nach Süden in **Richtung Friedeburg.** Bereits nach etwa zehn Kilometern erreicht man die kleine Ortschaft **Reepsholt.** Einzigartig und sehr beeindruckend ist dort die Turmruine der St.-Mauritius-Kirche. Weiter führt der Weg noch rund fünf Kilometer nach Friedeburg, wo es rechts nach Wiesmoor abgeht.

Nach gut neun Kilometern ist das nächste Etappenziel erreicht, die **Blumenstadt Wiesmoor.** Sehenswert ist hier das Blumenreich mit einer Blumenhalle und einem Gartenpark. Allein in der Blumenhalle werden zwischen März und Oktober rund 10.000 Blumen präsentiert, und auch der Gartenpark lässt die Herzen von Pflanzenfreunden höher schlagen. Nördlich von Wiesmoor führt der Weg weiter nach Westen bis nach Großefehn, das aus verschiedenen Ortsteilen besteht. Im 15 Kilometer von Wiesmoor entfernten **Westgroßefehn** lässt sich am ehesten die Fehnkultur erleben, die dort noch weitgehend erhalten ist. Mehr zu dem Thema erfährt man im **Fehnmuseum Eiland** (siehe S. 157). Keine zehn Kilometer nördlich von

Westgroßefehn kommt man wieder zurück an den Ausgangspunkt der Reise: **Aurich.**

Tour 2 / Wandern

- **Ostfriesland-Wanderweg**
- **Länge/Dauer:** 97 Kilometer, 4 bis 6 Tage, Markierung: weißes O auf schwarzem Grund
- **Start/Ziel:** Rhauderfehn – Bensersiel

Dieser Wanderweg ist der längste und älteste Ostfrieslands, wegen der kaum vorhandenen Steigungen hat er einen leichten Schwierigkeitsgrad. Die Etappenlänge lässt sich frei wählen. Die Route führt **quer durch Ostfriesland** vom grünen Binnenland bis an die Küste und endet in Bensersiel am Fährhafen nach Langeoog. Der Wanderweg führt durch die flache weite Landschaft vorbei an malerischen Fehnkanälen mit vielen Klappbrücken und Mühlen. In Teilen verläuft er auf der ehemaligen Trasse der stillgelegten Kleinbahn Leer–Aurich–Wittmund. Diese Trasse wirkt heute wie eine doppelte Wallhecke.

Entlang des Weges stehen 24 künstlerisch gestaltete Scheuerpfahl-Skulpturen. **Scheuerpfähle** stehen üblicherweise auf baumlosen Weiden, damit sich Kühe und Pferde daran reiben können. Während der Wanderung werden **alle Landschaftsformen Ostfrieslands** von der Emsmarsch und den angrenzenden Hochmooren über die Geest und durch die Wälder bis hin zur Marsch an der Küste durchwandert.

Die Ostfriesland Touristik hat eine 6-Tage-Wanderung ausgearbeitet, die sie als Komplett-Paket mit Übernachtungs-

Ostfriesland-Wanderweg

möglichkeiten und Gepäcktransfer anbietet (www.ostfriesland.travel).

Start: Die erste Etappe führt 22 Kilometer **von Rhauderfehn nach Leer,** die zweite 16,5 Kilometer **von Leer nach Hesel** und die dritte 14 Kilometer **von Hesel nach Großefehn.** Während der rund 13 Kilometer langen vierten Etappe **von Großefehn nach Aurich** wird der sogenannte Ostfriesland-Äquator überquert, den ein hölzerner Torbogen markiert. Die fünfte und längste Etappe führt 25 Kilometer **von Aurich nach Esens.** Nach dem sechsten und mit 4 Kilometern kürzesten Teilstück ist im Hafen von **Bensersiel** das Ziel erreicht.

Tour 3 / Fahrrad

- **Rundfahrradtour**
Friesenroute „Rad up Pad"
- **Länge/Dauer:** 290 Kilometer, 6 Tage
Hinweisschilder „Rad up Pad"
- **Start/Ziel:** Emden

Beschrieben wird eine **mehrtägige Fahrradtour** ohne nennenswerte Steigungen abseits des Autoverkehrs auf befestigten und asphaltierten Wegen. Sie ist für **Familien mit Kindern** und **Radfahrer aller Altersgruppen** geeignet. Die Rundreise auf zwei Rädern führt von Emden durch zwölf Gemeinden des Landkreises Aurich wieder zurück an den Ausgangspunkt. Unterwegs gibt es Schlösser, Burgen, Kirchen und Wind-mühlen zu sehen, dabei geht es durch die abwechslungsreiche Landschaft Ostfrieslands entlang der Küste und durchs Binnenland, oft am Wasser vorbei. Unterwegs vermitteln **Infotafeln** am Wegesrand Wissenswertes zu kunst- und kulturhistorischen Themen und machen die Tour zugleich zu einer kleinen Bildungsreise. Die Etappen sind zwischen 40 und 55 Kilometer lang.

Start: Die erste Etappe führt über 50 Kilometer **von Emden** aus durch die Krummhörn **nach Greetsiel,** das zweite gleichlange Teilstück führt **durch das Brookmerland** in die älteste Stadt Ostfrieslands **nach Norden.** Die dritte und mit 40 Kilometern kürzeste Etappe beginnt in Norden. Sie verläuft zunächst entlang der Küste und später in die „Herrlichkeit" **Dornum** mit ihren Schlössern und Burgen. Auf der vierten Etappe steht die **Natur** im Mittelpunkt, wenn der Weg 50 Kilometer durch die Moorlandschaft des ostfriesischen Binnenlands **nach Aurich** in die heimliche Hauptstadt der Ostfriesen geht. Auf 45 Kilometern führt das fünfte Teilstück **über** die „Blumenstadt" **Wiesmoor** am Wasser entlang direkt ins Fehngebiet von **Großefehn.** Die letzte Etappe hat eine Länge von 55 Kilometern und verläuft **entlang der typischen Fehnkanäle** mit den weißen Klappbrücken. **Ziel** ist die Seehafenstadt **Emden.** Es lohnt sich, im Anschluss an diese Fahrradtour noch einen Aufenthalt in der lebendigen Stadt einzuplanen. Diese Fahrradtour wird auch als Pauschalreise mit Übernachtung und Gepäcktransport angeboten.

Tour 4 / Fahrrad

- **Rundradweg** von und bis Wilhelmshaven durch die Landkreise Wittmund und Ammerland
- **Länge/Dauer:** 280 Kilometer, 6 Tage, Hinweisschilder „Tour de Fries"
- **Start/Ziel:** Wilhelmshaven

Sechs **35 bis 60 Kilometer lange Tagesetappen** vermitteln einen guten Überblick über Friesland und die kreisfreie Stadt Wilhelmshaven. Es lohnt sich, am Anfang oder am Ende der Tour noch etwas Zeit für die sehenswerte Stadt einzuplanen. Unterwegs gibt es viele historische Sehenswürdigkeiten zu entdecken, die einen Besuch wert sind.

Start: Das erste Teilstück führt 55 Kilometer von Wilhelmshaven in Teilen am Jadebusen und ein Stück am Ems-Jade-Kanal entlang nach Zetel. Weiter geht es über Dangast nach Varel. Hier beginnt am nächsten Tag die nächste 50 Kilometer lange Etappe. Sie führt durch den Landkreis Ammerland über Westerstede bis nach Bockhorn. Am nächsten Tag geht es 45 Kilometer ab Bockhorn nach Friedeburg. Dabei führt der Weg durch den Neuenburger Urwald. Im weiteren Verlauf führt die Tour am Hochmoorsee Lengener Meer entlang nach Wiesmoor und weiter in Richtung Ems-Jade-Kanal bis nach Friedeburg. Die vierte Tagesetappe ist mit 60 Kilometern die längste. Von Friedeburg aus radelt man bis nach Minsen-Förrien direkt an die Küste. Die Route führt durch die typische Wallheckenlandschaft in Richtung Reepsholt nach Leerhafe und durch Wittmund bis an die Harle. Von dort aus geht es weiter über **Carolinensiel, Harlesiel** und an

der **Nordsee** entlang bis nach Minsen-Förrien. Am nächsten Tag folgt die mit 30 Kilometern kürzeste Etappe an der Nordsee nach Osten in Richtung Schillig, nach Horumersiel und weiter nach Hooksiel, wo sich ein Zwischenstopp am Außenhafen und dem Binnentief lohnt. Weiter geht es durch Wiesen und Felder ins Landesinnere nach Jever. Am nächsten Tag radelt man nur noch 35 Kilometer über die Stadt Schortens und durch Accum zurück zum Ausgangspunkt des Rundkurses nach **Wilhelmshaven.**

LEGENDE

- ■ Winter
- ■ Frühling/Herbst
- ■ Sommer

Nachtorgelkonzerte in Dornum
Internationale Meister spielen von
Juni bis August bei Kerzenschein.

Krummhörner Orgelfrühling
Bedeutendes Festival geistlicher Musik Anfang Mai. Gespielt wird auf Instrumenten,
die teilweise über 500 Jahre alt sind.

**Pfingstmarkt
in Bunde**
Großes Volksfest
der Region alljähr-
lich am Pfingst-
Wochenende.

Osterfeuer
Mitte März bis Mitte April wird der Oster-
samstag mit Osterfeuern an der gesamten
Küste gefeiert.

Störtebeker Straßenfest
mit Flohmarkt in Marienhafe
am ersten Juni-Wochenende.

JAN	**FEB**	**MÄR**	**APR**	**MAI**	**JUN**

Neujahrsschwimmen
in vielen Küstenorten.

Ditzumer Ostermarkt
Immer an Ostern. Mit großem
Eiersuchen und Fackelzug
zum Osterfeuer. Für die kleinen Gäste kommt der Kasper
zu Besuch.

Emder Matjestage
Im Juni dreht sich hier
alles um die zarte Fisch-
delikatesse.

Drachenfest am Meer
Am Wochenende um Christi Himmelfahrt in Norddeich lassen Drachenflieger aus dem In- und Ausland
beeindruckende Großdrachen fliegen.

Vogelzüge
Mitte März bis Mitte April,
beste Bedingungen also für
(Hobby-)Ornithologen.

Deutscher Mühlentag
Viele Mühlen haben am
Pfingstmontag geöffnet und
laden zur Besichtigung ein.

Schlickschlittenrennen in Upleward
Mit dem Schlitten durch den Schlamm. Ein Spaß für Groß und Klein.

Blütenfest Wiesmoor
Die „Blumenstadt" rüstet sich zur Wahl der Blütenkönigin. Mit vielen Veranstaltungen und Umzügen. Alljährlich am ersten September-Wochenende.

Schwimmender Weihnachtsbaum in Carolinensiel
Eine 15-Meter-Tanne wird alljährlich mit einem Autokran auf einen Schwimmponton im Museumshafen gesetzt. Mit Rahmenprogramm. Am Sonntag vor dem 1. Advent.

Highland Games Ostfriesland
In volksfestähnlicher Atmosphäre treffen Ende Juli in Großheide schottische und ostfriesische Kultur aufeinander.

Stadtfest Wittmunder Bürgermarkt
Großes Stadtfest in Wittmund mit Kirmes und Live-Musik.

„Hafen in Flammen" in Carolinensiel
Straßenfest rund um den Museumshafen mit Live-Musik und Feuerwerk.

Vogelzüge
Von Oktober bis November. Die Zugvogeltage sind Anfang Oktober, mit vielen Veranstaltungen.

JUL   AUG   SEP   OKT   NOV   DEZ

Emden à la carte
Ein Wochenende im August verwöhnen Emder Gastronomen ihre Gäste im Stadtgarten.

Gallimarkt in Leer
Der traditionelle Markt ist eine Kombination aus Viehmarkt und Volksfest. Mit Feuerwerk. Er findet immer am zweiten Mittwoch im Oktober statt.

Silvesterparty am Meer in Norddeich
Open Air am Grünstrand vor dem Haus des Gastes.

Esenser Schützenfest
Im Juli wird fünf Tage lang mit einem bunten Programm gefeiert. Mit Konzert und Fackelzug durch die Stadt.

Strohballen-Rollmeisterschaft in Dornumersiel
„Auf die Ballen, fertig, los!" heißt es bei diesem kuriosen Wettstreit jedes Jahr in den Herbstferien. Kraft, Geschick und Ausdauer sind die Voraussetzungen, um den Ballen zuerst über die Ziellinie zu bringen.

Krabbenkutter-Regatta in Neuharlingersiel
Höhepunkt der alljährlich im August stattfindenden Veranstaltung ist das spannende Rennen der festlich geschmückten Krabbenkutter.

Weihnachtsmärkte
Stimmungsvolle Weihnachtsmärkte finden jedes Jahr in vielen Orten wie Jever, Aurich, Emden, Leer und Weener statt.

Fünf Orte für Genießer

Restaurant Zur Börse in Aurich | 180

Das kleine Restaurant liegt in der Fußgängerzone nahe der Lambertikirche. Die Karte ist klein und wartet mit feinen, oft regionalen Gerichten und Zutaten auf. Die Speisen sind exzellent, frisch gekocht und sehr schmackhaft zubereitet, sie versprechen Gaumenfreuden der besonderen Art – im Sommer auch draußen im Biergarten.

Café am Siel in Westrhauderfehn | 77

Dass ein Café am Wohnmobilstellplatz dermaßen guten Kuchen und Gebäck anbietet, ist auf den glücklichen Umstand zurückzuführen, dass der Inhaber und Betreiber Bäcker und Konditormeister ist. Die Kuchen werden täglich frisch gebacken und durch einige wenige herzhafte Suppen ergänzt. Ein Besuch lohnt sich unbedingt.

Café Ten Cate in Norden | 206

Hier trifft Tradition auf Qualität. Der Familienbetrieb ist rund 150 Jahre alt und wird heute in fünfter Generation geführt. Unbedingt probiert werden sollten die handgemachten Trüffel, Pralinen, Schokoladen und leckeres Marzipan. Auf der Karte stehen auch herzhafte Kleinigkeiten.

Altstadt Café in Jever | 294

Im Herzen der Altstadt am Kirchhof liegt das Café, in dem man in der hellen Jahreszeit auch draußen genießen kann. Den Gast erwartet eine große Auswahl an Süßem, besonders der Pflaumenkuchen ist ein Gedicht. In freundlicher Atmosphäre schmecken aber auch ausgewählte herzhafte Kleinigkeiten lecker.

Heimathafen in Carolinensiel | 270

Mit Blick auf den Museumshafen lassen sich hier fantastische Kuchen und Torten genießen. Im Sommer wird der gemütliche Gastronomiebereich nach draußen erweitert. Die Kuchen und Torten sind alle handgemacht, häufig finden sich einzigartige fantasievolle Kreationen darunter – ein Paradies für Kuchenliebhaber.

Fünf besondere Buchhandlungen

Buchhandlung Eissing in Papenburg | 86

Die Buchhändler dieser Buchhandlung sind süchtig nach Büchern und vermitteln ihre Leidenschaft glaubwürdig durch kompetente Beratung und besondere Angebote. Wer möchte, kann ein Bücher-Abo zu einem Wunschthema abschließen und erhält regelmäßig als Überraschung neue Bücher oder lässt sich nach Ladenschluss für zwei Stunden einschließen.

Fehnbuch in Westrhauderfehn | 77

Von außen ist dieses Kleinod für Lesefreunde völlig unspektakulär und erinnert eher an ein Bankgebäude. Aber wer sich durch die Tür wagt, wird von der ungewöhnlichen Auswahl der Bücher überrascht sein. Hier lässt sich Neues, Altes und Ungewöhnliches finden. Das Angebot ist mit viel Liebe und Herz zusammengestellt.

Tatort Taraxacum in Leer | 62

Krimileser werden hier überglücklich sein. In historischem Ambiente und sehr hohen Holzregalen sind hier vor allem Spannung und Nervenkitzel in Papierform vereint. Wer sich schöne Stunden mit Gänsehautfeeling verschaffen will, für den ist diese Buchhandlung ein Muss. Aber auch anderer guter Lesestoff ist zu finden.

Susannes Buchhandlung in Wiesmoor | 165

Auf der Hauptstraße fast vorbeigefahren – aber anhalten ist die bessere Idee, denn die Buchhandlung bietet vor allem eins: eine schöne Auswahl an Lesestoff und sehr gute Beratung. Die Leidenschaft der Buchhändler blitzt aus jedem Knopfloch und man entdeckt auf Nachfrage tolle Bücher, die einem sonst vielleicht entgangen wären.

Buchhandlung am Wall in Aurich | 178

In der Nähe der Lambertikirche befindet sich ein echtes Bücherparadies. Die Auswahl ist exzellent und sehr gut sortiert. Im Schaufenster wird nach Themen dekoriert, und so geht man schon draußen auf Lesestoff-Entdeckungsreise, die innen auf Fortsetzung wartet. Schöne Lesezeichen, Postkarten und kleine Mitbringsel gibt es ebenfalls.

Fünf sehenswerte Museen

Kunsthalle in Emden | 114, 117

Eske und *Henri Nannen,* die Stifter der Kunsthalle Emden, haben einen gelungenen lebendigen Ort der Begegnung von Menschen und Bildern geschaffen. Das Herz des Museums ist die Sammlung der Klassischen Moderne mit Kunstwerken des 20. Jahrhunderts. Angeschlossen sind eine Malschule und ein schönes Café.

Deutsches Sielhafenmuseum in Carolinensiel | 267

Das Museum befindet sich am Museumshafen in Carolinensiel. Dort liegen alte Holzschiffe und bilden zusammen mit den alten Gebäuden eine malerische Kulisse. Das Museum zeigt Geschichte zum Anfassen an vier Orten: der Alten Pastorei, im alten Kapitänshaus, im Groot Hus und an der Friedrichschleuse.

Moormuseum in Moordorf | 194

Das Freilichtmuseum ist am Rand eines Hochmoors gelegen und stellt die Entwicklungsgeschichte Moordorfs sowie das Leben und Arbeiten der Moorkolonisten dar. Im Freigelände befinden sich die ärmlichen Behausungen der Fehntjer, ein Bohlenweg führt zu einer Aussichtsplattform mit Blick über das Moor.

Historisches Museum in Aurich | 177

Das sehenswerte Museum befindet sich in der Alten Kanzlei mitten in der Fußgängerzone und nahe der Lambertikirche. Sechs Ausstellungsthemen zur Geschichte und Kultur Ostfrieslands gehören zur festen Ausstellung, die durch Sonderausstellungen ergänzt wird.

Fehn- und Schifffahrtsmuseum in Westrhauderfehn | 75

Beheimatet ist das Museum in der denkmalgeschützten Villa Graepel am Hauptfehnkanal. Zu finden sind dort zahlreiche Exponate zur Geschichte der Fehnkultur, des regionalen Schiffbaus und der Schifffahrt. Früher befand sich in Westrhauderfehn der einst wichtigste Binnenhafen Ostfrieslands.

Fünf Orte der Superlative

Schiefster Turm der Welt in Suurhusen | 151

Es ist echt wahr: Nicht in Pisa, sondern im Landkreis Aurich steht der schiefste Turm der Welt. Er hat einen beachtlichen Neigungswinkel von 5,19 Grad und hat es damit sogar ins Guinnessbuch der Rekorde geschafft. Er steht so schief, weil sich der Boden im Laufe der Jahrhunderte aufgrund des Gewichts der Steine abgesenkt hat.

Schmalste Autobrücke Deutschlands in Amdorf | 68

Die Brücke über das Flüsschen Leda hat nur eine Fahrbreite von 1,80 Meter. Diese sollte man beim Befahren auch beachten, denn sie gilt nicht nur für das Fahrzeug, sondern für das Auto und die Außenspiegel. Die vielen Lackspuren zeugen davon, dass offensichtlich viele Autofahrer die Breite ihres eigenen Fahrzeugs unterschätzten.

Älteste handgezogene Fähre Deutschlands: die Pünte in Wiltshausen | 69

Dass Menschenkraft viel zu bewegen vermag, ist hiermit bewiesen: Drei Autos und 30 Personen können hier von zwei starken Personen voran gebracht werden. Die Pünte bei Leer dient in den Sommermonaten als Binnenfähre über die Jümme. Als Pünte bezeichnet man ein handgezogenes Schiff ohne Motor.

Höchster Leuchtturm Deutschlands in Campen | 139

Mit 65,30 Metern ist er der höchste Deutschlands, auf der Weltrangliste erobert er immerhin noch Platz 14. Ungewöhnlich ist seine Bauweise als freistehender Stahlfachwerkturm. In Betrieb ging er offiziell am 1. Oktober 1891. Wer die über 365 Stufen nach oben klettert, kann an klaren Tagen nach Borkum oder bis Emden blicken.

Älteste bespielbare Orgel Nordeuropas in Rysum | 138

Sie ist ein echtes Kleinod, für das Orgelkenner aus aller Welt anreisen. Der Grundbestand des Instruments geht auf die Mitte des 15. Jahrhunderts zurück, Schöpfer war vermutlich der Orgelbaumeister *Harmannus* aus dem niederländischen Groningen. Wesentliche Teile des spätgotischen Gehäuses und der Pfeifen sind noch vorhanden.

214ofl_mna

Ostfriesland auf einen Blick

Bei der Planung zu diesem Reiseführer musste die Frage geklärt werden, ob auch die **Ostfriesischen Inseln** mit berücksichtigt werden sollten. Wir haben uns schließlich dagegen entschieden, da wir der Meinung sind, dass jede Ostfriesische Insel für sich einzigartig ist und eine intensivere Betrachtung verdient. Der REISE KNOW-HOW Verlag hat für die meisten Ostfriesischen Inseln eigene Reiseführer im Programm, die eine Fülle von Informationen zu Sehens- und Entdeckenswertem, aber auch zu Natur, Geschichte und Brauchtum liefern – einige davon stammen aus unserer Feder.

Die **Stadt Papenburg** hat so gar nichts Friesisches, sie liegt im angrenzenden Emsland. Aber die Stadt befindet sich unmittelbar an der Grenze zum Landkreis Leer und ist über die Ems mit Ostfriesland untrennbar verbunden. Die Schiffe der **Meier-Werft** könnten gar nicht aufs Meer gelangen, wenn sie nicht nach ihrer Fertigstellung über den Fluss an Leer und Emden vorbeifahren würden. Es ist immer wieder ein beeindruckendes Erlebnis, wenn sich – gefühlt – eine Kleinstadt durch das grüne Marschland bewegt. Deshalb wird Papenburg ergänzend in diesem Buch erwähnt, obwohl es nicht in Ostfriesland liegt.

Auch **Wilhelmshaven** wird nicht nur wegen seiner Nähe zu Friesland beschrieben, sondern auch wegen des Umstands, dass es der kreisfreien Stadt gelungen ist, einerseits ein bedeutender Wirtschaftsstandort für die Region zu sein, andererseits mit dem **Wilhelmshavener Südstrand** schon seit fast 100 Jahren einen touristischen Anziehungspunkt für Badegäste bieten zu können. Die **spannende Historie** der Stadt wird ausführlich beschrieben. Auch das **kulturelle Angebot** in Wilhelmshaven ist vielschichtig.

Ostfriesland oder Ost-Friesland?

Die Region in Niedersachsen liegt auf einer Halbinsel ganz im Nordwesten von Deutschland. Aber wo beginnt Ostfriesland und wo endet es? Diese Frage kann nach den heutigen politischen Grenzen der Landkreise präzise beantwortet werden. Aber diese Grenzen spielen für die Reisenden keine Rolle, deswegen beschreibt dieser Reiseführer auch Regionen und Städte, die nicht in Ostfriesland liegen. Das *Ost* in Ostfriesland bezieht sich auf seine **Lage im historischen Friesland,** dieses schließt die Gebiete in den heutigen Niederlanden mit ein. Diese Region heißt im Gegensatz zum deutschen Teilgebiet *Westfriesland* und liegt in der niederländischen Provinz Friesland. Für den Namen verantwortlich ist

◁ Die Klappbrücke „Swajwieksklapp" in Spetzerfehn spiegelt sich in der Norderwieke

die Volksgruppe der **Friesen,** die seit vielen Jahrhunderten an der deutschen und niederländischen Nordseeküste lebt.

Die **ehemalige Grafschaft Ostfriesland** bildet mit ihren Landkreisen Leer, Aurich und Wittmund zusammen mit der Stadt Emden ziemlich genau das heutige Ostfriesland. Das Gebiet **Ost-Friesland** (dann mit Bindestrich geschrieben) umfasst zusätzlich den Landkreis Friesland und die Stadt Wilhelmshaven, die ebenfalls auf der ostfriesischen Halbinsel liegen. Die in Ost-Friesland lebenden Menschen bezeichnen sich selbst aber nicht als Ostfriesen, eher als **Friesen** oder **Friesländer.** Und die Menschen in dieser Region nehmen es mit dieser Unterscheidung sehr genau. Auch wenn das für Urlauber kaum eine Rolle spielt, kann das Wissen um diese Empfindsamkeiten nicht schaden.

⊳ Paddeln auf dem Großen Meer

Warum Urlaub in Ostfriesland?

Wer einen **weiten Horizont, flaches Land und Wasser** liebt, ist in Ostfriesland im richtigen Urlaubsgebiet. Man könnte das Wesentliche der Landschaft auch als **Farbspektrum** darstellen: Grün, Blau, Weiß – grüne Felder, Büsche und Bäume, das blaue Wasser der Flüsse, Kanäle und des Meeres, dazu weiße Wolken, Klappbrücken und wollige Schafe. Nicht zu vergessen die zahlreichen schwarz-bunten Kühe. Die vielen **See- und Sommerdeiche** prägen die Landschaft entlang der Küste und der Flüsse.

Wer sich vom Alltagstrubel erholen möchte, ist in Ostfriesland gut aufgehoben, denn das Land ist relativ dünn besiedelt, Großstädte sucht man hier vergebens. Nur im Sommer herrscht mehr Trubel, vor allem in der Küstenregion und auf den Ostfriesischen Inseln sowie an den vielen Binnenseen, viele sind **Wassersportparadiese.** Auf der ostfriesischen Halbinsel bieten die Mittelstädte Leer, Emden, Aurich, Jever und Wilhelmshaven sowie das direkt an Ostfriesland angrenzende Papenburg städtisches Flair, an den Küsten locken die vielen Kutterhäfen und Ferienorte die Gäste an, während im Binnenland das ländliche Leben überwiegt und es auf den ersten Blick keine großen Attraktionen gibt. Die sind eher im Kleinen und auf den zweiten Blick zu finden, doch der lohnt sich. Denn Ostfriesland ist auch ein **Land der Superlative:** Hier gibt es die schmalste Autobrücke, den schiefsten Kirchturm der Welt, den höchsten Leuchtturm Deutschlands, die älteste handgezogene Fähre, die kleinste Kneipe Deutschlands, die älteste spielbare Orgel Nordeuropas und den größten deutschen Hochmoorsee. Auch auf dem Meeresgrund lässt sich im Urlaub Spazierengehen: bei einer **Wattwanderung**

006ofi_mna

durch den produktivsten Lebensraum der Welt. Es gibt also wirklich viele Gründe, die ostfriesische Halbinsel zu besuchen.

In den Ferienregionen an der Küste und auf den Inseln leben die Menschen überwiegend vom **Tourismus** und den zugehörigen Dienstleistungen, während es in den Städten ein **reges Wirtschaftsleben** gibt und im Binnenland viele **Handwerksbetriebe,** vor allem aber Milch- und Landwirtschaft. Doch auch hier gewinnt der Urlaubstourismus zunehmend an Bedeutung – insbesondere durch die vielen **Fahrradtouristen** und den Trend, mit dem **Wohnmobil** flexibel unterwegs zu sein. Nicht nur am Meer, auch an den vielen Seen im Binnenland, die hier wie auch in den Niederlanden meist *Meer* heißen, gibt es große und gut ausgestattete **Campingplätze mit viel Komfort.** Und viele Gemeinden haben **Wohnmobilstellplätze** errichtet, oft nahe der Schwimmbäder oder der Tourist-Informationen. Gerade im Binnenland wurde in den letzten Jahren erheblich in den Tourismus investiert. Während der Ferienzeiten in Niedersachsen und Nordrhein-Westfalen kann es dennoch schwierig werden, spontan das Wunschquartier oder einen Stellplatz auf dem Campingplatz zu finden. Für diese Zeiten ist es ratsam, sich **frühzeitig um eine Unterkunft zu kümmern.**

Es hängt von persönlichen Neigungen ab, ob man lieber im Binnenland oder in der Küstenregion Urlaub macht. Jede Region hat ihren Reiz, für jeden Geschmack ist das passende Ziel dabei. Der Ruhe und Erholung suchende **Naturfreund** wird in Ostfriesland genauso glücklich werden, wie **Familien mit Kindern** – nicht nur während der Ferienzeit. Da die ostfriesische Halbinsel schon seit Langem besiedelt ist, gibt es **viel historisches Kulturgut,** vor allem Mühlen und Kirchen mit teilweise prächtigen alten Orgeln. Die älteste bespielbare Orgel Nordeuropas ist beispielsweise in Rysum in der Krummhörn zu finden, und viele **Windmühlen** sind in die Niedersächsische Mühlenstraße einbezogen worden. Auch die Vielfalt an **Museen** ist erstaunlich. In vielen Orten haben engagierte Heimatvereine erstaunliche Sammlungen zusammengetragen. Ob Schlick oder Muschel, Buddelschiff oder Schule: Die Themenvielfalt ist so groß, dass Langeweile nicht aufkommen kann – selbst an Regentagen.

Für Leseratten gibt etliche **tolle Buchhandlungen,** die eine großartige Auswahl an Lesestoff treffen. Am besten genießt man das „Kino im Kopf" mit einer Kanne Ostfriesentee im Café, am Strand, auf dem Campingplatz oder der Terrasse der Ferienwohnung. Besonders im Sommer ist das „Wohnzimmer im Freien" ein Platz, an dem es sich gut aushalten lässt.

Für **Wassersportler** jeder Art ist Ostfriesland ebenfalls ein ideales Revier. **Surfen und Segeln** lässt sich auf dem Meer und auf den „Meeren". Es gibt jede Menge Marinas und schiffbare Flüsse und Kanäle, auf denen man sich dank der vielen Klappbrücken und Schleusen mit Motorbooten und Segelyachten gut durchs Land bewegen kann. Einige Binnenseen haben auch Anlagen zum **Wasserskifahren,** vielerorts lassen sich Ka-

▷ Surfer auf dem Jadebusen

nus, Tretboote oder Kajaks ausleihen. Auch die Ausrüstung für das **Stand-Up-Paddling** ist mittlerweile durchaus an vielen Orten verfügbar, auch in den Städten und an einigen Paddel- und Pedalstationen.

Die aber wohl beste Art, die ostfriesische Halbinsel zu erkunden, ist das **Fahrrad.** Das Land ist abgesehen von Deichen und den Brücken mehr oder weniger flach wie ein Kuchenblech, es gibt jede Menge **Fahrrad- und Fernwanderwege.** Hervorragend ist auch das Fahrradwandern „nach Zahlen". Viele Gemeinden haben ein sogenanntes **Knotenpunktsystem** entwickelt, bei dem mögliche Ziele durchnummeriert sind, sodass man die Länge der Route nach Lust und Laune selbst bestimmen kann. Man radelt einfach von Zahl zu Zahl, die vielen Hinweisschilder erleichtern die Orientierung, und wem das nicht reicht, für den gibt es entsprechende Karten.

Die **Anreise** nach Ostfriesland ist mit vielen Verkehrsmitteln möglich (siehe dazu Kapitel „Praktische Tipps A–Z/Anreise").

Natur erleben

Das **Wattenmeer** der niedersächsischen Nordseeküste ist eine einzigartige Landschaft, die Ostfriesischen Inseln liegen mitten im **UNESCO Weltnaturerbe Wattenmeer,** denn der Nationalpark Niedersächsisches Wattenmeer ist ein Teil davon. Die beste Art, das Wattenmeer kennenzulernen, ist eine **geführte Wattwanderung,** bei der die Wattführer für Groß und Klein jede Menge spannende Informationen bereit halten. Das Klima an der Küste und auch in weiten Teilen des Binnenlands ist rauer als in den südlichen und östlichen Bundesländern. Meist weht der Wind aus west- bis nordwestlicher Richtung – an der Küste

007ofl_mna

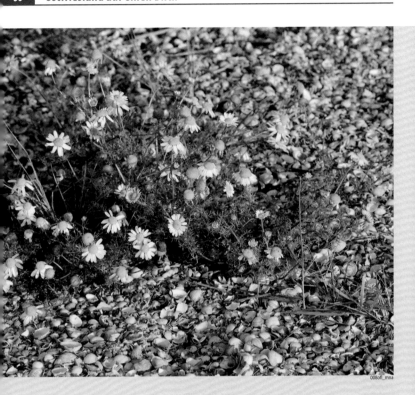

008ofl_mna

oft stärker, da er ungebremst von der Nordsee auf die Inseln und das Festland trifft. **Natürliche Sandstrände** gibt es nur auf den Ostfriesischen Inseln, die Sandstrände am Festland sind künstlich aufgeschüttet oder es gibt sogenannte **Rasenstrände.**

Im Herbst und Frühjahr machen Millionen von **Zugvögeln** Station im Wattenmeer und im Binnenland, dann finden Vogelliebhaber ideale Möglichkeiten zur Beobachtung. An den Gewässern im Binnenland und auch in der Küstenregion wurden einige Unterstände und **Vogelbeobachtungspunkte** errichtet, von denen aus sich die gefiederten Freunde ungestört beobachten lassen. Im Rahmen der Zugvogeltage Niedersächsisches Wattenmeer gibt es jährlich im Oktober zahlreiche Veranstaltungen zu diesem Thema (siehe dazu auch Kapitel „Land und Leute/Die Natur Ostfrieslands").

⌂ Kamille im Muschelschill

Kulturelle Vielfalt und quirliges Leben

Zum Bummeln, Einkaufen und um sich kulinarisch verwöhnen zu lassen laden die **größeren Städte** wie Leer, Papenburg, Emden, Aurich, Jever, Wilhelmshaven sowie die Ferienorte entlang der Küste ein. Aber auch **kleinere Städte** wie Esens und Wittmund sind sehenswert. In den Dörfern und Gemeinden findet man manchmal sehr versteckt und abseits der großen Straßen ganz besondere Geschäfte oder gastronomische Betriebe mit einem individuellen Angebot, die einen Abstecher oder Umweg lohnen. Viele ehrenamtliche Vereine erhalten historische Kulturdenkmäler wie alte Mühlen und Gemäuer, die ohne dieses persönliche Engagement schon längst dem Verfall preisgegeben wären. Wer sich durch die Landschaft Ostfrieslands bewegt, kann architektonische Juwele wie alte Gulfhöfe und Warftendörfer entdecken, die es nirgendwo anders gibt. Viele Orte und deren Heimatvereine bieten eigene Veranstaltungen an und im Sommer lockt so manches Fest in die Städte und Seebäder.

Etwas Besonderes sind die **Konzerte auf den historischen Orgeln** in einer der alten Kirchen. Wer in Ostfriesland auf Entdeckungsreise ist, sollte sich ein solches Konzert in einzigartiger Atmosphäre nicht entgehen lassen. Vor allem die Konzerte im Kerzenschein, die gelegentlich in den Herbst- und Wintermonaten veranstaltet werden, sind ein Genuss für die Sinne (siehe auch Exkurs „Orgellandschaft Ostfriesland").

Auch wenn nach wie vor in vielen Landgasthäusern hauptsächlich die deutsche Traditionsküche zu finden ist, hat sich in den letzten Jahren das kulinarische Angebot verändert. **Nachhaltigkeit und regionale Küche** liegen im Trend, das ist vielen Speisekarten anzusehen. Auf den Wochenmärkten und in den Supermärkten sind mehr und mehr **regional produzierte Produkte** zu finden, auf Hofläden werden sie zum Teil direkt vermarktet, auch zunehmend Regionales in **Bioqualität.** Eine Besonderheit in Ostfriesland sind die sogenannten **Melkhuskes,** die überall verstreut in den vorwiegend ländlichen Regionen des Binnenlands zu finden sind. Hier werden frische Milchprodukte und kleine Speisen, Kaffee und oftmals Kuchen angeboten. Besonders Fahrradtouristen legen dort gern eine Pause ein (mehr zum Thema „Kulinarisches" findet sich im Kapitel „Land und Leute/Speisen und Getränke", mit Rezepten zum Selberkochen).

Urlaub mit Kindern

Familien werden in Ostfriesland Quartiere mit spannenden Umgebungen finden. **Ferien auf dem Bauernhof** werden auf der ganzen ostfriesischen Halbinsel angeboten. Im Sommer lässt sich in einem der **Maislabyrinthe** herausfinden, wo der Ausgang ist. Es gibt viele **Reiterhöfe,** die auch Kurse und Ponyreiten anbieten. In den Ferienorten und den größeren Städten locken Spielhäuser mit tollen Attraktionen und unterhaltsamem Programm. Oftmals gibt es auch ein kleines gastronomisches Angebot, sodass sich Kinder verschiedener Altersgruppen austoben können, während die Eltern entspannt bei einer Tasse Kaffee zusehen können. Auch Spielgolf, Minigolf und Abenteuergolf werden während der Saison in verschiedenen Ferienorten angeboten. Viele Gemeinden haben **Schwimmbäder,** besonders an der Küste und in den großen Städten findet man **Meerwasserschwimmbäder mit Wasserrutschen und Planschbecken** für die ganz Kleinen. Spielplätze gibt es in allen Ferienorten. In der Saison werden beinahe überall unterhaltsame Veranstaltungsprogramme für unterschiedliche Altersklassen angeboten. Einige Ferienziele haben im Sommer einwöchige Fußballcamps für Jungen und Mädchen im Programm. **Klettergärten** locken Eltern und ihre Kinder in luftige Höhen. Wer lieber aufs Wasser möchte, leiht sich ein Tretboot oder größeres Kanu aus, mit dem sich schöne Touren unternehmen lassen. Für die Sicherheit gibt es entsprechende Schwimmwesten. In Städten wie Leer, Emden, Aurich, Wilhelmshaven und Papenburg lassen sich **Ausflugsfahrten mit Schiffen** unternehmen, während in den Küstenorten die Seehundbänke das Ziel so mancher Ausflugsfahrt sind.

Viele **Museen** und die Nationalpark-Häuser an der Küste haben sich auf die junge Zielgruppe eingestellt und präsentieren auf Kindernasenhöhe Mitmach-Exponate oder eine Quizrallye mit kniffligen Fragen an. Manche Hotels entwickeln für die Ansprüche von Familien spezielle Angebote und auch die Jugend-

herbergen haben sich auf Familien eingestellt. Die **Tourist-Informationen** helfen dabei, das Passende zu finden. Einige der Binnenseen sind mit üppigen Freizeitanlagen ausgerüstet, viele haben einen Sandstrand mit Spielplatz. Die aufgeschütteten Sandstrände bieten Badestellen und Strandkörbe.

Reisedauer und Unterkunft

Welche Reisedauer ideal ist, hängt von der jeweiligen Interessenlage und der Dauer der Anreise ab. Für Menschen, die nicht in Norddeutschland oder Nordrhein-Westfalen wohnen, wird sich ein Wochenendtrip aufgrund der An- und Abreisezeit kaum lohnen. Wer jedoch eine kurze Anreisezeit hat, kann auf der ostfriesischen Halbinsel auch schöne Ziele für einen **Wochenendtrip** finden. Viele Hotels bieten entsprechende Wochenendarrangements mit Wellnessprogramm an, die sich pauschal buchen lassen. Auch gehen die Häuser mehr und mehr zu Tagespreisen über. Um den konkreten Übernachtungspreis zu erfragen, ist es dann erforderlich, ein festes Datum für An- und Abreise anzugeben. Eine günstigere Alternative sind **Pensionen mit Frühstück.** Sie halten meist eine kleine Teeküche bereit, in der man sich für die übrigen Mahlzeiten selbst versorgen kann. **Ferienwohnungen** beinhalten oftmals eine Endreinigungspauschale, die bei Kurzaufenthalten unverhältnismäßig hoch zu Buche schlägt. Das ist besonders auf den Ostfriesischen Inseln und an der Küste der Fall. Viele Vermieter haben sich inzwischen auch darauf verlegt, vor allem in

▷ Radfahrer betreten die Fähre in Ditzum

der Hauptsaison und über die Weihnachtstage **nur wochenweise zu vermieten** oder erheben bei kürzeren Aufenthalten für die ersten drei Tage deutlich höhere Preise. Wer nur für ein Wochenende bleiben möchte, ist im **Hotel** vermutlich am besten aufgehoben.

Eine weitere Alternative, besonders für Familien, sind die **Campingplätze.** Viele bieten sogar Mietwohnwagen oder Mietzelte an, sodass man hier auch problemlos ausprobieren kann, ob diese Form des Urlaubs das eigene Interesse trifft.

Wer nicht an einem Ort bleiben will, mietet sich ein **Wohnmobil.** Diese gibt es in unterschiedlichen Größen, sodass auch eine vier- oder fünfköpfige Familie mobil unterwegs sein kann. Interessante Stellplätze finden sich nicht nur an der Küste. Besser ist es in der Regel, mehrtägige Aufenthalte zu planen, damit sich die Anreisezeit lohnt. In einer Woche lässt sich ein guter erster Eindruck von der Region bekommen. Wer aber die ostfriesische Halbinsel in ihrer Gänze entdecken möchte, benötigt mehrere Wochen und braucht sicherlich mehr als eine Reise. Ostfriesland ist zu jeder Jahreszeit sehenswert (mehr zum Thema „Übernachten" und zur Buchung von Unterkünften über die bekannten Buchungsportale siehe Kapitel „Praktische Reisetipps A–Z/Unterkunft").

Attraktionen zu jeder Jahreszeit

Im **März und April** rasten in der Küstenregion und an den Seen im Binnenland viele **Zugvögel** auf ihrer Reise in die Brutgebiete. Die **Saison** beginnt in der Regel mit den Osterferien. Spätestens

009ofl_mna

dann haben auch die meisten Restaurants und Geschäfte nach der Winterpause wieder geöffnet. An **Ostern** locken in vielen Orten Osterfeuer und Ostermärkte Einwohner und Besucher gleichermaßen an.

Im **Sommer** sind die meisten sportlichen Aktivitäten unter freiem Himmel möglich und es finden **zahlreiche Veranstaltungen und Dorffeste** statt (siehe dazu die Übersicht „Ostfriesland zu jeder Zeit" auf den Seiten 30/31 sowie Kapitel „Praktische Reisetipps/Veranstaltungen"). Zu dieser Zeit haben die Restaurants und Geschäfte lange geöffnet,

in den Urlaubsgebieten viele auch sonntags. Allerdings sind dann auch die Preise für die Unterkünfte am höchsten.

Besondere Attraktionen an der Küste sind die **Kutterregatten** und **Hafenfeste.** Im Binnenland ziehen **Mittelaltermärkte** und die vielen **Freilichtmuseen** mit ihren Veranstaltungen die Besucher an. Nicht entgehen lassen sollte man sich einen der vielen **Wochenmärkte.** Dort lassen sich nicht nur Obst, Gemüse und regionale Produkte kaufen, sondern auch Kunsthandwerk.

Im **Herbst** wird es wieder ruhiger, die Natur rückt dann stärker in den Mittel-

punkt. Zur Erntezeit wird in den Kirchen vor allem im Binnenland das **Erntedankfest** gefeiert, im landwirtschaftlich geprägten Binnenland werden **Kartoffel- und Viehmärkte** veranstaltet. Es ist auch wieder die **Zeit der Vogelzüge** und die Landschaft verändert ihre Farben. Die **Saison** dauert etwa bis Mitte Oktober. Im späten Herbst ab November bleibt in der Küstenregion vieles geschlossen, dann erholen sich die Einheimischen von der anstrengenden Saison und fahren häufig selbst in den Urlaub. Im Binnenland sind dann nur noch wenig Touristen anzutreffen, wenn,

010ofl_mna

dann sind es eher Gäste, die Ruhe suchen und ein paar Tage in den Städten oder an der Küste die Wellnessangebote der Schwimmbäder und Hotels genießen.

Im **Winter** liegt die Landschaft im Winterschlaf, der nur zwischen Weihnachten und dem Heiligen Dreikönigstag für zwei Wochen unterbrochen wird. In der Küstenregion herrscht dann wieder für eine kurze Zeit Hochbetrieb und die Ferienziele und gastronomischen Betriebe sind gut besucht. Wer nach einem Spaziergang in der Kälte dann ein Café aufsuchen will, um sich wieder aufzuwärmen, muss manchmal warten, bis ein Tisch frei wird. Die Landschaft bekommt einen ganz eigenen Charakter, wenn alles unter einer **weißen Schneedecke** verborgen ist. Die Stille liegt dann über der zauberhaften Landschaft und über den Wasserläufen wabert der **Nebel.** An der Küste zeigt sich in solchen Momenten, dass gefrierendes Meerwasser ganz besondere Formen hervorbringen kann, wenn die Wellen erstarrt am Meeressaum liegen.

Tagesaktuelle Informationen über Veranstaltungstipps und das Wetter lassen sich ganzjährig dem **aktuellen Veranstaltungskalender** entnehmen oder sind auf den **Websites der** verschiedenen **Tourist-Informationen** zu finden. Naturgemäß finden die meisten Veranstaltungen in den Sommermonaten statt, im Winter konzentriert sich das kulturelle Leben eher auf Konzerte und Lesungen.

◁ Vogelschwarm über dem Dollart

1
Landkreis Leer

» Wer grüne Wiesen und Bäume,
Wasserläufe, weiße Brücken und Windmühlen
mag, wird in dieser Region
mehr als belohnt.
Geschichtsträchtige Kirchen dienen
in der flachen Landschaft als Landmarken,
und der zweitgrößte Reedereistandort
Deutschlands Leer mit seiner schönen Altstadt
lädt zu ausgiebigen Erkundungen ein.

◁ Holzsteg zum Kiekkaaste am Dollart

ÜBERBLICK

Der große Landkreis scheint weit von der Nordseeküste entfernt zu sein, dennoch bestimmt das Wasser die flache Landschaft. Die Stadt Leer bezeichnet sich als das Tor Ostfrieslands, besonders in ihrer historischen Altstadt verbindet sie Hafenflair mit Einkaufsvergnügen.

Aus **vier historischen Landschaften** setzt sich der Landkreis Leer zusammen, dem Rheiderland, dem Overledingerland, dem Moormerland und dem Lengenerland. Das vierblättrige Kleeblatt in seinem Wappen steht für diese Landschaften, die Ähren daneben symbolisieren die hier vorherrschende **Landwirtschaft.** Der weiße Löwe auf blauem Grund ist das alte Wappen des Friesenhäuptlings *Focko Ukena,* er herrschte im 15. Jahrhundert über das Gebiet des heutigen Landkreises. Geologisch betrachtet handelt es sich zu großen Teilen um **trockengelegtes Land** – entweder dem Meer abgerungen oder gewonnen aus ehemals feuchten Moorgebieten. Durchschnitten wird das große Gebiet im südlichen Ostfriesland von der **Ems,** die im Nordwesten in den **Dollart** übergeht. Dort verfügt der Landkreis Leer auch über ein kleines Stück Nordseeküste. Die Flüsse Ems, Leda und Jümme mäandern durch das südliche Ostfriesland, viele Tiefs, Fehnkanäle, Haupt- und Nebenwieken sowie Schloote dienen der Entwässerung des grünen Marschenlands. Mit diesen Begriffen werden, abhängig von ihrer Aufgabe und Größe, die künstlichen Wasserläufe bezeichnet.

NICHT VERPASSEN!

- ◗ In der **Altstadt von Leer** findet der Gast hunderte Gebäude, die unter Denkmalschutz stehen | 55
- ◗ Hier wird's eng! Wer über die **schmalste Autobrücke Deutschlands** bei Amdorf fährt, muss um seinen Lack fürchten | 68
- ◗ Flussüberquerung mit Muskelkraft: **mit der Pünte,** einer handbetriebenen Fähre **über die Jümme** | 69
- ◗ Viele interessante Informationen gibt's im **Fehn- und Schiffahrtsmuseum** in Westrhauderfehn | 75
- ◗ Im **Ostfriesischen Schulmuseum Folmhusen** wird der Besucher ins 19. Jh. zurückversetzt | 79
- ◗ Flanieren am **Hauptkanal in Papenburg** | 84
- ◗ **Heitens Huus** im Moormerland | 91

Diese Tipps erkennt man an der gelben Markierung.

Das Rheiderland

Der Landstrich westlich der Ems in Richtung Niederlande ist das Rheiderland, in den Niederlanden findet es als *Reiderland* seine Fortsetzung. Hier reicht der Blick wirklich bis zum Horizont, die grüne Marschlandschaft ist flach wie ein Brett und nur wenige Bäume stören die Sicht bis zum Horizont. Ein umfangreiches **Entwässerungssystem** führt das Binnenwasser ab und ermöglicht Wiesen, Weiden und Felder, die bis zu eineinhalb Meter unter dem Meeresspiegel liegen. Große Teile des Rheiderlands werden **landwirtschaftlich** genutzt. Prächtige **Gulfhöfe** aus roten Ziegelsteinen, die in einer nur hier zu findenden historischen Bauweise errichtet sind, spiegeln das wider. Neben dem Anbau von Futtermitteln ist vor allem die **Milchwirtschaft** vertreten, an vielen Stellen kann man die meist schwarzbunten Kühe sehen. Der **Tourismus** hat im Rheiderland in den vergangenen Jahrzehnten an Bedeutung gewonnen, ist hier aber nicht so ausgeprägt wie in anderen Teilen Ostfrieslands. **Radwanderer** finden hier beste Bedingungen vor, die **Internationale Dollard Route** und andere Radwanderwege erfreuen sich wachsender Beliebtheit. Zumal bei herrschendem Gegenwind immer häufiger ein kleiner Elektromotor beim Treten mithilft. Auch die zunehmende Anzahl attraktiver **Wohnmobilstellplätze** wirkt sich auf die Besucherzahlen positiv aus.

Das Rheiderland ist aufgrund seiner geografischen Lage stark von den **Niederlanden** geprägt. Auch heute noch ist hier die Niederdeutsche Sprache weit verbreitet, viele Menschen sprechen **Ostfriesisches Platt**. Es enthält im Rheiderland zahlreiche Einfärbungen der niederländischen Sprache und die Menschen im Grenzgebiet beider Länder haben in der Regel keine Schwierigkeiten, sich zu verstehen. Die größten Ortschaften des Landstrichs zwischen Ems, Dol-

☑ Bauernhöfe bei Dyksterhusen

034ofl_mna

lart und der niederländischen Grenze sind **Jemgum** im Osten direkt an der Ems, **Bunde** im Südwesten und die Stadt **Weener** im Süden.

Weener

Die Kleinstadt am westlichen Ufer der Ems ist die größte Ortschaft im Rheiderland, der nahe der niederländischen Grenze gelegenen Landschaft im Landkreis Leer. Obwohl Weener offiziell mehr als 15.000 Einwohner hat, leben in der Kernstadt nur rund 6700 Menschen. Weit **über 1000 Jahre alt** ist der Ort, seine erste urkundliche Erwähnung stammt aus dem Jahr 951. Die ehemals vorherrschende Moorlandschaft wurde weitgehend kultiviert und trockengelegt. Der Ortsteil **Weenermoor** erinnert im Namen an vergangene Zeiten. Um 1570 legten die Rheiderländer das **historische Hafenbecken** an, das bis in die Ortsmitte reicht. Bürgerhäuser und Speichergebäude rahmen diesen Bereich des Hafens seitdem ein. Eine Blütezeit erlebte Weener im ausgehenden 17. und dem 18. Jahrhundert durch den **Pferdehandel**. Die Rheiderländer Pferde waren als Reit- und Kutschpferde sehr begehrt und erzielten gute Preise.

Seit Beginn des 20. Jahrhunderts ist Weeners Hafen durch eine **Bootsschleuse** vor Sturmfluten geschützt. Durch die Schleuse ist er von den Gezeiten unabhängig. Heute ist Weeners Alter Hafen bei Traditionsschiffern sehr beliebt, viele haben hier eine Heimat gefunden. Der 40.000 Quadratmeter große **Sportboothafen** bietet Platz für Freizeitkapitäne, die über die Ems ins Rheiderland gelangen. Er ist idealer Ausgangspunkt für

1

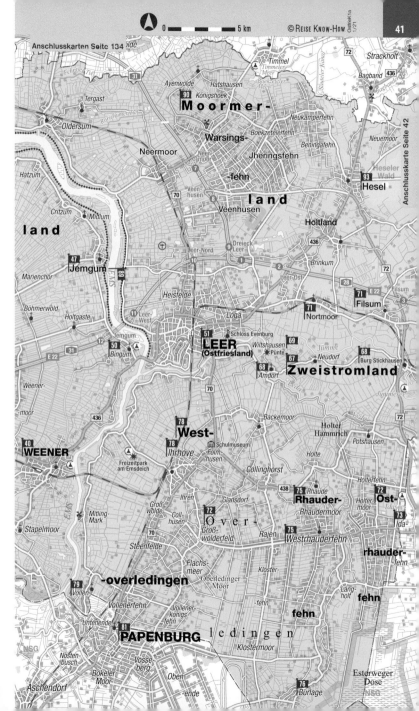

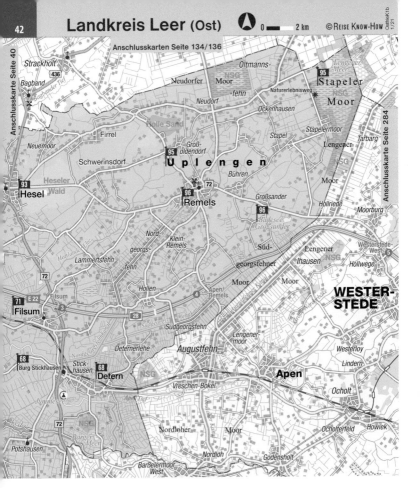

ausgedehnte Bootstörns auf den zahlreichen Binnengewässern Ostfrieslands. Direkt am Becken des Yachthafens befinden sich **exklusive Wohnquartiere,** meist mit integriertem Bootshaus.

Obwohl sich in Weener einzelne Industriebetriebe befinden, sind die **Landwirtschaft** und der **Tourismus** heute die wichtigsten Einnahmequellen. Neben dem malerischen Alten Hafen ist Weener kulturell vor allem mit **Musik** in Verbindung zu bringen. Die **Georgskirche**

aus dem 13. Jahrhundert ist ein besonderes Bauwerk, das im romanischen Baustil begonnen wurde. Durch zahlreiche An-, Um- und Erweiterungsbauten entstand ein mächtiges Gotteshaus mit separat stehendem Glockenturm aus dem Jahr 1738. In der Georgskirche selbst steht ein bedeutendes Instrument des berühmten **Orgelbauers** *Arp Schnitger.*

Darüber hinaus hat in Weener das **Organeum** überregionale Bedeutung. Das **Museum für Tasteninstrumente** ist gleichermaßen Kultur- und Bildungszentrum, hier werden auch zukünftige Organisten ausgebildet. Es befindet sich in einer repräsentativen Stadtvilla aus dem Jahr 1870 im alten Stadtkern von Weener. Gegenüber des Organeums steht das „Frone Haus", es ist das älteste Gebäude der Stadt. In seinem prächtigen Renaissancegiebel verewigte man die Jahreszahl 1660, das Haus könnte aber auch noch älter sein.

Im ehemaligen Armenhaus der Stadt widmet sich das **Heimatmuseum** der Historie des Rheiderlands. Die Geschichte der ortsansässigen Wirtschaft wird hervorgehoben, ein Schwerpunkt dabei ist das **Ziegeleiwesen**, denn Naturstein gibt es in Ostfriesland nur selten, sodass die Bauwerke traditionell meist aus Ziegeln hergestellt wurden. Das **Dollartmuseum** in Bunde ist eine Zweigstelle des Heimatmuseums Weener.

Einer der bedeutendsten Sakralbauten in Ostfriesland ist die **Stapelmoorer Kirche** aus dem 13. Jahrhundert, das gleichnamige Dorf gehört zum Stadtgebiet von Weener. Architektonisch im romanisch-frühgotischen Stil aus rotem Backstein errichtet, hat die äußere Form der Kirche die Jahrhunderte nahezu unverändert überdauert. Das Gebäude hat einen ungewöhnlichen Grundriss, dieser entspricht einem griechischen Kreuz, es gibt **keine rechten Winkel.**

Eine wichtige Verbindung über die Ems garantierte bis 2015 die stählerne **Friesenbrücke.** Ein Segment der Fachwerkkonstruktion ließ sich entfernen, um die Durchfahrt größerer Schiffe, zum Beispiel von der Papenburger Meyer-Werft, zu ermöglichen. Doch 2015 rammte ein Frachtschiff die geschlossene Brücke und beschädigte sie irreparabel. Bis zur Fertigstellung einer neuen Brücke werden noch einige Jahre vergehen. Bis dahin können Fußgänger und Radfahrer die Ems mit der **Friesenfähre** queren – zumindest von April bis Oktober. Die Zugverbindung nach Leer wird in dieser Zeit durch Busverkehr ersetzt.

Praktische Tipps

Adressen in 26826 Weener

■ **Tourist-Information,** Osterstraße 1, Tel. 04951 305500, www.weener.de.

■ **Organeum,** Norderstraße 18, Tel. 04951 912 203, www.ostfriesischelandschaft.de.

■ **Heimatmuseum Rheiderland,** Neue Straße 26, Tel. 04951 1828, www.weener.de.

■ **Paddel- und Pedal-Station,** Zum Schöpfwerk, Tel. 0162 1658822, www.paddel-und-pedal.de.

■ **Friesenbad Weener,** Friesenstraße 31, Tel. 04951 2344, www.weener.de. Großes Freibad mit 1200 Quadratmetern Wasserfläche und Riesenrutsche, Eintritt 4 €, Kinder 2,50 €.

Verkehr

■ Weener liegt an der **Bahnstrecke Leer – Groningen** und hat einen Bahnhof. Dieser kann aber zurzeit wegen der zerstörten Friesenbrücke nicht angefahren werden. Omnibusse übernehmen den Schienenersatzverkehr. Dort befindet sich auch eine Bushaltestelle für den **Weser-Ems-Bus.**

■ **Sportboothafen/Schleuse Hafenmeister,** Tel. 04951 1691 oder 0176 20540650.

■ **Rufnummer Taxi,** 04951 626.

Gastronomie

■ **Hafen 55,** Am Hafen 55, Tel. 0177 8877665, www.hafen55-weener.de. Restaurant/Biergarten mit maritimer Veranstaltungskultur und fantastischem Blick auf den historischen Hafen. Es gibt italienisches Speiseeis, „importiert" aus Rhauderfehn.

■ **Restaurant HafenBlick,** Am Sportboothafen 1, Tel. 04951 3029922, www.restaurant-hafenblick. com. Idyllisch direkt am Becken des Yachthafens, lässt es sich hier lecker speisen oder ein Abendgetränk genießen.

■ **Wirtshaus Klöntje,** Westerstraße 9, Tel. 04951 9499283. Urige und gemütliche Raucherkneipe.

■ **Arco Tapas Bar,** Norderstraße 1, Tel. 0173 7717329, www.arco-weener.de. In spanisch anmutender Atmosphäre mitten im Zentrum von Weener bietet die Karte ausgesuchte Tapas-Köstlichkeiten.

Unterkunft

■ **Gästehaus am Deich①,** Friesenstraße 33, Tel. 04951 955866, www.gaestehaus-am-deich.de. Das Fahrradhotel liegt direkt an mehreren großen Radrouten wie der Deutschen Fehnroute oder dem Dortmund-Emskanal-Radweg und ist schon deswegen ideal für Radwanderer.

☑ Bronze-Skulptur „Torfwieven" in Weener

■ **Wohnmobilstellplatz am Alten Hafen,** Pannenborgstraße 11, Tel. 04951 305500, ganzjährig geöffnet, Dusche und WC.

■ **Wohnmobilstellplatz,** Am Marina-Park, Tel. 04951 1691. Direkt am Yachthafen gelegen.

■ **Campingplatz Weener,** Am Erholungsgebiet 6, Tel. 04951 955226. Schöne Stellplätze direkt hinter dem Emsdeich mit tollem Spielplatz für die kleinen Gäste.

Bunde

Die ostfriesische Gemeinde hat eine **direkte Landgrenze zu den Niederlanden** und erstreckt sich bis zum Dollart. Die nächstgelegene Großstadt ist das niederländische **Groningen,** knapp 50 Kilometer in Richtung Westen. Bunde liegt auf einem Geestrücken und blieb deswegen von den großen Sturmfluten des Mittelalters verschont. Weil Bunde an einer wichtigen Ost-West-Straße liegt, hatte der Handelsort auch damals bereits eine

035ofl_mna

1

gewisse Bedeutung. Die **Kreuzkirche** in Bunde ist ein Zeugnis aus dieser Zeit. Ihr Bau begann mit dem Errichten des Langschiffs um 1200, sie wurde im Laufe der Jahrhunderte mehrfach umgebaut und verändert. Sehenswert sind auch die **Mühlen** von Bunde, der vierstöckige Galeriehölländer im Ortskern und die Wasserschöpfmühle Wynhamster Kolk in der Ortschaft Dollart. Dieser Kolk, eine wassergefüllte Vertiefung, ist mit 2,50 Metern unter Normalnull die tiefste Stelle Ostfrieslands.

Das **Steinhaus** im Ortsteil Bunderhee erinnert an die Zeit der ostfriesischen Häuptlinge. Die **dreigeschossige Turmburg** stammt aus dem 14. Jahrhundert und ist eine der ältesten erhaltenen Burgen Ostfrieslands. Archäologische Arbeiten haben bestätigt, dass es im Spätmittelalter eine direkte Wasserverbindung von der Häuptlingsburg zum Dollart gegeben hat. So konnten damals Schiffe noch in Bunderhee anlegen. Mit der Einpolderung des Dollarts ging in den folgenden Jahrhunderten der direkte Zugang zur See verloren. 1735 wurde zusätzlich ein barockes Gebäude angebaut, dieses nutzen die Menschen dann zum Wohnen. Die Turmburg diente damals als Lager, blieb aber erhalten.

■ **Steinhaus Bunderhee,** Steinhausstraße 64, geöffnet von Ostern bis Anf. Okt. Do um 15 Uhr, jeden 1. So im Monat um 11 Uhr, telefonische Anmeldung nötig unter 04953 8090, www.ostfriesische landschaft.de.

Ebenfalls sehenswert in Bunde ist ein historischer Gulfhof, der zum **Dollartmuseum** umgebaut wurde. Hier werden die Geschichte des Deichbaus und die Entstehung der Meeresbucht mit ihren untergegangenen Dörfern und Kirchen anschaulich vermittelt. Auch die anschließende Landgewinnung ist ein weiteres Thema. Zusätzlich wird gezeigt, wie die Menschen in vergangenen Zeiten ihren Lebensunterhalt mit **Wattfischerei und Landwirtschaft** verdienten. Das Dollartmuseum gehört zum Heimatmuseum Rheiderland in Weener.

■ **Dollartmuseum,** Rheiderlandstraße 3, Tel. 04953 80947, geöffnet Mi 15–17 Uhr, www. gemeinde-bunde.de.

Praktische Tipps

Adressen in 26831 Bunde

■ **Tourist-Information,** Kirchring 2, Tel. 04953 80947, www.gemeinde-bunde.de.
■ **Bunder Mühle,** Weenerstraße 42, Tel. 04953 910896 oder 0170 3460326, www.bunderwind mühle.de.
■ **Wasserschöpfmühle,** Wynhamster Kolk 2, Tel. 04953 80947 oder 0160 90520183.
■ **Paddel- und Pedal-Station** (Ditzumerverlaat), Deep Pad, Tel. 0174 9954633, www.paddel-und-pedal.de.

Gastronomie/Unterkunft

■ **Kroatisches Restaurant Adria,** Mühlenstraße 1, Tel. 04953 8614. Gemütliches Restaurant, in dem es neben landestypischen Spezialitäten auch saftige Steaks gibt.
■ **Am Lindenhof (Bunde)②,** Neuschanzer Straße 53, Tel. 04953 921629, www.lindenhof-bunde.de. Zwölf schicke Appartements mit einem Frühstücksraum in einem Gebäude, das im mediterranen Stil errichtet wurde. Auf der Anlage befindet sich ein schöner Garten mit einem Teich.
■ **Bed & Breakfast Rheiderland②,** Wynham-Nord 56 (Ditzumerverlaat), Tel. 04959 915287, www.bb-rheiderland.de. Etwas außerhalb bei Bunderhammrich gelegene Unterkunft.

1

■ **Wohnmobilstellplatz am Friedhofsweg,** Tel. 04953 80947, www.gemeinde-bunde.de, ganzjährig geöffnet.

Der Dollart

Die Bucht Dollart an der Emsmündung entstand durch **verheerende Meereseinbrüche** im späten Mittelalter. Damals gingen bei mehreren schweren Sturmfluten zahlreiche Dörfer, Siedlungen, Kirchspiele und Klöster in den Fluten der Nordsee unter. Unzählige Menschen und das Vieh ertranken, große Flächen Marschland gingen verloren. Viele Dörfer siedelten sich daraufhin auf höher gelegenem Grund an, dazu gehören beispielsweise Böhmerwold, Marienchor und Weenermoor. Durch **Deichbau** und **Einpolderungen** ab dem 17. Jahrhundert schrumpfte die ursprüngliche Ausdehnung der Meeresbucht wieder auf etwa ein Drittel ihrer ehemaligen Größe, ihre Fläche beträgt heute etwa 90 Quadratkilometer. Über die **Außenems** ist der Dollart mit der Nordsee verbunden.

Große Teile des deutschen Dollartgebiets sind Teil des „**Nationalpark Niedersächsisches Wattenmeer**" und als Ruhezone ausgewiesen. Dort ist das Betreten zum Schutz der Natur nur auf den zugelassenen Wegen erlaubt. Das dient auch der Ruhe von zehntausenden **Zugvögeln,** die alljährlich an der Meeresbucht rasten. Spektakuläre Anblicke bieten die Schwärme verschiedener **Wildgansarten,** die in der näheren Umgebung nach Nahrung suchen. Bestens beobachten lässt sich die Vogelwelt vom **Kiekkaaste** aus. Der Vogelbeobachtungsturm steht direkt an der Grenze auf niederländischem Boden neben der Schleusenanlage Nieuwe Statenzijl. Etwa zwei Drittel des Dollarts gehören zum Gebiet der Niederlande.

Jemgum

Die Rheiderländer Gemeinde liegt an der Ems und besteht aus elf Dörfern, zu denen auch das beliebte Ausflugsziel **Ditzum** gehört. Im Hauptort, einem Langwurtendorf, leben rund 1500 Einwohner. Im winzigen Ortsteil Marienchor sind es keine 50. Die **elf Kirchen** der Gemeinde zählen zum bedeutenden kulturellen Erbe Ostfrieslands, sogar die kleinsten Ortsteile mit weniger als 100 Einwohnern haben eine eigene Kirche. Die aus dem 13. Jh. stammende **Liudgeri-Kirche in Holtgaste** gilt als Älteste des Rheiderlands, der dreigeschossige Glockenturm der Midlumer Kirche ist bemerkenswert. Sein Neigungswinkel beträgt 6,74 Grad – nur weil seine geringe Höhe auf relativ großer Grundfläche steht, wird das Gebäude nicht als Turm gewertet.

Südlich der Ortschaft Jemgum werden seit 2013 riesige unterirdische Kavernen für die Zwischenlagerung von Erdgas aus den Niederlanden, Norwegen und Russland gebaut und betrieben. In den letzten Jahren entstand hier einer der **größten Erdgasspeicher Deutschlands.**

Gut ausgebaut ist das **Radwegenetz** im gesamten Rheiderland: Die Gemeinde Jemgum liegt an den Radfernwegen

☑ Sonnenuntergang über dem Dollart

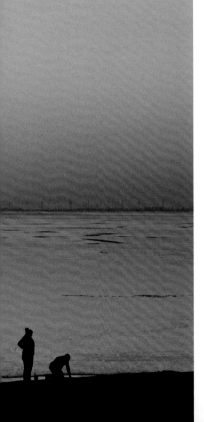

036ofl_mna

der Internationalen Dollard Route, dem Emsradweg sowie der Dortmund-Ems-Kanal-Route.

Praktische Tipps

Adressen in 26844 Jemgum

- **Tourist-Information,** Hofstraße 2 (Rathaus), Tel. 04958 918116 oder 91810, www.jemgum.de.
- **Jemgumer Peldemühle,** Auf der Wierde 2, Tel. 04958 675, Besichtigung nach Vereinbarung, heiraten kann man hier auch.

Ditzum

Das malerische Fischerdorf mit seinem kleinen Sielhafen befindet sich am Südufer der Unterems. Ditzum gehört zur Gemeinde Jemgum. Die regelmäßig zum Emder Stadtteil Petkum pendelnde kleine Fähre ist die letzte ostfriesische an der Ems. Die im Hafen liegenden Krabbenkutter und Fischereischiffe gehen noch regelmäßig auf Fangfahrt, die Fischer haben sich zur **Ditzumer Haven- un Kuttergemeenskupp** zusammengeschlossen. Darüber hinaus sind in Ditzum sehenswert die **Windmühle** und der **markante Kirchturm** von 1846, der der Form eines Leuchtturms nachempfunden ist. Das **Ditzumer Sieltief** mit einer malerischen hölzernen Brücke und Ditzums **Sielhafen** sind ein Touristenmagnet, auch für Besucher aus den Niederlanden. Im Hafen gibt es mit der **Bültjer Werft** einen der wenigen Betriebe, die sich auf den **Holzbootbau** spezialisiert haben. Seit 1899 sind hier 260 eigene Schiffe vom Stapel gelassen worden – unzählige weitere wurden repariert und wieder flott gemacht.

Praktische Tipps

Adressen in 26844 Jemgum-Ditzum

- **Tourist-Information Ditzum/Verkehrsverein Ems-Dollart e. V.,** Am Hafen 1, Tel. 04902 912000, www.ditzum-touristik.de.
- **Fähre Ditzum–Petkum,** die kleine, fast 100 Jahre alte Fähre verkehrt ganzjährig nach festem Fahrplan, im Winter seltener als in der Hochsaison. Je nach Größe passen ein bis zwei Autos drauf. Jeden März wird sie zwei Wochen lang gewartet. Am Hafen, www.ditzum-touristik.de.
- **Ausflugsfahrten,** die AG Ems veranstaltet sonntags von April bis Oktober Schiffsfahrten zwischen Ditzum über Emden nach Borkum, die jeweiligen Termine und Abfahrtzeiten des Katamarans „MS Nordlicht" gibt es auf www.ag-ems.de/ausfluege oder per Tel. 0180 5180182.
- **Paddel- und Pedal-Station Ditzum,** An't Stauwark, Tel. 0174 9954633, www.paddel-und-pedal.de, die Station befindet sich am Ditzum-Bunder-Sieltief.
- **Mühle Ditzum,** Mühlenstraße 10, www.muehleditzum.de. Der zweistöckige Galeriehölländer ist von April bis Oktober Fr–So 14–18 Uhr geöffnet.
- **Ev.-ref. Kirche Ditzum,** Kirchstraße 15, ditzum@reformiert.de. Sehenswerte alte Kirche, die vermutlich 1180 erbaut wurde.
- **Buddelschiffmuseum Ditzum,** Pogumer Straße 1a (im Supermarkt), Tel. 04902 566, www.mez-ditzum.de. Große Buddelschiffsammlung mit teils uralten Exponaten.
- **Ziegeleimuseum Jemgum,** Burgstraße 8, Tel. 04958 504. Das Museum befindet sich in der ehemaligen Ziegelei Cramer und zeigt die Bedeutung des Ziegeleiwesens in der einst an Ziegeleien reichsten Gegend Deutschlands. Geöffnet ist nur nach Vereinbarung und zu Veranstaltungen, Führungen sind buchbar.

Einkaufen

- **Stöberstube Ditzum,** Mühlenstraße 10, www.stoeberstube-ditzum.de. Die Landfrauen verkaufen

037ofl_mna

hier Selbstgemachtes aller Art wie Marmeladen, Kartoffeln etc. Öffnungszeiten siehe Mühle.

Gastronomie

(UNSER TIPP) **Kibbeling** sind in Teig frittierte Fischfilets, die wahlweise mit Remoulade oder Knoblauchmayonnaise serviert werden. Sie schmecken am besten frisch zubereitet. Mit den besten Kibbeling der Region macht das **Fischhaus Ditzum** direkt am Hafen – der sollte unbedingt probiert werden.

■**Altes Haus am Siel,** Sielstraße 23, Tel. 04902 658, www.alteshausamsiel.de. Regionale Küche mit großer Außenterrasse.

■**Fischhaus Ditzum,** Am Hafen 3, Tel. 04902 912091, www.fischhaus-Ditzum.de. Fischhandel und frisch zubereitete Fischgerichte wie Kibbeling oder Scharntjes lassen sich hier mit Blick auf Hafen und Fähranleger genießen.

■**Der Fliegende Holländer,** Kirchstraße 4, Tel. 04902 6084395. Gemütliches Café und Kneipe mit niederländischem Flair und netten Gastwirten aus dem Nachbarland.

■**Dat lüttje Café,** Kirchstraße 9, Tel. 04902 9893790. Ostfriesentee und leckeren Kuchen gibt es hier in nostalgischer Atmosphäre.

■**Thiet's Restaurant & Bar,** Sielstraße 17, Tel. 04902 9158829, www.thiets-restaurant.de. Die wechselnde kleine Karte bietet frisch gekochte saisonale Fisch- und Fleischspezialitäten, die Atmosphäre ist modern und gemütlich.

Unterkunft

■**Hotel am Fischerhafen**②, Am Tief 1, Tel. 04902 989990, www.hotel-am-fischerhafen.de.

⌂ Ditzumer Tief mit Brücke und Kirche

1

Nettes Hotel mit gutem Frühstück und freundlichem Service in unmittelbarer Hafennähe.

■**Wohnmobilstellplatz Ditzum-Ankerplatz,** Pogumer Straße 1, Tel. 0177 4087168, www. ankerplatz-blank-ditzum.de. Ganzjährig, Dusche, WC und Waschmaschine, direkt neben dem Supermarkt gelegen.

■**Wohnmobilstellplatz am Deich,** Molkereistraße 7. Ganzjährig, Dusche und WC, keine Reservierungen möglich.

Bingum

Der kleine Ort ist der einzige westlich der Ems gelegene Stadtteil der Stadt Leer. Sehenswert ist die **Matthäikirche,** die zu Beginn des 13. Jahrhunderts gebaut wurde. Der daneben stehende Glockenturm stammt aus dem Jahr 1766. Die **Jann-Berghaus-Brücke,** mit 464 Metern Deutschlands längste Klappbrücke, verbindet den Ferienort Bingum mit der Kernstadt. 2010 wurde eine neue Brücke eingeweiht, mit einer größeren Durchfahrtsöffnung wurde es der Meyer-Werft in Papenburg ermöglicht, noch größere Kreuzfahrtschiffe zu bauen. Die kleine **Flussinsel Bingumer Sand** gehört zum Naturschutzgebiet Emsauen. Sie ist natürlich entstanden und wird alljährlich im Sommer zur Weidefläche für Kühe, die mit einer Fähre zur Insel befördert werden. Im Schutz der Insel befinden sich ein Yachthafen und ein Campingplatz im Deichvorland bei Bingum.

Gastronomie/Unterkunft

■**Restaurant Texas Riverranch,** Marinastraße 22, Tel. 0491 9923666, www.texas-riverranch.de. Bei American Food mit Steaks und Burgern genießt man einen schönen Blick auf die Ems, im Sommer lockt das großzügige Außengelände.

■**Café und Bed & Breakfast,** Am Bingumer Deich 36, Tel. 0491 99751496, www.cafe-bingum.de. Scheunencafé mit selbstgebackenen Torten und Unterkunft in der wunderschönen Upkamer im historischen Bauernhaus.

■**Campingplatz und Yachthafen Ems-Marina Bingum,** Marinastraße 14–16, Tel. 0491 99751581 und Tel. 0163 7384307, www.ems-marina-bingum. de. Ganzjahres-Camping für Naturbegeisterte an der Ems mit großzügigem Badesee.

Veranstaltungen

(UNSER TIPP) Die von der Ostfriesischen Landschaft organisierten **Gezeitenkonzerte** spannen während der Sommermonate einen weiten musikalischen Bogen vom Chanson über den Tango bis hin zu klassischen Klavierkonzerten oder Streichquartetten. Musik aus allen Epochen und Stilen wird an besonderen Orten aufgeführt, die zu Streifzügen durch ganz Ostfriesland einladen. Die Konzerte finden auch in einigen Küstenorten statt, beispielsweise in Emden in der Kunsthalle, dem Fährhaus und in der St.-Magnus-Kirche, der Pewsumer Kirche oder im Leeraner Miniaturland (siehe Exkurs „Leeraner Miniaturland"). Das musikalische Programm und Tickets gibt es bei der Ostfriesischen Landschaft: Georgswall 1–5, Tel. 04941 179967, www. ostfriesischelandschaft.de.

Praktische Tipps

Adresse in 26789 Leer-Bingum
■**Tourist-Information,** Ledastraße 10, Tel. 0491 91969670, www.touristik-leer.de.

▷ Stilvoller Eingangsbereich der Weinhandlung Wolff im „Haus Samson", erbaut im Stil des niederländischen Barocks

Leer

Die Stadt Leer wird auch als „Tor Ostfrieslands" bezeichnet. Das Stadtwappen
ist schlicht gehalten, das weiße „L" auf
einem blauen Schild geht zwar auf historische Vorlagen zurück, stammt aber aus
dem Jahr 1950. Nach Hamburg ist Leer
Deutschlands zweitgrößter Standort für
Schiffsreedereien und bietet heute einen breit gefächerten Branchenmix aus
Handel und Dienstleistungen. Eine besondere Stellung nimmt das **Institut für
Seefahrt** ein, das zur Hochschule Em-
den/Leer gehört. Seit 160 Jahren werden
hier zukünftige Seeleute in Schiffsfüh-
rung, Nautik und Meerestechnik ausgebildet. Auch der **Tourismus** ist zum
wichtigen Wirtschaftszweig der Stadt geworden. Die hohen Übernachtungszah-
len der Insel Borkum allerdings, die zum
Landkreis Leer gehört, erreicht die Stadt
nicht. Leers sehenswerte Innenstadt ist
vom Wasser des Hafens geprägt, was der
Stadt einen **maritimen Charme** verleiht.

In der Altstadt mit vielen historischen
Gebäuden lässt es sich schön bummeln,
und es gibt nicht nur die Filialen großer
Einzelhandelsketten, sondern auch viele
kleine Geschäfte, die Wert auf ausgesuchte Ware legen.

Stadtgeschichte

Das Gebiet, in dem Leda und Ems aufei-
nandertreffen, wurde bereits früh besiedelt. Hier entwickelte sich zunächst eine
Handelssiedlung, die schließlich zu einer
Stadt heranwuchs. Der Friesenmissionar
Liudger bekehrte die Leeraner im Jahr
791 zum christlichen Glauben und
gründete hier auch die erste Kapelle in
Ostfriesland. Ihm zu Ehren wurde um
1200 Leers älteste Steinkirche „St.-Luid-
geri-Kirche" genannt.

Der aus Neermoor stammende ostfriesische Häuptling *Focko Ukena* baute
Leer zum Zentrum seiner Macht aus
und errichtete um 1421 die **Fockenburg.**
Zehn Jahre später wurde diese vom **Frei-**

038ofl_mna

Leer

Übernachtung
9 Jugendherberge Leer
13 Hotel Five Rooms
21 Hotel 360 Grad
27 Hotel Hafenspeicher
29 Hotel Frisia

Sport und Freizeit
26 Paddel- und Pedalstation
32 Fahrradoase

1 2
★ *Spielfarm Leer für Kinder,*
✈ *Flugplatz Papenburg Leer,*
🅿 *Wohnmobilstellplatz Plytje,*
Schwimmbad Plytje

Goethestraße
Schillerstraße
Hajo-Unken-Straße
Wilhelm-Raabe-Straße
Conrebbersweg
Helsfelder Straße

Gedenk- und Begegnungsstätte
Ehemalige Jüdische Schule ★

Ubbo-Emmius-Straße
Gaswerkstraße
Helsfelder Straße
Eidmannsweg

3
★ *Leeraner Miniaturland,*
Ⓜ *Kunstzentrum Coldam,*
🛡 *Festung Leerort*

Ostersteg

Brummelburg-straße
Alte Marktstraße
Westerende
Harderwykensteg

Bünting
Teemuseum Ⓜ

Kirchstraße
Norderkreuzstraße
Reformierter Kirchgang

22
5
6
7
8

Große Kirche ⓘ

Amtsgericht ●
Norderstraße
Wörde

★ *Krypta* (100 m),
Plytenberg

✚ Borromäus Hospital

ALTSTADT

Haneburg 🛡

Sterburgsgang
Syderkreuzstraße
Lutherischer Schulgang
Patersgang

ⓘ St.-Michael-Kirche

Haneburgallee

ⓘ Luther-kirche

Königstraße
Schmiedestraße
Rathausstraße

9
10
11
12
13

Kulturspeicher
19 ◑
18
Wilhelm-Klopp-Promenade
Handelshafen

★ Haus Samson
17

Wohnmobilstellplatz
Große Bleiche

Rathaus ●

🅿
Pferdemarktstr.
★ Gallimarkt

Königstraße
Große Bleiche
Hafenrundfahrten
Alte Waage ★ **15** ⚓
Heimatmuseum Ⓜ
🅿 Museumshafen
14
16

Dr.-vom-Bruch-Brücke

Blinke
🅿
Bullenkamp
Pferdemarktstraße
Garrelsstraße
Neue Straße
Kampstraße
Hafenstraße

Leda

🅿 *Wohnmobilstellplatz
beim Segler-Verein-Leer*

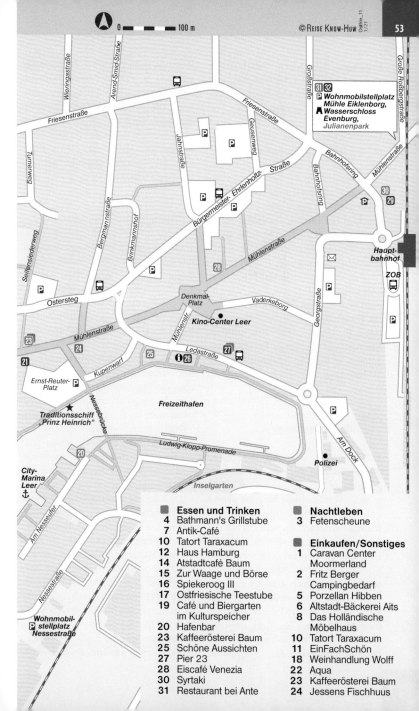

0 ▬▬▬ 100 m

Wohnmobilstellplatz Mühle Eiklenborg, Wasserschloss Evenburg, Julianenpark

Haupt-bahnhof
ZOB

Denkmal-Platz
Kino-Center Leer

Freizeithafen

Traditionsschiff „Prinz Heinrich"

City-Marina Leer

Ludwig-Klopp-Promenade

Inselgarten

Polizei

Wohnmobil-stellplatz Nessestraße

Straßennamen: Wieringastraße, Arend-Smid-Straße, Friesenstraße, Geusenweg, Großstraße, Große Roßbergstraße, Jahnstraße, Mühlenstraße, Bürgermeister-Ehrenholtz-Straße, Bahnhofsring, Turnerweg, Bergmannstraße, Brinkmannshof, Seifensiederweg, Ostersteg, Georgstraße, Vaderkeborg, Mühlenstraße, Ledastraße, Kupenwart, Ernst-Reuter-Platz, Nessebrücke, Am Dock, Am Nesseufer, Nessestraße

Essen und Trinken
- 4 Bathmann's Grillstube
- 7 Antik-Café
- 10 Tatort Taraxacum
- 12 Haus Hamburg
- 14 Altstadtcafé Baum
- 15 Zur Waage und Börse
- 16 Spiekeroog III
- 17 Ostfriesische Teestube
- 19 Café und Biergarten im Kulturspeicher
- 20 Hafenbar
- 23 Kaffeerösterei Baum
- 25 Schöne Aussichten
- 27 Pier 23
- 28 Eiscafé Venezia
- 30 Syrtaki
- 31 Restaurant bei Ante

Nachtleben
- 3 Fetenscheune

Einkaufen/Sonstiges
- 1 Caravan Center Moormerland
- 2 Fritz Berger Campingbedarf
- 5 Porzellan Hibben
- 6 Altstadt-Bäckerei Aits
- 8 Das Holländische Möbelhaus
- 10 Tatort Taraxacum
- 11 EinFachSchön
- 18 Weinhandlung Wolff
- 22 Aqua
- 23 Kaffeerösterei Baum
- 24 Jessens Fischhuus

heitsbund der Sieben Ostfrieslande zerstört. Aus Teilen des Materials entstand 1435, strategisch günstig auf der Landzunge des Zusammenflusses von Leda und Ems gelegen, die **Festung Leerort.** Heute können noch ihre Wallanlagen besichtigt werden. Am 16. Oktober 1508, dem Tag „Galli", gewährte Graf *Edzard I.* aus der Familie der *Cirksena* der Stadt Leer das **Marktrecht.** Daran erinnert bis heute jedes Jahr der sogenannte **Gallimarkt,** das größte Volksfest in Ostfriesland zu Ehren des Heiligen Gallus. In der zweiten Hälfte des 16. Jahrhunderts bekam der Handel größeren Aufschwung. Um das Jahr 1600 hatte Leer zwischen 3000 und 3500 Einwohner. Diese Blütezeit führte 1619 zum Bau der **Haneburg,** einem Wohnschloss aus rotem Backstein. 1642 wurde mit dem Bau des Wasserschlosses **Evenburg** begonnen, es steht im heutigen Leeraner Stadtteil Loga.

Stadtrecht und Industrialisierung

1821 verlieh König *Georg IV.* dem zu dieser Zeit zum Königreich Hannover gehörenden Leer das **Stadtrecht** – eine wichtige Voraussetzung für seine weitere Entwicklung. 1856 wurde in Leer ein **Bahnhof** errichtet, die Stadt liegt an der neuen Strecke von Emden nach Rheine. 1866 kapitulierten hannoversche Truppen vor der preußischen Übermacht und das Königreich Hannover wurde zur **Provinz von Preußen.** Auch Leer war seitdem preußisch. Mit dem Bau der Bahnstrecke nach Oldenburg zwischen 1867 und 1869 wurde Leer zum **Verkehrsknotenpunkt der Eisenbahn.**

Dank des wirtschaftlichen Aufschwungs während der Zeit der Industrialisierung bekam Leer auch sein prägnantes **Rathaus.** Die offizielle Eröffnungsfeier des Gebäudes fand am 29. Oktober 1894 statt. Seitdem bildet das Ensemble aus Rathaus und Alter Waage (18. Jahrhundert, s.u.) an der Uferpromenade das Herz der Hafenstadt.

Entwicklung im 20. Jahrhundert

Dank des Eisenbahnknotenpunktes und des ausgebauten Hafens gedieh Leer zu Beginn des 20. Jahrhunderts prächtig. Durch den Bau der **Seeschleuse** 1903 war der Hafen unabhängig von den Gezeiten zu befahren. Zur gleichen Zeit bekam Leer als erste Stadt in Ostfriesland eine **Kanalisation.**

Der Kriegsausbruch 1914 wurde bejubelt wie im ganzen Deutschen Reich, aber die Begeisterung nahm rasch ab. Viele der ausgerückten Soldaten kehrten nicht mehr zurück in ihre Heimat. Die 1920er-Jahre waren eine wirtschaftlich schwierige Zeit, dennoch wurde 1927 die **Dr.-vom-Bruch-Brücke** eingeweiht. Dadurch bekam die Nessehalbinsel eine direkte Verbindung zur Innenstadt.

Die folgende **Weltwirtschaftskrise** ab 1929 verschonte auch Leer nicht und bereitete den Boden für den Aufstieg der Nationalsozialisten. Die ersten Jahre des Zweiten Weltkrieges überstand Leer fast ohne Bombentreffer der britischen Luftwaffe, erst gegen Ende des Kriegs im April 1945 wurden über 200 Gebäude zerstört, etwa 400 Menschen kamen ums Leben. Trotz schwieriger Bedingungen entwickelte sich die Stadt Leer in den Jahrzehnten nach dem Zweiten Weltkrieg positiv, in den 1970er-Jahren wurde die Altstadt aufwendig saniert. Das stärkte Leers Rolle als Einkaufsstadt und auch der Tourismus entwickelte sich erfreulich.

Das Herz der Stadt am Ufer der Leda

Das prächtige Gebäude der **Alten Waage** steht in Nachbarschaft zum Rathaus am Museumshafen und ist ein wahres Schmuckstück im Stil des **niederländischen Hochbarocks.** Die Fassade des zweigeschossigen Backsteinbaus von 1714 ist durch Säulen und Fenster streng gegliedert, das Doppelwalmdach ziert ein Dachreiter mit Uhr. In der Alten Waage befindet sich heute ein Restaurant (s.u.). Das für Leer erstaunlich große und imposante **Rathaus** wurde in fünfjähriger Bauzeit ab 1889 im Stil der deutsch-niederländischen Renaissance errichtet. Im Inneren des Gebäudes befinden sich eindrucksvolle Wand- und Deckenmalereien sowie ein prachtvoller Festsaal.

In dieser Umgebung ist auch Leers **Museumshafen** mit vielen Traditionsschiffen angesiedelt. Alle zwei Jahre findet hier das „Treffen der Traditionsschiffe unner 'd Rathuustoorn" statt, mehr als 100 Schiffe schmücken dann den Museumshafen. Ganzjährig bieten hier kleine Fahrgastschiffe und Barkassen Touren im Hafen und in Richtung Ems, Leda und Jümme an. Leers Hafen ist eine ehemalige Flussschleife der Leda. Ihr Flusslauf wurde in der Vergangenheit begradigt und der alte Arm mit zwischengeschalteter Schleuse zum Hafen der Stadt ausgebaut.

Die Altstadt

In Leers historischer Altstadt stehen hunderte Gebäude und Ensembles unter Denkmalschutz. Somit ist sie die historisch wertvollste in Ostfriesland. Im wahrsten Sinne herausragend sind die **Kirchen** der Altstadt, zu ihnen zählen die Große Kirche, die Lutherkirche und die St.-Michael-Kirche. Die **Große Kirche** ist die Hauptkirche der evangelisch-reformierten Landeskirche Deutschlands. 1785 legte man den Grundstein für das Gotteshaus, 1787 wurde die Einweihung gefeiert. Der prachtvolle Turm mit der offenen Laterne kam erst 1805 hinzu. Die Innenausstattung ist zu großen Teilen älter als die Kirche und stammt aus dem Vorgängerbau. In der Großen Kirche befindet sich die **größte Orgel Ostfrieslands,** sie hat 48 Register auf drei Manualen.

Im reformierten Leer bekamen die Lutheraner 1675 ihre **Lutherkirche** im Stil des Barock. Zu Beginn des 18. Jahrhunderts wurde das Bauwerk erweitert und erhielt darauf 1766 den Glockenturm. Weitere Ergänzungen folgten, sodass sich das Gebäude heute in der Form eines griechischen Kreuzes präsentiert.

Die Katholiken errichteten die Kirche **St. Michael** im Jahr 1775, in deren Nordportal sich eine Skulptur ihres Namensgebers befindet. Nach der Reformation war es der erste Kirchenneubau katholischen Glaubens.

Ebenfalls in Leers Altstadt steht die **Haneburg,** ein Wohnschloss, das auf das Jahr 1570 zurückgeht. Heute gehört das stilvoll renovierte Renaissancegebäude dem Landkreis Leer. Dort befindet sich die **Volkshochschule** Leer, der Rittersaal im Obergeschoss wird für offizielle

039ofl_mna

Empfänge, Tagungen und Ausstellungen genutzt. Zu besichtigen sind aber nur die Außenanlagen. Zwischen dem Rathaus und der Haneburg liegt der Platz „Große Bleiche", der auch Wohnmobilen als Stellplatz dient. Auf ihm findet jährlich im Oktober der berühmte **Gallimarkt** statt. Ostfrieslands größtes Volksfest mit Kirmes und Viehauktion wird seit 1508 gefeiert.

Die Einkaufsstadt

Die **Mühlenstraße** ist der wichtigste Einkaufsbereich und gleichzeitig die Flaniermeile in Leer. Aber auch in den umliegenden kleinen Gassen gibt es viele sehenswerte Geschäfte mit einer erstaunlichen Auswahl.

In der Rathausstraße lohnt das **Haus Samson** einen Besuch. Bereits 1570 wurde es vom Architekten *Vingboom* in der Rathausstraße 18 im Stil des niederländischen Barocks erbaut. Nach holländischer Tradition hatten die Häuser Namen – „Samson" sollte vermutlich Stärke symbolisieren. Während des Dreißigjährigen Kriegs wurden Teile des Gebäudes zerstört und später wieder aufgebaut. 1643 erhielt das Haus Samson eine neue Fassade, auf der noch heute das Wappen der Eigentümerfamilie *Vissering* zu erkennen ist. An der Fassade zeigt ein Schild, wie Samson einen Löwen bezwingt. Im Haus selbst befinden sich heute die sehenswerte **Weinhandlung Wolff** und im ersten und zweiten Stock ein kleines **Privatmuseum mit ostfriesischer Wohnkultur** aus dem 18. und 19. Jahrhundert. In einem Gewölbe unter dem Haus ist **Norddeutschlands größter Weinkeller,** denn die isolierende Sandlinse, auf der die Leeraner Altstadt gebaut ist, garantiert ganzjährig ein ausgeglichenes und gleichmäßiges Klima. Beste Bedingungen also für die Lagerung der edlen Tropfen.

■ **Haus Samson,** Rathausstraße 18, Tel. 0491 925230, www.wolf-stiftung.de (Erw. 2 €/Kinder 0,50 €). Privates Museum über die ostfriesische Wohnkultur des 18. und 19. Jahrhunderts in einem sehenswerten Haus von 1570 mit prächtiger Außenfassade. Geöffnet Mo–Fr 9–17 Uhr.

(UNSER TIPP:) **Weinhandlung Wolff,** das Geschäft im Haus Samson verfügt über eine exzellente Auswahl an Weinen, edlen Spirituosen, friesischen

⌃ Rathausturm neben bunten Herbstbäumen

1

Spezialitäten und feinen Schokoladen. In musealer Atmosphäre lässt sich hier wunderbar stöbern. Weitere Infos zur Weinhandlung und Mühlenstraße.
→ **Einkaufen**

Die Hafenstadt

Immer in der Nähe von Altstadt, Kirchen und Geschäften befindet sich der **Hafen.** Zwischen Tourist-Information und dem Restaurant „Schöne Aussichten" führt eine Freitreppe hinunter zum Becken des Freizeithafens, ein Weg verläuft weiter entlang der reizvollen Uferpromenade in Richtung Altstadt. Auffällig ist die **Nessebrücke** für Fußgänger, die Stahlkonstruktion verbindet die Altstadt mit der Nessehalbinsel. Schicke Neubauten säumen ihr Ufer, in den letzten Jahren ist dort ein neues Stadtquartier entstanden. Im Sommer liegen hier viele Yachten und Sportboote.

Ganz in der Nähe der Brücke befindet sich auch das nationale Kulturdenkmal **Prinz Heinrich.** Das Traditionsschiff wurde 1909 auf der Meyer-Werft in Papenburg gebaut. Früher verkehrte es in erster Linie zwischen Emden und Borkum. Die Prinz Heinrich ist das älteste Seebäderschiff und zugleich der älteste Doppelschrauben-Post- und Passagierdampfer Deutschlands. Das Schiff befindet sich im Besitz eines privaten Vereins, der es sich zum Ziel gesetzt hat, den Originalzustand des Schiffs aus dem Jahr 1909 wieder herzustellen. Die „alte Dame" ist 37 Meter lang, sieben Meter breit und hat einen Tiefgang von 1,80 Meter. Im Schiff gibt es eine Ausstellung zur Schifffahrt in der Ems-Dollart-Region. Das Schiff ist seetüchtig, es gibt einen Fahrplan für jede Dampfersaison. Rund-

fahrten auf der Ems sind in der Regel gut besucht.

■ **Traditionsschiff „Prinz Heinrich",** Graf-Uko-Weg 28, Tel. 0491 13796, www.prinz-heinrich-leer.de. Letztes Traditionsschiff der ostfriesischen Dampfschiffflotte.

Sehenswertes

An der Ecke Mühlenstraße und Brunnenstraße sollte man unbedingt das **Bünting-Teemuseum** besuchen. Der Besucher erfährt viel über Herkunft und Herstellung des Ostfriesentees und kann natürlich auch an einer stilechten Teezeremonie teilnehmen.

■ **Bünting Teemuseum,** Brunnenstraße 33, Tel. 0491 9922044, www.buenting-teemuseum.de (Erw. 3 €/Kinder 0 €). Hier geht es rund um den Tee, auch lässt sich an einer ostfriesischen Teezeremonie teilnehmen. Geöffnet Di–Sa 10–18 Uhr. Apr.–Dez. zusätzlich Mo 10–18 Uhr, Apr.–Okt. zusätzlich So 14–17 Uhr.

Knapp einen Kilometer westlich der Innenstadt, direkt an der B 436 gelegen, befindet sich der **„Plytenberg"** mit einem Durchmesser von rund 64 Metern. Er ist etwa neun Meter hoch und wurde künstlich aufgeschüttet. Wie und wann er entstanden ist, lässt sich nicht eindeutig belegen, aber es wird vermutet, dass er im 15. Jahrhundert als Ausguck für die Festung Leerort errichtet wurde. In der Osterzeit lassen viele Einwohner mitgebrachte Ostereier den Berg herunter „trullern". Auf dem Gelände des südlich vom Plytenberg gelegenen Friedhofs stand früher die älteste Steinkirche Leers aus dem Jahr 1200. Davon übrig geblie-

1

Das Leeraner Miniaturland

🧍 Eine im Jahr 2009 vom Norddeutschen Rundfunk ausgestrahlte Fernseh-Dokumentation **zeigte Ostfriesland und die Ostfriesischen Inseln von oben.** Die ungewöhnliche Perspektive faszinierte den Software-Hersteller *Wolfgang Teske* dermaßen, dass ihn der Wunsch nicht mehr losließ, die Sehenswürdigkeiten seiner Heimat anderen im gängigen **Modellbauformat 1:87** zu zeigen, quasi als ein H0-Mini-Regionsmuseum. Das war die Geburtsstunde des Leeraner Miniaturlandes. Seine Umsetzungsstrategie begann im November 2009 mit Papier und Bleistift, aber erst nach knapp zwei Jahren folgte die Eröffnung. Davor aber lagen jede Menge Arbeit, Schweiß und Herzblut der 20 Mitarbeiter in 92 Wochen.

Als größte Hürde erwies sich und erweist sich bis heute die **richtige Skalierung.** Hätte man Juist im Maßstab 1:87 gezeigt, wäre die Insel ein knapp 200 Meter langer schmaler „Schlauch" geworden, also viel zu lang. Die Kunst lag also darin, sie so zu verkürzen, dass die Form wiedererkennbar ist und die wichtigsten Sehenswürdigkeiten wie das Strandhotel, das Memmertfeuer, der Wasserturm und der Hammersee im H0-Format darauf Platz finden. Wäre die Meyer-Werft in Papenburg im Format 1:87 aufgebaut worden, hätte sie die Dimensionen einer Garage gehabt und somit ebenfalls jeden Rahmen gesprengt. Demnach wurde der Maßstab 1:87 teilweise reduziert. Dennoch sieht der Besucher heute sofort, dass es sich um ein **riesiges Ge-**

040ofl_LM

1

bäude handelt, in dem die Ozeanriesen der Weltmeere entstehen.

Die Anfänge der Ausstellung beschränkten sich noch auf die **Darstellung Ostfrieslands.** Inzwischen ist eine 800 Quadratmetergroße Halle mit den **wichtigsten Sehenswürdigkeiten aus dem westlichen Ostfriesland** bestückt. Sie zeigt die Städte Norden, Aurich, Emden und Leer, die Inseln Borkum, Juist und Norderney und geht dann knapp über die ostfriesische Grenze hinaus ins Emsland nach Papenburg. In der zweiten Halle geht es auf rund 400 Quadratmetern ins benachbarte **Ammerland,** dort in die Region Bad Zwischenahn und nach Oldenburg. Heute sind im Leeraner Miniaturland rund 11 Kilometer Schienen und Straßen auf insgesamt 1500 Quadratmetern Modellfläche mit über 8500 Gebäuden und Sehenswürdigkeiten sowie über 200.000 Figuren zu sehen. Entstanden ist die Anlage mit einer **Bauzeit von 560.000 Personenstunden.** Eine Erweiterung ist geplant, sie soll über Westerstede nach Wilhelmshaven und Dangast an den Jadebusen führen. Die Ideen dafür entstehen in Teamwork, die Mitarbeiter stammen aus allen Berufen und leben hier spürbar ihre Leidenschaft aus.

Die jährlich 700.000 Besucher kommen vorwiegend aus Nordrhein-Westfalen, Niedersachsen und Hessen. Sie können so auf kurzen Wegen in etwa 2½ Stunden kompakt eine Landschaft erkunden, für die sie sonst mehrere Wochen reisen müssten. Entlang des Weges sind **wissenswerte Informationen zu den gezeigten Sehenswürdigkeiten** zu finden, und wer genau hinschaut, sieht zum Beispiel die Bahn im Bahnhof Norddeich/Mole einfahren (mit Original-Lautsprecheransage!) und eine Fähre ablegen. Aber auch kleine bewegte Highlights im Detail wie der **Dreh einer Tatort-Szene,** ein **Feuerwehreinsatz bei einem brennenden Lkw** oder **Sex im Grünen** sind zu entdecken.

In der zweiten Halle befindet sich im Obergeschoss auf 500 Quadratmetern die **Vogelperspektive auf Berlin.** Diese Sammlung wurde angekauft, als das Berliner Miniaturland geschlossen wurde. **Fotografieren** ist übrigens **ausdrücklich erwünscht.** Ein weiterer interessanter Aspekt: Der Strom für den gesamten Betrieb stammt aus einer **70-Kilowatt-Fotovoltaikanlage** auf dem Dach des Gebäudes, überschüssige Energie wird ins Stromnetz eingespeist.

Die Ausstellung ist für Besucher aller Altersklassen, für Modellbauer und Touristen geeignet, alle finden Entdeckenswertes. Im Anschluss lassen sich im hauseigenen **Café-Bistro** Hunger und Durst stillen. Auch wer eine Veranstaltung oder einen Firmenausflug plant, kann das Leeraner Miniaturland als **schöne Location** nutzen. Modellliebhaber können sogar ihre **Hochzeit** dort feiern, denn Gastronomie, Veranstaltungen und Event-Catering gehören fest zum Betriebskonzept und sind ein weiteres wichtiges Standbein. Ebenso wie der **18-Loch-Minigolfplatz,** der sich unabhängig vom Besuch des Leeraner Miniaturlandes besuchen lässt.

■ **Leeraner Miniaturland,** Konrad-Zuse-Straße 1, Tel. 0491 4541540, www.leeraner-miniaturland. de. An der A 31, Abfahrt Leer-West gelegen, werden hier auf rund 4000 Quadratmetern Ostfrieslands Sehenswürdigkeiten und Sehenswertes aus der Landeshauptstadt Berlin als Modellbaulandschaft gezeigt.

■ **Eintrittspreise,** Erwachsene 15 €, Kinder 8 €, Schüler 11 €, Familienkarte für 2 Erwachsene und 1 Kind 34 €, mit 2 Kindern 38 €, jedes weitere Kind zusätzlich 6 €.

◁ 560.000 Stunden Arbeit: das Leeraner Miniaturland

ben ist nur noch die **Krypta,** die heute als Gedenkstätte für die Opfer der beiden Weltkriege dient.

In Leers Stadtteil Loga steht inmitten eines Englischen Landschaftsgartens das **Wasserschloss Evenburg** aus dem Jahr 1642. Seit 1975 gehört die Anlage dem Landkreis Leer. Kulturell besteht sie bis heute aus dem Dreiklang Schloss, Vorburg und Schlosspark. Alte Lindenalleen verbinden den Park mit der umliegenden Landschaft.

Die **Evenburg-Allee** wird erstmals 1787 erwähnt, sie ist aber wahrscheinlich älter. Im Wasserschloss selbst zeugen edle Tapeten und prächtige Deckenverzierungen von der Pracht des adeligen Lebens im 19. Jahrhundert. Die als Kulturdenkmal anerkannte Anlage wurde im 17. Jh. errichtet, mit einem Wassergraben ausgestattet und später mehrfach umgebaut. Die Dauerausstellung über „Leben und Wirtschaften" wird ergänzt durch wechselnde Sonderausstellungen. Ferner ergänzen Konzerte, Krea-tiv- und Kochkurse, Programme für Kinder und Märkte im Park das Angebot. In den historischen Räumen des Schlosses befindet sich neben einem Museum auch das **Zentrum für Gartenkultur.** Ein Spaziergang durch den wunderschönen Park mit den bemerkenswerten Lindenalleen lohnt sich. Auch eine Besichtigung der gegenüber der Vorburg liegenden **Patronatskirche** mit der Grafengruft ist zu empfehlen.

■**Schloss Evenburg,** Am Schlosspark 25, Tel. 0491 99756000, www.schloss-evenburg.de. Führungen und Besichtigungen im Schloss (Erw. 5 €/ Kinder bis 17 J. frei). Der Besuch des Schlossparks ist kostenfrei. Verschiedene Themenführungen sind möglich (ab 8 €) sowie historische „Zeitreisen" unter fachkundiger Leitung. Geöffnet Di–So 11–17 Uhr.

▽ Wasserschloss Evenburg in Loga

Praktische Tipps

Adressen in 26789 Leer

■ **Tourist-Information Leer,** Ledastraße 10, Tel. 0491 91969670, www.touristik-leer.de.
■ **Kino-Center Leer,** Mühlenstraße 88, Tel. 0491 99239325, www.kino-leer.de.

Verkehr

■ **Hauptbahnhof** am Rand der Altstadt, Bahnhofsring 8, Tel. 0421 2214780, www.bahn.de. Die Schienenverbindung führt nach Papenburg, Oldenburg und Emden. **Busbahnhof (ZOB)** direkt vor dem Hauptbahnhof.
■ **Taxi,** Leeraner Taxenruf 0491 4141, Taxi Mönnigmann 0491 9796969, Taxi Seichter 0491 61111.
■ **Flugplatz Papenburg Leer,** Kloster-Thedinga-Straße 83, nördlich von Leer zwischen Neermoor und Nüttermoor, Tel. 0491 5566, www.flugplatz-leer-papenburg.de. Selbstflieger, Inseltaxi und Rundflüge.

Einkaufen

■ **Wochenmarkt,** Ernst-Reuter-Platz, mittwochs und samstags von 7 bis 14 Uhr.

041ofl_mna

18 **Weinhandlung Wolff,** Rathausstraße 18, Tel. 0491 925230, www.wein-wolff.de. 1800 gegründet, führt das Unternehmen die inzwischen siebte Generation der Familie *Wolff*. Im Stammhaus im historischen Haus Samson gibt es eine große Palette friesischer Spezialitäten, edle Brände und eine stattliche Auswahl an Weinen. Wolffs Spirituosenfabrik stellt her, was Ostfriesen gern trinken: Sanddorngrog, verschiedene Sorten Schnaps und Klarer, die Spezialität Sinbohntjesopp, Lakritzlikör, Magen- und Kräuterbitter, über drei Millionen Flaschen im Jahr verlassen den Betrieb in der Leeraner Altstadt.

(UNSER TIPP!) **10** **Tatort Taraxacum,** Rathausstraße 23, Tel. 0491 91226286, www.taraxacum. tatort-taraxacum.de. Ostfrieslands Krimibuchhandlung mit Lesungen und Konzerten sowie angeschlossener Gastronomie mit leckerem Angebot an Speisen und Getränken.

6 **Altstadt-Bäckerei Aits,** Brunnenstraße 38, Tel. 0491 2972. Schmackhaftes Brot und köstliche Kuchen. Spezialität ist der Zimt-Zucker-Zwieback, und auch den leckeren Rosinenstuten sollte man unbedingt probieren.

23 **Kaffeerösterei Baum,** Mühlenstraße 41, Tel. 0491 20320110, www.kaffeeoestereibaum.de. In raumhohen Regalen sind die Ergebnisse der eigenen Rösterei in Packungsgrößen von 250, 500 und 1000 Gramm zu sehen und zu erwerben. Mit Fingerspitzengefühl wird aus den Bohnen das Beste herausgeholt, frei nach dem Motto: Ostfriesenkaffee – Tee können andere.

11 **EinFachSchön,** Rathausstraße 19, 26789 Leer, Tel. 0491 9992897. In der Altstadt von Leer befindet sich dieser Laden, in dem kreative Menschen Regalfläche mieten und ihre Erzeugnisse dort verkaufen können – vom selbst gemachten Pesto über Holzarbeiten bis hin zu Kunstwerken und Selbstgenähtem, auch die „Landleckereien" von *Anne de Vries* sind hier zu haben.

22 **Aqua,** Mühlenstraße 33, Tel. 0491 99239400. In diesem Spezialgeschäft gibt es Schönes und Dekoratives für zu Hause wie schöne Wolldecken, Kissenbezüge, Lampen, Schalen etc., dazu erstklassige Fachberatung.

24 Jessens Fischhuus, Mühlenstraße 56, Tel. 0491 20669982, www.jessens-fischimbiss.de. Im Imbiss gibt es Backfisch, Kibbeling und frisch belegte Muschelbrötchen mit Matjes, Hering, Lachs oder Krabben, in der Fischtheke Frisch- und Räucherfisch sowie Salate.

5 Porzellan Hibben, Mühlenstraße 11, Tel. 0491 928690, www.porzellan-hibben.de. In einem der wenigen noch vorhandenen Haushaltswarenfachgeschäften wartet eine große Auswahl an hochwertigen Porzellanen, Küchenutensilien und -textilien – hier macht das Stöbern wirklich Spaß.

8 Das Holländische Möbelhaus, Brunnenstraße 24, Tel. 0491 9991120. Außergewöhnliche Möbel im Landhausstil oder im Shabby-Chic-Look, Kolonialstil und Wohndeko aus Übersee, z. B. aus Baumwurzeln werden hier in Hülle und Fülle angeboten.

1 Caravan-Center Moormerland, Wankelstraße 14, 26802 Moormerland, Tel. 04954 6888, www.caravan-center-moormerland.de.

2 Fritz Berger Campingbedarf, Handestraße 3, 26529 Upgant-Schott, Tel. 04934 4477, www.fritz-berger.de.

Gastronomie (Cafés)

7 Antik-Café, Brunnenstraße 27, Tel. 0491 3616. Ostfriesentee, Kaffeespezialitäten und selbstgebackene Kuchen vom Feinsten, besonders das Frühstück ist üppig und lecker.

14 23 Altstadtcafé Baum, Neue Straße 5/Mühlenstraße 41, Tel. 0491 99756210, www.kaffeeroestereibaum.de. Purer Kaffeegenuss mit köstlichen Kaffeespezialitäten aus dem Familienbetrieb mit selbstgeröstetem Kaffee.

17 Ostfriesische Teestube, Rathausstraße 4a, Tel. 0491 4541358. Klassischer Ostfriesentee und weitere Teevarianten. Leckerer Kuchen im authentischen Umfeld der Altstadt und des historischen Hafens.

28 Eiscafé Venezia, Mühlenstraße 103, Tel. 0491 3508. Klassisches Eiscafé in zentraler Lage.

19 Café und Biergarten im Kulturspeicher, Wilhelminengang 2, Tel. 0491 20669590, www.kulturspeicher.de. Kultiges Café und Biergarten im Veranstaltungszentrum Kulturspeicher.

Gastronomie (Restaurants)

16 Schiffsrestaurant Spiekeroog III, Dr.-vom-Bruch-Brücke 1, Ecke Hafenstraße, Tel. 0491 9975 1855, www.spiekeroogiii.de. Unter dem Motto „Aufbruch auf Ostfriesisch" verspricht die Speisekarte in maritimem Umfeld eine Reise um die Welt.

20 Hafenbar, Am Nesseufer 22, Tel. 0491 45450 238, www.hafenbar-leer.de. Schickes Ambiente mit italienisch angehauchter Küche.

10 Tatort Taraxacum, Rathausstraße 23, Tel. 0491 97671703, www.taraxacum.tatort-taraxacum.de. Restaurant und Kulturcafé mit Krimibuchhandlung, in der kreative Küche nebst Kaffee und Kuchen serviert wird, draußen gibt es einen Biergarten. Mittagstisch, auch für Vegetarier.

25 Schöne Aussichten, Ledastraße 4, Tel. 0491 67842, www.schoeneaussichten-leer.de. Gut essen mit wöchentlich wechselndem Mittagstisch – das geht hier mit bester Aussicht auf den Freizeithafen.

27 Restaurant Pier 23, Ledastraße 23, Tel. 0491 97672623, www.pier-23.de. Kulinarisches von Europa bis Asien, kreative internationale Küche.

15 Restaurant Zur Waage und Börse, Neue Straße 1, Tel. 0491 62244, www.restaurant-zur-waage.de. Ausgewählte klassisch-deutsche Gerichte im historischen Ambiente.

30 Restaurant Syrtaki, Bahnhofsring 16–20, Tel. 0491 66885, www.syrtaki-leer.de. Der äußere Eindruck ist trügerisch – Leers Grieche hat sehr leckere Gerichte auf der Speisekarte.

12 Haus Hamburg, Rathausstraße 3–5, Tel. 0491 4884, www.haus-hamburg-leer.de. Nach dem Mot-

▷ Museumshafen mit Rathaus

to „Herz, Küche, Tisch" werden hier vor allem feine norddeutsche Fischgerichte serviert.

31 Restaurant Bei Ante, Hohe Loga 10, Tel. 0491 9711525, www.bei-ante.de. Europäische bis mitteleuropäische Spezialitäten in sehr guter Qualität.

4 Bathmann's Grillstube, Heisfelder Straße 16, Tel. 0491 61744, www.bathmanns-grillstube.de. Klassisches SB-Restaurant im Zentrum Leers mit Imbissatmosphäre und erstaunlich großer Karte, dennoch wird alles frisch zubereitet.

Unterkunft

27 Hotel Hafenspeicher③, Ledastraße 23, Tel. 0491 9975300, www.hotel-hafenspeicher.de. Vier-Sterne-Niveau mit Sauna und Fitnessraum in einem alten Speichergebäude aus dem Jahr 1872 in zentraler Lage.

29 Hotel Frisia③, Bahnhofsring 16–20, Tel. 0491 92840, www.hotel-frisia.de. Vier-Sterne-Komfort in Bahnhofsnähe mit gepflegter Atmosphäre, Sauna und Fitnessraum inklusive.

13 Hotel Five Rooms②, Königstraße 9, Tel. 0176 23830805, www.fiverooms.de. Hier treffen der Charme der historischen Altstadt auf modernes Design, nur fünf Zimmer gibt es und Frühstück auf Wunsch.

21 Hotel 360 Grad②, Mühlenstraße 36–38, Tel. 0491 99755771, www.360grad-leer.de. Modernes Haus in sehr zentraler Lage zwischen Fußgängerzone und Hafen, mit Restaurant und Bar.

9 Jugendherberge Leer①, Süderkreuzstraße 7, Tel. 0491 2126, www.jugendherberge.de. Fußläufig zur Innenstadt in einem stilvollen alten Gemäuer, die Gäste beurteilen das Haus sehr gut.

042ofl_mna

043ofl_mna

Camping- und Wohnmobilstellplätze

■ **Ems-Marina-Camping,** Adresse siehe Bingum.

■ **Wohnmobilstellplatz Nessestraße 31,** nah zum Hafen und der historischen Altstadt, Dusche und WC in ca. 600 Meter Entfernung.

■ **Wohnmobilstellplatz Große Bleiche,** Tel. 0491 9782393, unmittelbar an der Altstadt, die Dusche ist ca. 700 und das WC ca. 200 Meter entfernt.

■ **Wohnmobilstellplatz Plytje,** Burgfehner Weg 34a, direkt am Hallenbad, Tel. 0491 97111110, Dusche und WC.

■ **Wohnmobilstellplatz beim Segler-Verein-Leer,** Seglerweg, Tel. 0491 2033 oder Tel. 0170 7334576, www.sv-leer.de.

■ **Wohnmobilstellplatz Mühle Eiklenborg,** Logabirumer Straße 55, Tel. 0491 99239955, Dusche, WC, Waschmaschine und Gaststätte.

⌃ Bootssteg an der Wilhelm-Klopp-Promenade

Nachtleben

3 **Fetenscheune,** Windelskampsweg 6, www.fetenscheune.net. Etwas außerhalb gelegenes Tanzlokal, freitags gibt es Motto-Partys.

Museen und Führungen

■ **Heimatmuseum Leer,** Neue Straße 12–14, Tel. 04941 2019, www.heimatmuseum-leer.de Di–So 11–17 Uhr, Erw. 5 €, Kinder ab 6 J. 2 €. Exponate zur Geschichte sowie zu Leben und Arbeit der Menschen in Leer mit Wechselausstellungen und museumspädagogischem Programm.

■ **Gedenk- und Begegnungsstätte Ehemalige Jüdische Schule,** Ubbo-Emmius-Str. 12, Tel. 04941 99920832, www.ehem-jüdische-schule-leer.de (kostenfrei). Führungen auf Anfrage.

■ **Stadt- und Rathausführungen** sowie **Krimiführung** an den „Friesland-Drehorten" über die Tourist-Information Leer (Erw. 5 €, Kinder bis 12. J. 2,50 €).

■**Nachtwächterführung „De Schienfattlo-pers",** *Claudia Röben,* Tel. 0491 9711053, www. leer-entdecken.de, Erw. 7 €, Kinder 3,50 €. Treffpunkt Museumshafen an der Alten Waage, Dauer 90 Min. Die Nachtwächterführung ist für Rollstuhlfahrer geeignet.

Ausflüge und Touren

🦋 Auf Initiative von Leeraner Bürgern entstanden **zwei Rundkurse** mit vielen Stationen zur **Ökologie, Geografie, Stadtgeschichte** und **Stadtentwicklung.** Zu Fuß geht es auf dem „Inneren Ring" durch Leers Innenstadt. Der „Äußere Ring" ist als 33 Kilometer lange Radtour angelegt. Auf beiden Rundkursen lernt man die Stadt und Umgebung kennen und erfährt, welche Ideen es für eine ökologische Stadt der Zukunft gibt, und was man selbst dazu beitragen kann. Mehr Informationen dazu sowie eine ausführliche Beschreibung der Touren gibt es in der **Tourist-Information.**

■**Germania-Schifffahrt,** Anleger „Rathausbrücke" am Museumshafen, Tel. 0491 5982, www.germania-schiffahrt.de. Hafenrundfahrten von April bis Okt. (Erw. 10 €, Ki. 5 €), Schiffsausflüge und viele Sondertouren wie eine Krimirundfahrt (Erw. 16 €) auf Ems, Leda, Jümme und auf dem Dollart bis nach Groningen und Delfzijl in den Niederlanden.

Sport und Freizeit

26 **Paddel- und Pedal-Station,** Fährstraße 6, Tel. 0491 91969630, www.paddel-und-pedal.de. Fahrradgeschäft mit Werkstatt und Verleih von Fahrrädern.

32 **Fahrradoase,** Bremer Straße 27 b, Tel. 0491 15115, www.fahrradoase.de.

🏊 **Plytje – Hallenbad Leer,** Burgfehner Weg 34a, Tel. 0491 97111110, www.plytje.com. Neubau mit Sportbecken und Kinderbecken und großem Außenbereich inklusive Terrasse, Liegewiese und Beach-Volleyballfeld, Eintritt ab 3,80 €, Kinder ab 6 J. 1,90 €. Das Plytje wurde 2020 mit einem Preis ausgezeichnet.

🏊 **Spielfarm Leer für Kinder,** Nüttermoorer Sieltief 31, Tel. 0491 99239360, www.spielfarm-leer.de Hüpfburgen, Klettertürme, Rodelbahn, Baby-Softecke – ideal für „Schietweddertage". Eintritt ab 3,50 €/Kinder 4–6 €).

Veranstaltungen

■**Kulturspeicher Leer,** Adresse siehe Cafés. Abwechslungsreiches Kulturprogramm von der Ausstellung bis zum Konzert.

■**Frühlingsfest Schloss Evenburg,** jährlich im Mai wird im Park gefeiert.

■**Historisches Altstadtfest Leer,** jedes Jahr im Juni lebt für einen Tag das 16. und 17. Jahrhundert wieder auf mit Schauhandwerk wie Schmieden, Töpfern und Druckern sowie munterem Markttreiben mit Bänkelsängern, Wahrsagern und Märchenerzählern. www.historisches-altstadtfest-leer.de.

■**Julianenparkfest,** jährlich im Juni stellen sich rund um den See auf dem Parkgelände Vereine und Organisationen vor. Das Familienfest verspricht Spaß und Spannung sowie kulinarische Genüsse.

■**Grenzenlos treffen,** an einem Wochenende im Juni treffen sich im **Kunstzentrum Coldam** zahlreiche Künstler aus den Niederlanden und Deutschland mit buntem Veranstaltungsprogramm zum geselligen Miteinander. Coldamer Straße 8, Tel. 0491 9604847, www.kunstzentrumcoldam.com.

■**American Wheels,** jährlich an einem Sonntag im August treffen sich hier viele US-Car-Fahrer und stellen ihre Fahrzeuge zur Schau. Termine über die Tourist-Information.

■**Ostfrieslandschau,** die Verbraucherausstellung findet jedes Jahr Ende September/Anfang Oktober statt. Anbieter verschiedener Branchen zeigen ihr Angebot mit Aktionen, Vorführungen und geselligem Beisammensein (www.ostfrieslandschau.de).

■**Gallimarkt,** jährlich im Oktober findet er für fünf Tage statt. Mit Viehauftrieb, Ausstellung, Festplatz mit Fahrgeschäften, Feuerwerk und viel Spaß für Groß und Klein, www.gallimarkt.net.

■**Weihnachtsmarkt achter'd Waag,** an den vier Adventssonntagen lässt sich hier nachmittags

Schlendern, Schnacken und Schnabulieren. Nach dem Motto „Kunsthandwerk und geselliges Zusammensein statt Kommerz" stellen hier mit Hafenblick Ehrenamtliche und Vereine aus (www.schipperklottje.de). Abends wird der Hafen in festliches Licht getaucht.

■ **Weihnachtsmarkt,** zauberhaft beleuchtet wird die Innenstadt während der Adventszeit, wenn der Weihnachtsmarkt mit vielen Attraktionen und zahlreichen Veranstaltungen, Ständen und Leckereien lockt.

Yachthafen

■ **City-Marina Leer,** Ludwig-Klopp-Promenade, Tel. 0491 9777015 und Tel. 0175 1000105, www.stadtwerke-leer.de. Unmittelbar an der Uferpromenade im Herzen der Stadt.

■ **Schiffsliegeplätze der Stadtwerke Leer** (Vergabe über Germania Schifffahrtsgesellschaft), Tel. 0173 6224781, www.germania-schiffahrt.de. Liegeplätze vor der Kulisse der historischen Altstadt.

■ **Ems-Marina Bingum,** Adresse siehe Bingum.

044ofl_mna

Das Zweistromland

Eines der landschaftlich reizvollsten Gebiete in Ostfriesland ist der Bereich zwischen Leda und Jümme, östlich von Leer gelegen. Die meisten Ortschaften sind in der **Gemeinde Jümme** zusammengefasst. Diese besteht aus den drei Gemeinden Filsum, Nortmoor und Detern. Der Name kommt natürlich von der Jümme, einem Nebenfluss der Leda. Aufgrund der Lage an den beiden Flüssen wird das Gebiet auch „Zweistromland" genannt. Kaum industrialisiert, ist hier die **Landwirtschaft** von großer Bedeutung, aber auch der **Tourismus** tritt in dieser dünn besiedelten Region immer mehr in den Vordergrund. Die Landschaft ist weit und überall säumen Wallhecken die Weiden und Felder. Im Sommer beeindrucken sie durch üppiges Grün. Dazwischen zeigen sich vereinzelt Bauernhöfe und kleine Dörfer aus rotem Backstein. Auf den großen grünen Weiden sorgen die schwarz-bunten Milchkühe für Kontraste.

Das Zweistromland ist für **Paddler** und **Angler** interessant, viele Fische wie Aal, Zander, Barsch oder Brasse beißen an. Aber auch **Naturliebhaber** kommen auf ihre Kosten: Das **Barger Meer** ist ein kleines Naturschutzgebiet. Zauberhafte Bruchwälder stehen am Ufer der Gewässer. Selten gewordene Tiere wie der Seefrosch oder die Erdkröte sind hier zu Hause. Mit etwas Glück kann man verschiedene Libellenarten oder Haubentaucher, Blässhühner und den Eisvogel entdecken.

Ein Naturschutzgebiet südlich der Leda ist der **Polder Holter Hammrich.** Dieser ist 240 Hektar groß und befindet sich zu großen Teilen auf dem Gebiet von Rhauderfehn. In dem von einem Deich umgebenen Gebiet entstand feuchtes Grünland mit stillen Wasserflächen, ein idealer Lebensraum für zahlreiche **Wat- und Wiesenvögel.** Seit 2011 dient der Holter Hammrich der Wasserregulierung des Leda- und Jümme-Flusssystems, früher nutzten Landwirte diese Flächen.

Weil sich die **Gezeiten** spürbar bis weit in die Flüsse Leda und Jümme hinein auswirkten, wurde in den frühen 1950er-Jahren das **Ledasperrwerk** südlich von Leer errichtet. Daher ist die Region heute vor Überflutungen gut geschützt. Die Leda ändert weiter östlich im Saterland ihren Namen, hier kennt man den Fluss als Sagter Ems. Der etwa einen Kilometer lange **Dreyschloot** verbindet die Flüsse Leda und Jümme, die Jümme benötigt gut 18 Kilometer, bis sie bei Wiltshausen tatsächlich in die Leda mündet. Zusammen mit dem **Nordgeorgsfehnkanal** und dem **Elisabethfehnkanal** bilden die Flüsse eines der reizvollen Gebiete Ostfrieslands. **Freizeitkapitäne, Skipper** und **Paddler** nutzen die zahlreichen Wasserstraßen im südlichen Ostfriesland, viele von ihnen sind befahrbar und bieten eine interessante Perspektive auf die Landschaft. Aber auch für **Radfahrer** sind hier die Bedingungen nahezu ideal.

Landkreis Leer

◁ Turm der Großen Kirche in Leer

Detern

Eine der wichtigsten Ortschaften der Gemeinde Jümme ist Detern, der Ortsname steht für „Siedlung am rauschenden Wasser". In Detern steht die klassizistische **St.-Stephani-und-Bartholomäi-Kirche** aus dem 19. Jahrhundert. Der separat stehende Glockenturm ist deutlich älter und stammt aus dem 15. Jahrhundert. Am Friedhof im Ortsteil Deternerlehe steht ein zweiter Glockenturm. Er wurde im Jahr 1910 errichtet und ist vier Kilometer von der Kirche entfernt.

In Deterns Ortsteil Stickhausen lädt die **Wallanlage der Burg Stickhausen** nebst Turm zur Besichtigung ein. 1435 ließen Hamburger Kaufleute die Anlage als Schutz vor Räubern bauen. Schließlich musste die Hansestadt ihre Handelswege schützen. Heute ist neben den Wallanlagen nur noch der Rundturm erhalten, er stammt aus dem Jahr 1498. Auf dem historischen Festungsgelände der Burg Stickhausen findet alljährlich ein **Gartenmarkt** statt, er lockt Gartenfreunde von nah und fern an. Auf einer Fläche von mehr als einem Hektar präsentieren rund 100 Aussteller ihr Angebot zur Gartengestaltung, er ist ein farbenfrohes Fest für die Sinne.

Südwestlich von Stickhausen liegt der **Jümmesee**, auch „Stickisee" genannt. Der See ist nur durch einen Deich von der Jümme getrennt. Der Sandbadestrand, die Liegewiese und der Campingplatz locken viele Urlauber und Einheimische an, darüber hinaus ist der Jümmesee das Angelrevier des örtlichen Fischereivereins.

In der Nähe des Ortsteils **Amdorf** wölbt sich in einem kühnen Bogen die **schmalste Autobrücke Deutschlands**

045ofl_mna

Landkreis Leer

über die Leda. Die vielen Kratzer im Lack der Ledabrücke bei der Auf- und Abfahrt zeigen, dass manch einer die Seitenbegrenzung für Fahrzeuge von 1,80 Metern nicht ernst genug genommen hat. Der Name „Amdorf" kommt von der mittelalterlichen Bezeichnung *Hamdorf*, was so viel wie Weideland bedeutet. In der Tat wird das Land zwischen Leda und Jümme fast ausschließlich zum Weiden von Rindern genutzt, auch heute noch. Das Dorf hat eine Kirche aus dem Jahr 1769, der Turm kam erst gut einhundert Jahre später hinzu. Teile der Ausstattung wie die Kanzel sind älter als das Gotteshaus und stammen aus dem Vorgängerbau, das Altarbild wurde auf das Jahr 1695 datiert. Seit 1975 arbeiten die Kirchengemeinden von Amdorf und dem Nachbardorf Neuburg zusammen. Die Neuburger Kirche wurde 1779 geweiht, mehrere Vorgängerbauten mussten bereits ersetzt werden. Der dazu gehörende Glockenstuhl ist älter als das Gotteshaus und wird auf 1664 datiert.

In unmittelbarer Nähe von Amdorf vereinen sich die Flüsse Leda und Jümme. An dieser Stelle kann die Jümme mit der **Pünte**, einer handbetriebenen Fähre, überquert werden. Sie ist die älteste handbetriebene Fähre Europas und verbindet die Dörfer Wiltshausen und Amdorf. Bereits 1562 wurde sie erstmals erwähnt: „Fährmann hol over!". Einst querten Postkutschen mit der Pünte den Fluss, heute ist sie eine Attraktion für meist Rad fahrende Urlauber und wird

◁ In Amdorf führt die schmalste Autobrücke Deutschlands über die Leda

von Mai bis September von einem Verein betrieben. Die Überfahrt für eine Person kostet 1 €, ein Fahrrad 1,50 € und ein Auto 4 €.

Praktische Tipps

Adressen in 26847 Detern
▪ **Tourist-Information,** Alte Heerstraße 6, Tel. 04957 711, www.detern.de.
▪ **Paddel- und Pedal-Station Stickhausen,** Alte Heerstraße 6, Tel. 0162 3081355, www.paddel-und-pedal.de, die Station befindet sich an der Jümme.
▪ **Sportfischereiverein „Altes Amt Stickhausen",** Gastkarten für das Angeln im Leda-Jümme-Gebiet sind bei der Tourist-Information in Detern erhältlich.

Gastronomie
▪ **Deterner Krug,** Kirchstraße 2, Tel. 04957 339, www.deternerkrug.de. Regionale Küche mit saisonalen Spezialitäten in gemütlicher Atmosphäre, mit Biergarten.
▪ **Burg-Café** (Stickhausen), Von-Glan-Straße 2, Tel. 0173 7826113, www.altes-zollhaus-stickhausen.de. An Wochenenden und Feiertagen geöffnet, im historischen Gebäude kann man direkt an der Jümme das Frühstück genießen oder Kaffee und Kuchen am Nachmittag. Manchmal gibt das „singende Servierfräulein" einen unterhaltsamen musikalischen Auftritt.
▪ **Landgaststätte zur Jümme-Fähre** (Leer/Wiltshausen), Amdorferstraße 101, Tel. 0491 71866, www.puente-leer.de. Bier oder Wein, ob zur Kutterscholle oder zu mexikanischen Burritos – auf der schönen Deichterrasse wird alles zum Genuss.

Unterkunft
▪ **Campingplatz am Jümmesee,** Zum See, Tel. 04957 1808, www.detern.de. Gut ausgestatteter Campingplatz mit 200 Stellplätzen in schöner Lage

am See. In der Nähe befindet sich ein großer Kinderspielplatz.

■ **Wohnmobilstellplatz Detern/Stickhausen,** Jümmestraße 8, Tel. 04957 711, www.detern.de. Der Stellplatz verfügt über Sanitärbereich, Waschmaschine und Küche.

■ **Wohnmobilstellplätze an der Landgaststätte zur Jümme-Fähre (Leer/Wiltshausen),** Amdorfer Straße 101, Tel. 0491 71866, www.puente-leer.de. Reservierung bei Gruppen wird erwünscht.

■ **Pension Am Wiesengrund**①, Alte Heerstraße 12, Tel. 04957 912001, www.pension-am-wiesengrund.de. Die Pension mit großzügigen Zimmern, alle mit eigenem Bad, bietet den Gästen morgens ein großes Frühstücksbuffet mit frischem Kaffee und Ostfriesentee. In einer eigenen kleinen Werkstatt kann man sein Fahrrad reparieren. Für Angler

gibt es eine eigene Fischputzstelle sowie einen Räucherofen. Am großen Teich mit eigenem Bachlauf im Garten lässt sich beim Hintergrundplätschern wunderbar entspannen.

■ **Biker-Hotel Zur Schanze**①, Hauptstraße 717, 26689 Apen, Tel. 04489 9427620, www.bikerhotel-zur-schanze.de. Das Hotel liegt zwar knapp außerhalb Ostfrieslands, aber ganz in der Nähe von Detern. Es richtet sich in erster Linie an motorisierte und Pedal tretende Biker. Es gibt Doppel-, Einzel- und 4-Bett-Zimmer, dazu eine Zeltwiese mit Sanitäranlagen sowie einer Feuerstelle und einen Biergarten.

⌂ Die Pünte am Zusammenfluss von Jümme und Leda

Landkreis Leer

Filsum

Etwa 50 Kilometer ist Filsum von der Nordseeküste entfernt, es besteht direkter Anschluss an die Bundesstraße 72 und die Autobahn 28. In Filsum steht das **Rathaus der Gemeinde Jümme.** Bedeutend ist die **St. Paulus-Kirche,** von der man den Baubeginn nur vermuten kann. Mitte des 13. Jahrhunderts entstand ein Saalbau aus Backsteinen mit einer halbrunden Apsis, 200 oder 300 Jahre später wurde die Apsis durch den heutigen Chor ersetzt. Der spätgotische Flügelaltar im Gotteshaus stammt aus der zweiten Hälfte des 15. Jahrhunderts. Das ursprüngliche Marienbildnis wurde im Zuge der Reformation durch eine Darstellung des Abendmahls ersetzt. Die Gemeinde hat eine kleine Broschüre herausgegeben, den sogenannten Kirchenlotsen, der mit verschiedenen Fragen Kinder, Jugendliche und Erwachsene zu einer Entdeckungsreise durch die Kirche einlädt.

In Filsum lebte der durch Funk und Fernsehen bekannte **Pferdeflüsterer** *Tamme Hanken* (1960–2016), im „Hankenhof" wird auch heute noch für das Wohl vieler Tiere gesorgt. „Tier und Natur im Einklang" heißt das Motto dort, Tammes Frau *Carmen* führt den Betrieb fort.

Eine nettes Erlebnis gibt es für Radfahrer in der unmittelbaren Umgebung der Ortschaft Filsum: hier liegt eine kleine **Kurbelfähre,** mit der die Radler den Wasserlauf Holtlander Ehe überqueren können. Mit ein wenig Muskelkraft lässt sich das andere Ufer des Flüsschens leicht erreichen.

Praktische Tipps

Adressen in 26849 Filsum

■ **Rathaus,** Rathausring 8–12, Tel. 04957 91800, www.juemme.de.

■ **Taxi Lüdtke,** Rathausring 1, Tel. 04957 912291, www.taxiruf-filsum.de.

Einkaufen

■ **Gourmet Flamand,** Rathausring 4, Tel. 04957 1776, www.gourmet-flamand.net. Spezialitäten werden aus Flandern nach Ostfriesland gebracht, deftige und dennoch feine Artikel wie Gemüseaufstrich oder Gewürzmischungen gibt es hier.

Unterkunft

■ **Cramer's Hotel**①, Osterende 8, Tel. 04957 9276585, www.cramers-filsum.de. Im Ortskern gelegenes kleines familiengeführtes Hotel.

Nortmoor

Hier lässt sich ein **antiker Siedlungsplatz** nachweisen, Keramikscherben und Glas aus der römischen Kaiserzeit wurden bei archäologischen Ausgrabungen gefunden. Die älteste Urkunde über Nortmoor stammt aus dem Jahr 1411. Obwohl die barocke **St.-Georg-Kirche** erst im 18. Jahrhundert errichtet wurde, arbeitete der erste Pfarrer der Gemeinde schon 1436 in Nortmoor. Für den Bau des Gotteshauses verwendete man die Ziegel des Vorgängerbaus. Der freistehende Glockenstuhl stammt aus dem 13. Jahrhundert. Im 17. Jahrhundert wurde die Einwohnerzahl des Dorfs fast halbiert, die Pest wütete in Ostfriesland und traf Nortmoor besonders hart. Heute leben in der Gemeinde weniger als 2000 Einwohner. Die Jümme bildet die Gemeindegrenze nach Süden.

1

Overledingerland

Der Name der historischen Landschaft leitet sich von „Land über der Leda" ab. Der südöstliche Bereich des Landkreises Leer wird im Norden vom Fluss Leda und im Westen von der Ems begrenzt. Politisch ist das Overledingerland in die Gemeinden Westoverledingen, Rhauderfehn und Ostrhauderfehn aufgeteilt, die zahlreichen kleinen Ortschaften und Dörfer sind bei der Gebietsreform 1973 diesen drei Gemeinden zugeordnet worden.

Im frühen Mittelalter gehörte das Overledingerland zum **karolingischen Emsgau** und konnte sich im 13. Jahrhundert als eigenständige friesische Landgemeinde behaupten. Im 15. Jahrhundert endete die Zeit der Eigenständigkeit, und diverse Häuptlinge teilten sich die Macht über die historische Landschaft auf. Als die Häuptlingszeit endete, ging das Overledingerland in der **Grafschaft Ostfriesland** auf. Landschaftlich ist der Westen von Marschland und Geest geprägt, weiter Richtung Osten wechselt sie zu Geest- und abgetorften Moorgebieten.

1765 erhielten fünf Kaufleute die Zustimmung, in der Hochmoorfläche des nördlichen Overledingerlandes ein **neues Fehngebiet** anzulegen. Dieses ist der geschichtliche Beginn von Rhauderfehn und Ostrhauderfehn. Hier bestimmen folglich zahlreiche meist weiß leuchtende **Klappbrücken** über die heute noch vorhandenen Fehnkanäle das Bild der Ortschaften. Große Wallheckenlandschaften mit dazwischen liegenden Weiden dienen der Viehhaltung, sie sind typisch für Ostfriesland. **Mittelalterliche Kirchen** und **historische Windmühlen** gehören zum kulturellen Erbe und prägen das Landschaftsbild.

Ostrhauderfehn

Die Gemeinde im Landkreis Leer befindet sich im Osten des Overledingerlands. Namentlich verweist die Endung *Fehn* auf eine Siedlung im Moor. Seit den 1950er-Jahren wurden zahlreiche Fehnkanäle zugeschüttet, und die Landschaft verlor stellenweise ihren ursprünglichen Charakter. Auf dem ehemaligen Westkanal verläuft heute die Kreisstraße 73. Die Gemeinde Ostrhauderfehn besteht aus den Ortschaften Holterfehn, Idafehn, Langholt, Potshausen, Holtermoor und Ostrhauderfehn.

Der Ortsteil Ostrhauderfehn ist mit über 6000 Einwohnern die größte Ortschaft, hier befindet sich auch der **Sitz der Verwaltung.** In der grünen Landschaft des Gemeindegebietes gibt es eine größere Anzahl **historischer Gulfhöfe,** die häufig auch heute noch landwirtschaftlich genutzt werden. Zur Erinnerung an die einstige Schifffahrtstradition der Region findet jedes Jahr am Kanalhafen ein **Hafenfest** statt. Der Hauptfehnkanal stellt in Richtung Norden eine Wasserverbindung zur Leda her. Im Ortsteil Potshausen ist die **St.-Martin-Kirche** erwähnenswert. Sie wurde am 18. März 1866 eingeweiht und ist die älteste Kirche in Ostrhauderfehn. Wertvolle Ausstattungsgegenstände übernahm man aus dem Vorgängerbau, dazu zählt auch der Altaraufsatz aus dem Jahr 1647. **Potshausens Klappbrücke über die Leda** ist ebenfalls von historischem

Interesse: Hier wurde früher Zoll erhoben, alle passierenden Schiffer waren zur Zahlung verpflichtet.

Idafehn

Historisch betrachtet gehört der Ortsteil Idafehn nicht zu Ostfriesland, sondern zu Oldenburg. Er wurde erst 1974 in die Gemeinde Ostrhauderfehn eingegliedert. Wahrzeichen des Ortes ist die **Windmühle Idafehn.** Der ursprüngliche Galeriehölländer brannte 1972 aus, erst im Jahr 2000 konnte der Wiederaufbau der Mühle beendet werden. Am 1. Advent lockt der **Stutenkeerlmarkt** an die Mühle in Idafehn, allerlei Leckereien und der Posaunenchor schaffen dann eine vorweihnachtliche Atmosphäre.

Der **Idasee** nördlich von Idafehn entstand in den frühen 1970er-Jahren, hier wurden Sand und Kies für den Bau der Bundesstraße 72 abgebaut. 1977 taufte man die ehemalige Kiesgrube auf den Namen Idasee. Das hier entstandene **Naherholungsgebiet** wurde über die Jahre ausgebaut und hat durch die Installation einer **Wasserskianlage** an Attraktivität gewonnen. Direkt am Idasee liegt auch ein ganzjährig geöffneter **Campingplatz** mit einem Abenteuerspielplatz für die Kleinen.

Praktische Tipps

Adressen in 26842 Ostrhauderfehn

◼ **Tourist-Information (Ostrhauderfehn),** Hauptstraße 115, Tel. 04952 80544, www.ostrhauderfehn.de.

(*UNSER TIPP:*) Die Tourist-Information hat die sogenannte **„Wieken Tour"** ausgearbeitet, die zu Fuß, mit Fahrrad oder mit dem Auto durch Ostrhauderfehn führt. Infotafeln an den verschiedenen Haltepunkten erklären Wissenswertes zur Geschichte der Gemeinde. Eine Broschüre inklusive einer Karte ist kostenlos erhältlich.

◼ **Mühle Idafehn,** Idafehn-Süd 2 a, Tel. 04952 4331, www.idafehn.de.

◼ **Angeln,** das Overledinger Land ist ein Eldorado für Sportangler, die mit Gastkarten des Sportfischervereins Westoverledingen in sieben Steh- und

047ofl_mna

> ☐ Schiff Ostfriesland
> im Hauptkanal Ostrhauderfehn

drei Fließgewässern ihre Ruten auswerfen dürfen. Auf der Website www.sfv-westoverledingen.de sind die Bezugsstellen für Gastkarten aufgelistet.

Einkaufen

(UNSER TIPP:) **Sportangelfachgeschäft „Zum scharfen Haken"** (Idafehn), Hauptstraße 173, Tel. 04952 829845. Die Kunden des Sportangelfachgeschäfts in Ostrhauderfehn kommen aus ganz Deutschland. Hier gibt es alles, was das Anglerherz

begehrt, auch Erlaubnisscheine für verschiedene Angelreviere. Der Geschäftsinhaber *Josef Joggl* hat sogar seine eigene Angelrutenkollektion entwickelt. Achtung: Der Laden ist nur am Abend bis 20 Uhr und am Samstag geöffnet.

Gastronomie/Unterkunft

■ **Restaurant Mediterran** (Idafehn), Hauptstraße 167, Tel. 04952 61155. Hier serviert die nette Bedienung leckeres Essen in gemütlicher Atmosphäre.

048ofl_mna

■ **Campingplatz am Idasee,** Idafehn Nord 77b, Tel. 04952 994297, www.campingidasee.de. Hier gibt es Gastkarten für Sportangler.

■ **Wohnmobilstellplatz Ostrhauderfehn,** Hauptstraße 117, Tel. 04952 80544, www.ostrhauderfehn.de, ganzjährig mit Dusche und WC.

Rhauderfehn

Der Gemeindename kommt von der 1769 gegründeten Fehnsiedlung gleichen Namens, die diesen wiederum vom Dorf Rhaude übernahm. Große Teile des Gemeindegebietes wurden im 18. und 19. Jahrhundert unter schwerster körperlicher Arbeit dem Moor abgerungen und urbar gemacht. Neben Rhaude sind Collinghorst und Backemoor die ältesten Orte in Rhauderfehn. Sie sind **Geestdörfer** und haben eine länger reichende Geschichte als die Fehngebiete. Die drei dort stehenden Backsteinkirchen stammen aus dem späten Mittelalter.

Die Landflächen des Gemeindegebiets Rhauderfehn werden heute vorwiegend **landwirtschaftlich** genutzt. Der Siedlungsschwerpunkt befindet sich im Bereich von Westrhauderfehn, dort gibt es Gewerbegebiete und zahlreiche Einkaufsmöglichkeiten.

Westrhauderfehn

Der Name der Siedlung setzt sich zusammen aus dem Ortsnamen Rhaude, der Himmelsrichtung Westen und dem Siedlungstyp einer Fehnortschaft. 1824 wurde die Moorkolonie amtlich Rhauder-Wester-Fehn genannt, 1848 dann Rhauder Westerfehn und ab 1871 West-Rhauderfehn. Gegründet wurde die Ortschaft bereits 1769 durch die Rhauderfehn-Compagnie. Die hier lebenden Menschen nennen sich selbst **Fehntjer.**

Die klassizistische **Hoffnungskirche** in der Ortsmitte wurde am 5. Dezember 1848 eingeweiht. Der Kirchturm wurde erst in den Jahren 1885/86 hinzugefügt. Er ist mit einer Höhe von 53,50 Metern der höchste in Ostfriesland. Stilistisch entspricht dieser eher der zu seiner Zeit modernen Neugotik.

Das **Fehn- und Schiffahrtsmuseum Westrhauderfehn** informiert über die Urbarmachung der Moore, die Gründung der Fehnkultur und zeigt zahlreiche Exponate des regionalen Schiffbaus und der Schifffahrt. In Rhauderfehn lag einst der **wichtigste Binnenhafen Ostfrieslands.** Das **Museum** befindet sich in der eindrucksvollen **Villa Grepel** aus dem Jahr 1902, die Teestube lädt sonntags zur ostfriesischen Teezeremonie ein. Museum und Hoffnungskirche liegen zusammen mit zahlreichen Geschäften und Restaurants direkt am **Westrhauderfehnkanal,** der *Rajenwieke* genannt wird. Der knapp sieben Kilometer lange Hauptfehnkanal, im 19. Jahrhundert von Hand gegraben, stellt die nach Norden abzweigende Verbindung zur Leda dar. Dieses Wasserstraßennetz mit zahlreichen Nebenkanälen wurde in der Vergangenheit zum **Transport von Torf** benötigt. Seit die Schleuse des Hauptfehnkanals 1991 renoviert wurde, können Schiffe wieder von der Ems über die Leda bis nach Rhauderfehn gelangen.

◁ Die Windmühle in Idafehn

Burlage

Die kleinen Reihensiedlungen Alt-Burlage und Neu-Burlage befinden sich rund 17 Kilometer südöstlich von Leer und sind zusammen mit dem benachbarten Klostermoor die südlichsten Dörfer in Ostfriesland. Seit 1824 steht in Burlage eine **Mühle** vom Typ Wallholländer. In den 1990er-Jahren baute der Heimatverein Burlage die mehrfach umgebaute und beschädigte Mühle in Eigenleistung wieder auf – diese ist heute wieder voll funktionstüchtig.

Zum südlichen Gebiet von Rhauderfehn gehören Teile der **Esterweger Dose,** einem einstmals riesigen Hochmoorgebiet. Zusammen mit angrenzenden Mooren war es einmal das größte zusammenhängende Hochmoorgebiet in Mitteleuropa. Obwohl Teile davon unter Naturschutz stehen, wird an anderer Stelle noch immer in großem Stil **Torf abgebaut,** genehmigt ist das bis 2036. In Kunststoffbeuteln verpackt wird der Moorboden kundengerecht in Baumärkte und Gartencenter geliefert. Obwohl das Land Niedersachsen das Gebiet für schützenswert erachtet, genießen die wirtschaftlichen Interessen höhere Priorität als der Naturschutz. Bei der Nutzung des abgelagerten Pflanzenmaterials im heimischen Garten wird das eingelagerte Kohlenstoffdioxid wieder freigesetzt und befeuert so den Treibhauseffekt.

Im 4747 Hektar großen Schutzgebiet Esterweger Dose gibt es wenige renaturierte Hochmoorgebiete mit Moorwäldern, Pfeifengraswiesen und Hochstaudenfluren. Ein 🐾 **Moorlehrpfad** im emsländischen Esterwegen informiert darüber. Der Naturpark Esterweger Dose liegt auf dem Grenzgebiet der Landkreise Leer, Emsland und Cloppenburg.

Praktische Tipps

Adressen in 26817 Rhauderfehn

■ **Tourist-Information (Westrhauderfehn),** Rajen 5, Tel. 04952 9971344, www.ostfriesland-rhauderfehn.de. *UNSER TIPP:* In der **Tourist-Information** gibt es eine Radkarte mit vier verschiedenen Fahrradtouren zwischen 20 und 35 Kilometern Länge und Tipps für Sehenswertes und Einkehrmöglichkeiten unterwegs.

■ **Fehn- und Schifffahrtsmuseum Westrhauderfehn,** Rajen 5, Tel 04952 952708, www.fehn-schifffahrtsmuseum.de.

■ **Fehntjer Forum** (Westrhauderfehn), Untenende 4, Tel. 04952 925111, www.fehntjer-forum.de. Das Fehntjer Forum ist der kulturelle Mittelpunkt Rhauderfehns, zahlreiche Veranstaltungen finden hier statt. Auch Heiraten lässt sich im Trauzimmer der Einrichtung.

■ **Paddel- und Pedal-Station Rhauderfehn,** Am Siel 6a, Tel. 04952 921441, www.paddel-und-pedal.de.

■ **Mühle Burlage,** Landesstraße 58, Tel. 04967 9129966, www.mühle-burlage.de.

■ **Salzgrotte am Fehn** (Westrhauderfehn), Ziegeleiring 52, Tel. 04952 808987, www.salzgrotte-am-fehn.de. Über 12 Tonnen Himalaya-Salz schaffen ein einzigartiges, mineralhaltiges Mikroklima bei einer Raumtemperatur von 20 bis 22 °C. Die Gradieranlage sorgt für eine Luftfeuchtigkeit von ca. 50 Prozent, sodass mit jedem Atemzug wertvolle Minerale und Mikroelemente wie Jod oder Magnesium aufgenommen werden. Ergänzt wird das Angebot durch verschiedene Massagen.

▷ Altes Plattbodenschiff im Hauptkanal, der auch „Rajenwieke" genannt wird

049ofl_mna

■ **Geführte Wanderung mit Picknick,** idealer Ausklang für eine unterhaltsame Naturwanderung mit der zertifizierten Natur- und Landschaftsführerin und Waldpädagogin der Niedersächsischen Landesforste *Petra Prins.* Sie und der Hobbykoch *Andreas Engel* suchen das passende Plätzchen unterm grünen Dach aus, wo es ein wohlschmeckendes Picknick für maximal sechs Personen gibt. Prinsenhof, Birkenstraße 14, 26817 Rhauderfehn, Tel. 04952 2339, 0174 4665855 oder 0177 8819097.

Einkaufen

■ **Die Floristen** (Westrhauderfehn), Untenende 25, Tel. 04952 8268833, www.diefloristen.net. Kleiner Blumenfachmarkt mit toller Auswahl an Stauden, Rosen und Kräutern, dem deutlich anzumerken ist, dass er mit Leidenschaft geführt wird. Auch die Blumensträuße und Gestecke sind auffallend schön.

■ **Fehnbuch** (Westrhauderfehn), Untenende 29, Tel. 04952 8269378, www.fehnbuch.de. Hinter einer unscheinbaren Fassade verbirgt sich ein kleiner Schatz – eine liebevoll zusammengestellte Buchauswahl wird ergänzt von kleinen Geschenken und schönen Karten. Einmal im Monat lädt die Inhaberin zu gut besuchten Lesungen und Buchvorstellungen im Fehntjer Forum ein.

■ **Wochenmarkt Westrhauderfehn,** Am Markt, Tel. 04952 921040, jeden Donnerstag von 7.30 bis 12.30 Uhr.

■ **Biolandhof Freese,** Batzenweg 30, Tel. 04952 7970, www.biolandhof-freese.de. Typischer Bioladen mit ausgesuchten Produkten. Zu finden vormittags auf den Wochenmärkten, am Donnerstag in Westrhauderfehn und am Samstag auf dem Markt in Aurich.

Gastronomie

■ **Café am Siel** (Westrhauderfehn), Am Siel 6a, Tel. 04952 921441, www.cafe-rhauderfehn.de. Leckere hausgemachte Kuchen und Torten in unmittelbarer Nähe zum Hauptfehnkanal.

■ **Restaurant Del Sole** (Westrhauderfehn), Rhauderwieke 32, Tel. 04952 8294747. Frische Salate, Pizza und Pasta – aber auch Steaks.

1

■ **Plümers Gaststätte** (Westrhauderfehn), Rhauderwieke 8, Tel. 04952 2870, www.plümers-gaststätte.de. Gutbürgerliche Küche, Live-Konzerte und Sportsbar mit Biergarten – alles mit viel Engagement betrieben.

Unterkunft

■ **Wohnmobilstellplatz Café am Siel,** Am Siel 6a, Tel. 04952 921441, www.cafe-rhauderfehn.de, ganzjährig mit Dusche und WC. Ein besonderes Erlebnis bietet die Übernachtung im gemütlichen Bauwagen direkt auf dem Deich in allerfeinster Lage. Zum Café sind es nur ein paar Schritte, dort gibt es auch Frühstück im gemütlichen ehemaligen Bootsschuppen. Der Sanitärbereich gehört zum Wohnmobilstellplatz und zum Café.

■ **Sara's Rosenhof** (Glansdorf)①, Patersweg 34, Tel. 04955 987744. Das Bed & Breakfast bietet Zimmer mit Gartenblick, und die Zutaten für das Frühstück kommen aus der Region, Lunchpaket und Abendessen sind auf Anfrage möglich.

■ **Hotel Meyerhoff** (Holterfehn)②, Holterfehner Straße 49, Tel. 04952 5122, www.hotel-meyerhoff.de. In fünfter Generation wird das Hotel mit Restaurant geführt, es liegt direkt an der deutschen Fehnroute.

Westoverledingen

Die Gemeinde ist eingebettet in die Region zwischen den Städten Leer im Norden und Papenburg im angrenzenden Emsland im Süden. Die westliche Grenze bildet die Ems, östlich grenzt Westoverledingen an Rhauderfehn. Neben mittelständischen Betrieben spielt in der Landwirtschaft die **Milcherzeugung** eine bedeutende Rolle. Einige prächtige alte Gulfhöfe zeugen davon.

Der Tourismus ist wenig ausgeprägt, aber im Kommen. Aus einer in den frühen 1980er-Jahren stammenden Bagger-kuhle, die bei Deichbauarbeiten entstand, wurde der **Freizeitpark am Emsdeich.** Direkt neben dem heutigen Badesee liegt ein großer **Campingplatz** mit zahlreichen Stellplätzen, Sportgelegenheiten, Sauna, Solarium und angeschlossenem Restaurant mit Kiosk. Ein besonderes Erlebnis versprechen die zu mietenden **Camping-Schlaf-Fässer** mit Blick auf den See. Die sehr gut gepflegte Anlage wurde mehrfach ausgezeichnet und befindet sich ganz in der Nähe der Ems. Etwas weiter südlich an der Ems liegt das Dorf **Mitling-Mark.** In einer Karte von 1595 ist dort bereits eine **Windmühle** verzeichnet. Der heute dort stehende einstöckige Galeriehollände wurde 1843 errichtet. Im Müllerhaus neben der Mühle ist ein kleines **Museum** eingerichtet, an ausgewählten Tagen wird hier Brot unter dem Motto „vom Korn zum Brot" gebacken. In dem Müllerhaus werden auf Wunsch auch **Trauungen** durchgeführt.

Ihrhove

Der zentrale Ort im Overledingerland ist Ihrhove, hier befindet sich mit dem Rathaus auch der Verwaltungssitz der Gemeinde Westoverledingen. Die höchste Erhebung des Dorfes ist die Kirchwarft mit ungefähr 5,50 Metern über Normalnull. Darauf steht die **Reformierte Kirche Ihrhove,** das rechteckige spätromanische Bauwerk wurde um 1250 aus Backstein errichtet. Der separat stehende Glockenturm stammt etwa aus dem Jahr 1300 und dient als Eingangsportal. Der nördlich von Ihrhove gelegene Ortsteil **Folmhusen** ist einer der ältesten Siedlungsplätze der Region. Seit 1987 ist dort im ehemaligen Schulgebäude das **Ost-friesische Schulmuseum** beheimatet. Hier wird vieles zur Geschichte von Schule und Kindheit in Ostfriesland präsentiert und erforscht. Der Bestand der zum Museum gehörenden Bibliothek umfasst etwa 45.000 Bücher.

◼ **Ostfriesisches Schulmuseum Folmhusen,** Leerer Straße 7, Tel. 04955 4989, www.ostfriesi sches-schulmuseum.de. Drei Häuser, ein Museum: das Schulgebäude, das Gulfhaus, die Bücherscheune. Das Museum zeigt eine Dorfschule um 1800, eine Lehrerwohnung, und die Bibliothek weist beachtliche 45.000 Bücher auf. Geöffnet Mi, Fr u. So 15–17 Uhr, Anf. Juni–Ende Aug. zusätzlich Di–Fr 10–12 Uhr, Dez.–Feb. nur So 15–17 Uhr.

050ofl_mna

Völlen

Zum Ortsteil Völlen in der Gemeinde Westoverledingen gehören auch die Ortschaften **Völlenerfehn** und **Völlenerkönigsfehn,** so kommt Völlen insgesamt auf über 5000 Einwohner. Alle drei Ortsteile liegen direkt an der Grenze zum Emsland. Wie viele Orte in Ostfriesland hat auch Völlen eine lang zurückreichende Geschichte. Das Dorf wurde um das Jahr 700 gegründet und 1177 erstmals urkundlich erwähnt. Zu dieser Zeit entstand auch eine erste Kirche. Die nachfolgende spätgotische **Peter-und-Paul-Kirche** wurde zu Beginn des 15. Jahrhunderts errichtet, die Backsteine des älteren Gotteshauses wurden dabei wieder verwendet.

 Glockenturm der Reformierten Kirche Ihrhove

Praktische Tipps

Adressen in 26810 Westoverledingen

◼ **Tourist-Information Westoverledingen** (bei Ihrhove), Deichstraße 7a, Tel. 04955 920041, www. westoverledingen. de. Hier bekommt man auch eine Gastkarte zum Angeln – sofern man einen gültigen Fischereischein besitzt.

◼ **Freizeitpark am Emsdeich** (bei Ihrhove), Deichstraße 7a, Tel. 04955 920040, www.ostfries land-camping.de. Hier werden **Gastkarten des Sportfischervereins Westoverledingen** angeboten.

◼ **Museumsbauernhaus Neemann** (bei Ihrhove), Nordwallschloot 6, Tel. 04955 920040, www. westoverledingen.de. Der Hof von 1825 wurde an anderer Stelle abgetragen und Stein für Stein hier wieder aufgebaut. Das Leben und Wohnen in längst vergangener Zeit wird hier lebendig, Teil des Museums ist ein Tante-Emma-Laden. Ergänzend gibt es eine Ausstellung landwirtschaftlicher Geräte, wie sie einst in der Region verwendet wurden.

◼ **Mühlenmuseum Mitling-Mark,** Marker-Mühlenweg 2, Tel. 04951 8872, www.mvnb.de.

1

Wallhecken

In Ostfriesland gibt es rund 8000 Kilometer Wallhecken, es ist das dichteste Netz in ganz Niedersachsen. Die Wallhecken übten eine wichtige Funktion aus. Zum einen hielten sie das Wild und die auf den Gemeinschaftsweiden frei laufenden Tiere von den Ackerflächen der Dörfer fern, zum anderen schützten sie die Flächen vor dem beständig wehenden Wind und dem damit verbundenen Erdabtrag, markierten Grenzen und dienten als Holzlieferant. Die Wallhecken sind **teilweise mehr als 1000 Jahre alt** und sind aus dem Landschaftsbild Ostfrieslands nicht wegzudenken.

Wallhecken gibt es **in ganz Europa,** seit Jahrhunderten legten die Menschen von Hand Erdwälle an. Ostfriesland mit seiner flachen Landschaft bot für ihren Bau **gute Bedingungen** und auch die **gebotene Notwendigkeit,** um die Landschaft vor den Angriffen des Windes zu schützen. Am Fuß haben die Wallhecken eine Breite von zwei bis drei Metern und verjüngen sich nach oben bis zu einer Höhe von etwa ein-

einhalb Metern. Traditionell werden Wallhecken **gradlinig und rechtwinklig** geführt. Ursprünglich handelte es sich nur um dichte Strauchhecken. Später bestand die ideale Wallhecke aus Sträuchern und einzelnen Großbäumen wie Erlen und Eichen, die in etwa 20 Metern Abstand gepflanzt wurden. Sie werden auch „Überhälter" genannt, denn im Schatten der Bäume finden die Tiere besonders im Sommer Schutz vor der Sonne. In der Unterschicht wachsen auch Gräser und Kräuter. Die Wallhecken üben eine **wichtige ökologische Funktion** für die Tier- und Pflanzenwelt sowie das Mikroklima aus, denn sie bieten einen **vielseitigen Lebensraum**. Die Pflanzengesellschaften aus Bäumen, Büschen, Wildblumen, Kräutern, Gräsern und Totholz bieten Unterschlupf, Schutz und Nahrungsgrundlage für kleine Säugetiere, Vögel und Insekten.

☑ Typische Wallhecke mit Büschen und Bäumen in Rhauderfehn

051ofl_mna

Restaurierte Holländerwindmühle von 1843. Im vollständig erhaltenen Mühlenensemble kann Brot gebacken oder eine Sammlung von über 800 historischen Küchengegenständen betrachtet werden.

⚲ **Disc-Golf-Anlage Ulenhoff** (beim Freizeitpark), Nordwallschloot 6, Tel. 04955 922712, www.ostfriesland-discgolf. jumdo.com. Spaß für die ganze Familie auf neun verschiedene Parcours.

Gastronomie

◼ **Café & Bistro Loog** (Folmhusen), Loogweg 2, Tel. 04955 9375397, www.cafe-loog.de. Typisches Bistro, in dem jeder etwas auf der Speisekarte finden kann.

◼ **Restaurant bei Filip im Gasthuus Ulenhoff** (bei Ihrhove), Nordwallschloot 6, Tel. 04955 934 659, www.ulenhoff.de. Neben den Gerichten auf der Speisekarte gibt es auch immer Tagesaktuelles, wahlweise deftig oder leicht. Vier unterschiedliche Räume, auch für Feierlichkeiten geeignet.

(UNSER TIPP) **Gasthof Fährhaus** (Mitling-Mark), Fährpad 7, Tel. 04951 9152875, www.faehr haus-ems.de. Traditionelle Gerichte und außergewöhnliche Speisen aus regionalem Fleisch und saisonale Köstlichkeiten direkt am Emsdeich. Die Mitglieder des Familienbetriebs haben für Sternekoch *Alfons Schubeck* gearbeitet. Sogar seine Gewürzmischungen lassen sich hier erwerben und Gastkarten des Sportfischervereins Westoverledingen.

◼ **Grill-Imbiss „Frittenladys"** (Flachsmeer), Papenburger Straße 121, Tel. 04955 936422. Typischer Imbiss mit großer Auswahl. Wenn man nicht zum Einkaufen kam: Am Wochenende werden auch Grillpakete verkauft.

Unterkunft

◼ **Hotel Friesenhof**② (Ihrhove), Bahnhofstraße 10, Tel. 04955 934030. Schlicht und modern eingerichtete Zimmer mit Schreibtisch und TV mit Bad in guter Lage, besonders für Radfahrer. Das Haus verfügt über eine Bar und ein Restaurant.

◼ **Gasthof Fährhaus**② (Mitling-Mark), Fährpad 7, Tel. 04951 9152875, www.faehrhaus-ems.de. Mit Übernachtungsmöglichkeit in wenigen, sehr freundlich eingerichteten Zimmern.

◼ **Gasthuus Ulenhoff**① (bei Ihrhove), Nordwallschloot 6, Tel. 04955 922712 oder Tel. 0152 26665559, www.ulenhoff.de. Das Landgasthaus bietet 14 Zimmer in schlichtem Stil und schönem Freigelände.

◼ **Freizeitpark am Emsdeich** (bei Ihrhove), Deichstraße 7a, Tel. 04955 920040, www.ostfries land-camping.de. Vier-Sterne-Campingplatz mit Sauna, Solarium und Fitnessraum, für Wohnmobile, Wohnwagen und Zelte, es gibt zwei Family-Woodlodges mit Waschbecken, Dusche und WC sowie zwei Zeltlodges.

Papenburg

Direkt an der Grenze zu Ostfriesland, 25 Kilometer südlich von Leer, liegt Papenburg – allerdings schon im **Emsland.** Die Stadt hat gut 37.000 Einwohner und ist darüber hinaus ein Mittelzentrum in einer dünn besiedelten Region. Die Struktur der Stadt mit zahlreichen Kanälen und Klappbrücken erinnert an die Niederlande, man nennt Papenburg deswegen auch **„Venedig des Nordens".** Die ansässige Wirtschaft ist maritim ausgerichtet, der wichtigste Betrieb ist die international bekannte **Meyer-Werft.** Aber neben dem Schiffbau gibt es hier auch **Automobilzulieferer** und viele andere Gewerbetreibende.

Ein ebenfalls bedeutender Wirtschaftszweig ist seit einigen Jahren der **Tourismus,** die Stadt zieht jährlich bis zu zwei Millionen Besucher an. Bei **Fahrradfahrern** ist Papenburg besonders beliebt, durch das Stadtgebiet führen mit dem **Emsradweg,** der **Emsland-Route** und der **Fehnroute** drei bedeu-

Papenburg

0 ▬▬▬ 100 m © REISE KNOW-HOW Ostfrie_01 1/21

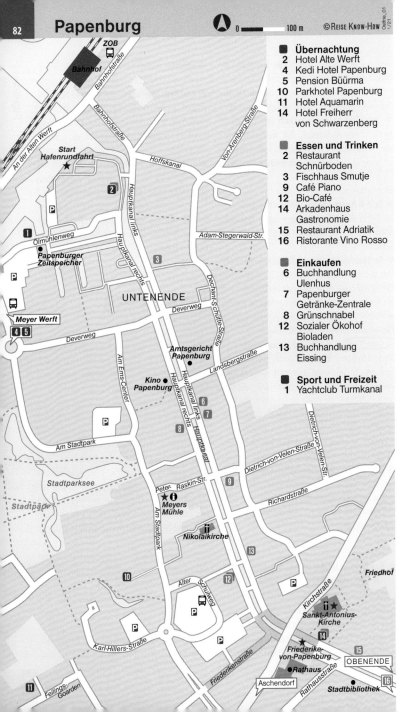

Übernachtung
2 Hotel Alte Werft
4 Kedi Hotel Papenburg
5 Pension Büürma
10 Parkhotel Papenburg
11 Hotel Aquamarin
14 Hotel Freiherr
  von Schwarzenberg

Essen und Trinken
2 Restaurant
  Schnürboden
3 Fischhaus Smutje
9 Café Piano
12 Bio-Café
14 Arkadenhaus
  Gastronomie
15 Restaurant Adriatik
16 Ristorante Vino Rosso

Einkaufen
6 Buchhandlung
  Ulenhus
7 Papenburger
  Getränke-Zentrale
8 Grünschnabel
12 Sozialer Ökohof
  Bioladen
13 Buchhandlung
  Eissing

Sport und Freizeit
1 Yachtclub Turmkanal

tende Radwanderwege. 2014 richtete Papenburg die **Niedersächsische Landesgartenschau** aus, der zwölf Hektar große Stadtpark war dabei der wichtigste Standort. Bei einem Rundgang sind auch heute noch ihre Spuren zu sehen.

Geschichte

Die Wurzeln der Stadt gehen auf das Jahr 750 zurück. Stadtgründer war der Drost des Emslands *Dietrich von Velen* (1591–1657), der 1630 die verfallene Papenburg kaufte und dort nach niederländischem Vorbild die **erste deutsche Moorkolonie** gründete. Die gegrabenen Kanäle dienten neben der Entwässerung des Bodens auch als Transportwege. Mit **Plattbodenschiffen** wurde der abgebaute Torf zu ostfriesischen Ziegeleien oder zu den Städten Emden, Bremen und Hamburg gebracht. *Dietrich von Velens* Sohn *Mathias* trat die Nachfolge an und bemühte sich um neue Siedler. 1661 warb er mit einem Plakat für die guten Siedlungsbedingungen – mit Erfolg.

1682 wurde die **Pfarrkirche St. Antonius** geweiht, das kleine Gotteshaus hatte keinen Turm. Trotz einer Erweiterung in den 1770er-Jahren reichte der Platz nicht aus und man beschloss den Bau einer neuen Kirche. Allein für das Fundament wurden wegen des moorigen Untergrundes mehr als eine Million Ziegel verbaut. Der Bischof aus Osnabrück weihte die neue **Stadtkirche St. Antonius** im neugotischen Stil am 11. Dezember 1877 ein.

Sehenswertes

Papenburg ist von **Kanälen mit über 40 Kilometern Länge** durchzogen, viele Straßennamen tragen deshalb den Zusatz „links" oder „rechts", um zu kennzeichnen, ob sie links- oder rechtsseitig der Gewässer verlaufen. Auf einigen von ihnen kann man je nach Wasserstand Tretboot fahren oder paddeln. Der Stadtteil **Untenende** mit seinen Backsteinhäusern markiert das Zentrum der Stadt. Hier gibt es viele öffentliche Einrichtungen wie das **Rathaus** im neubarocken Stil aus dem Jahr 1913. In Papen-

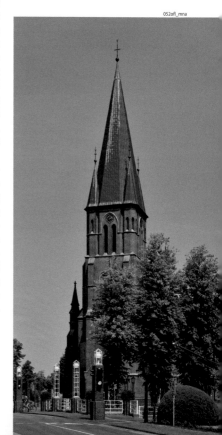

052ofl_mna

⊳ Turm der St.-Antonius-Kirche in Papenburg

burgs ältestem Stadtteil sind aber auch viele Geschäfte zu finden, der **Hauptkanal** lädt auf beiden Seiten zum Flanieren ein. Dort befinden sich etliche Cafés und Restaurants. Viele kleine Brücken für Fußgänger und Radfahrer verbinden die beiden Kanalseiten.

In Papenburg gibt es einige Museen und verschiedene Ausstellungen. Das **Besucherinformationszentrum „Papenburger Zeitspeicher"** bietet eine interaktive Reise durch die Stadtgeschichte (Erw. 3 €/ Kinder 2,70 €/Familienkarte 9 €). Im Stadtteil Untenende starten auch die interessanten **Hafenrundfahrten** (Erw. 11 €/Kinder 3–14 J. 6 €). Entlang des Hauptkanals findet freitags von 7.30 bis 14.30 Uhr der **Wochenmarkt** statt. Im **Freilichtmuseum „Von-Velen-Anlage"** im Papenburger Stadtteil Obenende vermitteln die typischen **Torfgräberhäuser** einen Eindruck vom mühevollen Alltag der Torfstecher im lebensfeindlichen Moor. Erst durch die Schiffszimmerei und das Entstehen erster Werften hielt bescheidener Wohlstand Einzug, das Museum ermöglicht eine Zeitreise in die Vergangenheit (Erw. 4 €/Bootsfahrt ab 6 Pers. 4 € pro Person).

Einige Kilometer südwestlich des Zentrums befindet sich Papenburgs Ortsteil **Aschendorf** mit dem **Gut Altenkamp** (Führungen 6,50 €) mit Barockgarten (Eintritt frei). In den Räumlichkeiten werden jährlich Ausstellungen zu kunst- und kulturhistorischen Themen gezeigt. Das Heimathaus Aschendorf ist das Gebäudeensemble eines Ostfriesischen Gulfhofs mit Garten. Im Inneren werden historische Alltagsgegenstände, Werkzeuge verschiedener Handwerke sowie landwirtschaftliches Gerät gezeigt (Erw. 2,50 €/Kinder 10–16 J. 1,50 €).

Papenburg ist von kleinen und großen **Schiffen** geprägt, in den Kanälen der Stadt ankern nach Originalplänen nachgebaute Traditionsschiffe und verleihen Papenburg ein maritimes Flair: Es ist ein **Schifffahrtsmuseum** unter freiem Himmel. Auch das Wahrzeichen Papenburgs, die **Brigg „Friederike von Papenburg"**, ist ein hölzerner Nachbau. Als einziges dieser Schiffe ist es begehbar und beherbergt in Zukunft eine **Ausstellung des Zeitspeichers Papenburg**. Die Brigg liegt im Hauptkanal vor dem Rathaus. Die Museumsschiffe wurden in den 1980er-Jahren in der Lehrwerkstatt der Meyer-Werft angefertigt und per Kran in die Kanäle gesetzt. Hauptsächlich bekannt ist die **Meyer-Werft** für ihre **Ozeanriesen,** auf denen mehrere Tausend Passagiere Platz finden. Gegründet wurde die Meyer-Werft 1795 und befindet sich heute in siebter Generation nach wie vor in Familienbesitz. Sie hat sich zum Hauptanziehungspunkt der Region entwickelt. Angeboten werden **geführte Touren** durch die riesigen Produktionshallen, der Besucher erlebt unmittelbar aus der Nähe das Entstehen der „dicken Pötte". Im **Besucherzentrum der Werft** werden viele Schiffsmodelle im Maßstab 1:100 ausgestellt. Es gewährt Einblicke in die Geschichte des Unternehmens und informiert auch über Bauweisen und technische Innovationen (Erw. 13,50 €/ Kinder 6–18 J. 7,50 €, 0–6 J. 1,50 €).

▷ Schiff Friederike von Papenburg

Praktische Tipps

Adressen in 26871 Papenburg

■ **Tourist-Information,** Hauptkanal rechts 34 in Meyers Mühle, Tel. 04961 83960, www.papenburg-marketing.de. Die Tourist-Information in Papenburg hat für Gäste ganzjährige Angebote zu verschiedenen Themen, neben Besichtigung der Meyer Werft gibt es beispielsweise Hafenrundfahrten, Stadtrundfahrten per Fahrrad oder zu Fuß mit Führung oder die Besucher begeben sich auf eine Zeitreise in die Vergangenheit der Stadt.

■ **Besucherzentrum Meyer Werft,** Industriegebiet Süd, Ticket Hotline 04961 83960, www.besucherzentrum-meyerwerft.de, Termin nach Vereinbarung, Erw. 12 €, Kinder 6–18 J. 6 €, Ki. unter 6 J. 2 €.

■ **Museumsschiff „Friederike von Papenburg",** Hauptkanal rechts 68–69.

■ **Kino Papenburg,** Hauptkanal rechts 27, Tel. 04961 6932, www.kino-papenburg.de.

■ **Bahnhof Papenburg** an der Strecke Rheine–Leer mit dem ZOB in unmittelbarer Nähe, Taxi Tel. 04957 80000 oder 04961 2490, www.bahn.de.

■ **Freilichtmuseum Von-Velen-Anlage,** Splitting rechts 56, Tel. 04961 73742, www.von-velen-anlage.de, Mitte April bis Mitte Okt. Di–Sa 11–17 Uhr, So 10–17 Uhr, ohne Führung Erw. 3,50 €, Ki. 6–14 J. 2 €, Bootsfahrt (ab 5 Pers.) pro Pers. 5 €, Ki. unter 6 J. 2 €.

Papenburg

■ **Heimathaus Aschendorf,** Waldseestraße 57, Tel. 04962 5742, www.papenburg-tourismus.de.

■ **Gut Altenkamp,** Am Altenkamp, Tel. 04962 6505, www.stadt.papenburg.de. Acht Kilometer außerhalb der Stadt gelegene schöne Gartenanlage.

Einkaufen

13 **Buchhandlung Eissing,** Hauptkanal links 22, Tel. 04961 3091, www.eissing.de. Neben der guten Auswahl und ausgesuchten Leseempfehlungen gibt es ein Bücher-Abo. Einmal im Monat kommt eine Neuerscheinung des gewünschten Genres ins Haus, für die Taschenbuchausgaben fallen 90 € im halben oder 170 € im Jahr an.

054ofl_mna

Nikolaikirche

6 **Buchhandlung Ulenhus,** Hauptkanal links 33, Tel. 04961 2578, www.ulenhus-papenburg.de. Kunst und schöne Bücher, vor allem aber eine sehr gute Auswahl für Kinder und sehr fachkundige Beratung sowie ein Bilderrahmen- und Kunstgeschäft.

7 **Papenburger Getränke-Zentrale,** Hauptkanal links 35, Tel. 04961 2913, www.pgz.info. Weinfachhandel und Getränkespezialist, hier gibt es auch Ostfriesenbräu-Bier aus Bagband.

12 **Sozialer Ökohof Bioladen,** Hauptkanal rechts 51, Tel. 04961 6479. Klassischer Bioladen mit angeschlossenem **12** **Bio-Café.**

8 **Grünschnabel,** Hauptkanal rechts 31, Tel. 04961 9424564. Schöne Dinge für zu Hause und Hübsches für die Küche.

Gastronomie

3 **Fischhaus Smutje-Papenburg,** Hauptkanal links 14, Tel. 04961 992028, www.smutje-papenburg.de. Es gibt auch Vegetarisches, aber vorwiegend Fisch. Scholle, Seehecht oder Rotbarsch werden in der heißen Pfanne serviert.

2 **Restaurant Schnürboden,** Ölmühlenweg 1, Tel. 04961 9200, www.hotel-alte-werft.de. Sehr angenehme Atmosphäre in einem Raum, in dem in früheren Zeiten die Pläne für Schiffe gezeichnet wurden, Speisekarte oft zusätzlich mit saisonalen Leckerbissen.

14 **Arkadenhaus Gastronomie,** Hauptkanal links 68–72, Tel. 04961 809620, www.arkadenhaus.de. Hochwertige Speisen aus frischen Produkten der Region mit Frühstücksbuffet, wechselndem Mittagstisch und Abendkarte.

15 **Restaurant Adriatik,** Hauptkanal links 75, Tel. 04961 4107, www.restaurant-adriatik.de. Qualitativ hochwertige Produkte werden zu wahlweise deftigen oder leichten kroatischen Gerichten zubereitet.

9 **Café Piano,** Hauptkanal links 44, Tel. 04961 992761, www.piano-cafe.de. Ob Frühstück oder

☐ Erholung am ruhigen Hauptkanal

1

Dicke Pötte aus Papenburg

Die Auftragsbücher der **Meyer-Werft** in Papenburg für **Kreuzfahrtschiffe** sind gut gefüllt. Bevor die Schiffe allerdings auf den Ozeanen unterwegs sein können, steht eine **Emsüberführung** an, denn Papenburg liegt im Binnenland und nicht an der Küste. Zweimal jährlich werden die Ozeanriesen über die Ems in den Dollart geschleppt, gelegentlich sogar dreimal. Diese muss für die Schiffe – die meist einen Tiefgang von 8,50 Meter benötigen – extra auf rund 30 Kilometer Länge bis zu 52 Stunden lang um bis zu 2,70 Meter aufgestaut werden, damit die **notwendige Wassertiefe** überhaupt erreicht wird. Mit Schleppern wird das Schiff rückwärts gewendet langsam über die Ems in Richtung Nordsee gezogen.

Das erste Nadelöhr auf der Fahrt ist die **Dockschleuse von Papenburg,** dann gibt es eine sehr enge Stelle an der **Friesenbrücke in Weener,** gefolgt von der **Jann-Berghaus-Brücke** bei Leer und dem **Emssperrwerk in Gandersum.** An allen Stellen scheinen die Schiffe zum Greifen nah, denn ihre Dimensionen sind so gewaltig, dass es sich kaum vorstellen lässt. So eine Schiffsüberführung live mitzuerleben gleicht einem unwirklichen Erlebnis. Deshalb herrscht jedes Mal gewaltiger Andrang, wenn wieder ein neuer Ozeanriese über die Ems geschleppt wird.

Das Hauptproblem bei der Überführung ist der **Schlick,** der für die normale Schifffahrt ohnehin schon ständig weggebaggert werden muss, denn die Flut trägt regelmäßig mehr Schlick in den Fluss hinein, als bei Ebbe hinausbefördert wird. Dadurch nimmt aber auch der **Sauerstoffgehalt des Wassers** teilweise ganz erheblich ab.

Dass das alles ökologisch nicht verträglich ist, lässt sich leicht vorstellen. Die naheliegenden Uferbereiche sind komplett überflutet, wenn die Ems aufgestaut wird. Das Wasser fließt, anders als bei normalen Fluten oder starkem Regen, nur sehr langsam ab. Hinzu kommt, dass durch das Aufstauen **mehr salzhaltiges Wasser** aus der Nordsee in die Ems gelangt, wodurch gerade in den Süßwasserzonen **großer Schaden an der Pflanzen- und Tierwelt** angerichtet wird. Und der geringe Sauerstoffgehalt bedroht vor allem die hier lebenden Fischarten. Naturschützer und Anwohner fordern deshalb seit Langem eine **Verlegung der Werft an die Küste.** Doch dieses Anliegen findet bis heute kein Gehör. Also wird wohl zunächst jede erneute Schiffsüberführung den jetzt schon schlechten Zustand der Ems weiter verschlimmern.

Backwerk, alles wird vor Ort frisch zubereitet, fertige Backmischungen finden hier keine Verwendung.
16 Ristorante Vino Rosso, Hümmlinger Weg 2–4, Tel. 04961 9418338. Italienische Speisen auf hohem Niveau, gelegentlich mit eigenen Kreationen wie dem „Italian Burger".

Unterkunft
2 Hotel Alte Werft③, Ölmühlenweg 1, Tel. 04961 9200, www.hotel-alte-werft.de. Alle 122 Zimmer verfügen über eine Minibar, Espressomaschine und WLAN.
4 Kedi Hotel Papenburg②, Deverweg 33–37, Tel. 04961 940970, www.kedihotels.de. Direkt am Stadtpark gelegen, lassen sich hier auch Arrangements mit Besuch der Meyer-Werft buchen.
14 Hotel Freiherr von Schwarzenberg im Arkadenhaus③, Hauptkanal links 68–72, Tel. 04961 809620, www.arkadenhaus.de. Exzellentes Haus in bester Lage direkt am Hauptkanal mit Blick

auf die Brigg „Friederike von Papenburg" und das Rathaus.

🔟 Parkhotel Papenburg①-②, Am Stadtpark 25, Tel. 04961 91820, www.parkhotel-papenburg. de. Einfaches Dreisternehotel in der Nähe des Stadtparks, alle Hotelgäste können kostenfrei im *Easy Fitness* trainieren.

1️⃣1️⃣ Hotel Aquamarin②, Feilings-Goarden 7, Tel. 04961 66450, www.hotelaquamarin.de. Stilvolle Umgebung für Wochenend-Trips oder längere Aufenthalte nahe des Stadtzentrums.

5️⃣ Pension Büürma②, Deverweg 47, Tel. 04961 4338, www.pensionbuurma.com.es. Klassische Pension mit Gemeinschaftsküche.

Yachthafen
(im Papenburger Sielkanal)

1️⃣ Yachtclub Turmkanal, Ölmühlenweg 23, Tel. 049173 9208502, www.yachtclub-turmkanal.de. Gastlieger sind herzlich willkommen.

■ Yachtclub Papenburg, Seeschleuse 1, Tel. 04961 943395, www.ycpapenburg.de.

Die Ems

Der 371 Kilometer lange Fluss behält seinen Namen von der Quelle bis zur Nordsee. Die Quelle der Ems liegt in Nordrhein-Westfalen in etwa zwischen Bielefeld und Paderborn am Fuß des Teutoburger Waldes. Die Untere Ems beginnt bei Papenburg und nimmt bei Leer das Wasser des Nebenflusses Leda auf.

☑ Überführung eines Kreuzfahrtschiffs auf der schmalen Ems

055ofl_mna

Nördlich von Leer wird die Autobahn A 31 im knapp einen Kilometer langen **Emstunnel** unter dem Fluss hindurchgeführt. Seit 2002 steht bei Gandersum das **Emssperrwerk**, es dient nicht nur dem Schutz vor hohen Fluten, sondern staut als besondere Dienstleistung zum Ärgernis vieler Anlieger und Naturschützer den Wasserspiegel für die Überführung der fertig gebauten Schiffe der Meyer-Werft in Papenburg auf. Es ist eines der **größten Flusssperrwerke Europas.** Bei Pogum trifft der Fluss auf den **Dollart,** dort wird er von der Unteren Ems zur Außenems. Knapp 30 Kilometer nördlich von Emden mündet die Ems zwischen dem niederländischen Eemshaven und dem niedersächsischen Pilsum in die Nordsee.

Mehrmals wurden der Lauf der Unteren Ems in der Vergangenheit begradigt und die Ufer eingedeicht. So steht der Fluss im **Spannungsfeld zwischen Umweltschutz und Wirtschaftlichkeit.** Schließlich ist die Ems eine Bundeswasserstraße und dient nicht nur der Meyer-Werft als Transportweg. Die Vertiefungen für die Kreuzfahrtschiffe aber haben den Fluss nachhaltig verändert, so verschlickt er immer mehr. Auch die Aufstauung der Ems für die Überführung immer größerer Schiffe führt zu **schädlichen Eingriffen in das Ökosystem.** Allein die Ausbaggerung des Schlicks, um die Tiefe der Fahrrinne zu gewährleisten, kostet ungefähr 25 Millionen Euro pro Jahr. Die Deichvorlande und Auen sind durch die höhere Fließgeschwindigkeit des Wassers in Gefahr. Mit den Röhrichtfeldern sind sie wichtig für die Vogelwelt, immerhin überwintern bis zu 40.000 Wildgänse in der Ems-Dollart-Region. Bis 2050 werden

als Folge diverse Naturschutzmaßnahmen an der Emsmündung umgesetzt, so entsteht auch im Binnenland **Lebensraum für die Vögel.** Der **Masterplan Ems 2050** soll letztendlich zu einem verbesserten Miteinander zwischen der Ems als Bundeswasserstraße und dem Fluss als Naturraum führen, schließlich ist der Fluss eine wichtige Lebensader.

Das Moormerland

Die aus **zehn eigenständigen Ortschaften** bestehende Gemeinde liegt nördlich der Stadt Leer. Sie wurde am 1. Januar 1973 im Zuge der Niedersächsischen Kommunalreform gegründet und legte ihren Verwaltungssitz nach Warsingsfehn. Zahlreiche Fehnkanäle wurden damals zugeschüttet, Wasserstraßen dadurch zu Autostraßen. Beiderseits der Autobahn A 31 wohnen heute die meisten Einwohner des Moormerlandes in den Ortsteilen Warsingsfehn, Jheringsfehn, Veenhusen und Neermoor. Die Flächen sind beinahe lückenlos bebaut, die Landschaft ist zersiedelt, und oft geht eine Ortschaft direkt in die andere über.

Am 16. November 1736 erhielt der Gutsbesitzer *Dr. Gerhard Warsing* ein Hochmoorgebiet in Erbpacht. Er und seine Nachfolger ließen Kanäle, die hier *Wieken* heißen, und Seitenkanäle, die *Nebenwieken,* graben, um das Moor trockenzulegen und den abgetorften Moorboden für den Verkauf abtransportieren zu können. Im Niederdeutschen heißt *wieken* so viel wie ausweichen, weichen oder Platz machen. *„He mutt wieken"* bedeutet, dass jemand zur Seite gehen oder weichen muss. Die neu entstandenen Grundstücke an den Kanälen gaben die *Warsings* an Unterpächter ab.

Nach dem Entfernen der Torfschicht war **Landwirtschaft** nur mit schlechtem Auskommen möglich, darum haben damals viele Fehntjer in der **Schifffahrt** ihr Auskommen gesucht. So waren neben Torfkähnen auch Seeschiffe in den zahlreichen Kanälen zu finden. Große Bedeutung als Handelsort hatte damals das Dorf **Oldersum,** hier mündet das Oldersumer Sieltief in die Ems. Ende des 19. Jahrhunderts kam mit dem **Ems-Seitenkanal** eine weitere Wasserstraße hinzu, der neun Kilometer lange Kanal **verbindet Oldersum mit Emden.** Seit 1972 ist Oldersum Teil der Gemeinde Moormerland.

Das kulturelle Erbe des Moormerlands besteht vor allem aus Kirchen, Windmühlen und historischen Gulfhöfen. Die **Mühle Bohlen** ist das Wahrzeichen von Wasingsfehn, heute noch wird dort Korn zu Weizen- oder Roggenmehl vermahlen. Die Mühle liegt direkt am Warsingsfehnkanal, dieser ist streckenweise schon ziemlich zugewachsen. An den Flussmarschen der Ems finden sich deutlich ältere Kirchen als in den ehemaligen Moorgebieten. Die älteste des Moormerlands ist die **Tergaster Kirche,** sie errichtete man bereits im 13. Jahrhundert auf einer Warft. Zahlreiche Gotteshäuser der Küstenregion wurden im Mittelalter auf Warften gebaut, um sie vor Sturmfluten und Hochwassern zu schützen. Im historischen Fehnhaus **Heitens Huus** in Wearsingsfehn ist das **Heimatmuseum** des Moormerlands untergebracht. Das Gebäude stand ursprünglich an anderer Stelle und wurde Stück für Stück an den heutigen Standort

☑ Zugewachsener Warsingsfehnkanal

056ofl_mna

versetzt. Seit 1995 informiert es über das Leben der Fehntjer zu früherer Zeit. Ganz in der Nähe befindet sich der **historische Friedhof Warsingsfehn West** mit vielen alten Grabsteinen und wertvollen Steinmetzarbeiten, die vom Wohlstand zeugen, den sich die Fehntjer Schiffer erarbeitet hatten.

Eine kuriose Besonderheit steht auf der Grenze der beiden zur Gemeinde Moormerland gehörenden Ortschaften Hatshausen und Ayenwolde, die früher einmal einsam mitten im Moor lagen: die **Kirche Sankt Maria Magdalena.** Die Ortsgrenze verläuft mittig durch Kirchentür, Turm und den Altar. Man sagt dort, dass der Pastor bei der Predigt mit einem Bein in Hatshausen und dem anderen in Ayenwolde steht. Auch auf dem **historischen Friedhof Hatshausen** zeugen alte Grabsteine vom früheren Wohlstand der Fehntjer.

Praktische Tipps

Adressen in 26802 Moormerland

■ **Tourist-Information** (Warsingsfehn), Dr.-Warsing-Straße 79, Tel. 04954 8012500, www.moormerland-tourismus.de.

■ **Paddel- und Pedal-Station Rorichum** (Oldersum), Kampstraße 31, Tel. 0175 3751518, www.paddel-und-pedal. Die Station befindet sich am Rorichumer Tief und ist in der Nähe von Oldersum und der Ems.

■ **Museum Heitens Huus** (Warsingsfehn), Schleusenweg 17, www.moormerland-tourismus.de. Eines der wenigen verbliebenen Fehnhäuser in Moormerland.

■ **Mühle Bohlen** (Warsingsfehn), Hauptwieke 18, Tel. 04954 4372, www.muehle-bohlen.de. Neben dem gutsortierten Laden mit vielen Produkten in Bioqualität ist ein Landhandel angeschlossen.

■ **Museum Alte Seilerei** (Oldersum), Hinter der Bleiche 1, Tel. 04924 1379, www.heimatverein-oldersum.de, von April bis Okt. So 15–17 Uhr und nach Vereinbarung, Erw. 2,50 €, Kinder bis 14 J. frei. Die in Jemgum gegründete Seilerei Diepen wurde nach Schließung des Betriebs 1999 mit allen Maschinen und Handwerksgeräten zu einem sehenswerten technischen Museum umgestaltet. Führungen nach Absprache.

■ **Fleischerei Diedrich Eckhoff** (Jheringsfehn), Westerwieke 134, Tel. 04954 4178, www.fleischerei-d-eckhoff.de. Im seit 85 Jahren bestehenden Familienbetrieb wird Fleisch von den Höfen aus der Umgebung verarbeitet. Es gibt Suppen, Eintöpfe und eine „heiße Theke" für Radler. Spezialität ist die ostfriesische Mettwurst.

■ **Sportboothafen Oldersum,** Hafenmeister, Tel. 0491 2916 oder Yacht-Club Unterems, Emder Straße 46, Tel. 04954 3353. Im Außenhafen gibt es Liegeplätze direkt an der Ems, er fällt bei Niedrigwasser für zwei bis drei Stunden trocken. Hinter der Schleuse kann man tideunabhängig anlegen. Sanitäre Anlagen befinden sich im Clubheim.

Unterkunft

■ **Hotel zu den Linden**① (Neermoor), Süderstraße 12, Tel. 04954 921311, www.zu-den-linden.de. Restaurant, Biergarten und Hotel. Schöne Deko in Restaurant und Zimmern, die Küche bietet traditionelle Fisch- und Fleischgerichte.

■ **Landhaus Oltmanns**② (Neermoor), Wankelstraße 2–4, Tel. 04954 94050, www.landhaus-oltmanns.de. Unmittelbar an der Autobahn 31 gelegenes großes Haus mit Restaurant und Biergarten. Modern und familiär geführt, Fahrrad-, Motorrad- und Oldtimerfahrer sind herzlich willkommen.

■ **Hotel up 't Fehn**① (Warsingsfehn), Rudolf-Eucken-Straße 24, Tel. 04954 95050, www.hotel-upt-fehn.de. Allergikerfreundliches Haus, deshalb sind keine Haustiere erwünscht. Es gibt ausgezeichnetes Frühstück. Das Hotel ist ideal für Radwanderer direkt an der „Deutschen Fehnroute" gelegen.

Hesel

Die **Gemeinde Hesel** ist groß an Fläche, nach Wiesmoor ist es die zweitgrößte Gemeinde in Ostfriesland. Aber die Bevölkerungsdichte ist selbst für Ostfriesland dünn. Mitglieder der Gemeinde sind die Dörfer und Gemeinden Neukamperfehn, Brinkum, Holtland, Firrel, Schwerinsdorf und Hesel. In Hesel hat die Gemeinde ihren Verwaltungssitz. Die **Tourist-Information** ist in der **Villa Popken** untergebracht, im ersten Stockwerk befindet sich eine archäologische Ausstellung. Für die regionalen Verhält-

nisse befindet sich Hesel tatsächlich hoch über dem Meeresspiegel, bis zu 17 Meter liegt der Heseler Wald über Normalnull. Sogar Bäume und Wald gibt es bei Hesel, für Ostfriesland ist das unge-

⌂ Die Villa Popken in Hesel

wöhnlich. Der **Heseler Wald** ist das größte zusammenhängende Waldgebiet in Ostfriesland. Mitte des 19. Jahrhunderts wurde der Mischwald gepflanzt, 1969 wurde er zum Landschaftsschutzgebiet erklärt. Im Wald gibt es einen Tümpel, das kleine Wasserloch wird **Silbersee** genannt.

Da große Teile der Gemeinde Hesel auf einem Geestrücken liegen, ist der Boden eher sandig. Die ehemaligen Moorgebiete sind heute alle abgetorft. In Hesel fand man eine **prähistorische Feuerstelle**, die etwa 10.000 Jahre alt ist. Sie ist der älteste Nachweis menschlicher Kultur in Ostfriesland und zeugt davon, dass schon in der Steinzeit Menschen hier zu Hause waren.

Die evangelisch-lutherische Liudgerikirche in Hesel stammt aus dem Jahr 1742. Der untere Teil des Kirchenschiffs wurde auf die alten Fundamente der Vorgängerkirche gesetzt. Den ehemals freistehenden Glockenturm riss man wegen Baufälligkeit ab und ersetzte ihn 1909 durch den Westturm.

In **Holtland** steht das älteste Gotteshaus der Gemeinde Hesel – die **Marienkirche** ist mehr als 750 Jahre alt. Wahrzeichen von Holtland aber ist die **Holländerwindmühle** aus dem Jahr 1864. Wer sich traut, kann dort heiraten.

Praktische Tipps

Adressen in 26835 Hesel

■ **Tourist-Information** (Hesel), Leeraner Straße 1, Tel. 04950 937080, www.urlaubsregion-hesel.de.

■ **Schwimmbad Hesel,** Rüschenweg 1, Tel. 04950 439, www.schwimmbad.hesel.de. Das kleine Schwimmbecken wurde 2014 umfassend saniert, die Wassertemperatur beträgt immer angenehme 29 °C. Kein Erlebnisbad, dennoch gibt es viel Schwimmvergnügen.

■ **Windmühle Holtland,** Mühlenstraße 1, Tel. 04950 3923, geöffnet von Mai bis September.

♁ **Abenteuerspielplatz „Siebenbergen" im Heseler Wald,** Oldenburger Straße, Tel. 04950 937080, www.urlaubsregion-hesel.de. Verschiedenste Spielgeräte laden zum naturnahen Klettern, Buddeln oder Rutschen ein. Hier gibt es sogar Sanddünen und eine Seilbahn.

Gastronomie

■ **Meta Erlebnisgastronomie** (Hesel), Kirchstraße 1, Tel. 04950 805666, www.meta-gastro.com. Das Lokal wurde in einem ehemaligen Bauernhaus errichtet und steht unter Denkmalschutz. Die Räumlichkeiten zeigen sich im alt-ostfriesischen Stil. Die Küche legt Wert auf regionale Produkte.

Unterkunft

■ **Hotel und Restaurant Goldener Adler**① (Holtland), Leeraner Straße 15, Tel. 04950 806410, www.goldener-adler-holtland.de. Das Restaurant bietet fernöstliche Speisen an.

■ **Wohnmobilstellplatz Hesel,** Kirchstraße 5–13, Tel. 04950 937080, www.urlaubsregion-hesel.de, ganzjährig mit Dusche und WC.

▷ Wiedervernässtes Stapeler Moor

Uplengen

Mit gut 148 Quadratkilometern ist Uplengen die **größte Gemeinde im Landkreis Leer.** 83 Prozent der Fläche werden **landwirtschaftlich** genutzt. 19 Ortschaften gehören zur Gemeinde Uplengen, die größte von ihnen ist **Remels.** Die grüne Landschaft ist geprägt von einigen Moor- und Waldgebieten, die teilweise unter Naturschutz stehen. Nordwestlich von Remels liegt das Naturschutzgebiet **Holle Sand,** das größte Binnendünengebiet in Ostfriesland. Der **Kugelberg** ist 18 Meter hoch, nur die Dünen auf den Ostfriesischen Inseln sind teilweise höher. Mehrere Wanderwege laden zur Erkundung des mit Kiefern bewachsenen Gebiets ein. An der Grenze zu Wiesmoor liegt das **Naturschutzgebiet Neudorfer Moor.** Wie bei den weiter östlich liegenden Schutzgebieten wie dem Lengener Meer oder dem Stapeler Moor handelt es sich um Reste eines Hochmoores. Im Osten des Neudorfer Moores kann man sich auf einer **Aussichtsplattform** einen Überblick verschaffen. Das **Lengener Meer** ist einer der wenigen verbliebenen **Hochmoorseen.** Das flache Gewässer ist nicht mal einen Meter tief, 22 Hektar groß und liegt im **Schutzgebiet Stapeler Moor** und Umgebung. Dort versucht man, die mageren Reste der ehemals riesigen ostfriesischen Zentralmoore zu erhalten. Im Stapeler Moor baute man bis 1997 Torf ab, obwohl es auch damals schon ein Schutzgebiet war. Inzwischen wurde die Landschaft wiedervernässt und erholt sich seitdem langsam. Aber es ist bisher nicht gelungen, Moore nach dem Torfabbau wieder voll funktionsfähig zu renaturieren. Es dauert viele, viele Jahre, bis die Ergebnisse sichtbar werden, denn es bildet sich **nur ein Millimeter neues Moor pro Jahr.** Bis wieder ein neues Moor entstanden ist, braucht es 1000 Jahre Zeit.

Auf einem eineinhalb Kilometer langen  **Naturerlebnisweg** können Besucher den momentanen Zustand der Natur erleben. Neben typischen Moorpflanzen wie Torfmoosen, Besenheide oder Wollgras kann man gelegentlich

058ofl_mna

auch Moorfrösche und verschiedene Libellenarten beobachten. Sehen kann man aber auch, wie sich industrieller Abbau in den Moorgebieten auswirkt. In Niedersachsen werden noch immer rund 6,5 Millionen Kubikmeter Torf pro Jahr abgebaut. Moore speichern große Mengen Stickstoff und Kohlenstoff, sie sind also auch für unser Klima von großer Bedeutung. Einigen Berechnungen zufolge wird es ab 2050 weltweit keinen Torf mehr geben, diese geheimnisvolle Landschaftsform wird dann für immer verschwunden sein.

Der **Badesee Großsander,** auch „Sander Beach" genannt, bietet Schwimmvergnügen ganz ohne Nordsee. Er hat einen Sandstrand und eine große Wasserrutsche, Liegeplätze, zusätzlich Kinderspielplatz und einen Imbiss. Den 16 Hektar großen See kann man alternativ auch per **Tretboot** erkunden. Entstanden ist er durch Sand- und Kiesentnahme für den Bau der Autobahn A 28.

Remels

Die Streusiedlung mit ca. 3500 Einwohnern ist der Hauptort des Lengenerlandes, das ist schon seit dem Mittelalter so. Im 13. Jahrhundert begann der Bau der **St.-Martin-Kirche** als Wehrkirche. In unmittelbarer Nähe zum Oldenburger Land war die Anlage damals mit einem **Wall** umgeben. Das **Ostertor** ist das Torhaus der Kirche und stammt aus der Zeit der Wehranlage. Im Spätmittelalter litt die Bevölkerung häufig unter Plünderungen, die von außerhalb kommende Grafen unternahmen. Heute kann man am Äußeren der Wehrkirche drei verschiedene Bauphasen ablesen. Der gut

53 hohe Turm wurde in den Jahren 1897/98 errichtet.

In unmittelbarer Nähe errichtete die Kirchengemeinde 1803 die zweistöckige **Windmühle Remels.** Wo bis 1958 der Müller das Korn gemahlen hat, werden heute **standesamtliche Trauungen** durchgeführt. Das Gebäude mit den funktionstüchtigen Flügeln gehört heute der Gemeinde Remels, sie nutzt die Räumlichkeiten auch zur Ausstellung landwirtschaftlicher Geräte.

Adressen in 26670 Uplengen

■ **Tourist-Information** (Remels), Alter Postweg 9 (An der Mühle), Tel. 04956 912 177, www.uplengen.de.
■ **Paddel- und Pedal-Station** (Remels), Uferstraße 1, Tel. 0152 34284635, www.paddel-und-pedal.de.
■ **Windmühle Remels,** An der Mühle 111/Ecke Alter Postweg, www.uplengen.de.
■ **Badesee Großsander,** Voßbargweg 22, Tel. 04956 912177, www.uplengen.de (Tagesticket 1 €, Monatsticket 5 €, Jahresticket 10 €).

Gastronomie/Unterkunft

■ **Bistro Cappuccino** (Remels), Ostertorstraße 79, Tel. 04956 40380180, www.cappuccino-remels.de. Hausgemachtes Eis und knusprige Pizza im Zentrum der Ortschaft, außerordentlich freundliche Bedienung, mit Lounge und schönem Außenbereich an einer meist belebten Kreuzung.
■ **Uplengener Hof**① (Remels), Ostertorstraße 57, Tel. 04956 1225, www.uplengener-hof.de. Hotelbetrieb mit Tradition und Restaurant mitten im Ortskern.
■ **Wohnmobilstellplatz Uplengen** (Remels), Schützenstraße und Uferstraße, Tel. 04956 912177, ganzjährig.

▷ Die St.-Martin-Kirche in Remels

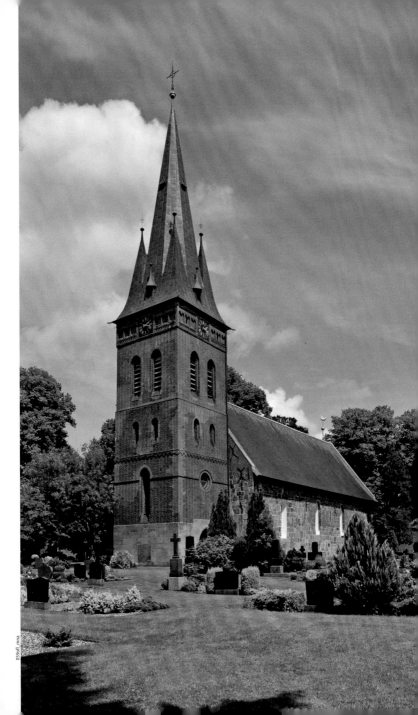

2
Emden

》Die kreisfreie Stadt an der Emsmündung ist nicht nur ein wichtiger Wirtschaftsstandort für die Region, sondern auch für Touristen attraktiv. Das Ostfriesische Landesmuseum und die Kunsthalle Emden zeigen Ausstellungen auf hohem Niveau, gastronomisch kann sich der Gast nach allen Regeln der Kunst verwöhnen lassen und die urbane Vielfalt Emdens verlockt zur Erkundungstour. Das maritime Flair der Stadt schafft dazu eine besondere Atmosphäre.

◁ Das Emder Stadtwappen im Pflaster, gesehen vom Rathausturm Emden

Überblick

Die Stadt Emden ist eng mit dem Wasser verknüpft: Der große Seehafen mit dem Zugang zu Ems und Dollart sowie die zahlreichen alten Häfen und Kanäle mitten im Stadtgebiet zeugen davon. Die kreisfreie Stadt lässt sich ideal zu Fuß, zu Wasser oder mit dem Fahrrad erkunden. Die nähere Umgebung Emdens kann auch mit dem Urlauberbus entdeckt werden.

Emden hat gut 50.000 Einwohner, es ist die **größte Stadt in Ostfriesland.** Die Einwohner heißen „Emder" – so wie auch der berühmte Matjes, für den Emden bekannt ist. Bereits um das Jahr 800 nach Christi entstand an der Ems ein friesischer Handelsort. Emden bekam 1494 das **Stadtrecht** und hat seitdem ein eigenes Stadtwappen. Es zeigt in der oberen Hälfte den Jungfrauenadler, die Wappenfigur der *Cirksena*. Die Mauer steht für Sicherheit und die blauen Wellen symbolisieren die Nähe Emdens zum Wasser der Ems.

Auch heute noch sind Handel und Hafen von großer Bedeutung für die Stadt, mit den **Nordseewerken** und **Volkswagen** sind hier die größten Arbeitgeber Ostfrieslands angesiedelt. Kulturelle Bedeutung über die Region hinaus haben das **Ostfriesische Landesmuseum,** die **Kunsthalle Emden** und die **Johannes a Lasco-Bibliothek.** Gleich drei **Museumsschiffe** liegen mitten in der Stadt im Ratsdelft vor Anker: Das **Feuerschiff Amrumbank,** der Seenotrettungskreuzer **Georg Breusing** und der **Heringslogger Stadt Emden.**

Obwohl die meisten historischen Gebäude der Altstadt bei den zahlreichen Luftangriffen während des Zweiten Weltkriegs zerstört wurden, lohnt auch die wieder aufgebaute Stadt einen Besuch. Die **Tourist-Information** bietet

NICHT VERPASSEN!

- ➡ Besuch der **Emder Kunsthall**e | 109
- ➡ Die ostfriesische Vergangenheit wird im **Ostfriesischen Landesmuseum** lebendig | 111
- ➡ **Dat Otto Huus** – Ablachen ist hier ausdrücklich erwünscht | 111
- ➡ Die Schleusung in der **historischen Kesselschleuse** | 116
- ➡ Hightech-Fahrzeugbau hautnah erleben bei einem Besuch des **Emder VW-Werks** | 124
- ➡ Im **Ökowerk Emden** ein einzigartiges Umweltzentrum erkunden | 124

Diese Tipps erkennt man an der gelben Markierung.

2

die Möglichkeit, per QR-Code an bestimmten Sehenswürdigkeiten mehr über diese zu erfahren – einfach einscannen und die Infos auf dem Handy nachlesen. Zu sehen gibt es so manches, ob es der **Ratsdelft** im Herzen der Stadt ist oder direkt daneben das beeindruckende **Emder Rathaus,** in dem sich das Landesmuseum befindet. Ebenfalls unmittelbar neben dem Ratsdelft liegt „**Dat Otto Huus**" (s.u.). Der Komiker und Musiker *Otto Waalkes* ist neben Regisseur *Wolfgang Petersen* sowie Schauspieler und Komiker *Karl Dall* ein berühmter Sohn der Stadt Emden, besonders *Otto* hat der Region zu größerer Bekanntheit verholfen.

Der wirtschaftlich enorm wichtige **Emder Seehafen** liegt direkt an der Emsmündung und ist durch zwei Schleusen mit der Ems verbunden. Das Hafengebiet hat eine Fläche von 730 Hektar, dort werden Windenergieanlagen, Baustoffe, Container und vor allem Kraftfahrzeuge verladen. Wer die Stadt Emden aus einer anderen Perspektive sehen will, begibt sich am besten aufs Wasser. Auf rund 150 Kilometern Länge addiert sich die Gesamtlänge der ganzen Kanäle, Gräben und Delfte in der Stadt. Besonders interessant ist eine **Hafenrundfahrt** in einer der Barkassen, die im Ratsdelft liegen. Die Schleusung in der runden **historischen Kesselschleuse** ist ein ganz besonderes Erlebnis. Es ist die einzige wasserbauliche Anlage dieser Art in ganz Europa. Auch heute noch ist sie täglich in Betrieb. Danach führen die flachen Passagierschiffe ihre Fahrt auf dem Stadtgraben fort. Den Stadtgraben kann man aber auch gemütlich im Tretboot erkunden. Emden ist vom Wasser aus gesehen ziemlich grün. Eine weitere ungewöhnliche Perspektive aus der Vogelsicht bietet auch **Emdens Rathausturm** im Stadtzentrum.

☑ Ratsdelft mit Schiffen und Rathaus

061ofl_mna

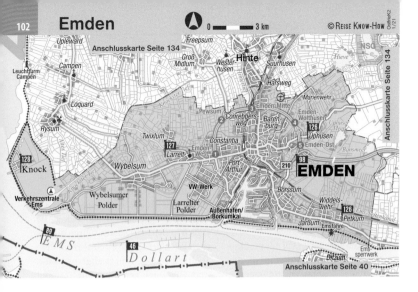

Geschichte

Auf dem Gebiet an der Emsmündung lässt sich bereits eine Besiedlung während der Jungsteinzeit (5500–2200 v. Chr.) nachweisen. Bei Baggerarbeiten im Emder Hafen fand man zwei historische Beile, die das bestätigen. Erstmals erwähnte der römische Geschichtsschreiber *Titus Livius* (59 v. Chr.–17 n. Chr.) das Gebiet an der Emsmündung. Unter *Drusus,* dem Stiefsohn des Kaisers *Augustus,* ankerte um Christi Geburt die römische Flotte an der Außenems. Die Römer befanden sich auf einem Feldzug gegen die Westgermanen und gelangten von der Nordsee über die Flüsse in das Landesinnere. Sie nannten diesen Ort *Amisia,* in der Zeit des Frankenreichs wurde daraus *Amuthon* und im Mittelalter *Emuthon.* Mit etwas Fantasie lässt

sich daraus die Entwicklung des Namens zum heutigen Emden nachvollziehen.

Die Ems machte damals noch eine Schleife in Richtung Norden, dort mündete ein kleiner Seitenarm namens **Ehe.** Auf einer leichten Anhöhe war das ein idealer Platz zum Siedeln und Handeln. Im frühen Mittelalter wurde am neuen Handelsplatz der Fluss zur pulsierenden Lebensader. Aus dem Seitenarm entwickelte sich ein Hafen direkt in der Siedlung, ein Rest davon ist noch heute als Ratsdelft zu sehen.

Die erste urkundliche Erwähnung Emdens stammt aus dem Jahr 1224, in dieser wird ein hiesiges Handelsschiff in London erwähnt. Im 8. Jh. wurde Emden mit der Integration in das Fränkische Reich **christianisiert.** So bekam der Handelsplatz an der Ems eine erste Kirche, ein Vorläufer der heutigen Großen Kirche. Um 1200 ersetzte ein **romanisches Backsteinbauwerk** mit dem Westturm den hölzernen Vorgängerbau. Nach Erweiterungen im 13. Jh. erfolgte noch vor 1403 der Ausbau zur dreischif-

▷ Turm der Martin-Luther-Kirche am Alten Graben

2

figen Hallenkirche. Bei einer schweren Sturmflut in diesem Jahr wurde die Große Kirche stark beschädigt.

1244 wurde Emden erstmals als **Zollstätte** genannt. Die Häuptlingsfamilie *Abdena* errichtete um 1300 die **Burg Emden,** diese fiel 100 Jahre später in die Hände von hanseatischen Truppen. Die Burg Emden war nun eine wichtige Basis der **Hanse** im Kampf gegen die **Vitalienbrüder.** Diese Seefahrer unternahmen Kaperfahrten in Nord- und Ostsee und machten den freien Handel unsicher. Obwohl einige der ostfriesischen Häuptlinge mit den Freibeutern gemeinsame Sache machten, zahlte sich der Einsatz der Hanse letztlich aus.

Bis zum Beginn des 15. Jahrhunderts entwickelte sich Emden unter der Häuptlingsfamilie *Abdena* zu einer städtischen Siedlung, Emder Seefahrer trieben zu dieser Zeit regen Handel mit Hamburg, Lübeck und zahlreichen anderen Orten. 1453 wurde die Stadt Emden letztlich dem Herrschaftsgebiet des **ostfriesischen Häuptlingsgeschlechts Cirksena** zugeschlagen.

Macht und Wohlstand

Trotz zahlreicher Auseinandersetzungen und häufig wechselnder Machthaber im Spätmittelalter entwickelten sich die Stadt und der Seehandel positiv. Dazu trug auch das **Stapelrecht** bei, das alle auf der Ems vorbeifahrenden Händler zwang, ihre Ware in Emden feilzubieten. Der römisch-deutsche König und spätere Kaiser *Maximilian I.* bestätigte 1494 dieses Privileg. Im Jahr darauf verlieh er der Stadt das Stadtwappen, selbstverständlich gegen die Zahlung von kräftigen Gebühren. Doch die im Wappen symbolisch angedeutete Nähe zur Ems gab es bald schon nicht mehr: 1509 verschaffte die **Zweite Cosmas- und Domianflut** dem Fluss ein neues Bett. Nun floss der Emsstrom an Emden vorbei und der für die Stadt so wichtige **Hafen drohte zu verschlicken.** Mit baulichen Maßnahmen versuchte man dem entgegenzuwirken. Die Verschlickung konnte man so vorerst aufhalten, letztlich aber nicht mehr verhindern. Dennoch entwickelte sich Emden bis zum 16. Jahrhundert zu einer **bedeutenden Hafenstadt an der Nordsee.** Unterstützend bei dieser Entwicklung waren die Reformation (1517–1648) und der Unabhängigkeitskrieg der niederländischen Provinzen gegen die Spanier (1568–1648). Während des Spanisch-Niederländischen Religionskriegs gab es viele Flüchtlinge, die in und um Emden eine neue Heimat fanden. Sie brachten den **reformierten Glauben** mit, der auch heute in der Region noch stark vertreten ist.

In dieser Periode wurden die beiden prächtigen **Pelzerhäuser** Emdens in der Pelzerstraße 11 und 12 gebaut, sie haben sogar den Zweiten Weltkrieg überdauert. 1572 wurde das nach den Plänen des Antwerpener Baumeisters *Laurenz Steenwinckel* errichtete imposante neue **Rathaus** eingeweiht, es war dem Rathaus von Antwerpen nachempfunden. Die selbstbewussten Emder begehrten 1595 gegen das ostfriesische Herrschergeschlecht *Cirksena* auf, und Emden bekam den Status einer Stadt. Zum Schutz vor Eindringlingen wurde bis 1616 der **Emder Stadtwall** gebaut, der sich insbesondere während des Dreißigjährigen Kriegs (1618–1648) bewährte. Die kluge Politik der Regierung und die gute Be-

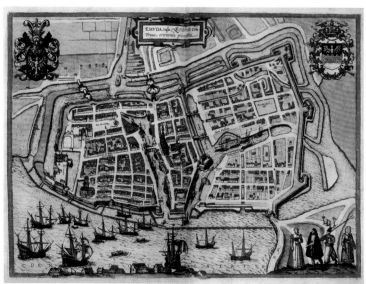

063ofl_WC

festigung der Stadt führten dazu, dass Emden von den Kriegsunruhen weitgehend verschont blieb. 1635 wurden das **Emder Hafentor** und von 1643 bis 1648 die **Neue Kirche** errichtet, die beiden frühbarocken Meisterwerke machten Emdens Bedeutung für jeden sichtbar. Bei beiden Gebäuden leitete der Emder Stadtbaumeister *Martin Faber* (1587–1648) die Planung und den Bau. Das Hafentor markiert die Einfahrt zum für die Stadt so wichtigen Hafen. Der Baustil der Neuen Kirche wurde vom Niederländischen geprägt, die finanziellen Mittel kamen ausschließlich durch **Spenden** zusammen. Den auffälligen Dachreiter krönt eine Nachbildung der Habsburger Kaiserkrone, in ihm befinden sich zwei Glocken.

⌃ Illustrierter Stadtplan von Emden um 1575

Das Ende der Blütezeit

Doch in der zweiten Hälfte des 17. Jahrhunderts wirkte sich ein schon länger bestehendes Problem deutlich negativ aus: **Der Hafen versank endgültig im Schlick.** Begleitet von politischen Problemen begann der wirtschaftliche und politische Niedergang der einst so erfolgreichen Handelsstadt. Ob im Streit mit den ostfriesischen Fürstenhäusern oder später unter dem preußischen Einfluss – die Verschuldung Emdens wuchs. Nach dem Tod des letzten Cirksena-Fürsten *Carl Edzard* übernahm 1744 der preußische König *Friedrich II.*, später *Friedrich der Große*, auch der *Alte Fritz* genannt, die Landesherrschaft über Ostfriesland. So verlor Emden seine 150 Jahre lang bestehende Unabhängigkeit. Für die Burg von Emden gab es nun kei-

Der historische Hafen Falderndelft

Ein **wichtiger Teil der Emder Hafenanlagen** ist der Falderndelft, der heute unter Denkmalschutz steht. Zusammen mit dem Ratsdelft und dem Alten Binnenhafen bildet er den **historischen Teil des Emder Hafens.** Für den Warenumschlag wird er aber schon lange nicht mehr genutzt. Einige ziegelrote Speichergebäude und Packhäuser am Falderndelft erinnern jedoch noch an vergangene Zeiten. **Mitten im historischen Stadtkern** landeten früher die Schiffe an, mit Winden wurden die Handelsgüter **direkt in die Packhäuser** befördert. Heute wird der Falderndelft eher für touristische Zwecke genutzt, für die Freizeitschifffahrt ist er von großer Bedeutung. Das südliche Ufer wurde zu einer **Promenade** ausgebaut, die **Klappbrücke** zum Roten Siel erneuert. Der Verbindungskanal Rotes Siel ist **mit drei verschiedenen Gewässern verbunden,** die in der kreisrunden Kesselschleuse zusammentreffen. Mit dem Haus am Roten Siel und dem Gödenser Haus stehen einige der ältesten Gebäude Emdens direkt neben der Klappbrücke am Roten Siel. Das Gödenser Haus wurde 1551 als Stadthaus der Besitzer der Herrlichkeit Gödens (siehe Kapitel 5) errichtet. Inzwischen gehört das historische Gebäude der

Stadt Emden, diese restaurierte es vorbildlich und machte es zum Studentenwohnheim.

Schon **im 15. Jahrhundert** entstand am Falderndelft **die erste Emder Werft,** gegen Ende des 16. Jahrhunderts waren es drei. Die „Brandenburger Werft" entstand 1682, um die an die westafrikanische Goldküste und in die Karibik segelnden Schiffe der „Kurbrandenburgisch-Afrikanischen Kompanie" in Stand zu halten. Sie ist ein Vorläufer der heute noch bekannten „Cassens-Werft", die aus Platzgründen zu Beginn des 20. Jahrhunderts in den Emder Seehafen umzog. In der Brückstraße direkt am Delft gründeten 1873 *Carl Heinz Louis Thiele* und *Peter Hinrichs Freese* die **Kolonialwarenhandlung „Thiele & Freese".** Wenige Jahre später verlagerten sie den Firmensitz ihres Teehandelshauses in die Straße Hinter der Halle. Neben *Bünting-Tee* aus Leer und *Onno Behrens* aus Norden ist **Thiele-Tee** einer der drei großen ostfriesischen Teeproduzenten (→ Exkurs „Wie der Tee nach Ostfriesland kam"). In Emdens Hafen, einstmals Standort mehrerer Werften inmitten der Altstadt, stammen heute die Hauptumschlagsprodukte aus der Produktion von Offshore-Windenergie und Kraftfahrzeugen.

ne Verwendung mehr. Sie wurde abgerissen, an ihre Stelle bauten die Preußen Kasernen.

Auf Veranlassung der zu dieser Zeit in Europa sehr dominanten Franzosen unter *Napoleon I.* besetzten 1806 **niederländische Truppen** die Hafenstadt an der Ems. Im **Frieden zu Tilsit** 1807 wurde die Stadt dem **Königreich Holland** zugeschlagen, die niederländischen Einflüsse machen sich auch heute noch bemerkbar. Nach der **Völkerschlacht von Leipzig** verloren die geschlagenen Franzosen 1813 ihren Einfluss in Europa. Zwei Jahre darauf sprach man 1815 Ostfriesland, und damit auch Emden, dem **Königreich Hannover** zu. Emdens Wirtschaft stagnierte weiter, die Verwaltung wurde zentralisiert. Durch den Anstieg der Bevölkerung in Ostfriesland nahm die Armut weiter zu, das führte zu einer **Auswanderungswelle.**

Die Industrialisierung

Im jahrhundertelang ziemlich isoliert gelegenen Ostfriesland gab es **kaum Infrastruktur,** diese wurde erst im Zuge der Industrialisierung im 19. Jahrhundert ausgebaut. Ab 1800 war Emden per Schiff mit Aurich verbunden, denn das Treckfahrtstief wurde damals fertiggestellt. 1842 pflasterte man eine **Chaussee von Emden nach Aurich** mit Klinkersteinen – ein Novum damals im kaum erschlossenen Ostfriesland.

Der Bau einer **Sperrschleuse** von 1845 bis 1848 war der Grundstein für den Ausbau des Emder Seehafens, der die Infrastruktur der Stadt nun deutlich verbesserte. Allerdings gelangte durch die Schleuse bei jeder Flut auch eine Menge Schlick in den Seehafen. Unter der Hannoverschen Herrschaft wurde Emden 1854 mit der **Hannoverschen Westbahn** an das **Eisenbahnnetz** angeschlossen. 1866 unterlag das Königreich Hannover im Deutschen Krieg der Übermacht Preußens und wurde in der Folge annektiert, Ostfriesland fiel wieder an Preußen. Ende der 1870er-Jahre übernahm Preußen den Emder Hafen und baute ihn aus. Nach Gründung des Deutschen Reichs 1871 wollte Kaiser *Wilhelm II.* (1859–1941) Emden zur **Marinestadt** ausbauen. Ab 1886 wurden die **Kesselschleuse,** 1888 der **Ems-Jade-Kanal** und die **Nesserlander Schleuse,** 1899 der **Dortmund-Ems-Kanal** und bis 1913 die **große Seeschleuse** gebaut. Die Aktivitäten sollten dem reibungslosen Ablauf des Güterverkehrs mit dem Ruhrgebiet dienen. Doch der Hafen war

☑ Emdens Falderndelft mit historischen Gebäuden

064ofl_mna

nicht ausgelastet, zu groß war die Konkurrenz mit den Häfen von Hamburg, Bremen, Rotterdam und Antwerpen. Im Zuge der Industrialisierung entstand eine **modernere städtische Infrastruktur** mit einer großzügigen Stadtplanung. Zwar siedelten sich Industriebetriebe an, aber Emden verschuldete sich durch die vielen Bauprojekte stark und geriet in wirtschaftliche Schieflage. Der Erste Weltkrieg von 1914 bis 1918 und die schwierigen nachfolgenden Jahre verbesserten die Situation nicht. Doch durch den Bau des Südkais im Hafen galt Emden zwischenzeitlich als der „Seehafen des Ruhrgebiets", denn hier wurde **importiertes Eisenerz für die Hochöfen des Rhein-Ruhr-Raums** verschifft.

Die langen Eisenbahn-Erzzüge vom Emder Hafen bis ins Ruhrgebiet wurden im Volksmund als „Langer Heinrich" bezeichnet. Daran erinnert die vor Emdens Hauptbahnhof aufgestellte **historische Dampflokomotive.** Diese Lokomotiven wurden in den späten 1920er-Jahren gebaut, die aufgestellte Eisenbahn ist eine der letzten dampfbetriebenen in Deutschland, im Oktober 1977 fuhren diese Lokomotiven zum letzten Mal.

Zweiter Weltkrieg

Am 1. September 1939 brach der Zweite Weltkrieg aus und die Truppen der deutschen Wehrmacht marschierten in Polen ein. Am 3. September erklärten Frankreich und England dem Deutschen Reich den Krieg. Die Flugzeuge der Royal Air Force flogen die deutsche Nordseeküste zunächst auf Sicht entlang. Die Bomber passierten Emden als erste Stadt Deutschlands. Da die dortigen Industriebetriebe **Kriegsgüter** produzierten und der Seehafen große Bedeutung beim Umschlag von Gütern hatte, war die Stadt das **Ziel von 80 Luftangriffen.** Der schwerste ereignete sich am 6. September 1944. Dabei wurde Emdens gesamte Altstadt mitsamt des prächtigen Rathauses zerstört. Am Ende des Kriegs lag die Innenstadt zu mehr als 90 Prozent in Trümmern. Von der einstigen Pracht der historischen Bauten war nicht viel übrig geblieben. Lediglich das Hafengebiet kam mit geringen Schäden davon. Emden wurde nach dem Zweiten Weltkrieg **Teil der britischen Besatzungszone** und gehört ab Dezember 1946 zum neu gegründeten **Bundesland Niedersachsen.**

Nachkriegszeit und Neuaufbau

Weil Emdens Stadtzentrum total zerstört war, entwickelten die Stadtväter ein **Konzept des Neuaufbaus,** nicht eines für den Wiederaufbau. Der erste Plan von 1947 blieb ein Idealmodell, das nicht realisiert wurde. Die engen Grundstücke der Innenstadt wurden jedoch neu zugeschnitten, das ermöglichte eine großzügigere neue Bebauung und dem zunehmenden Straßenverkehr konnte mehr Platz eingeräumt werden. Prägend für das Stadtbild war dabei der **Neubau der Martin-Luther-Kirche** am Alten Graben. In Emden entstand 1956 der größte Kirchenbau der Landeskirche Hannover,

▷ Leuchtturm Emden Westmole, die Autos sind für den Export

Emden

das zeigt sich auch an ihrem 50 Meter hohen Turm. Am 6. September 1962 wurde das neu gebaute **Rathaus** eingeweiht und damit das Ende der Nachkriegszeit markiert. Auch wenn die Architektur die schlichten Formen der Wirtschaftswunderjahre widerspiegelt, griff man Elemente des Vorgängerbaus auf.

Der **Emder Hafen** bietet als westlichster Seehafen in Deutschland die **kürzesten Transportwege nach Übersee** und ist deshalb als Standort international agierender Firmen ideal. Spätestens mit der Eröffnung des **Emder Volkswagenwerks** 1964 brach auch in Emden die Zeit des Wirtschaftswunders an. Zu Beginn wurden im neuen Werk vorwiegend **VW-Käfer** produziert. Seit Mitte der 1980er-Jahre spielt in Emden auch

der **Tourismus** eine zunehmend größere Rolle. Dafür machten im Ratsdelft, dem ältesten Teil des Emder Hafens, **Museumsschiffe** fest. 1986 eröffnete die **Kunsthalle Emden** ihre Pforten, die auf eine Initiative von *Henri Nannen* und seiner Frau *Eske* gebaut wurde. Der Verleger, Publizist und Gründer des Magazins *Stern* brachte auch zahlreiche Kunstwerke seiner Sammlung in das neue Haus.

1995 bezog die **Johannes a Lasco-Bibliothek** ihre neuen Räumlichkeiten in der ehemaligen Großen Kirche. Diese wurde 1943 bei einem Bombenangriff zerstört, der Neubau des Bibliotheksgebäudes ist statisch unabhängig in die Ruine integriert.

Die Stadt Emden wendet sich seit der Jahrtausendwende ihrem **wasserreichen**

065ofl_mna

Zentrum zu, ungenutzte Hafenflächen wurden mit zentrumsnahen Wohnvierteln neu bebaut. Dabei entstanden unmittelbar am Wasser auch **neue Hotel- und Bürogebäude.** Der Emder Hafen ist heute die **wirtschaftliche Lebensader der Stadt.** Zwischen vier und fünf Millionen Tonnen Seegüter werden hier pro Jahr bewegt, ausgehend von der Fläche ist er der **drittgrößte Hafen an der deutschen Nordseeküste.** Von der See her ist er über zwei Schleusen zu erreichen, die Kailänge im Binnenhafen beträgt mehr als sieben Kilometer. Das Emder Stadtmarketing wirbt mit dem Seehafen, den zahlreichen Kanälen, dem Kulturangebot und der 1200-jährigen Geschichte der Stadt.

066ofl_mna

Sehenswertes

Mit einer schönen Altstadt kann Emden leider nicht aufwarten, da die historische im Krieg weitgehend zerstört worden ist. Aber zu Recht nennt man die Stadt „Venedig des Nordens", die vielen **Wasserläufe, Kanäle, Delfte und die Häfen** beeinflussen das Stadtgebiet deutlich. Es ist eine gute Idee, sich vom zentralen Stadtgarten aus, dem Platz vor dem Rathaus, einfach treiben zu lassen und das Flair der Küstenstadt zu genießen. Dabei lässt sich viel Sehenswertes entdecken.

Im Zentrum von Emden liegt der **Ratsdelft,** der ein übrig gebliebenes Stück des alten Hafens ist. In ihm liegen die drei „schwimmenden Museen" (s.o.). Eines von ihnen, das **Museumsfeuerschiff „Deutsche Bucht",** wurde von 1914 bis 1918 auf der Meyer-Werft in Papenburg gebaut und war 65 Jahre lang in der Deutschen Bucht als **schwimmender Leuchtturm** im Einsatz. Seit August 1984 liegt es im Emder Ratsdelft. Hier gibt es die **älteste intakte Feuerschiffsmaschinenanlage** zu sehen, an Bord befindet sich ein Restaurant, und wer möchte, kann hier sogar heiraten. Der **Seenotkreuzer „Georg Breusing"** war

von 1963 bis 1988 auf Borkum stationiert, mit ihm wurden 1672 Menschen aller Nationen aus gefährlichen Situationen gerettet. Heute ist das ehemalige Rettungsschiff ein **maritimes Denkmal** mit nautischen Einrichtungen, Maschinenanlagen und den Unterkünften der Besatzung, das von März bis Oktober besichtigt werden kann. Der Heringslogger wurde 1905 gebaut und zeigt den Zustand der Heringsfischerei zu einer Zeit, als noch mit Holzschiffen ohne Motoren gefischt wurde. An Bord kann man sich einen guten Eindruck verschaffen, unter welchen Bedingungen Kapitän und Mannschaft damals ihrer Arbeit nachgingen. Im Ratsdelft starten auch flache Barkassen zu verschiedenen **Ausflugsfahrten.**

Im **Emder Rathaus** ist neben der Stadtverwaltung auch ein Teil des **Ostfriesischen Landesmuseums** untergebracht. Auf 3000 Quadratmetern zeigt es eine einzigartige kunst- und kulturhistorische Sammlung. Hier wird die **Vergangenheit Ostfrieslands** sehr lebendig präsentiert, aktuelle kunst- und kulturhistorische Ausstellungen runden das Angebot ab. Besonders erwähnenswert ist die **Emder Rüstkammer** mit rund 400 Jahre alten Schwertern, Luntenschlossmusketen und Harnischen, die eindrucksvoll zeigen, wie man sich früher zur Wehr setzte. Neuere Geschichte wird gegenüber dem Rathaus erzählt: **„Dat Otto Huus"** wurde 1987 eröffnet und ist dem berühmten Komiker *Otto Waalkes* gewidmet. Hier steht der Humor im Mittelpunkt. Aus dem Schaffenswerk des gebürtigen Emder Künstlers gibt es in diesem Museum viel zu sehen und zu hören – Lachen ist ausdrücklich erwünscht.

Emden

◁ Johannes a Lasco-Bibliothek
in der Großen Kirche

2

Übernachtung
1 Campingplatz Knock
15 Hotel Goldener Adler
22 Hotel Delfthalle
29 Hotel am Delft
34 Alt Emder Bürgerhaus
35 Jugendherberge Emden
36 Heerens Hotel Stadtpalais
37 Upstalsboom Parkhotel
39 Hotel Gazelle
40 Hotel Restaurant Faldernpoort

8 Flugplatz Emden, Schwimmbad/Friesentherme/ Wohnmobilstellplatz

Heuzwinger

Friesenstraße

Am Heuzwinger

Boltentorsgang

Am Hinter Tief

Hinter Tief

Meister Geerds-Zwinger

Boltentorstraße

Blumenbrückstraße

Neutorstraße

5

Kunsthalle Emden
6 **7**

Hinter dem Rahmen

Martin-Luther-Kirche

Haupt-bahnhof

Bahnhofplatz

Polizei **4**

Emder Stadtgraben

ZOB

Wasser-turm

Abdenastraße

Agterum

Historische Dampflok

Bahnhofstraße

Kino

Ringstraße

Boltentorstraße

Bismarckstraße

21 **20** **19**

Neuer Markt

18 **17**

Neutorstraße

Apfelmarkt

Osterstraße

Larreiter Straße

Kattewall

Lookvenne

Stadt-garten

1 **2** **3**
Abenteuerland Oki Doki, VW-Werk

Große Straße

Am Burggraben

Pottersgang

23

Alter Markt
Ostfriesisches Landesmuseum **14**

Rathausplatz

Große Straße

22

Rathaus

Brück-

24

Burgplatz

Bunker-museum

Dat Otto-Huus

15

haus

Am

Georg Breusing

Burgstraße

Feuerschiff

16

Faldern-

Johannes a Lasco Bibliothek

Heringslogger

Essen und Trinken
5 Jameson's Pub
7 Henri's Diner
10 Café Einstein
11 El Rancho
15 Goldener Adler
16 Feuerschiff-Restaurant Amrumbank
17 Grand Café am Stadtgarten
18 Kater
20 Eiscafé Valentino
23 Restaurant Welvaart Emden
24 Sikken das Café
26 Kulturcafé im Pelzerhaus
27 Emder Heringslogger, Bittner's Fischspezialitäten
28 Ristorante da Sergio
30 Lüttje Köken
31 Kaffeerösterei Baum
32 Hafenhaus
38 Steakhaus Hacienda
41 Hafenbistro im Gründungszentrum

Pelzerhaus **26**

Pelzerstraße

Olivenstr.

Emsmauerstraße

Mittelwallstraße

Delftgang

Am Delft

Ratsdelft

Historisches Hafentor

27

Neptunstraße

Ems-straße

P

30

28

29

Alter Binnenhafen

Gräfin-Anna-Straße

Okko-tom-Brook-Straße

Ringstraße

Schweckendieck-straße

31

Brons-Straße

32

Borkumkai, Marina Emden, Yachthafen Emden Außenhafen

Nesserlander Straße

Ysaac-

Eisenbahnbrücke

Alte Herings-fischer

Am Eisenbahndock

33

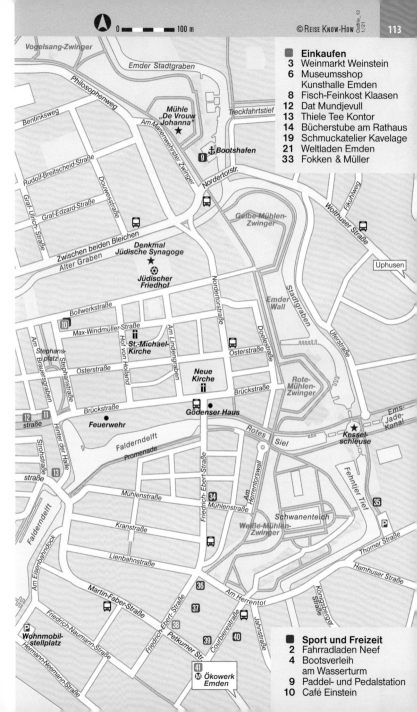

0 ▬▬▬▬▬ 100 m

Vogelsang-Zwinger

Emder Stadtgraben

Philosophenweg

Treckfahrtstief

Bentinkksweg

Mühle „De Vrouw Johanna" ★

Am Marienwehrster Zwinger

⚓ Bootshafen

9

Nordertorstr.

Rudolf-Breitscheid-Straße

Douwesstraße

Gelbe-Mühlen-Zwinger

Graf-Ulrich-Straße

Graf-Edzard-Straße

Wolthuser Straße

Fikuhweg

Zwischen beiden Bleichen

Alter Graben

Denkmal Jüdische Synagoge ★

Nordertorstraße

Jüdischer Friedhof ☉

Emder Wall

Stadtgraben

Uphusen

Bollwerkstraße

10

Max-Windmüller-Straße

Hof von Holland

Am Lindengraben

Osterstraße

Dodestraße

Uferstraße

Stephansplatz

St.-Michael-Kirche ⛪

Stephanstraße

Am Brauergraben

Osterstraße

Neue Kirche ⛪

Brückstraße

Rote-Mühlen-Zwinger

Brückstraße

Hinter der Halle

Feuerwehr ●

Gödenser Haus ●

Rotes Siel

Kesselschleuse ★

Ems-Jade-Kanal

12 **11** straße

Faldemdelft

Promenade

Am Herrentorswall

Fehntjer Tief

13 straße

Strohstraße

Mühlenstraße

34

Mühlenstraße

35 P

Kranstraße

Schwanenteich

Faldemdelft

Am Eisenbahndock

Lienbahnstraße

Weiße-Mühlen-Zwinger

Thorner Straße

Martin-Faber-Straße

Friedrich-Eber-Straße

36

Am Herrentor

Hamhuser Straße

Königsberger Straße

P **Wohnmobil-stellplatz**

Friedrich-Naumann-Straße

37

Friedrich-Ebert-Straße

38

Petkumer Str.

Courbierestraße

Jahnstraße

Hermann-Neemann-Straße

39

40

41 Ⓜ **Ökowerk Emden**

Der **Gedenkstein** für die niederge-
brannte jüdische Synagoge und der **Jüdische Friedhof** sind Erinnerungen an die
vielen Juden, die einst in der Stadt lebten. Über 400 Jahre war hier bis 1941 ihre älteste, größte und bedeutendste Gemeinde Ostfrieslands. Der Gedenkstein
erinnert an die früher in der Bollwerkstraße befindliche Synagoge. Das Mahnmal auf dem Friedhof erinnert an die
Menschen, die während der Zeit des Nationalsozialismus getötet wurden.

Am Emder Stadtgraben steht die **Emder Kunsthalle.** Sie eröffnete 1986 ihre
Pforten. Die darin befindliche Kunst-
sammlung hat ihren Schwerpunkt in der

Klassischen Moderne. Seit dem Jahr
2000 erweitert eine Schenkung des
Münchner Galeristen *Otto van de Loo*
den Bestand um Kunst nach 1945. Regelmäßig gibt es Sonderausstellungen,
die dem Museum einen überregionalen
Ruf verschafft haben. Angeschlossen
sind auch eine **Malschule** und ein **schönes Café** mit Blick auf den Kanal.

⌂ Das Emder Hafentor am Ratsdelft

Praktische Tipps

Adressen in 26721 Emden

■ **Tourist-Information** und **Mobilitätszentrale,** Bahnhofsplatz 11, Tel. 04921 97400, www. emden-touristik.de.

■ **Tourist-Information** und **Kulturevents,** Alter Markt 2a, Tel. 04921 97400, www.emden-touristik.de.

■ **Angeln,** Tagesangelkarten in der Tourist-Information.

■ **Kino Cinestar,** Abdenastraße 15, Tel. 0451 703 0200, www.cinestar.de.

Verkehr

■ **Hauptbahnhof,** am Rand der Innenstadt, Bahnhofsplatz 11, Tel. 0451 9151055.

■ **Busbahnhof (ZOB),** Stadtwerke Emden, Martin-Faber-Straße 11, Tel. 04921 83500, www.stadtwerke-emden.de. Die Busse des VEJ halten direkt vor dem Bahnhofsgebäude.

■ **Taxi,** Emder Taxivereinigung, Bahnhofsplatz 11b, Tel. 04921 23400, www.emder-taxenverein.de, oder Taxi Elmenhorst, Dortmunder Straße 12, Tel. 04921 5299, www.taxi-elmenhorst.de.

■ **Fährverbindung nach Borkum,** Emden Außenhafen (Borkumkai), Zum Borkumanleger 6, 26723 Emden, Service-Center unter Tel. 01805 180182, www.ag-ems.de. Die Schifffahrt zur Ostfriesischen Insel ist unabhängig von den Gezeiten, die Überfahrt dauert mit dem Katamaran etwa 60 Minuten, mit der Autofähre bis zu 2½ Stunden (Tagesticket Erw. 24,30 €, Kinder 4–11 J. 12,15 €). Der Autoverkehr auf der Insel ist saisonal eingeschränkt möglich, ein Stellplatz auf der Fähre muss vorher reserviert werden. Parken für Tagesgäste in den Borkumgaragen, Frisiastraße (2,50 € Tagesparkplatz, je 5,00 € pro zusätzlicher Tag).

■ **Fährverbindung nach Delfzijl/Ditzum** (von Mai bis September), Emden Außenhafen Ostmole, An der Nesserlander Schleuse, Tel. 0491 91969650, www.dollartroute.de.

Stadtspaziergang durch Emden

Ausgangspunkt für die rund 4,5 Kilometer lange Stadtbesichtigung ist der **Hauptbahnhof,** von dem aus der Bahnhofsplatz in Richtung Süden überquert wird. Unter der Hochstraße hindurch geht es auf der Großen Straße in die Innenstadt. Dort befindet sich auf der rechten Seite der **Burgplatz,** an dem der Rundgang entlang führt bis zur **Otto-Ampel** am Otto Huus. Beides ist nach dem aus Emden stammenden Komiker *Otto Waalkes* benannt. Am Stadtgarten und Ratsdelft ballen sich die Sehenswürdigkeiten geradezu, sodass man auch sehr gut einen Besuch im **Ostfriesischen Landesmuseum,** dem **Otto Huus** oder in einem der Cafés einplanen kann. Auf der Straße Am Delft führt der Weg auf der Westseite des Ratsdelfts entlang zum **Alten Binnenhafen.** Dort liegt die **Promenade** direkt am Wasser, das Gewässer wird an der Eisenbahnbrücke gequert. Weiter geht es nach links am Wasser entlang auf der Straße Alte Heringsfischerei über die Blaue Brücke bis zum **Falderndelft.** Über die Falderndelft kommt man nach links wieder zum Ratsdelft zurück. Wer möchte, kann sich dann rechts halten und noch ein kurzes Stück auf der Neutorstraße bleiben, denn die **Emder Kunsthalle** ist einen Abstecher wert. Am Alten Graben sieht man das moderne Gebäude in schöner Lage links am Wasser. Sie präsentiert ihren Besuchern zeitgenössische Kunst. Wenn man sich am Wasserturm orientiert, gelangt man **zurück zum Bahnhof.**

■ **Ostfriesischer Flugdienst OFD,** Flugplatz Emden, Gorch-Fock-Str. 103, Tel. 04921 89920, www.fliegofd.de. Linienflüge nach Borkum und zurück (einfacher Flug 103 €, Kinder bis 2 Jahre ohne eige-

Emden

Die Kesselschleuse – Ingenieurskunst am Wasser

Ein in Europa einzigartiges Bauwerk ist die Emder Kesselschleuse. Die **Rundkammerschleuse** verbindet gleich vier Wasserstraßen miteinander. Hier treffen das Rote Siel, der Ems-Jade-Kanal, der Emder Stadtgraben und das Fehntjer Tief aufeinander. Alle vier Gewässer haben **unterschiedliche Wasserstände,** die die Schleuse ausgleicht. Der Schleusenmittelpunkt ist auch die Grenze von vier Emder Stadtteilen: Wolthusen, Herrentor, Klein-Faldern und Groß-Faldern treffen hier aufeinander.

Die Kesselschleuse wurde im Februar 1887 in Betrieb genommen, sie entstand **im Zuge der Fertigstellung des Ems-Jade-Kanals.** Um ihre Kapazität zu erhöhen, folgte von 1911 bis 1913 der Ausbau zu ihrer heutigen Form. Damals wurden über das **ostfriesische Kanalnetz** vorwiegend Güter wie Torf, Kohle, Düngemittel oder Getreide transportiert. Die zentrale Kammer des Bauwerks, der sogenannte Kessel, hat einen Durchmesser von 33 Metern. Diese ist mit den vier Schleusenkammern der Wasserstraßen verbunden. Der Ausgleich der jeweiligen Wasserstände erfolgt ohne Pumpen, **ein Schleusenwärter** öffnet oder schließt die entsprechenden Schieber. Das ein- oder ablaufende Wasser gleicht sich dann dem Stand des gewünschten Wasserweges an. Um 1970 elektrifizierte man auch die verschiedenen Antriebe, seitdem entfällt der aufwendige Betrieb per Hand – den erledigten bis dahin zwei sogenannte Schleusenknechte.

Die Kesselschleuse wurde zwischen 1982 und 1989 komplett saniert. Heute fahren jährlich knapp 3000 Schiffe, **überwiegend Sportboote,** durch dieses beeindruckende Bauwerk deutscher Ingenieurskunst. Die Emder Kesselschleuse steht unter Denkmalschutz. Sie erfüllt auch noch einen weiteren wichtigen Zweck: Sie dient der **Entwässerung des Ems-Jade-Kanals,** damit dieser nicht über die Ufer tritt.

☑ Barkasse in der Kesselschleuse

068ofl_mna

nen Platz 41,20 €) sowie Kombitickets für Flug und Schiff (Erw. 119 € bei der AG Ems). Der Flugplatz liegt wenige Kilometer außerhalb des Stadtzentrums direkt an der A 31.

Einkaufen

■ **Wochenmarkt,** Neuer Markt, dienstags, freitags, samstags von 8 bis 13 Uhr.
🔢 **Thiele Tee Kontor,** Faldernstraße 31, Tel. 04921 25184, www.thiele-tee.de. Tolle Teeauswahl und feine Präsente.
(UNSER TIPP!) 6 **Museumsshop Kunsthalle Emden,** Hinter dem Rahmen 13, Tel. 04921 9750 50, www.kunsthalle-emden.de. Hier gibt es Kunstbücher, Ausstellungskataloge, Karten sowie allerlei Nützliches und Schönes.
🔢 **Bücherstube am Rathaus,** Brückstraße 12, Tel. 04921 32370, www.buecherstube-am-rathaus. de. Von außen ein unscheinbares Geschäft, aber innen locken Bücher, Schreibwaren, ein Postschalter und vor allem die leckeren selbstgebackenen Kuchen im Lesecafé.
8 **Fisch-Feinkost Klaassen,** Auricher Straße 38A, Tel. 04921 2142292, www.emder-fisch-feinkost.de. Fischspezialitäten aller Art und Frischfisch, alles auch über die Website zu bestellen.
🔢 **Fokken & Müller,** Am Eisenbahndock 9, Tel. 04921 97890, www.emder-matjes.de. Hier gibt es den echten Emder Matjes „mit Siegel" und weitere Fischspezialitäten ab Fabrik, nachmittags ist der Verkauf geschlossen.
🔢 **Weltladen Emden,** Boltentorstraße 2, Tel. 04921 23698, www.weltladen-emden.de. Wer hier einkauft, unterstützt zugleich das Engagement der Vereinsmitglieder, die internationale Projekte mit Spenden fördern. Es gibt Handwerkliches und Fair-Trade-Produkte.
🔢 **Dat Mundjevull – Best un Besünners,** Brückstraße 23, Tel. 04921 9256465, www.agilio. de. Wer das Besondere sucht, wird hier auf jeden Fall fündig: Im Angebot sind Produkte aus sozialen

Einrichtungen und fair gehandelte Waren sowie Verkaufsflächen für regionale Künstler.
3 **Weinmarkt Weinstein,** Ubierstraße 10–12, Tel. 04921 33645, www.weinstein-emden.de. 350 Sorten Wein, Spirituosen – auch zum Abfüllen – und Feinkost lassen Gaumenfreuden für jeden erwarten.
🔢 **Schmuckatelier Kalvelage,** Zwischen beiden Sielen 25, Tel. 04921 28576, www.atelier-kalvelage.de. Klassischer Juwelier, der aber auch schöne Uhren mit Emder Motiven, ostfriesischen Filigranschmuck und Strandsand-Schmuck im Programm hat.

Gastronomie

Cafés, Teestuben und Bars

🔢 **Sikken das Café,** Große Straße 37–39, Tel. 04921 33166, www.sikken.de. Seit 250 Jahren schon gibt es diese Bäckerei, sie wird in 12. Generation geführt. Große Kuchenauswahl und reichhaltiges Frühstück. Es gibt weitere zahlreiche Filialen im gesamten Stadtgebiet.
7 **Henri's Diner,** Hinter dem Rahmen 5a, Tel. 04921 450041, www.henri-s.com. Direkt bei der Kunsthalle mit Blick auf den Stadtgraben. Große Auswahl an amerikanischen Gerichten. Hier arbeiten auch Menschen mit Behinderung mit Ziel der gesellschaftlichen Teilhabe.
🔢 **Kulturcafé im Pelzerhaus,** Pelzerstraße 12, Tel. 04921 583387, www.agilio.de. Tee- und Caféspezialitäten werden im historischen Renaissance-Bürgerhaus serviert. Bedient werden die Gäste auch von Menschen mit Behinderung.
🔢 **Grand Café am Stadtgarten,** Am Stadtgarten, Tel. 04921 28811, www.grandcafe-emden.de. Rollstuhlfreundliches und gemütliches Café, Restaurant und Biergarten mit Speisen und Getränken aller Art in zentraler Lage mit Blick auf das Rathaus.
🔢 **Café Einstein,** Bollwerkstraße 24, Tel. 04921 29111, https://einstein-emden.de. Szenekneipe und Café am Grün des Stephansplatzes in der In-

nenstadt gelegen – die Eltern können Cappuccino trinken und die Kinder auf dem Riesenspielplatz toben lassen. Abends ist lange geöffnet.

31 Kaffeerösterei Baum, Schweckendieckplatz, www.kaffeeroestereibaum.de. Das familiengeführte Geschäft mit Stammsitz in Leer arbeitet nach dem Motto: Wi hebben Koffje leev – Wir lieben Kaffee.

20 Eiscafé Valentino, Neuer Markt 14, Tel. 04921 20385. Original selbstgemachtes Eis in der Fußgängerzone mit Blick auf den Neuen Markt.

41 Hafenbistro im Gründungszentrum, Zum Nordkai 16, Tel. 04921 4509934, www.agilio.de. Frühstück und Mittagessen werden hier von Menschen mit Behinderung serviert. Täglich zwei wechselnde Hauptgerichte mit frischen Zutaten zur Auswahl, eines davon vegetarisch, und die ostfriesische Küche kommt dabei nicht zu kurz.

5 Jameson's Pub, Boltentorstraße 22, Tel. 04921 22022. Schöne Atmosphäre mit Guinness vom Fass.

Imbisse

30 Lüttje Köken, Schweckendieckplatz 10, Tel. 04921 9997099, täglich frisch gekocht, serviert der kleine Imbiss Suppen und Gerichte, frische Salate und Desserts – alles ohne Konservierungsstoffe. Richtig lecker und einen Besuch wert ist das.

27 Emder Heringslogger, Bittner's Fischspezialitäten, Am Hafentor, Tel. 0171 4869013, www.emder-heringslogger.de. Der Fischimbiss lockt mit Blick auf den Ratsdelft und leckeren Fischspezialitäten – aber Vorsicht, die Möwen warten schon.

Restaurants

18 Kater, Katergang 5, Tel. 04921 9099199, https://kater-restaurant.de. Restaurant, Grill, Lounge – Heimisches, Tapas, Steaks vom Lavastein, Burger und Flammkuchen in gemütlicher Atmosphäre.

16 Feuerschiff-Restaurant Amrumbank, Georg-Breusing-Promenade, Tel. 04921 9996500, www.feuerschiff-emden.de. Frische Fisch- und Krabbenspezialitäten werden im maritimen Schiffsrestaurant oder auf dem Schiffsdeck serviert – toller Blick auf den Hafen und Innenstadt inklusive.

15 Goldener Adler, Neutorstraße 5, Tel. 04921 92730, www.goldener-adler-emden.de. Hier gibt es leckere Fisch- und Fleischgerichte, aber auch Vegetarisches in guter Qualität in maritimer Atmosphäre gegenüber vom Ratsdelft.

28 Ristorante Da Sergio Emden, Am Delft 27, Tel. 04921 6889313, www.dasergio-emden.de. „La Cucina Italiana" ist das Motto dieses italienischen Restaurants in erster Lage direkt am Delft. Hier be-

070ofl_mna

069ofl_mna

kommt man original italienische Küche mit Antipasti, selbstgemachter Pasta, Pizzen und weitere Köstlichkeiten aus der Spezialitätenküche.

23 Restaurant Welvaart Emden, Große Straße 24, Tel. 04921 4500460. Gemütlich und geschmackvoll eingerichtetes Restaurant mit hervorragender Bedienung, frisch gekochtem Essen und gutem Preis-Leistungs-Verhältnis. Das Restaurant bietet vor allem Fischfreunden leckeren Gaumenschmaus.

32 Hafenhaus, Promenade am alten Binnenhafen 8, Tel. 04921 6895690, www.hafenhaus-emden.de. An exponierter Stelle am und auf dem Wasser gibt es zeitgenössische Coolness und ostfriesische Gemütlichkeit, die Küche bietet vorwiegend Fischspezialitäten und Steaks.

⌂ Die Skulpturengruppe am Ratsdelft stellt die Delftspucker dar, installiert wurden sie 2017/2018. Die vom Bildhauer H. C. Petersen entwickelten Figuren geben gelegentlich einen Wasserstrahl von sich

◁ Radfahrer auf einer Brücke des Hinter Tief

11 Restaurant El Rancho, Brückstraße 35, Tel. 04921 34499, www.elrancho-emden.de. Fleischspezialitäten und saisonale Gerichte in gemütlicher Atmosphäre zwischen Rathaus und Falderndelft.

38 Steakhaus Hacienda, Friedrich-Ebert-Straße 77, Tel. 04921 28686, www.steakhaus-hacienda.com. Klassisches Steakhaus mit vielfältiger Speisekarte.

Unterkunft

15 Hotel Goldener Adler②, Neutorstraße 5, Tel. 04921 92730, www.goldener-adler-emden.de. Im Herzen der Stadt neben dem Rathaus gelegen mit 18 komfortablen Zimmern.

37 Upstalsboom Parkhotel③, Friedrich-Ebert-Straße 73–75, Tel. 04921 8280, parkhotel@upstalsboom.de, www.parkhotel-emden.de. Business-Hotel mit Vier-Sterne-Komfort in zentraler Lage mit Wellnessbereich und Restaurant.

22 Hotel Delfthalle②, Große Straße 2, Tel. 04921 97220, www.hotel-delfthalle.de. Hotel Garni in zentraler Lage direkt gegenüber vom Rathaus und an der Fußgängerzone mit reichhaltigem Frühstück.

071ofl_mna

40 Hotel Restaurant Faldernpoort③, Courbièrestraße 6, Tel. 04921 97520, www.hotel-in-em den.de, Zimmer im Haupt- und Nebenhaus einer kernsanierten Jugenstilvilla. Besonderheit ist das „Otto-Zimmer", das nach den Vorstellungen des Komikers *Otto Waalkes* eingerichtet wurde.

34 Alt Emder Bürgerhaus②, Friedrich-Ebert-Straße 33, Tel. 04921 976100, www.buergerhaus-emden.de. Hotel garni in zentraler Lage im Innenstadtbereich.

36 Heerens Hotel Stadtpalais②, Friedrich-Ebert-Straße 67, Tel. 04921 23740, www.heerens hotel.de. 20 schön eingerichtete Zimmer, zehn davon sind Einzelzimmer, direkt am Stadtwall in ruhiger Lage.

29 Hotel am Delft③, Am Delft 27, Tel. 04921 39190, www.hotel-am-delft.de. Das Vier-Sterne-Haus verfügt über 120 klassisch-heimelig eingerichtete Zimmer, alle mit Elektro-Kamin. Teilweise bieten sie einen atemberaubenden Blick über den Binnenhafen.

39 Fahrradhotel Gazelle①, Courbièrestraße 9, Tel. 04921 97520, bettundbike.de/unterkunft/nie dersachsen-fahrradhotel-gazelle. Preisgünstiger Bett+Bike-Gastbetrieb für Aktivurlauber.

35 Jugendherberge Emden①, Thorner Straße 3, Tel. 04921 23797, www.jugendherberge.de. In idyllischer Lage am Faldernport, 15 Gehminuten zur Stadt, ist die Jugendherberge idealer Ausgangspunkt für Fahrrad- und Bootstouren.

1 Campingplatz Knock, siehe Kapitel „Knock".

■ Wohnmobilstellplatz Binnenhafen, Am Eisenbahndock, Tel. 0160 3624744, www.ag-ems.de. Direkt am Hafenbecken nur wenige Gehminuten von Fußgängerzone und Innenstadt entfernt.

⌂ Feuerschiff Deutsche Bucht im Ratsdelft, an Bord befindet sich das Restaurant Amrumbank

2

■ **Wohnmobilstellplatz Friesentherme,** Theaterstraße 2, vier Plätze mit Stromanschluss direkt am Schwimmbad in Nähe der Innenstadt.

Museen und historische Führungen

■ **Ostfriesisches Landesmuseum Emden,** Rathaus am Delft/Brückstr. 1, Tel. 04921 872058, www.landesmuseum-emden.de (Erw. 8 €/Kinder bis 15 J. haben freien Eintritt). Bedeutendes kunst- und kulturhistorisches Museum mit umfassender Dauerausstellung mit Gemälden, Seekarten, Gold- und Silberschmiedearbeiten sowie einem Münzkabinett. Sehenswert: die einzige erhaltene Moorleiche Ostfrieslands sowie die 1582 eingerichtete Rüstkammer. Sonderausstellungen ergänzen das kulturelle Angebot.

■ **Kunsthalle Emden – Stiftung Henri und Eske Nannen und Schenkung Otto van de Loo,** Hinter dem Rahmen 13, Tel. 04921 975050, www.kunsthalle-emden.de, Di–Fr 10–17 Uhr, Sa und So 11–17 Uhr, Erw. 9 €, Ermäßigt 7 €, Kinder unter 16 J. frei. Seit mehr als 30 Jahren gibt es hier Ausstellungen der modernen und zeitgenössischen Kunst. Mit eigenem Bootsanleger, Café und hervorragend bestücktem Museumsshop.

■ **Museumsfeuerschiff Amrumbank/Deutsche Bucht,** Georg-Breusing-Promenade, Tel. 04921 23285, www.amrumbank.de (Erw. 3 €/Kinder 6–11 J. 0,50 €, 7–12 J. 1 €). Mitten im Zentrum gelegen befindet sich ein maritimes Museum mit vielen Infos rund um die Geschichte der Feuerschiffe. Trauungen an Bord sind möglich. An Bord gibt es auch einen Restaurantbetrieb.

■ **Dat Otto Huus,** Große Straße 1, Tel. 04921 22121, www.ottifant.de (Erw. 2 €/Kinder 1 €). Das Museum ist dem berühmten Komiker *Otto Waalkes* gewidmet, einem Sohn der Stadt. Im Museum werden seine „Ottifanten" und vieles mehr präsentiert, im „Otto-Kino" kann man berühmte Sketche und Ausschnitte aus TV-Shows sehen.

■ **Bunkermuseum,** Holzsägerstraße 6, Tel. 04921 32225, www.bunkermuseum.de (Erw. 5 €/Kinder 2,50 €). Auf mehreren Etagen vermittelt die Ausstellung die Geschichte des Nationalsozialismus und über den Zweiten Weltkrieg und erinnert an die Schrecken des modernen Krieges.

■ **Seenotrettungskreuzer Georg Breusing,** Georg-Breusing-Promenade/Ratsdelft, Tel. 04921 20541, www.georg-breusing.de (Erw. 2,20 €/Kinder bis 16 J. 0,60 €). Seit dem 23. Dezember 1988 liegt der Seenotrettungskreuzer in betriebsbereitem Originalzustand im Emder Ratsdelft.

■ **Heringslogger AE 7 „Stadt Emden",** im Ratsdelft Georg-Breusing-Promenade, Tel. 04921 610 13, www.heringslogger.de. Nach der Innenraumrestaurierung zeigt das Schiff den Zustand der Emder Heringsfischerei von 1872. Es ist ein hölzerner Segellogger, der ohne Hilfsmaschine zum Heringsfang auslief. Lediglich über einen sogenannten Donkey-Kessel wurde die Netzwinde betrieben, die zum Einholen der Netze notwendig war (Erw. 2,50 €/Kinder bis 6 J. 0,50 €, 7–12 J. 1 €).

■ **Johannes a Lasco-Bibliothek,** Kirchstr. 22, Tel. 04921 91500, www.jalb.de, Bibliothek Mo–Fr 14–17 Uhr, Museum Mo–So 14–17 Uhr, Erw. 7 €, Kinder bis 15 J. frei. Die älteste Bibliothek Ostfrieslands wurde bereits 1559 gestiftet und befindet sich heute wieder in der im Zweiten Weltkrieg zerstörten Großen Kirche. Zu sehen sind Bücher aus dem historischen Bestand und einzigartige Kunstgegenstände und Gemälde.

■ **Denkmal Jüdische Synagoge/Jüdischer Friedhof,** Bollwerkstraße. Bis 1941 war in Emden über 400 Jahre die älteste, größte und bedeutendste jüdische Gemeinde Ostfrieslands. Im Jahr 1703 verkaufte die Stadt Emden ein Grundstück über dem früheren Mühlenzwinger, wo heute ein Denkmal an 465 unter den Nazis ermordete Emder Juden erinnert.

■ **„De Vrouw Johanna"-Mühle,** Am Marienwehrster Zwinger 11, Tel. 04921 97400. Besichtigungen über die Tourist-Information.

■ **Themenführungen,** von der öffentlichen Stadtführung, dem Abendspaziergang, auf den Spuren der Emder Juden bis hin zum Wandeln auf

2

Emder Matjes – das Silber der Meere wird zur Delikatesse

Im Norden Deutschlands ist Matjes nicht wegzudenken und wird überall angeboten, ob im Restaurant oder im Brötchen am Imbiss. Für viele gehört er zum Urlaub einfach mit dazu. In Deutschland werden jährlich rund eine Million Filets verzehrt. Doch was ist Matjes überhaupt? Und was hat Emden damit zu tun?

Im 16. Jahrhundert fischten die Niederländer in der Nordsee nach dem leckeren Speisefisch. Als die Emder sahen, dass der Hering Reichtum brachte, begannen auch sie mit der Heringsfischerei. Gräfin *Anna von Oldenburg* (1501–1575) und Frau des regierenden Grafen von Ostfriesland ließ 1553 die erste **Emder Heringsfanggesellschaft** gründen, gefangen wurde hauptsächlich vor der norwegischen Küste. 1597 legte die **Emder Heringsordnung** in 35 Paragrafen den Umgang mit dem Hering fest. Darin wurden die Fangzeiten, die Verarbeitung der Heringe, die Beschaffenheit der Fässer für deren Lagerung, die Salzmenge zum Einlegen und weitere technische und hygienische Aspekte geregelt. Doch die starke Konkurrenz aus den Niederlanden sorgte dafür, dass nach rund 80 Jahren die Emder Heringsfischerei beendet war.

1769 wurde sie auf Anordnung der preußischen Regierung wieder aufgenommen, die **Emder Heringsfischerei Kompanie** durfte als einziges Unternehmen aus preußischen Landen in der Nordsee nach Hering fischen. Als Holländer und Franzosen Ostfriesland besetzten, wurde sie 1810 aber wieder aufgelöst. Ein dritter erfolgreicher Anlauf begann 1872 mit der Gründung der **Emder Heringsfischerei Aktiengesellschaft**, in den darauffolgenden Jahren wurden noch weitere Gesellschaften zur Heringsfischerei gegründet. 1895 bestand die Flotte der Emder Heringsfischerei aus 75 Schiffen. Doch als die Fischbestände immer kleiner wurden, lohnte sich das Geschäft nicht mehr und **1969 endete der Emder Heringfang** endgültig. Doch der köstliche Matjes ist nach wie vor **fester Bestandteil der ostfriesischen Küche.** Zwar kommen die Heringe inzwischen aus den Niederlanden oder aus Bremerhaven, aber verarbeitet werden sie nach wie vor in Emden. Den Namen *Emder Matjes* dürfen nur die Produkte der **Firma Fokken & Müller** tragen.

Um den zarten Matjes herzustellen, benötigt man frischen Hering, der noch nicht geschlechtsreif ist, also **maximal drei Jahre alt.** Er wird im Mai und Juni gefangen, wenn sich die Fische mit tierischem Plankton das nötige Fett angefressen haben, dann ist das Fischfleisch an den Bauchseiten rötlich gefärbt. Wann der richtige Zeitpunkt ist, entscheiden das Wetter und Probefänge. Ist es kalt, beginnt die Fangsaison später. Noch an Bord werden die Heringe teilweise ausgenommen, eingesalzen und **für fünf Tage eingelegt.** Die Enzyme der Bauchspeicheldrüse und das Salz setzen einen **Fermentierungsprozess** in Gang, der Fisch „reift" für fünf Tage und wird dann tiefgefroren meist nach Holland verschifft.

In den dortigen Fischfabriken werden die Heringe filetiert, Köpfe, Organe und die Haut entfernt. Anschließend erfolgen die Portionierung

> ▷ Nicht nur als „Zwischendurchhappen" –
> lecker angerichteter Matjes

und das Verpacken der Ware. Die Weiterverarbeitung nach eigenen Rezepten übernehmen der Fischhändler oder die Konservenproduzenten. Es gibt **unzählige Zubereitungsmethoden.** Im Restaurant wird Matjes meist „nach Hausfrauenart" in einer Apfel-Zwiebel-Gurken-Sahne-Marinade mit Kartoffeln oder „klassisch" als warme Mahlzeit mit Speckbohnen, Kartoffeln und Zwiebelmatjes angeboten. Wer den Fisch lieber kalt mag, genießt ihn auf Schwarzbrot oder im Brötchen mit Zwiebeln.

Der Matjes in Zahlen

■ Nur etwa **0,1 %** der Heringslarven wachsen heran, bei 50.000 Eiern eines Weibchens pro Saison sind das gerade mal 50.

■ **14 %** des jährlichen Pro-Kopf-Verbrauchs in Deutschland entfallen auf Heringskonserven und marinierte Heringe, das sind etwa zwei Kilogramm pro Person.

■ **15–20 %** Fettgehalt muss der Hering für den Matjes enthalten.

■ **90 %** der deutschen Hering-Quote wird mit Schiffen aus Bremerhaven gefangen.

072ofl_mna

den Spuren bedeutender Frauen – das Angebot der **Tourist-Information** ist groß (Erw. 4,50 €/Kinder 6–16 J. 1,50 €).

● **Werksbesichtigung des Emder VW-Werks,** Niedersachsenstraße 1, Tel. 04921 862360 (Erw. 12 €/Kinder bis 16 J. frei). Die Führungen werden nur nach schriftlicher Anmeldung an besucherdienst. emden@volkswagen.de und Rückbestätigung durchgeführt.

Ökowerk Emden, Kaierweg 40a, Tel. 04921 954023, www.oekowerk-emden.de. Adresse für die Navigation zum Parkplatz Emkoweg/Ecke Memmostraße (Eintritt frei, Führungen inkl. Kaffee und Kuchen ab 10 Pers. pro Person 10 €). Geöffnet von Ende April bis Mitte Oktober, lässt sich auf dem Gelände eines stillgelegten Klärwerkgeländes ein Umweltzentrum erkunden. Etwas Besonderes ist der Apfelgarten mit rund 600 alten Apfelbaumsorten. Man kann hier die Natur genießen und erkunden, relaxen, seltene Tiere anschauen, aber Kinder können auch toben.

Ausflüge und Touren

● Die **AG Ems** bietet im Sommerhalbjahr ab Ratsdelft Emden verschiedene **Linien- und Themenfahrten mit ihren Barkassen** an (Erw. ab 10 €/Kinder von 4–11 J. ab 5 €). Sehenswert ist eine Fahrt zur unweit der östlichen Wallanlage gelegenen, kreisrund angelegten und denkmalgeschützten Kesselschleuse. Tickets über die Tourist-Information Emden (s. Adressen) oder AG Ems (→ Verkehr/Fährverbindungen).

● 1 ¾-stündige **Grachtenfahrten durch Emden** mit dem Boot „Ratsdelft" ab den Delfttreppen, dabei wird auch die historische Kesselschleuse passiert. Buskontor grenzenlos Andree Bliefernich, Bremer Heerstraße 117, 26135 Oldenburg, Tel. 0441 2057053, www.buskontorgrenzenlos.de.

Grachtenfahrten starten ab dem Ratsdelft oder der Kunsthalle.

● **Kanalfahrten nach Aurich,** auch als Teilstrecke, sowie Kombiticket Schiff und Bus nach Aurich gibt es von Mai bis September, die Termine sind auf der Website der Emden-Touristik (siehe Adressen) zu finden. Preise Erw. 19 €, Kinder 4–11 J. 9 €.

● Der **Ostfriesische Flugdienst OFD** (Adresse siehe Verkehr) bietet im Sommer an den Wochenenden **Rundflüge** von 15 Minuten Länge an. Sie zeigen die Seehafenstadt Emden aus der Vogelperspektive (Mindestteilnehmerzahl). Weitere Routen über die ostfriesische Küste bis nach Wangerooge dauern 30 und 60 Minuten. Individuelle Rundflüge auf Anfrage nebst Routenvorschlägen. Ebenfalls im Angebot sind Flüge nach Borkum. Alle Preise auf Anfrage.

Sport und Freizeit

10 Die Fortbewegungsart **Stand-Up-Paddling** stammt zwar aus Hawaii, erfreut sich aber hierzulande immer größerer Beliebtheit. Das **Café Einstein** hat drei feste Bretter im Angebot, die direkt in der Nähe zu Wasser gelassen werden können. Preise ab 6 € für 45 Min. *Café Einstein*, Bollwerkstraße 24, Tel. 04921 29111, www.einstein-emden.de.

(UNSER TIPP!) **9** Für eine **Fahrt auf den Emder Kanälen** und dem Stadtgraben verleiht die *Paddel- und Pedalstation* **vier aufblasbare SUP-Boards.** Sie passen sogar in einen Rucksack und lassen sich auch für Ausflüge außerhalb der Stadt mitnehmen. Die Paddel sind auch für Kinder geeignet und höhenverstellbar. Preis ab 10 €, Tagesmiete 45 €. Paddel- und Pedalstation Emden. Ebenfalls angeboten werden Kajaks und Kanadier in verschiedenen Größen. Preise von 9 € für zwei Stunden Schnupperpaddeln bis 150 € für den 10er-Mannschaftskanadier: *Paddel- und Pedalstation*, Am Ma-

▷ Gedenkbake für Seebestattete am Außenhafen

Emden

rienwehrster Zwinger 13, Tel. 0160 3692739, www.paddelundpedal.de.

4 **Bootsverleih am Wasserturm,** Außer dem Beckhofstor, Tel. 0170 4422310, www.bootsverleih-emden.de. Von hier kann man beispielsweise mit dem Tretboot wunderschöne Touren auf dem Stadtgraben unternehmen.

⚤ **Abenteuerland Oki Doki,** Langobardenstraße 4, Tel. 04921 919697, www.okidoki-emden.de, Di–Fr 14.30–19 Uhr, Sa und So 10–19 Uhr, Erw. 3,50 €, Kinder bis 15 J. 6,50 €, Kinder bis 80 cm Größe frei. Von Ende April bis Mitte Oktober kann man hier auf dem Piratenschiff toben, Kartbahnfahren, Trampolinspringen und Wabbelberghüpfen, ein gastronomisches Angebot ist vorhanden.

Yachthäfen

■ **Yachthafen Alter Binnenhafen „Marina Emden",** Alter Binnenhafen, Tel. 0160 3624744, www.ag-ems.de.
■ **Yachthafen „Außenhafen Emden",** An der Nesserlandschleuse, Tel. 0175 7528918, www.emderyachtclub.de.

Veranstaltungen

■ Auf der Website **www.emden-touristik.de** gibt es einen tagesaktuellen Veranstaltungskalender. Weitere Infos siehe Tourist-Information.
■ **Emder Matjestage,** mit dem größten Fest Emdens wird an 450 Jahre Heringsfischerei in Emden jedes Jahr Ende Mai/Anfang Juni erinnert. Es gibt Matjesgerichte, ein buntes Bühnenprogramm, viele Traditionsschiffe aus dem In- und Ausland machen dann im Binnenhafen und im Ratsdelft fest.
■ **Internationales Filmfest Emden-Norderney,** das größte Filmfestival Niedersachsens findet alljährlich im Juni statt. Rund 25.000 Besucher kommen dann in den äußersten Nordwesten in die Veranstaltungsorte in der Emder Innenstadt oder auf der Insel Norderney.

■ **Delft- und Hafenfest,** im Juli zeigt sich Emden im maritimen Flair mit vielen Schaustellern und abwechslungsreichem Bühnenprogramm.
■ **Emder Museumsnacht,** in dieser Nacht jährlich im August geht es in den Emder Museen zu ungewöhnlicher Zeit auf Entdeckungsreise, begleitet von einem bunten Bühnen- und Musikprogramm.
■ **Emden à la Carte,** ein Wochenende im August wird der Stadtgarten in der Innenstadt zum Mekka für Feinschmecker mit vielen kulinarischen Leckereien aus fernen Ländern und Ostfriesland.
⚤ **Kinderfest im Stadtpark,** im September tanzt Emden einen Tag lang nach der Pfeife der Kinder. Dann dreht sich alles um Schminke, Spiele und Schaustellerei.
■ **Emder Museumstag,** eine günstige Verbundkarte verschafft an diesem Tag im November Zutritt zu den zahlreichen musealen Einrichtungen in Emden.

073ofl_mna

■ **Weihnachtlicher Engelkemarkt,** den ganzen Dezember über gibt es am Ratsdelft und im Stadtgarten weihnachtlichen Budenzauber. Im Mittelpunkt steht das Pyramidendorf mit seiner riesigen Weihnachtspyramide. Malerisch beleuchtet werden auch das Rathaus, Museumsschiffe und Traditionssegler.

Petkum

Der kleine Ort an der Ems wurde 1972 zum Stadtteil von Emden und ist der östlichste Zipfel der Seehafenstadt. Das Dorf Petkum feierte 2006 sein 1200-jähriges Bestehen. Hier fließt das Petkumer Sieltief zum Petkumer Siel, das in die Ems entwässert. Im kleinen Fischereihafen befindet sich auch der **Anleger für die Fähre nach Ditzum,** eine Überfahrt an das südliche Ufer der Ems dauert etwa 20 Minuten. Das bei Petkum üppige Deichvorland mit Salzwiesen und Brackwasserröhrichten unterliegt dem Naturschutz. Die **Burgallee** in Petkum mit 17 Linden und drei Kastanien ist als **Naturdenkmal** ausgewiesen. Sie befindet sich auf dem Gelände eines ehemaligen Bauernhofs am Petkumer Sieltief.

Praktische Tipps

Adressen in 26725 Emden-Petkum
■ **Tourist-Information,** siehe Emden.
■ **Fähre Petkum–Ditzum,** Fährstraße, www.landkreis-leer.de/Leben-Lernen/Tourismus/Fähre-Ditzum-Petkum. Maximal zwei Autos passen auf die Fähre, die nach festem Fahrplan verkehrt.

Gastronomie
■ **Café Kuhstall,** Fährstraße 35, www.cafe-kuh stall.de. Gemütlich rustikales Dorfcafé mit großer windgeschützter Terrasse, von April bis September geöffnet.

Uphusen

Das Dorf Uphusen wurde 1946 von Emden eingemeindet, der Stadtteil Marienwehr zählt statistisch zu Uphusen. Beide Dörfer haben ihre Ursprünge im Mittelalter und sind für ihre **Ferienhaussiedlungen an Seen** bekannt. Marienwehr liegt in der Nähe des **Binnenmeers Hieve,** auch „Kleines Meer" genannt, und ist

über das „Kurze Tief" damit verbunden. Wenige Kilometer östlich von Uphusen befindet sich das **Wassersport- und Ferienhausrevier Uphuser Meer.** Dieser Binnensee ist über das Neue Tief mit dem Wasserstraßennetz von Ostfriesland verbunden. Das Ufer im Westen gehört zu einem Landschaftsschutzgebiet. Der Dorfkern Uphusen liegt unmittelbar am **Ems-Jade-Kanal,** der südliche Siedlungsbereich ist über eine Klappbrücke erreichbar.

Praktische Tipps

Adressen in 26725 Emden-Uphusen
◼ **Tourist-Information,** siehe Emden.

Gastronomie
◼ **Endjers Landhaus,** Schwagerweg 2, Tel. 04921 26694. Das Gasthaus direkt am Uphuser Meer bietet gutbürgerliche Küche mit viel Fisch und Meeresfrüchten. Einen Hofladen gibt es auch. *Rudolf Endjer* ist einer der letzten Fluss- und Seenfischer in Ostfriesland.

Larrelt

Wie so viele Ortschaften in Ostfriesland, hat auch Larrelt eine weit zurückreichende Geschichte. Davon zeugt die se-

☑ Treckfahrtstief und Kurzes Tief bei Marienwehr

074ofl_mna

henswerte evangelisch-reformierte Kirche aus dem 15. Jahrhundert. In ihr befindet sich die **Larrelter Orgel von 1619,** noch heute ist die Hälfte der alten Renaissance-Register erhalten. Sie bietet einen Klang altniederländischer Prägung. Aus dem Jahr 1732 stammt die **Windmühle „Kost Winning",** der Name stammt aus der niederländischen Sprache und bedeutet so viel wie Broterwerb. Die Stadt Emden wollte die Mühle ursprünglich abreißen, aber die Bürger begannen in Eigeninitiative mit der Renovierung. Heute unterstützt Emden die Mühle auch finanziell, eine Besichtigung lohnt sich. Larrelt wurde kurz nach dem Zweiten Weltkrieg zu einem Stadtteil von Emden. Das 1964 eröffnete Emder Volkswagenwerk errichtete bei Larrelt eine Siedlung für Mitarbeiter, heute wohnen dort etwa 2500 Menschen, und so kommt Emdens Stadtteil Larrelt insgesamt auf rund 4000 Einwohner. Die Bereiche südlich des Ortskerns wurden dem Meer mühsam abgerungen. Im Larrelter Polder liegen Industrieansiedlungen und ein Gewerbegebiet.

Praktische Tipps

Adressen in 26723 Emden-Larrelt

■ **Tourist-Information,** siehe Emden.
■ **Windmühle „Kost Winning",** Möhlenhörn, Führungen nach Vereinbarung unter Tel. 04921 66345.
2 **Fahrradladen Neef,** Twixlumer Straße 6, Emden-Larrelt, Tel. 04921 6404, www.fahrradladenneef.de. Fahrräder aller Art, darunter auch viele E-Bikes, werden verkauft oder verliehen, mit eigener Werkstatt.

Knock

Knock ist die Bezeichnung der südwestlichsten Landspitze der Krummhörn, sie gehört aber zu Emden, obwohl die Innenstadt 15 Kilometer entfernt ist. Das Gebiet liegt im Emder Stadtteil **Wybelsum,** die zu Wybelsum gehörenden Flächen wurden im 20. Jahrhundert durch Eindeichungen deutlich vergrößert. Auf 380 Hektar stehen hier **54 Windkraftanlagen.** Die bis zu knapp 200 Meter hohen Anlagen produzieren ungefähr **70 Megawatt Strom.**

An der Knock befinden sich ein Schöpfwerk, ein Campingplatz mit Wohnmobilstellplatz am Mahlbusen des Knockster Tiefs und der Radarturm der Verkehrszentrale Ems. Ein Mahlbusen ist die Erweiterung eines Tiefs vor einem Schöpfwerk, dieses befördert das Binnenwasser in die Ems. Zur Zeit seiner Erbauung galt das **Siel- und Schöpfwerk Knock** 1969 als eines der größten in Europa. Der markante **Radarturm** der Verkehrszentrale wird seit 1972 betrieben und dient der ständigen Überwachung des Schiffsverkehrs in der Unterems. Im Norden der Knock hat sich mit einer **Erdgas-Anlandestation** und **-Reinigungsanlage** des norwegischen Unternehmens *Gassco* Schwerindustrie angesiedelt. Dort gibt es auch ein Restaurant und eine kleine Schiffanlegestelle, die vorwiegend von der *AG Ems* für Ausflugsfahrten benutzt wird. Wohl auch wegen der Abgeschiedenheit ist dieser Ort bei einigen Wohnmobilisten recht beliebt.

▷ Radarturm der Verkehrszentrale Ems und Windkraftanlagen an der Knock

Praktische Tipps

Adressen in 26723 Emden-Knock

■ **Tourist-Information,** siehe Emden.

■ **Ausflugsfahrten,** die AG Ems veranstaltet von Mai bis September Schiffsfahrten von der Seebrücke Knock nach Borkum, Ditzum und Delfzijl, die jeweiligen Termine Abfahrtzeiten der „Wappen von Borkum" gibt es auf www.ag-ems.de/ausflüge oder per Tel. 0180 5180182.

■ **Angeln,** in Wybelsum können Freunde des Angelsports am Campingplatz Knock (s. u.) sowie der Tourist-Information in Emden Gastkarten erwerben.

Gastronomie

■ **Restaurant Strandlust,** Jannes-Ohling-Straße 39, Tel. 04927 187830, www.agems-gastronomie.de. Gastronomie auf dem Deich direkt an der Anlegestelle mit bestem Blick auf die Emsmündung.

Unterkunft

■ **Campingplatz Knock,** Am Mahlbusen 1, Tel. 04927 567, www.campingplatz-knock.de. Für Camper, die Natur und Ruhe lieben, ist der Platz ideal.

■ **Wohnmobilstellplatz Seebrücke Knock,** Jannes-Ohling-Straße 39. Zehn Stellplätze locken mit Ruhe und Blick auf den Schiffsverkehr der Ems.

Emden

075ofl_mna

3
Landkreis Aurich

» Der Landkreis Aurich hat jede Menge
Abwechslungsreiches zu bieten und ist
vor allem durch das Wasser geprägt –
im Binnenland wie an der Küste gleichermaßen.
So finden Kulturliebhaber alte Kirchen,
Gemäuer und Museen,
Wassersportler genießen Bootsfahrten und
Paddeltouren, für Kinder gibt es schöne Spielparks
und die Strände an der Nordsee
laden zum Buddeln, Burgenbauen und
Sonnenbaden ein, und auch Radfahrer finden hier
ein ideales Revier.

◁ Auf dem Seedeich bei Campen

ÜBERBLICK

Sowohl von der Fläche als auch von der Einwohnerzahl her ist der Landkreis Aurich der größe Ostfrieslands. Landschaftlich hat er stellvertretend alles zu bieten, wofür Ostfriesland steht: idyllische Fischerdörfer an der Küste, landwirtschaftlich genutztes grünes Marschland, kultivierte Moorlandschaft, Naturschutzgebiete und die Städte Aurich und Norden.

Der Landkreis Aurich ist mit etwa 190.000 Einwohnern auf 1287 Quadratkilometern Fläche sowohl der **größte als auch der einwohnerstärkste Landkreis** in Ostfriesland. 24 Städte und Gemeinden befinden sich auf seinem Gebiet, das Stadtrecht besitzen die vier Ortschaften Aurich, Norden, Norderney und Wiesmoor. Das Wappen des Landkreises Aurich zeigt einen Jungfrauenadler, auch *Harpyie* genannt, zur einen Hälfte auf blauem und zur anderen Hälfte auf rotem Hintergrund. Das Blau steht symbolisch für die Stadt Norden, das Rot steht für Aurich. Die abgebildete *Harpyie* war das Wappenbild der ostfriesischen Häuptlingsfamilie *Cirksena,* die in vergangener Zeit die Region geprägt hat.

Sehr beliebte Urlauberziele sind neben den zum Landkreis Aurich gehörenden **Inseln Juist, Norderney** und **Baltrum** auch die Küstenbadeorte **Greetsiel** und **Norddeich. Aurich** selbst ist mit rund 42.000 Einwohnern die zweitgrößte Stadt Ostfrieslands, sie gilt als **heimliche Hauptstadt** im flachen Land an der Nordseeküste. Wenn man im Binnen-

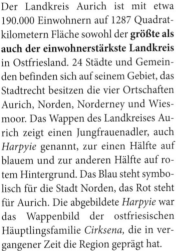

NICHT VERPASSEN!

- ➜ Das **Rundwarftendorf Rysum** blickt auf eine über 1000-jährige Geschichte zurück | 137
- ➜ Der **Leuchtturm in Campen** ist der höchste in Deutschland | 139
- ➜ Der **Schiefe Turm** von Suurhusen bricht weltweit alle Rekorde | 151
- ➜ Die Rekonstruktion des **Klosters Ihlow** vermittelt die früheren Dimensionen der Anlage | 154
- ➜ Das **Fehnmuseum Eiland** informiert über die Urbarmachung der ehemaligen Moorlandschaft | 157
- ➜ Der **Lütetsburger Schlosspark** ist eine weitläufige Gartenanlage im Englischen Stil | 210

Diese Tipps erkennt man an der gelben Markierung.

Landkreis Aurich

land viel unterwegs ist, festigt sich irgendwann der Eindruck, dass alle Wege über Aurich führen. Die tellerflache, grüne Landschaft ist von zahlreichen Kanälen, Tiefs und Gräben durchzogen und beinahe baumlos, erst tief im Binnenland sind Wälder zu entdecken. Die Marsch in Nähe der Küste hatte jahrhundertelang mit den einfallenden Fluten der Nordsee zu kämpfen, erst mit den modernen Deichen in der zweiten Hälfte des 20. Jahrhunderts änderte sich das.

Aurich ist eine lebendige deutsche Mittelstadt. Zahlreiche Behörden und Ämter befinden sich in der Ortschaft, auch der Kommunalverband Ostfriesische Landschaft hat hier seinen Sitz. Im Landkreis Aurich gibt es zahlreiche **Naturschutzgebiete, Landschaftsschutzgebiete** und **Naturdenkmale.** Während im Küstenbereich fruchtbares Marschland vorherrscht, bildet im Binnenland oft der trockengelegte Moorboden die Grundlage für **Landwirtschaft.** Acker-

und Milchwirtschaft werden dort intensiv betrieben.

Krummhörn

Die Bezeichnung des Landstrichs stammt aus dem Niederdeutschen und bedeutet im Hochdeutschen „krumme Ecke". Die ostfriesische Halbinsel ragt im Westen an der Emsmündung wie eine Nase in die Nordsee hinein, sie besteht ausschließlich aus **Marschland.** 1972 wurden die 19 Orte im Westen der ostfriesischen Halbinsel zur **Gemeinde Krummhörn** zusammengeschlossen, eine Ortschaft mit diesem Namen gibt es nicht. Der Verwaltungssitz der Gemeinde Krummhörn befindet sich im Rat-

☑ Die Bockwindmühle Dornum stammt aus dem Jahr 1626, damit ist sie Ostfrieslands älteste Mühle

077ofl_mna

Mittelsand

Itzendorfplate

Westerriede

Hager-

195

N o r

Nationalpark

Ostermarsch

200 **195** **NORDEN**

Norddeich

Kopersandpriel

Ostlintel

72

208

Hage

Neustadt

209 Lütetsburg

Koper-
sand

Itzendorf

Westlintel

Ekel

Martensdorf

Schlosspark
Lütetsburg

Westermarsch II

Bargebur

Schutzzone I

Süder-
neuland I

B a n t s b a l j e

Nordsee

Hamburger Sand

B r o

149

L e y b u c h t

Neu-
westeel

189
Osteel

Ley

Leysand

184
Marienhafe

Marienkirche

Speicherbecken
Leyhörn

Upgant-

Greetsieler Nacken

Leybuchtpolder

Schott

Engerhafe

144

Pilsumer
Leuchtturm

142

Greetsiel

Zwillings-
windmühlen

183
Wirdum

land

Pilsum

Visquard

Grimersum

Schutz-

141

133

Eilsum

Pilsumer

Manslagt

K r u m m -

Abelitz-Moordorf-Kanal

zone I

Uttum

191

Watt

141
Groot-
husen

137

Cirkwehrum

210

Loppersum

NSG

Hamswehrum

Pewsum

Manningaburg

140
Upleward

142
Freepsum

Burg Hinta

Kirche
Suurhusen

Hieve

h ö r n

Groß
Midlum

150

151

139
Campen

Wester-
husen

Hinte

Suurhusen

Leuchtturm
Campen

Harsweg

138
Loquard

Knockster Tief

Pewsum

Emden-Mitte

Emden-
Wolthusen

Uphuser
Meer

138
Rysum

Conrebbers
weg

Bären-
burg

Uphusen

5 Emden-Ost

Bansmeer

Twixlum

Constantia

Emden
West

1

EMDEN

Knock

Larrelt

Port-
Arthur

210

Borssum

Wybelsum

Widdels-
wehr

Jarßum

Petkum

Wybelsumer
Polder

Larrelter
Polder

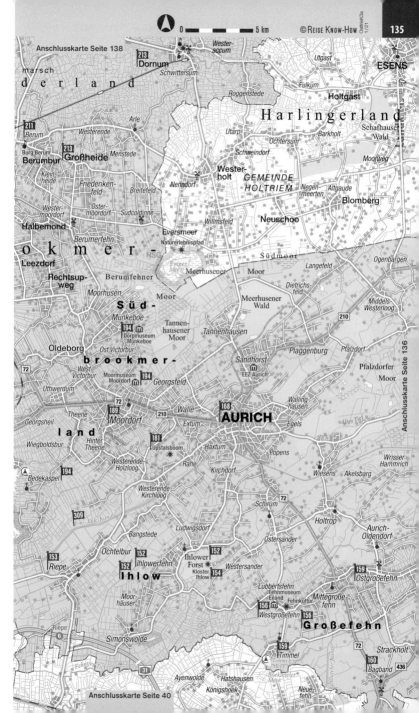

© REISE KNOW-HOW
0 — 5 km

Anschlusskarte Seite 138
Anschlusskarte Seite 136
Anschlusskarte Seite 40

Wester-
accum
Dornumersieler Tief
Dornum
Schwittersum
Utgast
ESENS
marsch
Holtgast
derland
Fulkum
Harlingerland
Roggenstede
Arle
Berum
Utarp
Ochtersum
Barkholt
Schafhauser Wald
Berumbur
Großheide
Menstede
Westerende
Schweindorf
Moorweg
Klein-
heide
Friederiken-
feld
Breitefeld
Wester-
holt
Nenndorf
GEMEINDE HOLTRIEM
Negen-
meerten
Altgaude
Blomberg
Wester-
moordorf
Öster-
möordorf
Südcoldinne
Halbemond
Willmsfeld
Neuschoo
Berumerfehn
Eversmeer
Naturerlebnispfad
okmer-
Leezdorf
NSG
Ewiges Meer
Meerhusener
Südmoor
Langefeld
Ogenbargen
Rechtsup-
weg
Berumfehner
Moor
Dietrichs-
feld
Middels-
Westerloog
Moorhusen
Moor
Süd-
Munkeboe
Meerhusener Wald
Dörpmuseum Munkeboe
Tannen-
hausener
Moor
Tannenhausen
Oldeborg
Ost Victorbur
brookmer-
Plaggenburg
Pfalzdorf
Pfalzdorfer Moor
West Victorbur
Moormuseum Moordorf
Georgsfeld
Sandhorst
EEZ Aurich
Uthwerdum
Theene
Moordorf
Walle
AURICH
Walling-
hausen
Georgsheil
land
Hinter Theene
Extum
Egels
Wiegboldsbur
Upstalsboom
Haxtum
Popens
Wrisser Hammrich
Westerende-
Holzloog
Rahe
Kirchdorf
Wiesens
Akelsbarg
Bedekaspel
Westerende-
Kirchloog
Ems-Jade-Kanal
Schirum
Holtrop
Aurich-
Oldendorf
Bangstede
Ludwigsdorf
Ostersander
Ochtelbur
Ihlowerfehn
Ihlower Forst
Westersander
Ostgroßefehn
Riepe
Ihlow
Kloster Ihlow
Lübbertsfehn
Fehnmuseum Eiland Fehnkultur
Mittegroße-
fehn
Moor-
häuser
Westgroßefehn
Großefehn
Riepe
Simonswolde
Fehntjer Tief
Timmeler Meer
Strackholt
Ayenwolde
Hatshausen
Königshoek
Boekzeteler Meer
Neue-
fehn
Bagband

Anschlusskarte Seite 224

Anschlusskarte Seite 134

Anschlusskarte Seite 226

Anschlusskarte Seite 42

haus von Pewsum. Die flache Marschlandschaft ist vor allem von **Landwirtschaft** und **Tourismus** geprägt. Der kulturelle Schatz der Krummhörn sind die
in fast jedem der 19 Orte vorhandenen
historischen Kirchen. Nicht selten gibt

es in ihnen erwähnenswerte und bedeutende **Orgeln.** Diese sind ebenfalls historisch und somit Teil der Orgellandschaft
Ostfriesland.

Früher diente das engmaschige Netz
an Tiefs und Gräben, von denen das

Knockster Tief, das **Alte und Neue Greetsieler Sieltief** die wichtigsten sind, neben der Entwässerung auch dem **Verkehr.** Hauptsächlich per Boot wurden damals Waren von Dorf zu Dorf oder in die Städte transportiert. Die Halbinsel Krummhörn zwischen der Ems und der Leybucht war im Mittelalter von den Fluten der Nordsee stark bedroht. Erst mit dem **Deichbau,** der ungefähr mit dem Jahr 1000 begann, wurde das Leben in der Region sicherer. Dennoch wurden die Siedlungen meist auf Wurten, Warfen oder Warften genannte **künstliche Hügel** gebaut. **Rysum** ist so ein klassisches Warftendorf.

Heute ist der flache Marschboden der Krummhörn zur Nordsee hin durch mächtige **Seedeiche** geschützt. Diese sind bis zu neun Meter hoch und haben eine Sockelbreite von bis zu 100 Metern. Das ist auch nötig, denn große Teile der Krummhörn liegen **unter dem Meeresspiegel.** Entsprechend wichtig ist die Entwässerung. Die vielen Wasserwege, die der Entwässerung dienen, stehen heute dem Bootstourismus und Anglern zur Verfügung. In den Kanälen und Sieltiefs leben zahlreiche Fischarten. Gastfischereikarten bekommen Freunde des Angelsports im Fischerdorf Greetsiel. Und natürlich ist die Krummhörn auch ein **Vogelparadies,** besonders während der Zugvogeltage kann man über der Marsch riesige Schwärme beobachten.

Pewsum

Im Rathaus in Pewsum ist der **Sitz der Krummhörner Verwaltung** untergebracht, gut 3000 Einwohner leben in Pewsum. Im Ortskern gegenüber vom

Rathaus steht die **Manningaburg,** sie ist von einem Wassergraben umgeben. Erstmals urkundlich erwähnt wurde der Ort Pewsum im Jahr 945. Die Manningaburg, der Sitz der Häuptlingsfamilie *Manninga,* entstand im Jahr 1458. Im 18. Jahrhundert verfielen dann große Teile des historischen Bauwerks, von der ursprünglichen Burganlage ist heute nur noch die Vorburg erhalten. Die Räumlichkeiten der Manningaburg beherbergen heute ein **Museum** und das **Standesamt.**

Das **Mühlenmuseum Pewsum** befindet sich in einem dreistöckigen Galerieholländer von 1843, weitere Ausstellungsfläche bietet ein Gulfhaus nebenan. Hier gibt es Exponate zur ostfriesischen Handwerkskunst und dem Landleben vergangener Zeiten. Das historische Mühlenwesen wird natürlich ebenfalls vorgestellt. Aus Pewsum stammt übrigens auch die **erste** offiziell anerkannte und niedergelassene **Frauenärztin Deutschlands,** *Hermine Heusler-Edenhuizen* (1872–1955). Sie kämpfte gegen den Abtreibungsparagrafen 218, für sexuelle Aufklärung und unterstützte uneheliche Kinder und deren Mütter.

■ **Handwerks- und Mühlenmuseum** (Pewsum), Manningastraße 13–14, Tel. 04923 7432, www.heimatverein-krummhoern.de (Erw. 2 €/Kinder 1 €). Hier wird über altes Handwerk, Milchwirtschaft, Mühlentechnik und vieles mehr informiert.

Rysum

Die südlichste Ortschaft der Gemeinde Krummhörn ist das **Rundwarftendorf** Rysum, das bereits im Jahr 1000 unter

dem Namen *Hrisinghem* existierte. Die Dorfwarft liegt sechs Meter über dem Meeresspiegel und hat einen Durchmesser von nahezu 400 Metern. Dieser künstliche Erdhügel diente einst dem Hochwasserschutz. Im Ortsmittelpunkt auf der höchsten Stelle der Warft steht die **Rysumer Kirche.** Diese geht auf das 12. Jahrhundert zurück. In ihr befindet sich eine der **ältesten noch bespielbaren Orgeln der Welt.** Der Groninger Orgelbaumeister *Harmannus* baute sie in der Mitte des 15. Jahrhunderts, wahrscheinlich 1457. Die Legende besagt, dass sich der Wert der Orgel seinerzeit auf „zehn fette Beester", also Kühe, belief. Die Äußere Ringstraße verläuft um die Warft mit der Kirche herum, radiale Gassen führen ins Dorfzentrum.

Im Ortskern stehen noch einige ältere Gulfhöfe und zahlreiche backsteinrote Häuser, das älteste stammt aus dem Jahr 1766. Die **Rysumer Mühle** ist ein dreistöckiger Galerieholländer, sie wurde 1895 errichtet, mehrfach umgebaut und ist auch heute noch funktionsfähig. Wegen der vielen alten Bausubstanz hat Rysum Flair und ein Besuch ist empfehlenswert. Anfang September findet der Rysumer Bauernmarkt statt, dann stehen über 100 Verkaufsstände im Ortskern von Rysum.

■ **Rysumer Mühle,** Mühlenlohne 10, Tel. 04927 424 (Eintritt frei, Spende erbeten).

Loquard

Loquards Einwohnerzahl beläuft sich auf etwa 600. Das Dorf ist jedoch schon sehr alt und wurde auf einer Ringwarft errichtet, einem ringartig künstlich aufgeschütteten Siedlungshügel. Sehenswert ist vor allem die **alte Kirche** aus der zweiten Hälfte des 13. Jahrhunderts. Im Innenraum steht ein wunderschöner in einer flämischen Werkstatt geschnitzter Altar, der Altaraufsatz stammt vermutlich aus dem Jahr 1510. Der fragmentarisch noch erhaltene Taufstein ist über 800 Jahre alt. Neben der Kirche befand sich im Mittelalter eine **Häuptlingsburg.** Von ihr ist heute nur noch der Burggraben erhalten, über eine Holzbrücke

▷ Leuchtturm Campen

Landkreis Aurich

Anschlusskarte Seite 224

geht es in einen kleinen, sehenswerten **Rosengarten.**

Campen

Das Warftendorf Campen wurde vor über 1000 Jahren auf einer Ringwarft errichtet. Auf dem höchsten Punkt steht die sehenswerte **Reformierte Kirche** aus dem 13. Jahrhundert. Der alte Backsteinbau wurde als Saalkirche mit freistehendem Glockenturm konzipiert, in dem eine der **ältesten Glocken Ostfrieslands** hängt, sie erklingt seit 1295. Die Kanzel ist aus dem Jahr 1794, schöne Malereien zieren das Gewölbe im Inneren.

Der **Campener Leuchtturm** war einer von ursprünglich fünf Seezeichen, die in den 1880er-Jahren im Projekt **Beleuchtung der Unter-Ems** geplant wurden. Preußen und die Niederlande teilten sich die Kosten der Realisierung. 1891 wurde der Campener Leuchtturm gebaut, mit 65,30 Metern Höhe ist er **der höchste Deutschlands,** sein Leuchtfeuer hat eine Reichweite von 54 Kilometern. Es handelt sich um eine offene Stahlfachwerkkonstruktion mit dreieckigem

Grundriss. Über 365 Stufen erreicht man die obere Plattform, die mit einem fantastischen Ausblick belohnt. Kinder können hier ein Diplom beispielsweise als **Leuchtturm-Hilfswärter** oder als **Leuchtturmstürmer** machen und bekommen eine hübsche Urkunde ausgehändigt. Auf dem Gelände neben dem Turm befinden sich ein Info-Pavillon und verschiedene Seezeichen.

■ **Campener Leuchtturm,** Leuchtturmstraße, Tel. 04926 91880, geöffnet tägl. 10–17 Uhr, Erw. 5 €, Kinder 3 €. „Dat hoogst Toorntje van Düütsland" – der höchste Leuchtturm Deutschlands, mit Seezeichen-Garten auf dem Gelände.

078ofl_mna

Upleward

Wenige Kilometer nordwestlich von Emden liegt Upleward. Der Ort ist etwa 1300 Jahre alt. Die kleinen, alten Häuser wurden um die im 14. Jahrhundert errichtete **gotische Kirche** gebaut. Im Jahr 2000 errichtete man hinter dem Deich auf 9000 Quadratmetern den **ersten Trockenstrand der Welt,** er wird im Sommer von den Urlaubern gern genutzt. Dabei handelt es sich um eine Sandaufschüttung mit Strandkörben neben dem Campingplatz, ganz ohne Kontakt zum Meer.

Der **Tourismus** spielt eine zunehmend wichtige Rolle in der Krummhörn, während die Landwirtschaft zurückgeht. Charakteristisch für Ostfriesland sind die **Gulfhöfe,** von denen in Upleward gleich fünf zu finden sind. Es handelt sich um in Holzständerbauweise errichtete Bauernhäuser mit einem Vorderhaus zum Wohnen und hinten angebauter Scheune für Tiere und landwirtschaftliche Geräte. Das älteste Gulfhaus im Ort wurde vor rund 300 Jahren erbaut.

Groothusen

Die **Ursprünge** des Dorfs gehen vermutlich auf das **8. Jahrhundert** zurück, es wurde als sogenanntes *Wikdorf,* so wurden die Handelsplätze genannt, gegrün-

☑ Wattenmeer der Außenems vor Upleward

det. Die Häuser stehen auf einer 500 Meter langen und 130 Meter breiten Langwarft. Das nordwestliche Dorfende markiert die **St.-Petrus-Kirche** mit ihrem wuchtigen Kirchturm. Er stammt aus dem Jahr 1225, die Grundsubstanz der heutigen Kirche entstand erst zweihundert Jahre später. Das prächtige bronzene Taufbecken wurde 1454 gegossen. Der Bau der wertvollen Orgel von *Johann Friedrich Wenthin* erfolgte in den Jahren von 1798 bis 1801, sie ist bekannt für ihren wundervollen Klang.

Im Mittelalter gab es in Groothusen drei Burgen, die Oster-, Middel- und Westerburg, von denen jedoch nur noch die **Osterburg** an der Ostseite erhalten ist. Die mittelalterliche Wasserburg war ostfriesische Häuptlingsburg und liegt

079ofl_mna

an einem Landschaftsschutzgebiet mit einer langen, alten **Lindenallee.**

Manslagt

Das etwas abseits gelegene, verträumte Warftendörfchen liegt zwischen Groothusen und Pilsum. Es wurde erstmals als „Marsfliati" um das Jahr 1000 erwähnt. Ursprünglich handelte es sich um eine Insel im ehemaligen Meerbusen bei Sielmönken, die der Häuptlingsfamilie *Beninga* gehörte. Sehenswert ist der **Ortskern** mit alten, nichtbäuerlichen Häusern sowie die **Manslagter Einraumkirche,** die im 14. Jahrhundert erbaut wurde. Die ältesten Grabsteine in der Kirche zeigen auf 1599 und 1637 datierte Inschriften. Die Kirche ziert eine im Jahr 1714 in Amsterdam gefertigte Kanzel. Das Taufbecken wurde aus Bentheimer Sandstein gefertigt. Ein besonderer Anziehungspunkt ist das in der Kirche ausgestellte **Modell des Dorfs Manslagt** aus Bronze.

Pilsum

Früher war Pilsum friesischer Häuptlingssitz. Der Ort ist auf einer Rundwarft errichtet worden, knapp 600 Menschen leben hier heute. Sehenswert ist die **Valentin-Ulrich-Grotian-Orgel** aus dem Jahr 1694 in der **Pilsumer Kreuzkirche.** Die Kirche selbst ist als Bauwerk von nationaler Bedeutung, ihre Bausubstanz geht auf die Mitte des 13. Jahrhunderts zurück. Der mächtige Vierungsturm steht auf so unsicherem Grund, dass er sich bereits im Mittelalter neigte. Deswegen hängen die Glocken in einem kleinen Glockenturm südöstlich der Kirche.

In der Nähe der Ortschaft Pilsum steht auf dem Nordseedeich der **Pilsumer Leuchtturm.** In dem nur elf Meter hohen Schifffahrtszeichen kann man heiraten. Der Turm ging 1890 in Betrieb und wurde bereits 1915 stillgelegt. Lange Zeit war er beinahe unbekannt, doch seitdem das gelb-rot geringelte Bauwerk in mehreren Filmen von *Otto Waalkes* auftauchte, erfreut sich der Pilsumer Leuchtturm großer Beliebtheit.

◼ **Pilsumer Leuchtturm,** Zum Alten Leuchtturm 2, Tel. 04923 91110, www.greetsiel.de und www. pilsumer-leuchtturm.de. Es gibt Führungen für Gruppen nach Absprache sowie öffentliche Führungstage (aktuelle Termine auf der Website).

☑ Pilsumer Leuchtturm – er dient häufig als Filmkulisse, und wer möchte, kann dort auch in den Hafen der Ehe einlaufen

Freepsum

In der Nähe der Ortschaft liegt mit 2,30 Metern u. N. N. der **tiefste Punkt Niedersachsens.** Das nur knapp 400 Einwohner zählende Warftendorf ist etwa zehn Kilometer nordwestlich von Emden gelegen. Auf dem höchsten Punkt der Warft wurde Mitte des 13. Jahrhunderts die **Freepsumer Kirche** errichtet, sie ist heute ein Kulturdenkmal. Früher diente sie den Menschen bei Überschwemmungen als **Zufluchtsort.** Im Südosten des Dorfes befindet sich das **Freepsumer Meer,** ein 1769 trockengelegtes Binnenmeer, das ohne Pumpen in kürzester Zeit wieder vernässen würde. Heute bietet es vielen Tieren einen geschützten Lebensraum, an dessen Rand ein befestigter Wanderweg mit Naturlehrpfad entlang führt. Hier lassen sich gut Vögel wie Teichralle, Schilfrohrsän-

080ofl_mna

Landkreis Aurich

ger und Rotschenkel, aber auch andere Tiere beobachten.

Praktische Tipps

Adressen in 26736 Gemeinde Krummhörn
■ **Tourist-Information Pewsum,** Burgstraße 5, Tel. 04926 91880, www.greetsiel.de.
■ **Taxi Ackmann** (Freepsum), An der Dorflinde 2, Tel. 04923 928484.
■ **Biolandhof Agena-Dreyer,** Hagenpolder 1, Schoonorth, Tel. 04920 318, www.biolandhof-agena.de. Der Biohof verkauft seine Ware samstags auf dem Norder Wochenmarkt und in seinem Hofladen an wenigen Tagen der Woche, der neben dem eigenen Obst und Gemüse auch über ein breites Sortiment an Biowaren verfügt. Der Hofladen liegt „im Nichts" zwischen Marienhafe und Greetsiel (Öffnungszeiten auf der Website).

Gastronomie
■ **Pizzeria da Carmelo** (Pewsum), Cirksenastraße 1, Tel. 04923 80385, www.da-carmelo-pewsum.de. Typischer Italiener.
■ **Restaurant** (Rysum), **Landhaus Rysumer Plaats,** Am Judendobbe 4, Tel. 04927 187944, https://rysumer-plaats.de. Besonderes Ambiente mit regionaler Küche im denkmalgeschützten Gulfhof.
■ **Restaurant Liekedeeler** (Upleward), Erbsenbindereistraße 3, Tel. 04923 525, auf dem Campingplatz.
■ **Osterburg Restaurant und Café** (Groothusen), An der Osterburg 1–3, Tel. 04923 9275323, www.osterburg-groothusen.de (geöffnet März–Okt.). Mit Blick auf die historische Burg und den umliegenden Park können Kaffee und Kuchen oder ostfriesische Spezialitäten verzehrt werden. Die regionalen Zutaten werden zum Beispiel zu Grünkohl oder Snirtjebraa, ein deftiges Fleischgericht, zubereitet.
■ **Alte Brauerei** (Pilsum), An der alten Brauerei 2, Tel. 04926 912915, www.alte-brauerei-pilsum.de.

Spezialität: Seezunge mit Quellergemüse und Kartoffeln.

Unterkunft
■ **Campingplatz Dyksterhus** (Campen), Campingweg 2, Tel. 04927 489, www.campingplatzdyksterhus.de.
■ **Camping am Deich** (Upleward), Erbsenbindereistraße 3, Tel. 04923 525, www.camping-am-deich.de. Komfortabler Campingplatz mit vielen Stellplätzen und Chalets, der sogar einen Sauna- und Wellnessbereich sowie einen Minimarkt zu bieten hat.
■ **Pension Haaskehörn**① (Upleward), Ant' Oll Dobke 2, Tel. 04923 7569, www.haaskehoern.de.
■ **Gulfhof Dieksiel**① (Pilsum), Karkstraat 2 (Zufahrt über Neu-Etumer-Straße/Hinweis „Kunstscheune" folgen), Tel. 04926 300, https://www.gulfhof-diekskiel-pilsum.de. Hübsch eingerichtete Doppelzimmer mit Gemeinschaftskühlschrank und -mikrowelle.

Museen und Führungen
(UNSER TIPP:) **Ostfriesisches Landwirtschaftsmuseum Campen,** Krummhörner Straße, Tel. 04927 939523 und 04923 8059950, www.olmc.de (Erw. 3 €/Kinder 1,50 €). Von der muskelbetriebenen bis zur vollautomatischen Landwirtschaft der Jahre 1850 bis 1950 ist in diesem kleinen Museum an vielen Mitmachstationen Interessantes zu entdecken. Jährlich im Oktober wird ein Apfelfest gefeiert. Man kann auch einen alten Deutz-Trecker mieten (39 €/Stunde) und damit herumfahren.
■ **Fahrradmuseum Groothusen,** Van Wingene Straße zwischen Groothusen und Pewsum. Das Privatmuseum präsentiert über 100 Jahre Fahrradgeschichte.

Sehenswertes
■ **Sehr kleines Haus** (Pilsum), Auf der Warf 1, www.sehr-kleines-haus.de. Das kleinste Theater Ostfrieslands von Holger Müller befindet sich mitten im Ort; ins Theater gelangt man durch den Garten.

3

Karten nur per E-Mail bestellbar unter info@ost frieslandlacht.de, Tel. 0173 3161053.

■ **Glaskunst** (Pilsum), Zur Kreuzkirche 6, Tel. 04926 926107 und 0171 9535831, www. glaswelt24.de. In unmittelbarer Nähe der Kreuzkirche in Pilsum befindet sich die kleine Werkstatt des Glaskünstlers *Klaus Happek*. Auf Wunsch macht er auch Sonderanfertigungen.

■ **Landkultur Freepsum e. V.,** Am Spielplatz 15, Tel. 04923 8059860, www.landkultur-freepsum.de. Im ehemaligen Wirtschaftsteil eines denkmalgeschützten Gulfhofs finden kulturelle Veranstaltungen statt, z.B. im September ein Gitarrenfestival.

■ **Naturlehrpfad** (Freepsum): Am Freepsumer Meer.

Sport und Freizeit

(UNSER TIPP) Die *Touristik GmbH Krummhörn-Greetsiel* (Zur Hauener Hooge 11, 26736 Krummhörn) bietet **geführte Fahrradtouren** unterschiedlicher Länge an, auf denen Wissenswertes über Kirchen, Kulinarisches, Deichbau, Landesentwässerung, Leuchttürme und Mühlen vermittelt wird. Für sportliche und trainierte Fahrer, die nicht allein radeln möchten, gibt es Querfeldein-Touren und Rundfahrten.

✗ **Mit einem alten Deutz-F2-L-612-Trecker** aus dem Jahr 1957 lässt sich mit 18 PS bei maximal 20 Stundenkilometer **die ostfriesische Wildnis entdecken.** Es gibt verschiedene Touren und Zeitfenster, Kinder erst ab 12 J. (Schnupperstunde 39 €, zwei Stunden 58 €). Anmeldung beim Ostfriesischen Landesmuseum (Krummhörner Straße, 26736 Krummhörn) unter Tel. 04923 8059950 oder 04927 939523, www. olmc.de.

■ **Trockenstrand** (Upleward), Erbsenbindereistraße, mit Abenteuerspielplatz.

Rund ums Fahrradfahren

■ **Fahrradverleih** (Pewsum), Zweirad Mentjes, Raiffeisenstraße 19, Tel. 04923 8497, www.zweirad-mentjes.de.

■ **Fahrradverleih und -reparaturen** (Campen), Fahrräder Brügma, Eurostraße 2, Tel. 04927 189080, E-Bike-Ladestation.

■ **Fahrradverleih Frerichs** (Manslagt), Südstraße 15, Tel. 04923 912945 oder 0171 40524630.

■ **Fahrradverleih Stein** (Pilsum), Seesternweg 22, Tel. 04926 1777.

Veranstaltungen

(UNSER TIPP) **Schlickschlittenrennen Upleward,** immer im August wird es matschig. Bei der „Wältmeisterschaft & Ostfriesischen Wattspielen" im Watt beim Trockenstrand mit Rahmenprogramm (www.schlick schlittenrennen.de).

■ **Wind- und Familiendrachenfest,** im Oktober am Trockenstrand von Upleward.

■ **Weihnachtsmarkt „Advent in't Schüür"** (Pilsum), Gulfhof Dieksiel (→ „Unterkunft"). Termin über Tourist-Information Greetsiel.

Greetsiel

(UNSER TIPP) Wer in Greetsiel durch die malerischen Gassen schlendert, ist sofort vom zauberhaften Anblick der **historischen Giebelhäuser** aus dem 18. Jahrhundert, den berühmten **Greetsieler Zwillingsmühlen** und dem mehr als 600 Jahre alten **Hafen** gefangen. Hier liegt mit mehr als zwanzig Schiffen die **größte Fischkutterflotte Niedersachsens.**

Greetsiels Geschichte begann vor über 650 Jahren. Im Jahr 1388 wurde Greetsiel erstmals urkundlich erwähnt, aber der Ort ist vermutlich weitaus älter. Das Häuptlingsgeschlecht der *Cirksena* begann hier seinen Aufstieg, Greetsiel wurde zum **Sitz der Cirksena.** Die Adelsfamilie stellte von 1464 bis 1744 die Grafen und Fürsten Ostfrieslands. *Ulrich Cirksena* ließ zwischen 1457 und 1460 inmitten der kleinen Ortschaft eine **Burg** anlegen. Die vierflügelige Anlage war mit einem Wehrturm ausgestattet und von einem Wassergraben umgeben, sie stand zwischen dem Markt, der Mühlenstraße und dem Schatthauser Weg. Gegenüber der Burg am Außentief entstand mit dem **Hohen Haus** ein Verwaltungsgebäude der Grafschaft. 1696 bekam der große Backsteinbau seine heutige Dimension, etwa seit 150 Jahren dient es als Gasthaus.

Das Leben in Greetsiel drehte sich von Beginn an um den **Hafen.** Schon im 14. Jahrhundert lagen hier Hamburger Schiffe vor Anker und mussten Zoll entrichten. Die Tiefs und Entwässerungska-

näle waren enorm wichtig für die Anbindung des Hinterlands und den Verkehr nach Emden, sie wurden damals als Handelswege genutzt. Auch der Torf aus den ostfriesischen Fehnsiedlungen wurde auf diesem Wasserstraßennetz zur Krummhörn transportiert, hier fand er Verwendung als Brennstoff. Im Jahr 1744 übernahmen die **Preußen** die Herrschaft in Ostfriesland und verbesserten den Greetsieler Hafen. Aus der Zeit *Friedrichs des Großen* stammt das eindrucksvolle **Sieltor.**

1777 ließen die Preußen die Häuptlingsburg der *Cirksena* schleifen, es gab für sie keine Verwendung mehr. Schwere

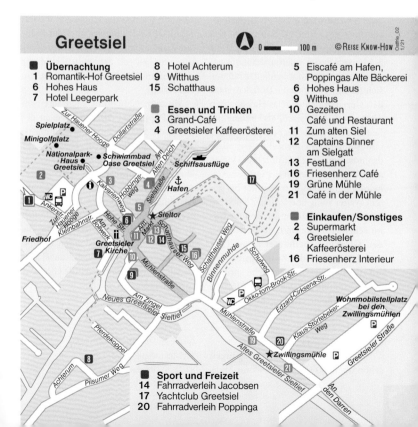

Greetsiel

0 —— 100 m   © REISE KNOW-HOW

■ Übernachtung
1 Romantik-Hof Greetsiel
6 Hohes Haus
7 Hotel Leegerpark

8 Hotel Achterum
9 Witthus
15 Schatthaus

■ Essen und Trinken
3 Grand-Café
4 Greetsieler Kaffeerösterei

5 Eiscafé am Hafen,
 Poppingas Alte Bäckerei
6 Hohes Haus
9 Witthus
10 Gezeiten
 Café und Restaurant
11 Zum alten Siel
12 Captains Dinner
 am Sielgatt
13 FestLand
16 Friesenherz Café
19 Grüne Mühle
21 Café in der Mühle

■ Einkaufen/Sonstiges
2 Supermarkt
4 Greetsieler
 Kaffeerösterei
16 Friesenherz Interieur

■ Sport und Freizeit
14 Fahrradverleih Jacobsen
17 Yachtclub Greetsiel
20 Fahrradverleih Poppinga

Schäden richteten 1717 und 1825 auch zwei **Sturmfluten** an, aber die Grundsubstanz des Ortes blieb erhalten. Das alte Hafenbecken ist 1991 durch die **Schleuse Leysiel** tidenunabhängig geworden, aber die Krabbenkutter müssen sich für ihre Fangfahrten trotzdem nach den Gezeiten richten. Das Hafenbecken dient an seiner Westseite als Fischereihafen, an der Ostseite liegt der Jachthafen.

Besonders an Greetsiel ist vor allem das **nostalgische Flair** durch die vielen alten Häuser. Leider ist der Ort kein Geheimtipp mehr und im Sommer bei gutem Wetter völlig überlaufen. Zu den beliebtesten Fotomotiven gehören die historischen Gebäude am Hafenbecken mit den **Glockengiebelhäusern von 1741 und 1792** sowie die **Zwillingsmühlen** am Alten Sieltief. Die westliche „grüne" Mühle stammt aus dem Jahr 1856 und beherbergt heute eine Teestube mit Bildergalerie. Die östliche „rote" Mühle ist von 1921 und mahlt auch heute noch das Mehl für die Bäckerei *Schoof*.

Beide Mühlen hatten **Vorgänger,** schon über 300 Jahre gibt es zwei Mühlen in Greetsiel. Aus Gründen der Sicherheit wurden die Flügel der Schoof-Mühle 2017 demontiert, aber der Mühlenverein arbeitet an der Finanzierung für neue Flügel. Schließlich sind die Zwillingsmühlen das **Wahrzeichen von Greetsiel.**

Museum, Café und Galerie in einem ist **5 Poppingas Alte Bäckerei** in der Sielstraße 21, die Inneneinrichtung ist fast unverändert erhalten geblieben.

In der Hohen Straße befindet sich der **ehemalige Stammsitz** des Herrschergeschlechts der *Cirksena,* ein Steinhaus, das um 1600 auf älteren Fundamenten errichtet wurde. Sehenswert sind auch die **evangelisch-reformierte Kirche,** die von 1380 bis 1410 entstanden ist und 1699 mit einer prachtvollen Kanzel ausgestattet wurde. Der ziegelrote Glockenturm steht separat.

⌃ Greetsieler Zwillingswindmühlen am Alten Greetsieler Sieltief, wie sie wieder aussehen sollen

Praktische Tipps

Adressen in 26736 Gemeinde Krummhörn/Greetsiel

■ **Tourist-Information Greetsiel,** Zur Hauener Hooge 11, Tel. 04926 91880, www.greetsiel.de.

■ **Schwimmbad,** *Oase Greetsiel,* Zur Hauener Hooge 11, Tel. 04926 918830, www.oase-greetsiel.de (Erw. ab 6 €/Kinder 3 €). Schwimmbad, Ruhebereich, Dampfbad, Sauna, Wellness und Physiotherapie.

■ **Angeln,** *Fischereiverein Greetsiel,* Heinrich Kruse, Mühlenstraße 2, Tel. 04926 2154, www.greetsiel-fischereiverein.de. Gastkarten erteilen der Fischereiverein Greetsiel und die Tourist-Information, vorausgesetzt werden ein gültiger Fischereischein und ein Personalausweis.

■ **Reederei Frisia,** Bülowallee 2, 26534 Norderney, Tel. 04931 9870, www.reederei-frisia.de. Ausflugsfahrten mit der „Frisia X", „Frisia XI" und der „Wappen von Juist" nach Juist und Norderney sowie Minikreuzfahrten in die Nordsee und ins Weltnaturerbe Wattenmeer (Erw. 15,50 €–24,50 €/Kinder 4–11 J. 7,80 €–12,30 €). Karten gibt es an Bord und bei Tourist-Information Greetsiel, Abfahrt und Ankunft sind im Hafen Greetsiel.

Gastronomie

6 **Hohes Haus,** Hohe Straße 1, Tel. 04926 1810, www.hoheshaus.de. Im hübsch eingerichteten Gastraum in einem alten Backsteinhaus gibt es leckere Fisch- und Fleischgerichte.

11 **Zum Alten Siel,** Am Markt 1, Tel. 04926 339, www.zum-alten-siel.de. Speisen mit Blick auf den malerischen Hafen.

10 **Gezeiten Café und Restaurant,** Katrepel 13, Tel. 04926 9267686, www.gezeiten-greetsiel.de. Supernettes kleines Restaurant mit vorzüglichem Essen in angenehmer Atmosphäre, die Küche ist von 12 bis 21 Uhr geöffnet.

12 **Captains Dinner Am Sielgatt,** Am Markt 4, Tel. 4926 369, www.captains-dinner.com. Zwei gemütliche Häuser zu einem Restaurant zusammengefasst, hier gibt es eine umfangreiche Speisekarte

inklusive Kuchen. Spezialitäten sind Hummer- und Lammgerichte.

5 **Eiscafé am Hafen,** Sielstraße 17, Tel. 4926 2051, www.supermarkt-greetsiel.de/eiscafe. Auf zwei Etagen in einem liebevoll restaurierten Gebäude aus dem 18. Jh. werden dänische Eiskreationen serviert.

4 **Greetsieler Kaffeerösterei,** Am Alten Deich 37 b, www.greetsieler-kaffeeroesterei.de. Schönes Café mit Hafenblick, der Deichbarista röstet seine Kaffeebohnen selbst, so kann man den im Urlaub getrunkenen Kaffee mit in die Heimat nehmen.

16 **Friesenherz Café und** **16** **Interieur,** Schatthauser Weg 4, Tel. 04926 9095941, www.friesenherz. com. Kaffee und Schönes fürs Zuhause. In Kursen kann man lernen, Kissen zu nähen und Lampenschirme mit Stoff zu beziehen.

19 **Grüne Mühle,** Mühlenstraße 5, Tel. 04926 9278464. Teestube im Erdgeschoss der historischen Windmühle, Blick auf das Alte Greetsieler Sieltief.

21 **Café in der Mühle,** Mühlenstraße 2, Tel. 04926 926530, www.muehle-schoof.de. Café mit urigem Flair im Packhaus der östlichen Zwillingswindmühle. Die leckeren ostfriesischen Pfannkuchen werden mit selbstgemahlenem Vollkornmehl hergestellt. In der Mühle befindet sich der Mühlenladen, in dem es täglich frisch gebackenes Brot gibt.

13 **FestLand,** Am Markt 2, Tel. 04926 9278470. Vinothek, Café und Bar mit mediterraner Küche.

3 **Grand-Café,** Kalvarienweg 6, Tel. 04926 1597. Hier gibt es Greetsieler Eis und Waffeln nach Geheimrezept.

(UNSER TIPP:) Wer **echtes Eis von glücklichen Kühen** probieren möchte, sollte einmal das Greetsieler Eis probieren, das die **Eismanufaktur** für verschiedene gastronomische Betriebe herstellt. Es gibt viele leckere Sorten. Mehr dazu auf www.greetsieler-eis.de.

Unterkunft

15 **Schatthaus**②**,** Im Schatthauser Weg 2, Tel. 04926 1711. Gediegenes Hotel garni und Ferienwohnungen in ruhiger aber zentraler Lage.

Landkreis Aurich

6 **Hohes Haus**③, Hohe Straße 1, Tel. 04926 1810, www.hoheshaus.de. Im historischen Gebäude sind die Zimmer schlicht und funktional eingerichtet und u. a. mit schönen alten Möbeln bestückt.

1 **Romantik-Hof Greetsiel**③, Ankerstraße 4, Tel. 04926 912151, www.romantik-hof.de. Romantisches Verwöhnhotel garni drei Minuten Fußweg vom Hafen entfernt, wohnen dürfen hier nur Erwachsene und Kinder ab 12 J.

7 **Hotel Leegerpark**③, Am Leeger 8, Tel. 04926 431, www.hotel-leegerpark-greetsiel.de. Gepflegter Komfort in neuen Mauern mit Saunabereich und Bistro.

8 **Hotel Achterum**③, Achterum 1, Tel. 04926 1754, www.achterum-greetsiel.de. Inhabergeführtes Haus mit langer Tradition im frisch renovierten alten Ziegelbau, zum Hafen braucht man nur ein paar Minuten.

9 **Hotel Restaurant Witthus**②, Kattrepel 7–9, Tel. 04926 92000, www.witthus.de. Gepflegtes kleines Nichtraucher-Hotel im historischen Viertel mit sehr gutem **9** **Restaurantbetrieb.**

■ **Wohnmobilstellplatz bei den Zwillingsmühlen,** Mühlenstraße. 55 Plätze mit Stromanschluss, ohne Toilette und Duschen.

Museen und Führungen

■ **Nationalpark-Haus Greetsiel,** Zur Hauener Hooge 11, Tel. 04926 2041, www.nationalpark haus-greetsiel.de. Moderne Ausstellung über das Wattenmeer, von Ende März bis Anfang Nov. Mo–Fr 10–18 Uhr, Sa, So und Feiertags 10–17 Uhr, Erw. 6 €, Kinder bis 14 J. frei.

■ **Mühle Schoof,** Mühlenstraße 2, Tel. 04926 926530, www.muehle-schoof.de, geöffnet täglich ab 9 Uhr bis Geschäftsschluss, im Winter nur eingeschränkt, Erw. 2 €, Kinder 5–15 J. 3 €, Kinder 5–15 J. 1 €. Führungen und Gruppenführungen nur auf Anfrage, ansonsten kann die funktionstüchtige Mühle während der Öffnungszeiten von Ostern bis Ende Okt. in Eigenregie besichtigt werden. Durch die unten in der Mühle befindliche Teestube führt der Weg in eine Bildergalerie im ersten Stock. Es gibt auch ein Ladengeschäft mit großer Weinauswahl und Obst und Gemüse aus biologischem Anbau.

☗ **Greetsiel bei Nacht,** Abendwanderung mit Fackeln durch den romantischen Fischerort, Fackeln nur für Kinder ab sechs Jahren (Erw. 9 €/Kinder 6 €). Anmeldung über die Touristinfo in Greetsiel.

Sport und Freizeit

(UNSER TIPP:) **Ostfriesland mit dem E-Mobil entdecken,** Eine gute Idee, um umweltfreundlich größere Distanzen zu überbrücken, ist das Mieten eines „Nordsee-Flitzers". Gegen Vorlage der „Nordsee Service Card", die man automatisch bekommt, sobald der Kurbeitrag bezahlt wird, kann man für maximal vier Stunden kostenfrei ein E-Mobil nutzen. Es gibt Verleihstationen bei den Tourist-Informationen in Krummhörn-Greetsiel, Norden-Norddeich, Dornum, Esens-Bensersiel, Werdum, Neuharlingersiel, Wangerland und Varel-Dangast. Vorausgesetzt sind ein gültiger Führerschein, eine gültige Kreditkarte und ein gültiger Personalausweis.

(UNSER TIPP:) Eine **Abenteuertour durch Greetsiel und Pilsum** verspricht das „**Quizcaching Greetsiel".** Dafür werden ein internetfähiges Smartphone und das Quiz benötigt. Um die einzelnen Stationen zu finden, müssen Fragen beantwortet werden. Jede richtige Antwort bringt das Ziel ein Stück näher. Ziele sind bekannte Sehenswürdigkeiten, interessante Bauwerke und das Wattenmeer. Die Tour lässt sich zu Fuß oder per Fahrrad machen.

Rund ums Fahrrad

20 **Fahrradverleih Poppinga,** freie Tankstelle, Mühlenstraße 3, Tel. 04926 348, www.poppings-greetsiel.de.

14 **Fahrradverleih Jacobsen,** Schatthauser Weg 1, Tel. 04926 335.

Yachthafen

17 **Yachtclub Greetsiel,** Tel. 0160 91590550, www.yachtclub-greetsiel.de. Geöffnet Mai–Oktober, erreichbar vom Wattenmeer über die Schleuse Leysiel und das naturgeschützte Speicherbecken.

082ofl_mna

Veranstaltungen

■ In der **Teestube in der westlichen Mühle** (auch Rote Mühle oder Schoofmühle genannt) **von Greetsiel** finden regelmäßig Veranstaltungen statt, z. B. Lesungen. Themen und Termine unter www.muehle-schoof.de.

■ **Ganztägige Bustouren** in die Meyer-Werft nach Papenburg und zum Emssperrwerk Gandersum: Anmeldung und Termine über die Tourist-Information Greetsiel.

UNSER TIPP: Jährlich im Mai gibt es im Rahmen des Krummhörner Orgelfrühlings eine Woche lang **Konzerte mit geistlicher Musik** auf den zahlreichen historischen Orgeln in der Region.

■ **Greetsieler Krabbenwoche,** Im Juli servieren zahlreiche Restaurants in Greetsiel Kulinarisches rund um das Thema der kleinen Krustentiere.

■ **Traditioneller Kutterkorso,** Mit den Greetsieler Krabbenkuttern geht es im Juli auf See. Karten ab Juni über die Tourist-Information Greetsiel.

■ **Greetsieler Deichlauf,** Im August findet das sechs Kilometer lange Rennen statt (keine Startgebühren).

△ Hafeneinfahrt vor der Schleuse Leysiel

Die Leybucht

Die etwa 19 km² große Meeresbucht liegt im Westen Ostfrieslands und erstreckt sich von Greetsiel bis nach Norddeich. Die nach dem Dollart zweitgrößte Bucht Ostfrieslands entstand durch **Deichbrüche während der großen Sturmfluten** im 13. und 14. Jahrhundert. Die landwirtschaftlich genutzten Flächen innerhalb der Deiche mussten auch damals entwässert werden, die Böden sackten dadurch tiefer und lagen deshalb unterhalb des Meeresspiegels. Brachen die Deiche bei Unwetter und Sturmflut, kam es zu Einbrüchen der Nordsee. Das Meerwasser konnte aber nicht mehr abfließen und blieb in den Senken stehen. Auch der Dollart entstand auf diese Weise. Mit **129 Quadratkilometern** hatte die Leybucht nach den Sturmfluten von 1374 und 1376 ihre größte Ausdehnung erreicht, am Ende der Bucht wurde 1424 die Ortschaft **Marienhafe** gegründet. *Ley* ist übrigens das altdeutsche Wort für Schiefer.

3

In den darauffolgenden Jahrhunderten wurden immer wieder **Polder** eingedeicht. Ihre heutige Größe hat die Bucht seit der Schließung des Störtebekerdeichs und der Eindeichung des Leybuchtpolders. Um regelmäßige Überschwemmungen des Greetsieler Hafens und des Umlands zu verhindern, wurde unter erheblichem Protest der Naturschützer ab 1985 ein **umfassendes Deichbau- und Entwässerungsprogramm** realisiert. Umfangreiche Informationen über diese Küstenschutzmaßnahme befinden sich im Schöpfwerk Leybuchtsiel. Im **Greetsieler Nacken** im Süden der Leybucht wurde ein 3,6 Quadratkilometer großes Areal eingedeicht und mit dem Leyhörn eine Halbinsel geschaffen. An deren Ende entstanden eine Schleuse und das neue Leysiel, durch das die Binnenentwässerung geregelt wird. Die Zufahrt der Greetsieler Fischkutter vom Wattenmeer führt über eine Fahrrinne Richtung Hafen, dann folgen die Schleuse, die Querung des Speicherbeckens und ein Stück auf dem Leyhörner Sieltief – und „schon" ist das Schiff im Hafen von Greetsiel.

Um die negativen Auswirkungen dieser Küstenschutzmaßnahme auf das Ökosystem zu begrenzen, wurden **Ausgleichsflächen** geschaffen und die Salzwiesen vor dem Deich weitgehend renaturiert. Das **Naturschutzgebiet Leyhörn** gehört heute zum Nationalpark Niedersächsisches Wattenmeer. Es besteht aus dem Speicherbecken Leyhörn, dem Leyhörner Sieltief, dem Leysiel und den Teichen bei Hauen. Es gibt Schlickflächen, ausgedehnte Röhricht- und Hochstaudenflächen, aber auch Grünlandbereiche. Die Leybucht gehört zur **Schutzzone 1** (Ruhezone) und ist ein wichtiges

Rast- und Rückzugsgebiet für Zugvögel wie Nonnen- und Ringelgänse. Auch Austernfischer, Löffler und Säbelschnäbler können von einer barrierefrei zugänglichen 🦋 **Vogelbeobachtungshütte** aus entdeckt werden.

Hinte

Die kleine Gemeinde Hinte in der ostfriesischen Marsch liegt nördlich der Stadt Emden. 1972 wurden die Orte Loppersum, Osterhusen, Suurhusen, Westerhusen, Cannhusen, Cirkwehrum, Groß Midlum und Hinte zu einer Gemeinde zusammengefasst. Die Gemeinde ist durch den **schiefsten Kirchturm der Welt** bekannt, der im Dorf Suurhusen steht. Neben der großen Zahl von den für die Gegend typischen Gulfhöfen ist die **Orgel in der Kirche von Westerhusen** beachtenswert. Das Instrument aus dem 17. Jahrhundert befindet sich auch heute noch beinahe im Originalzustand.

Ein bedeutendes Gebäude der Spätgotik ist die **Hinter Kirche**. Das ziegelrote Kirchenschiff stammt aus der zweiten Hälfte des 15. Jahrhunderts. Der Glockenstuhl steht in Hinte neben dem Kirchenschiff, aufgrund des weichen Marschbodens wurden die Glockentürme in Ostfriesland häufig separat neben dem Kirchenschiff gebaut. Zusammen mit der Wasserburg Hinta und den um-

▷ Der Schiefe Turm von Suurhusen

liegenden Häusern bietet die Kirche ein einmaliges Ensemble.

Die vierflügelige Anlage der **Burg Hinta** mit ihrem großen Innenhof geht in ihren ältesten Teilen auf das 15. Jahrhundert zurück. So vermischen sich die Baustile der Spätgotik und des Barock, denn das Burgtor kam erst 1704 hinzu.

Suurhusen

Der kleine Ort im Norden von Emden ist vor allem wegen einer Sehenswürdigkeit von Interesse: Hier steht der **Schiefe Turm von Suurhusen.** Der historische Kirchturm weist eine gefährlich anmutende Schräglage auf, die Neigung von über fünf Grad wird mit einem Eintrag ins **Guinness-Buch der Rekorde** belohnt. Dort löste er den Schiefen Turm von Pisa ab, der hat im Vergleich nur eine Neigung von knapp vier Grad. Der Turm wurde 1450 an die etwa 200 Jahre ältere Kirche von Suurhusen angebaut. Obwohl das Bauwerk auf einem Fundament aus Eichenpfählen errichtet wurde, führte der moorige Boden im 19. Jahrhundert zu einem Absinken des Turms. Nach mehreren baulichen Maßnahmen im 20. Jahrhundert, die eine weitere Neigung verhindern sollten, gilt die weitere Bewegung in die Schräglage seit Mitte der 1990er-Jahre als aufgehalten. Die Kirche in Suurhusen wird an Festtagen für Gottesdienste genutzt, das Gebäude kann auf Anfrage besichtigt werden.

Praktische Tipps

Adressen in 26759 Hinte

◼ **Tourist-Information Hinte,** Brückstraße 11a, Tel. 04925 92110, www.hinte.de.
◼ **Landarbeitermuseum Suurhusen,** Smal Joed 5, Tel. 04925 1080, www.landarbeitermu

Landkreis Aurich

083ofl_mna

seum.de. Das 1679 errichtete Gebäude diente zunächst als Armen- und später als Landarbeiterhaus. Bei einer Reise in die Vergangenheit erfährt man, wie die Wohn- und Lebenssituation einer ostfriesischen Landarbeiterfamilie um 1900 ausgesehen hat. Zum Bestand des Museums gehören auch ein Dorfmodell von Suurhusen aus der Zeit um 1750.

- **Taxi Ackmann,** Tel. 04925 4580884.
- **Burg Hinta** (Hinte), Osterhuser Straße 18.

Gastronomie/Unterkunft

- **Gaststätte Feldkamp** (Hinte), Brückstraße 12, Tel. 04925 2212. Ostfriesische Hausmannskost und einfache Zimmer, im Ortskern am Knockster Tief gelegen.
- **Hotel Novum**②-③ (Hinte), Am Tennistreff 1, Tel. 04925 92180, www.novum-hotel.de. Modernes Vier-Sterne-Haus mit Restaurant, Wellnessbereich und Schwimmbad, der Stadtkern von Emden ist nur 5 Kilometer entfernt.

Ihlow

Der Name der Gemeinde Ihlow geht auf das ehemalige Zisterzienserkloster zurück, die gut 12.000 Einwohner von Ihlow verteilen sich auf zwölf Ortschaften. Die beiden größten sind Riepe und Ihlowerfehn. Das Zentrum der Gemeinde mit dem Rathaus befindet sich in Ihlowerfehn. Ihlow ist ein guter Ausgangspunkt für einen Urlaub in Ostfriesland, schließlich liegt die Gemeinde mittendrin. Denn im Dorf **Westerende-Holzloog** befindet sich der **geografische Mittelpunkt,** wenn man die Inseln mit berücksichtigt. Diese Stelle ist mit einem norwegischen Findling, an dem eine Bronzetafel befestigt ist, kenntlich gemacht worden.

Das Marschland der Gemeinde Ihlow wird von zahlreichen kleinen Fließgewässern und Entwässerungskanälen durchzogen, auch der **Ems-Jade-Kanal** durchquert die Region. Landwirtschaft wird auf den Gemeindeflächen am häufigsten betrieben, dabei steht die Milchwirtschaft im Fokus. Eine landschaftliche Besonderheit bildet der **Ihlower Forst,** denn Wald ist selten in Ostfriesland. Dieses Waldgebiet ist eines der ältesten, der Ihlower Forst wurde bereits in einer Karte aus dem Jahr 1579 verzeichnet. Das Mischwaldgebiet ist heute rund 350 Hektar groß, in ihm leben Damwild und Rehe, auch Füchse, Dachse und Hasen fühlen sich hier wohl. Kultureller Höhepunkt ist sicherlich der mitten im Wald befindliche **Archäologische Park Klosterstätte Ihlow.** Die „Imagination" genannte Rekonstruktion des ehemaligen Gebäudes überragt sogar die Bäume des Ihlower Forstes. In der Gemeinde Ihlow sind neben zwei **historischen Windmühlen** vor allem mehrere **mittelalterliche Kirchen** einen Besuch wert, sie stehen in den Orten Bangstede, Barstede, Ochtelbur, Riepe, Weene, Westerende und Simonswolde.

Ihlowerfehn

Wie schon der Name verrät, handelt es sich um eine ehemalige Fehnsiedlung, sie wurde 1780 gegründet. Der Emder Kaufmann *Lammert Harms Aden* begann damals mit der „Torfgräberey" im Hochmoor westlich des Ihlower Forstes. Doch bereits nach 50 Jahren lohnte sich der Torfabbau in dieser Region nicht mehr und die Siedler verlegten sich zunehmend auf die Landwirtschaft. Eine

084ofl_mna

eigene Kapelle mit Friedhof hatte man in „Ihlower Vehn" zu Beginn nicht. Ihre Toten setzten die Einwohner auf dem Friedhof in Bangstede bei. Noch heute heißt der Weg über das Moor „Totenweg". Aber 1899 wurde die eigenständige Kirchengemeinde Ihlowerfehn gegründet und schon drei Jahre später am 9. Februar 1902 die **Ihlower Kirche** eingeweiht. Der Backsteinbau im Stil des Historismus bekam auch einen Turm.

Im Laufe des 20. Jahrhunderts entwickelte sich die Ortschaft Ihlowerfehn zum Mittelpunkt dessen, was 1972 zur Gemeinde Ihlow wurde. Seit den 1990er-Jahren findet die sommerliche Freizeitgestaltung oft am Ihler Meer

△ Alte Wieke mit Klappbrücke am Ihlower Forst

statt. Der künstlich entstandene **Badesee** in Ihlowerfehn hat eine Fläche von dreieinhalb Hektar. Ausgestattet mit einem Sandstrand und zahlreichen Freizeiteinrichtungen stehen hier auch das Bürgerhaus und ein modernes Gästehaus.

Riepe

Über 1000 Jahre alt ist das Dorf Riepe bereits, heute leben hier gut 2000 Menschen. In den vergangenen Jahrhunderten kämpften die Einwohner oft mit den **Hochwassern von Ems und Nordsee,** am Kirchturm der Riepster Kirche zeigt die Flutmarke der Weihnachtsflut 1717 den damaligen Wasserstand. 15 Menschen ertranken einst in den Wassermassen und der Turm wurde schwer beschädigt. Wegen seiner Form wird er **Riepster Teebürs** genannt, was im Hochdeutschen *Teedose* bedeutet. In der zweiten Hälfte des 20. Jahrhunderts veränderte sich die Landschaft bei Riepe nachhaltig. Weil der Emder Hafen regelmäßig ausgebaggert werden muss, wurden seit 1954 **über 100 Millionen Tonnen Schlick** in die Riepster Niederung gepumpt. Kilometerlange Rohrleitungen beförderten ihn von Emden zur Riepster Niederung. So konnte 40 Jahre lang wertvoller Boden für die Landwirtschaft gewonnen werden. Diese Maßnahme endete 1994. Um das regional größte Bauvorhaben zu würdigen, gründete der örtliche Bürgerverein das **Schlickmuseum**. Dort werden zahlreiche Modelle, Grafiken, Bilder, Filme und Führungen zu diesem Thema angeboten.

■ **Schlickmuseum,** Friesenstraße 170, Tel. 04928 224, www.schlickmuseum.de. Öffnungstermine nach Vereinbarung (Erw. 2,50 €, Kinder unter 14 J. kostenlos).

Kloster Ihlow

Eine einmalige Atmosphäre ist im **Ihlower Forst** zu finden, auch wenn von dem 1228 gegründeten **Zisterzienserkloster** nicht mehr viel zu sehen ist. Während der Reformation wurde es schon vor mehreren hundert Jahren aufgelöst und abgebrochen. Aber eine moderne Teilrekonstruktion aus Holz und Stahl mit einer Aussichtsplattform, die

085ofl_mna

eine Höhe von bis zu 45 Metern erreicht, beeindruckt und zeigt anschaulich die früher mächtigen Dimensionen der Klosterkirche. Damals war das Bauwerk das größte Gotteshaus zwischen Groningen und Bremen. Die Rekonstruktion, die in den Jahren 2005 bis 2009 entstand, nimmt den romano-gotischen Baustil der ehemaligen Backsteinkirche auf. Unterhalb dieser gibt es einen sehenswerten **Raum der Spurensuche** mit verschiedenen Exponaten und dem neuen Ihlower Altar. Der ehemalige **Altar von Ihlow** überlebte die Zerstörung des Klosters im 16. Jahrhundert und hat eine neue Heimat in der Lambertikirche in Aurich gefunden.

Zur Klosteranlage im Wald gehören außerdem ein sehr schön angelegter **Klostergarten** mit Kräuterbeeten und ein **Forsthaus**. In diesem befindet sich heute das Klostercafé. Der Garten ist in vier Themenbereiche aufgeteilt, es gibt einen Heilpflanzengarten, den Mariengarten, den Hexengarten und einen Gemüsegarten. Die Gartenanlage ist ganzjährig geöffnet und für Interessierte kostenfrei zu besichtigen.

■ **Kloster Ihlow,** Zum Forsthaus 1, Tel. 04929 915949, www.kloster-ihlow.de. Ein schöner Klostergarten ist rund um die „Imagination", so wird die große Holz-Stahlkonstruktion genannt, angelegt, und unter der Erde lohnt sich ein Besuch des Raums der Spurensuche. Das Klostercafé im ehemaligen Ihlower Forsthaus lockt mit leckeren Kuchen und Kaffeespezialitäten.

◁ Stählerne Imagination Kloster Ihlow

Praktische Tipps

Adressen in 26759 Ihlow

■ **Tourist-Information Ihlowerfehn,** Alte Wieke 6, Tel. 04929 89100, www.ihlow-tourismus.de.

■ **Naturbad Riepe,** Fennenstraße 74a, Tel. 04928 734, www.naturbad-riepe.de. Schwimmen ohne rote Augen, statt mit Chlor wird das Wasser biologisch aufbereitet (Erw. 3 €, Kinder 1,50 € pro Tag).

🎎 **Naturschutzstation Fehntjer Tief** (Lübbertsfehn), Lübbertsfehner Straße 36, Tel. 04945 1492, www.landkreis-aurich.de. Die Außenanlagen und der Bauerngarten sollen „mit allen Sinnen" erlebt werden, es werden auch Führungen in die umliegenden Naturschutzgebiete angeboten.

■ **Erlebnisbauernhof Lienemann** (Ludwigsdorf), Kirchdorfer Straße 10, Tel. 04941 10708, www.service-vom-hof.de. Der Bauernhof bietet einen Hofladen mit täglich frischen Eiern vom Hof, Kartoffeln aus dem eigenen Anbau und selbstgemachte Marmelade oder Leberwurst.

⚘ **Sand + Waterwerk Simonswolde,** (Simonswolde), Kleeweg 4, Tel. 04929 1535, www.simonswolde.net. Hier dreht sich alles um Wasser, mit Mehrgenerationengarten, Umweltbildungsstätte und Kinderspielplatz. Von der Wassermatschanlage bekommt man die Kleinen gar nicht mehr weg!

Gastronomie/Unterkunft

■ **Gästehaus am Ihler Meer**① (Ihlowerfehn), 1. Kompanieweg 3 a, Tel. 04929 89100, www.gaestehaus-am-ihler-meer.de. Das Haus hat eine Drei-Sterne-Auszeichnung vom Bundesforum für Kinder- und Jugendreisen und das Zertifikat „bett + bike" des Allgemeinen Deutschen Fahrradclubs.

■ **MaTheo Kuchencafé und Eis** (Ihlowerfehn), Am Rathaus 5, Tel. 04929 9157220, www.kuchen eis.de. Lecker Kaffee, lecker Kuchen oder Waffeln und Eis von *Giovanni L.*

■ **Gartencafé unterm Segel** (Westerende-Kirchloog), Alter Postweg 1, Tel. 01525 6756182, www.ihlow-tourismus.de. Tolles Gartencafé mit leckerem selbstgebackenen Kuchen und Tee und Café in schöner Lage, wo der Ems-Jade-Kanal auf den Ringkanal trifft.

■ **Gaststätte Weißes Pferd** (Riepe), Friesenstraße 213, Tel. 04928 333. Historische Gaststätte mit leckeren Speisen, auch Saalbetrieb für größere Veranstaltungen.

Großefehn

Zur Charakteristik der Landschaft trägt die weitgehend erhaltene **Fehnlandschaft** bei, es gibt noch zahlreiche Gewässer und Brücken aus vergangenen Zeiten. Hier sind die **ältesten Fehnkolonien Ostfrieslands** zu finden, einstmals **Groote Veen** genannt. Hier entsteht der Fluss **Fehntjer Tief**, es gibt einen nördlichen und einen südlichen Arm des Gewässers. Gespeist wird es aus der Flumm- und aus der Fehntjer-Tief-Niederung, in den Feucht- und Nasswiesen des Gebiets bei Westgroßefehn sind mehrere kleine Naturschutzgebiete ausgewiesen. Das Fehntjer Tief mäandert schließlich Richtung Nordwest bis nach Emden.

Ausgedehnte **Radtouren** sind in Großefehn ohne Bergetappen möglich, das Land ist flach, der Himmel weit. Wegen der historischen Windmühlen wird Großefehn auch als **Fünf-Mühlen-Land** bezeichnet. Alle fünf Mühlen funktionieren auch heute noch, sie stehen in den Ortsteilen Westgroßefehn, Ostgroßefehn, Felde, Spetzerfehn und Bagband. Insgesamt umfasst die Gemeinde 14 Ortsteile, mit dreieinhalb Tausend Einwohnern ist Ostgroßefehn die größte von ihnen. Insgesamt leben knapp 14.000 Menschen in der Gemeinde Großefehn. Das Gebiet von Ostgroßefehn und dem benachbarten Spetzerfehn war bis Mitte des 18. Jahrhunderts ein **Hochmoor**. Deshalb gibt es in dieser Gegend besonders viele Fehnkanäle, Entwässerungsgräben und Klappbrücken.

Vier Backsteinkirchen aus dem Mittelalter stehen im Gemeindegebiet Großefehn. Die rechteckige **Saalkirche in Strackholt** stammt in ihren ältesten Teilen aus dem 13. Jahrhundert. Die **Bagbander Kirche** wurde im 13. Jahrhundert auf einer Warft errichtet. Der ursprüngliche Glockenstuhl wurde 1895 von einem Kirchturm ersetzt, der heute als Wahrzeichen des Ortes gilt. Weitgehend bewahrt hat die **Holtroper Kirche** ihre Form seit dem 13. Jahrhundert. Die **St.-Petri-Kirche** in Aurich-Oldendorf wurde von 1270 bis 1280 gebaut. Die Einraumkirche hat einen frei stehenden Turm, der auch aus dem 13. Jahrhundert stammt. Die mittelalterliche Kirche in Timmel fiel im Jahr 1717 einer Überschwemmung zum Opfer, heute steht an ihrer Stelle die barocke **Petrus-und-Paulus-Kirche,** sie wurde 1736 fertiggestellt.

Westgroßefehn

Die Keimzelle des heute dreigeteilten Dorfs Großefehn ist Westgroßefehn. 1633 gründeten vier Emder Bürger den Ort als *Timmelerfehn*, somit ist Westgroßefehn die **älteste Fehnanlage in Ostfriesland.** Ausgehend vom Flüsschen Fehntjer Tief trieben die frühen Siedler den Hauptkanal tief ins Moorgebiet hinein. Ein Gedenkstein erinnert an diese Pioniertat. Auch heute noch bildet der

Hauptkanal, beiderseits von Häusern flankiert, den Ortsmittelpunkt.

Die typische **Fehnkultur** ist in Westgroßefehn noch gut erhalten. Nahe der Schleuse steht die große **Windmühle** der Ortschaft. Zum zweistöckigen Galerieholländer gehören ein historisches Müllerhaus und weitere Anbauten. 1889 wurde die Mühle gebaut und gehört seit 1893 der Familie *Onken,* die sie auch heute noch gewerblich nutzt.

Im nahe gelegenen **Fehnmuseum Eiland** wird die Urbarmachung der ehemaligen Moorlandschaft gezeigt. Ähnlich wie beim Deichbau ist die Fehnkultur eine herausragende menschliche Leistung. Die frühen Siedler stachen den Torf damals noch von Hand, die entsprechenden Werkzeuge können im Museum besichtigt werden. An der Stelle des Fehnmuseums Eiland befand sich früher eine **Schiffswerft,** denn Großefehn war

einmal ein Zentrum der Schifffahrt und des Schiffbaus. Vorerst transportierten die Fehntjer ihren Torf in **kleinen Plattbodenschiffen** über die zahlreichen Binnengewässer, später bauten sie größere Schiffe, die auch für die Nordsee geeignet waren. Die zum Museum gehörende **Schmiede** wird noch regelmäßig genutzt.

■ **Fehnmuseum Eiland** (Westgroßefehn), Leerer Landstraße 59, Tel. 04945 9169431, www.fehnmuseum eiland.de. Ausstellungsschwerpunkte sind die Entwicklung vom Hochmoor zur Kulturlandschaft und die vom Torfschiff zum Hochseesegler.

Zahlreiche Informationen über das alte Handwerk der Weberei erhalten Interessierte in der ehemaligen Dorfschule, in

☑ Gedenkstein erinnert an den Beginn der Fehnkultur

86ofl_mna

3

087ofl_mna

ihr befindet sich seit 1999 das **Webmuseum.** Kurse zum Mitmachen und Kennenlernen werden in der eigenen Werkstatt angeboten, man kann sich aber auch ein Webstück nach eigenen Vorstellungen anfertigen lassen.

■ **Webmuseum „De Weevstuuv",** Achterlangsweg 9, www.webmuseum-ostfriesland.de. Museumswerkstatt für Weben, entsprechende Kurse werden regelmäßig angeboten.

Ostgroßefehn

Dieser Ortsteil der Gemeinde Großefehn ist der jüngste der 14 Dörfer. Seine Besiedlung begann um 1790, Entwässerungskanäle wurden erst spät angelegt. 1804 baute *Jann Fokken Mühler* die Windmühle. Der zweistöckige Galerieholländer steht direkt am Großefehnkanal, die Mahlwerke waren bis 1968 in Betrieb. Hauptsächlich wurde hier **Buchweizen,** die wichtigste Frucht der Fehnkolonien, gemahlen. Heute befindet sich in der Mühle und dem angrenzenden Packhaus eine Galerie.

Nahe der Mühle liegt auf dem Kanal das ehemalige **Torfmutte „Antje",** in dem historischen Schiff wird heute ein kleines Café betrieben.

Ebenfalls am Großefehnkanal befindet sich die **historische Schmiede Striek.** 1898 wurde die Huf- und Wagenschmiede gebaut, das Wohnhaus folgte 1904. Der Schmiedemeister *Gerhard Heiko Striek* und seine Frau wohnten und arbeiteten hier bis in die 1970er-Jahre. Die

◁ Windmühle Westgroßefehn
und Torfmutte „Antje"

Schmiede wurde in den 1990er-Jahren renoviert und instandgesetzt, heute wird sie von einem Verein betreut. Die *Stuuv* in **Strieks Huus** ist heute ein stilvoll eingerichtetes Trauzimmer.

Timmel

Das Dorf Timmel war in den vergangenen Jahrhunderten **von seiner Umgebung nahezu abgeschnitten,** Hochmoore und Niederungsgebiete umgaben den Ort. Die **Petrus-und-Paulus-Kirche** liegt am Ortsrand und stammt von 1736.

Bekannt wurde Timmel durch die **Königliche Navigationsschule Timmel.** In ihr wurden bis 1918 die Kenntnisse der Fehnschifffahrt vermittelt, aber auch Patente für die Seefahrt konnten dort erworben werden. In Timmel gibt es zahlreiche historische Gebäude wie die **Alte Schule, das Alte Vogthaus** und einige **Gulfhöfe,** sie alle prägen das Ortsbild. Ein **historischer Rundweg** führt an allen Gebäuden entlang, die Route kann sowohl in Eigenregie gegangen werden als auch unter kundiger Leitung bei einer Führung. Der *Verkehrs- und Heimatverein Großefehn* hat dazu eine Karte mit dem Verlauf und einer Kurzbeschreibung herausgegeben.

Pferdefreunde sind beim **Reitsport-Touristik-Centrum** (RTC) an der richtigen Adresse. Hier gibt es Ponyreiten und eine Reitschule, aber auch das eigene Pferd findet gute Unterkunft im 5-Sterne-Pensionsstall. Die zwei großen Reithallen bieten mehr Zuschauern Platz, als Timmel Einwohner hat. Die Reitsport-Anlagen in Timmel gehören im Pferdeland Niedersachsen zu den modernsten ihrer Art.

Das 25 Hektar große **Timmeler Meer** wurde in den 1980er-Jahren künstlich angelegt und ist bei Touristen ein beliebtes Naherholungsgebiet. Das Binnengewässer ist gesäumt von Ferienhäusern und einem Campingplatz, hat einen kleinen Bootshafen und einen Badestrand. Das Timmeler Meer ist auch wegen seiner guten Fischbestände **Angelfreunden** ein Begriff. Die Gastkarten zum Angeln sind in der **Tourist-Info in Timmel** oder am **Campingplatz direkt am See** zu bekommen.

Direkt verbunden ist das Timmeler Meer mit dem **Boekzeteler Meer,** das als Ausgleich zum touristischen Geschehen als **Naturschutzgebiet** ausgewiesen ist. Das 102 Hektar große Areal ist Teil der Bagbander-Tief- und der Fehntjer-Tief-Niederung, hier gibt es neben dem See auch Zonen mit Schilfröhrichten, Weiden und Erlengebüschen sowie anderen Grünlandbereichen. Das Boekzeteler Meer befindet sich auf dem Grund der Nachbargemeinde Moormerland.

Bagband

Das kleine Dorf Bagband hat Sehenswertes zu bieten. Die **Martin-Luther-Kirche** stammt aus dem 13. Jahrhundert, hat aber einen auffälligen 50 Meter hohen Turm im neugotischen Stil. Dieser ersetzte 1895 den alten Glockenstuhl, der baufällig war und abgebrochen werden musste. In der Kirche gibt es eine historische Orgel von *Heinrich Wilhelm Eckmann,* sie stammt aus dem Jahr 1775.

Der Kirche gegenüber stand die Molkerei, die der neue Eigentümer 1998 zu einer **Brauereigaststätte** umbaute. Seitdem kann hier **Ostfriesenbräu,** ein

dunkles Landbier, getrunken werden. Sogar Bierschnaps und Bierlikör werden in Bagband hergestellt.

Im kleinen **Brauereimuseum** sind Führungen buchbar. Das Landbier wird auch in ausgewählten Supermärkten in Ostfriesland verkauft und ist eine empfehlenswerte Alternative zu den bundesweit beworbenen Sorten der großen Getränkekonzerne.

Ein paar hundert Meter südlich des Ortskerns steht die **reetgedeckte Bagbander Mühle.** Errichtet wurde sie 1812, bei gutem Wind erreicht sie auch heute noch eine Leistung von 75 PS. Angetrieben wird sie von vier Jalousieflügeln, bei denen die Flügelflächen durch Jalousien gebildet werden, die senkrecht zum Wind stehen. Ist kein Antrieb mehr nötig, werden diese waagerecht zum Wind gestellt, und dieser kann so einfach hindurchwehen.

Direkt nebenan lädt der **Mühlenhof Bagband** zu köstlichem Essen oder zum ostfriesischen Tee ein. Das historische Gebäude neben der Mühle wurde modernisiert, ohne seinen Charme zu verlieren.

Praktische Tipps

Adressen in 26629 Großefehn

■ **Tourist-Information** (Timmel), Am Reitsportcentrum 1, Tel. 04945 959611, www.grossefehn-tourismus.de.

■ **ABU Taxi,** Tel. 04943 1307, www.abu-taxi.de

■ **Ostgroßefehner Windmühle,** Kanalstraße Nord 82, Tel. 04943 2333, Besichtigungstermine nach Vereinbarung.

■ **Historische Schmiede Striek** (Ostgroßefehn), Kanalstraße Nord 66, Tel. 04943 9257926, www.schmiede-striek.de. Parken auf dem Gelände Kanalstraße Süd 54.

■ **Tjadens Oll Reef Hus** (Wrisse), Moorlager Weg 4, Tel. 04943 409930, www.ollreefhus.de. Ein Museum der besonderen Art – gesammelt wurde einfach alles: Kirschenentkerner, Mopeds, Traktoren, Töpfe, Schreibmaschinen, wirklich Kuriositäten aller Art. Im dazugehörenden Café kann man das Gesehene bei einem leckeren Stück Kuchen verarbeiten.

■ **Historischer Dorfspaziergang** (Timmel), Alte Häuser erzählen Geschichte, zu buchen über die Tourist-Information. Tel. 04945 959611, www.grossefehn-tourismus.de.

■ **Der kleine Wilddieb Marco Scharf** (Großefehn), Kanalstraße Süd 19, Tel. 04943 201371. Fleisch vom Wild und Highland-Rind. Verkauft wird auf dem Wochenmarkt in Emden und im Laden, der Freitag und Samstag geöffnet hat.

Gastronomie

■ **Restaurant im historischen Compagniehaus** (Ostgroßefehn), Kanalstraße Süd 64, Tel. 04943 3477, www.compagniehaus.de. Die Gäste im Restaurant bekommen deutsche Gerichte, auch wechselnder Mittagstisch wird angeboten. Im Haus gibt es einen historischen Festsaal, einen Biergarten und die „Haifischbar".

■ **Teestube Eiland** (Westgroßefehn), Leerer Landstraße 59, Tel. 04945 1333, www.teestube-eiland.de. Frisch gebackene Kuchen und Torten – mit regionalen Produkten hergestellt, sie sind im Sommer auf der schönen Terrasse zu genießen.

■ **Antje – kleines Café an der Mühle** (Ostgroßefehn), Kanalstraße Nord 82, Tel. 01522 7986445. Kaffeetrinken auf einem historischen Schiff? Hier geht das: Die urige Umgebung ist einzigartig, da schmecken zum Beispiel die frisch gebackenen Waffeln mit Kirschen doppelt gut.

■ **Eiscafé Fehnezia** (Ostgroßefehn), Kanalstraße Nord 56, Tel. 04943 659405, www.fehnezia.de. Neben opulenten Eisbechern gibt es auch die klassische Tasse Kaffee oder ein Stück Torte.

■ **Landbrauerei Ostfriesen Bräu** (Bagband), Voerstad 8, Tel. 04946 203, www.ostfriesenbraeu.

de. Das zünftige Brauereilokal kredenzt zu gutbürgerlichen Gerichten das eigene Bier. Das schmackhafte dunkle Landbier wurde mit dem „European Beer Star" ausgezeichnet. Das angeschlossene Brauereimuseum führt Interessierte in die Welt des Brauens ein.

■ **Mühlenhof Bagband,** Mühlenstraße 1, Tel. 04946 9171220, www.muehlenhof-bagband.de. Die Speisekarte bietet Gerichte mit und ohne Fleisch an, nachmittags steht der hausgemachte Kuchen hoch im Kurs. Besonderes Flair entsteht durch die moderne schlichte Einrichtung im alten Gemäuer und eine schöne Außenterrasse.

Unterkunft

■ **Landhaus Feyen**② (Mittegroßefehn), Auricher Landstraße 28, Tel. 04943 91900, www.landhausfeyen.de. Modernes Haus mit komfortabel ausgestatteten Zimmern, ideal für Urlaub, Entspannung oder eine Erlebnisreise. Das Restaurant im Haus bietet gutbürgerliche Speisen.

■ **Hotel Restaurant Kastanjehoff**② (Timmel), Leerer Landstraße 31, Tel. 04945 9169057, www.kastanjehoff.de. Unterkunft und Restaurant in einem alten Gulfhof im Ortskern von Timmel. Hier wird regionaltypisch und bodenständig gekocht. Schön ist es im Sommer auf der Terrasse, dann machen viele Radwanderer Pause und genießen die gemütliche Atmosphäre.

■ **Campingplatz am Timmeler Meer,** Zur Mühle 13, Tel. 04945 91970, www.grossefehn-tourismus.de. Wohnwagen und Zelte können hier in direkter Nähe zum See stehen. Es gibt auch Trekkinghütten und sehr begehrte Schlaffässer mit überdachter Miniterrasse.

■ **Wohnmobilstellplatz am Timmeler Hafen,** siehe Campingplatz am Timmeler Meer.

Sport und Freizeit

■ **Paddel- und Pedalstation Timmel,** Zur Mühle 13, Tel. 04945 91970, www.paddel-und-pedal.de. Die Station liegt an der Stelle, an der das Fehntjer Tief ins Timmeler Meer übergeht.

3

■ **Reitsport-Touristik-Centrum** (Timmel), Am Reitsportcentrum 1, Tel. 04945 959995, www.rtc-grossefehn.de.
■ **Schiffsausflug mit „MS Gretje"**, Abfahrt im Hafen Timmel, Tel. 04945 959611, Erw. 8,50 €, Kinder 4 €.
■ **Freibad Holtrop,** Gosjüchtweg 3, Tel. 04943 775, geöffnet von Mai bis September (Erw. 3 €, Kinder 1,50 €).

Wiesmoor

Die Stadt Wiesmoor liegt im südöstlichsten Zipfel des Landkreises Aurich, heute hat sie über 13.000 Einwohner. Weil der Ort erst rund 100 Jahre alt ist, mangelt es an historischen Gebäuden, auf den ersten Blick mutet Wiesmoor eher nüchtern an. Doch das täuscht. Die Stadt ist ziemlich lebendig – zahlreiche Geschäfte, Hotelbetriebe und Restaurants säumen die Hauptstraße, die die Ortschaft in Ost-West-Richtung durchquert. Der schnurgerade von Süd nach Nord verlaufende **Nordgeorgsfehnkanal** mit seinen grün bewachsenen Ufern durchschneidet das Stadtgebiet in zwei Teile. Allein **fünf Kanalschleusen** sind in Wiesmoor zu finden. Den besten Eindruck vom Kanal bekommt man an Bord des *Fahrgastschiffs MS Wiesmoor,* in der Sommersaison werden regelmäßig **Ausflugsfahrten** damit angeboten.

Die überregional bekannteste Sehenswürdigkeit der Stadt ist sicherlich die **Blumenhalle,** sie gilt als Wahrzeichen von Wiesmoor. Entsprechend wird der Luftkurort auch „Die Blüte Ostfrieslands" genannt. Mehr als 10.000 Blumen werden auf einer Fläche von rund 1500

Quadratmetern präsentiert, zusätzlich lässt eine **Wasserorgel** ihre Fontänen tanzen. Zusammen mit dem fünf Hektar großen **Gartenpark** heißt die Anlage „Blumenreich". Der Park bietet Anregungen für die Gestaltung des eigenen Gartens.

In unmittelbarer Nähe des Blumenreichs befindet sich eine **Erlebnisgolfanlage,** die absolut empfehlenswert ist. Auf dem sehr fantasievoll gestalteten Minigolfplatz ist Spaß für die ganze Familie garantiert.

Südlich der Stadt gelegen ist der **große Golfplatz.** Für Amateure und Profis ist er der einzige in Ostfriesland, der **27 Löcher zu bieten** hat. Die Golfanlage ist harmonisch in die ostfriesische Landschaft eingebettet, ihr Pflegezustand wird von vielen Spielern als vorbildlich bewertet.

Wiesmoors wuchtige **Friedenskirche** wurde am 1. Advent im Jahr 1930 eingeweiht. Die Kirche ist sehr schlicht gestaltet. Roter Backstein ohne Verzierungen außen und ein weißer Anstrich im Innenraum lenken den Blick auf ein hölzernes Kreuz über dem Altar.

▷ Erlebnisgolf in Wiesmoor

Das sehenswerte **Torf- und Siedlungsmuseum** besteht aus mehreren historischen Gebäuden, die man an dieser Stelle wieder aufgebaut hat. Unter anderem werden dort eine alte Dorfschule und eine Schmiede gezeigt. Eine kleine **Moorbahn** verbindet das Museum mit der Blumenhalle Wiesmoor.

Geschichte

Das heutige Gebiet der Stadt Wiesmoor war bis ins späte 18. Jahrhundert **unbewohnt.** Hier befand sich das **große zentrale Hochmoorgebiet Ostfrieslands,** ab 1780 begann die Besiedlung an den äußeren Rändern der schwer zugänglichen Region. Das Siedlungsgebiet des ersten Kolonisten *Rencke Janßen*, der aus dem Dorf Strackholt stammte, musste ein Feldvermesser abstecken, dieser verwendete erstmals den Namen Wiesmoor. Recht bald folgten dem Beispiel des Pioniers weitere Kolonisten. Zu Beginn des 19. Jahrhunderts legten die frühen Siedler einen ersten Weg durch das Wiesmoor an. Dieser verband die Dörfer Voßbarg und Wiesederfehn, sein Verlauf entspricht ungefähr der heutigen Bundesstraße 436. Aufgrund der nur langsam voranschreitenden Urbarmachung des Moores ist das heutige Stadtgebiet Wiesmoors jüngeren Datums, ältere Gebäude sind nicht zu finden.

Ab 1906 wurde das Moor dann **industriell abgebaut,** auf dem heutigen Stadtgebiet kamen erstmals neueste technische Hilfen wie Bagger und Eimerkettenbagger zum Einsatz. Über 60 Jahre lang wurde daraufhin die in Wiesmoor verbrauchte elektrische Energie in einem

Torfkraftwerk erzeugt. Das Torfkraftwerk Wiesmoor, eines der ersten Dampfturbinenkraftwerke in Norddeutschland, ging 1909 in Betrieb – zunächst mit geringer Leistung. Diese wurde aber schon bald derart gesteigert, dass zusätzlich zum abgebauten Torf auch **Kohle** verfeuert werden musste. Aber ab 1925 verwandelte man in Wiesmoor ausschließlich Torf in Strom. Für 100 Millionen Kilowattstunden jährlich wurde die gewaltige Menge von **120.000 Tonnen Torf** abgebaut. Als nach dem Zweiten Weltkrieg die Produktion sich als immer unrentabler herausstellte und die einst riesigen Moorflächen zusehends schrumpften, entschied man sich 1965, das Kraftwerk zu schließen und abzureißen.

Ein Nebeneffekt der Energieerzeugung war schon seit 1925 ein großes **Gewächshaus,** das mit der anfallenden **Abwärme** des Kraftwerks beheizt wurde. So ist die Pflanzenzucht untrennbar mit der Ortsgeschichte verbunden – Wiesmoor selbst nennt sich heute **Blumenstadt.** Das erste Blütenfest fand 1952 statt. Schon früh richtete sich die junge Ortschaft im ostfriesischen Binnenland auf **Tourismus** aus. Von den 1950er- bis in die 1970er-Jahre entstanden ein **Kurpark mit Freilichtbühne** und die **Blumenhalle Wiesmoor.** 1977 wurde Wiesmoor staatlich anerkannter **Luftkurort.** Im gleichen Jahr erfolgte die Anlage des **künstlichen Sees Ottermeer.** Dieser wird vorwiegend touristisch genutzt, liegt aber seit 1991 in einem Landschaftsschutzgebiet. Umgeben ist der See von Moorlandschaft, das Wasser ist dementsprechend braun gefärbt. Das Ottermeer hat einen kleinen Sandstrand, direkt daneben wird **einer der hochwer-**tigsten Campingplätze Ostfrieslands betrieben. Ein **Bungalowpark** ergänzt die Anlage. Im Jahr 2006 wurde Wiesmoor das **Stadtrecht** verliehen, das war der Abschluss einer rasanten Entwicklung, in der in nur 100 Jahren im ehemals unbewohnbaren Moorgebiet eine Stadt entstand.

Praktische Tipps

Adressen in 26639 Wiesmoor

■ **Tourist-Information** (in der Blumenhalle), Dahlienstraße 26, Tel. 04944 91980, www.tourismus-wiesmoor.de.

■ **Blumenreich Wiesmoor,** Adresse wie oben (Erw. 8 €, Ki. 6–12 J.1,50 €, Jugendliche ab 13 J. 3,50 €). In der Blumenhalle und im Gartenpark locken abwechslungsreiche Inspirationen für Gartenliebhaber jährlich Tausende Besucher an.

(UNSER TIPP) **Erlebnisgolf Ostfriesland,** Dahlienstraße 26, Tel. 04944 91980, www.tourismus-wiesmoor.de. Die äußerst fantasievolle Anlage bietet Spielspaß für die ganze Familie und ist sehr beliebt (Erw. 8 €, Kinder 4–16 J. 6,50 €).

■ **ABU Taxi,** Tel. 04944 2985, www.abu-taxi.de

■ **Hallenbad Wiesmoor,** Wittmunder Straße 61, Tel. 04944 949893, www.stadt-wiesmoor.de. Neben dem Schwimmbecken gibt es ein Bewegungsbecken und eine Dampfsauna.

▷ Der Nordgeorgsfehnkanal bei Wiesmoor

■ **Fahrrad Block,** Hauptstraße 162, Tel. 04944 2120, www.fahrrad-block.de. Das Fachgeschäft für Fahrräder und E-Bikes arbeitet nach dem Motto „Dat löppt". Mit eigener Werkstatt und riesiger Auswahl an Zubehör aller Art wie Bekleidung, Helme und Ersatzteile.

■ **Golfclub Ostfriesland** (Hinrichsfehn), Am Golfplatz 4, Tel. 04944 6440, www.golfclub-ostfriesland.de. 27-Loch-Golfanlage. Schnupperkurse gibt es auch.

■ **Torf- und Siedlungsmuseum,** Resedaweg 18, Tel. 04944 912253, www.torf-und-siedlungsmuseum.de (Erw. 2 €, Kinder ab 6 J. 0,50 €). Auf dem Gelände gibt es verschiedene Häuser, auch mit einem Dorfladen und einer Fehnkneipe. Das Trauzimmer im Kolonistenhaus aus dem Jahr 1935 bietet einen schönen Rahmen für die eigene Hochzeit. Spezielles Kolonistenbrot wird an jedem ersten Samstag des Monats im historischen Backhaus hergestellt und an die Gäste verkauft. Bei Interesse werden zweistündige Führungen angeboten, an deren Ende man sein neu erworbenes Wissen mit dem Moorvogt-Diplom unter Beweis stellen kann.

■ **Blütenfest,** jedes Jahr im September, www.bluetenfest-wiesmoor.de.

Einkaufen

■ **Susannes Buchhandlung,** Hauptstraße 179, Tel. 04944 2194. Von außen leicht zu übersehen, warten im Inneren eine gute Auswahl an Büchern und ein nettes Team.

Gastronomie

■ **Restaurant Torero,** Hauptstraße 196, Tel. 0944 843053, www.restaurant-torero.de. Mediterrane Spezialitäten mitten in Ostfriesland. Zu den spani-

089ofl_mna

Die Ostfriesische Landschaft

Wer diesen Namen hört, denkt sicherlich nicht an einen **höheren Kommunalverband mit Sitz in Aurich,** dabei verbirgt sich genau das hinter der Ostfriesischen Landschaft. Vor 500 Jahren wurde mit diesem Begriff noch die **Ständeversammlung** bezeichnet, die bis ins 19. Jahrhundert auch wesentliche politische Rechte besaß. 1678 verlieh ihr Kaiser *Leopold I.* sogar ein **eigenes Wappen,** auf dem ein Baum, ein Ritter und der **Upstalsboom** abgebildet sind. Letzterer ist das **Symbol für die Friesische Freiheit.**

Das Wappen wird bis heute von der Ostfriesischen Landschaft verwendet. Sie ist die Nachfolgerin der ostfriesischen Landstände und ein sogenannter „unabhängiger Selbstverwaltungskörper", also ein **autonomes Kulturparlament,** das durch Paragraf 72 der Niedersächsischen Verfassung geschützt ist.

Die Mitglieder der Landschaftsversammlung, die über die Aufgaben und Projekte der Ostfriesischen Landschaft entscheiden, werden von den Kommunalparlamenten der drei ostfriesischen Landkreise Aurich, Leer und Wittmund sowie der Stadt Emden gewählt. Die Ostfriesische Landschaft kümmert sich in erster Linie um die **heimatgebundene Kulturpflege** und die **Ver-**

090ofl_OLig

mittlung zwischen Wissenschaft und Bevölkerung. Die Sachgebiete reichen von archäologischer Denkmals- und historischer Landesforschung bis hin zur Organisation von Kulturveranstaltungen sowie der Unterstützung von Schulen und Museen. Unter anderem betreibt sie das **Plattdüütskbüro,** das mit fachkundigen Sprachwissenschaftlern alle Interessierten unterstützt, die zum Erhalt des ostfriesischen Sprachguts beitragen wollen. Nicht nur für Schulen beispielsweise werden auf *YouTube* kleine Filme bereitgestellt, in denen Themenscouts die schönsten und auch historisch oder kulturell bedeutenden Stellen Ostfrieslands vorstellen – selbstverständlich auf Niederdeutsch, wie das Plattdeutsche auf Hochdeutsch heißt.

Weitere Informationen: www.ostfriesische-landschaft.de.

▷ Wappen der Ostfriesischen Landschaft

3

Landkreis Aurich

schen Gerichten, in denen Fisch und Meeresfrüchte eine große Rolle spielen, gibt es auch eine Auswahl an spanischen Weinen.

■ **Café-Restaurant „Blumenreich",** Dahlienstraße 26, Tel. 04944 919842. Torten und Kuchen, Eisbecher, Waffeln, eine wechselnde Mittagskarte und Snacks. Jeden Sonntag gibt es auf Anmeldung ein großes Frühstücksbuffet.

■ **Restaurant Delphi,** Amaryllisweg 6, Tel. 04944 912462, griechische Spezialitäten in stilvoller Atmosphäre, leckere Speisen und ein gutes Preis-Leistungs-Verhältnis.

■ **Café Lüttje Haven,** Am Stadion 14, Tel. 01522 4272802, am Südufer des Ottermeers gelegen, gibt es hier köstliche Leckereien wie Kuchen und Torten, aber auch Fischbrötchen sind im Angebot.

■ **Big Ben,** Marktstraße 2, Tel. 04944 990414, www.bigben-wiesmoor.de. Mix aus Café, Kneipe und Restaurant, donnerstags gibt es Live-Musik am Kanal.

Unterkunft

■ **Hotel-Restaurant Auerhahn**①-②, Marktstraße 11, Tel. 04944 94900, www.auerhahn.de. Im Ortskern direkt am Nordgeorgsfehnkanal gelegen.

■ **Hotel Auerhahn am Ottermeer**①-②, Uferstraße 1, Tel. 04944 92930, www.hotel-auerhahn-ottermeer.de. Viele der Zimmer bieten Seeblick, im Haus befinden sich ein Restaurant, eine Bar und ein großzügiger Wellnessbereich.

■ **Hotel Blauer Fasan**③ (Hinrichsfehn), Fliederstraße 1, Tel. 04944 92700, www.blauer-fasan.de. In Nähe zum Golfplatz hat sich das Hotel zu einem gehobenen Golfressort entwickelt. Das reetgedeckte Gebäude bietet 26 Zimmer an, dazu gibt es eine Indoor-Golfanlage sowie die Golfschule *Blauer Fasan.*

■ **Camping- und Bungalowpark Ottermeer,** Am Ottermeer 52, Tel. 04944 949893, www.otter meer-wiesmoor.de. In unmittelbarer Nähe zum Moorstrandbad, wurde der Platz vom Bundesverband der Campingwirtschaft mit fünf Sternen ausgezeichnet.

Der Nordgeorgs-fehnkanal

Das erste Teilstück des Kanals wurde in den 1820er-Jahren gebaut und 1929 fertiggestellt. Dieser Abschnitt beginnt am Fluss Jümme in Stickhausen und führte vorerst bis zum Ort Nordgeorgsfehn, damals hieß das Gewässer **Stickhauser Kanal.** Die großen Hochmoorgebiete südlich von Wittmund sollten über diesen mit Muskelkraft von Hand gegrabenen Kanal entwässert werden.

Verlängert in Richtung Norden wurde der Nordgeorgsfehnkanal zunächst bis Remels, 1891 dann bis Neudorf. Die um 1900 entstehenden Moorkolonien beim heutigen Wiesmoor benötigten den Kanal **als Verkehrsweg,** schließlich musste der dort gestochene Torf wegtransportiert werden. Um die vorhandenen Höhenunterschiede überbrücken zu können, wurden **Schleusen** in den Kanal gebaut. Zur Erinnerung an *König Georg von Hannover* bekam er seinen Namen, der Zusatz „Nord" kam hinzu, weil er in nördlicher Richtung verläuft. Der letzte Abschnitt (1906–1916) führt schnurgerade in Richtung Norden nach **Marcardsmoor,** wo der Nordgeorgsfehnkanal auf den Ems-Jade-Kanal trifft. Er hat eine Länge von knapp 32 Kilometern und verbindet den Ems-Jade-Kanal mit dem Leda-Jümme-Gebiet. Heute dient er nur noch Freizeitkapitänen mit ihren **Sportbooten** als Wasserstraße. Sie müssen beachten, dass der südliche Bereich des Kanals tidenabhängig ist. Deshalb kann niedriger Wasserstand zu Wartezeiten führen, weil diese Abschnitte nur bei Hochwasser zu passieren sind.

3

Aurich

„Im Herzen Ostfrieslands" zu sein, damit wirbt die Stadt. Und das ist sicher richtig, von Aurich aus sind sowohl das Binnenland als auch die Küste gut zu erreichen. Die anderen Städte der Region sind kaum weiter als eine halbe Stunde Fahrt mit dem Auto entfernt. Rund 42.000 Einwohner leben in der lebendigen Mittelstadt, damit liegt sie in Ostfriesland auf Platz zwei.

In der Vergangenheit war Aurich die **Residenz der ostfriesischen Fürsten,** danach **Sitz der Verwaltung** zur Zeit der Preußen und des Königreichs Hannover. Das brachte der Stadt den Titel **heimliche Hauptstadt Ostfrieslands** ein. Von Einheimischen und Urlaubern wird die Vielfalt geschätzt, Aurich ist traditionsbewusst und modern zugleich. Das zeigt sich in der Architektur, bei kulturellen Einrichtungen und nicht zuletzt auch bei den Bürgern selbst. Die **Fußgängerzone** in der Burgstraße bietet die meisten historischen Fassaden. Modern gestaltet ist der große Marktplatz mit der gläsernen Markthalle, immer wieder für Diskussionsstoff sorgt der umstrittene **Sous-Turm.**

Geschichte

Die ersten Gebäude und Hütten der jungen Siedlung Aurich entstanden um die **Lambertikirche** herum. Die ältesten Bruchstücke historischer Gefäße stammen aus dem 9. Jahrhundert und wurden bei archäologischen Ausgrabungen 2009 entdeckt. Schriftlich zum ersten Mal erwähnt wird *Aurechove* **1276** im Brokmerbrief, einem historischen Gesetzbuch. Zum Ende des 13. Jahrhunderts begann das Häuptlingswesen die vorherige **Friesische Freiheit** abzulösen. Zu dieser Zeit übernahm die Häuptlingsfamilie *tom Brok* die Herrschaft über Aurich.

Um 1380 bauten die neuen Herrscher eine **Häuptlingsburg** im Ort, aber nach einer militärischen Auseinandersetzung zweier rivalisierender Häuptlingsfamilien übernahm 1427 der Sieger *Focko Ukena* die Herrschaftsgebiete der Familie *tom Brok*. Weder urkundlich noch archäologisch ist bekannt, wie diese Burg beschaffen war. Vermutlich handelte es sich um ein Steinhaus, wie es etwa zur gleichen Zeit in Bunderhee errichtet wurde.

Um 1430 musste dann auch das Haus *Ukena* die Auricher Burg räumen, die in Besitz der Auricher Landgemeinde kam. Diese übertrug den Brüdern *Cirksena* die Herrschaft über das Auricher Land und somit auch über die Burg. 1448 ließ *Ulrich Cirksena* (um 1408–1466), **Graf von Ostfriesland,** eine neue Burg an alter Stelle errichten. Die sogenannte **Averburg** war eine Viereckanlage mit quadratischem Grundriss und vier Ecktürmen. Das Fürsten- und Grafengeschlecht *Cirksena* residierte zunächst in Emden, verlegte aber 1561 seinen Hof nach Aurich. Zu dieser Zeit war die neue Residenzstadt Aurich die kleinste Stadt im Herrschaftsgebiet der *Cirksena*, Norden und Emden waren damals bedeutender. Aber Aurich profitierte von seiner **günstigen Verkehrslage,** und der **Auricher Viehmarkt** hatte schon damals überregionale Bedeutung.

▷ Boote auf dem Ems-Jade-Kanal (Hafen Aurich)

Residenzstadt unter den Cirksenern

Im Jahr 1539 verlieh der damals herrschende Graf *Enno II.* Aurich das **Stadtrecht**. Mit den Grafen und späteren Fürsten der Häuptlingsfamilie *Cirksena* begann eine rege Bautätigkeit. Nach einem Brand im Jahr 1568 wurde die Burg in den folgenden zehn Jahren im Baustil der Renaissance saniert. Das Gebäude des Marstalls wurde 1588 unter Graf *Edzard II.* errichtet, in seinem Erdgeschoss befand sich der höfische Pferdestall.

Im späten 16. Jahrhundert begann Aurichs Stellung als **Verwaltungssitz für Ostfriesland**, er entwickelte sich zur **Residenz- und Beamtenstadt**. Im Grunde ist er das auch heute noch. Während des Dreißigjährigen Kriegs ließ Graf *Ulrich II.* für seine Frau 1640 die **Julianenburg**, einen **historischen Park** und ein **Lustschloss** anlegen. Die ehemaligen Torpfeiler des damaligen Parks stehen heute am westlichen Ende der Burgstraße, auf ihnen sitzen Statuen römischer Göttinnen. Die Fürsten *Christian Eberhard* und *Georg Albrecht* bauten die Auricher Residenz weiter aus. Vorbild für die Neugestaltung des Schlossparks waren die Anlagen des französischen **Schlosses Versailles**. Der Marstall wurde in barocker Form umgestaltet, die schmiedeeiserne Balkonbrüstung ziert seitdem das Monogramm des Bauherrn *Georg Albrechts*. Hinzu kamen weitere repräsentative Bauten für die staatlichen Institutionen.

Der letzte Herrscher der *Cirksena*, *Carl Edzard*, starb am 16. Mai 1744. Er hatte keine Nachkommen. Daraufhin übernahm König *Friedrich II. von Preußen* (1712–1786) Ostfriesland in seinen Besitz. Er verfügte über das von Kaiser

091ofl_mna

3

Leopold verbriefte Recht, mit dem ostfriesischen Fürstentum belehnt zu werden. Schon am 1. Juni kamen preußische Soldaten in Aurich an.

Aurich wird preußisch

Aurich wurde zur **Regierungshauptstadt** der preußischen Provinz Ostfriesland. 1764 erging von Berlin aus folgende Anweisung an die Auricher Verwaltung: „... in den Städten und Flecken Ostfrieslands mehrere Fabriquen zu etablieren, mehr Fremde und Handwerker ins Land zu ziehen und auch das platte Land mit mehreren Tagelöhnern zu bebauen ...".

Im Jahr darauf erließ *Friedrich der II.* 1765 das **Urbarmachungsedikt,** Ost-

friesS Moore sollten kultiviert werden. Die ostfriesische Kriegs- und Domänenkammer warb daraufhin um erste Siedler. Zur besseren Anbindung von Aurich wurde in den Jahren 1798 und 1799 das **Treckfahrtstief** gegraben, der Kanal verbindet Emden und Aurich. Daraufhin wurden fortan **Schuten** eingesetzt, das sind von Pferden getreidelte – also gezogene – Schiffe ohne eigenen Antrieb.

Schon damals gab es Pläne, den Kanal durch die ganze Halbinsel Ostfriesland zu verlängern. Doch dieser Gedanke wurde erst mit dem Ems-Jade-Kanal zum Ende des 19. Jahrhunderts realisiert. Dennoch wurde Aurich bereits um 1800 zur Hafenstadt, der damalige Hafen lag vor dem später errichteten Gebäude der Ostfriesischen Landschaft im Schnittpunkt von Georgswall und Hafenstraße. Das **Pingelhus,** eines der Wahrzeichen Aurichs, erinnert noch an den ehemaligen Hafen. Es diente damals als Hafenwärter- und Speditionsgebäude. Das heutige Erdgeschoss war ursprünglich der erste Stock. Zusammen mit dem alten Hafenbecken schüttete man im Jahr 1934 den Lagerraum darunter zu.

Das 19. Jahrhundert

Aurich wurde in den unruhigen Zeiten zu Beginn des 19. Jahrhunderts auch von den Auswirkungen des Kriegs getroffen, Frankreich und England kämpften um die Vorherrschaft in Europa. Durch Preußens Niederlage im Krieg gegen die Franzosen **kam Ostfriesland 1806 in den Besitz Napoleons.** Dieser übertrug die Regierungsgewalt seinem Bruder,

⌄ Fürst Georg Albrecht

092ofl_HMA

093ofl_mna

dem *König von Holland*. Am 28. Oktober wurde Aurich von holländischen Truppen besetzt, und alle vorhandenen preußischen Wappen wurden entfernt. Von den Türmen der Stadt wehten nun holländische Flaggen, Oost-Vriesland wurde 1808 in Besitz genommen.

Doch die holländische Regierungszeit währte nicht lange, am 9. Juli 1810 löste *Napoleon* das Königreich Holland auf und Aurich kam unter **französische Regentschaft.** Diese Zeit hinterließ Spuren in der Stadt. Durch eine Schenkung von *Napoleon* über 15.000 Franc wurde von 1812 bis 1814 die klassizistische **Reformierte Kirche** errrichtet. Die Kosten für das von Säulen getragene Gotteshaus brachte die Gemeinde an den Rand des Ruins, denn sie überstiegen die ursprüngliche Spende um das 15-Fache.

Nach *Napoleons* Niederlage zogen in den Jahren 1813 bis 1815 **erneut preußi-**sche Truppen in Ostfriesland ein. Während des **Wiener Kongresses** wurde Europa neu geordnet, Ostfriesland und Aurich gingen 1815 an das **Königreich Hannover.** In dieser Zeit wurde ein **Neubau der Lambertikirche** geplant und vollendet, am 15. November 1835 fand die Einweihung statt. Die Katholiken bekamen ebenfalls eine eigene Kirche, 1849 wurde die **St.-Ludgerus-Kirche** fertiggestellt. 1851 riss man das alte Schloss, die baufällige Averborg, ab, und im englischen Tudorstil entstand bis 1855 ein neuer Prachtbau, der heute noch steht. Er kostete die Hannoveraner 60.000 Reichstaler. Die hannoverschen Könige besuchten Aurich regelmäßig,

⌃ Historisches Pingelhus

3

zuletzt wurden *Georg V.* 1863 die Stadttorschlüssel überreicht.

Nach dem **Deutschen Krieg** fiel Ostfriesland im Jahr 1866 wieder an **Preußen.** Im gleichen Jahr wurde in Aurich ein Bataillon des preußischen Infanterie-Regiments 78 stationiert. Nach Gründung des Deutschen Reichs 1871 war das Militär in der Stadt immer noch von großer Bedeutung. Die Industrialisierung, die im Deutschen Reich sonst eine große Rolle spielte, fand in Ostfriesland kaum statt. Aurich blieb wirtschaftlich vom **Viehhandel** geprägt.

Im Verkehrsbereich passierte im 19. Jahrhundert Entscheidendes, denn 1883 wurde die Stadt **an das Eisenbahnnetz angeschlossen** und 1888 der **Ems-Jade-Kanal fertiggestellt.** Er schuf eine Wasserverbindung zwischen Emden, Aurich und dem neuen Kriegshafen der kaiserlichen Marine in Wilhelmshaven. Das schon bestehende Treckfahrtstief wurde zum Ems-Jade-Kanal ausgebaut, nun konnte die ostfriesische Halbinsel von Ost nach West mit Schiffen durchquert werden.

Ein bewegtes 20. Jahrhundert

Noch um die Wende zum 20. Jahrhundert war Aurich mit lediglich 5000 Einwohnern eine überschaubare Stadt. Der Beginn des Ersten Weltkriegs 1914 wurde in Aurich **begeistert gefeiert,** viele junge Männer meldeten sich freiwillig zum Dienst an der Waffe. Vier Jahre nach Kriegsbeginn war die Euphorie dahin und eine **deutsche Niederlage** nicht mehr zu vermeiden. Kaiser *Wilhelm II.* dankte ab und das Deutsche Reich willigte am 11. November 1918 in den Waffenstillstand von Compiègne ein. Sowohl an der West- als auch an der Ostfront kam das in Aurich stationierte **78. Infanterieregiment** zum Einsatz, nach dem Ende des Krieges wurde es 1919 aufge-

094ofi_mna

löst. Der verlorene Erste Weltkrieg und seine Folgen bereiteten den Nährboden für den schon bald in Deutschland aufkommenden Nationalsozialismus.

So hatte die nach dem Krieg ins Leben gerufene **Weimarer Republik** von Anfang an einen schweren Stand. Bei den Reichstagswahlen 1932 bekamen die Nationalsozialisten mehr als 44 Prozent der Stimmen, die folgende Wahl im Januar 1933 bedeutete das Ende der jungen Demokratie. Das nationalsozialistische Regime wurde von einem großen Teil der Auricher Bevölkerung **begeistert aufgenommen.** Auch in dieser Stadt kam es in der Nacht vom 9. auf den 10. November 1938 zu schweren **Ausschreitungen gegen Juden,** zwei Jahre darauf wurde Aurich als „judenfrei" gemeldet.

Während des 1939 begonnenen Zweiten Weltkriegs blieb die Stadt vom feindlichen Bombardement weitgehend verschont. Bei nur drei **Luftangriffen der Royal Air Force** wurden 1943 mehr als 30 Häuser zerstört, 17 Menschen kamen dabei ums Leben. Wenige Kilometer westlich von Aurich wurde 1944 das **Konzentrationslager Engerhafe** eingerichtet, das einzige ostfriesische in der nationalsozialistischen Zeit. In den zwei Monaten seines Bestehens lebten die Häftlinge unter menschenunwürdigen Bedingungen, 188 von ihnen starben. Am 5. Mai 1945 wurde Aurich kampflos an kanadische Soldaten übergeben.

Die **Stadtentwicklung** bekam nach dem Krieg einen **Schub,** viele Flüchtlinge aus den ehemaligen Ostgebieten des Deutschen Reichs wurden aufgenommen. In der zweiten Hälfte des 20. Jahrhunderts fand in Aurich eine **spürbar zunehmende Industrialisierung** statt. Besonders hervorzuheben ist dabei *Enercon,* der **Hersteller von Windenergieanlagen** wurde 1984 in Aurich gegründet.

Lag Aurichs Zahl der Einwohner Ende 1945 noch bei ungefähr 10.000, wuchs diese durch Eingemeindungen 1972 auf über 30.000 an. Seit der Jahrtausendwende leben in Aurich ziemlich konstant um die 40.000 Menschen. Wegen der zahlreichen Behörden und Ämter wird Aurich auch als der „Schreibtisch Ostfrieslands" bezeichnet, somit ist die öffentliche Hand ebenfalls ein wichtiger Arbeitgeber. Ein weiteres wirtschaftliches Standbein ist der **Tourismus,** schon wegen Aurichs Nähe zur Nordseeküste. Auch die vielen Sehenswürdigkeiten, die interessante Geschichte, das kulturelle Angebot und mögliche Aktivitäten interessieren viele Tagestouristen, die die Stadt besuchen.

Sehenswertes

Aurichs Angebot an historischen Gebäuden und kulturell interessanten Orten ist groß. Ebenso **riesig** ist die **Auswahl an Freizeitmöglichkeiten** verschiedenster Ausprägung, dazu gehören neben dem Besuch von Schwimmbad, Boulder- oder Skaterhalle auch die zahlreichen **Veranstaltungen und Feste.** Der Stadt näherkommen kann der interessierte Urlauber zum Beispiel während einer **Stadtführung** mit kundiger Begleitung. Ist man lieber auf eigene Faust unterwegs, kann man einen **Audioguide** ausleihen und auf diese Weise gut 20 Orte in

◁ Grüner Georgswall

der Stadt im eigenen Tempo kennenlernen.

Die Tour beginnt an der Paddel- und Pedalstation im Auricher Hafenbecken Hasseburger Straße/ Tannenbergstraße. Hier kann auch ein Fahrrad geliehen werden. Die Details zur Tour und die ostfriesischen Frauen, nach denen die Straßen benannt sind, sind der Broschüre der Ostfriesischen Landschaft „**Starke Frauen erfahren**" aufgeführt.

(UNSER TIPP:) Wer sich in Aurich auf die **Spuren bedeutender Frauen** begeben möchte, kann dies auf einer knapp zehn Kilometer langen **Fahrradtour** tun und dabei neun von zehn Straßen anfahren. Diese wurde im Rahmen des Projekts **frauenORTE Niedersachsen** unter der Leitung der Ostfriesischen Landschaft entwickelt. Die Auricherin *Ingrid Buck* (1913–1996) beispielsweise schuf die **Grundlage für frauengeschichtliche Forschung in Ostfriesland,** sie wirkte zwanzig Jahre als erste und bisher einzige Landschaftsrätin in Ostfriesland. Im **Historischen Museum** sind weitere Informationen zu ihrer Arbeit zu finden. Die spannende Entdeckungsreise führt dabei durch verwunschene und grüne Winkel der Stadt.

(UNSER TIPP:) Die größte Ansammlung historischer Gebäude bietet die **Burgstraße.** Der **Glockenturm der Lambertikirche** überragt dort vielerorts die Fassaden der Häuser. Die Kirche selbst liegt etwas versteckt, aber nur wenige Schritte von der Burgstraße entfernt. Das heutige Gotteshaus stammt aus dem Jahr 1835, an gleicher Stelle gab es schon ein Vorgängerbauwerk. Das Ursprungsgebäude im romanischen Baustil aus der Zeit vor der Reformation war dem *Heiligen Lambertus* gewidmet.

Gemeinsam mit den historischen Gebäuden am Lambertshof ist die heute klassizistische Kirche ein wichtiger Teil

09So fl_mna

der Altstadt. Der **Kirchturm** erhielt seine heutige Gestalt in den Jahren 1656 bis 1662 und ist jetzt eines der Wahrzeichen der Stadt. Zur Ausstattung der Lambertikirche gehört ein **spätgotischer Flügelaltar,** ein **Antwerpener Retabel** aus dem frühen 16. Jahrhundert. Er kam zur Zeit der Reformation aus dem damals aufgegebenen Kloster Ihlow nach Aurich. Die Kanzel der Kirche entstand in der Zeit des Barock und wurde 1692 gefertigt. Die beiden Taufsteine sind moderner und stammen aus dem 20. Jahrhundert.

Südlich der Burgstraße führt die **Hafenstraße** zum beeindruckenden **Gebäude der Ostfriesischen Landschaft.** Das Landschaftshaus entstand zwischen 1898 und 1901 im Stil der Neorenaissance. Inspiration für den Architekten *Hermann Schaedtler* waren **Gebäude der niederländischen Renaissance.** Der winkelförmige Bau steht an der Südseite des heute dort nicht mehr vorhandenen Hafenbeckens. Die Freifläche trägt heute den Namen Bürgermeister-Müller-Platz, hier steht das **historische Pingelhus,** dahinter beginnt der **Georgswall.** Die ehemalige Wehranlage ist heute eine ebene begrünte Fläche. Ebenfalls am Georgswall steht die katholische **St.-Ludgerus-Kirche.** Das Gotteshaus aus Backstein entstand in zwei Etappen, die Basis stammt aus dem Jahr 1849, 1903 wurde das Gebäude erweitert und der Turm hinzugefügt. Unweit der Kirche befindet sich das moderne **Rathaus** der Stadt Aurich.

Der großzügig angelegte **Marktplatz** ist der Mittelpunkt der Auricher Altstadt. Einige historische Gebäude und manch modernes säumen den Auricher Marktplatz. Direkt auf dem Platz steht die **gläserne Markthalle.** In ihr bieten verschiedene Fachgeschäfte regionale und internationale Produkte an. Die Platzfläche wird lebendig, wenn darauf der überregional beliebte **Auricher Wochenmarkt** stattfindet. Dienstag, Freitag und Samstag beginnt der Verkauf jeweils ab 7 Uhr morgens.

Gar nicht zu übersehen ist der **Sous-Turm,** dessen Form allerdings die Bevölkerung polarisiert. Während die einen darin Stadtkunst sehen, halten andere ihn wiederum für einen überdimensionalen Tauchsieder. Der Bildhauer *Albert Sous* schuf das Kunstwerk 1990, zahlreiche seiner Arbeiten sind für den öffentlichen Raum bestimmt. Das 25 Meter hohe Gebilde in Aurich soll **verschiedene Zivilisationsstufen** darstellen, die Interpretation bleibt dem Betrachter überlassen.

Auch außerhalb des Altstadtbereichs hat Aurich Interessantes zu bieten. Da ist vor allem die **Stiftsmühle Aurich** zu nennen. Sie ist mit knapp 30 Metern Höhe die zweitgrößte Kornwindmühle in Ostfriesland. Sie wurde 1858 aus etwa 200.000 Ziegelsteinen gemauert. Das darin befindliche **Mühlenmuseum** bietet den Besuchern auf fünf Stockwerken einen Einblick in den Beruf des Müllers. Die Galerie der voll funktionstüchtigen Mühle bietet einen schönen Überblick über die Stadt.

Gar nicht weit von der Mühle entfernt liegt der **Auricher Hafen.** Er bietet neben 40 Liegeplätzen auch einen **Verleih für Sport- und Freizeitboote.** Von außerhalb ist er über den Ems-Jade-Kanal zu erreichen, der am Rand der Innenstadt verläuft. Im Hafenbecken liegt

◁ Blumen auf dem Marktplatz mit Markthalle

3

096ofl_mna

auch das **Ausflugsschiff MS Stadt Aurich.** In der Sommersaison werden zahlreiche Fahrten angeboten, die Passage zahlreicher Klappbrücken und Schleusen begeistert viele Besucher. Informationen dazu erhält man im **Verkehrsverein Aurich,** wie die Tourist-Information hier bezeichnet wird. Ebenfalls am Hafen befindet sich Aurichs **Paddel- und Pedalstation,** dort sind neben Kanus auch Tretboote zu mieten.

Aktive Urlauber finden in Aurich ein breites Angebot. So steht in der Stadt die **größte Skater-Halle Deutschlands.** Auf über 3200 Quadratmeter können Skater, Scooter- und BMX-Fahrer in der anspruchsvollen Rampenlandschaft ihre Grenzen austesten.

Auch **Kletterern** bietet sich eine gute Möglichkeit, in Aurich gibt es die **Kluntje Boulder-Halle.** Die künstlichen Felswände bieten Routen in allen Schwierigkeitsgraden. Angeboten werden Kurse für Anfänger oder Fortgeschrittene, Schuhe können sich die Kletterer auch ausleihen. Wer sich lieber in **freier Natur** bewegt, hat dazu die Chance im **Kletterwald Aurich.** Dieser liegt im Auricher Stadtteil Wallinghausen, wenige Kilometer westlich der Kernstadt.

Das Auricher Umland lässt sich hervorragend mit dem **Fahrrad** erkunden. Ob es einfach drauf los geht oder man ausgearbeitete Touren nutzen möchte, kann jeder für sich entscheiden. Beim Verkehrsverein Aurich gibt es **Radwan-**

3

derkarten mit verschiedenen Auricher Rundtouren. Ein leicht erreichbares Ziel könnte das **EEZ Aurich** sein, dort kann man zum Thema **Energie** spielerisch lernen und experimentieren. Über die verschiedenen Energieformen oder das Kraftwerk Erde zum Beispiel – mit 360-Grad-Kino und Outdoor-Experimentierstation. Zu Hause ist die Ausstellung in einem futuristischen Gebäude mit guter Energiebilanz, das ein wenig an ein versehentlich dort gelandetes UFO erinnert.

(UNSER TIPP:) Ebenfalls mit dem Rad gut zu erreichen ist Aurichs Stadtteil **Tannenhausen.** In einer ehemaligen Kiesgrube wurde ein **Badesee** angelegt. Wegen des weißen Kiesstrandes wird er scherzhaft „Rimini Ostfrieslands" genannt. Neben mehreren gastronomischen Betrieben gibt es auch einen Wasserskilift.

Praktische Tipps

Adressen in 26603 Aurich
▪ **Verkehrsverein Aurich,** Norderstraße 32 in unmittelbarer Nähe zum ZOB, Tel. 04941 4464, www.aurich-tourismus.de.
▪ **ABU Taxi,** Tel. 04941 72662, www.abu-taxi.de.

Einkaufen
4 **Buchhandlung am Wall,** Burgstraße 52, Tel. 04941 2032, www.buchhandlung-aurich.de. Das große Geschäft bietet ein tolles Sortiment an Bü-

chern und kompetente Beratung durch ein engagiertes Team. Es gibt aber auch kleine Geschenke und in der Vorweihnachtszeit eine schöne Auswahl an Adventskalendern.

(UNSER TIPP:) **19** **Drogerie Maas,** Osterstraße 26, Tel. 04941 607711. In der Drogerie von 1855 ist vieles anders, als die Kunden es heute gewohnt sind. Die älteste Drogerie Ostfrieslands gleicht beinahe einem Museum, in dem man einkaufen kann. So gibt es auch in Vergessenheit geratene Dinge – neben parfümierter Rasierseife findet sich eine Aus-

☐ Gebäude der Ostfriesischen Landschaft

▷ „Ist das Kunst oder kann das weg?" – der umstrittene Sous-Turm am Auricher Marktplatz

wahl an Ostfriesentees oder auch hochwertiges Holzspielzeug und eine feine Auswahl an Büchern sowie das Sortiment, was man als Kunde in einer echten Drogerie noch erwartet.

(UNSER TIPP:) **11 Die Teemanufaktur,** Burgstraße 33, Tel. 04941 9509569, www.die-teemanufaktur.de. Edle Tees aus aller Welt und selbstgemischte Teespezialitäten von feinster Qualität ohne künstliche Zusätze – der kleine Laden ist unbedingt einen Besuch wert. Die beliebteste Früchteteemischung ist seit vielen Jahren "de Rode Grütt", die sich heiß oder kalt genießen lässt.

9 Weinschmecker, Kirchstraße 5, Tel. 04941 9730922, www.weinschmecker-aurich.de. Getreu dem biblischen Motto "Der Wein erfreue des Menschen Herz" werden hier feine Spirituosen wie Rum, Brände und deutscher Whisky angeboten, dazu gibt es besondere Schokoladen und weitere Feinkostartikel.

7 Das Einhorn – Naturwarenhaus, Burgstraße 40, Tel. 04941 964222, www.das-einhorn.de. In diesem schönen Geschäft darf man mit gutem Gewissen einkaufen, stöbern und sich verführen lassen. Der Laden bietet Mode, Schuhe, Schönes und Nützliches, Spiele und gute Fachberatung. Selbst die Herrnhuter Sterne gehören das ganze Jahr über zum Angebot.

22 Fairfactum, Norderstraße 5–7, Tel. 04941 918460, www.fairfactum.de. In den Werkstätten für behinderte Menschen Aurich-Wittmund werden schöne Dinge genäht. Die Stoffe können individuell bedruckt und bestickt werden. Ferner gibt es Florales und Handgemachtes im Herzen der Auricher Fußgängerzone – alles fair und nachhaltig hergestellt.

20 Die CreativInsel, Osterstraße 20, Tel. 0152 54710560. Fachgeschäft für kreative Handarbeiten mit ausgesuchten Stoffen als Meterware, eigenproduzierten Waren, Knöpfen, Bändern und weiteren Kurzwaren. Sehr Empfehlenswert für Liebhaber, die etwas Besonderes suchen. Auf Wunsch wird auch das Passende genäht, z. B. ein Wäschesack für die Reise.

1 Töpferei Anke Köring, Breiter Weg 56, Tel. 04941 2293, www.toepferei-aurich.de. Die Keramikerin schafft neben künstlerischen Werken auch praktische und schöne Objekte für Haus und Garten, jedes Stück ist ein Unikat. Sie beherrscht auch die japanische Raku-Technik, die aus dem 16. Jahrhundert stammt.

(UNSER TIPP:) Die **Holzofenbäckerei Ripken** wird bereits in vierter Generation geführt, alles von Hand gebacken und auf chemische Backhilfsmittel, Schimmelverhüter, künstliche Farbstoffe und synthetische Emulgatoren verzichtet. Heraus kommen kreative köstliche Brote und Kuchen. Das Hauptgeschäft liegt zwar dicht bei Ostfriesland in Augustfehn, aber die tollen Backwaren werden auch auf den Märkten in Aurich, Esens, Hage, Leer, Marienhafe, Norden, Rhauderfehn und Wittmund sowie Jever und Papenburg angeboten. Wer wissen will, wie es schmeckt: "Ein gutes Brot ist ein Stück Heimat." Holzofenbäckerei Ripken: Tigelstraße 1, 26689 Augustfehn, Tel. 04489 405690, www.baeckerei-ripken.de.

Gastronomie

5 Restaurant Zur Börse, Burgstraße 50, Tel. 04941 61620, www.twardokus.de. Das Traditionshaus ist seit 1901 Gaststätte und war damals auch Herberge. Zu Beginn des 20. Jahrhunderts waren die Kunden vorwiegend Händler, die ihre Tiere auf dem Pferdemarkt feilboten. Typisch deutsche Küche wird hier ganz toll gekocht mit bestem Fleisch, Geflügel, Fisch und Gemüse aus der Umgebung. Die Karte ist klein und fein, alles wird mit Liebe frisch zubereitet – komplett ohne Fertigprodukte. Wenn sie auf der Karte stehen, sollten die Kohlrouladen unbedingt probiert werden – die sind zum Niederknien und die Soße ein echtes Gedicht. Im Sommer lockt der Biergarten für schöne Abende im Freien.

[>] Alter Mühlstein an der Stiftsmühle

6 **Ristorante La Dolce Vita,** Burgstraße 47a, Tel. 04941 9671547. Der Italiener lockt seine Gäste mit feinem Speiseduft bereits auf der Straße ins historische Gebäude. Authentische Vorspeisen und selbstgemachte Pasta, knackiges Gemüse, zartes Fleisch und frische Meeresfrüchte. Die italienische Küche ist sehr lecker zubereitet und einen Besuch wert.

13 **Hafen5,** Hafenstraße 5, Tel. 04941 6048060, www.auricherkaffee.de, Kaffeerösterei und Kontor, Café und Weinbistro – es gibt auch leckere Kleinigkeiten zu essen. Sehr angenehme Atmosphäre im gemütlichen Außenbereich oder in den Räumlichkeiten. Der Hafen5 ist auch **13** Verkaufsstelle für *Ollis Küstenkaffee,* es gibt verschiedene Sorten von mild bis kräftig, alles „made in Aurich".

23 **Restaurant Nuevo,** Marktstraße 26, Tel. 04941 6042118, www.nuevo-aurich.de. Mexikanische Küche wird hier angeboten von Salaten, Suppen und verschieden gefüllten Fajitas bis hin zu Steaks – alles frisch gekocht.

26 **Restaurant tom Brok,** Hoheberger Weg 17, Tel. 04941 4333000, www.hotel-stadt-aurich.de. Hier wird mit vielen regionalen Zutaten gearbeitet, von einer Brotzeit bis zum üppigen Menü steht vieles auf der Speisekarte.

2 **Alte Wache,** Burgstraße 56, Tel. 04941 6055 578, www.alte-wache-aurich.de. Griechische Spezialitäten im historischen Gebäude, schon seit Ende des 19. Jahrhunderts befindet sich in der Alten Wache ein Gasthaus.

14 **Restaurant Porto Bello,** Hafenstraße 10, Tel. 04941 9739747. Im kleinen und modern eingerichteten Restaurant gibt es junge frische Küche, der Mittagstisch lohnt sich.

17 **Restaurant Jugoslavija,** Tannenbergstraße 25, Tel. 04941 6044190, www.jugoslavija-aurich. de. Viele fleischhaltige Speisen und frische Salate werden mit Blick auf den Hafen und den Ems-Jade-Kanal serviert.

15 **El Gringo,** Oldersumer Straße 54, Tel. 04941 3543, www.el-gringo-aurich.de. Hier gibt es die farbenfrohe und kraftvolle Küche Mexikos, zubereitet mit hochwertigen Zutaten, von würzig-mild bis feurig-scharf – eine empfehlenswerte kulinarische Reise nach Mittelamerika.

098ofl_mna

12 Zur ewigen Lampe, Hafenstraße 1, Tel. 04941 9946067, www.zur-ewigen-lampe.de. Aurichs älteste Kneipe befindet sich in einem der ältesten Häuser der Stadt, es stammt aus dem Jahr 1331. Die Schankwirtschaft wurde zum ersten Mal 1880 erwähnt, ihren heutigen Namen trägt das Lokal seit 1950. Hier wird getrunken, geraucht und manchmal auch gesungen, der Auricher Shanty-Chor „Blaue Jungs" probt in der Kneipe.

Unterkunft

10 Hotel Twardokus und 8 Alte Kantorei②, Kirchstraße 4–6, Tel. 04941 99090, www.twardo kus.de. Historische Gemäuer neben der Lambertikirche sind für den Hotelbetrieb modern und individuell eingerichtet, sehr zentral und dennoch ruhig gelegen. Feines Frühstück, freundliche Hotelleitung und ein romantischer Innenhof mit Kaffeegarten sind einen Besuch wert.

☑ Burgstraße mit Turm der Lambertikirche

099ofl_mna

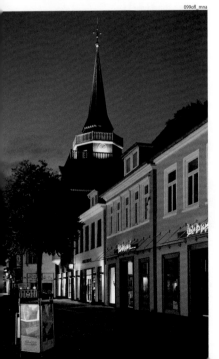

3 Hotel am Schloss②, Bahnhofstraße 1, Tel. 04941 95520, www.hotel-am-schloss-aurich.de. Hinter der denkmalgeschützten Fassade aus dem Jahr 1885 verbirgt sich eines der besten Hotels der Stadt – mit dem **3 Restaurant Pittoresk** und einer **3 Skybar** für Sportfreunde.

24 Hotel Stadt Aurich②, Hoheberger Weg 17, Tel. 04941 4333000, www.hotel-stadt-aurich.de. Unweit der Innenstadt gelegen, wirbt das Haus mit familiärer Herzlichkeit und moderner Gemütlichkeit sowie dem Restaurant tom Brok.

25 Ringhotel Köhlers Forsthaus③ (Wallinghausen), Hoheberger Weg 192, Tel. 04941 17920, www.koehlers-forsthaus.de. Ein Pluspunkt ist die ruhige Lage am Waldrand mit einem parkähnlichen Garten, nur wenige Kilometer von der Stadt Aurich entfernt. Im Wellnessbereich hat das Haus eine gute Ausstattung, selbstverständlich mit Sauna und Badelandschaft. Im Restaurant wird Wert auf die Verarbeitung regionaler und saisonaler Produkte gelegt.

18 Jugendherberge Aurich①, Am Ellernfeld 14, Tel. 04941 2827, www.aurich.jugendherberge.de. Das 150-Betten-Haus liegt unweit der Innenstadt.

■ Wohnmobilstellplatz Aurich, Tannenbergstraße 29, Tel. 04941 124000. In zentraler Lage am Hafen der Stadt gelegen, können die sanitären Einrichtungen im nahegelegenen Schwimmbad genutzt werden. Der Platz liegt in unmittelbarer Nähe zum Auricher Hafen.

Museen und Führungen

■ Stiftsmühle Aurich, Oldersumer Straße 28, Tel. 04941 4464, www.ostfriesischelandschaft.de.

■ Historisches Museum Aurich, Burgstraße 25, Tel. 04941 123600, www.museum-aurich.de (Erw. 3,50 €, Kinder 2 €). Hier wird unter anderem anschaulich von der Friesischen Freiheit und ostfriesischen Häuptlingen berichtet sowie vieles über die Stadtgeschichte von Aurich. Wechselausstellungen sorgen regelmäßig für neue Impulse.

⚲ Miraculum, Osterstraße 6b, Tel. 04941 123400, www.miraculum-aurich.de. Kunstschule und Mach-

MitMuseum. Ein toller Ort für Kinder, um nicht nur auf kreative Entdeckungsreise zu gehen.

■ **Regelführung der Stadtführervereinigung,** von Mai bis Ende August, Treffpunkt ist die Tourist-Information am ZOB, Dauer ca. 1½ Stunden, 5 € pro Person.

■ **Audioguide Aurich,** es gibt eine Stadtführung für Erwachsene und eine für Kinder sowie eine Schatzsuche zu 22 Museumsschätzen. Die „Lauschtour" ermöglicht es, Aurich im eigenen Tempo zu erkunden. Der Audioguide kann in der Tourist-Information am ZOB für 5,50 € ausgeliehen werden.

Sport und Freizeit

16 **Paddel- und Pedalstation Aurich,** Tannenbergstraße, Tel. 0160 90600560, die Station befindet sich im Auricher Hafen am Ems-Jade-Kanal.

■ **Kletterwald Aurich,** Dickfehler Weg 52, Tel. 04941 9748812, www.kletterwald-aurich.de (Erw. 23 €, Kinder gestaffelt nach Alter ab 8 €). Viel Spaß versprechen die 70 Stationen in ein bis elf Metern Höhe mit Drahtseilen, schwankenden Holzbrücken und ebenerdigen Verbindungswegen zwischen den einzelnen Routen.

■ **Schwimmbad De Baalje,** Am Ellernfeld 2, Tel. 04941 124000, www.debaalje.de. Aurichs Familienbad setzt Maßstäbe, Hallenbad mit Außenbereich, vier Saunen und ein Dampfbad stecken hinter der modernen Architektur. Die Preise für Tageskarten von Sommer (Erw. 5,50 €, Kinder ab 4 J. 3,50 €) und Winter unterscheiden sich (7,50 €, Kinder ab 4 J. 6 €).

■ **Badesee Tannenhausen,** Stürenburgweg 44, www.aurich-tourismus.de. Laut einer Umfrage ist er einer der schönsten Badeseen in Ostfriesland. Mit exzellenter Wasserqualität und einem weißen Kiesstrand gehen Badeträume leicht in Erfüllung.

■ **Northbound Aurich Beach & Wake,** Badesee Tannenhausen, Stürenburgweg 44, Tel. 04941 9695040, www.northboundaurich.de. Spiel, Spannung und Action für die ganze Familie. Es werden auch Wasserski-Kurse angeboten, die Ausrüstung kann man vor Ort ausleihen.

■ **Playground Skatehalle Aurich,** Finkenburgweg 9a, Tel. 04941 607770, www.skatehalle-aurich.de. Von Skatern selbst entwickelt, die Ausrüstung kann vor Ort auch ausgeliehen werden (Gäste bis 12 J. 6,50 €, Gäste ab 13 J. 7,50 €).

■ **Kluntje Boulderhalle,** Weddigenstraße 5, Tel. 04941 9238491, www.kluntje-aurich.de. Seit 2017 kann man im Herzen Ostfrieslands bouldern, die Halle bietet ungefähr 500 Quadratmeter Wandfläche mit mehr als 160 Routen in allen denkbaren Schwierigkeitsgraden. Man kann aber auch Kaffee trinken, kickern oder kegeln – Letzteres gilt aber nur für Erwachsene. Das Mindestalter beträgt fünf Jahre (Tageskarte 9,50 €, Kinder bis 12 J. 7,50 €).

■ **EEZ (Energie-, Bildungs- und Erlebnis-Zentrum, Sandhorst),** Osterbusch 2, Tel. 04941 698 460, www.eez.aurich.de (Eintrittspreise Erw. 10 €, Kinder 6 bis 18 J. 8,50 €). Das interaktive Erlebniszentrum lädt zu spannenden Entdeckungsreisen in die Welt der Energie ein. Ein Naturerlebnispfad sorgt im Außengelände für spannende Momente. Haustiere sind im EEZ leider nicht erlaubt.

■ **Kino Aurich,** Emder Straße 5, Tel. 04941 991 108, www.kino-aurich.de.

■ **Schiffsausflüge,** auf dem Ems-Jade-Kanal führt die MS „Stadt Aurich" durch beeindruckende Schleusen und Brücken. *Buskontor grenzenlos Andree Bliefernich,* Bremer Heerstraße 117, 26135 Oldenburg, Tel. 0441 2057053, www.buskontorgrenzenlos.de.

Upstalsboom

Im 13. und 14. Jahrhundert, zur Zeit der **Friesischen Freiheit,** war der Upstalsboom der Versammlungsort für die Abgesandten der friesischen Landesgemeinden. Bei diesen Zusammenkünften stärkten und sicherten die Ostfriesen ihre Rechte und Freiheiten, **Streitfragen wurden geklärt.** Die zentrale Lage des frühmittelalterlichen Grabhügels er-

möglichte den Friesen eine gute Erreichbarkeit der Stätte. 1833 wurde darauf eine Steinpyramide errichtet, sie erinnert an die Toten der Befreiungskriege. Als „Schlacht auf den Wilden Äckern" 1427 in die Geschichtsbücher eingegangen, versuchten sich die Ostfriesen damals von der Herrschaft der Häuptlingsfamilie *tom Brok* zu befreien. Die im 19. Jahrhundert gepflanzten **Eichen um die Steinpyramide** haben sich inzwischen zu einem Wald entwickelt. Die Ostfriesische Landschaft ist die Eigentümerin des Geländes im heutigen Auricher Stadtteil Rahe.

Landkreis Aurich

Das Brookmerland

Das altfriesische Wort „brök" steht für eine **moorige Bruchlandschaft,** die früher kaum besiedelt war. Die dem Meer zugewandten Teile der Region sind fruchtbare Marschböden, zum Landesinneren trifft man zunehmend auf Geestlandschaften, die teilweise mit Moorschichten bedeckt sind. Oder waren, denn die früher unzugänglichen Moore sind inzwischen weitgehend **abgetorft,** sodass der Boden heute vorwiegend landwirtschaftlich genutzt werden kann. So steht geschichtlich besonders im heute politisch getrennten Südbrookmerland die **Kolonisierung der Moore** im Vordergrund.

Das Brookmerland liegt mitten im Landkreis Aurich und umfasst sechs Ortschaften, die Gemeinde Südbrookmerland vereint zehn Ortsteile. Diese politische Neuordnung entstand bei der Gebietsreform 1972, infolgedessen gibt es heute im historischen Brookmerland auch zwei Rathäuser mit den dazu gehörenden Gemeindeverwaltungen.

Die Dörfer im Marschland waren in der Vergangenheit den Gefahren der Nordsee ausgesetzt, Wirdum zum Beispiel ist ein klassisches **Warftendorf.** Zum Schutz vor dem Wasser setzte man die Gebäude auf künstliche Erdhügel. Entsprechend gibt in den Marschgebieten auch viele Kanäle, Tiefs und Schloote, über die das flache Land entwässert wird. Ungefähr zehn Kilometer südlich von Marienhafe liegt der **Niedermoorsee Großes Meer.** Der nördliche Teil des Binnengewässers ist von hoher Bedeutung für den **Tourismus,** der südliche Teil ein echtes **Naturparadies.**

Bereiche des Südbrookmerlandes bestanden ehemals aus großen Moorflächen. Diese wurden durch Moorbrand und durch Abtorfung urbar gemacht. Nur noch kleine Restflächen der Moore sind erhalten geblieben. Im **Moormuseum Moordorf** kann man die Kultivierung der Landschaft gut nachvollziehen. Viele Fehnhütten sind an anderer Stelle abgebaut und dort wieder aufgebaut worden. Sogar das Reststück eines Hochmoores ist in die Anlage integriert worden. Das **Dörpmuseum Münkeboe** veranschaulicht eher das Dorfleben in alten Zeiten. Unter anderem gehören zu diesem Museumsdorf eine Schmiede, ein Sägewerk, eine Mühle, eine Bäckerei, die alte Dorfschule und ein Dorfkrug mit Destille.

Wirdum

Der Ort gilt als eines der **ältesten Warftendörfer Ostfrieslands.** Er liegt am **Wirdumer Tief,** einem Stichkanal, der vom Alten Greetsieler Sieltief abzweigt. Über ihn ist Wirdum an das ostfriesische Kanalnetz angeschlossen. Wirdum gehört zum Landkreis Aurich. Die **evangelisch-reformierte Wirdumer Kirche** wurde um 1300 gebaut. Sehenswert ist die aufwendig gestaltete Kanzel von *Hinrich Cröpelin* aus dem Jahr 1699. Auf zwei Warften zwischen Grimersum und Wirdum befinden sich noch Reste der

◁ Versammlungsstätte Upstalsboom im heutigen Auricher Stadtteil Rahe

3

Wasserburg der früheren Häuptlings-familie **Beninga.** Am Ortseingang steht die einzige noch funktionstüchtige **Doppelkolben-Wasserpumpmühle** Deutschlands. Sie stammt aus dem Jahr 1872 und wurde 1988 an den heutigen Standort versetzt.

 Blühendes Rapsfeld im Südbrookmerland

Marienhafe

Der 1424 gegründete Ort Marienhafe zählt mit knapp 600 Einwohnern zu den **kleinsten Gemeinden Niedersachsens.** Er liegt rund 20 Kilometer nordöstlich von Emden und zehn Kilometer südlich der Stadt Norden. Schon weithin sichtbar ist die mächtige **Marienkirche** (s. Exkurs „Die geheimnisumwitterte Marienkirche in Marienhafe"). Sie stammt aus dem 13. Jahrhundert und ist damit

101ofi_mna

däsen Seeräuber *Klaus Störtebeker* als **Unterschlupf** diente. Störtebeker soll mit einer ostfriesischen Häuptlingstochter der Familie *tom Brok* verheiratet gewesen sein und im Turm der Kirche gelebt haben. Die Ostfriesen boten *Störtebeker* der Sage nach Schutz vor der Hanse und den Hamburger Kaufleuten. Dafür half er ihnen beim **Kampf um die Vorherrschaft in Ostfriesland.** Doch als ihn die Hanse unter Hamburger Führung bei Helgoland dingfest machte, setzten sie seinem Treiben ein Ende. Auf dem Grasbrook vor Hamburgs Hafeneinfahrt wurde er zusammen mit 72 Gefährten geköpft, und die aufgespießten Köpfe der Vitalienbrüder zur Abschreckung an der Elbe entlang aufgestellt.

Durch die Verlagerung der Küstenlinie liegt Marienhafe heute im Binnenland und es gibt keinen Hafen mehr. Nur die **große Kirche** zeugt noch von der ereignisreichen Vergangenheit. Der **Taufstein** stammt aus dem 13. Jahrhundert, er ist innen mit Blei ausgekleidet und könnte 120 Liter Wasser fassen. Für Taufen wird heute aber eine Glasschale verwendet.

Die **Orgel** der Marienkirche stammt von *Gerhard von Holy* und wurde 1710 bis 1713 gebaut. Sie ist die am besten erhaltene Barockorgel in Ostfriesland. Ebenfalls sehenswert in der Marienkirche ist das **Turmmuseum.** In der sogenannten **Störtebekerkammer** steht ein Modell der Kirche, das zeigt, wie sie in mittelalterlicher Pracht ausgesehen hat. Zusätzlich sind Kunstwerke ausgestellt, die sonst beim Teilabbruch im 19. Jahrhundert verloren gegangen wären.

Von der **Aussichtsplattform auf dem Turm** hat man einen guten Blick auf das Norderland und die Warnfried-Kirche

älter als Marienhafe selbst. Sie diente früher den Schiffern in der Leybucht als **Seezeichen.** Zur besseren Orientierung waren der Turm und auch die Kirchenschiffe auf der Nordseite mit Kupfer und an der Südseite mit Schiefer gedeckt. Ohne das spezielle Wissen über das Befahren des Wattenmeers war der tideabhängige Hafen von der Nordsee aus uneinnehmbar.

Berühmt wurde Marienhafe vor allem, weil der Ort angeblich dem legen-

Die geheimnisumwitterte Marienkirche in Marienhafe

Auf dem Weg nach Marienhafe erblickt man schon von Weitem eine wuchtige Landmarke: den **Turm der Marienkirche**. Mit nur noch 37 Metern ragt er heute in die Höhe. Früher war er fast doppelt so hoch: 67 Meter. Zur besseren Bestimmung der Himmelsrichtungen hatte er einen auf der Südseite mit Schiefer und auf der Nordseite mit Kupfer gedeckten spitzen Turmaufbau. Als sich die Leybucht noch bis kurz vor Marienhafe ausdehnte, diente er der Schifffahrt als **wichtige Orientierungshilfe** im flachen Fahrwasser.

Die Marienkirche, zu der dieser Turm gehört, wurde vermutlich zwischen 1230 und 1270 gebaut, nachdem die beiden vorher dort stehenden Sakralbauten aus Holz und später aus Tuffstein abgerissen worden waren. Die Marienkirche war bis zu ihrem Teilabbruch im 19. Jahrhundert **Ostfrieslands größte dreischiffige** Gemeindekirche. Die Dimensionen der Kirche gingen weit über die Ansprüche einer Pfarrkirche für eine Gemeinde mit damals rund 500 Einwohnern hinaus.

Bis heute ist es ein Geheimnis, wer die Auftraggeber und Geldgeber für das architektonische Meisterwerk waren und welchen Zweck die prächtige Kreuzbasilika erfüllen sollte. Fakt ist auf jeden Fall, dass das Brookmerland im 13. Jahrhundert nachweislich seine landwirtschaftlichen Produkte weit über die Region hinaus verkauft hat. Die bäuerliche Bevölkerung war dadurch **relativ wohlhabend.** Möglich ist auch, dass die Basilika den **großen Einfluss der Bischöfe** demonstrieren sollte, die vor der Reformation als Landesherren fungierten.

Eine weitere Theorie besagt, dass das nahegelegene **Dorf Westeel** nach verheerenden Sturmfluten aufgegeben worden war. Der Bi-

102ofl_mna

schof erlaubte auf Bitten der Einwohner Westeels, dass das Baumaterial ihrer Kirche für den Bau der Marienkirche in Marienhafe verwendet werden dürfe. Der sogenannte **Brokmerbrief** untersagte den Bewohnern des Brookmerlandes auch, sich feste Häuser und Turmburgen wie das Steinhaus in Bunderhee zu errichten, **erlaubt war nur der Bau von Kirchen** und anderen religiösen Bauten. Das wäre eine weitere mögliche Erklärung für die enormen Dimensionen nicht nur der Kirche in Marienhafe, sondern auch anderer im Brookmerland. Welche Annahmen auch richtig sein mögen – das Rätsel um die Marienkirche wird wohl erst gelüftet werden, wenn Historiker neue schriftliche Quellen finden.

Der Geschichtsschreiber und Gelehrte *Ubbo Emmius* (1547–1625) schrieb über die beeindruckende Marienhafer Kirche: „... ein großartiger Tempel, der alle zwischen Ems und Elbe gelegenen Kirchen an Pracht und Erhabenheit übertrifft ...". Die Kirche war damals mit weit **über 200** figürlichen und ornamentalen **Friesen** ausgestattet, in den äußeren Bögen befanden sich zahlreiche Skulpturen. Heute weiß man aufgrund von Abbildungen aus der Zeit um ihren Teilabriss die genauen Maße, und wenn man diese zugrunde legt, weiß man, dass die Dimensionen der Marienkirche denen des Osnabrücker Doms nahekamen. Das prächtige Gebäude war ursprünglich 72,50 Meter lang, heute sind es nur noch 47 Meter. Aber der Gemeinde **fehlten die Geldmittel für den Erhalt der Kirche.** Ohne die notwendigen Reparaturmaßnahmen verfiel die Kirche zusehends, am 21. August 1819 stürzte sie schließlich teilweise ein. Zusätzlich geriet ein Jahr später der Turm durch einen **Blitzschlag** in Brand, die Spitze und ein Teil des Obergeschosses mussten daraufhin **abgebrochen werden.** Schlussendlich entschied sich die Gemeinde, die Kirche zu **verkleinern.** Als ein Bauunternehmer aus Carolinensiel 1829 anbot,

den Teilabriss kostenlos durchzuführen, wenn er das anfallende Baumaterial als Lohn erhalten würde, willigte man in den Rückbau ein. Innerhalb von zwei Jahren wurden der Chor, das Querschiff mit Vierung, die schmalen Seitenschiffe und die Treppentürmchen neben dem Turm abgebrochen. Zusätzlich wurde das Hauptschiff in der Höhe gekürzt.

Von den ursprünglichen Außenwänden der Kirche ist heute kein sichtbarer Teil mehr erhalten. Der Grund, warum die seitlichen Außenfenster in großer Höhe angebracht sind, ist darauf zurückzuführen, dass die offen stehenden Felder zwischen den Pfeilern des Hauptschiffs zugemauert wurden und die Fenster in den vorhandenen Bögen ihren neuen Platz fanden.

Seit 1932 ist im Kirchturm, der über eine Außentreppe im ersten Stock begehbar ist, ein **Museum** untergebracht. In der sogenannten **Störtebekerkammer** im ersten Stock sind Zeichnungen der ehemaligen Friese zu sehen, die der Emder Stadtbaumeister *Martin Heinrich Martens* so weit es möglich war zur Dokumentation noch angefertigt hatte. Ferner sind einige der Steinfiguren aus dem Außengelände ausgestellt sowie ein Bildnis von *Kunz von der Rosen* (1470–1519), Berater und Hofnarr des deutschen Königs und späteren Kaisers *Maximilian I.,* das bis heute immer wieder als **Störtebeker-Portrait** verwendet wird. Vom Museum aus gibt es einen sehr engen und beschwerlichen Aufstieg zur **Aussichtsplattform** auf dem Turm. Doch die Anstrengung lohnt: Bei gutem Wetter kann man von dort aus den Blick über das Norderland bis in die Niederlande schweifen lassen.

◁ Sandsteinfiguren
im Turmmuseum der Marienkirche

im Nachbardorf Osteel. Bei guter Sicht ist sogar das **Kraftwerk Eemshafen** in den Niederlanden zu sehen. Auf dem Marktplatz südlich der Marienkirche steht seit 1992 eine **Bronzeskulptur,** die an den berühmten Vitalienbruder *Klaus Störtebeker* erinnert. Heute weiß man, dass es sich um ein Abbild von *Kunz von Rosen* handelt, Hofnarr und Berater des deutschen Königs und späteren Kaisers *Maximilian I.* Alle drei Jahre findet im Sommer in Marienhafe das **Störtebeker-Festival** in plattdeutscher Sprache statt. Dann gibt es Theateraufführungen im Freien, ein Musikprogramm und viele weitere Attraktionen.

Seit dem 4. Juli 1999 ist Marienhafe die „Stadt mit der längsten Teetafel der Welt", so verbrieft es das **Guinness-Buch** der Rekorde. Über 3000 Menschen nahmen dafür an der 620 Meter langen Tafel Platz, um die ostfriesische Teezeremonie zu zelebrieren. Zehn Jahre später stellten die Marienhafer eine weitere Bestmarke auf: 1878 Menschen verkleideten sich als Piraten, womit der Weltrekord gelang.

☑ Marienkirche in Marienhafe

103ofl_mna

Osteel

In dem kleinen Dorf ist vor allem die **Warnfriedkirche** auffällig. Sie hat eine ähnliche Geschichte wie die nur drei Kilometer entfernte Kirche von Marienhafe. Im 13. Jh. begannen die Dorfbewohner mit dem Bau der mächtigen Kirche. Auch diese verfiel im 17. und 18. Jahrhundert zusehends und musste 1830 teilweise abgebrochen werden. Danach erhielt sie ihre heutige Form. Von kulturhistorischer Bedeutung ist die **Orgel** in ihrem Inneren. Der Orgelbaumeister *Edo Evers* stellte sie 1619 fertig, damit ist das Instrument das zweitälteste noch bespielbare in Ostfriesland.

Praktische Tipps

Adressen in 26529 Marienhafe

◼ **Tourist-Information,** Am Markt 10, Tel. 04934 81224, www.stoertebekerland.de. Geöffnet von 1. April bis 31. Oktober, im Winter Termine nur nach Voranmeldung.

◼ **Turmmuseum Marienkirche,** Am Markt 20, Tel. 04934 374 oder Tel. 0175 4885259. Hier wird die Baugeschichte der Kirche kulturhistorisch dokumentiert. Der enge Aufstieg auf den Turm erfolgt über eine schmale Treppe mit steilen Stufen, wird aber schließlich mit einem atemberaubenden Rundblick über die Umgebung belohnt.

◼ **Kartbahn Brookmerland** (Upgant-Schott), Hansestraße 23, Tel. 04934 498700, www.kartbahn-ostfriesland.de (7–9 €). Es gibt zwei Rennstrecken, damit die Kleinen sicher und in Ruhe ihre ersten Fahrversuche unternehmen und Große ungestört „heizen" können. Getränke, Kaffee und Snacks gibt es auch. Für Kindergeburtstage gibt es ebenfalls das passende Angebot.

◼ **Wochenmarkt,** Marktplatz, donnerstags von 8 bis 12 Uhr.

Einkaufen

◼ **Grünhoffs Backstuuv,** Rosenstraße 2, Tel. 04934 910924, www.baeckerei-gruenhoff.de.

◼ **Störtebekers Teestube,** Am Markt 27, Tel. 04934 496650. Direkt neben dem Störtebekerturm gelegen. Hier lässt sich in gemütlicher Atmosphäre ganz entspannt die Wartezeit bis zur Öffnung des Turmmuseums in der Marienkirche überbrücken. Auch Radfahrer machen in der Teestube gern Pause, im Sommer lockt der Außenbereich.

Gastronomie/Unterkunft

◼ **Gaststätte Köster** (Osteel), Brookmerlander Straße 3, Tel. 04934 9102525. Im Schatten der Warnfriedkirche laden schmackhafte Gerichte und frische Salate zum Verweilen ein.

◼ **Landgasthof Zum Großen Krug**① (Wirdum), Grimersumer Straße 6, Tel. 04920 213, www.zum-grossen-krug.de. In vierter Generation geführter Landgasthof mit Bundeskegelbahn und Festsaal.

◼ **Hotel Bootshaus**②, Marscher Weg 18, 26624 Bedekaspeler-Marsch, Tel. 04942 656 770, www.hotel-bootshaus.com. Ostfriesische Küche in idyllischer Lage unter alten Bäumen direkt am Wirdumer Tief. Im Sommer gibt es im rollstuhlfreundlich gestalteten Restaurant samstags Spanferkel vom Grill und Aal frisch aus dem Rauch. Die E-Bike-Ladestation ist ein Service für die zahlreichen Fahrradtouristen.

◼ **Leezdorfer Hof**① (Leezdorf), Am Sandkasten 80, Tel. 04934 1607, www.leezdorfer-hof.de. Übernachtet werden kann in Einzel- oder Doppelzimmern mit **Restaurantbetrieb** im Haus. Das Haus hat die ideale Lage für Ausflüge an die Küste und ins Binnenland.

Moordorf

Mit über 6000 Einwohnern ist Moordorf der **größte Ortsteil im Südbrookmerland.** Die **Martin-Luther-Kirche** wurde 1893 geweiht, möglich wurde der Bau im neugotischen Stil durch ein „großzügi-

104ofl_mna

ges Gnadengeschenk" in Höhe von 18.000 Mark, Kaiser *Wilhelm II.* war der Spender. Der Turm der Kirche kam 1908 hinzu. Das **Moormuseum Moordorf** bildet die 200-jährige Entstehungsgeschichte der Ortschaft nach, auf dem großen Freigelände können einige Kolonistenhütten und Lehmbauten angeschaut werden. Sogar ein **restliches Stück Hochmoor** ist hier erhalten, man kann sehen, wie die frühen Siedler den Torf gestochen haben. Hier lässt sich das schwierige Leben der ersten Fehntjer in starker Armut nachempfinden, so bekommt man auch Verständnis für die große **Auswanderungswelle im 19. Jahrhundert.**

Ein kleiner Ausstellungsbereich beschäftigt sich mit der **Sonnenscheibe von Moordorf.** 1910 entdeckte ein Torfgräber das prächtige Fundstück aus der Bronzezeit. Die Scheibe ist knapp 2500 Jahre alt, hat einen Durchmesser von 14,50 Zentimetern und wurde aus gereinigtem Gold gefertigt. Sie gehörte einst vermutlich einer herausgestellten Persönlichkeit und symbolisiert die Sonne. Im Heimatmuseum Aurich ist ein Duplikat der Sonnenscheibe zu bewundern, das Original gehört zur Sammlung des Landesmuseums Hannover.

⌃ Einfache Lehmhütte der Moorkolonisten mit Reetdach im Moormuseum

▷ Bootssteg am Ufer des Großen Meeres

3

Großes Meer

Der natürlich entstandene Niedermoorsee ist der **größte Binnensee in Ostfriesland** und befindet sich etwa im Schnittpunkt des Städtedreiecks von Emden, Norden und Aurich. Geologisch ist das Große Meer am Übergang vom Marschland zur ostfriesischen Geest. Der nur bis zu einem Meter tiefe See teilt sich in zwei Bereiche auf. Während der Norden den **Touristen, Campern, Anglern und Wassersportlern** Platz bietet, ist der Südteil Großes Meer ein **Naturschutzgebiet.** Mit den ausgedehnten Schilf- und Röhrichtbereichen am Ufer sind das Große Meer und seine Umgebung als Brut- und Lebensraum für Vögel von überregionaler Bedeutung. Zu den heimischen Vögeln wie zum Beispiel Schilfrohrsänger, Uferschnepfe, Bekassine und Kiebitz gesellen sich in den Wintermonaten noch riesige Scharen von **Wildgänsen.**

In der Brutzeit vom 1. April bis zum 15. Juni müssen **Hunde** deshalb ständig **an der Leine geführt** werden. Aufgrund der geringen Wassertiefe ist das Große Meer ein gutes Revier für Surfer und auch für Anfänger gut geeignet. Ob zu Fuß, mit dem Fahrrad oder auf dem Wasser – **zahlreiche Routen** wurden ausgearbeitet und liegen in der Tourist-Info für die Gäste bereit. Ganz in der Nähe befindet sich der **Woldenhof Wiegboldsbur,** ein Schulbauernhof des NABU.

105ofl_mna

Orgellandschaft Ostfriesland

Der Landstrich an der deutschen Nordseeküste ist **reich gesegnet mit alten Kirchen.** In diesen Sakralbauten befinden sich allein in Ostfriesland **mehr als 90 bedeutende Orgeln aus sechs Jahrhunderten.** Die meisten dieser Instrumente stammen aus der **Barockzeit** und wurden aufwendig restauriert. Ihr kultureller Wert kommt zunehmend im öffentlichen Bewusstsein an. Eine besondere Konzentration dieser Instrumente gibt es in der **Krummhörn.** Die Orgel in der **Rysumer Kirche** gehört zu den ältesten noch bespielbaren der Welt. Sie geht in ihrem Grundbestand auf die Zeit um 1440 oder 1457 zurück. Nach einer alten Friesenchronik wurde sie einst von den Bauern Rysums mit deren zehn besten Rindern bezahlt.

„Die Orgel ist ohne Zweifel das größte, das kühnste und das herrlichste aller von menschlichem Geist geschaffenen Instrumente, sie ist ein ganzes Orchester, von dem eine geschickte Hand alles verlangen, auf dem sie alles ausführen kann", wird *Honoré de Balzac* zitiert. Davon kann man sich selbst überzeugen, denn **Orgelkonzerte** finden in Ostfriesland regelmäßig statt. In der **St.-Bartholomäus-Kirche** zu Dornum beispielsweise gibt es sogar **Nachtorgel-**

106ofl_mna

3

107ofl_mna

konzerte bei Kerzenschein – in dieser besonderen Atmosphäre kann die Musik eine ganz eigene Magie entwickeln.

Einer der bedeutendsten Orgelbauer vergangener Tage war *Arp Schnitger* (1648–1719), er gilt als Vollender der norddeutschen Barockorgel. Instrumente, an deren Bau er zumindest beteiligt war, stehen unter anderem in Accum, Norden und Weener. In Weener befindet sich auch das **Organeum,** ein Kultur- und Bildungszentrum für Tasteninstrumente. Hier werden zukünftige Organisten ausgebildet, denn daran darf es in einer der reichsten Orgellandschaften der Welt nicht mangeln.

Die UNESCO hat die hochspezialisierten Erfahrungen und Fähigkeiten der 400 deutschen Orgelbaubetriebe mit ihren 2800 Mitarbeitern,

180 Lehrlingen und 3500 hauptamtlichen sowie mehr als 10.000 ehrenamtlichen Organisten anerkannt. 2017 wurde die deutsche Orgellandschaft mit etwa 50.000 Orgeln zum **immateriellen Weltkulturerbe** ernannt. Sie gilt weltweit als einzigartiges und besonders schützenswertes Kulturgut.

⌃ Altar und Orgel der Amdorfer Kirche

⌃ Historische Orgel der Rysumer Kirche.
Sie ist die älteste bespielbare Orgel Ostfrieslands

3

Der Ort **Bedekaspel** ist ein kleines Haufendorf östlich des Großen Meeres, im Norden des Sees befinden sich eine Wochenendsiedlung und der Campingplatz. So kann sich die bescheidene Einwohnerzahl von ungefähr 400 Menschen in der Hauptsaison beinahe verzehnfachen. Heute ist das unvorstellbar, aber die **Bedekaspeler Kirche** wurde bei der Weihnachtsflut 1717 so schwer beschädigt, dass sie bis auf den Turm neu errichtet werden musste. Deichbau und Küstenschutz waren damals noch nicht auf dem heutigen Niveau.

Praktische Tipps

Adressen in 26624 Südbrookmerland

■ **Tourist-Information Südbrookmerland** (in Bedekaspel am Großen Meer), Am Gästehafen 1, Tel. 04942 20472000, www.grossesmeer.de.

■ **Paddel- und Pedalstation Großes Meer,** Langer Weg 25, Tel. 04942 576838, www.paddel-und-pedal.de. Die Station befindet sich am Nordöstlichen Ufer des Sees.

■ **Moormuseum Moordorf,** Victorburer Moor 7a, Tel. 04942 2734, www.moormuseum-moordorf.de (Erw. 4,50 €, Kinder ab 6–16 J. 2 €). Seit 1984 gibt es dieses interessante „Museum der Armut". Das Freilichtmuseum zeigt auf 3,2 Hektar Moorflächen, Leegmoor und Hochmoor. Das Hauptthema ist die Moorkolonisation in Ostfriesland, es werden die ersten ganz ärmlichen Lebensverhältnisse der ersten Moorkolonisten bis hin zum kleinen Landarbeiterwohnhaus gezeigt. Zusätzlich gibt es Exponate zum Thema Torfabbau, zur Moorbrandkultur, zum Buchweizenanbau, Soden- und Plaggenhütten aus Torf, Lehmhäuser und Steinbauten. Auf einer Aussichtsplattform am Ende eines Bohlenwegs lässt sich ein interressanter Blick auf das noch bestehende Hochmoor werfen. Es werden in der Hauptsaison täglich Führungen angeboten.

■ **Dörpmuseum Münkeboe,** Mühlenstraße 3a, https://doerpmuseum-muenkeboe.de (Erw. 3,50 €, Kinder ab 6. J. 1,50 €). Das Dörpmuseum bietet die Möglichkeit, in das frühere Leben eines kleinen Moorranddorfs einzutauchen. Auf dem Gelände des kleinen Freilichtmuseums sind verschiedene Gebäude versammelt, von der Dorfschmiede, einem kleinen Kochhaus und einem Gulfhof bis hin zur Hofschule und dem Dorfladen. Ferner werden ein Torfschiff und eine Moorbahn gezeigt. Auf Wunsch führt das Standesamt Südbrookmerland Trauungen im hiesigen Kolonistenhaus durch.

Gastronomie/Unterkunft

■ **Restaurant Meerwarthaus Ubben** (in Bedekaspel am Großen Meer), Am Meer 2, Tel. 04942 3170, ob kleine oder große Speisen oder nur ein Getränk – die Terrasse lohnt sich schon allein wegen der Sicht auf die Wasserfläche.

■ **Hotel Herbers**② mit **Restaurant Leon** (Moordorf), Friesenweg 2, Tel. 04941 982960, www.hotel-herbers.de. Das komfortable Haus verfügt neben dem guten **Restaurant** auch über eine Kegelbahn.

■ **Landhaus Großes Meer**② (in Bedekaspel am Großen Meer), Am Meer 1, Tel. 04942 627, www.hlgm.de. 26 Zimmer und ein **Restaurant** bietet das reetgedeckte Landhaus mit großer Sonnenterrasse.

■ **Campingplatz Großes Meer,** Am Gästehafen 1, 04942 20472028, www.grossesmeer.de/camping. Umrandet von Hecken liegt der Platz direkt am Großen Meer, es gibt einen Kinderspielplatz und Tischtennisplatten. Auf einem separaten Teil der Anlage sind Camper mit Hunden willkommen. Es gibt eine Sauna und der Kiosk bietet täglich frische Brötchen an. Im Winter ist der Platz von November bis Mitte März geschlossen.

▷ Das alte Zollhaus in Norden

Das Norderland

Am nordwestlichen Rand von Ostfriesland gelegen, umfasst die historische Landschaft ein **weites Gebiet um die Stadt Norden.** Das sind neben der Stadt Norden selbst die **Gemeinden Großheide, Hage** und **Dornum.** Beginnend an der Leybucht im Westen bezieht das Norderland die Nordseeküste bis Dornumersiel mit ein. Während die Stadt Norden mit Baudenkmälern, Renaissance-Giebeln und prächtigen Bürgerhäusern begeistert, hat der Stadtteil **Norddeich** architektonisch eher wenig zu bieten. Allerdings punktet er mit der unmittelbaren **Nähe zur Küste,** die aus dem einstmals kleinen Fischerdorf ein beliebtes **Nordseeheilbad** gemacht hat.

Aber die Ortschaften, die nicht direkt am Wasser liegen, haben oft historische Bauten und kulturelle Höhepunkte zu bieten. Es lohnt sich also allemal, auch das grüne Binnenland zu erkunden.

Stadt Norden

Norden ist die nordwestlichste Stadt des ostfriesischen Festlands. Gut 25.000 Einwohner hat die Stadt zusammen mit ihrem Stadtteil Norddeich. Die Bewohner heißen Norder oder Nörder, wie sie sich selbst nennen. Norden hat einen **schönen alten Stadtkern** mit der beeindruckenden **Ludgerikirche,** einem hübsch angelegten **Marktplatz** und einer **Fußgängerzone,** die zum Stadtbummel mit gemütlichem Tee- oder Kaffeetrinken

Landkreis Aurich

108ofl_OT

0 ▬▬ 100 m

© REISE KNOW-HOW

NSKN06
für Ostfrie
1/21

■ Übernachtung
1 Hotel Ostfriesland
3 Hotel zur Post
5 Wattlodge
14 Stadthotel Smutje
15 Romantik-Hotel Reichshof

■ Essen und Trinken
6 Frietjes Speciaal
9 Café ten Cate
10 Kreta
11 Dock No. 8
12 Café-Konditorei Remmers
15 Romantik Hotel Reichshof
19 Ristorante da Sergio Altes Zollhaus

■ Sport und Freizeit
4 Zweirad Gäde
7 Fahrradverleih Gaby Janssen
8 Fahrradverleih Arjes
20 Paddel- & Pedalstation

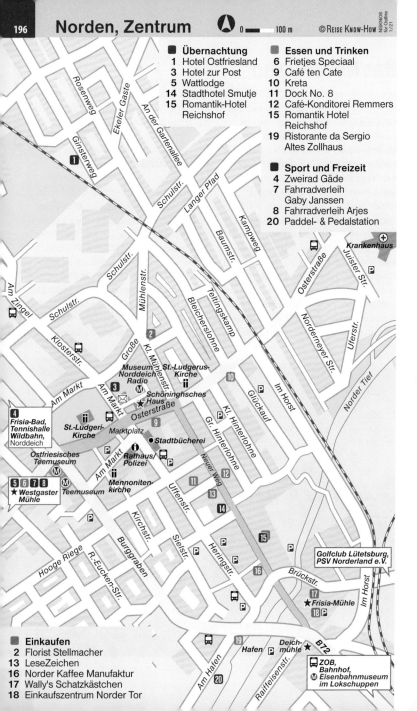

■ Einkaufen
2 Florist Stellmacher
13 LeseZeichen
16 Norder Kaffee Manufaktur
17 Wally's Schatzkästchen
18 Einkaufszentrum Norder Tor

einlädt. Gleich zwei **Teemuseen** befinden sich in der Nähe des Marktes, sie liegen direkt nebeneinander. In beiden lohnt sich ein Besuch, denn sie haben unterschiedliche Themenschwerpunkte.

Norden und sein Küstenstadtteil Norddeich sind ideale **Ausgangspunkte für ausgedehnte Radtouren** in die Umgebung. Das Eldorado für Familienurlaube ist das **Nordseeheilbad Norddeich** mit seinem großen Sandstrand. Vom **Hafen** Norddeich aus lassen sich reizvolle **Ausflüge mit dem Schiff** zu den Seehundbänken oder zu den vorgelagerten Inseln Norderney und Juist unternehmen. Norddeich zählt unter Wassersportlern zu den Top-Adressen in Deutschland.

Geschichte

Erstmals urkundlich erwähnt wurde Norden im Jahr 1255, aber die Ortschaft ist deutlich älter, wie archäologische Funde bestätigen. Häufig wird Norden als „älteste Stadt Ostfrieslands" bezeichnet, Emden ist jedoch älter. Norden wurde ursprünglich als **regionaler Marktort** gegründet und war auch in der Vergangenheit ein regionales Zentrum mit einer besonderen Stellung.

(UNSER TIPP:) Neben der St.-Andreas-Kirche, die es seit dem 18. Jahrhundert nicht mehr gibt, prägte damals die **St.-Ludgeri-Kirche** die Stadtsilhouette. In unmittelbarer Nachbarschaft befanden sich zwei **Klöster** und **Burgen.** Auch diese Konzentration wichtiger Gebäude auf engstem Raum zeugt von Nordens Bedeutung.

Über eine hochwassersichere Verbindung auf der Geest war Norden mit Esens verbunden. Durch seine günstige Lage ganz im Nordwesten Ostfrieslands hatte Norden über viele Jahre **direkten Zugang zur See,** damals bestand noch eine Verbindung zur Leybucht. Deren Vergrößerung durch schwere Sturmfluten im Spätmittelalter ermöglichte das. Über Nordens Seehafen wurden überwiegend Vieh, Salz und Muschelkalk gehandelt. Unter eigener Handelsflagge befuhren die Norder Schiffe Nord- und Ostsee.

Über lange Zeit erlebte die Stadt durch ihren Seehafen eine **wirtschaftliche Blütezeit.** Im 18. Jahrhundert besaß sie sogar eine **eigene Handelsflotte.** Doch auch wenn Nordens Bedeutung als Handelsort bis weit ins 19. Jahrhundert hinein groß war, reichte sie nicht an die des Emder Hafens heran. Durch Eindeichungen im 19. Jahrhundert und die damit verbundene Landgewinnung erfolgte der Zugang zum Meer schließlich ausschließlich über das **Norder Tief.** Die Bedeutung der Stadt Norden als Handelsort nahm zwar ab, aber die positive Entwicklung während der Industrialisierung kompensierte das. Zum größten Unternehmen im Ort entwickelte sich die 1806 gegründete **Schnapsbrennerei Doornkaat.**

Norden wurde 1883 an das **nationale Eisenbahnnetz angeschlossen,** die Strecke war Teil der Ostfriesischen Küstenbahn, die von Emden über Norden, Esens und Wittmund nach Jever verlief. 1892 verlängerte die Eisenbahn die Gleise nach Norddeich und 1895 bis zum Fähranleger auf die Hafenmole. In der Folge stieg die Bedeutung der Stadt Norden als **Durchgangsort von Badegästen.** Um die Wende zum 20. Jahrhundert wuchs die Anzahl von Badegästen auf den Ostfriesischen Inseln stark – im Besonderen auf Norderney.

Nach dem Ersten Weltkrieg wurde das **Umland** von Norden **eingemeindet,** so stieg die Zahl der Einwohner auf rund 10.000 an. In den späten 1920er-Jahren wurde der Leypolder eingedeicht und der Hafen verlor seinen Zugang zum Meer. Das alte Zoll- und Packhaus am alten Hafen blieb zusammen mit der Hafenmeisterei als Erinnerung erhalten. So bekam der **Hafen von Norddeich** auch für die Stadt Norden **zunehmende Bedeutung.**

Im **Zweiten Weltkrieg** war die Stadt Norden ohne militärische Bedeutung. Entsprechend kam man einigermaßen unbeschadet durch die schwere Zeit, auch wenn bei wenigen Luftangriffen einige Menschen ums Leben kamen. Norden konnte sogar ausgebombte Menschen aus Emden aufnehmen. Die Seehafenstadt an der Ems wurde am 6. September 1944 durch Luftangriffe der Royal Navy schwer getroffen. Am Ende des Zweiten Weltkriegs überließ man die Stadt Norden am 4. Mai 1945 den Alliierten kampflos.

Nach dem Krieg wurde es nicht einfacher für die Stadt. Zusätzlich zu den Bürgern aus ausgebombten Städten kam eine große Zahl von **Flüchtlingen aus den ehemaligen Ostgebieten** des Deutschen Reichs nach Ostfriesland. Diese brachte man in einem Barackenlager unter, manchmal auch für mehrere Jahre. Das **Vertriebenenlager Tidofeld** bestand bis 1960 und war eines der größten in Niedersachsen. In den 1950er-Jahren war die Zahl der Arbeitslosen hoch, nur in der **Landwirtschaft** konnten die Ostvertriebenen Beschäftigung finden. **Nordens historische Altstadt** wurde in den 1960er- und 1970er-Jahren **umfassend saniert,** dabei sind leider einige erhaltenswerte Gebäude abgerissen worden.

Weitere Eingemeindungen bei der niedersächsischen Kommunalreform 1972 ließ die Zahl der Einwohner in Norden auf über 20.000 anwachsen. Die 1980er-Jahre brachten Schwierigkeiten mit sich. Die **Schließung des Olympia-Werks** und der langsame **Niedergang der Doornkaat-Brennerei** trieben die Arbeitslosigkeit in die Höhe. Die Deutsche Bahn stellte schließlich noch den Eisenbahnverkehr zwischen Norden und Esens 1983 ein. In Norden **wird seit 1997 kein Schnaps der Marke Doornkaat mehr gebrannt,** das Doornkaat-Denkmal erinnert an vergangene Zeiten. In den 1990er-Jahren entstand das große Gewerbegebiet südlich der Stadt, das brachte Geld in die Stadtkasse und versorgte einige Menschen mit Arbeit.

Zu den **größten Arbeitgebern** zählt heute die **Norder Stadtverwaltung** mit den Wirtschaftsbetrieben, dort ist eine dreistellige Anzahl von Bürgern beschäftigt. Wirtschaftlich ist neben einigen mittelständischen Betrieben inzwischen der **Tourismus** ein wichtiger Faktor. Er spielt eine große Rolle für die ansässigen Hotels und die Gastronomie, bei Dienstleistungen und letztlich auch beim Einzelhandel. Schwerpunkt der Übernachtungsgäste ist der Stadtteil **Norddeich,** dort gibt es neben **zahlreichen Hotels** auch eine **Jugendherberge** und einen **Campingplatz.** Knapp zwei Millionen Übernachtungen wurden 2019 in Norden-Norddeich gezählt. Die Stadt ist damit einer der beliebtesten Touristenorte der ostfriesischen Halbinsel.

Sehenswertes

Die evangelisch-lutherische **Ludgeri-Kirche** liegt neben dem Marktplatz und wurde in mehreren Bauabschnitten ab dem Jahr 1445 im romanisch-gotischen Stil errichtet. Mit rund 80 Metern Länge ist sie der **größte mittelalterliche Sakralbau der Region.** Eine Straße trennt das Kirchenschiff vom freistehenden Glockenturm. Die Ludgeri-Kirche weist mit dem Schriftaltar, einer Barockkanzel, dem gotischen Chorgestühl und dem alten Taufbecken eine reiche Ausstattung auf. Der berühmte Orgelbauer *Arp Schnitger* baute 1686 die Orgel in der

☑ Die Frisia-Mühle

109ofl_mna

Kirche, die 1691 bis 1692 nochmals von ihm erweitert wurde. Es handelt sich um die **größte Orgel Ostfrieslands,** und sie ist von historischer und klanglicher Bedeutung mit internationalem Ruf.

Der **Marktplatz** mit seinen zum Teil sehr alten Bäumen im Zentrum von Norden ist mehr als sechseinhalb Hektar groß. Besonders belebt ist er zu Zeiten des **Wochenmarkts** und anlässlich der verschiedenen **Stadtfeste.** Zahlreiche alte Gebäude bilden die malerische Umgebung. An der Südseite stehen die „**Dree Süsters**", alte Backsteinbauten aus der Renaissance mit wunderschönen Fassaden. Sehenswert ist auch das **Haus Am Markt 46.** Früher gehörte es der Apothekerfamilie *Groenewold,* es entstand um 1500 und wurde 1680 sowie im 19. Jahrhundert umgestaltet.

Unbedingt sehenswert ist das **Alte Rathaus von Norden.** In dem denkmalgeschützten Backsteinbau befinden sich das **Ostfriesische Teemuseum** und das **Heimatmuseum.** Im Museum befindet sich ein sogenannter **frauenORT,** der an *Recha Freier* (1892–1984) erinnert. Die Pädagogin rettete während des Nationalsozialismus mehr als 7600 jüdische Jugendliche vor Verfolgung und Tod, indem sie ab 1932 **Auswanderungen ins damalige Palästina** organisierte, wo die Jugendlichen eine Ausbildung erhielten. Direkt daneben befindet sich das 500 Jahre alte **Ubbo-Emmius-Haus** mit einem beeindruckenden Gewölbekeller, in dem sich ein zweites Museum befindet: das **TeeMuseum.** Auch hier dreht sich alles um Tee und seine lange Geschichte. Das denkmalgeschützte **Vossenhus,** was so viel wie *Fuchshaus* bedeutet, stammt aus dem 16. Jh. Heute nutzt die Stadtbibliothek das Gebäude. In Nordens **Fuß**gängerzone, der Osterstraße, befindet sich das vermutlich prächtigste Gebäude der Stadt, das **Schöninghsche Haus** aus dem Jahr 1576 im niederländischen Stil.

Im Norder Stadtgebiet stehen **drei historische Windmühlen,** einstmals waren es 14. In der Nähe des Bahnhofs wurden die **Deichmühle** und die **Frisia-Mühle** am Norder Tief errichtet. An der nach Westen führenden Alleestraße steht die **Westgaster Mühle.** Alle drei Mühlen sind restauriert worden, beherbergen eine Ausstellung und können nach Vereinbarung besichtigt werden.

(UNSER TIPP) Im Sommer (Juni–Oktober) fährt eine kleine Museumsbahn, die „**Küstenbahn Ostfriesland",** von Norden über Lütetsburg, Hage und Westerende nach Dornum und retour. Der Fahrplan wird per Aushang und auf der Website bekannt gegeben. Start am MKO-Eisenbahnmuseum im Lokschuppen am Bahnhof Norden. Tickets verkaufen die umliegenden Kurverwaltungen und Verkehrsbüros sowie die Reiseagentur Hagemeyer im Marktpavillon in Norden. Infos unter www.mkoev.de.

Norddeich

Zwei Bauernhöfe und ein Wirtshaus an einem kleinen Fischerhafen – so begann die Geschichte des Nordseeheilbads Norddeich. Schon zu Beginn des 19. Jahrhunderts spielten **Badegäste** für die örtliche Wirtschaft eine zunehmende Rolle. Der Inhaber des Seebergskrugs am Norddeiche warb in einem Prospekt für **warme und kalte Bäder diesseits des Deiches** und für die **Nutzung einer Badekutsche jenseits des Deiches.** Entscheidende Bedeutung für die Entwicklung der kleinen Ortschaft hatte die Gründung des **ersten deutschen Nord-**

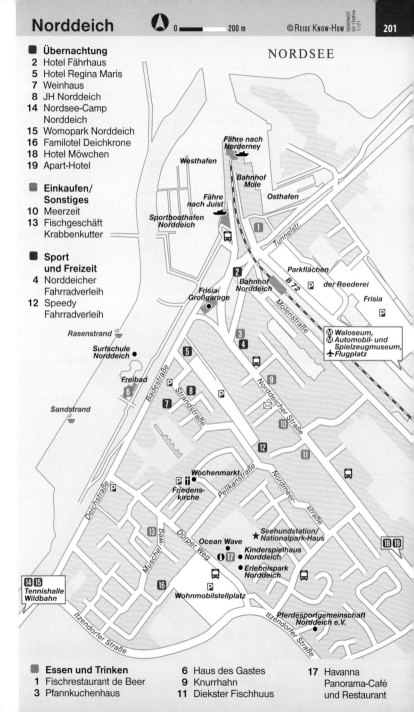

NORDSEE

Übernachtung
2 Hotel Fährhaus
5 Hotel Regina Maris
7 Weinhaus
8 JH Norddeich
14 Nordsee-Camp Norddeich
15 Womopark Norddeich
16 Familotel Deichkrone
18 Hotel Möwchen
19 Apart-Hotel

Einkaufen/ Sonstiges
10 Meerzeit
13 Fischgeschäft Krabbenkutter

Sport und Freizeit
4 Norddeicher Fahrradverleih
12 Speedy Fahrradverleih

Fähre nach Norderney

Westhafen

Bahnhof Mole

Osthafen

Fähre nach Juist

Sportboothafen Norddeich

Tunnelstr.

Parkflächen der Reederei

B 72

Bahnhof Norddeich

Frisia-Großgarage

Frisia

Molenstraße

M Waloseum,
M Automobil- und Spielzeugmuseum,
✈ Flugplatz

Rasenstrand

Surfschule Norddeich

Freibad

Sandstrand

Badestraße

Strandstraße

Norddeicher Straße

Wochenmarkt

Friedens-kirche

Pellkanstraße

Nordmeerstraße

Muschelweg

Dörper Weg

Deichstraße

Ocean Wave

Kinderspielhaus Norddeich

Erlebnispark Norddeich

Seehundstation/ Nationalpark-Haus

Havanna 17

Wohnmobilstellplatz

Tennishalle Wildbahn
14 15

Itzendorfer Straße

Pferdesportgemeinschaft Norddeich e.V.

18 19

Essen und Trinken
1 Fischrestaurant de Beer
3 Pfannkuchenhaus

6 Haus des Gastes
9 Knurrhahn
11 Diekster Fischhuus

17 Havanna Panorama-Café und Restaurant

seebades auf **Norderney.** Schon 1824 wurde ein Anleger für kleine Segelschiffe gebaut, der jedoch immer wieder durch Sturmfluten und Eis beschädigt wurde. Ab 1871 wurden Badegäste **erstmals nach Fahrplan** von der neu gegründeten „Dampfschiffrhederei Norden" zwischen Norddeich und den Inseln Juist und Norderney hin- und hergefahren. Allerdings erwiesen sich die Hafenmolen als zu klein für große Dampfer und man stieß rasch an die Kapazitätsgrenzen. Nach dem Anschluss Nordens an das Bahnnetz in den 1880er-Jahren wurde der **Hafen** in Norddeich **deutlich ausgebaut.** Seitdem ist die Fährverbindung nach Norderney tideunabhängig möglich. Seit 1892 fuhr die Eisenbahn bis nach Norddeich, der ehemalige Fischerort entwickelte sich auch selbst zum Badeort. Drei Jahre später verlängerte die Eisenbahn ihre Gleise bis auf die Mole des Fährhafens. Dadurch konnte eine Zunahme der Inselurlauber erreicht werden. Aber so manch einem Gast gefiel es auch in Norddeich, und er blieb am Festland.

Norden-Norddeich ist heute das größte der staatlich anerkannten **Seeheilbäder** an Ostfrieslands Küste. Über eine Million Übernachtungen pro Jahr verbucht die Stadt inzwischen. Mit jährlich rund 2,25 Millionen Passagieren hat Norddeich auch den **größten Personenhafen** an der deutschen Nordseeküste. 11.000 Linienfahrten gibt es pro Jahr zu den Inseln Norderney und Juist, wobei Juist die deutlich geringere Rolle spielt. Durchgeführt werden die Fährfahrten

☑ Deichblick zum Strand von Norddeich

110ofl_mna

Landkreis Aurich

für die Versorgung der Inseln von der **Reederei Norden-Frisia**. Die Inseln sind außerdem über die Luft erreichbar, die Flüge organisiert eine Tochtergesellschaft der Reederei, die **FLN Frisia-Luftverkehr**. Der **Flugplatz Norden-Norddeich** stellt eine Verbindung zu allen Ostfriesischen Inseln her, die über einen Flugplatz verfügen. Sogar **Tagesausflüge nach Helgoland** sind im Angebot. Norddeichs Wirtschaft ist entsprechend vom **Tourismus** und vom **Einzelhandel** geprägt. Fast die Hälfte der Urlauber kommt dank der guten Eisenbahn- und Straßenverbindung aus **Nordrhein-Westfalen.**

Die meisten Geschäfte und Restaurants sind an den Hauptzufahrtsstraßen **Dörper Weg** und **Norddeicher Straße** zu finden. Am Fischereihafen betreiben zwei Unternehmen für die Energieversorgung Servicestützpunkte für ihre Offshore-Windparks in der Nordsee. Die Fischereiflotte hat im östlichen Hafenbereich ihr Domizil. Der westliche Hafenbereich bietet Platz für bis zu 400 Sport- und Segelboote. Westlich des Hafens beginnt der Strandbereich des Küstenbadeortes.

Seit 1979 ist Nordens Ortsteil **staatlich anerkanntes Nordseebad,** im gleichen Jahr wurde das große **Meerwasser-Hallenbad** (das heutige Ocean Wave) eröffnet. Neben dem **Strand** hat Norddeich ein **Kinderspielhaus,** einen **Abenteuergolfpark** (im Erlebnispark Norddeich) und eine **Seehundstation.** Diese ist im Nationalpark-Haus untergebracht, zwischen 80 und 150 verwaiste junge Seehunde werden hier jährlich aufgezogen. Wenn sich die Tiere ausreichend entwickelt haben, werden sie in der Nordsee freigelassen.

Praktische Tipps

Adressen in 26506 Norden (N)
und Norden-Norddeich (ND)

■ **Tourismus Service Norden-Norddeich (ND),** Dörper Weg 22, Tel. 04931 986200, www.norddeich.de.

Verkehr

■ **Bahnhof Norden,** Bahnhofstraße 36, Tel. 0180 6996633, www.reiseauskunft.bahn.de. Zusätzlich gibt es einen Haltepunkt in Norddeich und den Endpunkt Norddeich/Mole direkt neben den Fähranlegern. Vor dem Bahnhofsgebäude der Stadt Norden liegt der **Zentrale Busbahnhof (ZOB),** zahlreiche Omnibusse stellen die Verbindung zu anderen Küstenorten sicher.

■ **Taxizentrale Norddeich-Norden,** Tel. 04931 8000.

■ **Fähre nach Juist – Fährterminal Norddeich-Juist,** Auf der Mole, Tel. 04931 9870, www.reederei-frisia.de. Die Schifffahrt zur Ostfriesischen Insel ist gezeitenabhängig, die Überfahrt dauert etwa 90 Minuten. Oft gibt es nur eine Verbindung pro Tag, Juist ist autofrei.

■ **Fähre nach Norderney – Fährterminal Norddeich-Norderney,** Auf der Mole, Tel. 04931 9870, www.reederei-frisia.de. Die Schifffahrt zur Ostfriesischen Insel ist gezeitenunabhängig, die Überfahrt dauert ca. 60 Minuten. Der Autoverkehr auf der Insel ist saisonal eingeschränkt möglich. Fahrkarten können direkt vom Auto aus am Service-Schalter erworben werden, eine Reservierung für die Hinfahrt ist nicht möglich. Für die Rückfahrt ist jedoch eine Stellplatz-Reservierung notwendig.

■ **Flüge,** FLN FRISIA-Luftverkehr GmbH Norddeich: Westerlooger Strohweg 5, Tel. 04931 93320, www.inselflieger.de.

■ **Parken,** Tagesgäste parken in unmittelbarer Nähe zum Hafen auf den Parkflächen der Reederei Friesia (5 €/Tag), die etwas weiter entfernten Parkplätze haben einen Buszubringer (1 € pro Person und Strecke).

3

■ **Sportboothafen Norddeich Mole (ND),** Yacht-Club Norden e. V., Tel. 04931 8060, www.yacht-club-norden.de. Von dort aus ist alles fußläufig oder mit den öffentlichen Verkehrsmitteln gut erreichbar.

Einkaufen

Das Stadtzentrum von Norden mit Einkaufsmöglichkeiten konzentriert sich im Wesentlichen auf den **Neuen Weg bis zur Osterstraße,** dort ist teilweise auch eine Fußgängerzone eingerichtet. Es gibt Modeläden, einen Drogeriemarkt, eine Bank sowie ein Café.

■ **Wochenmarkt (N),** Historischer Marktplatz am Rathaus, Montag und Samstag von 7 bis 13 Uhr.

18 Einkaufszentrum Norder Tor (N), Bahnhofstraße 1a, Tel. 04931 9300998. Beliebtes Einkaufszentrum mit diversen Modegeschäften, Discounter, Supermarkt, Gastronomie, Bäcker, Frisör etc.

☑ Fährschiff und Arbeitsplattform in der Hafeneinfahrt

17 Wally's Schatzkästchen (N), In der Gnurre 40, Tel. 04931 4265, kleines Kunsthandwerkergeschäft in der Frisiamühle mit selbstgemachtem Schmuck und leckeren Marmeladen.

13 LeseZeichen (N), Neuer Weg 107a, Tel. 04931 9567993. Eine große Buchauswahl, hohe Kompetenz und engagierte, freundliche Angestellte überzeugen die Kunden.

16 Norder Kaffee Manufaktur (N), Neuer Weg 66, Tel. 04931 9551645, www.norder-kaffee.de. Der hier geröstete Kaffee kann im Café genossen oder zum Mitnehmen in vielen verschiedenen Sorten erworben werden. Die Spezialität des Hauses ist der Kaffeelikör.

2 Florist Stellmacher (N), Große Mühlenstraße 69, Tel. 04931 2492, www.florist-norden.de. Hier kann man sich Farbe ins Leben holen, große Auswahl an Schnittblumen und Topfpflanzen.

■ **Wochenmarkt (ND),** von März bis Oktober freitags von 8 bis 12 Uhr auf dem Parkplatz an der Friedenskirche.

10 Meerzeit (ND), Norddeicher Straße 225. Maritimes und mehr, der Hit: das Ostfriesland-Monopoly.

111ofl_mna

13 Fischgeschäft Krabbenkutter (ND), Muschelweg 3, Tel. 04931 8852. Mit Imbiss.

Gastronomie (Cafés)

9 Café ten Cate (N), Osterstraße 153, Tel. 04931 2420, www.cafe-ten-cate.de. Seit 1878 gibt es diesen Familienbetrieb, der von der Zeitschrift „Der Feinschmecker" ausdrücklich empfohlen wird. Im Angebot sind sensationelle Konditoreierzeugnisse, klassische Backwaren, ausgewählte Marmeladen und Tees in ausgezeichneter Qualität.

12 Café-Konditorei Remmers (N), Neuer Weg 28, Tel. 04931 2462, www.cafe-remmers.de. Seit 1794 wird in diesem Haus gebacken, seit über 100 Jahren zaubert Familie *Remmers* hier leckere Kuchenspezialitäten.

Gastronomie (Restaurants)

10 Kreta (N), Ostertraße 136, Tel. 04931 9563188, www.kreta-norden.de. Typischer Grieche mit breitem Angebot.

16 Restaurant Heimisch im Hotel Reichshof (N), Neuer Weg 53, Tel. 04931 175220, www.reichshof-norden.de. Gepflegtes Ambiente, kleines Angebot auch für Veganer und Vegetarier.

19 Ristorante da Sergio Altes Zollhaus (N), Am Hafen 1, Tel. 04931 9598404, www.dasergio-norden.de. Gepflegte italienische Küche mit viel Flair direkt am Hafen, günstiger Mittagstisch.

11 Dock No. 8 (N), Große Neustraße 8, Tel. 04931 168994, www.dockachtnorden.de. Café, Restaurant, Genussshop mit feinem „Soul Food".

6 Frietjes Speciaal (N), Westerstraße 14–15, Tel. 04931 9734050, www.frietjes-speciaal.de. Holländische Imbissspezialitäten. Nette Atmosphäre.

17 Havanna Panorama-Café und Restaurant (ND), Dörper Weg 23 (am Ocean Wave), Tel. 04931 9835424, www.havanna-norddeich.de. Leckere Burger, auch vegan und vegetarisch, Fisch und Fleisch in schönem Ambiente.

9 Knurrhahn (ND), Norddeicher Straße 208, Tel. 04931 9598400, www.fewo-knurrhahn.de. Klassische deutsche Küche in zünftigem Ambiente.

11 Diekster Fischhuus (ND), Norddeicher Straße 245, Tel. 04931 8959, www.diekster-fischhuus.de. Frisch zubereitetes „Essen mit Flossen" in allen Variationen sowie Fleischgerichte, Suppen und Salate.

1 Fischrestaurant de Beer (ND), Hafenstraße 6, Tel. 04931 932830, www.debeer.de. Leckere Fischgerichte, direkt am Norddeicher Fischereihafen.

6 Haus des Gastes (ND), Strandstraße 2, Tel. 04931 984021, www.haus-desgastes-norddeich.de. Klassische norddeutsche Gastronomie in modernem Ambiente direkt am Strand.

3 Pfannkuchenhaus (ND), Norddeicher Straße 204, Tel. 04931 917550, www.ndd-urlaub.de. Feine Menüs in gepflegter Atmosphäre.

Unterkunft

15 Romantik-Hotel Reichshof③ (N), Neuer Weg 53, Tel. 04931 1750, www.reichshof-norden.de. Hochwertig eingerichtete Zimmer in einem alten Backsteinbau inmitten der Innenstadt Nordens.

1 Hotel Ostfriesland② (N), Ginsterweg 6, Tel. 04931 94400, www.hotel-ostfriesland.de. Modern und komfortabel eingerichtete Zimmer, nördlich des Norden-Zentrums und hervorragender Ausgangspunkt für Radtouren.

14 Stadthotel Smutje② (N), Neuer Weg 89, Tel. 04931 94250, www.stadthotelsmutje.de. Schöne 3-Sterne-Zimmer im Zentrum Nordens.

3 Hotel zur Post① (N), Am Markt 3, Tel. 04931 2787, www.hotel-zur-post-norden.de. Einfache, aber ruhige Zimmer. Im Untergeschoss befindet sich eine Kneipe, die von Gästen und Einheimischen gleichermaßen gern besucht wird.

5 WattLodge② (N), Alleestraße 33, Tel. 01512 9903392, www.wattlodge.de. Das zwanglose Hotel, ist eher ein Ferienhof. Neben klassischen Zimmern gibt es auch eine Indoor-Camping-Anlage mit integrierter Zeltstadt. Vom Einzelschlafplatz bis zum 12-Personen-Zelt ist alles möglich. Es werden auch Angebote gemeinsam mit der Surfschule Norddeich gemacht, in diesen Paketen sind dann

3

Segeln, Surfen oder SUP integriert. In der Watt Lodge gibt es eine Grillecke und einen Boßelplatz.

2 Hotel Fährhaus③ (ND), Hafenstraße 1, Tel. 04931 98877, www.hotel-faehrhaus.de. Vier-Sterne-Wellness-Hotel in Top-Lage am Meer.

5 Hotel Regina Maris② (ND), Badestraße 7 c, Tel. 04931 19030, www.hotel-regina-maris.de. Hotel in allerfeinster Lage an der Kurpromenade gelegen, zum Strand muss man nur über den Deich.

19 Apart-Hotel② (ND), Norddeicherstr. 86, Tel. 04931 957800, www.apart-hotel-norden.de. Vier-Sterne-Luxus der Mittelklasse.

18 Hotel Möwchen② (ND), Norddeicherstraße 56, Tel. 04931 2224, www.hotel-moewchen.de. Einfache Standardzimmer in zentraler Lage.

16 Familotel Deichkrone③ (ND), Flüthörn 2 a, Tel. 04931 9282828, www.hotel-deichkrone.de. Zimmer und Appartements ausschließlich für Familien, All-Inclusive ab 7 Nächten.

7 Weinhaus② (ND), Golfstraße 3, Tel. 04931 8065, www.weinhaus-norden.com. Einfache Zimmer, direkt hinterm Deich gelegen.

8 Jugendherberge① (ND), Strandstraße 1, Tel. 04931 8064, www.jugendherberge.de. 1-A-Lage direkt am Strand, barrierefrei und mit Bestbewertungen.

14 Nordsee-Camp Norddeich (ND), Deichstraße 21, Tel. 04931 8073, www.nordsee-camp.de. Zeltwiese, Caravan- und Wohnmobilstellplätze, schöne Chalets und kleine Ferienhütten.

15 Womopark Norddeich (ND), Deichstraße 24, Tel. 04931 9186478, www.womopark-norddeich.de. 44 Stellplätze direkt am Deich, idyllisch im Grünen gelegen.

Museen und Führungen

⚲ Seehundstation Nationalpark-Haus (ND), Dörper Weg 24, Tel. 04931 973330, www.seehundstation-norddeich.de, März bis Ende Okt. tägl. 9–18 Uhr, im Winter teilw. von 10–17 Uhr, teilw. geschlossen, Erw. 10 €, Kinder 4–7 J. 6 €, Familien 29 €. Hier werden junge Heuler, die von ihren Müt-

tern verlassen wurden, von Hand aufgezogen und später wieder freigelassen, aber auch kranke Seehunde behandelt. Neben den Tieren selbst gibt es eine umfangreiche Ausstellung zum Thema Wattenmeer und Umwelt sowie jede Menge Veranstaltungen und Führungen.

⚲ Waloseum (ND), Osterlooger Weg 3, Tel. 04931 973330 und 04931 8919, www.waloseum.de, März bis Mitte November tägl. 10–17 Uhr, Erw. 10 €, Kinder 6 €, Familien 29 €. Im Mittelpunkt der Ausstellung steht das 15 Meter lange Skelett eines Pottwals, der 2003 vor Norderney gestrandet ist. Im Untergeschoss sind fantastische Eindrücke aus dem Reich der Wale und Delfine zu sehen, die obere Etage zeigt alles rund um die einzigartige Tierwelt im Lebensraum Wattenmeer.

■ Ostfriesisches Teemuseum (N), Am Markt 36, Tel. 04931 12100, www.teemuseum.de (Erw. 6 €, Kinder 2 €). Der Besucher erhält tiefe Einblicke in die verschiedensten Anbaugebiete der Teepflanzen, den historischen Fernhandel und Teegebräuche aus aller Welt bis hin zur Teekultur in Ostfriesland.

■ TeeMuseum (N), Am Markt 33, Tel. 04931 13800, www.teemuseum-norden.de (Erw. 4 €, Kinder 1 €). 1000 Jahre Teegeschichte werden hier anhand zahlreicher Exponate erzählt, ein Schwerpunkt liegt zusätzlich auf der Präsentation der japanischen Teekultur mit einer der weltweit bedeutendsten Sammlungen zur internationalen Kulturgeschichte des Tees. Das Museum hat auch einen kleinen Shop.

Info: Wegen umfangreicher Renovierungsarbeiten bleibt das Museum bis auf Weiteres geschlossen. Bitte informieren Sie sich vor dem Besuch über die aktuelle Situation.

■ Museum Norddeich Radio (N), Osterstraße 11 a, Tel. 04931 9733081, www.norddeich-radio.de. Hier geht es um den See- und Küstenfunkdienst und das legendäre Norddeich Radio, viele der ausgestellten Exponate waren früher in Betrieb.

■ Eisenbahnmuseum im Lokschuppen (N), Am Bahndamm 4, Tel. 04931 169030, www.mkoev.de (Erw. 1,50 €, Kinder 0,50 €). Das Museum befindet sich in einem denkmalgeschützten Lokschuppen und beherbergt historische Fahrzeuge und Gleisbaugeräte, eine Sammlung von Eisenbahnobjekten, alte Dokumente, das wiederaufgebaute Stellwerk „Norden-Mitte" und auf dem Freigelände sind historische technische Anlagen zu sehen. Von hier aus startet auch die kleine Museumsbahn (siehe S. 200).

■ **Automobil- und Spielzeugmuseum (ND),** Ostermarscher Straße 29, Tel. 04931 9187911, www.automuseum-nordsee.de. Von April bis Oktober Oldtimer, Youngtimer, Motorräder, alte Reklame und Spielzeug.

■ **Stadtführungen, geführte Radtouren und Busausflüge nach Papenburg und Groningen,** über Tourist-Information, www.norddeich.de (ab 3 €).

(UNSER TIPP!) **Tour „Hören Sehen Genießen"** in Zusammenarbeit mit dem Ostfriesischen Teemuseum.

(UNSER TIPP!) **Krimicaching in Norden-Norddeich,** Der ostfriesische Krimispaß verbindet Literatur und Natur mit einer unterhaltsamen Fahrradtour. Benötigt wird dafür ein internetfähiges Smartphone. Nur Geokoordinaten weisen den Weg. An jedem Punkt der Tour gibt es ein spannendes Hörbuch-Erlebnis der bekanntesten ostfriesischen Krimiautoren, das sich über einen QR-Code abrufen lässt. So lernt man in sieben Kapiteln auf spannende Weise das Norderland kennen. Infos bei der Tourist-Info (ND).

Ausflüge und Touren

■ **Busausflüge nach Ostfriesland,** Groningen und Papenburg: über die Tourist-Information.

■ **FLN-Flug nach Juist,** In nur fünf Minuten fliegt man von Norden-Norddeich nach Juist (Hin- und Rückflug Erw. 88 €/Kinder bis 11 J. 51 €, Kombiticket für Flug und Schiff Erw. 69 €/Kinder bis 5 J. 28 €/ Kinder von 6 bis 11 J. 38,50 €).

■ **FLN-Flug nach Norderney (ND),** Dieser Flug ist nur unwesentlich länger (Hin- und Rückflug Erw. 145 €/ Kinder bis 11 J. 51 €).

■ **FLN-Tagesausflüge mit dem Flugzeug nach Helgoland (ND),** Ab acht Personen werden Tagesausflüge nach Helgoland angeboten (Erw. 182 €/Kinder bis 11 J. 131 €).

■ **FLN-Rundflüge ab Norddeich,** Die Flüge dauern zwischen 15 und 60 Minuten und können auf Anfrage gebucht werden (pro Person von 135 bis 420 €).

Sport und Freizeit

■ **Frisia-Bad (N),** Parkstraße 45, Tel. 04931 986210, www.frisia-bad.de (Erw. 3 €, Kinder 1,50 €). Hallenbad, überwiegend von Schulen und Vereinen genutzt.

⚲ **Ocean Wave (ND),** Dörper Weg 23, Tel. 04931 986300, www.ocean-wave.de (Erw. 7,50 €, Kinder 5,50 €). Erlebnisbad mit Außenbecken, Rutsche, Sauna- und Wellnessbereich.

⚲ **Kinderspielhaus Norddeich (ND),** Dörper Weg 22, Tel. 04931 986200, www.norddeich.de (Eintritt frei). Indoor-Spielareal (ohne Kinderbetreuung) mit Programm wie Clownerie, Zauberei und Puppenkiste.

⚲ **Erlebnispark Norddeich (ND),** Dörper Weg 25, Tel. 04931 917683, www.erlebnispark-norddeich.de, geöffnet März–Nov. 10 Uhr bis abends. Erlebnisgolf-Parcours (Erw. 8 €, Kinder 5–16 J. 6 €, Familie 20 €), Rätsel-Irrgarten (Erw. 5 €, Kinder 5–16 J. 4,50 €). Besonders sehenswert ist die Märchenstunde bei Kerzenschein im schwarzen Rundzelt, Anmeldung erwünscht (ab 7 €).

■ **Surfschule Norddeich (ND),** Badestraße, Tel. 0170 9609446, www.surfschule-norddeich.de. Großes Wassersportzentrum mit Kitesurfen, Kajakfahren, Segeln, Windsurfen, Landboarden, Stand-Up-Paddling.

■ **Tennishalle Wildbahn,** In der Wildbahn 2, Tel. 0151 14470628.

■ **Angeln im Norder Tief (N),** Gastkarten über Tourist-Information.

■ **Pferdesportgemeinschaft Norddeich e. V.,** Landstraße 16, Tel. 04931 984971 und 0162 1821 977, www.psg-norddeich.de. Um nicht in die Irre geschickt zu werden, bitte unbedingt die PLZ 26505 ins Navi eingeben! Es gibt nämlich noch eine gleichnamige Straße in Hage.

■ **PSV Norderland e. V.,** Reitanlage, Alter Postweg 18, Tel. 0151 10026004, www.psv-norderland.de.

Fahrradfahren und Paddeln

[20] Paddel- und Pedalstation Norden (N), Am Norder Tief 3 und Lorenzweg 34, Tel. 04931 9715871 und 0171 7454820.

[7] Fahrradverleih Gaby Janssen (N), Kutterstraße 4 a, Tel. 04931 81853.

[8] Fahrradverleih Arjes (N), Hollander Weg 23, Tel. 04931 4336.

[4] Zweirad Gäde (N), Norddeicher Straße 140, Tel. 04931 168081, www.fahrradservice-norden.de.

[4] Norddeicher Fahrradverleih/[12] Speedy Fahrradverleih (N), Norddeicher Straße 204 und Nordmeerstraße 2 b, Tel. 0160 2522115, www.norddeicher-fahrradverleih.de.

Veranstaltungen

Norden-Norddeich bietet während des ganzen Jahres viele verschiedene Veranstaltungen für jeden Geschmack an. Auf der Website **www.norddeich.de** gibt es stets einen aktuellen Veranstaltungskalender, in dem sich auch nach Themen suchen lässt.

■ **Osterfeuer,** Ostersamstag am Strand in Norddeich mit buntem Rahmenprogramm.

■ **OLB-Citylauf,** Mitte April mit verschiedenen Distanzen von fünf bis zehn Kilometern.

⚲ **Drachenfest:** um Himmelfahrt, buntes Familienfest mit Rahmenprogramm.

■ **FineTime am Meer,** an Pfingsten, Treffen für Oldtimer und Weinliebhaber, „White Dinner" am Deich.

■ **OpenAir am Meer,** im Juli, Livemusik und Outdoor-Kino.

■ **Wikingerlager,** Ende Juli/Anfang August, Zeitreise mit Zeltlager, Kampfvorführungen, Handwerk, Tauschereien und Ständen fürs leibliche Wohl.

■ **Nordlichter am Meer,** um den 3. Oktober, Licht und Farben, strahlende Skulpturen und spektakuläre Beleuchtungen.

■ **Silvesterparty am Meer,** am Silvesterabend Party am Strand mit Tanz, Spaß und Moderation eines Radiomoderators.

Hage

Vier Gemeinden bilden die sog. **Samtgemeinde Hage:** Halbemond, Hage, Lütetsburg und Hagermarsch. Hage ist seit 1982 ein **staatlich anerkannter Luftkurort.** Hage ist der Hauptort der Samtgemeinde, hier befindet sich auch die **Kurverwaltung.** Das Ortsbild beherrscht die achtstöckige **Hager Windmühle,** ihre Kappenhöhe beträgt gut 30 Meter. Damit ist sie die höchste Windmühle Deutschlands. Erwähnenswert ist die **Ansgarikirche** in Hage. Ihr Bau begann um 1220 auf einer sechs Meter hohen Warft. Im Laufe der Jahrhunderte wurde das Gotteshaus immer instabiler, nach der Sturmflut 1962 musste das Gemäuer aufwendig gesichert werden. Von kunsthistorischer Bedeutung ist die Ausstattung der Kirche. Der Taufstein stammt

▷ Steinamphore im Lütetsburger Park

aus dem 13. Jahrhundert, der Altar wird auf die Jahre um 1480 datiert. Die Orgel baute der Orgelbauer *Dirk Lohmann* von 1776 bis 1783. Nach umfassender Restaurierung in den 1970er- und 1980er-Jahren ertönt das Instrument jetzt wieder in vollem und schönem Klang.

Am **Kiessee Berum** befindet sich Hages **Kurzentrum** mit dem **Kurpark am See.** Direkt daneben befindet sich das **Schwimmbad** mit modernen Wellnesseinrichtungen. Die Samtgemeinde Hage hat die einzige **Naturbadestelle** an der Nordseeküste in **Hilgenriedersiel.** Dieser Geheimtipp verspricht ein einmaliges Naturerlebnis.

Immer einen Besuch wert ist **Lütetsburg** (s.u.), hier finden zahlreiche Kulturangebote am Wasserschloss statt. Der **Lütetsburger Schlosspark** ist für Naturliebhaber und Gartenfreunde von Interesse, allein der Bestand an alten Bäumen ist ungewöhnlich für Ostfriesland.

Lütetsburg

(*UNSER TIPP!*) Die besondere Sehenswürdigkeit ist das **Wasserschloss** mit dem angrenzenden **Landschaftsgarten,** auch wenn das Schloss selbst in Privatbesitz und nicht zu besichtigen ist. Seit 1588 ist Lütetsburg der Stammsitz der **Grafen von Inn- und Knyphausen.** Die historische Schlossanlage wurde bei einem Brand am zweiten Weihnachtstag 1893 fast vollständig zerstört. Dabei sind auch zahlreiche Kulturgegenstände wie eine Sammlung holländischer Landschaftsgemälde aus dem 17. Jahrhundert verloren gegangen. Bis 1896 wurde das Schloss im Stil der Neorenaissance neu errichtet. 1956 fiel auch dieses Gebäudeensemble aus ungeklärter Ursache den Flammen zum Opfer. Das heutige Wasserschloss, eine zweigeschossige Anlage aus vier Flügeln, entstand 1960. Beim Bau orientierte man sich stilistisch am barocken

112ofl_mna

Vorgängerbau. Nur die Vorburg ist erhalten geblieben und stammt aus dem 16. Jahrhundert.

Der zum Wasserschloss gehörende **Schlosspark Lütetsburg** ist ein Kleinod europäischer Gartenkunst. *Edzard Mauritz Freiherr von Inn- und Knyphausen* legte das außergewöhnliche Gartenkunstwerk in den Jahren 1790 bis 1813 an. Die eindrucksvolle und mit 30 Hektar weitläufige Parkanlage im Stil der englischen Landschaftsgärten überrascht inmitten Ostfrieslands mit ihrem **üppigen alten Baumbestand.** Auf verschlungenen Pfaden sieht man nicht nur die vielen Pflanzen, Büsche und Bäume, sondern auch Wasserkanäle und Teiche.

Behutsam integriert sind historische Bauwerke und Staffagen, die rein der Optik dienen. Im „Tempel der Freundschaft" können auf Wunsch **Eheschließungen** durchgeführt werden. Mit Inschriften verzierte Parkbänke laden zum Verweilen ein. Besonders im Frühling bietet die **Rhododendron- und Aza-**

⌃ Illumination im Lütetsburger Park

Landkreis Aurich

leenblüte einen atemberaubenden Anblick. Aber auch die anderen Jahreszeiten entwickeln ihren ganz eigenen Charme. Besonders Ende September oder Anfang Oktober entfaltet der Park während der „Illumina" einen verzauberten Eindruck: Unter dem Motto „Poesie des Lichts" wird nach Anbruch der Dunkelheit der Garten durch ein romantisches Lichtermeer von Kerzen, Fackeln und farbiger Beleuchtung in geheimnisvolles Licht getaucht und zieht die Besucher in seinen Bann. Mit akustischen Sounds, Gedichten und Musik werden die Menschen in eine andere Welt entführt.

Für eine kleine Stärkung bietet sich ein Besuch des **Schlossparkcafés** an, wo man ostfriesische Spezialitäten, leckeren Kuchen und kleine Gerichte genießen kann. Im Herbst hängen über den Tischen **dicke Rotweinreben** über den Köpfen der Gäste. Das ist selbst der Zeitschrift „Der Feinschmecker" eine Empfehlung wert. Am Ein- bzw. Ausgang befindet sich auch ein sehr gut ausgestatteter Shop, in dem Bücher zum Thema Gartenkunst und Ostfriesland, schöne Dekoartikel, Postkarten und verschiedene Leckereien zu kaufen sind.

Berum

Das Dorf Berum liegt eingerahmt von Mischwäldern wenige Kilometer östlich der Stadt Norden. Vor allem wegen der gleichnamigen **Burg** gehört Berum zu den wichtigen Stätten ostfriesischer Geschichte. Die Wasserburg wurde erstmals 1310 urkundlich erwähnt und im 15. Jahrhundert zu einem **prächtigen Wasserschloss** im Stil der Renaissance

ausgebaut. Weil die große Anlage unter preußischer Führung keine Verwendung mehr fand, wurde 1764 ein großer Teil der Anlage geschleift. Erhalten blieben die Vorburg, ein an die Wehrmauer gebauter Backsteinbau sowie die barocke Tordurchfahrt.

Das Anwesen befindet sich **heute in Privatbesitz,** im Gästehaus können Ferienwohnungen gemietet werden.

Ein weiteres schlossartiges Anwesen in Berum ist **Schloss Nordeck.** In den 1860er-Jahren im Stil des Historismus errichtet, brannte es 1949 bis auf die Grundmauern nieder. In veränderter Form wiederaufgebaut ist es in Privatbesitz und **nicht zu besichtigen.**

Praktische Tipps

Adressen in 26524 Hage

■ **Tourismus Information** (Hage), Hauptstraße 81, Tel. 04931 189970, www.hage-nordsee.de.
■ **Tourist-Information** (Berum), Badstraße 1, Tel. 04936 918440, www.sg-hage.de.
■ **Schlosspark Lütetsburg,** Gräflich zu Inn- und Knyphausen'sches Rentamt, Landstraße 55, 26524 Lütetsburg, Tel. 04931 4254, www.schlosspark-luetetsburg.de. (Erw. 2 €, Kinder bis 12 J. kostenfrei). Der Shop lädt zum Stöbern ein und im Café gibt es leckeren Kuchen und kleine Speisen.
■ **Magda-Heyken-Haus** (Hage), Eschentüner 4, Tel. 04931 997092, www.heimat-kultur-verein-hage.de. Im Haus der ehemaligen Lehrerin *Magda Heyken* befindet sich eine heimatkundliche Sammlung mit längst in Vergessenheit geratenen Gegenständen aus Handwerk, Handel, Landwirtschaft und Haushalt. Sehenswert ist eine Lutherbibel von 1662 sowie das historische Modell von Hage.
■ **Golfclub Lütetsburg,** Landstraße 36, 26524 Lütetsburg, Tel. 04931 9390431, www.golfclub-luetetsburg.de. Anspruchsvoller Links-Course in-

3

114ofl_mna

mitten einer beeindruckenden Naturkulisse. Platzreife erforderlich.

■ **Hallen- und Freibad Berum,** Badstraße 1, Tel. 04936 918445, www.sg-hage.de. Während der Freibad-Saison ist das Hallenbad geschlossen.

Einkaufen

■ **JeansStore** (Hage), Hauptstraße 70, Tel. 04931 974 077, www.jeans-store-mode.de. So unscheinbar der Laden von außen wirkt, umso überraschender ist die riesige Auswahl, die von sehr kompetenten Mitarbeitern präsentiert wird.

Gastronomie/Unterkunft

■ **Restaurant Krone** (Berum), Badstraße 1 (im Haus des Gastes), Tel. 04936 8848, www.restaurant-krone-hage.de. Es gibt herzhafte Suppen, ein großes Salatbuffet und zahlreiche Fisch- und Fleischgerichte. Im Sommer finden auf der großen Terrasse auch Veranstaltungen und Livemusik-Konzerte statt.

■ **Parkhotel Phoenix** ① (Berum), Blandorfer Straße 8, Tel. 04931 9307657, www.parkhotel-phoenix.de. Einfach eingerichtete Zimmer, aber alle Doppelzimmer mit einem kleinen Schreib- oder Sitzplatz.

■ **Ferienpark Berum,** Ubbo-Emmius-Straße 1, Tel. 04936 697748, www.ferienpark-berum.de. 600 Bungalows idyllisch in einem 250 Hektar großen Waldgebiet nahe des Berumer Kiessees gelegen, gibt es hier auch drei Tennisplätze, eine Turnier-Minigolf-Anlage, einen Kinderspielplatz sowie ein Frei- und ein Hallenbad.

■ **Wohnmobilstellplatz** (Berum), Wichter Weg 58. Gebühren sind am Automaten zu entrichten, die sanitären Anlagen befinden sich im nahe gelegenen Schwimmbad.

⌂ Burg Berum mit Wassergraben

Großheide

Die Gemeinde zählt mit rund 8500 Einwohnern zu den kleineren Gemeinden im Landkreis, sie setzt sich aus zehn Ortsteilen zusammen. Zwei **historische Windmühlen** gehören zu den Sehenswürdigkeiten, wie auch die um 1200 entstandene **Bonifatius-Kirche.** Sie steht im Ortsteil Arle auf einer Warft. Nachdem in früheren Jahrhunderten mehrere Glockentürme baufällig wurden und abgerissen werden mussten, stellte man 1887 den heute noch stehenden 40 Meter hohen Turm fertig.

Zur Gemeinde gehört im äußersten Südosten das **Berumfehner Moor.** Dieses ist Teil eines ehemals ausgedehnten Moorgebiets, Teile davon gehören zum **Naturschutzgebiet Ewiges Meer** (s. Kapitel 4). 2013 ist hier der Torfabbau eingestellt worden, die Abbaubereiche wurden renaturiert und wiedervernässt. Der namensgebende Ort **Berumerfehn** ist die einzige Fehnsiedlung im Norderland.

Praktische Tipps

Adressen in 26532 Großheide

■ **Tourist-Information** (Großheide), Schloßstraße 10, Tel. 04936 3179300, www.grossheide.info. Geöffnet von März bis Oktober und im Dezember.
■ **Wald- und Moormuseum Berumerfehn**, Kirchweg 1a, Tel. 04936 3179320. Das kleine Museum informiert über die Pflanzen- und Tierwelt des Waldes und des Hochmoors sowie über das Leben der Moorpioniere und die Fehnkultur.

Unterkunft

■ **Hotel Rein't Sin Hus**② (Großheide), Am Markt 15, Tel. 04936 914660, www.hotel-grossheide.de.

Das Haus verfügt über 33 Zimmer und ein Restaurant mit gutbürgerlicher Küche und ostfriesischen Spezialitäten.

Gemeinde Dornum

Zur Gemeinde Dornum gehören neben dem gleichnamigen Hauptort zahlreiche Dörfer, die bekanntesten sind die Küstenorte **Neßmersiel** und **Dornumersiel.** Die bereits im 9. Jahrhundert gegründete Ortschaft Nesse verlor ihre Bedeutung, weil ihr Hafen verlandete und der unmittelbare Kontakt zum Meer verloren ging. Der Mittelpunkt des Dorfes liegt auf einer Warft. Historisch betrachtet befindet sich die heutige Gemeinde Dornum teils im Norderland und teils im Harlingerland. Das zeigt sich auch daran, dass Dornums Verwaltungssitz in der Stadt Esens ist.

Dornum

Die **Herrlichkeit Dornum** hat eine lange Geschichte und entsprechend bedeutende historische Sehenswürdigkeiten zu bieten. *Herrlichkeiten* wurden Gebiete genannt, deren Inhaber volles Lehnsrecht hatten, die Gerichtsbarkeit und weitere landesherrliche Rechte ausübten, also **weitgehend autonom** agieren konnten, aber **keinen adeligen Titel** trugen. Der Ort Dornum war im Spätmittelalter Sitz mehrerer ostfriesischer Häuptlingsgeschlechter, davon zeugen das barocke **Wasserschloss Norderburg,** die **Benin-**

115ofl_mna

gaburg und die **St. Bartholomäus-Kirche.** Die historische Backsteinkirche wurde zwischen 1270 und 1290 auf einer acht Meter hohen Warft gebaut. Sie ist innen reich ausgestattet, der Taufstein aus Sandstein stammt noch aus der Zeit ihrer Erbauung. Die **schwarz glänzenden Grabplatten** mit ganzfigurigen Reliefs der Freiherren von Closter sind ebenso erwähnenswert, wie auch die **Gerhard-von-Holy-Orgel** aus dem Jahr 1711. Diese ist eine der größten Dorforgeln in Norddeutschland, im Sommer werden regelmäßig Konzerte in der Kirche gegeben. Im **Grabkeller** der Dornumer Kirche befinden sich die Sarkophage von acht weiteren Mitgliedern der Häuptlingsfamilie.

Die **ursprüngliche Norderburg** wurde bei Kriegshandlungen zerstört und zu

⌃ Das Wasserschloss Norderburg

Beginn des 18. Jahrhunderts im Stil des niederländischen Barock neu errichtet. *Haro Joachim von Closter* ließ das prächtige Wasserschloss erbauen, im Torbogen des Schlosshofs ließ er den Spruch „Neid ist mir lieber als Mitleid" anbringen. Jetzt ist in dem historischen Gebäudekomplex eine **Schule** untergebracht.

Heute gleicht das beschauliche Dornum eher einem „schlafenden Dornröschen", etwa 1000 Einwohner leben in der Ortschaft. Die Konkurrenz der attraktiven Küstenorte mit Seeblick ist groß, auch wenn die Nordsee nur wenige Kilometer entfernt ist. Dennoch lohnt sich ein Besuch in Dornum, denn das Ortsbild mit seinen vielen alten Häusern, die sich um den Marktplatz gruppieren, ist sehenswert.

In Dornum steht auch die **älteste Mühle Ostfrieslands,** sie entstand zur Zeit des Dreißigjährigen Krieges 1626. Die hölzerne und einzige **Bockwindmühle** Ostfrieslands wurde auf einem kleinen künstlichen Erdwall errichtet. Für den Mahlbetrieb wurde die ganze Mühle vom Müller in den Wind gedreht. Wer dem Küstentrubel entfliehen möchte, ist hier gut aufgehoben. Dornum ist idealer **Ausgangspunkt für ausgedehnte Radtouren** ins ostfriesische Binnenland.

Praktische Tipps

Adressen in 26553 Dornum

■ **Tourist-Information,** siehe Dornumersiel (im Reethaus am Meer).

■ **Handweberei Fiefschaft,** Kirchstraße 13, Tel. 04933 1572, www.fiefschaft.de. Textiles aller Art, wunderschönes Kunsthandwerk und Schneidereiatelier.

■ **Fahrradverleih,** IDAT Touristik, Enno-Hektor-Straße 10, Tel. 04933 990036.

■ **Historische Stadtführung,** über Tourist-Information, Anmeldung erforderlich (4 €, Kinder bis 14 J. 2 €).

■ **Oma Freese Huus,** Beningalohne 2–3, Tel. 04933 8124, www.dornum.de. Das Heimatmuseum ist ein typisches Dornumer Kleinbürgerhaus von 1850, in dem die Vermächtnisse der Gebrüder *Kittel* und *Enno Wilhelm Hektors* untergebracht sind. In der „Achterköken", der Küche, befindet sich eine offene Feuerstelle mit alten Feuer- und Küchengeräten. Eine ehemalige Dornumer Schuhmacherwerkstatt ist mit Original-Werkzeugen aufgebaut. Hier lässt sich heiraten, auf Wunsch auch in plattdeutscher Sprache.

■ **Bockwindmühle,** Bahnhofstraße 19, Tel. 04933 371, www.bockwindmühle-dornum.de. Termine für Führungen und Schaubetrieb über die Tourist-Information oder die Website des Mühlenvereins.

■ **Nessmer-Mühle,** Besichtigung nur nach Vereinbarung bei der 1. Vorsitzenden des Mühlenvereins *Renate Pott* unter Tel. 04933 551.

Gastronomie/Unterkunft

■ **Dornumer Teestube,** Enno-Hektor-Straße 18, Tel. 04933 421, www.dornumer-teestube.de. Ein schöner Ort beim Wasserschloss, hier kann man Ostfriesentee zu sich nehmen. Dazu gibt es Kuchen und Torten.

■ **Hotel Herrlichkeit Dornum**②, Bahnhofstraße 23, Tel. 04933 91100, www.hotel-herrlichkeit-dornum.de. Schlicht und modern eingerichtete Zimmer mit zeitgemäßem Komfort.

Veranstaltungen

■ **Aktuelle Termine** unter: www.dornum.de oder im Aushang.

■ **Ritterfest zu Dornum,** Ein Spektakel der ganz besonderen Art findet einmal im Jahr im Juli/August rund um das Dornumer Schloss statt. Hier lädt ein Handwerkermarkt zum Flanieren und Stöbern ein, beim Pestumzug zeigt sich die dunkle Seite der Zeitreise ins Mittelalter, es finden Ritterkämpfe statt und abschließend gibt es im Rahmen der „Mystischen Nacht" eine fulminante Feuershow am Schloss.

■ Von Ende Juni bis Ende August spielen in der St. Bartholomäus-Kirche eine Reihe internationaler Meisterorganisten im Rahmen der **Konzertreihe „Nachtorgel-Konzerte"**. Bei Kerzenschein entsteht ein ganz besonderes Flair.

■ Ende Juni bis Mitte Juni: **Kunsttage Dornum im Wasserschloss** mit Malereien, Grafiken, Zeichnungen und Skulpturen.

■ Von März bis Dezember veranstaltet der Gewerbeverein Dornum auf dem Schlossgelände in Dornum Ortskern verschiedene **Bauern-, Kunsthandwerker- und Martinimärkte** sowie einen Weihnachts- und Laternenmarkt. Gewerbeverein Dornum: Tel. 04933 8788744, www.gewerbeverein-dornum.de.

Neßmersiel

Der kleine **Küstenbadeort** mit seinen rund 400 Einwohnern ist ein Teil der Gemeinde Dornum im Landkreis Aurich. Das Dorf besteht hauptsächlich aus Ferienhäusern, Hotels und Restaurants und grenzt unmittelbar an den Seedeich. Ein komplett ausgebautes **Netz an Radwegen** ermöglicht Touren in alle Himmelsrichtungen.

Der sehenswerte denkmalgeschützte **Heykena-Hof** wurde 1774 errichtet, er liegt mitten im Dorf. Vor dem Deich befindet sich der knapp zwei Kilometer entfernte **Fährhafen,** er wurde in den Jahren 1969 und 1970 angelegt. Von hier aus verkehren heute vor allem die Schiffe nach Baltrum, der Hafen bietet auch Platz für einige Sportboote. Vom Anleger Neßmersiel aus kann man auch **Er**lebnisfahrten zu den Seehundsbänken im Wattenmeer starten. Neben zahlreichen Parkplätzen ist auch **Platz für Wohnmobile** geschaffen worden. Ebenfalls am Hafen befindet sich die gut fünf Hektar große **Badestelle Neßmersiel** mit kleinem Strand, Kiosk und modernem Sanitärgebäude. Für **Hunde** ist ein kleiner Strandabschnitt reserviert.

🦋 Kurz vor dem Fährhafen von Neßmersiel steht inmitten der Salzwiesen und Wiesen ein **Vogelbeobachtungspunkt auf Stelzen.** Wind- und wettergeschützt ermöglicht er ungestörte Einblicke in die Welt der Wat- und Wasservögel auf dem nahegelegenen 13 Hektar großen Speichersee. Das Umfeld hat sich zu einem sehr **beliebten Brut- und Rastplatz** entwickelt.

Besonders während der Zugzeiten im Frühling und Herbst sieht man vereinzelt Große Brachvögel, Komorane, Graureiher, Pfuhlschnepfen und Haubentaucher sowie in großen Scharen Silber-, Lach- und Mantelmöwen, Brandgänse, Stare und Säbelschnäbler. Die Straße zum Hafen führt unmittelbar am See vorbei. Hier findet man kurzzeitige Haltemöglichkeiten zum Fotografieren und Beobachten.

■ **Adresse: Hafen Neßmersiel,** Strandstraße, GPS N 53.68198, E 7.36043.

▷ Fährschiffe am Anleger Neßmersiel

3

Landkreis Aurich

Praktische Tipps

Adressen in 26553 Dornum-Neßmersiel

■ **Tourist-Information,** Störtebekerstraße 18, Tel. 04933 879980.

■ **Wohnmobilstellplatz,** Strandstraße am Hafen, keine sanitären Anlagen.

■ **Yachthafen,** Nordsee-Yachtclub Neßmersiel, Tel. 04933 991178, Hafenmeister Tel. 0175 5304007 (nur während der Saison), www.nycn.de. Für Boote über 10 Meter Länge und mehr als 1,20 Meter Tiefgang ist der Hafen nicht geeignet, er fällt bei Ebbe trocken.

■ **Fähre nach Baltrum,** *Baltrum-Linie,* Dorfstraße 46, Tel. 04933 991606, www.baltrum-linie.de (Tagesfahrt Erw. 24 €, Kinder 6–14 J. 13 €). Die Schifffahrt zur Ostfriesischen Insel ist gezeitenabhängig, die Überfahrt dauert etwa 30 Minuten. Je nach Jahreszeit wird die Insel ein- bis viermal täglich angefahren, Baltrum ist autofrei. Zwischen Fähranleger und dem Bahnhof in Norden betreibt die Reederei eine eigene Busanbindung. Parken beim Garagenservice Assing (2–5 €), der Wagen wird ab Fähranleger geparkt.

Gastronomie

■ **Fährhaus Neßmersiel,** Dorfstraße 42, Tel. 04933 303, www.faehrhaus-nessmersiel.de. Spezialitäten der Küste auf hohem Niveau, traditionelle Gerichte in bester Qualität, vom Feinschmecker als das beste Fischlokal an der deutschen Wattenmeerküste gelobt. Übernachten kann man hier auch.

■ **Hafen-Restaurant,** Dorfstraße 55, Tel. 04933 2020. Freundliche Bedienung, leckeres Essen, und Hunde darf man auch mitbringen.

■ **Hafensänger,** Hafenstraße 9, Tel. 04933 991 8482, www.hafensaenger.info. Im Oberdeck des Strandrestaurants im Hafen ist es die tolle Aussicht und während der Saison in einer Strandbude, die Gäste lockt.

Unterkunft

■ **Hotel Villa Norderney**②, Dorfstraße 33, Tel. 04933 9918411, www.villa-norderney-hotel.de. Das Hotel garni hat schöne Zimmer mit viel Kunst und Ausstellungen.

■ **Fährhaus Neßmersiel**②, Dorfstraße 42, Tel. 04933 303, www.faehrhaus-nessmersiel.de. Sehr gepflegtes Haus in zentraler Lage mit kurzem Weg zum Hafen.

■ **Hotel-Pension Zum Wikinger**①, Dorfstraße 18, Tel. 04933 91180, www.hotel-wikinger.com. Hotel mit schlichten Zimmern, Restaurant und Café.

Ausflüge und Touren

■ **Fahrt nach Norderney** und zu den Seehundbänken: siehe *Baltrum-Linie.*

■ **Wattwanderungen,** geführte Wanderungen nach Baltrum und Norderney. Neßmersiel gilt als „Mekka der Wattwanderer", von hier aus kann man

116ofl_mna

unter fachkundiger Führung Touren nach Baltrum oder Norderney starten. Führungen veranstalten das Nationalpark-Haus Dornumersiel, in der Tourist-Information liegen die Flyer der privaten Wattführer aus. Davon gibt es einige, beispielsweise die Wattführer *Ortelt*, Tel. 04933 9553963, www.wattfuehrer.com, Familie *Eilers*, Tel. 04933 2681, www.wattwanderung-eilers.de, oder *Bianca* und *Ralf Brüggemann*, Tel. 04941 991216, www.wattwanderungwattenmeer.de. Tickets im Nationalpark-Haus direkt bzw. bei den Wattführern, Anmeldung erforderlich. Treffpunkt ist auf dem Hafenparkplatz, Strandstraße 1.

 Östlich vom Hafen Neßmersiel gibt es einen **Salzwiesen-Erlebnispfad.** Er beginnt in der Nähe vom Parkplatz am Sommerdeich oberhalb vom Yachthafen auf dem Weg zum Hafen. Der Pfad führt auf einer Länge von fünfhundert Metern zum Meer und wird auch von den Wattwanderern, die zur Insel Baltrum gehen, genutzt. Verschiedene Schautafeln zeigen die typische Tier- und Pflanzenwelt der Salzwiesen. Auch für Kinder ist das interessant, vor allem, weil vieles davon direkt vor Ort gesehen und gelernt werden kann. Dazu gibt es gratis die frische Nordseeluft.

Sport und Freizeit

■ **Indoor-Spielpark Sturmfrei,** Störtebekerstraße 18, Tel. 04933 879980, www.sturmfrei-nessmersiel.de (Erw. 3,50 €/Kinder 3–15 J. 5,50 €). Zwei Hallen bieten ca. 3800 Quadratmeter Spielfläche für Kinder, sie können sich dort nach Herzenslust austoben. Es gibt Trampoline, eine Kletterburg, Sportarena und eine Minibowlingbahn. Für Erwachsene stehen Tischtennisplatten, Dart, Billard, Schach und Kicker bereit. Ein kleines Kino gibt es auch.

■ **Paddel- und Pedalstation Neßmersiel,** Störtebekerstraße 24, Tel. 04933 2028, www.paddelundpedal.de.

■ **Fahrradverleih Kleen** (bft-Tankstelle), Störtebekerstraße 24, Tel. 04933 2028.

■ **Tretmobil- und Fahrradverleih am Deich Neßmersiel,** Taubenweg 1, Tel. 04933 990202.

Dornumersiel/ Westeraccumersiel

Mitten durch das Hafenbecken, an dem rechts- und linksseits die beiden Orte Dornumersiel und Westeraccumersiel liegen, verlief unsichtbar die Grenze zwischen dem Norderland und dem Harlingerland. Die reichen Kapitäne wohnten einst in Dornumersiel, die armen Fischer lebten in Accumersiel. Die Menschen wurden aus diesem Grund sogar auf **verschiedenen Friedhöfen beerdigt.** Die im Hafen liegenden Fischkutter gehen regelmäßig auf Fangfahrt, sie tragen alle die Kennzeichnung **ACC für Accumersiel.** Wenn zum Beispiel die ACC 14 gerade ihren Fang an Land bringt, kann man den Fischer ruhig freundlich fragen, ob er etwas von seinen Krabben verkauft. Frischer bekommt man sie nicht, pulen muss man sie allerdings selbst.

Dornumersiel hat einen der ältesten Häfen der Küste Ostfrieslands. Die frühen Siedlungen direkt an der Küste wurden aber in den vergangenen Jahrhunderten durch **Sturmfluten** mehrfach zerstört und wiederaufgebaut. Letztlich haben erst die immer stärkeren Seedeiche und modernen Küstenschutzmaßnahmen die Küste in der heutigen Form möglich gemacht. Das Binnenland wird über das Dornumersieler Tief entwässert, das Wasser sammelt sich vor dem Schöpfwerk in einem **Mahlbusen.** Westlich des Hafenbeckens gibt es einen Badestrand und einen Campingplatz, im Osten bietet ein Yachthafen Liegeplätze für Segel- und Sportboote.

Landkreis Aurich

Praktische Tipps

■ **Tourist-Information Reethaus am Meer,** Hafenstraße 3, Tel. 04933 91110, www.dornum.de.

■ **Yachtclub Accumersiel,** Schöpfwerkstraße 1, Tel. 04941 933318, www.ycacc.de. 250 Liegeplätze, Stege mit Strom und Wasser, es gibt einen gemütlichen Clubraum, einen Grillplatz und vieles mehr.

■ **Hochseeangeln mit der MS Freia,** Tel. 04975 8041, www.ms-freia.de.

■ **Hochseeangeln mit dem FK Freya,** Tel. 04933 991675.

Gastronomie

■ **Restaurant Käthe und Karl,** Cassen-Eilts-Pad 2, Tel. 04933 1744, www.kaetheundkarl.de. Liebevoll gekochter frischer Fisch, zartes Fleisch und vegetarische Spezialitäten in einer ehemaligen Schmiede am Deich zwischen Dornumer- und Westeraccumersiel.

■ **Fisch Rinjes,** Schöpfwerkstraße 18, Tel. 04933 919132, www.fisch-rinjes.de. Fisch- und Krabbenhandel, Fischladen und Imbiss mit viel Betrieb, der Wert auf gute Qualität legt.

■ **Heikes Eiscafé & Teestube,** Am Alten Hafen 5, Tel. 04933 9926480. Leckere Eisbecher, hausgemachte Pfannkuchen und herzhafte Kleinigkeiten.

■ **Café Kluntje-Pott,** Störtebeker Straße 104, Dornumergrode, Tel. 04933 992616, www.cafe-kluntje-pott.blogspot.de. Nettes Café, in dem man nicht nur Tee und Kuchen bekommt, sondern auch herzhafte Hauptspeisen.

Unterkunft

■ **Buten Diek Hotel & Restaurant②,** Hafenstraße 4, Tel. 04933 99120, www.buten-diek.de. Das kleine Hotel liegt direkt hinterm Deich.

■ **Hotel Garni HaWattn②,** Hafenstraße 7, Tel. 04933 8159, www.hawattn.de. Schöne maritim und gemütlich eingerichtete Doppelzimmer.

■ **Huus Störtebeker①,** Störtebekerstraße 154, Tel. 04933 8114, www.huus-stoertebeker.de.

■ **Campingplatz am Nordseestrand,** Am Nordseestrand 1, Tel. 04933 351, www.dornum.de. Zelte, Wohnmobile, Wohnwagen. Übernachtungen auch in gemütlichen Nordseekarren oder Zirkuswagen. Insgesamt drei Wohnmobilstellplätze.

Museen und Führungen

■ **Nationalpark-Haus Dornumersiel,** Oll Deep 7, Tel. 04933 1565 oder 0172 4318580, www.natio nalparkhaus-wattenmeer.de. Im Wattenmeer-Veranstaltungskalender werden verschiedene naturkundliche Führungen angeboten.

■ **Zwei-Siele-Museum,** Am Alten Hafen 1, Tel. 04933 91810 (Erw. und Kinder ab 16 J. 3,50 €). Das Museum im Wiechers-Huus zeigt die wechselvolle Geschichte der beiden Sielorte Dornumersiel und Westeraccumersiel anhand maritimer Objekte.

■ **Siel- und Schöpfwerksanlage,** Hafenstraße, Anmeldung erforderlich über Tourist-Information, Tel. 04933 91110 oder 879980 (pro Person 3 €).

■ **Mühle Westeraccum,** An der Mühle/Accumer Riege 44, Tel. 04933 991110. Besichtigung nach Vereinbarung über die Tourist-Information.

Veranstaltungen

■ **Live am Deich,** im Juli/August zieht diese Veranstaltungsreihe Einheimische und Gäste in ihren Bann.

■ **Ostfriesische Strohballen-Rollmeisterschaft,** jährlich im Oktober findet auf der Drachenwiese in Dornumersiel dieser Wettbewerb mit unterhaltsamem Begleitprogramm statt.

■ **Herbst- und Lichterfest,** beginnend mit dem Laternen- und Fackelumzug durch Dornum und traditionellen Liedern geht es zum SeeparkWest. Unterschiedlich flackernde Fackeln, Farb- und Lichterspiele zaubern glanzvolle Akzente in die Dunkelheit, dazu gibt es Musik und kulinarische Köstlichkeiten.

4
Landkreis Wittmund

》Quirliges Strandleben, Fischkutter in Häfen, beschauliche kleine Orte, alte Windmühlen, viele Kirchen aus dem 13. Jahrhundert – der Landkreis Wittmund ist abwechslungsreich und hat Vieles zu bieten. Auch Fahrradfahrer finden viele Touren unterschiedlicher Länge. Interessante Museen und Nationalpark-Häuser wollen ebenfalls entdeckt werden.

◁ Historisches Segelschiff
verlässt den Museumshafen in Carolinensiel

ÜBERBLICK

Einige der schönsten Küstenorte Ostfrieslands, kleine charmante Städte, grünes flaches Marschland, Moorlandschaft und Wald tief im Binnenland. Der Landkreis Wittmund ist regelmäßig das Ziel zahlreicher Urlauber, die hier Fahrrad fahren, Kulturelles entdecken oder einfach nur das Klima und die Nordseeluft genießen.

Auf dem **Wappen,** das 1951 dem Landkreis Wittmund verliehen wurde, ist eine goldene Kogge auf dunkelblauem Grund zu sehen. Das Schiff symbolisiert die **Nähe zum Meer,** auf den drei Segeln befinden sich die Wappen der ehemaligen Ämter des Kreises. Der **Bär** steht für Esens, die **Peitschen** für Wittmund und Friedeburg wird mit dem **Doppeladler** dargestellt.

Interessant ist der Kontrast von der bedeichten flachen Landschaft direkt an der Küste zum recht stark bewaldeten Binnenland. Früher gab es direkt südlich von Wittmund das **große ostfriesische Hochmoorgebiet,** es bildete für die Küstenbewohner eine echte **Barriere zum Binnenland.** Aber der Friesische Heerweg stellte eine historische Verbindung zwischen dem Ammerland und den Handelsplätzen Esens und Jever an der Nordsee her.

Heute trägt ein Netz aus Radwegen den Namen des Friesischen Heerweges. Unter dem Symbol von Hellebarde und Wagenrad führen rund **300 Kilometer Radwanderroute** durch die Region, vorbei an zahlreichen Sehenswürdigkeiten

NICHT VERPASSEN!

- ➡ Esens **Turmmuseum St. Magnus** zeigt auf fünf Etagen die Baugeschichte der größten Kirche Ostfrieslands | 234
- ➡ Über 100 Buddelschiffe präsentiert das **Buddelschiffmuseum** in Neuharlingersiel | 248
- ➡ Stromerzeugung hautnah erleben: im Rahmen einer Führung in der **Windkraftanlage Westerholt** | 252
- ➡ **WattenSail:** Historische Küstensegler treffen sich alljährlich Anfang August im Museumshafen Carolinensiel | 271

Diese Tipps erkennt man an der gelben Markierung.

der Fehn-, Wald- und Küstenlandschaft. An Knotenpunkten treffen mehrere Radwanderwege aufeinander, sie sind markiert und beschildert.

Die Kleinstädte Esens und Wittmund haben beide eine bewegte Geschichte zu bieten. **Kreissitz** des Landkreises Wittmund **ist die Stadt Wittmund,** zum Kreisgebiet gehören auch die Ostfriesischen Inseln **Langeoog und Spiekeroog.** Vor einigen Jahrhunderten bildeten die nördlichen Teile des Landkreises Wittmund das Harlingerland. Friedeburg kam erst später hinzu. Im Westen grenzt der Landkreis Wittmund heute an den Landkreis Aurich, im Süden an das Naturschutzgebiet Stapeler Moor (siehe Kapitel 1). Die östliche Grenze des Landkreises Wittmund markiert das Ende von Ostfriesland. Dort beginnt der Landkreis Friesland, der zum Oldenburger Land gehört – aber die ostfriesische Halbinsel zum Osten hin abschließt.

☑ Treppenstufen führen auf die Deichkrone

Das Harlingerland

Landkreis Wittmund

Im historischen Sinn wurde der nördliche Teil des Landkreises Wittmund als **Harlingerland** bezeichnet. Dieses nahm in der Geschichte Ostfrieslands lange Zeit eine besondere Stellung ein, denn es **bewahrte** über Jahrhunderte **seine Eigenständigkeit**. Der Landstrich umfasste das Gebiet von Westeraccum und Holtriem im Westen bis nach Wittmund im Süden und zur Harlinger Bucht bei Carolinensiel im Osten. Die nördliche Grenze bildete das Meer.

Zwischen dem Harlingerland und Ostfriesland gab es über mehrere Jahrhunderte ein **friedliches Nachbarschaftsverhältnis**. Doch im 16. Jahrhundert gerieten die Häuptlinge des Harlingerlandes, zuerst *Hero Onken* und danach sein Sohn *Balthasar von Esens,* mit der ostfriesischen Herrscherfamilie *Cirksena* in folgenschwere Konflikte. Im Jahr 1530 nahm der ostfriesische Graf *Enno II.* das Harlingerland mit militärischen Mitteln ein. Auch wenn es *Baltha-*

118ofl_mna

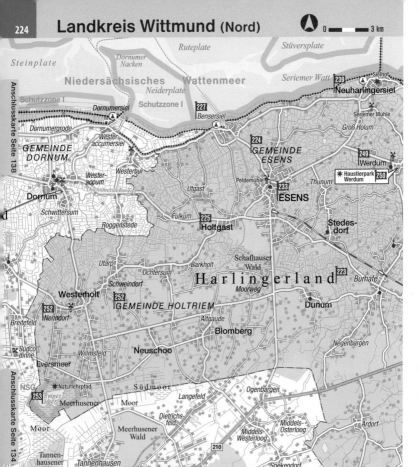

Anschlusskarte Seite 138

Anschlusskarte Seite 134

Anschlusskarte Seite 134

sar gelang, das Harlingerland mit fremder Hilfe zurückzugewinnen, verlor es schließlich durch neu entstandene Abhängigkeiten seine Eigenständigkeit. Das Ende des selbstbestimmten Harlingerlandes wurde letztlich am „Grünen Tisch" beschlossen. Im sogenannten **Berumer Vergleich** unterschrieb Graf *Enno III.* im Jahr 1600 einen Vertrag, in dem verfügt wurde, das Harlingerland in das Gebiet Ostfrieslands einzugliedern.

Gemeinde Esens

Die Gemeinde Esens gehört seit 1885 zum Landkreis Wittmund. Die nördliche Gemeindegrenze ist die Nordsee, der Landstrich liegt ziemlich zentral an der ostfriesischen Küstenlinie. **Hauptort** der Gemeinde ist natürlich die namensgebende Stadt **Esens.** Auch wenn bei vielen Urlaubern die beliebten Badeorte

Anschlusskarte Seite 283

Anschlusskarte Seite 226

Die kulturellen Höhepunkte der Gemeinde Esens finden sich einige Kilometer von der Küste entfernt. In **Stedesdorf** steht die **älteste erhaltene Kirche in Ostfriesland.** Die **St.-Aegidien-Kirche** wurde in der ersten Hälfte des 12. Jahrhunderts vorwiegend aus Tuffstein im romanischen Baustil errichtet. Ihr freistehender Glockenturm stammt aus dem 17. Jahrhundert.

Die **Kirche in Dunum** stammt ebenfalls aus romanischer Zeit, gebaut wurde sie zu Beginn des 13. Jahrhunderts aus Backstein. **Werdums St.-Nicolai-Kirche** aus dem Jahr 1327 liegt stilistisch zwischen der Romanik und der Gotik. Elemente beider Baustile finden sich in dem Gebäude wieder, das wie so viele ostfriesische Kirchen, auf einer **Warft** gebaut wurde.

Holtgast

Der Name der Gemeinde steht für Wald, das bedeutet das Niederdeutsche *Holt,* und *Gast* heißt so viel wie Geest. Der namensgebende Schafhauser Wald liegt in einem kleinen Naturschutzgebiet südöstlich der Ortschaft Holtgast. Die Gemeinde selbst wirbt für **Urlaub zwischen Wald und Watt,** der Ort selbst liegt etwa fünf Kilometer vom Nordseedeich entfernt. So lebt die Gemeinde hauptsächlich vom Fremdenverkehr, die Anzahl der Ferienwohnungen ist dementsprechend hoch. Die Gemeinde hat **viele Tourenvorschläge für Fahrradtouristen** ausgearbeitet, die über die Tourist-Information erhältlich sind. Der Sielzug Benser Tief, der bei Bensersiel in die Nordsee mündet, verläuft am östlichen Ortsrand von Holtgast. Beliebt ist

Bensersiel und Neuharlingersiel Interesse wecken, **es lohnen sich durchaus Blicke ins Binnenland.** Das grüne Marschland wird größtenteils landwirtschaftlich genutzt. Auf den landwirtschaftlichen Flächen stehen besonders in Küstennähe Windkraftanlagen, der **Windpark Utgast** umfasst 41 Windräder. Der Protest der Bevölkerung gegen manchmal zu dicht an Ortschaften errichtete Anlagen verstärkt sich jedoch inzwischen.

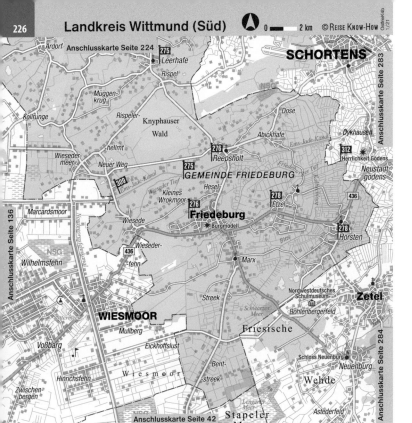

das Gewässer für **Freunde des Angelsports** – gefangen werden vor allem Zander, Hecht, Flussbarsch und Rotauge.

Praktische Tipps

Adressen in 26427 Holtgast

■ **Tourist-Information,** Norder Landstraße 35, Tel. 04971 926814, www.holtgast-urlaub.de, Hafenstraße 3, Tel. 04933 91110, www.dornum.de.
■ **Landhandel Schuirmann** (Fulkum), Am Bahnsteig 13, Tel. 04971 4408, www.landhandel-schuirmann.de. Das riesige Sortiment reicht vom Kaminholz über Futtermittel und Vogelfutter bis hin zu

Düngemitteln und allem für den heimischen Garten. Aber auch einige Lebensmittel finden sich im Landhandel, beispielsweise Eier von glücklichen Hühnern oder Honig.

▷ Markante Deichbrücke in Bensersiel

Gastronomie/Unterkunft

■ **Hofcafé Gerdes** (Utgast), Kortenhörn 4, Tel. 04971 5623, www.gerdes-ferienhof.de. Neben dem Café wird hier auch ein Ferienhof mit einigen Ferienwohnungen angeboten, gar nicht weit von Bensersiel entfernt. Während die Erwachsenen den Ostfriesentee genießen, können sich die Kinder auf dem großen Spielgelände austoben.

■ **Ferienhof Eilts** (Holtgast), Loogstraße 6, Tel. 04971 7363, www.ferienhof-eilts.de. Der Bauernhof bietet neben komfortablen Ferienwohnungen mehr als 20 Ponys und Pferde, Kinder können hier in engen Kontakt mit den Hoftieren treten. Dazu gibt es Tischtennis, Kicker und abendliche Treffen am Grillplatz. Im Hofcafé wird neben Gebäck echter Ostfriesentee angeboten.

■ **Campingplatz Holtgast,** Norder Landstraße 1/ Am Ziegelhof, Tel. 04971 2205, ideal für Freunde des Angelsports, der Platz liegt direkt neben dem Benser Tief.

Ausflüge und Touren

■ **Waldlehrpfad,** im Schafhauser Wald, südöstlich von Holtgast.

Bensersiel

Der Name des Küstenbadeortes stammt von der Ortschaft **Bense,** die ehemals im Watt vor Bensersiel gelegen haben muss und von den Fluten der Nordsee zerstört wurde. 1684 wird Bensersiel erstmals als der Hafen von Esens erwähnt. Der **Fährverkehr zur Insel Langeoog** startet seit 1843 von Bensersiel aus. Als erste Übernachtungsmöglichkeit gab es im gleichen Jahr bereits das Hotel Benser Hof.

1905 begann in Bensersiel der **Badebetrieb,** zu Beginn hatte der Fremdenverkehr aber noch keinen Einfluss auf das Ortsbild. Nach dem Zweiten Weltkrieg investierte der kleine Küstenort zu Beginn der 1950er-Jahre massiv in den **Tourismus,** 1951 wurde der **Kurverein Bensersiel** gegründet. Westlich des Siels entstand der Campingplatz und direkt neben dem Hafenbecken legte man eine erste Badestelle an. 1964 wurden Deichverstärkungsarbeiten genutzt, um einen

119ofl_mna

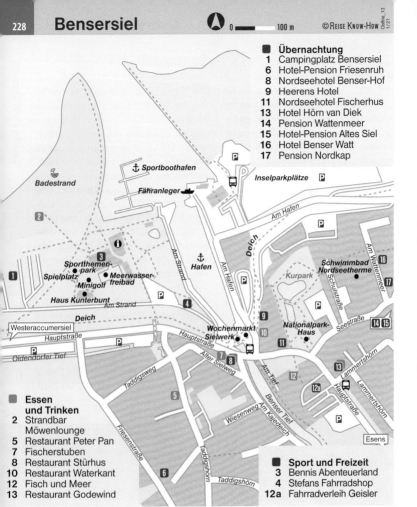

■ Übernachtung
1 Campingplatz Bensersiel
6 Hotel-Pension Friesenruh
8 Nordseehotel Benser-Hof
9 Heerens Hotel
11 Nordseehotel Fischerhus
13 Hotel Hörn van Diek
14 Pension Wattenmeer
15 Hotel-Pension Altes Siel
16 Hotel Benser Watt
17 Pension Nordkap

■ Essen und Trinken
2 Strandbar Möwenlounge
5 Restaurant Peter Pan
7 Fischerstuben
8 Restaurant Stürhus
10 Restaurant Waterkant
12 Fisch und Meer
13 Restaurant Godewind

■ Sport und Freizeit
3 Bennis Abenteuerland
4 Stefans Fahrradshop
12a Fahrradverleih Geisler

Sandstrand aufzuspülen. Der Kurverein schaffte daraufhin die ersten **Strandkörbe** an, die Zahl der Badegäste stieg. Mit dem Bau eines neuen Sielgebäudes in der Mitte der 1960er-Jahre wurde der Hafen in Bensersiel umgestaltet und vergrößert. Damit konnte erstmals auch ein **eigener Bereich für Segel- und Sportboote** geschaffen werden. Seit der Gemeindereform 1972 ist Bensersiel **ein Stadtteil von Esens.**

Bensersiel liegt an der „Grünen Küstenstraße", diese verbindet die Urlaubsorte an der Küste Ostfrieslands miteinander. Im Ort mündet das **Benser Tief** in die Nordsee, der Sielzug führt weit ins Binnenland. Über das Tief wird das südlich der Küste gelegene Marschland entwässert. Während bis Mitte des 20. Jahrhunderts Landwirtschaft und Fischerei die Haupteinkommensquelle waren, ist es heute der **Tourismus**. Das ist an zahlreichen Gasthöfen, Hotels, Ferienwohnungen und gastronomischen Betrieben zu sehen, die das **eher moderne Ortsbild** prägen. Historische Gebäude sucht man hier weitgehend vergebens. Mittelpunkt der kleinen Ortschaft und beliebtes Fotomotiv sind die beiden weißen, modern gestalteten **Deichbrücken**. Sie bieten einen herrlichen Blick auf den Yachthafen, den Fähranleger und die Ostfriesischen Inseln.

Es gibt einen **Kurpark**, einen **Rasenstrand** und einen **künstlich angelegten Sandstrand**. Aber Achtung: Wenn man keine Kurkarte besitzt, die hier *Nordsee-Service-Card* genannt wird, wird für das Betreten des Strands eine **Gebühr** erhoben. Im Westen von Bensersiel liegt vor dem Deich der weitläufige und beliebte

Campingplatz. Ein **Meerwasserfreibad** lockt mit einer 80 Meter langen Rutsche. Zusätzlich besteht in der **Nordseetherme** die Möglichkeit, nicht nur zu toben und zu schwimmen, sondern auch ausgiebig zu **saunen**. Das 32 °C warme Solebecken verspricht sogar heilende Wirkung. Im Sommer veranstaltet die Tourist-Information ein **eigenes Programm für Kinder** von vier bis zehn Jahren sowie für Jugendliche von 11 bis 16 Jahren. Im Ort sind übrigens **alle Parkplätze gebührenpflichtig**, Parksünder werden regelmäßig zur Kasse gebeten. Hundebesitzer dürfen mit ihren Tieren nicht in die Bade- und Spieleinrichtungen, an

Landkreis Wittmund

☑ Der grüne Kurpark in Bensersiel

120ofl_mna

den Hauptstrand, auf den Campingplatz und die Deiche sowie in den Kurpark.

Praktische Tipps

Adressen in 26427 Esens-Bensersiel

- **Tourist-Information,** Am Strand 8, Tel. 04971 917111, www.bensersiel.de.
- **Internet,** Strandportal, Am Strand 8, und im *Internetroom Aquantis,* Taddigshörn 200. Hotspots im Strandportal und auf dem Campingplatz.
- **Therapiezentrum Nordseetherme Bensersiel,** Schulstraße 4, Tel. 04971 917200, www.wattenmeer-bensersiel.de.
- **Büchertankstelle im Strandportal,** siehe Tourist-Information.
- **Wochenmarkt,** von April bis Oktober donnerstags von 8 bis 12 Uhr.

Verkehr

- **Fähre nach Langeoog,** die Schifffahrt zur Ostfriesischen Insel ist unabhängig von den Gezeiten, die Überfahrt dauert etwa 45 Minuten. Langeoog ist autofrei. Am Hafen 20, Tel. 04972 6930, www.schiffahrt-langeoog.de. Parken bei vier verschiedenen Anbietern in der Nähe des Fähranlegers (ca. 6–7 €/Tag).
- **Nordsee-Flitzer,** E-Auto mit Klimaanlage und Navigationssystem. Mit der *Nordsee-Service-Card* ein Mal pro Urlaub bis zu vier Stunden kostenlos buchbar. Voraussetzung ist ein gültiger Führerschein und ein Personalausweis.

Gastronomie

- **7 Fischerstuben,** Hauptstraße 15, Tel. 04971 9249900, www.fischerstuben-nordsee.de. Der Name ist Programm, hier gibt es Fisch satt.
- **5 Peter Pan,** Taddigshörn 200, Tel. 04971 9247 570, www.das-peter-pan.de. Fisch- und Fleischgerichte.
- **8 Stürhus Bensersiel,** Hauptstraße 11, Tel. 04971 4868, www.stuerhus-bensersiel.de. Deftige, traditionelle Küche steht hier im Mittelpunkt.

- **12 Fisch und Meer,** Hauptstraße 7, Tel. 04974 912792. Fisch- und Fleischgerichte in uriger Atmosphäre.
- **10 Café-Restaurant Waterkant,** Am Hafen 4, Tel. 04971 7873, www.cafe-waterkant.de. Café, Restaurant, maritime Hafenkneipe mit Whiskylounge.
- **13 Restaurant Godewind,** Lammertshörn 1, mobil: 0176 62042368, www.godewind-bensersiel.de. Fisch und Fleischgerichte im Hotel *Hörn van Diek.*
- **2 Strandbar Möwenlounge,** Am Strand 8, Tel. 04971 6999310, www.strandbar-bensersiel.de, Getränke direkt am Badestrand genießen, mit etwas Glück während eines Sonnenuntergangs.

Unterkunft

- **8 Nordseehotel Benser-Hof②,** Hauptstraße 9, Tel. 04971 92740, www.benserhof.de. Feinste Lage im Ortskern. Es gibt auch barrierefreie Zimmer.
- **9 Heerens Hotel①,** Am Hafen 6, Tel. 04971 2213, www.heerens-hotel.de. Familiengeführtes Wohlfühlhotel in der fünften Generation.
- **11 Nordseehotel Fischerhus①,** Hauptstraße 4, Tel. 04971 1223, www.nordseehotel-fischerhus.de. Historisches Haus aus der Gründerzeit Bensersiels direkt am Kurpark und in der Nähe des Yachthafens gelegen.
- **13 Hotel Hörn van Diek②,** Lammertshörn 1, Tel. 04971 2429, www.dasnordseehotel.de. Vier-Sterne-Komfort mit eigenem Schwimmbad. Das Hotel gehört zum Familienbetrieb des Heerens Hotels.
- **6 Hotel-Pension Friesenruh①,** Friesenstraße 27, Tel. 04971 92900, www.hotelpension-friesenruh.de. Ruhige, aber zentrale Lage, 400 Meter abseits vom Badestrand.
- **15 Hotel-Pension Altes Siel①,** Seestraße 25, Tel. 04971 91020, www.altes-siel.de. 14 einfache, allergikergerechte Doppelzimmer und ein Einzelzimmer.
- **14 Pension Wattenmeer①,** Seestraße 23, Tel. 04971 9248555, www.pension-wattenmeer.de. Geboten werden einfache und preiswerte Zimmer sowie Appartements.

▷ Traditionelle Unterkunft in Bensersiel

16 **Hotel garni Benser Watt**①, Am Wattenmeer 6, Tel. 04971 9248648, www.benser-watt.de. Allergikergerechte und einfache Zimmer, es gibt 22 Doppelzimmer, 4 Einzelzimmer und zwei Familienzimmer. Familien sind herzlich willkommen.

17 **Pension Nordkap**①, Am Wattenmeer 2, Tel. 04971 94950, www.pension-nordkap.de. Fitnessraum, Sauna und Infrarotkabine gibt es fürs Wohlgefühl zusätzlich.

1 **Strand- und Familiencampingplatz Bensersiel,** Am Strand 8, Tel. 04971 917121, www.bensersiel.de. Großer Fünf-Sterne-Campingplatz direkt vorm Deich, unmittelbar daneben sind das Meerwasserschwimmbad und ein ☆ **Abenteuerspielplatz** mit Seilbahn und Kletterburgen.

Museen und Führungen

🦋 **Nationalpark-Haus,** Wattenhuus Bensersiel, Seestraße 1, Tel. 04971 5848, www.bensersiel.de und www.nationalparkhaus-wattenmeer.de. Interaktive Ausstellung über den Lebensraum Wattenmeer. Höhepunkt ist die Familienrallye durchs Wattenhuus.

■ **Wattwanderungen,** Termine und Anmeldung im Wattenhuus und über die Tourist-Information (Erw. 9 €/Kinder 5 €).

Ausflüge und Touren

■ **Kutter „Albatros",** Fam. *Gerdes,* Seestraße 8, Tel. 04971 9259260.

■ **Kutter „Edelweiß",** Kapitän *Jann Linneberg,* Oll Deep 2, Tel. 04971 7563.

■ **Kutter „Möwe",** Kapitän **Heinz Steffens,** Mittelplate 8, Neuharlingersiel, Liegeplatz ist Bensersiel, Tel. 04974 1209, www.fischkutter-moewe.de.

■ **Ferienhof Rixte,** Rotzmense 2, Tel. 04971 4938, Ponyreiten.

■ **Kutschfahrten Ilfriede Janssen,** Ihne-Heiken-Weg 2 (Neugaude), Tel. 04977 457, Ponyreiten und Kutschfahrten.

Sport und Freizeit

☆ **Schwimmbad,** Nordseetherme Bensersiel, Schulstraße 4, Tel. 04971 917220, www.die-nordsee.de und www.bensersiel.de. Heilbäder diverser Anwendungsbereiche, Sauna, beheizte Erlebnis-

121ofl_mna

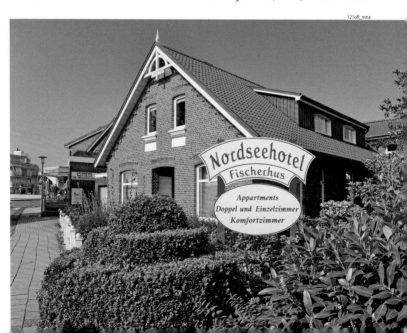

becken und Wasserrutschen, Fitnessraum, Sport-
kursangebot und Physiotherapie.

■ **Meerwasserfreibad,** Am Strand 8, Tel. 04971
9170, www.bensersiel.de (geöffnet von Mai bis
September).

⚲ **❸ Bennis Abenteuerland,** Am Strand 8, Tel.
04971 9170, www.bensersiel.de, kleiner Indoor-
spielplatz für Kinder, die hier auch bei Regenwetter
im Sand spielen können.

■ **Sportthemenpark,** zwischen Hafen und West-
strand. Mit Beach-Soccer, Basketball, Skatepark,
Basketball und Tennis.

■ **Minigolf,** beim Spielplatz am Strand.

■ **Reitferienhof Janssen,** Esenser Straße 163, OT
Ochtersum, Tel. 04971 3331, www.reitferienhof-
janssen.de.

■ **Drachenwiese,** Strengeweg (zwischen Bensersiel und Dornumersiel), Tel. 04971 9170. Um die
Tierwelt zu schonen, ist es verboten, im Nationalpark seinen Drachen steigen zu lassen, das gilt vor
allem für den Strand.

■ **Lauftreff und Trimmpfad,** im Schafhauser
Wald südlich von Esens montags um 19 Uhr.

⓬ₐ Fahrradverleih Star-Tankstelle Geisler,
Hauptstraße, Tel. 04971 833

❹ Stefans Fahrradshop, Am Strand 1, Tel.
04971 927782.

■ **Angeln,** Auskunft und Angelkarten über Tourist-Information.

■ **Tischtennis,** am „Haus Kunterbunt", am Strand.

■ **Sportboothafen Bensersiel,** Seglerverein
Harlebucht e. V., Am Hafen 5, Tel. 04971 1744,
www.svh-besnersiel.de. Der Hafen ist zweigeteilt
und bietet 190 geschützte Liegeplätze für Boote bis
zu 11 Meter Länge. Der Außenhafen liegt in nördlicher Richtung, westlich vom Fähranleger, die innere
Steganlage liegt weiter südlich nahe dem Sieltor an
der Westseite des Innenhafens.

■ **Hochseeangeln,** siehe „Ausflüge und Touren",
Kutter.

Veranstaltungen

■ **Veranstaltungskalender,** www.bensersiel.de

■ **Ortsführung durch Bensersiel,** über Tourist-
Information (4,50 €).

■ **Maibaum-Aufstellen,** 30. April in Bensersiel
mit buntem Drumherum.

⚲ **Kindertag,** Anfang Juli auf dem Campingplatz
Bensersiel steht der Nachwuchs im Mittelpunkt des
Geschehens.

■ **Frühstück am Watt,** Anfang Juli gibt es auf
dem Deich mit Blick aufs Meer ein Picknick mit
nachhaltigen und regionalen Produkten sowie anschließender Erkundungstour im Schlick. Anmeldung über die Tourist-Information.

⚲ **Kinderquatsch mit Benni Bärenstark,** im
Sommer Animationsprogramm für die Kleinen mit
Piraten-Nachmittagen, Fußball-Turnieren, Kinder-
Disco und Kreativ-Werkstatt.

■ **Dream Team Area,** Im Sommer chillen und
Spaß haben mit Kicker-Turnieren, Cocktail-Parties
und Sing-Abenden am Strand sowie im Sportthemenpark.

■ **Strandfest Bensersiel,** Ende Juli wird am
Strand gefeiert.

■ **Lichter- und Brückenfest,** Anfang Aug. auf
dem Dorfplatz und den Brücken.

■ **Kunst- und Handwerkermarkt,** Anfang Aug.

■ **Dorffest,** Mitte August mit kulinarischem Angebot und Rahmenprogramm.

■ **Ostfriesische Woche,** Mitte September, siehe
Esens.

■ **Hafentage,** Ende September am Hafen.

■ **Zugvogeltage,** Jährlich im Oktober stehen die
gefiederten Genossen im Mittelpunkt verschiedener Veranstaltungen.

■ **Bensersieler Adventszauber,** an einigen Wochenenden im Dezember, Termine im Veranstaltungskalender.

Landkreis Wittmund

Stadt Esens

Die knapp 7500 Einwohner zählende Kleinstadt Esens gehört zum Harlingerland und ist Teil des Landkreises Wittmund. **Gegründet** wurde Esens als Handels- und Marktort **um 800 n. Chr.** auf dem sturmflutsicheren Geestrand unweit der Küste. Der Ort entwickelte sich schnell zum wichtigsten im Harlingerland. Der **mittelalterliche Stadtkern** bildet das Straßenviereck um die Sankt-Magnus-Kirche mit dem Marktplatz. Unter dem ostfriesischen Häuptling *Balthasar* erhielt Esens um 1540 die **Stadtrechte**. Der **Junker-Balthasar-Brunnen** direkt am **Turmmuseum** in Esens Fußgängerzone erinnert noch heute an den damaligen Herrscher. Nach *Balthasars* Tod fiel die Stadt letztlich um 1600 an die Grafen von Ostfriesland, nach dem Ende der Ostfriesischen Grafschaft wurde Esens 1744 preußisch. Während des Zweiten Weltkriegs beschädigten die **Bombenangriffe der Alliierten** die Stadt schwer, viele Menschen fanden den Tod – auch durch Angriffe, die eigentlich Emden treffen sollten. Nach dem Kriegsende bestand fast ein Viertel der Bevölkerung aus Flüchtlingen, wirtschaftlich ging es mit der Stadt Esens danach nur sehr langsam wieder aufwärts.

Ab 1960 wurde stark in den **Fremdenverkehr** investiert, die Stadt umfassend saniert und modernisiert. Wobei man damals schon trennte: **Badegäste** waren für Esens Küstenort **Bensersiel** vorgesehen, die Kernstadt bauten die Stadtväter

⌄ Der Marktplatz in Esens mit dem Rathaus

1220fl_mna

als **Zentrum für Dienstleistung und Einkauf** aus. Esens erhielt 1974 mit der Steinstraße sogar die **erste Fußgängerzone in Ostfriesland.** Inzwischen ist die gesamte Innenstadt verkehrsberuhigt. Heute ist der **Tourismus** in Esens und im zur Stadt gehörenden staatlich anerkannten Nordseeheilbad Bensersiel von **großer wirtschaftlicher Bedeutung.**

Das **Stadtsiegel** ziert seit 1540 ein **Bär,** das Wappentier der in Esens und Wittmund beheimateten ostfriesischen Häuptlings- und Herrscherfamilie *Attena*. Der Sage nach belagerten im Mittelalter feindliche Truppen die Stadt, als sich gerade **ein fahrender Musikant mit seinem Tanzbären** vor Ort befand. Die Auseinandersetzungen hielten an, die Belagerer versuchten, die Bewohner auszuhungern. Als es bis zur Kapitulation nur noch eine Frage der Zeit war, konnte sich der eingesperrte Bär befreien, kletterte brüllend vor Hunger auf die Stadtmauer, warf mit Steinen um sich und **vertrieb so mutig die Belagerer.** Seit Ende der 1990er-Jahre zieren **48 Bärenfiguren aus Kunststoff** das Stadtbild. Diese Buddy-Bären gestalteten verschiedene Künstler der Region, die farbigen Figuren sind ein beliebtes Fotomotiv für Touristen. Zwischen Kirche und Rathaus gibt es den **Bär als Bronzeskulptur,** der Bildhauer *Friedrich Büschelberger* fertigte die Plastik 1980 an.

Sehenswertes

Die mächtige dreischiffige **St.-Magnus-Kirche** im Zentrum von Esens wurde 1854 geweiht. Benannt wurde sie nach dem heiligen *Magnus von Trani,* seine Überreste waren bereits in der Vorgängerkirche bestattet worden. Die neugotische Hallenkirche mit Kreuzgewölbe und Bündelpfeilern ist von Emporen umrahmt. Das Bronzetaufbecken stammt von 1474, die Kanzel von 1674, der Altar mit Kruzifix von 1714. Im Kircheninneren befindet sich auch der **gotische Steinsarkophag** des 1473 gestorbenen **Häuptlings** *Sibet Attena*. Die Orgel des Esenser Orgelbauers *Arnold Rohlfs* (1808–1882), erbaut von 1848 bis 1860, ist das größte Instrument in Ostfriesland. Sie verfügt über beeindruckende 30 Register auf zwei Manualen und Pedal. Der heutige Kirchturm ersetzte seinen eingestürzten Vorgänger 1845 und gehörte ursprünglich zum älteren Kirchenschiff. Dieses riss man 1847 vorsichtshalber wegen Einsturzgefahr ab. Im rund 51 Meter hohen Turm befindet sich das **Turmmuseum St. Magnus,** auf fünf Etagen wird dort die Baugeschichte von Ostfrieslands größtem Gotteshaus dokumentiert. 113 Stufen führen auf die Aussichtsplattform, von dort kann man bei klarer Sicht bis zu den Ostfriesischen Inseln blicken.

Das **Palais von Heespen** ist eines der ältesten Häuser der Stadt, seit 1965 dient es als **Rathaus der Stadt Esens.** Seine Fundamente stammen aus dem Mittelalter, seine heutige Form aus dem 17. Jahrhundert. Der Ahnensaal ist nur im Rahmen einer Führung zu besichtigen, er dient heute als Trauzimmer und wird für allgemeine Repräsentationszwecke genutzt. Die Wände schmücken flandrische Wandteppiche und Gemälde. Das Mobiliar und das Porzellan stammen aus der Sammlung der Familie *von Heespen*.

Ebenfalls sehenswert in Esens ist die **Peldemühle.** Das heutige Bauwerk

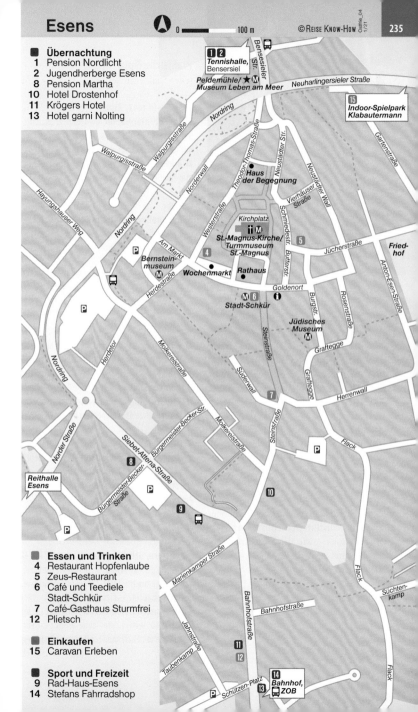

Übernachtung
1 Pension Nordlicht
2 Jugendherberge Esens
8 Pension Martha
10 Hotel Drostenhof
11 Krögers Hotel
13 Hotel garni Nolting

Essen und Trinken
4 Restaurant Hopfenlaube
5 Zeus-Restaurant
6 Café und Teediele Stadt-Schkür
7 Café-Gasthaus Sturmfrei
12 Plietsch

Einkaufen
15 Caravan Erleben

Sport und Freizeit
9 Rad-Haus-Esens
14 Stefans Fahrradshop

123ofl_mna

stammt aus dem Jahr 1850, 1965 kaufte es die Stadt Esens und sanierte es von Grund auf. In der Mühle ist das **Heimatmuseum** untergebracht, es nutzt alle Etagen der Mühle sowie das Müllerhaus und einen Anbau für seine Ausstellung. Die behandelten Themen sind in erster Linie die Siedlungsgeschichte des Harlingerlandes sowie die Geschichte der Stadt Esens.

⌃ Junker-Balthasar-Brunnen in Esens

⌐ Skulptur vom Esenser Bär

Adressen in 26427 Esens

■ **Tourist-Information,** Goldenort 2, Tel. 04971 9170, www.bensersiel.de. Auskunft, Zimmervermittlung und Ausgabe von Angelkarten.

■ **Bücherei,** *Haus der Begegnung,* Theodor-Thomas-Straße 6, Tel. 04971 949958.

Verkehr

■ **Bahnhof am südlichen Stadtrand,** An der Eisenbahn/Bahnhofstraße, www.nordwestbahn. de. Die Schienenverbindung führt über Jever und Sande nach Oldenburg.

■ **ZOB am Bahnhof,** verschiedene Omnibuslinien fahren nach Bensersiel und zu den anderen Küstenortschaften.

Einkaufen

■ **Wochenmarkt,** mittwochs auf dem Kirchplatz und samstags auf dem Marktplatz, April bis Oktober von 8 bis 13 Uhr.

15 Caravan Erleben, Seilerstraße 1, 26427 Esens, Tel. 04971 4148, www.caravan-erleben.de. Hier gibt es alles, was das Camperherz begehrt.

Gastronomie

7 Café-Gasthaus Sturmfrei, Steinstraße 38, Tel. 04971 9279555, www.sturmfrei-esens.info. Frühstück und internationale Gerichte in hübschem Ambiente.

5 Zeus-Restaurant, Jücherstraße 5, Tel. 04971 6049414, www.zeus-restaurant-esens.de. Griechische und internationale Spezialitäten.

12 Plietsch, Bahnhofstraße 20, Tel. 04971 9248 282, www.plietsch-esens.de. Modernes Ambiente und bunt gemischte Karte: Currywurst, Steaks, vegetarische Gerichte – alles dabei.

4 Restaurant Hopfenlaube, Am Markt 18, Tel. 04971 7818, www.hopfenlaube-esens.de. Deutsche Küche mit Fisch und Fleisch durch alle Jahreszeiten.

Landkreis Wittmund

Unterkunft

11 Krögers Hotel②, Bahnhofstraße 18, Tel. 04971 3065, www.kroegers-hotel.de. Traditionsreiches Haus mit modern und komfortabel ausgestatteten Zimmern, kleinem Spa-Bereich mit Sauna und dem **12 Restaurant Plietsch.**

10 Hotel Drostenhof①-②, Vor dem Drostentor 9, Tel. 04971 925484, www.drostenhof-esens.de. Zentral gelegen mit ruhigen Zimmern, ideal für den Kurzurlaub.

13 Hotel garni Nolting①, Bahnhofstraße 29, Tel. 04971 2233, www.hotel-nolting.de. Neun gemütlich eingerichtete Zimmer im familiär geführten Haus.

1 Pension Nordlicht①, Bensersieler Straße 10, Tel. 04971 610, www.nordlicht-esens.de. Familiäres Flair im Zehn-Zimmer-Haus mit Gäste- und Wintergarten. Auch Gruppen bis 35 Personen sind herzlich willkommen.

8 Pension Martha①, Siebet-Attena-Straße 17, Tel. 04971 2419, www.marthas-pension.de. Nette kleine Pension mit hübschem Frühstückszimmer und Gästegarten.

2 Jugendherberge Esens①, Grashauser Flage 2, Tel. 04971 3717, www.jugendherberge.de. In 31 Zimmern werden 162 Betten angeboten. Esens liegt näher als der Strand, der ein paar Kilometer entfernt ist, die aber mit dem Fahrrad bequem zu bewältigen sind.

Museen und Stadtführungen

■ **Museum „Leben am Meer" in der Peldemühle**, Bensersieler Straße 1, Tel. 04971 5232, www.leben-am-meer.de (Erw. 3 €, Jugendliche ab 15 J. 1,50 €, Kinder frei). Das im Gebäudeensemble der Peldemühle, einem zweistöckigen Galeriehollländer, beheimatete Museum erinnert an die Marschenlandschaft des Harlingerlandes, das mit ganzen Dörfern den Sturmfluten der Nordsee zum Opfer gefallen ist. Eine alte Uhrmacherwerkstatt und eine mit holländischen Fliesen ausgestattete Küche geben Einblicke in die Alltagskultur vergangener Zeiten. Das Museum wurde 2016 mit dem Museumsgütesiegel ausgezeichnet.

■ **Turmmuseum St. Magnus**, Am Kirchplatz 5, Tel. 04971 919712, www.turmmuseum-esens.de (geöffnet von Mai bis Oktober, Eintritt frei). Auf den fünf Etagen des Turms werden die Baugeschichte der größten Kirche Ostfrieslands dokumentiert und ihr Inventar gezeigt. Über 113 Stufen geht es am mechanischen Kirchturmuhrwerk von 1873, einer hölzernen Bestattungskutsche von 1880 und den riesigen Orgelpfeifen vorbei. Von oben belohnt der atemberaubende Ausblick bis hin zu den Ostfriesischen Inseln den Aufstieg.

■ **Jüdisches Museum im August-Gottschalk-Haus**, Burgstraße 8, Tel. 04971 52 32, www.august-gottschalk-haus.de (geöffnet von Mai bis Oktober, Erw. 2 €, Kinder ab 15 J. 1 €). Gedenkstätte

124ofl_mna

und Ausstellung zur neueren Geschichte der ostfriesischen Juden, die neben den Resten der 1938 von den Nazis zerstörten Synagoge ihren Platz gefunden hat. Besonderheit ist die *Mikwe*, ein erhaltenes jüdisches Ritualbad.

■ **Bernsteinmuseum** (Erw. 3,50 €/Kinder bis 14 J. 2,50 €), *Bernstein Huus,* Herdestraße 10, Tel. 04971 2278, www.nordseeschmuck.de. Alles rund um die Welt des Bernsteins, der schon in der Römerzeit als beliebtes Tauschmittel diente, wird hier gezeigt.

■ **Peldemühle Esens,** Bensersieler Straße 1, Tel. 04971 5232. Besichtigung nach Vereinbarung.

■ **Stadt-Schkür,** Markt 1 a (beim Rathaus), Tel. 04971 2314. Museum mit landwirtschaftlichen Kleingeräten und ostfriesischen Hausgegenständen sowie das **6** mit **Café** und **Teediele.** Öffnungszeiten auf Anfrage.

■ **Stadtführungen,** über Tourist-Information (4,50 €). Themen „Bärenstadt Esens", „Esens und seine Schätze", „Führungen durch die Peldemühle". Der Flyer „Esens historisch – das begehbare Geschichtsbuch" zeigt mit fünf Touren durch die Stadt Wissenswertes zur Geschichte auf 80 Tafeln.

■ **Geführte Radtouren,** Tourist-Information.

125ofl_mna

Sport und Freizeit

🔟 **Rad-Haus-Esens,** Sibet-Attena-Straße 9, Tel. 04971 6997028, www.rad-haus-esens.de.

14 **Stefans Fahrradshop,** Emder Straße 4, Tel. 04971 5574, www.stefans-fahrradshop.de.

🧍 **Indoor-Spielpark Klabautermann,** Gewerbegebiet Ost, Sattlerstraße 5, Tel. 04971 927571, www.klabautermann-spielpark.de (Erw. 6,50 €/ Kinder 3–16 J. 9,80 €). Spiel- und Freizeitspaß auf 3000 Quadratmetern.

■ **Angeln,** Gastkarten bei der Tourist-Information.

■ **Reithalle Esens,** Norder Landstraße 15 a, Tel. 04971 7577.

■ **Tennishalle,** Sportzentrum Esens-Nord, Hohekamp 17, Tel. 04971 2626.

■ **Schach,** dienstags ab 19:45 Uhr, „Haus der Begegnung", Theodor-Thomas-Straße 6, Tel. 04971 947967.

Veranstaltungen

■ **Esenser Kleinkunstfestival,** www.kleinkunstfestival-esens.de. Anfang Juni sind gewagte Akrobatik, mitreißende Shows und beste Unterhaltung im Zentrum von Esens zu sehen.

■ **Esenser Schützenfest,** www.schuetzen-esens.de. Jährlich im Juli wird auf dem größten Schützenfest Ostfrieslands fünf Tage mit einem bunten Programm gefeiert. Zur Eröffnung gibt es ein Platzkonzert mit anschließendem Fackelzug durch die Stadt.

■ **Esenser Weinfest,** Ende Juli stellen sich an mehreren Abenden Winzer mit ihren Produkten vor.

■ **Ostfriesische Woche,** Mitte September steht alles im Zeichen der Ostfriesen mit Spaziergängen, Führungen, Konzerten, Tee-Zeremonie und mehr. Veranstaltungen in Esens und Bensersiel.

■ **Herbstmarkt,** buntes Treiben im Oktober im Ortskern.

■ **Esenser Weihnachtswald,** Anfang Dezember, ein schönes weihnachtliches buntes Treiben für Klein und Groß über drei Tage.

◁ Innenraum der Sankt-Magnus-Kirche in Esens

Neuharlingersiel

Erstmals urkundlich erwähnt wurde Neuharlingersiel 1693, der Ort ist also verglichen mit vielen anderen relativ jung. Das Land wurde durch **Deichbau** dem Meer abgerungen, die Harlinger Bucht dehnte sich bis in den Bereich der heutigen Ortschaft aus. Zunächst entstand hier nur eine Ansiedlung weniger Häuser rund um den kleinen Hafen, der nach wie vor das Herzstück des Ortes ist.

Anfangs wurden in Neuharlingersiel die **Waren der Frachtschiffe** auf dem Weg nach Skandinavien umgeschlagen, später kamen die **Hochseefischerei** und nach dem Zweiten Weltkrieg die **Kutterfischerei** dazu. Stattliche 27 Fischereischiffe umfasste die Flotte in ihrer Blütezeit. Eine **regelmäßige Fährverbindung** zur vorgelagerten Insel **Spiekeroog** ist seit 1792 bekannt, der Fähranleger ist auch heute ein wichtiger Teil des Hafens Neuharlingersiel. Die **Gesellschaft zur Rettung Schiffbrüchiger** betreibt hier einen Stützpunkt. Das **Seenotrettungsboot Neuharlingersiel** ist hier fest stationiert. Rund um das Hafenbecken haben sich heute zahlreiche gastronomische Betriebe und Hotels angesiedelt. Während der Saison finden jeden Sonntag traditionelle **Hafenkonzerte** statt, vom Shanty-Chor über Schlagersänger bis hin zur Jazzkapelle ist alles dabei.

Mit dem Anstieg des Bäderbetriebs auf den Ostfriesischen Inseln florierte auch der Tourismus in den Küstenorten. Als **Badeort** erstmals erwähnt wurde Neuharlingersiel 1861, die ersten Werbeprospekte stammen aus dem Jahr 1912. Der **Kurverein Neuharlingersiel** wurde jedoch erst 1960 gegründet, heute ist er einer der erfolgreichsten in Ostfriesland.

4

1979 bekam Neuharlingersiel den Status eines **staatlich anerkannten Nordseeheilbads.** Im Kurverein haben sich die Vermieter der Ortschaft zusammengeschlossen, er betreibt auch den großen **Campingplatz** direkt hinter dem Deich.

Der quirlige Hafenort Neuharlingersiel hat einen **zehn Hektar großen Badestrand,** drei Hektar davon entfallen auf den Grünstrand, auf dem sich die „Funny-Beach-Anlage" mit Basket- und Volleyball, Beachsoccer und Hüpfburg befindet, verschiedene Spielgeräte lassen sich ausleihen. Hier befindet sich auch

ein Bereich im Wattenmeer, in dem während bestimmter Zeiten das **Wind- und Kitesurfen** gestattet ist. Für die Kleinen gibt es im Sommer die **Wasserspielanlage „Platschi",** sodass auch bei Ebbe ausgiebig geplantscht werden kann. In rund **600 Strandkörben** lassen sich Meerluft und Sonne genießen. Wer möchte, kann sich über die Tourist-Information zur Erinnerung sogar „seinen" Strandkorb für zuhause kaufen.

Direkt am Strand stehen gegen drei Euro Tagesgebühr 14 **Schließfächer für Wertsachen** zur Verfügung. Ziemlich

Neuharlingersiel

Übernachtung
1 Campingplatz Neuharlingersiel
2 Landhotel Bauernstuben
3 DJH Resort
4 Pension Die Schlafstube
8 Hotel Poggenstool
10 Haus am Meer
13 Mingers Hotel
15 Janssen's Hotel
19 Hotel Rodenbäck
21 Hotel garni Meerblick

Essen und Trinken
2 Restaurant Bauernstuben
5 Teestube Seriemer Mühle
8 Restaurant Poggenstool
11 Sielhof Restaurant-Café
12 Deichkombüse
16 Dattein
17 Café Bistro Inselblick
18 Café Störmhuus
20 Restaurant La Mer

Sport und Freizeit
7 Kite- und Surfschule Windloop
9 Fahrradverleih Klattenberg

Funny-Beach-Anlage

Spielplatz

Kurpark

Zum Deich

Addenhausen

Deichringstraße

Seriemer Mühle, Esens, Werdum, Groß Holum

Neikenweg

Wiesenweg

Bootsweg

Nordseestraße

Seglerweg

einzigartig dürfte der **Seelsorgestrand-korb** sein, der dienstags, mittwochs und freitags von zehn bis elf Uhr besetzt ist.

Sehenswertes

Neben dem **Hafen** mit seinen Fischkut-tern ist der **Sielhof** im Ortskern einen Besuch wert, der seit 1989 dem Kurver-ein Neuharlingersiel gehört. Er wurde 1755 von *Siebelt Frerichs Eymen* als **Her-rensitz** gebaut, von 1899 bis 1906 umge-baut und um eine **Parklandschaft** er-

gänzt. Das Gebäude ist symmetrisch ausgerichtet. Über eine Freitreppe, die sich im Erdgeschoss eines Turms befin-det, geht es in ein **Restaurant-Café**. Das Obergeschoss wird als **Haus des Gastes** sowie für **Ausstellungen und Veranstal-tungen** genutzt. In der **Kapelle** finden Trauungen und Taufen statt. Besonders sehenswert ist die **Wand mit 870 Bibel-fliesen** im niederländischen Stil, die als größte geschlossene Einheit dieser Art in Ostfriesland gilt. Da die Fliesen im Lauf der Zeit stark beschädigt worden waren, wurden sie 2010 in den Niederlanden

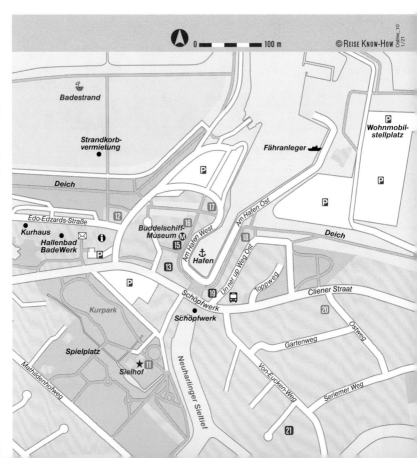

restauriert und anschließend wieder an ihren alten Platz gebracht. Einen Blick lohnen auch die **geschnitzte Eymen-Tür**

⌂ Deich und Strand Neuharlingersiel unter Regenwolken

sowie der gekachelte und mit einem Rosen-Tableau verzierte **Kamin.**

Direkt neben dem Sielhof mündet das Neuharlinger Sieltief in die Nordsee. Das Wasser des Binnenlands wird mit dem **Schöpfwerk** in das Meer gepumpt.

Fährt man von Neuharlingersiel in Richtung Esens, geht es kurz hinter der

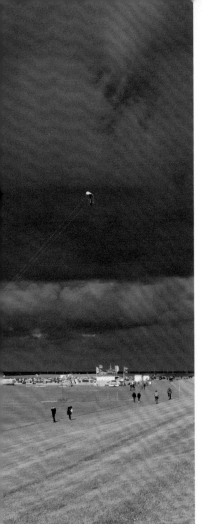

126ofl_mna

stieg in die Mühle in der unten befindlichen **Teestube** wartet. Die Seriemer Mühle ist voll funktionsfähig, ihre Besichtigung ist kostenlos.

Praktische Tipps

Adressen in 26427 Neuharlingersiel

■ **Tourist-Information,** Edo-Edzards-Straße 1, Tel. 04974 18812, www.neuharlingersiel.de.

⚘ **Leuchttürmchen-Club,** siehe Tourist-Information. Von Mitte März bis Ende Oktober gibt es viele Veranstaltungen für Kinder zwischen drei und neun Jahren, die Mitgliedschaft ist kostenlos. Höhepunkt ist die Piratenfahrt auf dem Kutter „Gorch Fock". Die Veranstaltungen sind z.T. kostenpflichtig.

■ **Fähre nach Spiekeroog,** der Schiffsverkehr zur ostfriesischen Insel ist gezeitenabhängig, die Überfahrt dauert etwa 45 Minuten. Spiekeroog ist autofrei. Hafen Neuharlingersiel, Tel. 04976 9193145, www.spiekeroog.de/anreisen-buchen. Parken: In den Spiekeroog-Garagen (7 € pro Tag, Buszubringer braucht 10 Minuten bis zur Fähre, 1 € p. P. und Fahrt), Tagesgäste parken gebührenpflichtig am Hafen. Hier gibt es einen Parkscheinautomaten).

Gastronomie

20 **Restaurant La Mer,** Osterweg 1/Cliener Straße 10, Tel. 04974 1351, www.restaurant-la-mer.de. Feine Fisch- und Fleischgerichte sowie Speisen für Vegetarier, Salate und leckere Nachspeisen.

11 **Sielhof Restaurant-Café,** Bürgermeister-Dirksen-Platz 8. Tel. 04974 9148090, www.sielhof. com. Torten, Tee und wechselnde Tagesgerichte in gepflegter Atmosphäre mit Blick auf einen kleinen Park.

8 **Restaurant Poggenstool,** Addenhausen 1, Tel. 04974 91910, www.poggenstool.de. „De Störken nöögt, mut Poggen hebben", das heißt so viel wie: „Wer Störche einlädt, muss Krabben haben." Das Restaurant kocht alles frisch mit Fisch und Fleisch aus der Region.

Ortsausfahrt nach links ab zur **Seriemer Mühle.** Der über 200 Jahre alte Galerieholländer war bis 1975 in Betrieb, wird heute ehrenamtlich geführt und als **Museum** genutzt. Sein Name „De goede Verwagting" bedeutet „gute Erwartung", und die erfüllt die leckere Friesentorte auch, die zur Belohnung nach dem Auf-

16 Dattein, Am Hafen West 13, Tel. 04974 912444, www.dattein.de. Die originell eingerichtete Hafenkneipe liegt direkt am Hafen in einem 300 Jahre alten Haus, dem ältesten in Neuharlingersiel. Abends kann es bei Livemusik auch mal etwas lauter werden.

2 Restaurant im Landhotel Bauernstuben, Dorfstraße 10, Groß Holum, Tel. 04974 991049, www.landhotel-bauernstuben.de. Gute Auswahl auch an vegetarischen Gerichten in liebevoll gestalteten Räumlichkeiten.

12 Deichkombüse, Edo-Edzards-Straße 1a, Tel. 0171 4475870. Burger und Fisch in direkter Nähe zu Strand und Hafen.

18 Café Störmhuus, Am Hafen Ost 18, Tel. 04974 707, www.cafe-stoermhuus.com. Tee, Kuchen und Eis mit tollem Hafenblick.

17 Café Bistro Inselblick, Am Hafen West 21, Tel. 04974 433, www.cafe-inselblick-neuharlingersiel.de. Windgeschützt hinter Glas Kaffee, Eis, Kuchen, Flammkuchen und Krabbenbrot mit perfektem Blick auf den Hafen.

5 Teestube Seriemer Mühle, Seriem, Tel. 04974 228, www.seriemer-muehle.de. Ostfriesentee und leckerer Kuchen in einer alten Mühle mit Besichtigung.

Unterkunft

15 Janssen's Hotel②, Am Hafen West 7, Tel. 04974 224, www.hotel-janssen.de. Familiengeführtes Hotel mit zwei Häusern.

☑ Der Sielhof in Neuharlingersiel

127ofl_mna

128ofl_mna

19 **Hotel Rodenbäck**②, Am Hafen Ost 2, Tel. 04974 225, www.hotel-rodenbaeck.de. Gemütlich eingerichtete Zimmer, alle mit Wasserkocher, der Hotelparkplatz ist kostenlos.

13 **Mingers Hotel**③, Am Hafen West 1, Tel. 04974 9130, www.mingers-hotel.de. Charmant und sehr unterschiedlich eingerichtete, komfortable Zimmer am Hafen in allerfeinster Lage.

21 **Hotel garni Meerblick**①, Süderweg 5, Tel. 04974 1235, www.hotel-meerblick-neuharlinger siel.de. Kleines Hotel in ruhiger Lage direkt hinterm Deich.

10 **Haus am Meer Hotel garni**①, Nordseestraße 16, Tel. 04974 818 und 0172 4176900, www.pension-am-meer.de. Allergikergerechte Zimmer für Nichtraucher mit Süd- bzw. Südwestsicht und Zugang zum Garten mit Terrasse oder Balkon und Teeküche für die Gäste.

8 **Hotel- und Restaurant Poggenstool**②, Addenhausen 1, Tel. 04974 91910, www.poggen stool.de. Die sechs Zimmer sind für Nichtraucher und mit Sitzecke und kleinem Schreibtisch ausgestattet.

2 **Landhotel Bauernstuben**②, Groß Holum, Dorfstraße 10, Tel. 04974 991049, www.landhotel-bauernstuben.de. Gut zwei Kilometer von der Küste entfernt mitten im Grünen in idealer Lage für Fahrradfahrer. Es gibt sogar eine große Fahrradgarage.

4 **Pension Die Schlafstube** ①, Groß Holum, Groß Holum Ost 4, Tel. 04974 9149630, www.die-schlafstube.de. 2,5 Kilometer vom Strand entfernt wartet die Pension mit sieben Zimmern auf Gäste, das Parken ist kostenfrei.

3 **DJH Resort**①, Bettenwarfen 2–14, Tel. 04974 914800, www.djh-resort.de, DZ/VP. In der ersten Club-Jugendherberge ist für die ganze Familie nebst Freunden Platz. Es gibt auch Bungalows für sechs Freunde oder Großfamilien sowie jede Menge

⌃ Buddelschiff Viermastbark Mozart

4

Windmühlen

Es gibt wohl kaum ein typischeres Bauwerk für die Nordseeküste als die vielen Windmühlen. Früher besaß nahezu **fast jedes Dorf** mindestens eine Wind- und Wassermühle. Die erste Windmühle Ostfrieslands streckte im Jahr 1424 ihre Flügel in den Wind, die höchste Dichte mit 174 Stück war um 1900 erreicht.

Den Gedanken, den sich stetig über das flache Land wehenden Wind zu nutzen und ihn in mechanische Energie zu übertragen, hatten die Menschen in Asien und Europa zwar schon vor mehreren Tausend Jahren. Allerdings perfektionierten erst die **Niederländer** mit dem Bau der Holländerwindmühlen Ende des 16. Jahrhunderts die bis dahin übliche Mechanik weitgehend. Bei den Mühlen des Typs **Galerieholländer** ist nur noch die Turmhaube beweglich, während sich beispielsweise bei einer **Bockwindmühle** das gesamte Mühlhaus in den Wind drehen lässt. Die Galerieholländer konnten dadurch sehr viel größer gebaut werden und waren somit **wesentlich leistungsfähiger.** Der Wind musste von vorn auf die mit Segeln bespannten Flügel treffen und diese in Drehung versetzen. Über eine Welle wurde diese Bewegung ins Mühleninnere gebracht und meist mit einem Zahnrad auf die Arbeitswelle übertragen, wodurch sich die Energie für verschiedene Arbeitsaufgaben nutzen ließ. Im ganzen Land waren Mühlen als **weithin sichtbare Landmarken** verbreitet und wurden zum Sinnbild für die Niederlande. Dann dauerte es nicht mehr lange,

129ofl_mna

4

130ofl_mna

bis auch in Ostfriesland Windmühlen nach holländischem Vorbild gebaut wurden.

Im Mittelalter hatte der Landesherr noch das sogenannte **Windrecht** und kassierte für den Betrieb einer Mühle „Windgeld". Als in Preußen Mitte des 19. Jahrhunderts die **Gewerbefreiheit** eingeführt wurde, profitierte der Mühlenbau in Deutschland davon ganz erheblich, denn nun herrschte freier Markt und Konkurrenz belebte das Geschäft. Die Arbeit in einer Mühle war jedoch gefährlich, nicht selten wurden die Mühlenarbeiter dabei verletzt oder getötet, wenn sie in die Zahnräder oder zwischen die Mühlsteine gerieten.

Heute ist an der Nordseeküste noch etwa **die Hälfte** der früher vorhandenen Mühlen erhalten. Manche werden noch als Korn-, Öl- und Sägemühle oder zur Entwässerung als Pumpmühle genutzt, andere werden als Museen geführt oder beherbergen Cafés. In den 1980er-Jahren wurde **die alte Kulturtechnik wiederentdeckt** und löste eine Restaurierungswelle aus. In vielen Fällen sind Freiwillige in Vereinen organisiert, ohne deren tatkräftige Unterstützung vermutlich deutlich mehr Mühlen verfallen wären.

Die mit 30,20 Metern höchste Mühle Deutschlands steht in Hage, nicht weit von Norden entfernt. **Der älteste** noch in Teilen funktionsfähige **Galeriehollander** ist die **Peldemühle** in Wittmund.

Jedes Jahr an Pfingstmontag findet der **Deutsche Mühlentag** statt. Aus diesem Anlass sind viele Windmühlen für Besucher geöffnet. Fährt man entlang der **niedersächsischen Mühlenstraße,** lassen sich viele Exemplare dieser technischen Wunderwerke antreffen, deren kulturelle Bedeutung gerade für die windreichen Regionen an der Küste besonders groß ist. Weitere Informationen gibt es auf der Website www.muehlenland-niedersachsen.de.

⌃ Seriemer Mühle, Außenansicht

◁ Hölzernes Mahlwerk der Seriemer Mühle in Groß Holum

Angebote für Sport und Spiel. Drei Mahlzeiten am Tag sind inklusive.

1 **Ganzjahres-Campingplatz Neuharlingersiel,** Alt Addenhausen 4, Tel. 04974 188900, www.neuharlingersiel.de. Der Platz ist sehr groß und von vielen Dauercampern bewohnt, es gibt aber ausreichend Stellplätze, auch direkt hinter dem Deich. Ein kleiner Shop bei der Rezeption hat alles, was man beim Campen benötigt. Die Sanitäranlagen sind gut gepflegt, Schwimmbad und Hafen sind fußläufig gut zu erreichen. Zwei Lebensmittelgeschäfte in der Nähe.

■ **Wohnmobilstellplatz am Hafen,** für 15 € pro Tag darf man maximal drei Nächte direkt am Hafen parken, die sanitären Einrichtungen bei der Tourist-Info sind allerdings ein Stück entfernt.

Museen und Führungen

■ **Buddelschiff-Museum,** Am Hafen Westseite 7, Tel. 04974 224, auch Gruppenanmeldungen unter dieser Nummer, www.buddelschiffmuseum.de (Erw. 2 €/Kinder 1 €), viel Sehenswertes zum Thema Buddelschiff-Modellbau und Seefahrt. Über 100 Buddelschiffe in einem einzigen Raum, vom Fußboden bis zur Decke gestapelt.

■ **Seriemer Mühle,** Seriemer Mühle 2, Groß Holum, Tel. 04974 228, www.seriemer-muehle.de. Mühlenmuseum und Teestube.

Ausflüge und Touren

■ **Reit- und Ferienhof Maack,** Ostbense 3, Tel. 04974 9149811, Kutsch- und Planwagenfahrten.

⌃ Badestrand Neuharlingersiel mit Strandkörben

Landkreis Wittmund

■ **Berghof,** Fam. *Tjardo Reinders,* Marz 1, Tel. 04971 949494 und 949496.

■ **Reithalle Boisenhausen,** Tel. 04974 991015.

■ **Kutter „Möwe",** Kapitän *Heinz Steffens,* Von-Eucken-Weg 22, Tel. 04974 9149811, Liegeplatz ist Bensersiel. Fahrten in die See, Schaufischen, Makrelen- und Dorschangeln.

■ **Kutter „Gorch Fock",** Kapitän *Wilhelm Jacobs,* Am Hafen West 19, Tel. 04974 279. Fahrten zu den Seehundbänken mit Schaufischen.

■ **Kutter „Seestern",** Kapitän *Hermann Ricklefs,* Tel. 04974 847. Fahrt zu den Seehundbänken, Abendfahrten, Hochseeangeln auf Makrele und Dorsch.

■ **Kutter „Anna 1",** Kapitän *Hendrik* und *Friedrich Dirks,* Blockshausen 20, Tel. 04974 823. Makrelenangeln nur für Gruppen ab 15 Pers. Die Fischerfamilie betreibt ihr Geschäft in vierter Generation.

Sport und Freizeit

■ **Angel-Gastkarten für das Neuharlinger Sieltief,** über Tourist-Information gegen Vorlage des Jahresfischereischeins.

■ **Hochseeangeln,** siehe „Ausflüge und Touren", Kutter.

9 **Fahrradverleih Klattenberg,** Nordseestraße 4, Tel. 04974 914646, www.fahrradverleih-klattenberg.de

7 **Kite- und Surfschule Windloop,** Am Strand Höhe Edo-Edzards-Str. 1, Tel. 0151 70166966, www.windloop.de. Schnupper- und Anfängerkurse sowie Leih-Equipment.

■ **Schwimmbad,** BadeWerk Neuharlingersiel, Edo-Edzards-Straße 1, Tel. 04974 18860, www.badewerk.de. Wellness und medizinische Anwendungen mit ursprünglichen Heilmitteln wie Meerwasser, Algen und Naturschlick. Meerwasser-Hallenbad, Sauna, Thalasso, Massagen und Fitnessprogramm direkt hinter dem Deich.

■ **Reit- und Ferienhof Maack,** siehe „Ausflüge und Touren".

■ **Berghof,** siehe „Ausflüge und Touren".

Veranstaltungen

■ **Sommernacht im BadeWerk-Garten,** Mitte Juli Akrobatik und Unterhaltung mit exzellenten Künstlern.

■ **Strandfeten am „Funny Beach",** Ende Juli/ Anfang August ab mittags für Kinder, abends spielen Live-Bands.

■ **Regatta der Krabbenkutter,** Mitte August mit Shanty-Chor, leckeren Speisen und Krabbenpulmeisterschaft.

■ **Lichterfest im Sielhof-Park,** Jährlich im Oktober werden Baumriesen in farbiges Licht getaucht und die Besucher ziehen von Musik begleitet mit Laternen durch den Ort.

Werdum

Der **Luftkurort** liegt nur wenige Kilometer hinter dem Seedeich, zur kleinen Gemeinde Werdum gehören noch zwei weitere Ortschaften, **Edenserloog** und **Gastriege.** In Edenserloog steht die **Burg** mit dem gleichen Namen, errichtet wurde sie im Mittelalter auf einer Warft. Im Harlingerland ist sie die **einzige erhaltene Häuptlingsburg.** Teile von ihr stehen auch heute noch, das alte Gemäuer befindet sich in Privatbesitz und kann leider nicht besichtigt werden.

Ebenfalls auf einer Warft gebaut wurde die **Werdumer Mühle.** Der Erdholländer steht an dieser Stelle seit 1802, seit 1976 gehört das Bauwerk dem ortsansässigen Heimatverein. Dieser richtete in den Räumlichkeiten der Mühle ein kleines **Heimatmuseum** ein. Vom mit Windkraft gemahlenen Mehl werden Brote gebacken und in der nahe gelegenen Bäckerei verkauft.

1327 wurde die **St.-Nicolai-Kirche** auf einer Warft errichtet. Zum spätmittelalterlichen Einraumsaal fügte man

4

1763 an der Westseite einen Turm hinzu. 32 Meter ist er hoch und enthält heute das Eingangsportal zum Gotteshaus.

Viel zu bieten hat auch der ☩ **Haustierpark Werdum.** Hier werden Nutztierrassen gezüchtet, die vom Aussterben bedroht sind. Neben einem großen Kinderspielplatz gibt es in der gepflegten Anlage einen Ententeich, eine Eselweide, einen Fitness-Parcour, eine Aussichtsplattform und natürlich eine Streichelwiese. Für die Kinder dürfte das Highlight der Erwerb einer Tierfuttertüte sein, mit dessen Inhalt sie die tierischen Bewohner der Anlage füttern dürfen.

Praktische Tipps

Adressen in 26427 Werdum
◼ **Tourist-Information,** Raiffeisenplatz 1, Tel. 04974 990099, www.werdum.de.
◼ **Küstenbrauerei im Werdumer Hof,** Buttforder Straße 1, Tel. 04974 546, www.werdumer-hof.de. Das in Werdum gebraute Bier ist eine Reise wert. Vier verschiedene Sorten werden in der Küstenbrauerei produziert. Malzig und süffig ist das dunkle Bier – *Watt'n Bier* heißen die Produkte der Küstenbrauerei.

☩ **Haustierpark Werdum,** Gastriege 35, Tel. 04974 990099, www.haustierpark-werdum.de. Zentral mitten im Ort gelegen befindet sich ein Arche-Park mit seltenen und vom Aussterben bedrohten Tieren, wie beispielsweise dem Ostfriesischen Milchschaf. Der Eintritt wird am Automaten entrichtet (Erw. 3 €/Kinder bis 16 J. frei). Führungen für Gruppen auf Anfrage.

◼ **Werdumer Mühle,** Edenserlooger Straße 15, Tel. 04974 656, www.werdum.de. Der Erdholländer aus dem Jahr 1802 wurde auf einer Warft gebaut und 2002 vollständig restauriert. Heute beherbergt er ein kleines **Museum** mit einer Sammlung von Haus-, Scheunen- und Ackergeräten. Mühlenbesichtigungen von April bis Oktober mit Abschluss des Müller-Diploms.

◼ **Historische Schmiede,** Edenslooger Straße 13, Tel. 04974 99009, www.werdum.de. Ursprünglich stand das Gebäude in der Hogewarftstraße, 1993 wurde es abgebaut und originalgetreu neben der Mühle wieder aufgebaut. Heute zeigt Schmiedemeister *Dietrich „Didi" Dieker* – längst im Ruhestand – interessierten Besuchern gern sein Handwerk. Die Termine stehen im Veranstaltungskalender.

◼ **Reithalle Boisenhausen,** 26427 Stedesdorf, Boisenhausen 30, Tel. 04974 991015.

◼ **Pferdehof Rieken,** Werdumer Altendeich 14, OT Werdum, Tel. 04974 912900.

Gastronomie/Unterkunft
◼ **Fahrradcafé Hoge Warf,** Buttforder Straße 17, Tel. 04974 914675. Schönes und uriges Lokal mit kleinen Speisen wie Burger, Pizza oder Flammkuchen. Schöner, schattiger Außenbereich unter grünen Bäumen.

◼ **Wohnmobilstellplatz Werdum,** Raiffeisenplatz 1, Tel. 04974 990099, www.werdum.de.

▷ Wie gemalt – die Werdumer Mühle

4

Holtriem

Im Zuge der Gemeindegebietsreform 1972 entstand aus acht Ortschaften die **Gemeinde Holtriem.** Das Gemeindegebiet liegt in der Nähe der Nordsee, grenzt aber nicht direkt an die Küste. Der Name der Gemeinde geht auf eine ostfriesische Rarität zurück: Wald. „Holt" bedeutet im Niederdeutschen Holz, „riem" bezeichnet einen Landstrich. Doch der namensgebende Baumbestand wurde gerodet, so ist auch Holtriem arm an Waldgebieten. Das **Rathaus** der Gemeide liegt in der Ortschaft **Westerholt**.

Ganz in der Nähe von Westerholt steht eine der wenigen **begehbaren Windenergieanlagen** Deutschlands. Eine Wendeltreppe mit 297 Stufen führt auf eine verglaste Plattform in gut 60 Metern Höhe. Die Anlage ist eine von 34 im Windpark Holtriem.

Den modernen Mühlen steht auch eine historische gegenüber: die **Holländer Windmühle in Nenndorf.** Die reetgedeckte Mühle aus dem Jahr 1850 wird mit Vereinsarbeit funktionsfähig gehalten, ist zu besichtigen und gilt als Holtriems Wahrzeichen.

Der wichtigste Erwerbszweig in der strukturschwachen Gemeinde ist die **Landwirtschaft.** Die Touristen halten sich in Holtriem eher zurück, die Anzahl der Gewerbebetriebe ist überschaubar. Erwähnenswert, aber nicht zu besichtigen, ist die **Torfbrandziegelei Nenndorf.** Hier werden Tonziegel in einem großen Ringofen gebacken, die Symbiose von Lehm und Feuer dauert 14 Tage. Der mit Torf befeuerte Ofen ist einer der ältesten in Deutschland, die Produkte sind alle Unikate und sind bei anspruchsvollen Architekten ziemlich beliebt.

Auch wenn Holtriem arm an Sehenswürdigkeiten ist, lohnt sich das Entde-

133ofl_mna

cken einiger beachtenswerter Kirchen, von denen zwei aus dem Spätmittelalter stammen. Die **Kirche in Westerholt** stammt aus dem 13. Jahrhundert und wurde auf einer Warft errichtet. Da der Name des Schutzpatrons über die Jahrhunderte verloren ging, führte eine Befragung in der Kirchengemeinde zu einem neuen Namen: Seit 2009 heißt die Westerholter Kirche **Friedenskirche.**

Ebenfalls einen Besuch wert ist die spätromanische **St.-Materniani-Kirche in Ochtersum.** In dem Backsteinbau befindet sich eine restaurierte Orgel aus dem 18. Jahrhundert. Das Instrument gehört zu den **Klangdenkmälern Ostfrieslands.**

Überregional bekannt ist das Naturschutzgebiet **Ewiges Meer** (s.u.), der darin liegende Hochmoorsee ist der größte in Deutschland. Die Hochmoorfläche liegt zu großen Teilen in der Gemeinde Eversmeer, ein **Naturlehrpfad** lädt zum Spazieren ein.

Ewiges Meer

Rund 90 Hektar misst das Ewige Meer und ist damit der **größte Hochmoorsee in Deutschland.** Zwei bis drei Meter ist das Wasser tief, gut eineinhalb Kilometer lang und knapp 900 Meter breit. Der See befindet sich im **Naturschutzgebiet Ewiges Meer** und Umgebung, bereits 1939 trat der Naturschutz hier in Kraft. Nährstoffarmut und der Säuregehalt des Hochmoorwassers lassen nur spezialisierte Pflanzen gedeihen, unter anderen sind das die Gewöhnliche Moosbeere, die Gewöhnliche Rasenbinse, Sonnentau, Wollgräser und verschiedene Torfmoose. In diesem Hochmoorgebiet brüten die letzten Trauerseeschwalben Ostfrieslands. In der ausge-

⌃ Ufer am Hochmoorsee Ewiges Meer

⌃ Bauerngarten in der Gemeinde Holtriem

Die Entstehung der Nieder- und Hochmoore

Moore sind **Feuchtgebiete,** die je nach Art der Wasserspeisung Hoch- oder Niedermoor genannt werden. Niedermoore können nur dort entstehen, wo **Grundwasser** an die Oberfläche tritt, während sich Hochmoore allein durch den **Niederschlag** entwickeln, der auf einen undurchlässigen mineralischen Untergrund trifft. Aus einem Niedermoor kann im Lauf der Zeit auch ein Hochmoor werden, nämlich dann, wenn die Torfschicht in die Höhe wächst, die Verbindung zum Grundwasser abbricht und das Moor ausschließlich aus Niederschlagswasser gespeist wird. **Unterscheiden** lassen sich beide Typen leicht durch ihre **Pflanzenwelt. Hochmoore** haben einen niedrigen Bewuchs, die typischen **Pflanzen sind anspruchslos** und müssen mit dem sauren und sehr nährstoffarmen Umfeld zurechtkommen. Zu sehen sind hier vor allem genügsame Pflanzen wie Torfmoose, Sonnentau und Wollgras. **Torfmoose** sind übrigens erstaunliche Pflanzen: Sie können das 16-fache ihres Eigengewichts an Wasser speichern. An den Rändern der Hochmoore, die auch Regenmoore genannt werden, wachsen einzelne Gräser und Heidekraut. In den **Niedermooren** hingegen gibt es teilweise **sogar kleine Bäume.** Im Gegensatz zu Sümpfen und Bruchwäldern **fallen Moore niemals trocken,** sie sind auf einen ständigen Wasserüberschuss angewiesen.

Natürlich sind Moorgebiete nicht gegen den Klimawandel gefeit. Ob und wie sich lang anhal-

135ofl_mna

tende Dürreperioden in Zukunft auf die Moorlandschaften auswirken, muss beobachtet werden.

Dass sich gerade in Ostfriesland so viele Hochmoore bilden konnten, hat neben der Bodenbeschaffenheit auch viel mit dem **Wetter** zu tun. Die Region ist **niederschlagsreich** und weist eine **hohe Luftfeuchtigkeit** auf. Zudem muss sich im Boden eine Schicht Wasser stauen. Durch sich nicht vollständig zersetztes Pflanzenmaterial entsteht im Laufe von vielen Jahrtausenden schließlich der **charakteristische Torfboden.** Die heutigen Moore in Ostfriesland entstanden ab etwa **5500 v. Chr.** Von einem Moor wird gesprochen, wenn die **Torfschicht mindestens 30 Zentimeter stark ist.** Bei einem Zuwachs von nur einem Millimeter pro Jahr lässt sich ausrechnen, wie viel Zeit es brauchte, um eine Torfschicht von mehreren Metern entstehen zu lassen. Im Lauf der Jahrtausende hat sich das Moor **über weite Teile der ostfriesischen Geest ausgedehnt** und oft ganze Wälder unter sich begraben. Das Wasser der **Moorseen** ist vom enthaltenen pflanzlichen Material immer **dunkel gefärbt.** Hochmoore bieten hochspezialisierten Pflanzen und Tieren, die häufig zu den gefährdeten Arten zählen, einen einzigartigen Lebensraum. Sie sind aber auch für die **Forschung** von größtem Wert, denn die vielen verschiedenen Torfschichten geben mit den darin enthaltenen Tier- und Pflanzenresten viele **Informationen über die Klimaschwankungen** seit der letzten Eiszeit preis. Leider wird am Biotop Moor seit Jahrhunderten bis heute Raubbau in großem Stil betrieben, in wenigen Jahren ist dieser seltene Naturraum unwiederbringlich zerstört.

◁ Landschaft am Moorlehrpfad an der Esterweger Dose

dehnten Moorheide um das Hochmoorgebiet herum wachsen Besen- und Glockenheidekraut sowie reichlich Pfeifengras. Teilweise entstehen auch kleine Gehölze, vorwiegend aus Birken. Durch das Naturschutzgebiet führt ein knapp **zwei Kilometer langer Bohlenweg,** der ein Naturlehrpfad ist. Die installierten **Schautafeln** informieren detailliert über die Tier- und Pflanzenwelt ums Ewige Meer. Den Besucher erwartet eine eigenwillige Landschaft, die zu jeder Jahreszeit ihren Reiz hat. In den feuchten Jahreszeiten wirkt das Gebiet beinahe mystisch und geheimnisvoll.

Praktische Tipps

Adressen in 26556 Holtriem

■ **Tourist-Information (im Rathaus Westerholt),** Auricher Straße 9, Tel. 04975 919315, www.holtriem.de.

■ **Begehbare Windkraftanlage** (Westerholt), Linienweg, Tel. 04933 91110, die Begehung ist nur im Rahmen einer Führung möglich, 6,50 € p/P.

■ **Holtriemer Mühle,** Gastweg 3 (Westerholt), www.mühle-nenndorf.de. Voll funktionsfähiger, zweistöckiger Galerieholländer von 1850. Der Verein der Holtriemer Mühlenfreunde pflegt und erhält die Müllertradition.

■ **Holtriemer Hof (Nenndorf),** Nordener Straße 50, Tel. 04975 8445, klassisches Landgasthaus mit Restaurant und Übernachtungsmöglichkeit.

■ **St.-Materiniani-Kirche (Ochtersum),** Siefke-Kunstreich-Str. 6, Tel. 04975 234. Sehenswerte alte Kirche aus dem 13. Jahrhundert.

■ **Gartencenter Hedden (Westerholt),** Esener Straße 5, Tel. 04975 208, www.gartencenter-hedden.de. Zimmerpflanzen, Schnittblumen, Kräuter, Balkonpflanzen bis hin zu Stauden und Baumschulware. Eine schöne Auswahl an Dekoartikeln und Geschenkideen runden das Angebot ab.

4

Gemeinde Wittmund

Von der Fläche her gehört Wittmund mit gut 210 Quadratkilometern zu den **zehn größten Städten Niedersachsens.** Die rund 20.000 Einwohner verteilen sich auf 13 Ortschaften und die Kleinstadt Wittmund. Zwischen Jever im Osten und Aurich im Westen hat das Gemeindegebiet bei Carolienensiel und Harlesiel **direkten Kontakt zur Nordsee.** Von Harlesiel aus wird der **Fährverkehr zur Insel Wangerooge** abgewickelt. Landschaftlich gibt es in Wittmund die drei wichtigen Landschaftsformen Ostfrieslands: Marsch, Geest und Moor. Wobei das **Marschland** den größten Anteil hat, darüber hinaus zum Teil jüngeren Ursprungs ist. Denn die früher weit ins Land ragende Harlebucht wurde über Jahrhunderte Stück für Stück dem Meer abgerungen und eingedeicht. Darum haben Orte wie Carolinensiel keine weit zurückreichende Geschichte, sie entstanden erst auf dem neu gewonnenen Land. Durch das Marschengebiet Wittmunds fließt der **Fluss Harle,** er entspringt und mündet auf dem Gebiet der Gemeinde.

Die **Landwirtschaft** gilt auch heute noch als wichtiger Wirtschaftsfaktor. Neben einigen mittelständischen Betrieben ist vor allem an der Küste der **Tourismus** die Haupteinnahmequelle. In der Stadt Wittmund befinden sich zahlreiche historische Gebäude, die teilweise mehrere hundert Jahre alt sind. Insgesamt stehen über 100 historische Gebäude, Mühlen, Gulfhöfe und Kirchen unter Denkmalschutz. Wittmund ist auch

Garnisonsstadt. Der Name des Militärflugplatzes *Wittmundhafen* leitet sich von der Marine ab. Sie war lange Zeit der Betreiber der Anlage, denn ursprünglich war der Flugplatz als Lufthafen für Heeresluftschiffe gedacht.

Stadt Wittmund

Die Kernstadt mutet kleiner an, als die Einwohnerzahl von rund 20.000 vermuten lässt. Das erklärt sich dadurch, dass sich die Einwohnerzahl der Stadt verdreifachte, als die 13 umliegenden Ortschaften bei der Kommunalreform 1972 **eingemeindet** wurden. Wittmunds kleine Innenstadt mit der Fußgängerzone gliedert sich um die **St.-Nicolai-Kirche,** diese ist eines der Wahrzeichen der Stadt.

Das andere Wahrzeichen ist die **Peldemühle,** sie wurde 2016 umfassend restauriert und ist voll funktionstüchtig. Im historischen, torfbeheizten **Backhaus** demonstrieren Mitglieder des Fördervereins die Verarbeitung vom Getreide zum Mehl und schließlich zum gebackenen Brot.

Einige Kilometer südwestlich von Wittmund liegt der **Fliegerhorst Wittmundhafen.** Auf dem Militärflugplatz ist das Luftwaffengeschwader 71 „Richt-

▷ Das Kreishaus Wittmund

4

hofen" stationiert, hier werden Piloten der Bundeswehr ausgebildet. Das Militärgelände ist **nicht zu besichtigen.**

Geschichte

Die Region um die heutige Stadt Wittmund wurde nachweislich schon vor einigen tausend Jahren von Menschen besiedelt. Im Süden der Stadt beim Ortsteil Leerhafe fanden sich Artefakte der **Trichterbecherkultur** aus der Jungsteinzeit (4200–2800 v. Chr.). Die **Hügelgräber bei Rispel** stammen aus der Bronzezeit (2200–800 v. Chr.), nur drei der einst mehr als 100 Gräber blieben erhalten – die restlichen wurden um 1900 eingeebnet. Nahe dem Ortsteil Buttforde entdeckte man **Siedlungsreste,** die möglicherweise **aus der Römischen Kaiserzeit** stammen.

Ab dem 9. Jahrhundert nach Christi wird eine erste Holzkirche im heutigen Stadtkern von Wittmund vermutet, Spuren davon fand man jedoch nicht. Bereits um 1200 war Wittmund als kleines Handelszentrum schon ein Ort von zentraler Bedeutung. Im 14. Jahrhundert entstanden mehrere **Steinkirchen** in den

136ofl_mna

Dörfern der Umgebung, unter anderem in Buttforde, Burhafe und Funnix.

Zu **großen Veränderungen** im Harlingerland kam es im Januar 1362. Die **Zweite Marcellusflut,** auch *Grote Mandränke* genannt, durchbrach die damalige Deichlinie und formte die Harlebucht. Diese ragte weit ins Binnenland hinein, ihre Ausläufer erreichten sogar die Geestortschaften Wittmund und Jever. Wenige Jahre später wurde die zweite Kirche im Zentrum von Wittmund zu einer **Wehrkirche** ausgebaut. Durch die direkte Anbindung an die Nordsee wurde die Stadt in die Auseinandersetzungen zwischen den ostfriesischen Häuptlingen und der Hanse hineingezogen. Eine Nutzung als Wehrkirche war im Mittelalter nicht unüblich, die Gotteshäuser dienten damals oft nicht nur der Andacht, sondern waren auch **Schutzräume für die Bevölkerung.** Wittmunds erste Steinkirche brannte dann 1540 bei kriegerischen Handlungen aus. Im Folgejahr errichtete die Gemeinde Kirche Nummer drei. Geweiht wurde diese dem Heiligen Nikolaus, dem Schutzpatron der Seefahrer, folgerichtig hieß sie **Nicolai-Kirche.** Ihren Zweck erfüllte sie für ungefähr 200 Jahre. Wegen der Baufälligkeit des Gebäudes wurde erneut ein Neubau angestrebt, das Geld war jedoch knapp. Eine extra zur Finanzierung des Gotteshauses eingerichtete Lotterie hatte nicht genügend Mittel zusammenbekommen. So waren die christlichen Bauherren gezwungen, für das neue Gotteshaus eine **Anleihe** aufzunehmen.

Am 1. Adventssonntag 1776 wurde dann Wittmunds vierte Kirche an gleicher Stelle geweiht, diese steht noch heute. Typisch für die Region Ostfriesland verwendete man als Baumaterial **roten**

Backstein, dem barocken Saalbau wurde an der Westseite ein 35 Meter hoher Glockenturm hinzugefügt. Da die Nicolai-Kirche auf einer Warft liegt, bildet sie den höchsten Punkt der Stadt.

Lange Zeit blieb Wittmund ein Ort von überschaubarer Größe, in der Mitte des 19. Jahrhundert wurden knapp 2000 Einwohner dokumentiert. Der Flecken Wittmund wurde 1885 zum **Sitz des neu gegründeten Landkreises Wittmund.** Das wurde veranlasst, obwohl zu diesem Zeitpunkt Esens schon Stadtrechte besaß und mehr Einwohner als Wittmund hatte. Der damalige preußische Oberpräsident entschied 1884 in Hannover: „Daß der Landrath des Kreises Wittmund seinen Sitz in dem gleichnamigen Orte zu nehmen haben wird, betrachte ich außer Zweifel."

Für die **Verwaltung** wurde daher 1901 das **Kreishaus in Wittmund** fertiggestellt. Errichtet wurde es in unmittelbarer Nachbarschaft zum Gebäude des Amtsgerichts, beide stehen direkt am Wittmunder Marktplatz. Eine **Industrialisierung** fand im Bereich Wittmund nicht statt, somit war Arbeit oft Mangelware. Das hemmte auch die Entwicklung des Fleckens Wittmund, die Einwohnerzahl stagnierte für lange Zeit.

Der 1914 ausgebrochene Erste Weltkrieg machte Wittmund zur **Garnisonsstadt.** Während des Kriegs suchte die Heeresleitung einen **Standort für einen Luftschiffhafen.** Auf einem brach liegenden Gebiet des Wittmunder Waldes war die neue Anlage im Spätherbst 1916 betriebsbereit. Im Jahr darauf verlegte die Kaiserliche Marine den Luftschifftrupp IV, ungefähr 600 Soldaten, zum Wittmundhafen, wie die militärische Anlage von nun an genannt wurde. Die

Wittmund

★ **Peldemühle**

Bruckstraße

Karl-Bösch-Platz

Bahnhof

Mühlenstraße

Friedenstraße

Bruckstraße

Finkenburgstraße

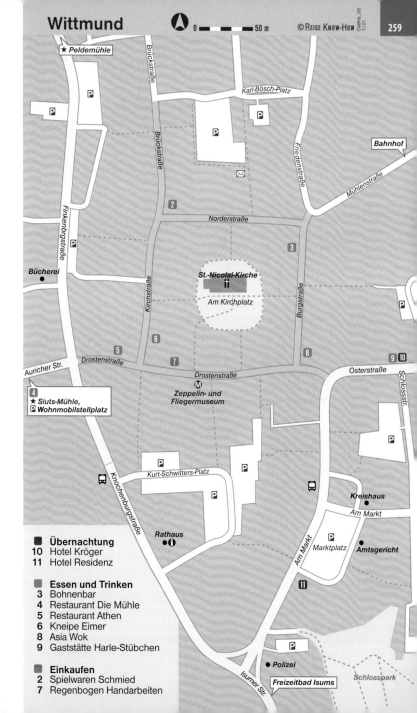

2

Norderstraße

3

Burgstraße

Bücherei

St.-Nicolai-Kirche

Kirchstraße

Am Kirchplatz

6

5 Drostenstraße

7

8

9 **10**

Auricher Str.

Drostenstraße

Osterstraße

Schlossstr.

4
★ *Siuts-Mühle,*
P *Wohnmobilstellplatz*

Zeppelin- und
Fliegermuseum

Kurt-Schwitters-Platz

Knochenburgstraße

Kreishaus

Am Markt

Rathaus

Marktplatz

Am Markt

Amtsgericht

11

● *Polizei*

Freizeitbad Isums

Isumer Str.

Schlosspark

Übernachtung
10 Hotel Kröger
11 Hotel Residenz

Essen und Trinken
3 Bohnenbar
4 Restaurant Die Mühle
5 Restaurant Athen
6 Kneipe Eimer
8 Asia Wok
9 Gaststätte Harle-Stübchen

Einkaufen
2 Spielwaren Schmied
7 Regenbogen Handarbeiten

hier liegenden Luftschiffe wurden vorwiegend für **Erkundungsflüge über der Nordsee,** aber auch für **Bombardements über England** eingesetzt. Nach dem verlorenen Krieg wurde das Gelände 1920 dann entmilitarisiert.

Politisch kam es im Landkreis Wittmund ab 1923 zu einem spürbaren **Rechtsruck,** mehrere Ortsgruppen des Stahlhelms wurden gegründet. Der Stahlhelm war ein Wehrverband ehemaliger Frontsoldaten. Aber auch die rassistische und antisemitische Deutschvölkische Freiheitspartei und die NSDAP gewannen in den 1920er-Jahren an Beliebtheit – vor allem in den strukturschwachen ländlichen Gebieten. So gestaltete sich der Übergang von der Monarchie der Kaiserzeit zur kommenden Diktatur beinahe „zwangsläufig". Vor dem Hintergrund, dass Wittmund bereits im 16. Jahrhundert die Stadtrechte erhalten hatte und diese wieder verfielen, war das Jahr 1929 von großer Bedeutung: **Wittmund wurde zu einer Stadt.**

Am Abend der Machtübernahme durch die Nationalsozialisten veranstalteten am 30. Januar 1933 **SA-Angehörige** einen **Fackelzug** durch Wittmunds Innenstadt. Für die in der Stadt lebenden **Juden** wurde ein Verbleib zunehmend gefährlich, viele wanderten daraufhin aus. Die folgende **militärische Aufrüstung** in den 1930er-Jahren hatte auch auf Wittmund Auswirkungen, der Fliegerhorst Wittmund wurde 1938 reaktiviert und Jagdflugzeuge der Luftwaffe stationiert. Während des Zweiten Weltkrieges gab es in Wittmund und Umgebung verschiedene **Lager mit Kriegsgefangenen.** Diese wurden dringend als **Hilfskräfte in der Landwirtschaft** benötigt. Der

Fliegerhorst Wittmundhafen war zwar mehrfach das Ziel feindlicher Bomber, aber das Stadtgebiet von Wittmund selbst wurde nicht angegriffen. Bei Ende des Kriegs wurde Wittmund den alliierten Truppen kampflos übergeben.

Sehenswertes

Wittmunds **Peldemühle** ist Deutschlands älteste, vollständig erhaltene historische Windmühle. Der Galerieholländer stammt aus dem Jahr 1741, heute wird die Betreuung des Bauwerks von einem Förderverein übernommen. Es ist faszinierend zu beobachten, wie die riesigen Flügel vom Wind in Bewegung gesetzt werden und die großen Mühlsteine ins Rotieren bringen. Im historischen **Backhaus** werden verschiedene Sorten Brot gebacken und zum Verkauf angeboten.

Eine weitere historische Windmühle direkt in Wittmund ist die **Suits-Mühle.** In dem Mühlengebäude von 1884 befindet sich heute das Restaurant „Die Mühle".

In Wittmunds **Fußgängerzone,** von den Einwohnern liebevoll „Pudding" genannt, weil sie rund um die Kirche führt, befinden sich die **„Hands of Fame".** Frei nach dem Vorbild in Hollywood haben hier bekannte Persönlichkeiten ihre **Handabdrücke mit Signatur** hinterlassen. In Ton gebrannt werden sie seit 2005 in die Fußgängerzone integriert. Verewigt haben sich hier zum Beispiel *Uwe Seeler, Otto Waalkes, Andrea Berg* und *Arved Fuchs.* Die Hände einiger ehemaliger deutscher Staatsoberhäupter sind auf dem **„Präsidentenplatz"** zu betrachten, namentlich haben hier *Walter*

Scheel, Richard von Weizsäcker, Roman Herzog, Johannes Rau, Horst Köhler, Christian Wulff und Joachim Gauck ihre Spuren hinterlassen.

Seit 1978 gibt es in Wittmund die Möglichkeit, das sogenannte **Ostfriesen-Abitur** zu bekommen. Bei den zehn Prüfungen muss man sich richtig ins Zeug legen, boßeln und Plattdeutsch gehören dazu. Es gibt auch eine verkürzte Version, das **Lüttje Ostfriesen-Abitur.** Einen Anmeldebogen findet man im Internet auf der Seite www.wittmund-tourismus.de.

⌂ Handabdruck von Hans-Gert Pöttering, von 2007 bis 2009 Präsident des Europäischen Parlamentes

Praktische Tipps

Adressen in 26409 Wittmund

■ **Tourist-Information,** Kurt-Schwitters-Platz 1, Tel. 04462 983150, www.wittmund-tourismus.de.
■ **Bahnhof,** im Nordosten der Kernstadt gelegen, die Züge verkehren zwischen Esens und Sande.
🦋 **Peldemühle Wittmund:** Esener Straße 14, Tel. 0162 8675952, www.peldemuehle-wittmund. de. An einigen Aktionstagen wird Korn gemahlen und Brot gebacken, die Mühle kann auch besichtigt werden (kostenlos).
■ **Robert von Zeppelin- und Fliegermuseum Wittmund,** Drostenstraße 13, Tel. 0162 6086 389, www.zeppelin-und-fliegermuseum.de. Für Technik- und Geschichtsbegeisterte gibt es in diesem Museum einiges zu entdecken, der ehemalige Zeppelin-Flughafen ist auch ein Thema, es ist eine einzigartige Sammlung (Eintritt Erw. 2 €, Kinder 1 €).

4

Einkaufen

7 Regenbogen Handarbeiten, Drostenstraße 18, Tel. 04462 3462. Große Auswahl an Strick- und Häkelnadeln und eine riesige Auswahl an Wolle. Die kompetenten Mitarbeiter beraten freundlich, eine Änderungsschneiderei ist integriert.

2 Spielwaren Schmied, Brückstraße 2, Tel. 04462 5639, ob Lego, Playmobil oder Brettspiele, eine gute Auswahl für Kinder und große Kinder ist im Angebot.

Gastronomie

3 Bohnenbar, Burgstraße 11, Tel. 04462 2042 530, www.bohnenbar.de. Das Café ist auf Genuss spezialisiert, neben Kaffee, Tee und Kuchen kann man auch ausgewählte Feinkostartikel kaufen.

4 Restaurant Die Mühle, Auricher Straße 11, Tel. 04462 4041, www.diemuehle.de. Steak, Pizza und Pasta in historischer Umgebung.

8 Asia Wok, Burgstraße 4, Tel. 04462 2399122, asiatische Speisen in guter Qualität.

5 Restaurant Athen, Drostenstraße 26, Tel. 04462 9464360, www.restaurant-athen-wittmund. de. Anders als der Name vermuten lässt, gibt es eher internationale Küche, im Sommer mit schönem Außenbereich.

6 Kneipe Eimer, Kirchstraße 17, Tel. 04462 7533. Ein gemütliches Lokal, gelegentlich wird auch Livemusik dargeboten.

9 Gaststätte Harle-Stübchen, Osterstraße 13, Tel. 04462 7393, www.restaurant-harle-stübchen. de. Hier wird mit Stil alles frisch gekocht.

Unterkunft

11 Hotel Residenz, Am Markt 13–15, Tel. 04462 8860, www.residenz-wittmund.de. Vier-Sterne-Haus am historischen Marktplatz, im Restaurant bekommt man regionale und internationale Gerichte.

10 Hotel garni Kröger①, Osterstraße 13, Tel. 04462 7549, www.hotel-garni-kroeger.de. Das familiengeführte Haus bietet helle Zimmer mit guter Ausstattung zum fairen Kurs, der schöne Gästegarten lädt zum Entspannen ein.

■ **Wohnmobilstellplatz Schützenplatz,** Platz für elf Fahrzeuge mit kostenpflichtiger Strom- und Wasserversorgung, aber ohne Sanitäranlagen.

Aktivitäten

⚲ **Freizeitbad Isums,** Isums, Tel. 04462 983260, www.wittmund.de. Direkt an der Harle südlich der Kernstadt gelegen, bietet das Freibad Wittmund Isums eine 44 Meter lange Wasserrutsche, einen Strömungskanal und Massagedüsen. Das Gelände ist ein Freizeitparadies für Jung und Alt, es gibt zusätzlich einen Abenteuerspielplatz, Beachvolleyballplätze, einen Skaterplatz und eine Cafeteria mit Imbiss.

Funnix

Der Wittmunder Ortsteil Funnix hat seine Ursprünge im 11. Jahrhundert. Das Dorf liegt auf einer **Warft,** denn damals errichteten die Küstenbewohner gerade die ersten Deichbauten. Mit der systematischen Eindeichung der Harlebucht begannen die Menschen um 1550. Dadurch verlor Funnix den Kontakt zur Nordsee und gründete 1599 den **Sielort Funnixsiel.** Durch weitere Eindeichungsmaßnahmen passierte Ähnliches ein halbes Jahrhundert später erneut. 1658 wurde **Neufunnixsiel** gegründet, Funnixsiel wurde zu Altfunnixsiel. Dennoch waren die Menschen vor starken Sturmfluten nicht vollständig geschützt. Große Schäden richtete die **Weihnachtsflut 1717** an, allein im Kirchspiel Funnix waren **über 200 Tote** zu beklagen. Erst mit dem **Bau moderner Seedeiche** bekam das Binnenland mehr Sicherheit und Schutz vor der Nordsee. 1953 ent-

▷ Innenraum der Kirche St. Florian in Funnix

stand mit Harlesiel der jüngste Sielort. Statt der Harlebucht gibt es heute nur noch das Flüsschen **Harle,** das sich an Funnix vorbei in Richtung Küste mäandert.

Auf dem höchsten Punkt der Warft steht die **Pfarrkirche St. Florian.** Das Backsteingebäude stammt aus dem 14. Jahrhundert, der separat stehende Glockenturm ist ein Jahrhundert älter. Aus dem 12. Jahrhundert sind auch der Taufstein und ein Weihwasserbecken. Der Schnitzaltar aus dem 15. Jahrhundert ist mit 105 auswechselbaren Figuren ausgestattet – eine absolute Besonderheit.

Neueren Datums ist der **Skulpturengarten Funnix.** Der Wittmunder Bildhauer *Leonard Wübbena* stellt viele seiner **Stahlskulpturen** auf dem ein Hektar großen Freigelände mit einer Gartenanlage aus, die die Kunstwerke schön in Szene setzt. Es sind auch Arbeiten einiger befreundeter Künstler zu sehen. Der besondere Reiz liegt im **Zusammenspiel von Natur und moderner Kunst.**

Der **Erdholländer** in Altfunnixsiel stammt aus dem Jahr 1802. Das Bauwerk dient heute als Ferienwohnung und befindet sich in Privatbesitz, deshalb kann es nicht besichtigt werden.

138ofl_mna

Die goldene Linie

Dort, wo sich heute die Ortschaften Carolinensiel und Harlesiel befinden, hatte sich im Spätmittelalter durch schwere Sturmfluten die **Harlebucht** gebildet. Sie reichte etwa von Neuharlingersiel bis Minsen und zog sich ungefähr zehn Kilometer ins Landesinnere. Um 1550 begann die Bevölkerung zum Schutz vor Überflutungen und zur Landgewinnung mit ihrer **Eindeichung.** Doch immer wieder kam es zu Grenzstreitigkeiten zwischen dem Fürstentum Ostfriesland und der Herrschaft in Jever. Erst im Jahr 1666 einigten sich die Parteien und **teilten das neu zu gewinnende Land unter sich auf.** Fürstin *Christine Charlotte von Ostfriesland* und Graf *Anton Günther von Oldenburg* ließen eine Linie vom ostfriesisch-jeverländischen Grenzpfahl bis zu einem Punkt zwischen den Inseln Spiekeroog und Wangerooge ziehen und diese mit **goldener Tinte** in eine Karte einzeichnen – das war die **Geburtsstunde der Goldenen Linie.** Die Deiche an der Harle verliefen im 17. Jahrhundert erst bei Altfunnixsiel und später bei Neufunnixsiel. 1729 wurde der Carolinengroden fertiggestellt und im Jahr darauf der Ort Carolinensiel gegründet. **Groden, Koog** oder **Polder** nennt man durch Deichbau und Entwässerung **neu gewonnene Landflächen.** Ende der 1950er-Jahre entstand ein besonderes Kuriosum: Mitten auf die Grüne Wiese in die neueste Deichlinie wurde das **Schöpfwerk Harlesiel** gebaut. So kommt es, dass sich die westliche Seite des heutigen Hafens auf ostfriesischem Gebiet befindet, während die östliche Seite mit dem Fähranleger nach Wangerooge zum Wangerland gehört.

■ **Skulpturengarten Funnix,** Funnix 2, Tel. 04467 481, www.skulpturengarten-funnix.de, Donnerstag, Samstag und Sonntag nachmittags geöffnet (5 € pro Person, Kinder ab 12 J. 3 €).
■ **Unterkunft** → Campingplatz Altfunnixsiel, S. 271.

Carolinensiel

Früher, in der ersten Häfte des 18. Jahrhunderts, lag Carolinensiel **direkt am Meer.** Davon zeugt noch der malerische Museumshafen, in dem heute alte Holzschiffe kostenfrei liegen dürfen, und somit für ein maritimes Flair sorgen, obwohl die Nordsee knapp zwei Kilometer nördlich liegt. Durch systematische Eindeichung der tief ins Land ragenden Harlebucht ab dem Jahr 1550 entstand nach und nach der **Carolinengroden als neues Land.** Schon im Vorfeld einigten sich 1666 Fürstin *Christine Charlotte von Ostfriesland* mit dem Herren von Jever, *Graf Anton Günter von Oldenburg,* auf die Grenze des noch gar nicht bestehenden Landes. Die dabei gezogene „Goldene Linie" bildet auch heute noch die Grenze zwischen dem Landkreis Wittmund und dem Landkreis Friesland (siehe Exkurs „Die goldene Linie").

Abgeschlossen wurde die Eindeichung bei Carolinensiel 1729. Bereits ein Jahr später wurden die ersten Grundstücke vergeben, die rund um den heutigen Museumshafen lagen. Zusätzlich erhielten die ersten Siedler zur Selbstversorgung weitere 10.000 bis 20.000 Quadratmeter Land. Der Name wurde von der Gemahlin des Ortsgründers *Georg Al-*

▷ Das Nationalpark-Haus Carolinensiel hinter Booten

brecht von Ostfriesland auf die Ortschaft übertragen: **Sophie Caroline.** Als erster ostfriesischer Hafenort war Carolinensiel nach dem Bau der Friedrichschleuse 1765 nicht mehr direkt dem Meer ausgesetzt und vor Sturmfluten geschützt. Infolgedessen entwickelte sich Carolinensiel zu einem **wichtigen Hafen an der ostfriesischen Küste.**

Ende des 18. Jahrhunderts wohnten bereits 750 Menschen hier, sie lebten vor allem von Seehandel und Landwirtschaft. Von hier aus stachen **kleine Frachtsegler** in See, die einen geringen Tiefgang aufwiesen und für das Wattenmeer ideal waren. Sie befuhren den Küstenbereich von Nord- und Ostsee, kamen aber auch manchmal bis zum Mittelmeer. Man handelte mit den landwirtschaftlichen Erzeugnissen der Marsch, also Getreide, Gemüse, Kartoffeln und Milchprodukte. Mitgebracht wurden Holz, Steine, Kohle und Kolonialwaren aus Skandinavien und England. Mitte des 19. Jahrhunderts, zur Blütezeit des Hafens, lebten hier **40 Kapitäne mit knapp 60 Schiffen,** es gab Werften, Brauereien, zahlreiche Gaststuben, kleine Geschäfte und Handwerksbetriebe.

Als zu Beginn des 20. Jahrhunderts die **Dampfschifffahrt** und die **Eisenbahn** den Segelschiffen buchstäblich das Wasser abgruben, stellten die Carolinensieler Schiffer auf **Fischfang** um. Ihre Schiffe lagen im Hafen an der Friedrichschleuse, der Carolinensieler Hafen wurde nicht mehr gepflegt und verschlickte zusehends. Mit dem Aufkommen des **Seebädertourismus** im späten 19. Jahrhundert wurde Carolinensiel zur Durchgangsstation für die Badegäste, die nach **Wangerooge** oder **Spiekeroog** reisten. Am Hafen gab es seit 1890 den Endpunkt der Bahnstrecke zwischen Jever

139ofl_mna

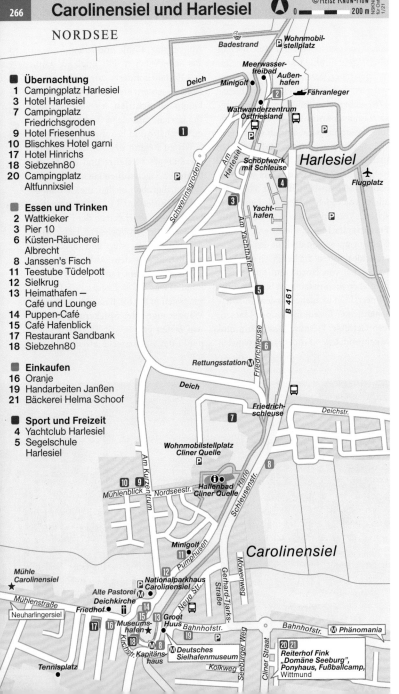

© Reise Know-How

NBKN09
für Ostfrie
1/21

0 — 200 m

NORDSEE

Übernachtung
1 Campingplatz Harlesiel
3 Hotel Harlesiel
7 Campingplatz Friedrichsgroden
9 Hotel Friesenhus
10 Blischkes Hotel garni
17 Hotel Hinrichs
18 Siebzehn80
20 Campingplatz Altfunnixsiel

Essen und Trinken
2 Wattkieker
3 Pier 10
6 Küsten-Räucherei Albrecht
8 Janssen's Fisch
11 Teestube Tüdelpott
12 Sielkrug
13 Heimathafen – Café und Lounge
14 Puppen-Café
15 Café Hafenblick
17 Restaurant Sandbank
18 Siebzehn80

Einkaufen
16 Oranje
19 Handarbeiten Janßen
21 Bäckerei Helma Schoof

Sport und Freizeit
4 Yachtclub Harlesiel
5 Segelschule Harlesiel

Badestrand
Wohnmobil-stellplatz
Meerwasser-freibad
Deich
Minigolf
Außen-hafen
Fähranleger
Wattwanderzentrum Ostfriesland
Schöpfwerk mit Schleuse
Harlesiel
Flugplatz
Yacht-hafen
Am Harlesiel
Schwerinsgroden
Am Yachthafen
B 461
Am Kurzentrum
Friedrichschleuse
Rettungsstation
Deich
Friedrich-schleuse
Deichstr.
Wohnmobilstellplatz Cliner Quelle
Hallenbad Cliner Quelle
Schleusenstr.
Harle
Mühlenblick
Nordseestr.
Minigolf
Pumphusen
Carolinensiel
Mühle Carolinensiel
Mühlenstraße
Neuharlingersiel
Alte Pastorei
Deichkirche
Friedhof
Nationalparkhaus Carolinensiel
Neue Str.
Gerhard-Tjarks-Straße
Möwenweg
Museums-hafen
Groot Huus
Bahnhofstr.
Kapitäns-haus
Deutsches Sielhafenmuseum
Seeweg
Cliner Straat
Bahnhofstr.
Phänomania
Reiterhof Fink „Domäne Seeburg", Ponyhaus, Fußballcamp, Wittmund
Tennisplatz
Kirchstr.
Kolkweg

und Harle, der sogenannten „Tidenbahn". Die nannte man so, weil der Zugplan wegen des gezeitenabhängigen Schiffsverkehrs ständig wechselte. Die Konkurrenz im Fremdenverkehr durch die Inseln war aber zu groß, Carolinensiel konnte sich damals **nicht als eigener Erholungsort etablieren.** Erst als am Ende der Harle, im etwa 1600 Meter vom Ortskern entfernten Harlesiel, 1953 ein Schöpfwerk mit neuem Außenhafen gebaut wurde, gelang langsam die Wende.

Der Hafen Harlesiel hinter der neuen Deichlinie wurde und wird von Schiffen, Kuttern und den Wangerooge-Fähren genutzt. Hinter dem Deich entstand auf der Harle ein **neuer Yachthafen.** 1983 wurden Carolinensiel und Harlesiel als **Nordseebad anerkannt.** 1984 eröffnete das sehenswerte **Sielhafenmuseum,** es fand Platz im restaurierten Groot Huus. Von 1986 bis 1990 wurden der **Museumshafen Carolinensiel** und die **Friedrichschleuse** wiederhergestellt. Heute leben die eineinhalb Tausend Einwohner der Ortschaft mit der maritimen Kulisse überwiegend vom **Tourismus.**

Sehenswert sind der **Museumshafen,** das **Sielhafenmuseum,** auch die **alte Deichkirche** aus dem Jahr 1776, der separat stehende Glockenturm kam 1793 hinzu. Um den Herbststürmen wenig Angriffsfläche zu bieten, wurde er bewusst niedrig gebaut. Im Inneren ist die Saalkirche mit einer **Orgel** von *Hinrich Just Müller* aus Wittmund sowie **drei** bemerkenswerten **Schiffsmodellen** ausgestattet. Auf dem Friedhof um die Kirche befinden sich alte **Seefahrergrabsteine aus drei Jahrhunderten.** Von den ehemals drei Windmühlen in Carolinensiel ist nur noch der Galerieholländer von

1742 in der Mühlenstraße erhalten. Er ist immer noch eine prägnante Landmarke und dient als „Turnpoint" für die Jagdpiloten der Bundeswehr.

Praktische Tipps

Adressen in 26409 Wittmund-Carolinensiel

■ **Tourist-Information,** Nordseestraße 1 (in der Cliner Quelle), Tel. 04464 94930, www.carolinen siel.de.

■ **Schwimmbad Cliner Quelle,** Nordseestraße 1, Tel. 04464 94930, www.cliner-quelle.de. Kompetenz-Zentrum für Schwimmen, Fitness, Gesundheit, Wellness und gesunde Ernährung mit Solebad, Sauna, Kur-Therapien und Kosmetik.

■ **Deichkirche Carolinensiel,** Mühlenstraße, Tel. 04464 210, www.deichkirche.de. Täglich geöffnet von 10 bis 17 Uhr.

Verkehr

■ **Raddampfer Concordia II,** Reederei Albrecht, Tel. 04464 9429741, www.reederei-albrecht.de (Erw. 4 €/Kinder bis 11 J. 2 €, Rundfahrt Erw. 7 €, Kinder bis 11 J. 3,50 €). Von März bis Oktober Pendelverkehr zwischen dem Museumshafen Carolinensiel und dem Schöpfwerk Harlesiel.

Einkaufen

■ **Wochenmarkt,** am Museumshafen, März bis Oktober jeden Dienstag von 8 bis 13 Uhr.

16 **Oranje,** Mühlenstraße 9, Tel. 04464 8689670. Spezialitäten aus Holland wie Käse, Mettwurst und Honig, holländische Schokostreusel und Senf aus Groningen.

(UNSER TIPP!) **19** **Handarbeiten Janßen,** Bahnhofstraße 26, Tel. 04464 216. Das Geschäft hat nur einen winzigen Flur mit zwei kleinen Verkaufsräumen für Wolle, Stoffe und Kurzwaren. Es ist erstaunlich, welche Schätze in den Kartons liegen, die bis unter die Decke und sogar auf jeder sonstigen freien Fläche gestapelt sind. Die Inhaberinnen kennen sich bestens aus, und wenn man das Gesuchte nicht findet, muss man einfach danach fragen. Es ist durchaus wahrscheinlich, dass es in einem der drei zusätzlichen Außenlager untergebracht ist.

(UNSER TIPP!) **21 Bäckerei Helma Schoof,** Müllerweg 10, 26434 Wangerland-Middoge, Tel. 04463 228. Ein Ausflug lohnt sich ins wenige Kilometer von Carolinensiel entfernte Middoge. Dort kann man in einer der letzten verbliebenen echten Landbäckereien sensationelles Schwarzbrot einkaufen. Die Backstube ist ein echtes Museum. Unterstützt von einem uralten Maschinenpark wird hier noch von Hand gebacken. Fertigmischungen sind verpöhnt – und das schmeckt man.

Gastronomie

15 Café Hafenblick, Am Hafen West 11, Tel. 04464 942291. Leckerer Kuchen und Waffeln mit Blick auf die Harle.

11 Teestube Tüdelpott, Pumphusen 10, Tel. 04464 8349, www.tuedelpott.de. Leckerer Tee und selbstgemachte Kuchen, im Sommer mit Terrassenplätzen an der Harle.

14 Puppen-Café, Am Hafen West 12, Tel. 04464 429. Tee, Kuchen und Waffeln fast wie im Wohnzimmer mit Blick auf die Harle.

13 Heimathafen – Café und Lounge, Am Hafen Ost 9, Tel. 04464 1385, www.koje9-carolinensiel.de. Stylish mit Gespür fürs Detail eingerichtet, kann man kleine Speisen, Kaffee und Kuchen mit Blick auf den Hafen genießen.

6 Küsten-Räucherei Albrecht, Friedrichsschleuse 17, Tel. 04464 384, www.fisch-albrecht.de. Fischgeschäft und angeschlossener Fischimbiss mit Wartesaalatmosphäre direkt an der Harle.

8 Janssen's Fisch, Am Hafen Ost 4 a und Schleusenstraße 9–10, Tel. 04464 942701, www.janssens-fisch.de. Fisch und Fischimbiss gibt es hier gleich an zwei Stellen, lecker sind die selbstgemachten Fischfrikadellen.

140ofl_mna

12 **Sielkrug,** Pumphusen 4–6, Tel. 04464 948825, www.blischkes.de. Leckere regionale Gerichte von guter Qualität.

17 **Restaurant Sandbank,** Mühlenstraße 15, Tel. 04464 599000, www.hotel-hinrichs.de. Leckere Gerichte, vor allem Fisch und Fleisch.

18 **Siebzehn80,** Am Hafen West 1, Tel. 04464 206, www.hotel1780.de. Feine ausgefallene Gerichte mit Blick auf den Museumshafen.

Unterkunft

18 **Hotel Siebzehn80**②, Am Hafen West 1, Tel. 04464 206, www.hotel1780.de. Schöne und modern eingerichtete Zimmer in 1A-Lage direkt am Museumshafen. Stilvolles **18** **Restaurant** unten im Haus, dort wird auch das Frühstück serviert.

17 **Hotel Hinrichs**②, Mühlenstraße 15, Tel. 04464 599000, www.hotel-hinrichs.de. Modern und schön eingerichtete Zimmer in der Nähe von Kirche und Mühle.

10 **Blischkes Hotel**②, Mühlenblick 6, Tel. 04464 94900, www.blischkes.de. Das Frühstückshotel mit geräumigen Zimmern liegt nur wenige Gehminuten vom Strand entfernt. Die Vierbeiner der Gäste dürfen gern dabei sein.

9 **Hotel Friesenhus**①, Am Kurzentrum 12, Tel. 04464 94920, www.friesenhus.de. Einfache Zimmer mit Balkon, barrierefreie Zimmer und Familienzimmer sowie eine Suite und ein Studio sind vorhanden.

7 **Campingplatz Friedrichsgroden,** Friedrichsgroden 2 a, Tel. 0151 58487536, www.nordsee camping-boyungs.de. 115 Parzellen ohne Baumbestand. Nur wenige Gehminuten zum Strand. Ein Mobilheim kann auch gemietet werden.

⌂ Radfahrer an der Harle bei Carolinensiel

◁ Klappbrücke an der Friedrichschleuse

4

20 **Campingplatz Altfunnixsiel,** Kattrepel 11, Tel. 04464 400, www.campingplatz-ostfriesland. de. Schöner Campingplatz in ruhiger Lage, besonders die Plätze am Wasser sind beliebt.

■ **Wohnmobilstellplatz** an der Cliner Quelle, Nordseestraße 1, Tel. 04464 94930, www.carolinen siel. Keine Reservierung, alle Stellplätze mit Stromanschluss, Sanitäranlagen in der Cliner Quelle während der Öffnungszeiten nutzbar.

Museen und Führungen

Deutsches Sielhafenmuseum, Pumphusen 3, Tel. 04464 86930, www.deutsches-sielhafenmu seum.de (Erw. 7 €, Kinder bis 16 J. frei, Familienkarte 14 €). Drei Häuser, ein Museum: Groot Hus, Kapitänshaus und Alte Pastorei liegen direkt am Museumshafen, ein **Museumsweg** (s. u.) führt an der historischen Rettungsstation nahe der Friedrichsschleuse vorbei nach Harlesiel. Auch in dieser Rettungsstation gibt es eine kleine Ausstellung. Das Motto des Museums lautet „Ein Hafen voller Ge-

schichten". Zahlreiche Veranstaltungen ergänzen die Ausstellungen.

Zur Information: Bis voraussichtlich 2022 bleiben das Groot Huus und das Kapitänshaus wegen umfangreicher Umbaumaßnahmen geschlossen. Bitte informieren Sie sich über die Homepage des Museums, wann eine Wiedereröffnung geplant ist.

■ **Museumsweg,** www.museumsweg.de. Diesen historischen Rundgang durch den Ort Caroliensiel an der Harle entlang bis nach Harlesiel und auf einem anderen Weg jenseits der „Goldenen Linie" wieder zurück kann jeder in Eigenregie gehen, eine umfangreiche Broschüre mit Hintergrundinformationen zu den einzelnen Stationen bekommt man im Shop des Deutschen Sielhafenmuseums (2 €).

■ **Nationalpark-Haus Carolinensiel,** Pumphusen 3, Tel. 04464 8403, www.nationalparkhaus-wattenmeer.de. Naturgeschichte des Küstenraums im Harlingerland sowie Wissenswertes rund um die Tier- und Pflanzenwelt im Wattenmeer. Zusätzlich werden viele Veranstaltungen angeboten wie Füh-

142ofl_mna

rungen durchs Watt und die Salzwiesen, Tagesausflüge zu den Inseln oder Vogelstimmenwanderungen und Kutterfahrten. Anmeldung im Nationalpark-Haus erforderlich. Termine im Veranstaltungskalender über die Website.

✂ **Phänomania,** Bahnhof Carolinensiel 3, Tel. 04464 942494, www.phaenomania.de (Erw. 9,50 €, Kinder von 3 bis 5 J. 5,50 € und von 6 bis 17 J. 7,50 €). An 80 interaktiven Stationen auf gut 1000 Quadratmetern lassen sich naturwissenschaftliche Gesetze mit allen Sinnen erleben. Da wird jeder gern zum Forscher.

■ **Führung durch das historische Carolinensiel,** von Mai bis Anfang November jeden Sonntag um 11 Uhr mit den Museumslotsen durch den Museumshafen, die Deichkirche und den Kirchhof. Treffpunkt: Groot Hus, Am Hafen Ost 8 (4 €).

Weitere Führungen auf Anfrage über das Sielhafenmuseum, z. B. über das Leben an Land, den Handel, zu Deichbau und Küstenschutz sowie Schiffbau und Handwerk. Der „Tee bei Marie" führt durch das Kapitänshaus mit Teetrinken in der Schifferkneipe, und die „Fliesenherstellung" steht bei einem Rundgang durch das Kapitänshaus im Mittelpunkt, anschließend können die Teilnehmer selbst eine Fliese bemalen (ab 2,50 €, Tee 3 €).

Ausflug

🎎 Ein unvergesslicher Ausflug zwischen dem Festland und den Inseln ist ein **fünfstündiger Segeltörn** mit dem 1929 im ostfriesischen Oldersum gebauten **Flachbodenschiff „Gebrüder".** Das schwimmende Denkmal wird ehrenamtlich von einem Verein geführt und erhalten, Termine und Anmeldung über das Nationalpark-Haus Carolinensiel. Während der Fahrt wird über die harte und gefährliche Arbeit der traditionellen Seefahrt und Fischerei unter Segeln berichtet, beim Schaufischen bekommt man einen Einblick in die Tierwelt in der Nordsee und selbstverständlich darf auch eine Tasse Ostfriesentee nicht fehlen. Festes Schuhwerk, Kopfbedeckung, Sonnenschutz, wind- und regenfeste Kleidung sowie Fernglas und Fotoapparat sollten

nicht fehlen. Ein tolles Erlebnis, **auch für Kinder** (Erw. 25 €/Kinder 10 €).

Sport und Freizeit

■ **Angeln,** Gastkarten gibt es an der Tourist-Information.

✂ **Ponyhaus & Fußballcamp,** Pfahldeich 10, Tel. 0178 2144363, www.ponyhaus-an-der-Nordsee.de. Kinderfreizeithof in Zusammenarbeit mit dem Carolinchen-Club, Angebote für Einsteiger und Fortgeschrittene.

■ **Museumshafen,** Liegeplätze für historische Plattbodenschiffe vergibt das Sielhafenmuseum.

Veranstaltungen

■ **Weinfest,** Ende Mai im Kurgarten mit Weinverkostungen und vielen passenden kulinarischen Köstlichkeiten.

■ **HafenFete,** Mitte Mai und Oktober veranstaltet die Dorfgemeinschaft Carolinensiel das traditionelle Hafenfest mit Musik und gastronomischem Angebot.

■ **WattenSail,** jedes Jahr Anfang August treffen sich für ein Wochenende zahlreiche historische Küstensegler im Museumshafen von Carolinensiel. Schiffsparade, HafenFete und ein musikalisches Rahmenprogramm runden die Veranstaltung ab. Höhepunkt ist der „Hafen in Flammen", wenn am Samstag nach Einbruch der Dunkelheit im Museumshafen ein buntes Feuerwerk gezündet wird.

■ **Kunst- und Handwerkermarkt,** stöbern und entdecken in der Cliner Quelle, immer Ende August.

■ **Wintermarkt,** Mittelpunkt des stimmungsvollen Wintermarktes ist der einzigartige schwimmende Weihnachtsbaum im Museumshafen. Auf der Website wird der Termin angegeben, an dem der Baum aufgestellt wird. Wenn in der Abenddämmerung die Beleuchtung eingeschaltet wird, braust der Applaus der Gäste durchs Hafenbecken und viele Museumsschiffe sind als „Lichtermeer Carolinen-

◁ Glockenturm und Deichkirche Carolinensiel

siel" weihnachtlich beleuchtet. Vom 1. Advent bis zum Anfang des neuen Jahres von Donnerstag bis Sonntag gibt es kulinarische Versorgung mit Grog und Glühwein.

(UNSER TIPP:) Das Sielhafenmuseum veranstaltet regelmäßig **Lesungen im Kapitänshaus,** die wegen des schönen Ambientes der Gaststube und dem begrenzten Platzangebot meist schnell ausverkauft sind. Termine und Tickets gibt es im Sielhafenmuseum.

Harlesiel

Der wie Carolinensiel zu Wittmund gehörende Stadtteil Harlesiel **liegt direkt an der Nordsee** hinter dem Deich an der Mündung der Harle und zählt rund 800 Einwohner. Er entstand nördlich der Friedrichschleuse mit dem Bau der neuen Hafenanlagen 1953 und dem Schöpfwerk 1957. Mit Planung und Umsetzung dieser Küstenschutzanlagen gilt die jahrhundertelange Eindeichung der Harlebucht als abgeschlossen.

Zu Beginn in den 1950er-Jahren hatte die neue Ortschaft keine 100 Einwohner. Um den **Tourismus** zu fördern, wurde 1959 westlich des Außenhafens ein **Campingplatz** angelegt, hinzu kamen in den 1960er-Jahren ein künstlich aufgeschütteter **Badestrand,** eine **Minigolfanlage,** ein **Kinderspielplatz** und ein kleines **Meerwasserfreibad.** Der Badestrand wurde in der Folgezeit regelmäßig erweitert.

1973 eröffnete der **Flugplatz Harle,** er liegt einen knappen Kilometer östlich des Hafens Harlesiel. Damit befindet er sich auf dem Gebiet des Wangerlands (siehe Kapitel 5), hat aber eine Wittmunder Adresse. Die Firma **FLN Frisia-Luftverkehr** bietet von hier aus Flüge nach

Wangerooge und zu anderen deutschen Nordseeinseln an.

Bis 1988 verkehrte noch die Eisenbahn regelmäßig auf der Strecke zwischen Jever und Harlesiel, so konnten die Urlauber ohne Umsteigen zum Fähranleger nach Wangerooge gelangen. Heute ersetzen **Busse** die Bahn, bereits 1990 wurden die Gleise der sogenannten „Tidebahn" abgebaut. Das ehemalige Bahnhofsgebäude am Hafen Harlesiel dient heute als **Verkaufsstelle für die Fährtickets** nach Wangerooge.

Harlesiel selbst ist im Sommer das Ziel vieler Badeurlauber, Camper und Freizeitkapitäne, in der Wintersaison wirkt der Ort eher ausgestorben, denn die Ferienwohnungen überwiegen. In der dunklen Jahreszeit findet das Leben im benachbarten Carolinensiel statt.

Praktische Tipps

Adresse in 26434 Wittmund-Harlesiel

■ **Tourist-Information,** Nordseestraße 1 (Cliner Quelle in Carolinensiel), Tel. 04464 94930, www.carolinensiel.de.

Verkehr

■ **Fähre nach Wangerooge,** Deutsche Bahn, Hafen West Harlesiel, Tel. 04464 949421, www.siw-wangerooge.de (Hin- und Rückfahrt inkl. Kurtaxe Erw. 38 €, Kinder bis 14 J. 22,50 €). Die Schifffahrt zur Ostfriesischen Insel ist abhängig von den Gezeiten, die Überfahrt zusammen mit der anschließenden Inselbahn dauert etwa 90 Minuten. Wangerooge ist autofrei. Parken in unmittelbarer Nähe des Fähranlegers (5,50 €/Tag).

■ **Flüge nach Wangerooge,** die Flüge der FLN dauern nur wenige Minuten und im Angebot sind Einzel-, Hin- und Rückflug oder Kombitickets für Flug und Bahn (Hin- und Rückflug Erw. 88 €, Kinder bis 11 J. 51 €, Kombiticket Erw. 72,60 €, Kinder bis 5 J. 28 €, Kinder von 6 bis 14 J. 42,10 €); Adresse: Am Flugplatz 1, Service-Tel. 04464 9481, www.inselflieger.de.

■ **Ausflugsfahrten nach Spiekeroog,** siehe Fähre nach Wangerooge (Erw. ab 28,40 €, Kinder bis 14 J. ab 17 €). Fähren nach Spiekeroog s. Neuharlingersiel.

■ **Rundfahrten und Minikreuzfahrten,** Adresse siehe Fähre nach Wangerooge (Erw. ab 20 €, Kinder bis 14 J. ab 12 €).

Gastronomie/Unterkunft

3 **Pier 10,** Am Yachthafen 30 A, Tel. 04464 94800, www.hotel-harlesiel.com. Leckere regionale und internationale Gerichte mit Fisch, Fleisch und Gemüse.

2 **Wattkieker,** Am Harlesiel 20, Tel. 04464 945 9200, www.wattkieker.de. Vielseitige Gerichte und traumhafter Blick auf Wattenmeer.

3 **Hotel Harlesiel**②, Am Yachthafen 30, Tel. 04464 94800, www.hotel-harlesiel.com. 29 komfortable Zimmer, die im Dachgeschoss bieten einen weiten Blick zu den Inseln Spiekeroog und Wangerooge. Das Restaurant ist modern gestaltet und serviert internationale und regionale Küche.

1 **Campingplatz Harlesiel,** Schwerinsgroden 1, Tel. 04464 94 93 98, www.campingplatz-harlesiel.de. Campingplatz vor dem Deich und **Wohnmobilstellplätze** direkt an der Hafeneinfahrt.

■ **Wohnmobilstellplatz Cliner Quelle,** Nordseestraße 1, Tel. 04464 94930, www.carolinensiel.de (von November bis Mitte März, fünf Wohnmobilstellplätze).

Führungen und Touren

■ **Historischer Rundgang durch Harlesiel,** mit den Museumslotsen aus Carolinensiel von April bis Anfang November jeden ersten Mittwoch im Monat um 11 Uhr. Treffpunkt: Am Schiffsbug vor dem Fähr-

☑ Schöpfwerk Harlesiel mit Schleuse

143ofl_mna

144ofl_mna

haus am Fähranleger. Der Weg führt in das Schöpfwerk von Harlesiel, während der Führung wird über
die Themen Entwässerung, Deichbau, Fischerei und
Tourismus berichtet (ab 3 €).

🦋 **Wattwanderung nach Spiekeroog,** Wattwanderzentrum Ostfriesland, Am Harlesiel 20, Tel.
0173 9978231, www.wattwanderzentrum-ostfries
land.de (Erw. ab 40 €/Kinder bis 13 J. 20 €). Die „Ei-
gernordwand des Wattenmeers" ist anspruchsvoll,
führt rund elf Kilometer durchs Wattenmeer und
setzt gute Kondition und fachkundige Führung
voraus.

◼ **Segway-Touren** durch Harlesiel-Carolinensiel,
Adresse siehe „Wattwanderzentrum Ostfriesland"
(ab 80 €).

Sport und Freizeit (Karte S. 266)

◼ **Angeln,** Gastkarte über Tourist-Information
Carolinensiel.

5 **Segelschule Harlesiel,** *Detlev Hinz,* Friedrichsschleuse 27, Tel. 04464 945864 und 0179 5325583.

◼ **Drachenwiese,** am Campingplatz Harlesiel.

◼ **Meerwasserfreibad in Harlesiel,** zwei kleine
Becken, mit Kurkarte kostenfrei, von Mitte Mai bis
Mitte September.

◼ **Minigolfanlage,** direkt am Strand.

◼ **Reiterhof Fink „Domäne Seeburg",** Carolinengroden Ost 6, Tel. 04464 1466, www.ponyferi
en-an-der-nordsee. Reitanlage mit Streicheltier-
gehege, Ponys und Pferden.

■ **Tennisplatz Harlesiel,** die Plätze können über die Cliner Quelle in Carolinensiel, Nordseestraße 1, Tel. 04464 94930, www.carolinensiel.de, gebucht werden.

■ **Yacht- und Außenhafen,** Hafenmeister, Tel. 0172 3249103 (oder Tourist-Information s. o.), der Hafen liegt hinter der Seeschleuse zwischen Harlesiel und Carolinensiel.

4 **Yachtclub Harlesiel,** Am Harlesiel 3, www.yachtclub-harlesiel.de.

Veranstaltungen

■ **Veranstaltungskalender,** www.carolinensiel.de.

■ **1000 Wikinger und Meer,** Bikertreffen mit buntem Rahmenprogramm jährlich im August.

Leerhafe

Einige Kilometer südlich von Wittmund gelegen ist der Ort Leerhafe. Das ehemalige Haufendorf mit unregelmäßigen Grundstücksumrissen und unterschiedlich großen Höfen wurde ursprünglich unplanmäßig angelegt. Inzwischen hat es sich zu einer **Siedlung im Stil des 20. Jahrhunderts** entwickelt, über 2000 Menschen leben hier. Zu Leerhafe gehören noch einige Nebenorte und Kolonien. Eine besondere Sehenswürdigkeit ist die **Cäcilien- und Margarethenkirche.** Das auf einer Warft errichtete Gebäude hatte mehrere Vorgänger. Das heutige Bauwerk stammt aus dem 16. Jahrhundert. In dem Backsteinbau sind Granitquader der Vorgängerkirche verwendet worden. Der freistehende Glockenturm wurde in der ersten Hälfte des 14. Jahrhunderts gebaut und steht etwas abseits westlich der Kirche.

◁ Fähre nach Wangerooge vor Harlesiel

Gemeinde Friedeburg

Landkreis Wittmund

Die Gemeinde ist ein **staatlich anerkannter Erholungsort** und der Fläche nach die drittgrößte Gemeinde in Ostfriesland. Sie besteht aus zwölf Ortsteilen, das **Rathaus** der Gemeinde steht in der Ortschaft gleichen Namens. Friedeburg wirbt damit, „das grüne Tor zur Nordsee" zu sein. Der Name von Gemeinde und Ortschaft leitet sich von der gleichnamigen **Burg** ab, die 1359 gebaut wurde. Im 18. Jahrhundert brach man die spätmittelalterliche Festungsanlage wieder ab, heute kann man nur noch übrig gebliebene Wallanlagen besichtigen.

Die Friedeburg lag am **„Friesischen Heerweg",** einer historischen Verbindung zwischen Oldenburg und der Nordseeküste bei Esens. Mehrere Hügel- und Großsteingräber aus der Vorzeit liegen an seinem Wegesrand. Selbst für ostfriesische Verhältnisse ist Friedeburg dünn besiedelt, gerade einmal 10.500 Menschen leben auf 164 Quadratkilometern Fläche.

Den nördlichen Bereich des Gemeindegebiets durchquert der **Ems-Jade-Kanal.** Mehrere Regionen in der Gemeinde sind als **Naturschutzgebiet** ausgewiesen. An seinem Ufer verlaufen **gut ausgebaute Radwege.** Aber die zum großen Teil abgetorften Moore sind kaum noch als ursprünglich zu bezeichnen. Eine Ausnahme bildet das **kleine Wrokmoor** westlich von Hesel. Auf dem Gelände befindet sich eine **Pingo-Ruine,** eine Besonderheit der Natur. Diese Bodenformation stammt aus der **Eiszeit.** Sie bildet

4

eine kreisförmige wassergefüllte Mulde im Boden, die von einem Erdwall umgeben ist.

Friedeburg ist **reich an Wäldern:** 2000 Hektar verteilt auf drei Landesforste gibt es auf dem Gemeindegebiet, er ist im Besitz des Bundeslandes Niedersachsen. Urlaub in Friedeburg ist etwas für **Naturliebhaber** und **Fahrradtouristen**.

Reepsholt

Das Dorf geht auf eine Schenkung an das Bistum Bremen aus dem Jahr 983 zurück, das Bistum siedelte daraufhin auf den Ländereien **Mönche** an. Mit dem **Kloster Reepsholt** gründeten sie das erste Kloster in Ostfriesland. Heute steht es nicht mehr, nur noch ein Gedenkstein erinnert daran. Um 1200 wurde die **St.-Mauritius-Kirche** erbaut. Dementsprechend entstand das Gotteshaus im romanischen Baustil, im 14. Jahrhundert wurde ein Turm im gotischen Stil hinzugefügt. Dieser Turm wurde 1474 bei einer Belagerung zerstört, seitdem ist die mächtige Turmruine das Reepsholter Wahrzeichen. Die einschiffige Kreuzkirche selbst hat bis in etwa vier Meter Höhe einen Granitsockel, darüber wurde das Mauerwerk mit Backstein fortgeführt. In der Kirche erbaute *Johann Friedrich Wenthin* bis 1789 an der Nord-

wand eine **Orgel.** *Wenthin* baute zahlreiche Orgeln in Ostfriesland und in den Niederlanden, seine Instrumente zeichnen sich durch einen besonders eleganten und zarten Klang aus. Die St.-Mauritius-Kirche ist heute ein Baudenkmal.

Friedeburg

Im Südosten von Ostfriesland, etwa 15 Kilometer südlich von Wittmund, liegt der **Erholungsort** Friedeburg. Die einst hier stehende Burg gab der Ortschaft den Namen, sie lag am südöstlichen Ortseingang. Ein **Modell** der ehemaligen Burg steht an der Wieseder Straße. Dort kann man die Ausmaße der historischen Anlage beurteilen, von der heute nur noch die Wallanlagen zeugen. Sie gehörte ehemals zu den **größten Festungsanlagen in Ostfriesland.**

Strategisch günstig lag die Friedeburg am **Friesischen Heerweg** und sicherte das Küstengebiet gegen Angriffe der Oldenburger. Ursprünglich war die Burg wahrscheinlich nur ein Steinhaus, ähnlich dem im Rheiderland gelegenen Steinhaus in Bunderhee. Im 15. Jahrhundert wurde die Anlage dann ausgebaut, mehrere Gebäude und ein Wassergraben kamen hinzu. Zwischenzeitlich war die Friedeburg Zollstätte, Gerichtsort, Gefängnis und Hinrichtungsstätte und im 16. Jahrhundert sogar Landesfestung.

1744 **verlor Ostfriesland seine Unabhängigkeit** und wurde unter **preußische Herrschaft** gestellt. *Friedrich der Große* ließ die verbliebenen Festungen und Burgen in Ostfriesland zerstören, darunter war auch die Friedeburg. Übrig blieb die Ortschaft, die sich im Lauf der Zeit um die Burg gebildet hatte.

▷ Landhotel Oltmanns in Friedeburg

An der Friedeburger Hauptsraße ist in zwei Amtshäusern aus dem 19. Jahrhundert das **Rathaus** der Gemeinde Friedeburg untergebracht. Ein Gulfhaus mitten im Ortskern dient als **Tourist-Information und Heimatmuseum.** Direkt neben dem imposanten Gebäude ist ein idyllischer **Bauerngarten** zu entdecken. In der grünen Pracht steht noch ein historisches **Backhaus.** Unweit davon befindet sich an der Hauptstraße das historische **Landhotel Oltmanns,** erstmals beurkundet wurde das Haus im Jahr 1804. Damals beherbergte es einen kleinen Dorfkrug. Die großen Lindenbäume vor dem Fachwerkhaus sind noch älter als das Gebäude selbst.

In Friedeburg beheimatet ist der **Friesische Rundfunk,** ein regionaler Fernsehsender, der ausschließlich über das Kabelfernsehen zu empfangen ist. Das hauptsächliche Sendegebiet ist die niedersächsische Nordseeküste. Der besondere Clou: Im Restaurant *Graf von Friedeburg* kann man während des Speisens durch gläserne Wände in den Sender schauen und das bunte Treiben hautnah beobachten.

Eine Besonderheit von Friedeburg bilden die kleinen Ortsteile **Rußland und Amerika.** Wie sie in der Vergangenheit zu ihren Namen kamen, ist nicht ganz klar, es gibt mehrere Ideen und Geschichten dazu. Aber heute kann man auf einem rund acht Kilometer langen Rundwanderweg von Rußland nach Amerika gelangen, dabei werden die bisherigen geografischen Kenntnisse auf

145ofl_mna

4

den Kopf gestellt. Jährlich im Sommer treten Vertreter von Rußland und Amerika gegeneinander an. Das sogenannte „Fischerstechen" auf dem Ems-Jade-Kanal hat beinahe Volksfestcharakter, dabei treten die jeweiligen Besatzungen in zwei Kajaks gegeneinander an und versuchen, den Gegner ins Wasser zu stoßen.

Horsten

Die Ortschaft ist mit über 2000 Einwohnern die größte nach Friedeburg selbst. Früh haben hier schon Menschen gesiedelt, der **Sonnenstein von Horsten** zeugt davon. In den rund einen Meter hohen Findling sind **17 Kreise** eingearbeitet, in seiner Mitte befindet sich ein Loch von gut drei Zentimetern Durchmesser. Möglicherweise hatte er während der Bronzezeit eine **Bedeutung für Kulthandlungen.** Im 16. Jahrhundert hatte Horsten über das **Schwarze Brack** sogar direkten Zugang zur Nordsee. Diese ehemalige Meeresbucht hatte damals ihre größte Ausdehnung und lag an der Westseite des Jadebusens.

Eindeichungen brachten Landgewinn und verwandelten das Schwarze Brack im 19. Jahrhundert wieder in Festland. Ein markantes Bauwerk in Horsten ist die **Mauritiuskirche,** die romanische Saalkirche stammt aus dem 13. Jahrhundert. Wie viele Kirchen des Mittelalters steht auch diese auf einer Warft. Ihr freistehender Glockenturm wird auf 1645 datiert.

Der Horster Bürgerverein rief das Projekt „Horster Schweiz" ins Leben. Der Bereich des heutigen **Feuchtbiotops** wurde vor 50 Jahren zum Sandabbau genutzt.

Etzel

1240 als romanische Saalkirche erbaut, ist die **St.-Martinus-Kirche** durchaus sehenswert. Neben der Kirche sind noch zwei **Gulfhöfe** als Baudenkmal verzeichnet. Wesentlich älter ist der **Stapelstein,** die Grabanlage stammt aus der **Jungsteinzeit** (5800–2200 v. Chr.). Unter der Ortschaft befindet sich der **Salzstock Etzel.** Wegen dieser Voraussetzung entschied man sich in den 1970er-Jahren, in Etzel eine **Kavernenanlage** zur Einlagerung von Rohöl zu bauen. In einer Tiefe von 900 bis 1700 Metern ist hier die **Erdölreserve der Bundesrepublik Deutschland** eingelagert. 2012 waren 75 Kavernen in Betrieb, eine Kaverne hat dabei ein Fassungsvermögen, das ungefähr dem von **zwei Supertankern** entspricht. Eine Pipeline führt von Etzel direkt zur Nord-West-Ölleitung in Wilhelmshaven. Diese Rohrleitung verbindet den Anleger in Wilhelmshaven mit Raffinerien im Ruhrgebiet. Im dortigen Tiefwasserhafen können auch die größten Öltanker entladen werden.

Praktische Tipps

Adressen in 26446 Friedeburg

■ **Tourist-Information,** Friedeburger Hauptstraße 60, Tel. 04465 1415, www.urlaub-friedeburg.de. Auf der Website sind verschiedene Radtouren und Tipps für Freizeitaktivitäten zusammengestellt. Fahrräder und Pedelecs können hier ausgeliehen werden.

■ **Heimatmuseum Friedeburg,** im Bürger- und Gästehaus, Friedeburger Hauptstraße 60, Tel. 04465 219. Ausstellung zur Geschichte der Grenzfestung Friedeburg, der Klöster Reepsholt und Hopels und des Friesischen Heerwegs.

Landkreis Wittmund

■ **Waldfreibad Friedeburg,** Schützenweg 23, Tel. 04465 979733, www.urlaub-friedeburg.de. Mit Sandstrand und Liegewiese, Eintritt frei.

■ **Paddel- und Pedalstation (Hesel),** Borgweg 6/An der Wassermühlenbrücke, Tel. 0163 3446334.

Einkaufen

■ **Bioladen Erks** (Horsten), Horster Hauptstraße 5, Tel. 04453 2230, www.muehle-erks.de. Mehl, Backmischungen und alles plastikfrei. Auf der Website gibt es Tipps und Rezepte rund ums Brot.

■ **Hoflädchen Hof Faß** (Strudden), Marxer Hauptstraße 2, Tel. 0172 8181371, www.hof-fass.de. Im Selbstbedienungsladen können von 6 bis 20 Uhr hofeigene Eier, Fleisch (verpackt, etikettiert und tiefgekühlt) vom Rind oder dem „Bunten Bentheimer Freilandschwein", selbstgezapfte Milch, Joghurt, Wurst, Kartoffeln, Gemüse und Honig, Schmalz oder Marmelade erworben werden. Hier regiert noch Vertrauen in die Ehrlichkeit der Kunden: Der Kaufbetrag wird selbst berechnet und das Geld in die bereitgestellte Kasse gesteckt.

Gastronomie

■ **Restaurant Graf von Friedeburg,** Bauernstücke 1, Tel. 04465 9444111, www.grafvonfriedeburg.de. Neben der deutschen Küche werden hier auch griechische Spezialitäten angeboten. So gibt es neben Gyros und Bifteki auch Ofenkartoffel mit Nordseekrabben oder Rinderroulade mit Rotkohl. Durch gläserne Wände kann man in die Räumlichkeiten des Friesischen Rundfunks schauen und mit etwas Glück live die Entstehung einer Sendung verfolgen.

■ **Hofcafé Horster Grashaus,** Horster Grashaus, Tel. 04422 9992620, www.horster-grashaus.de. Neben dem wirklich schönen Café im ehemaligen Bullenstall bekommt man neben Kuchen auch ostfriesisches Schwarzbrot mit Mettwurst. Direkt nebenan gibt es auch einen Hofladen, der neben frischem Gemüse auch selbstgemachte Marmeladen und hübsche Dekoartikel anbietet.

■ **Ostfriesischer Hof** (Horsten), Kirchstraße 23, Tel. 04453 2605, www.ostfriesischer-hof.de. Nordseetypische Küche mit besonderem Flair in guter Qualität, ergänzend zum Restaurant gibt es auch einen Festsaal, eine Bar und ein musikalisches Angebot für alle Generationen.

■ **Dorfkrug Coordes** (Etzel/Moorstrich), Etzeler Dorfstraße 8, Tel. 04465 234, www.dorfkrug-coordes.de. Klassische Dorfgaststätte mit gutbürgerlicher Küche, in der auch viele örtliche Vereine ihre Veranstaltungen durchführen, mit Biergarten und Saalbetrieb.

Unterkunft

■ **Landhotel Oltmanns**①-② (Friedeburg), Friedeburger Hauptstraße 79, Tel. 04465 978150, www.landhotel-oltmanns.de. Historisches Wirtshaus im denkmalgeschützten Gebäude von 1804, das Landhotel ist von außen und innen eine Augenweide. Im Restaurant gibt es Rouladen wie von Oma zubereitet. Zum Hotel gehört auch das nahegelegene *Schumachers Landhaus*, das sich selbst als einzigartiges Bücherhotel in Ostfriesland beschreibt.

■ **Hotel Heidekrug** (Bentstreek), Bentstreeker Straße 19, Tel. 04465 369, www.heidekrug-bentstreek.de. Vier allergikerfreundliche und modern gestaltete Doppel- und zwei Einzelzimmer, teilweise mit Balkon.

■ **Wohnmobilstellplatz Friedeburg,** Schützenweg, Tel. 04465 1415, www.friedeburg.de. Neben dem Freibad Friedeburg, der Stellplatz kann ganzjährig angefahren werden.

■ **Campingplatz Wiesedermeer** (Wiesede), Blanksweg 6, Tel. 04948 513, www.camping-am-wiesedermeer.de. Campingplatz am See in idyllischer Lage mit altem Baumbestand.

■ **Campingplatz Marienfeld,** Schwarzer Berg 8, Tel. 04465 9453160, www.campingplatz-marienfeld.de, einen guten Kilometer südlich der Ortschaft Friedeburg gelegen. Die Standplätze befinden sich direkt an einem Badesee – besonders für Kinder ist das ein Spiel- und Tobeparadies.

4

5
Landkreis Friesland

» Historisch bedeutende Kirchen, belebte Küstenorte, alte Herrlichkeiten, Wasser und Wälder sowie die Stadt Jever. Hier lassen sich Bade- und Fahrradurlaub ideal mit einem unterhaltsamen Citytrip verbinden. Unterhaltung für den Kopf findet sich in den vielen Museen.

146odl_nna

◁ Das Schloss Jever mit Schlossturm

ÜBERBLICK

Attraktive Reiseziele an der Küste und im Binnenland, den Nationalpark Niedersächsisches Wattenmeer direkt vor den Deichen und die Nordsee bis zum Horizont – dazu das städtische Leben und die Kultur der Kreisstadt Jever. Friesland zieht zahlreiche aktive Urlauber an: Über 600 Kilometer ausgeschilderte Radwege, Angeln in den Tiefs oder Surfen auf der Nordsee sind nur einige wenige der vorhandenen Möglichkeiten.

Politisch gehört Friesland nicht zu Ostfriesland, auch in der Vergangenheit war das schon so. Friesland mit seinem Verwaltungssitz Jever zählt zum **Oldenburger Land.** Landschaftlich allerdings unterscheidet sich Friesland kaum vom benachbarten Ostfriesland. Die Urlauber und Reisenden betrachten die **ostfriesische Halbinsel** sowieso **als Einheit,** für sie spielt die politische Grenze keine Rolle – nicht aber für die Friesen selbst.

Frieslands **Kreiswappen** drückt die erfolgte Zusammenlegung des **Jeverlandes** im Norden und der **Friesischen Wehde** im Süden aus. Der Löwe ist das mittelalterliche Herrschaftszeichen von Jever, das Ankerkreuz entstammt dem Familienwappen der *Grafen von Bentinck.* Diese herrschten über Varel und den südlichen Teil des heutigen Landkreises Friesland. Für die kulturellen und geschichtlichen Belange von Friesland ist die Oldenburgische Landschaft zu-

NICHT VERPASSEN!

- ➡ **Schloss Jever** mit dem Schlossmuseum und dem **Schlossgarten** | 288
- ➡ **Jevers Stadtkirche** in der Altstadt und der **Kirchplatz** sind gern besuchte Orte von Touristen | 288
- ➡ Das idyllische **Wasserschloss Gödens** in Sande wird eingerahmt von einem fantastisch gestalteten Park | 312
- ➡ Schulbesuch wie zur Kaiserzeit: zu erleben im **Nordwestdeutschen Schulmuseum** in Zetel | 316
- ➡ Der **Neuenburger Urwald** bei Zetel wird forstwirtschaftlich nicht mehr genutzt und steht unter Naturschutz | 317

Diese Tipps erkennt man an der gelben Markierung.

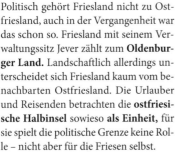

5

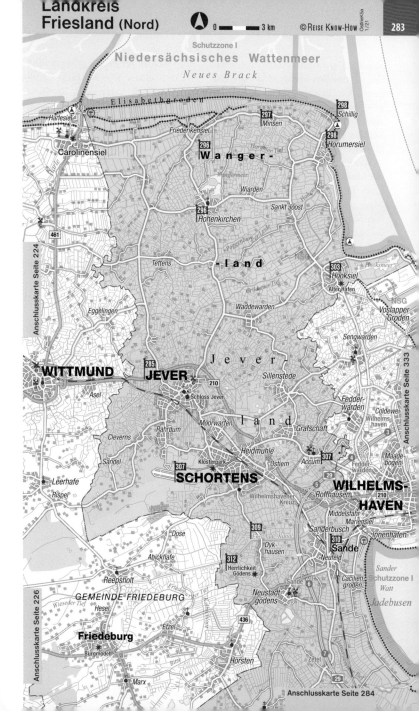

Landkreis
Friesland (Nord)

0 ____ 3 km

© REISE KNOW-HOW

Ostfries6a
1/21

283

Schutzzone I

Niedersächsisches Wattenmeer

Neues Brack

Elisabethgroden

298 Schillig

Harlesiel

297 Minsen

Friederikensiel

Carolinensiel

298 Horumersiel

296

Horumer Tief

Wanger-

Wangermeer

Wiarden

Sankt Joost

296

Hohenkirchen

Peterswarfer Leide

NSG

461

Tettens

-land

Hooksmeer

303 Hooksiel

Alter Hafen

Eggelingen

Hörmer Tief

Waddewarden

NSG
Voslapper
Groden

Sengwarden

Jever-

285

WITTMUND

JEVER

210

Sillenstede

Asel

Schloss Jever

Fedder-
warden

Coldewei

Cleverns

Moorwarfen

land

Grafschaft

Wilhelms-
haven

Rahrdum

Heidmühle

307

Accum

Maade-
bogen

Sandel

Klosterpark

Ostiem

307

Fedder-
warden

SCHORTENS

29

Leerhafe

Wilhelmshavener
Kreuz

Roffhausen

WILHELMS-

Rispel

210

HAVEN

Dose

309

Middelsfähr

Mariensiel

Sanderbusch

Innenhafen

Abickhafe

Dyk-
hausen

310 Sande

Reepsholt

312

Neufeld

Sander

Herrlichkeit
Gödens

Schutzzone I

Watt

GEMEINDE FRIEDEBURG

Friedeber Tief

Sande

6

Cäcilien-
groden

Wieseder Tief

Hesel

Neustadt-
gödens

Jadebusen

Etzel

436

Friedeburg

Burgmodell

Horsten

Zetel

7

Marx

Anschlusskarte Seite 224

Anschlusskarte Seite 333

Anschlusskarte Seite 226

29

Anschlusskarte Seite 284

ständig. Die eingetragene Körperschaft des öffentlichen Rechts ist mit der Ostfriesischen Landschaft vergleichbar. Es gibt zahlreiche **archäologische Denkmäler** im Landkreis Friesland, das **Schloss Jever** und das **Wasserschloss Gödens** sind wohl die bekanntesten.

Wie im angrenzenden Ostfriesland ist der häufigste Landschaftstyp von Friesland die **Marsch,** gefolgt von Geest, Moor und Waldgebieten im Süden. Der **Neuenburger Urwald** bei Zetel ist ein Beleg dafür, wie artenreich sich die Natur entwickelt, wenn der Mensch sie in

Ruhe lässt. In der Region geben unzählige Wallhecken (siehe Exkurs „Wallhecken") den zahlreichen landwirtschaftlichen Flächen Halt. Diese werden gelegentlich von **Blühstreifen** aufgelockert, sie sind wichtig für das Überleben von Insekten und Vögeln.

Schutz vor dem Meer bieten die **Seedeiche,** mehr als 50 Kilometer lang sind die mächtigen Bauwerke an Frieslands Küste. Oft reichen die Deiche bis zu neun Meter hoch, das ist am Jadebusen besonders wichtig, weil der **Tidenhub** hier so stark ausgeprägt ist.

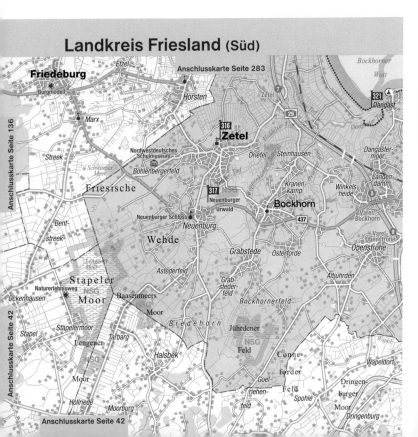

Landkreis Friesland (Süd)

Anschlusskarte Seite 283

Anschlusskarte Seite 136

Anschlusskarte Seite 42

Anschlusskarte Seite 42

Jever

Deutschlandweit bekannt ist der Name der Stadt durch sein berühmtes herbes **Bier.** Aber ganz im Gegensatz zum Eindruck, den die Werbung für das Getränk vermittelt: Jever liegt **nicht direkt am Meer.** Und an der etwa 15 Kilometer entfernten Nordseeküste gibt es keine Dünen, sondern Deiche.

Auch der aus der Werbung bekannte Leuchtturm liegt mitnichten in Fries-

land, sondern auf der schleswig-holsteinischen Eiderstedt-Halbinsel in Nordfriesland.

Über 14.000 Einwohner leben in der Kreisstadt Jever, der **Landkreis Friesland** hat hier seinen **Verwaltungssitz.** Als Mittelzentrum ist die Stadt für die umliegende Region von hoher Bedeutung. Nicht zuletzt zeigt sich das daran, dass es viele Hotels, Restaurants und gute Einkaufsmöglichkeiten in Jever gibt. Die von Einwohnern benutzte Aussprache lautet übrigens „Jefer" und nicht „Jewa", wie zahlreiche Urlauber den Namen der Stadt aussprechen.

Zahlreiche Kunstwerke, Sehenswürdigkeiten und historische Gebäude zeugen von der **beinahe tausendjährigen Geschichte** des staatlich anerkannten Erholungsortes. Jever bezeichnet sich selbst als **Marienstadt,** das geht auf die Regentin *Maria von Jever* zurück, die große Bedeutung für die Geschichte der Stadt hat. Ihr zu Ehren wurde im Jahr 1900, ihrem 400. Geburtstag, das **Fräulein-Maria-Denkmal** an der Schloßstraße aufgestellt. Das aus Bronze gegossene Abbild der Regentin ist mit 2,20 Metern Höhe überlebensgroß und wiegt 550 Kilogramm.

Geschichte

Obwohl das Gebiet, auf dem sich heute Jever befindet, vermutlich schon vor Christi Geburt besiedelt war, ist wenig über die Frühzeit bekannt. Schon im 11. Jahrhundert ist Jevers Bedeutung als Handelsort durch **Münzfunde** zu belegen. Jever hatte damals noch einen **direkten Zugang zur Nordsee,** der Seehafen versandete aber in den kommenden

Jahrhunderten. Spätere Eindeichungen vergrößerten die Entfernung zur Küste immer mehr. Jevers **Bedeutung als Handelsort** blieb dennoch erhalten, denn die Stadt liegt an einem **alten Heerweg,** einer historischen Straßenverbindung. Die Herrschaft Jever erstreckte sich über den kompletten Osten der ostfriesischen Halbinsel und grenzte im Süden an die Grafschaft Oldenburg. Im 16. Jahrhundert war Friesland in die drei Gaue **Rüstringen, Östringen** und **Wangerland** aufgeteilt, Jever war die **Residenzstadt** der regierenden **Häuptlinge.**

Eine zentrale Rolle in der Geschichte der Stadt kommt **Maria zu Jever** (1500–1575) zu, auch *Fräulein Maria* genannt. Als Tochter des letzten Häuptlings der Friesen, *Edo Wiemken des Jüngeren,* verteidigte sie Jever gegen fremde Interessen. In den ersten Jahren ihrer Herrschaft regierte sie von 1511 bis 1536 gemeinsam mit ihrer Schwester *Anna. Maria zu Jever* heiratete keinen Grafensohn, wie es von ihr verlangt wurde, sondern regierte die Stadt und das umliegende Jeverland selbst mit Geschick und eisernem Willen. Sie verlieh der Ortschaft 1536 die **Stadtrechte,** ließ **Deiche** bauen, um ihr Herrschaftsgebiet zu vergrößern, und förderte den **Handel.** Die Festung in Jever ließ sie zu einem **prächtigen Renaissance-Schloss** umbauen. Der Legende nach verschwand das *Fräulein Maria* 1575 prächtig gekleidet in einem unterirdischen Gang im Schlosspark. Seitdem läutet jeden Abend die Marienglocke im Turm der Stadtkirche zu Jever, und das wird sie bis zu ihrer Rückkehr tun.

◁ Fräulein-Maria-Denkmal in Jever

Nach der Herrschaft von *Maria,* sie war die Letzte des Häuptlingsgeschlechts der *Wiemken,* **fiel Jever an Oldenburg.** Von 1667 bis 1797 war das **Fürstentum Anhalt-Zerbst** für die Stadt zuständig, danach kam Jever wegen seines Sonderstatus zur nächstfolgenden Erbin, der russischen Zarin *Katharina I.* (1729–1796). 1807 wurde Jever wie auch Ostfriesland an das Königreich **Holland** gegliedert, schon drei Jahre später war das Kaiserreich **Frankreich** zuständig für die Stadt. Nach dem Ende *Napoleon Bonapartes* fiel sie wieder an Russland, die Russen traten die Stadt 1818 wiederum an das **Großherzogtum Oldenburg** ab.

Im 19. Jahrhundert machte sich die **Industrialisierung** vor allem mit einer **besseren Infrastruktur** bemerkbar. Die Straßenverbindungen wurden im 19. Jahrhundert verbessert und ausgebaut. 1836 war die **erste gepflasterte Landstraße nach Sande** fertiggestellt. Weitere Straßen und aufwendige Chauseen folgten bald. 1871 wurde Jever an das **Eisenbahnnetz** angeschlossen, schon zwei Jahre später fuhren die von Sande kommenden Dampflokomotiven über Wittmund bis zur Stadt Norden. Das Bahnhofsgebäude in Jever bekam einen Wartesaal, der ausschließlich für den Großherzog aus Oldenburg bestimmt war.

Das **politisch liberale Klima** im Jeverland wandelte sich nach dem Ersten Weltkrieg zum **völkisch nationalen Denken.** Auch die einst liberale Tageszeitung in Jever stellte sich in den Dienst der deutschvölkischen Bewegung. Diese Stimmung machte sich auch die nationalsozialistische Partei **NSDAP** zunutze, schon bei den Reichstagswahlen 1930 bekam sie im Jeverland fast **45 Prozent der Stimmen.** Daraufhin stattete *Adolf*

Hitler 1931 der Stadt Jever einen Besuch ab und hielt eine Rede vor rund 4000 Bürgern. Weite Teile der Bevölkerung beurteilten Hitlers Machtübernahme am 30. Januar 1933 wohlwollend.

Der Landkreis Friesland profitierte auch in den folgenden Jahren durch die immer stärkere **Militarisierung.** Diese Entwicklung mündete 1939 schließlich in den Ausbruch des Zweiten Weltkriegs. Jever gehörte im späteren Kriegsverlauf zum Gürtel um die zur „Festung" erklärte Stadt **Wilhelmshaven.** Obwohl die Kriegssituation seit Sommer 1944 aus deutscher Sicht immer aussichtsloser wurde, damals landeten Amerikaner und Briten in der Normandie, propagierten die Parteifunktionäre **Durchhalteparolen.** Letztlich bereitete sich die Führung der Stadt auf den sogenannten „Endkampf" vor.

In der Gegend um Jever wurden Maschinengewehr-Stellungen eingerichtet, sogenannte **MG-Nester,** und ab Oktober 1944 übte der „Volkssturm" als quasi letztes Aufgebot regelmäßig mit allen Deutschen, die noch in der Lage waren, eine Waffe zu bedienen. Im April 1945 wurden **Panzersperren und Gräben** in der Umgebung der Stadt angelegt. Die Kreisleitung der NSDAP wollte die Stadt mit allen zur Verfügung stehenden Mitteln gegen die anrückenden alliierten Truppen verteidigen. Am Abend des 2. Mai 1945 fand eine gespenstische letzte Veranstaltung der NSDAP im Lichtspieltheater statt – man gedachte in einer Stunde des Abschieds an den „im Kampf gefallenen Führer". Doch rund 2000 Bürger der Stadt protestierten am 3. Mai 1945 gegen die sinnlose Verteidigung von Jever, besonders mutige Menschen brachten eine weiße Fahne am Schloss-

Landkreis Friesland

turm an. Der Krieg endete für Friesland glücklicherweise friedlich, Großadmiral *Dönitz* unterzeichnete am 4. Mai eine **Teilkapitulation für Deutschlands Nordwesten,** ein schon vorbereiteter schwerer Luftangriff der Alliierten fand glücklicherweise nicht mehr statt.

Heute ist Jever ein **florierendes Mittelzentrum,** das für alle Bevölkerungsgruppen eine lebenswerte Heimat sein möchte. Nach ihrem Verständnis ist die Stadt ein Wohnort von hoher Beliebtheit. Die historisch gewachsene urbane Struktur bildet mit dem ländlichen Leben in den Ortsteilen Moorwarfen, Rahrdum, Cleverns und Sandel eine harmonische Einheit. Der **staatlich anerkannte Erholungsort** bietet eine weitgehend **intakte Umwelt** und ihren zahlreichen Gästen ein **herausragendes gastronomisches Angebot** – der Einzelhandel hat hier eine lange Tradition.

Schloss Jever und Schlossgarten

Ausgangspunkt der meisten Stadterkundungen ist das zentral gelegene Schloss Jever. Der **67 Meter hohe Schlossturm** ist ein Wahrzeichen der Stadt, von ihm hat man einen einmaligen Blick über die Stadt und das umliegende Jeverland. Das Schloss entstand im **Spätmittelalter** aus einer Wehranlage der hier herrschenden Häuptlinge, es war der Sitz der **Herrschaft Jever.** Mittelpunkt der Anlage war ein mächtiger **Bergfried,** seit dem 16. Jahrhundert war er Teil einer vierflügeligen Schlossanlage, die von Wassergräben und Schutzwällen umgeben war. Die Regentin *Maria zu Jever* ließ zwischen

1560 und 1564 Umbauten im Renaissance-Stil vornehmen. Heute ist das Schloss das bedeutendste Bauwerk der Stadt, das in ihm befindliche **Schlossmuseum** veranschaulicht die Geschichte des Schlosses und beinhaltet wertvolle Exponate zu Kultur und Geschichte des Jeverlandes. Das Schlossmuseum erhielt einige wichtige Auszeichnungen, wie etwa 2005 den **Niedersächsischen Museumspreis.** Umgeben ist das Schloss Jever vom **Schlossgarten** mit schönem altem Baumbestand, in dem neben zahlreichen Besuchern auch Pfauen stolz herumschreiten. Die Festungsanlagen mit Gräben und Wällen wurden im 19. Jahrhundert in einen **Park** verwandelt.

Stadtkirche und Kirchplatz

Gewissermaßen das Gegenstück zum Schlossturm ist der **Glockenturm der Stadtkirche** im Zentrum von Jevers Altstadt, nur wenige hundert Meter vom Schloss entfernt. Er wurde 1872 errichtet und 1902 auf die heutige Höhe von 56 Metern erweitert. Der Glockenturm überragt alle Gebäude der Stadt, zumal der Kernbereich von Jevers Altstadt auf einem **Sandhügel** steht, der in der Vergangenheit mehrfach künstlich erhöht wurde.

Direkt neben dem Turm steht die zugehörige **Stadtkirche.** Eine Hälfte des Gotteshauses datiert aus dem Jahr 1964, der zweite Gebäudeteil ist die **Apsis der Alten Stadtkirche** aus dem Jahr 1736.

▷ Jevers grüner Schlosspark

148ofl_mna

Dieses Gebäude aus dem 18. Jahrhundert wurde durch einen Brand am 1. Oktober 1959 zerstört, nur der eine Gebäudeteil blieb erhalten. Der Architekt *Dieter Oesterlen* wollte den Neubau deutlich vom Baudenkmal trennen, sodass beide Baukörper zu einer eigenen Wirkung kommen. Der Kirchenraum im modernen Gebäude bietet zirka 800 Kirchenbesuchern Platz, in der historischen Apsis steht das denkmalgeschützte **Edo-Wiemken-Denkmal.** Es ist das 1564 fertiggestellte Grabmal für den letzten männlichen Regenten der Stadt Jever, von seiner Tochter *Maria zu Jever* in Auftrag gegeben. Das Denkmal ist ein bedeutendes Beispiel niederländischer Baukunst und ein **Meisterwerk der Schnitzkunst** zur Zeit der Renaissance.

Um den Kirchplatz herum stehen **zahlreiche historische Gebäude,** einige von ihnen sind viele hundert Jahre alt

und stehen unter Denkmalschutz. Hervorzuheben ist das **Rathaus der Stadt Jever;** 1616 wurde es fertiggestellt und steht in der Nähe des Glockenturms. Wegen Baufälligkeit musste es 1963 einem Neubau weichen, aber die äußere Fassade vom ursprünglichen Gebäude blieb erhalten.

Nicht wenige Gastronomiebetriebe befinden sich in diesem Bereich der Altstadt. Jeden Dienstag verwandelt sich der Kirchplatz in einen der schönsten **Wochenmärkte** im Norden. Nur wenige Schritte vom Kirchplatz entfernt liegt Jevers **Alter Markt.** Auf dem historischen Platz finden das ganze Jahr über regelmäßig Veranstaltungen statt. Hier steht auch der **Sagenbrunnen,** er wurde 1955 vom Bildhauer *Bonifatius Stirnberg* entworfen. Figuren aus fünf regional bekannten Sagen sind auf dem Brunnen zu sehen.

5

Die wichtigsten Herrschaften des Jeverlandes erscheinen regelmäßig an der Westseite des **„Hofs von Oldenburg"**, einem historischen Gebäude aus dem Jahr 1798. Das dort installierte **Glockenspiel** ist eine der Attraktionen in Jever, beim Figurenumlauf spielen die 16 Glocken verschiedene Volksweisen.

Jevers Biere

Und dann gibt es in Jever natürlich noch das überregional bekannte Bier, das seit 1848 im **Friesischen Brauhaus zu Jever** gebraut wird. Den herben Geschmack bekommt es wegen seines weichen Brauwassers, so kann mehr Hopfen hinzuge-

149ofl_mna

geben werden. Bei einer **Führung im historischen Brauereimuseum** ist zu erfahren, wie der Braualltag damals ablief, um danach die **moderne Abfüllanlage** eines der erfolgreichsten deutschen „Fernsehbiere" bestaunen zu können. In der Stunde werden hier ungefähr 60.000 Flaschen abgefüllt. Die verspiegelten Türme der Brauerei prägen das Stadtbild seit den frühen 1980er-Jahren.

Das Gegenstück zu der modernen Großbrauerei ist die **Altstadtbrauerei Marienbräu.** Die hier gebrauten Biere sind das Ergebnis echter Handwerkskunst, hier hält man sich in vollem Umfang an das deutsche Reinheitsgebot. Die Biere sind **naturbelassen,** neben den Stammbieren werden auch saisonale Spezialitäten gebraut. Die Getränke kann man in einem der ältesten Häuser der Stadt genießen, die Bierstube bietet einen **Blick auf die kupfernen Braukessel.**

Praktische Tipps

Adressen in 26441 Jever

■ **Tourist-Information Jever,** Alter Markt 18, Tel. 04461 939261, www.stadt-jever.de.

■ **Freibad Jever,** Dr.-Fritz-Blume-Weg, Tel. 04461 6260, www.freibad-jever.de (Erw. 3,50 €, Kinder 2,50 €). Bad mit Riesenrutsche, Turnierbecken und großzügigen Liegewiesen.

■ **Schlachtmühle,** Hooksweg 9 a, Tel. 04461 969350, www.schlachtmuehle.de (Erw. 4 €, Kinder kostenlos). Die Windmühle stammt aus dem Jahr 1847, in der Scheune befindet sich ein landwirtschaftliches Museum. Zusätzlich zu Führungen gibt es den Workshop „Vom Korn zum Brot". Im Rahmen

☐ Der Hof von Oldenburg am Alten Markt

einer Gruppenführung (Termin vorher telefonisch vereinbaren) auf Deutsch, Englisch oder Plattdeutsch. Kinder sind herzlich willkommen.

(UNSER TIPP:) Die **Blaudruckerei** im Kattrepel 3 (Tel. 04661 71388, www.blaudruckerei.de) in Jever ist eine lebendige Museumswerkstatt. In aufwendiger Handarbeit werden hier Handdrucke historischer Muster auf Leinen, Samt und Seide produziert und die Besucher dürfen dabei zusehen. Die Stoffe werden mit teilweise 100 bis 300 Jahre alten Mustern bedruckt. Die 480 Druckstöcke dafür stammen aus ehemaligen ostfriesischen und norddeutschen Blaudruckereien. Inzwischen wird der Blaudruck in der Liste des immateriellen Kulturerbes geführt.

Verkehr

■ **Der Bahnhof** befindet sich am Rand der Altstadt an der Florianstraße, die Schienenverbindung führt nach Sande, dort kann man Richtung Wilhelmshaven oder Oldenburg umsteigen, oder über Esens an die Küste.

■ **Der ZOB** ist direkt gegenüber vom Bahnhof an der Anton-Günther-Straße.

Einkaufen

■ **Wochenmarkt,** Am Kirchplatz, Dienstag und Freitag von 7 bis 12:30 Uhr.

16 **TeeHaus Leidenschaften,** Am Kirchplatz 25, Tel. 04461 9254820, www.teehaus-jever.de. Schönes Teegeschäft und Café, in dem man nicht nur alles rund um den Tee kaufen kann, sondern auch leckere Köstlichkeiten und besondere Dekoartikel für zu Hause sowie kleine Geschenke bekommt.

11 **Manngold Jever,** Wangerstraße 13, Tel. 04461 9354791. Ein schöner Herrenausstatter, bei dem „Mann" sich mit klassischer, trendiger und moderner Kleidung eindecken kann.

20 **Glasmanufaktur Glasperlenart Dieter Paul,** Große Burgstraße 4, Tel. 01517 81517341, www.glasperlenart.de. Hier werden individuelle Glasarbeiten für jeden Geschmack von Glasperlen bis hin zu Ketten, Colliers, Armbändern und den individuellen handgemachten „Schlosskrähen" gefertigt.

0 ▬▬ ▬▬ 50 m

Übernachtung
1 Jugendherberge
2 Hotel im Schützenhof
6 Stadthotel Jever
22 Hotel Stöber
25 Hotel Schwarzer Adler
28 Hotel Pellmühle

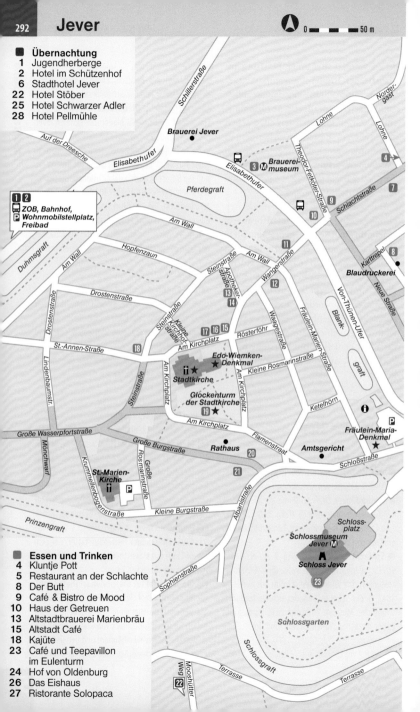

Schillerstraße

Brauerei Jever

Lohne

Norder-
gast

Lohne

Auf der Dreesche

Elisabethufer

Elisabethufer

Theodor-Feikotter-Straße

Brauerei-
museum

Schlachtstraße

Pferdegraft

4

7

1 2
ZOB, Bahnhof,
Wohnmobilstellplatz,
Freibad

9

10

Duhmsgraft

Am Wall

Am Wall

Hopfenzaun

Am Wall

Steinstraße

Wangerstraße

11

Karttrepel

8

Neue Straße

Blaudruckerei

Drostenstraße

Drostenstraße

Steinstraße

Apotheker-
straße

12

Fräulein-Marien-Straße

Von-Thünen-Ufer

Blank-

13

14

Lindenbaumstr.

St.-Annen-Straße

Steinstraße

Kleine
Kirchhof-
straße

17 16 15

Am Kirchhof

Rösterföhr

Waagestraße

graft

18

Am Kirchplatz

Edo-Wiemken-
Denkmal ★

Kleine Rosmarinstraße

Große Wasserpfortstraße

Mönchwall

Steinstraße

Am Kirchplatz

ℹ ★
Stadtkirche

Glockenturm
der Stadtkirche ★

19 ★

Am Kirchplatz

Am Kirchplatz

Ketelhörn

ℹ

**Fräulein-Maria-
Denkmal** ★

Flamenstraat

Große Burgstraße

Rathaus

20

Amtsgericht

Schloßstraße

P

Prinzengraft

Krummellenbogenstraße

Rosmarinstraße

Große

**St.-Marien-
Kirche**
ℹ P

21

Altanstraße

Kleine Burgstraße

Schloss-
platz

Schlossmuseum
Jever Ⓜ

M

Sophienstraße

Schloss Jever

23

Essen und Trinken
4 Kluntje Pott
5 Restaurant an der Schlachte
8 Der Butt
9 Café & Bistro de Mood
10 Haus der Getreuen
13 Altstadtbrauerei Marienbräu
15 Altstadt Café
18 Kajüte
23 Café und Teepavillon
   im Eulenturm
24 Hof von Oldenburg
26 Das Eishaus
27 Ristorante Solopaca

Schlossgarten

Moosbutter
Weg

22

Terrasse

Schlossgraft

Terrasse

7 Heimartliebe, Schlachtstraße 16, Tel. 0177 3009990, www.heimartliebe-art.de. Atelier und Kunstgalerie zugleich, Heimartliebe verfolgt das Motto: „Das Leben ist zu kurz für langweilige Wände". Demzufolge gibt es hier vieles von Ebbe bis Flut, von minimalistisch bis üppig – alles maritime Motive für ein buntes Zuhause.

19 Weltladen im Glockenturm, Am Kirchplatz 13, Tel. 04461 933822, www.weltladen-jever.de. Kunsthandwerk aus aller Welt wie Körbe, Filzwaren und fair gehandelte Waren wie Tee, Kaffee und Schokoladen erfreuen hier das Herz.

17 Herzstücke, Am Kirchplatz 24, Tel. 04461 9180828. In diesem Regalladen kann jeder „seine Regalfläche" mieten und eigene Produkte zum Verkauf anbieten. Es gibt Kleidung, Taschen, Gestricktes, Gehäkeltes, Kerzen, Seife und vieles mehr.

3 Friesisches Brauhaus, siehe „Museen und Stadtführungen".

12 Violas Feinkost, Wangerstraße 10, Tel. 04461 9429304. Das sehr gute Sortiment an Gewürzen und Kräutern sowie feinen Sachen aus der Region überzeugt durch seine Auswahl.

14 GutAusgesucht, Wangerstraße 1, Tel. 04461 9429304. Der Laden „ist ein Juwel" – hier findet man jede Menge ausgefallene Geschenke oder schöne Sachen für zu Hause.

21 Reitsport Würz, Große Burgstraße 1, Tel. 04461 4466, www.reitsport-wuerz.de. Seit mehr als 30 Jahren bietet das Fachgeschäft alles für den Reitsport, Kleidung, Schuhwerk, Sicherheitsausstattung für den Reiter und Ausstattung sowie Pflegeprodukte für das Pferd.

Gastronomie

5 Restaurant an der Schlachte, Schlachte 3, Tel. 04461 9177923, www.zur-schlachte.de. Hervorragende Speisen wie beispielsweise frisches Gemüse an Salzwiesenlamm, empfehlenswert sind auch die Friesischen Tapas, kleine Spezialitäten verschiedener Geschmacksrichtungen.

27 Ristorante Solopaca, Alter Markt 12, Tel. 04461 73340, www.ristorante-solopaca.de. Italienische Gastfreundlichkeit im Herzen der Stadt, die Küche ist überwiegend leicht und mediterran. Neben italienischen Spezialitäten wird aber auch etwas für den norddeutschen Gaumen geboten.

8 Der Butt, Kattrepel 2, Tel. 04461 9187892, www.der-butt-fischrestaurant.de. Treffpunkt für Freunde von Meeresfrüchten und Fischgerichten, verarbeitet werden vorwiegend regionale Produkte. Es gibt auch Fleisch oder vegetarische Speisen.

13 Altstadtbrauerei Marienbräu, Apothekerstraße 1, Tel. 04461 744990, www.marienbraeu.de. Die Speisekarte führt so ziemlich alles auf, was die deutsche Küche hergibt, dazu gibt es die leckeren Biere, die hier gebraut werden. Die kann man auch in der Bügelverschlussflasche zum Mitnehmen bekommen.

10 Haus der Getreuen, Schlachtstraße 1, Tel. 04461 7485949, www.hausdergetreuen.de. Das rustikal-moderne Restaurant serviert raffinierte deutsche Küche in unmittelbarer Nähe zur Jever-Brauerei. Die integrierte Kneipe *Braupfanne* ist der offizielle Ausschank der Brauerei.

4 Kluntje Pott, Schlachtstraße 21, Tel. 04461 1489957. Jevers erste Suppenküche, die leckeren Eintöpfe sind wie die Waffeln oder der Kuchen hausgemacht und lecker.

24 Hof von Oldenburg, Alter Markt 14, Tel. 04461 3081, www.hof-von-oldenburg-jever.de. In dem Café schmecken Tee oder Kaffee zu Kuchen oder Torte in bester Lage zwischen dem Schloss und dem Alten Markt. Aber hier lässt sich auch ausgiebig zu Mittag oder Abend speisen, das Lokal ist ebenfalls ein Restaurant.

15 Altstadt Café, Am Kirchplatz 26, Tel. 04461 2520. Nette Atmosphäre direkt neben der Stadtkirche, egal ob Frühstück oder Kaffee und Kuchen, die Gäste verweilen hier gern.

9 Café & Bistro de Mood, Schlachtstraße 3–5, Tel. 04461 7468055, www.demood.de. Das Café befindet sich in der denkmalgeschützten Markthalle von Jever, das Team von Mitarbeitern mit und ohne Behinderung schafft eine gute Atmosphäre zu Kaffee, Tee und leckerem hausgemachtem Kuchen.

26 Das Eishaus, Alter Markt 10, Tel. 01511 5906678, www.eishaus-eis.de. Für Liebhaber der kalten Süßspeise empfehlenswert. Es werden nur beste Rohstoffe verwendet, alles wird frisch hergestellt, ohne Konservierungsmittel, Farbstoffe und künstliche Aromen.

18 Kajüte, Steinstraße 2 a, Tel. 04461 9478166. Gemütliche Traditionskneipe in der Altstadt, fast ein bisschen, als wäre hier die Zeit stehengeblieben.

(UNSER TIPP!) **23 Café & Teepavillon im Eulenturm,** Schlossplatz 1, Tel. 04461 9693531, www.cafe-und-teepavillon.de. Vom Gourmet-Magazin *Feinschmecker* als eines der besten Cafés in Deutschland empfohlen – zu Recht. Die Mohn-Pistazientorte nach einem alten Familienrezept ist ein geschmackvolles Gedicht auf der Zunge, das unbedingt probiert werden sollte.

Unterkunft

6 Stadthotel Jever②, Schlachte 3, Tel. 04461 9177923, www.stadthotel-jever.de. Alle Zimmer mit Kingsize-Bett und Nespresso-Maschine. Es gibt eine Bar und das **5 Restaurant an der Schlachte** befindet sich im Haus.

28 Hotel Pellmühle①-②, Mühlenstraße 55, Tel. 04461 93000, www.hotel-pellmuehle.de. Die Lage ist ruhig und dennoch im Zentrum, der Hotelgarten lädt zur Entspannung ein.

25 Hotel Schwarzer Adler②, Alter Markt 3, Tel. 04461 91660, www.jever-fass.de. Zentral gelegenes Haus mit freundlich eingerichteten Zimmern, im Haus ist eines der ältesten Lokale der Stadt untergebracht, das Jever Fass.

22 Hotel Stöber①-②, Hohnholzstraße 10, Tel. 04461 5580, www.hotel-stoeber.de. Einfaches Haus in zentraler, aber ruhiger Lage.

2 Hotel im Schützenhof②, Schützenhofstraße 47, Tel. 04461 9370, www.schuetzenhof-jever.de.

▷ Sagenbrunnen auf dem Alten Markt

Das am Stadtrand gelegene Haus wirbt mit den Attributen ruhig, persönlich und familiär. Auch Biker sind willkommen, es gibt einen Trockenraum für nasse Kleidung. Auch eine Sauna und verschiedene Wellness-Angebote sind gegen Aufpreis möglich. Im Haus ansässig ist das *Restaurant Zitronengras.*

1 **DJH Jugendherberge Jever**①, Dr.-Fritz-Blume-Weg 4, Tel. 04461 909202, www.jever.jugend herberge.de. Etwa 15 Minuten zu Fuß am nördlichen Ortsrand gelegene moderne Unterkunft aus dem Jahr 2006. Zehn Bungalows und zwei Wohnhäuser gruppieren sich zusammen mit dem Hauptgebäude um einen Dorfplatz.

■ Wohnmobilstellplatz Jever, Jahnstraße 6, direkt am Sport- und Freizeitzentrum am nordöstlichen Stadtrand gelegen. Anmeldung und Informationen im MP Fitnesspark nebenan, der Platz bietet Stromanschlüsse für insgesamt 20 Fahrzeuge.

Museen und Stadtführungen

■ Friesisches Brauhaus mit Brauereimuseum, Elisabethufer 18, Tel. 04461 13711, www. jever.de (Erw. 9,50 €, Kinder bis 16 J. 3,50 €, nur in Begleitung eines Erwachsenen). Besuch im Brauereimuseum mit einem Blick hinter die Kulissen einer modernen Brauerei.

■ Schlossmuseum Jever, Schlossplatz 1, Tel. 04461 969350, www.schlossmuseum.de (Erw. 6 €, ermäßigt 3 €, Kinder bis 17 J. frei). Kulturgeschichtliches mitten im historischen Schlossgarten. Es gibt Führungen, auch auf Plattdeutsch mit anschließender Teestunde. Kinder können mit einem Suchspiel auf eigene Faust auf Entdeckungsreise gehen.

■ Stadtführungen, auch zu verschiedenen Themen: über Tourist-Information (5 bis 60 €), www. stadt-jever.de.

Landkreis Friesland

150ofl_mna

Das Wangerland

Reizvolle Sielorte, grünes Marschenland und das vorgelagerte Wattenmeer unter einem weiten Himmel: Das klingt wie Werbung für eine der größten Urlaubsregionen an der niedersächsischen Nordseeküste. Der Landstrich östlich von Ostfriesland bis zur Jade ist das Wangerland, **27 Kilometer Küstenlinie** gibt es hier. Deshalb ist Badeurlaub in dieser Region so beliebt, die **drei Strandbäder** sind Schillig, Horumersiel und Hooksiel. Schillig und Hooksiel bieten **feinsten Sandstrand,** in Horumersiel gibt es einen wunderschönen **Rasenstrand** direkt am Deich. Zum Wangerland gehört auch die **Insel Wangerooge,** wie der Name schon verrät. Das Wangerland ist wiederum **Teil des Jeverlandes,** das historisch aus der Herrschaft Jever hervorgeht. Ganz Friesland wiederum ist ein Teil der oldenburgischen Küste, deren Wurzeln im **Großherzogtum Oldenburg** liegen. Das Wangerländer Wappen ziert eine **Nixe auf blauem Grund.** Nach einer mittelalterlichen Sage haben Minsener Fischer einstmals eine blonde Frau mit Fischunterleib gefangen. Eine **Bronzeskulptur** des „Minsener Seewiefken" steht seit 1992 in Minsens Ortsteil **Norderaltendeich** ganz in der Nähe des Nordseedeichs.

151ofl_mna

Hohenkirchen

Der **Verwaltungssitz** der Gemeinde Wangerland ist im **Rathaus in Hohenkirchen** zu finden. Frühgeschichtliche Funde belegen, dass hier bereits um Christi Geburt Menschen gelebt haben, zwei Warften auf dem Gebiet des Dorfes waren besiedelt. Der Erzbischof von Bremen veranlasste um 850 den **Bau einer hölzernen Kirche,** die von der heutigen steinernen Kirche im Jahr 1143 abgelöst wurde. Die **St.-Sixtus-und-Sinicius-Kirche** wurde auf einer etwas sechs Meter hohen Warft errichtet. Die spätromanische Granitquaderkirche steht heute unter Denkmalschutz.

Das eigentliche Wahrzeichen von Hohenkirchen ist aber der westlich der Ortschaft gelegene **Wasserturm**. Der Klinkerbau wurde 1934 nach Plänen des bekannten Hamburger Architekten *Fritz Höger* (1877–1949) errichtet. Der Betrieb des Turms wurde bereits um 1980 aufgegeben, das Gebäude verkaufte der Oldenburgisch-Ostfriesische Wasserverband danach.

Am nördlichen Ortsrand von Hohenkirchen befindet sich das „Dorf Wangerland". Die große **Hotel- und Freizeitanlage** grenzt an das künstlich geschaffene **Wangermeer**. Der See entstand durch den Abbau von Material, das für eine Deichertüchtigung bei Minsen benötigt wurde. Das rund 100 Hektar große Gewässer wurde mit einer über 300 Meter langen **Brückenpromenade** überquert, um das Nordufer besser zu erschließen. Zahlreiche Gebäude sind an seinem Westufer errichtet worden. Im See liegt eine runde Insel, am nordöstlichen Ufer entsteht eine ökologisch wertvolle **Flachwasserzone**. Die in die Anlage integrierte ⚲ **Nordsee-Spielstadt** bietet über 30 Attraktionen für Kinder. Die meisten Aktivitäten wie Kettenkarussell und Autoscooter sind unabhängig vom Wetter zu benutzen, weil sie in einer Halle stattfinden. Zusätzlich gibt es einen schönen Außenbereich.

◁ Wasserturm Hohenkirchen

Minsen

Das Dorf in der nordöstlichen Ecke der ostfriesischen Halbinsel hat nur etwa 300 Einwohner, aber eine **erstaunlich lange Geschichte.** Urkundlich erstmals erwähnt wurde Minsen 1317. Der gesamte Dorfkern liegt auf einer **Rundwarft,** die im Zentrum befindliche Kirchwarft ist noch etwas höher. Wegen des fruchtbaren Bodens war Minsen früher **stark landwirtschaftlich geprägt,** nach dem Zweiten Weltkrieg änderte sich das durch den aufkommenden Fremdenverkehr. Sehenswert ist die Kirche **St. Severinus und Jacobus,** ihre bis zu eineinhalb Meter starken Mauern bestehen außen aus Granitblöcken – innen wurden die romanische Saalkirche allerdings aus Ziegelstein gemauert. Zu Beginn des 13. Jahrhunderts wurde sie errichtet. Der Altar aus dem 17. Jahrhundert stammt ursprünglich aus einem Dorf bei Hoyerswerda, das in den 1960er-Jahren dem Braunkohletagebau weichen musste.

Praktische Tipps

Adressen in 26434 Wangerland-Hohenkirchen

■ **Wangerland-Touristik Minsen,** Kirchstraße 9, Tel. 04426 991130, www.wangerland.de.

■ **Wochenmarkt Hohenkirchen,** Marktplatz, Donnerstag von 14 bis 17 Uhr.

■ **Nationalpark-Haus Wangerland Minsen,** Kirchstraße 9, Tel. 04426 904700, www.national parkhaus-wattenmeer.de. Für die Ausstellung wurde ein sehr klares und ansprechendes Ausstellungskonzept entwickelt, die Nordseeaquarien befinden sich jetzt im hinteren Bereich der Ausstellung.

■ **Zugvogeltage,** jährlich Mitte Oktober finden im Rahmen der Zugvogeltage im Nationalpark-Haus Wangerland Minsen verschiedene Veranstaltungen statt, Infos unter www.zugvogeltage.de.
■ **Deichräucherei Friederikensiel,** Küstenstraße 28, Tel. 04463 1654. Leckere Fischbrötchen und geräucherter Fisch direkt am Sieltor.

Gastronomie/Unterkunft

■ **Stövchen – Friesische Teestube Hohenkirchen,** Bismarckstraße 10, Tel. 04463 8095757. Im gemütlichen Café lassen sich leckere selbstgefertigte Torten und Kuchen verzehren.
■ **Alte Schule Landhotel**② (Minsen), Störtebekerstraße 10, Tel. 04426 1311, www.alteschulemin sen.de. Das Gebäude wurde 1952 als Schule eröffnet, heute werden hier den Gästen rundherum schöne Urlaube beschert. Neben der Tageszeitung gibt es auch mal eine Tasse Kaffee zwischendurch, alles inklusive.
■ **Hotelanlage Minser Seewiefken**①, Störtebekerstraße 6, Tel. 04426 94860, www.seewiefken. info. 28 komfortabel ausgestattete Zimmer in der Drei-Sterne-Kategorie, zur Anlage gehört das *Restaurant Alte Schmiede.*
■ **Gasthof zum Deichgrafen**① (Minsen), Förrriener Loog 13, Tel. 04426 99000, www.gasthof-zum-deichgrafen.de. Im kleinen Ort Förrien direkt östlich von Minsen liegt das familiengeführte Hotel mit Restaurant und Ferienwohnungen.
■ **Familienhotel Frieslandstern**② (Horum), Störtebekerstraße 13, Tel. 044269450, www.fries-land-stern.de. Buchbar nur mit Vollverpflegung. Hier haben Familien und Kinder Vorrang, ideal für Reiterferien mit Ausritten zum Strand. Lunchpaket für Tagesausflüge inklusive.
■ **Wohnmobilstellplatz Hohenkirchen,** Bismarckstraße 47. Der kleine Platz befindet sich am südlichen Ufer des Wangersees.

▷ Der Wohnmobilstellplatz in Schillig

Horumersiel-Schillig

Das Nordsee-Heilbad Schillig liegt an der **Nordost-Spitze der ostfriesischen Halbinsel** direkt an der Jade, südlich davon schließt sich Horumersiel an. Der Badebetrieb begann hier bereits 1856, nachdem eine Sturmflut den Urlaubsort auf der Insel Wangerooge zerstört hatte. Damals konnten die Badegäste von der Insel beim Leuchtturmwärter von Schillig und in den umliegenden Häusern unterkommen. Schillig war für die Schifffahrt von Bedeutung, **zwei Leuchttürme** stehen an der Einfahrt in das Jadefahrwasser und ermöglichten die Positionsbestimmung, beide Leuchtfeuer sind heute außer Betrieb.

Horumersiel entstand in der Mitte des 16. Jahrhunderts. An dem damals neu errichteten Horumer Siel siedelten sich Menschen an, am Siel entstand bald schon ein **kleiner Küstenhafen.** Bis zur Mitte des 18. Jahrhunderts florierte hier der **Handel,** dann gewannen durch eine Vertiefung der Weser andere Häfen an Bedeutung.

Ab 1900 bekam Horumersiel die Zusatzbezeichnung **Nordseebad.** Zu dieser Zeit konnten vom Festland aus Flottenparaden der kaiserlichen Marine beobachtet werden. Damals gab es an der Küste auch etliche Küstenforts der Marineartillerie. In der Zeit der militärischen Nutzung wurde eine **Bahnlinie zwischen Jever und Schillig** betrieben. Nach dem verlorenen Ersten Weltkrieg musste entmilitarisiert werden. Vor dem Zweiten Weltkrieg errichtete die Wehrmacht dann **Flakstellungen** und **Bunker** in diesem Bereich der Küste, das Fahrwasser von Jade und Weser sollte damit geschützt werden. Nach dem Krieg sprengte man diese Anlagen, und schließlich wurde der Badebetrieb wieder aufgenommen..

1952 übernahm die Gemeinde Minsen die Fremdenverkehrsverwaltung für die Region, die Ortschaften Schillig und Horumersiel **fusionierten touristisch** zur Einheit. Der Strand und die Badeeinrichtungen in Horumersiel und Schillig wurden **kräftig ausgebaut.** 1954 entstand der **Campingplatz** in Schillig, heute ist er einer der größten an der Nordsee. Selbstverständlich gehört ein **Wohnmobilstellplatz** dazu.

1962 wurde das alte Hafenbecken Horumersiel zugeschüttet, das ursprünglich mitten im Ort lag. Dafür wurde direkt an der Nordsee ein **Außenhafen** eingerichtet. Zu der Anlage gehört auch ein Yachthafen. Der quirlige Doppelort lebt heute fast ausschließlich vom Tourismus, es gibt jede Menge Unterkünfte, von der Ferienwohnung bis zum Sternehotel ist alles dabei. Mit zirka einer Million Übernachtungen gehört Horumersiel-Schillig zu den beliebtesten Urlaubsorten an der niedersächsischen Nordseeküste.

In Horumersiel gibt es **zahlreiche Fremdenverkehrseinrichtungen** wie ein Kurmittelhaus, ein Haus des Gastes, das Freizeitbad Friesland-Therme und ein Kinderspielhaus. Bekannt ist Horumersiel für seinen **grünen Rasenstrand.** Dieser geht im Norden nahtlos in den Badestrand von Schillig über, der feine Sand am Ufer wurde künstlich aufgeschüttet. Der in der Ortschaft verkehrende **Urlauberzug „Watt'n Express"** bietet sieben verschiedene Touren an, die sowohl die beiden Ortsteile miteinander verbinden, als auch sich teilweise durch das ganze Wangerland erstrecken.

Praktische Tipps

Adressen in 26434 Horumersiel-Schillig

▪ **Wangerland-Touristik Horumersiel,** Zum Hafen 3, Tel. 04426 9870, www.wangerland.de.

152ofl_mna

■ **Yachthafen Horumersiel,** Am Hafen, Tel. 04426 9870, www.wangerland.de.

■ **Yachthafen,** Yachtclub Wangerland, Außentief, Tel. 0171 4911806 (Hafenmeister), www.yachtclub-wangerland.de.

⚲ **Kinderspielhaus „Seesternchen",** Am Strand Horumersiel, Tel. 04426 987177, www.wangerland.de. Kinderbetreuung und Kreativangebote, Veranstaltungen von den Osterferien bis zu den Herbstferien, Anmeldung erforderlich. Das Kinderspielhaus ist barrierefrei.

■ **Infostation Nationalpark,** Strand- und Campingplatzgelände, Tel. 04426 904700, nationalparkhaus@wangerland.de.

Einkaufen

■ **Wochenmarkt,** Samstag von 8 bis 12 Uhr, während der Saison zusätzlich am Mittwoch von 8 bis 12 Uhr.

13 Susannes Ohrring, Am Tief 2, Tel. 04426 904494, www.susannesohrring.de. Schöne Auswahl an Silber- und Sandschmuck, Textilien, Tüchern und Schals. Zum neuen Gewand gibt es auch gleich die passende Kette.

11 Bücherinsel, Goldstraße 3, Tel. 04426 1239, www.diebuecherinsel.de. Eine Buchhandlung für die ganze Familie – es gibt Lesestoff für Faulenzertage im Strandkorb und auch Regentage können mit einem guten Buch ihren Reiz haben.

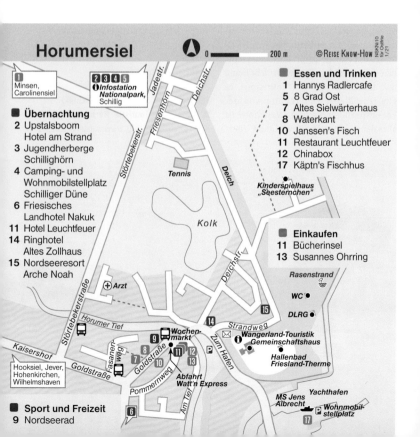

Horumersiel

0 — 200 m   ©REISE KNOW-HOW

NSKN10 für Ostfrie 1/21

1 Minsen, Carolinensiel

❶**Infostation Nationalpark, Schillig** **2 3 4 5**

■ **Übernachtung**
2 Upstalsboom Hotel am Strand
3 Jugendherberge Schillighörn
4 Camping- und Wohnmobilstellplatz Schilliger Düne
6 Friesisches Landhotel Nakuk
11 Hotel Leuchtfeuer
14 Ringhotel Altes Zollhaus
15 Nordseeresort Arche Noah

■ **Essen und Trinken**
1 Hannys Radlercafe
5 8 Grad Ost
7 Altes Sielwärterhaus
8 Waterkant
10 Janssen's Fisch
11 Restaurant Leuchtfeuer
12 Chinabox
17 Käptn's Fischhus

Kinderspielhaus „Seesternchen"

■ **Einkaufen**
11 Bücherinsel
13 Susannes Ohrring

Tennis

Kolk

Rasenstrand

✚ *Arzt*

WC ●

DLRG ●

Hooksiel, Jever, Hohenkirchen, Wilhelmshaven

Kaisershof

Horumer Tief

9 **Wochenmarkt**

14

15

Strandweg

Wangerland-Touristik Gemeinschaftshaus ❶

Hallenbad Friesland-Therme

7 **8** **11** **12** **13**

10

Goldstraße

Abfahrt Watt'n Express

Pommernweg

Am Tief

Zum Hafen

MS Jens Albrecht

Yachthafen

Wohnmobilstellplatz

17

■ **Sport und Freizeit**
9 Nordseerad **6**

153ofl_mna

Gastronomie

11 Restaurant Leuchtfeuer, Goldstraße 1, Tel. 04426 99030, www.leuchtfeuer-horumersiel.de. Ganztägig warme Küche mit frisch zubereiteten Fischspezialitäten, Steak, Schnitzel und im Winter Grünkohl, Tagesmenüs zum Sparpreis.

8 Waterkant, Goldstraße 20, Tel. 04426 570, www.waterkant-horumersiel.de. Restaurant in modernem klaren Nordsee-Ambiente ohne Fischernetze, für Steakliebhaber und Fischfreunde.

7 Restaurant Altes Sielwärterhaus, Goldstraße 26, Tel. 04426 904911, www.altessielwaerterhaus.de. Friesische Atmosphäre mit deutscher Küche und frischen kulinarischen Ideen.

10 Janssen's Fisch, Goldstraße 5, Tel. 04426 904390, www.janssens-fisch.de. Frischfischverkauf mit angeschlossenem Restaurant.

17 Käptn's Fischhus, Am Hafen, Tel. 04425 9909 144. Fischimbiss direkt am Hafenbecken von Horumersiel.

5 8 Grad Ost, Schilliger Düne, Tel. 04426 9049 108. Panoramarestaurant direkt am Meer – Aussicht zum Genießen mit Burgern, Bier oder Cocktails.

12 Chinabox Horumersiel, Am Tief 2, Tel. 0179 4328427. Gute Auswahl an asiatischen Gerichten inklusive Sushi.

1 Hannys Radlercafé, Störtebekerstraße 15a (kurz vor Minsen), Tel. 04426 1815, www.hannys-radlercafe.de. Geöffnet von Freitag bis Sonntag und feiertags mit Frühstücksbuffet vormittags und leckeren Kuchen nachmittags, alles selbst gemacht, sogar das Brot.

Unterkunft

14 Ringhotel Altes Zollhaus①, Zum Hafen 1, Tel. 04426 99090, www.zollhaus.de. Vier-Sterne-Komfort in familiärer Atmosphäre mit Restaurant, eigener Konditorei. Der Eintritt in die 300 Meter entfernte Friesland-Therme ist frei.

11 Hotel Leuchtfeuer②, Pommernweg 1, Tel. 04426 99030, www.leuchtfeuer-horumersiel.de. Haus in zentraler Lage von Horumersiel mit Wellnessbereich, Sauna und Restaurant sowie vielen Arrangement-Angeboten.

⌃ Der Watt'n Express in Horumersiel

15 Nordseeresort Hotel Arche Noah②, Strandweg 15–19, Tel. 04426 354, www.hotel-arche-noah.de. Es gibt Einzelzimmer, Doppelzimmer und Familienzimmer sowie Zimmer, die für Haustiere geeignet sind.

2 Upstalsboom Hotel am Strand③, Mellumweg 6, Tel. 04426 880, www.hotelamstrand-schillig.de. Beste Lage in Schillig direkt am Deich mit Blick auf Strand und Meer, Vier-Sterne-Komfort mit Wellnessbereich „Am Kap der guten Erholung".

3 Jugendherberge Schillighörn②, Inselstraße 6, Tel. 04426 371, www.schillighoern.jugendherberge.de. 188 Betten in 43 Zimmern, Tagungs- und Seminarräume, Spiel- und Bolzwiese sowie Grillplatz.

6 Friesisches Landhotel Nakuk③, Wiardengroden 22, Tel. 04426 90440, www.nakuk.de. Das Wellnesshotel liegt sehr ländlich in der Nähe von Horumersiel. Ruhe und Abgeschiedenheit gehören zum Programm, deshalb gibt es im gesamten Haus auch kein WLAN, sondern die Gäste (ab zwölf Jahren) sollen sich entspannen und entschleunigen. Gekocht wird alles frisch, teilweise mit Gemüse und Kräutern aus dem eigenen Anbau. Auf dem Grundstück befinden sich Obstbäume mit 13 alten Apfelsorten.

4 Campingplatz Schilliger Düne, Rezeption Zum Hafen 3, Tel. 04426 987170, www.wangerland.de. Der riesige Campingplatz bietet auch **Stellmöglichkeiten für Wohnmobile** an und liegt in unmittelbarer Nähe zu Strand und Nordsee. Zum Freizeitangebot gehört der Wassersport, auf dem Gelände gibt es einen Supermarkt und ein Restaurant.

UNSER TIPP: Eine besonders romantische Art der Übernachtung bieten die **Nordseekarren auf dem Campingplatz Schilliger Düne.** Die Unterkünfte für jeweils zwei Personen sind mit einem gemütlichen Bett, Esstisch und Küchenzeile ausgestattet, wahlweise mit oder ohne WC. Geduscht wird in den Sanitärgebäuden des Campingplatzes. Eine spannende Übernachtung für einen oder zwei bietet das sogenannte *Sleeperoo,* das sogar am Strand aufgestellt werden darf. Es handelt sich um einen innovativen Schlafwürfel mit großer Matratze, Decken und Kissen, alles ist aus nachhaltigen Materialien gefertigt. Eine weitere Attraktion ist das „Green Tiny House": Es bietet allergikergerechtes Wohnen auf nur 22 qm mit allem Drum und Dran, Blick aufs Meer und eigener Terrasse. Bei allen die-

⌂ Boote im Yachthafen Horumersiel

sen Unterkünften ist früh zu buchen empfehlenswert, denn sie sind sehr begehrt.

■ **Wohnmobilstellplatz Am Yachthafen,** Zum Hafen 5 (neben dem Horumersieler Yachtclub), Tel. 0171 7821383, www.hyc-online.de.

Ausflüge und Touren

■ **Watt'n Express,** Informationen bei Laaser's Verkaufspavillon, Pommernweg 2, Tel. 04426 904316. Sieben verschiedene Ausflugsfahrten mit unterschiedlicher Länge bietet die „Bimmelbahn auf Rädern" in die nähere Umgebung an, Abfahrt Ortsmitte Horumersiel, Tickets nur direkt beim Fahrer, Erw. 7–15 €, Kinder bis 14 J. 5–10 €.

■ **Ausflugsfahrten mit der „MS Jens Albrecht",** Wangerländer Seetouristik, Zum Hafen 2, Tel. 04425 9909144. Fahrten ab Hafenparkplatz Horumersiel (siehe Hooksiel).

■ **Ausflüge nach Helgoland mit der „MS Fair Lady",** Reederei Cassen-Eils, Tel. 04721 667600, www.cassen-eils.de. An ausgewählten Terminen ab Außenhafen, Anmeldung erforderlich.

Sport und Freizeit

■ **Friesland-Therme Horumersiel,** Zum Hafen 3, Tel. 04426 9877222, www.wangerland.de (Erw. ab 4 €, Kinder 4–15 J. ab 2,50 €). Es gibt Bereiche innen und außen mit Entspannungs-, Bewegungs-, Plansch- und Ausschwimmbecken, zusätzliche Sauna und Relax-Zone im „Krähennest" hoch über der Badelandschaft.

9 **Nordseerad Fahrradvermietung,** Horumersiel – Goldstraße 14, Tel. 04426 9296902; Schillig – Schillighörn 1, Tel. 04426 929123, www.nordseerad.de. Der große Vermieter von Tourenrädern, E-Bikes, Anhängern, Tretmobilen, Kajaks und Kanus im Wangerland.

Veranstaltungen

■ **Literaturtage,** jährlich in der ersten Junihälfte laden Künstler und Autoren zu den Horumersieler Literaturtagen ein, Infos unter www.horumersieler-literaturtage.de.

■ **Sielortfete,** jährlich im Juni herrscht drei Tage Partystimmung mit Straßenkünstlern, Kunsthandwerkern, Fahrgeschäften und Kinderprogramm, Infos unter www.horumersiel-schillig.de.

■ **Nordseelauf,** jährlich im Sommer finden entlang der Nordseeküste und auf den Ostfriesischen Inseln die sieben Etappen dieses mehrtägigen Rennens statt, mehr Infos unter www.nordseelauf.de.

■ **Schollenbraten im Watt,** Küche und Ausschank auf dem Meeresboden, jährlich im Sommer in Schillig und Hooksiel, mehr unter www.die-seesterne.de.

⚓ **Internationales Drachenfest,** jährlich im Juli/August wird an drei Tagen ein buntes Fest für die ganze Familie mit tollen Flugobjekten und unterhaltsamem Rahmenprogramm gefeiert, mehr dazu unter www.anuwat.de.

■ **Wangerländer Herbst,** die im Oktober stattfindende Veranstaltungsreihe mit Lichterfesten, Zugvogeltagen, Konzerten und Märkten lockt mit abwechslungsreichem Unterhaltungs-, Kultur- und Naturprogramm nach Horumersiel, Hooksiel und Schillig, Infos unter www.wangerland.de.

Hooksiel

Urkundlich erstmals erwähnt wurde der Ort 1479 als **„uppe dem Hoeke".** Seit Mitte des 16. Jahrhunderts lassen sich hier ein Sielbauwerk und ein Sielhafen nachweisen. Hooksiel entwickelte sich damals zum **Umschlaghafen für die Kaufmannsstadt Jever,** die durch das Hooksieler Tief mit dem Hafen in Hooksiel verbunden war. Die denkmalgeschützten **Pack- und Speicherhäuser** am Alten Hafen entstanden 1821, sie zeugen von der damaligen Bedeutung des Ortes. An der Südseite des Alten Hafens steht ein sogenanntes **Mudderboot** auf dem Deich. Es stammt aus dem Jahr

5

1837 und wurde bis in die 1950er-Jahre für die **Schlickbeseitigung** genutzt. In den frühen 1970er-Jahren wurde für die Landgewinnung ein ehemaliges Wattgebiet eingedeicht, den Hooksieler Hafen verlegte man vor die neue Deichlinie. Den historischen Alten Binnenhafen und den neuen Außenhafen trennt seitdem eine **Schleuse.** Zur Entwässerung des Hinterlands entstand im Binnenland vor der Schleuse das 60 Hektar große **Hooksmeer.** Dieses ist heute ein **Paradies für Wassersportler** aller Art, unter anderem gibt es eine Wasserskianlage und einen Sportbootverleih.

1911 wurde in Hooksiel ein **erster Badeverein** gegründet, aus diesen Anfängen entstand schließlich der heutige Küstenbadeort mit künstlich angelegtem Sandstrand. Dieser liegt zwischen dem Campingplatz und dem Außenhafen und hat eine Länge von über drei Kilometern. Als weitere Attraktion sollte eine rund **200 Meter lange Seebrücke** in das Wattenmeer gebaut werden, realisiert wurden die Pläne bisher allerdings nicht. Hooksiel blickt auf eine über 30-jährige Tradition des **Pferderennens** zurück. Die Rennen auf der **Jaderennbahn** verfolgen jedes Jahr an drei Tagen bis zu 20.000 Zuschauer. Bei den Galopprennen steht das Pferd im Mittelpunkt, Veranstalter ist der Hooksieler Rennverein.

Praktische Tipps

Adressen in 26434 Wangerland-Hooksiel

■ **Tourist-Information Hooksiel,** Hohe Weg 1, Tel. 04425 95800, www.wangerland.de.

⚘ **Kinderspielhaus „Seepferdchen",** im Gästehaus Hooksiel, Hohe Weg 1, Tel. 04425 958013, www.wangerland.de. Kinderbetreuung, viele Spiel-

angebote und Veranstaltungen von den Osterferien bis zu den Herbstferien, Anmeldung erforderlich.

Einkaufen

■ **Wochenmarkt,** Freitag von 14 bis 17 auf dem Marktplatz.

■ **Susannes Ohrring,** Lange Straße 30, Tel. 04425 990577, www.susannesohrring.de. Abwechslungsreiche Zusammenstellung von Mode, Schmuck und Accessoires.

■ **Claudia Benjes,** Lange Straße 33, Tel. 04425 97252, www.seewiefke.de. Goldschmiede und Wohnbedarf, auch handgefertigte Schmuckwünsche und Restaurierungen sind möglich.

■ **Weihnachtslädchen,** Lange Straße 14, Tel. 04425 787. Auf 25 m^2 gibt es seit vielen Jahren das ganze Jahr weihnachtliche Stimmung. Das Geschäft hat sich im Sortiment ganz auf Christbaumschmuck vom Meer und seinen Bewohnern spezialisiert: Quallen, Kraken, Haie, Muscheln und Meerjungfrauen – der Renner aber sind die Seepferdchen.

■ **Fritz Berger Campingbedarf,** Schwarzhamm 10, Tel. 04425 9907300, www.fritz-berger.de.

Gastronomie

■ **Die Muschel,** An der Jaderennbahn, Tel. 04425 681, www.muschel-hooksiel.de. Lichtdurchflutetes Restaurant mit Blick auf den Yachthafen, nachmittags gibt es unwiderstehlichen Kuchen und abends vorwiegend fangfrischen Fisch.

■ **Hotel & Restaurant Packhaus,** Am Hafen 1, Tel. 04425 969666, www.hotel-packhaus.de. Regionale Küche legt Wert auf Frische und Qualität, Partner aus der Region liefern die meisten der Zutaten.

■ **Zum Schwarzen Bären,** Lange Straße 15, Tel. 04425 95810, www.zum-schwarzen-baeren.de. Saftige Steaks vom Lavagrill, 3-Gang-Monatsmenüs und vegetarische Köstlichkeiten, seit über 50 Jahren im Familienbesitz.

▷ Boot im Alten Hafen von Hooksiel mit historischen Speichergebäuden

155ofl_mna

Unterkunft

■ **Ringhotel Altes Zollhaus**②-③, Zum Hafen 1, Tel. 04426 99090, www.zollhaus.de. Vier-Sterne-Hotel in unmittelbarer Nähe zum Strand und zu den Kureinrichtungen mit Sauna und kostenfreiem Parken sowie Zutritt zur Therme und Meerwasserwellenbad.

■ **Strandhotel Horumersiel**①-②, Deichstraße 1, Tel. 04426 99255, www.strandhotel-horumersiel.de. Kleines familiengeführtes Hotel mit angeschlossener Gastronomie in zentraler Lage direkt am Tief.

■ **Nordseecamping Hooksiel,** Straat över't Diek, Tel. 04425 958080, www.wangerland.de (geöffnet von April bis Mitte Oktober).

■ **Wohnmobilstellplatz „An der Ostdüne",** direkt neben dem Campingplatz, Tel. 04425 958 080, www.wangerland.de (geöffnet von April bis Mitte Oktober).

■ **Wohnmobilplatz „Am Hallenwellenbad",** Zum Hallenbad, Tel. 04425 958030, www.wangerland.de (ganzjährig).

Ausflüge und Touren

■ **Ausflugsfahrten mit der „MS Jens Albrecht",** Wangerländer Seetouristik, Tel. 04425 9909144 oder Tel. 0171 51964 8180. Verschiedene Ausflugsfahrten zu den Seehundbänken, JadeWeserPort u. a. (Erw. 8–20 €, Kinder von 4–14 J. 5–11 €, Familienkarte 21–51 €).

■ **Tages- oder Einzelfahrten nach Helgoland,** Reederei Cassen Eils, Tel. 04721 667600, www.helgolandreisen.de. Von Mitte Mai bis Oktober an ausgewählten Tagen ab Außenhafen, Fahrtkarten online, bei der Wangerland-Touristik oder direkt an Bord (Erw. 31–49 €, Kinder von 4–14 J. 16–25 €, Familien 99–129 €, keine Kartenzahlung).

Yachthäfen

■ **Marinahafen Hooksiel,** An der Jaderennbahn 1, Tel. 04425 430, www.wangerland.de (ganzjährig geöffnet).

■ **Alter Hafen Hooksiel,** Anmeldung unter Tel. 04425 430, www.wangerland.de. Mit einem Traditionsschiff darf man hier kostenfrei festmachen und die historische Hafenkulisse verschönern, sogar die Gebühren für Liegeplatz und Schleuse werden übernommen. Rechtzeitige Anmeldung ist unbedingt erforderlich.

Museen und Führungen

■ **Künstlerhaus Hooksiel,** Lange Straße 16, Tel. 04425 81408, www.kuenstlerhaus-hooksiel.de. Wechselausstellungen zeitgenössischer Künstler zeigen Kunst auf hohem Niveau im ländlichen Bereich. Kurse, Veranstaltungen und Kunstfahrten runden das abwechslungsreiche Angebot ab.

■ **Muschelmuseum Hooksiel,** Lange Straße 18, Tel. 04425 1278, www.muschelmuseum-hooksiel.de. Die von *Georg Hempfling* zusammengetragene Sammlung von großen und kleinen Muscheln und Schnecken aus der ganzen Welt gibt es im alten Rathaus zu sehen.

⚲ **Gruseleum,** Lange Straße 65, Tel. 04425 3080993, www.gruseleum.de. Spuk und Grusel in einer ehemaligen Kirche in Hooksiel, schaurig schöne Atmosphäre mit Friedhof und Schiffswrack, ausgezeichnet vom Land Niedersachsen als besonders kinderfreundlich.

Sport und Freizeit

■ **Meerwasser-Hallenwellenbad,** Zum Hallenbad 2, Tel. 04425 958030, www.wangerland.de.

Neben dem Nordseewellengefühl beim Schwimmen gibt es Wasserspiele, Geysire und Nackenduschen sowie einen großen Saunabereich mit Dampfbad.

■ **Sportbootverleih Nordsee,** Bäderstraße, Tel. 0170 8104951, www.sportbootverleihnordsee.de.

■ **Hooksieler Rennverein,** Oesterdieken, Tel. 04425 202, www.hooksieler-rennverein.de. Informationen über die Veranstaltungen auf der Jaderennbahn, mit Ponyrennen am Familienrenntag.

⚲ **Hooksmeer,** Hohe Weg 1, Tel. 04425 958012, www.wangerland.de. Zwischen Altem Hafen und der Schleuse zum Außenhafen, mit Segeln, Surfen, Wasserski, Angeln und Tretbootfahren.

■ **Strandsauna Hooksiel,** Am Strand, Tel. 04425 9906144, www.strandsauna-hooksiel.de. Hier kann man im Badekarren mit Blick aufs Meer Saunieren, zum Ausruhen und Entspannen geht es in den Nachbarkarren oder auf die Wiese.

■ **Fahrradverleih Hooksiel,** Lange Straße 45, Tel. 04425 1425, www.fahrradverleih-hooksiel.de. Vermietung auch außergewöhnlicher Fahrräder, Kinderfahrräder und Kindersitze.

■ **Blinkfüer Fahrradvermietung Hooksiel,** Middeldiek 4, Tel. 04425 97266, www.nordseerad.de. Der große Vermieter im Wangerland mit drei Standorten hat so ziemlich alles, was für Mobilität im Urlaub sorgt. Im Angebot sind Tourenräder, E-Bikes, Anhänger, Tretmobile, Kanus und Kajaks.

Veranstaltungen

■ **Hooksieler Herings- und Krabbentage,** zwei dreitägige Feste mit Live-Musik und zahlreichen friesischen Spezialitäten locken im Juni rund um Matjes und Hering gefolgt vom Krabbenfest im August. Mehr Infos unter www.hooksieler-krabbentage.de.

■ **Hooksieler Renntage,** im Juli und August wird getrabt, galoppiert und gewettet, wenn sich Pferdefreunde spannende Rennen bieten, mehr Infos unter www.hooksieler-rennverein.de

■ **Wangerländer Herbst,** siehe Horumersiel-Schillig.

Schortens

Seit 2005 ist die Ortschaft Schortens eine Stadt, über 20.000 Einwohner leben im Kernort und elf umliegenden Stadtteilen. Einige dieser Ortsteile bekamen 2011 den Status eines **staatlich anerkannten Erholungsortes.**

Die **St.-Stephanus-Kirche** in Schortens wurde in den Jahren 1153 bis 1168 erbaut, damit ist sie die **älteste Kirche auf der ostfriesischen Halbinsel.** Durch den Einschlag eines Blitzes wurde der Kirchturm 1661 schwer beschädigt, stürzte schließlich 1676 ein und zerstörte zu großen Teilen die Westmauer des Kirchenschiffs und die Orgel. 1680 wurde die Westmauer erneuert, 1686 schuf der Orgelbauer *Joachim Kaiser* ein neues Instrument. 1728 wurde der neue Glockenturm fertiggestellt, jetzt als freistehendes Gebäude, dennoch beschädigte ein Blitzschlag diesen Turm etwa 100 Jahre später erneut. Deshalb erhielt er 1831 sein heutiges Zeltdach mit einen Blitzableiter.

In Schortens setzte in der Mitte des 19. Jahrhunderts eine **rege Besiedlung** ein, der Auslöser war die **verbesserte Infrastruktur.** Auch die unmittelbare Nachbarschaft zum Kriegshafen der Kaiserlichen Marine und der sich rasch entwickelnden Stadt Wilhelmshaven gegen Ende des 19. Jahrhunderts kam Schortens zugute. 1937 wurde eine **befestigte Straßenverbindung** zwischen Oldenburg und Jever fertiggestellt, zu Beginn der 1970er Jahre profitierte die Ortschaft von der **neuen Eisenbahnverbindung.**

Sehenswertes

Die **Accumer Mühle** stammt aus dem Jahr 1746 und wird bis heute durch den Mühlenverein in funktionsfähigem Zustand gehalten. Durch die Windentwicklung bei der Sturmflut 1962 und Folgestürmen wurde der Galerieholländer schwer beschädigt. 1977 begann der Heimatverein Schortens mit der Reparatur des Bauwerks. Offiziell eröffnet wurde die Accumer Mühle Pfingsten 1994, heute gehören eine **renovierte Scheune** und ein **Backhaus** zum Gebäudeensemble.

Ein weiteres sehenswertes Gebäude im Ortsteil Accum ist die **St.-Willehad-Kirche,** sie stammt aus dem Jahr 1719 und unterliegt dem Denkmalschutz.

Landkreis Friesland

☑ Reetgedeckte Accumer Mühle

156ofl_mna

Ostfriesischer Traditionssport Boßeln

Das Boßeln ist Ende des 19. Jahrhunderts **aus dem Klootschießen hervorgegangen** und vor allem an der Nordseeküste beliebt. Hochburgen finden sich in Ostfriesland und Niedersachsen, sowohl im Binnenland als auch an der Küste. Doch nicht nur dort wird geboßelt. In verschiedenen Varianten wird die beliebte Traditionssportart **in ganz Europa und weltweit** in Regionen ausgeübt, in denen sich **Auswanderer niedergelassen** und diesen Sport **mitgebracht haben.** Saison ist traditionell der Winter, aber auch zu anderen Jahreszeiten finden Boßelspiele statt. Seit 1902 wurde Boßeln ein echter Breitensport, der in Landesverbänden und Meisterschaften ausgetragen wird. Es gibt sogar eine Europameisterschaft im Boßeln.

Voraussetzung für die Ausübung des Boßelns sind **befestigte Straßen.** Das Ziel ist es – getreu dem Motto „Lüch up und fleu herut", das bedeutet, hebe (sie) auf und werfe sie weit hinaus – eine **Kugel** aus Hartholz, Kunststoff oder Gummi mit so wenigen Würfen wie möglich über eine vorher festgelegte Strecke zu werfen. **Möglichst weit,** versteht sich. Es treten immer zwei Mannschaften mit vier, acht oder 16 Werfern gegeneinander an. **Ein guter Wurf** kann bis **über 300 Meter** reichen, denn hier wird das **Ausrollen der Kugel** mit zur Weite gezählt.

Boßeln ist ein **sehr schnelles Spiel,** die Teilnehmer machen im wahrsten Sinne des Wortes Strecke und überwältigen diese meist im Sprint oder Dauerlauf. Wichtig für den Werfer ist die **Beschaffenheit der Straße,** die er kennen sollte. Interessant kann es sein, wenn die Straße eine Böschung hat, dann kann der Werfer das nutzen, um die Kugel dagegen zu werfen und so die Richtung zu bestimmen. Auch Spurrillen eignen sich, um die Kugel dort „richtungsweisend" hineinzuwerfen. Der sogenannte Anzeiger gibt dem Werfer die entsprechenden Tipps, auf welcher Seite der Straße er anzulaufen und wie er zu werfen hat. Jeder Werfer hat zehn Würfe, die er hintereinander auf einer Strecke wirft. Spitzensportler erreichen problemlos 200 Meter bei einem Wurf. Welches Team die meisten Meter geschafft hat, hat gewonnen. Die Strecke bei einem Wettkampf geht meist über mehrere Kilometer.

Da im Norden beidseits der Straßen häufig **Entwässerungsgräben** liegen, die sogenannten *Sloote*, kann eine Kugel auch schon mal im Wasser landen. Sie wird dann mit dem *Söker*, einem Boßelkugelfangkorb aus dem Wasser gefischt. Rund 40.000 Menschen in Ostfriesland und im Oldenburger Land üben diese Sportart heute aktiv aus. Wenn ein Wettkampf stattfindet, stehen an den entsprechenden Straßen zur Sicherheit Hinweisschilder und zusätzlich oft Begleitpersonen mit Warnwesten und Fahnen. Autofahrer sollten in jedem Fall Rücksicht nehmen und an den Sportlern nur ganz langsam vorbeifahren.

Im Westen der Stadt Schortens, im Ortsteil **Oestringfelde,** befindet sich der **Klosterpark.** Das Kloster Oestringfelde, das hier im Jahr 1175 erbaut wurde, gibt es bereits seit Jahrhunderten nicht mehr. Aber ein Teil des zum Klostergut gehörenden Geländes wurde im 19. Jahrhundert in den heutigen Klosterpark umge-

wandelt, seit 1985 steht er unter Land-
schaftsschutz.

Praktische Tipps

Adressen in 26419 Schortens
■ **Tourist-Information,** Alte Ladestraße 1, Tel.
04461 748940.
■ **Accumer Mühle** (Accum), An der Mühle 15, Tel.
04461 7200004, April–Oktober am Wochenende
14–17 Uhr. Der 1746 erbaute und 16 Meter hohe
Galerieholländer verfügt über zwei voll betriebsfä-
hige Mahlgänge. Das danebenliegende Scheunen-
gebäude dient heute als Café und Versammlungs-
haus. Regelmäßig finden Backtage statt.

Einkaufen
■ **Mercado Mundial** (Grafschaft), Accumer Straße 5, Tel. 04423 98049, www.fair-nuenftig.de. Das
Fairhandelshaus beinhaltet neben einem Bioladen
das **Fair-Café** und eine Kaffeerösterei, sogar ein Se-
minar zum Kaffeerösten wird angeboten. Der Laden
hat neben dem Naturkostsortiment auch eine große
Unverpackt-Abteilung.
■ **Blumenhaus Steffens und Schöne Dinge
für Haus & Garten,** Jeversche Straße 146, Tel.
04461 8886 (Blumenhaus) und 04461 9160197
(Schöne Dinge), www.blumen-steffens.de. Blumen
und Dekoartikel gibt es hier im Familienbetrieb, der
bereits in zweiter Generation geführt wird.
■ **Meienburg GmbH & Co. KG,** Branterei 13, Tel.
04461 986050, www.meienburg.de. Das Unternehmen produziert gesunde Knabbereien, feinste
Nuss- und Trockenobst-Spezialitäten, Schokonüsse
und -früchte, Müsli, Reiscracker, Snacks und vieles
mehr. Einkaufen kann man die Waren im Fabrikshop
oder in den Supermärkten der Region.

Gastronomie/Unterkunft
■ **Restaurant Metaxas,** Menkestraße 51 b, Tel.
04461 84001, www.metaxas-schortens.de. Griechische Spezialitäten mit herzhaften Speisen.

■ **Restaurant Anesti's,** Menkestraße 33, Tel.
04461 9164519, www.anestisdergrieche.de. Typisch griechische Speisen, aber auch Geflügelspe-
zialitäten und Nudeln stehen auf der Karte.
■ **Hotel garni Mühleneck**①, Mühlenweg 2, Tel.
04461 9170917, www.hotel-muehleneck.de. Das
Drei-Sterne-Haus hat einen schönen Frühstücksraum im Wintergarten und liegt mitten im Zentrum
von Schortens.

Landkreis Friesland

Der Ems-Jade-Kanal

Der Kanal wurde in den Jahren 1880 bis
1888 gebaut und **erstreckt sich von Ost
nach West** über die **gesamte ostfriesische Halbinsel.** Seine Entstehung verdankt er dem Gedanken, den im Großherzogtum Oldenburg neu angelegten
Kriegshafen Wilhelmshaven mit dem
preußischen Ostfriesland und dem Handelshafen in Emden zu verbinden. Außerdem diente der Kanal der Entwässerung der ostfriesischen und friesischen
Hochmoorgebiete, die im ausgehenden
19. Jahrhundert noch eine beachtliche
Größe hatten. Zur Eröffnung der **73 Kilometer** langen Wasserstraße wurde
Reichskanzler *Otto von Bismarck* (1815–
1898) einladen. Doch aus Berlin kam die
ablehnende Antwort des Politikers: „Wegen einer solchen Kuhrinne begebe ich
mich nicht ins unwirtliche Ostfriesland."

Der Ems-Jade-Kanal hat **sechs
Schleusen** und wird von **41 Brücken**
überquert, 26 von ihnen sind beweglich.
Viele der Schleusen werden auch heute
noch von Schleusenwärtern per Hand
bedient. Genutzt wird der Kanal heute

vorwiegend von **Sportbootfahrern,** er darf nicht schneller als mit acht Kilometern pro Stunde befahren werden. Außerdem finden regelmäßig **Schiffsausflüge** auf dem Kanal statt. Auch heute noch dient der Kanal dem **Frachttransport,** allerdings nur noch in geringem Umfang. Am Auricher Hafen ist beispielsweise ein Betonwerk angesiedelt, das Sand und Kies über den Wasserweg bezieht. Aber die **touristische Nutzung überwiegt** deutlich. Im übertragenen Sinn ist er ein „befahrbares" Wahrzeichen Ostfrieslands, hier hat man die Chance, die Landschaft aus einer anderen Perspektive zu betrachten. Auch die **kilometerlangen Radwege** an den Ufern der Wasserstraße dienen der touristischen Erkundung der Region, schließlich gibt es zahlreiche kulturelle Höhepunkte in unmittelbarer Nähe des Kanals zu entdecken.

Sande

Zehn Kilometer südwestlich von Wilhelmshaven liegt die Gemeinde Sande am Rand des Jeverlandes. Seit der Kommunalreform 1972 gehört auch das **Schloss Gödens** mit den umliegenden Ortschaften zu Sande. Die Infrastruktur im Verkehrsbereich ist in Sande sehr gut. Im Norden des Gemeindegebietes verläuft der Ems-Jade-Kanal. Die Autobahn A 29 führt westlich an Sande vorbei und verläuft Richtung Süden nach Oldenburg. Sande verfügt auch über einen **Bahnhof,** von hier gelangt man auf der Schiene nach Wilhelmshaven, Jever oder Oldenburg. Ebenfalls auf dem Gemeindegebiet liegt der **Regionalflugplatz Wilhelmshaven-Mariensiel** (JadeWeserAirport).

157ofl_mna

Die **Siedlungsgeschichte** von Sande führt in das **Mittelalter** zurück, bereits um das Jahr 800 gab es zahlreiche Warften auf dem fruchtbaren Marschland. Altgödens wird damals bereits erwähnt, Sande selbst erstmals 1169. Das älteste Gebäude ist die **St.-Magnus-Kirche,** sie wurde 1351 auf einer Warft errichtet. Sandes Wahrzeichen ist der **Marienturm.** Von 1568 und 1571 ließ die Landesherrin *Maria von Jever* ein **Schloss** errichten, das sie als Sommerresidenz nutzte. Das Schloss musste wegen seines schlechten Zustands im 19. Jahrhundert abgerissen werden, der Turm aber blieb stehen.

Auf dem **Anwesen Altmarienhausen** befindet sich auch ein **Museum.** Im sogenannten **Küsteum** gibt es eine Küstenschutzausstellung, die die geschichtliche Entwicklung der Landschaft aufzeigt. In einer vollständig ausgerüsteten **Schmiede** können Besucher an einigen Tagen das alte Handwerk erleben.

Am Fuß des Marienturms wird das **Café Marienstübchen** betrieben, eine angrenzende Streuobstwiese bietet die Möglichkeit, sich die Beine zu vertreten.

Ein Wahrzeichen besonderer Art ist ein **Bunker aus dem Jahr 1943.** Das Relikt der Flakbatterie Sande wurde nach dem Zweiten Weltkrieg gesprengt. Doch das Gebäude detonierte nicht, es geriet durch die Explosion allerdings in eine **Schieflage** von 18 Grad. 1983 erwarb der **Deutsche Alpenverein** die Bunkerruine und rüstete das Gebäude in den Folgejahren für **Kletterbegeisterte** her. 1999 wurde der „Monte Pinnow" genannte Bunker unter **Denkmalschutz**

gestellt, seitdem finden hier alljährlich die **deutschen Klettermeisterschaften** statt. Bei Führungen können die Besucher testen, wie gut ihr Gleichgewichtssinn mit der Schieflage zurechtkommt.

Nordwestlich der Ortschaft Sande liegt der **Sander See,** er entstand in den 1970er-Jahren durch den Abbau von Sand. Dieser wurde für den Bau der Autobahn **A 29** benötigt, der sich wegen des wenig tragfähigen Untergrunds als kompliziert erwies. Im Bereich des ehemaligen Schwarzen Bracks bei der Herrlichkeit Gödens musste der Untergrund aufwendig stabilisiert werden, 1984 wurde die A 29 dem Verkehr übergeben, wichtig ist sie vor allem wegen der Hafenanlagen in Wilhelmshaven. Wie viele aus ähnlichen Gründen entstandene Seen wird auch dieser heute als **Naherholungsgebiet und Freizeitanlage** genutzt. Am Ufer wurde für die Badegäste deshalb ein künstlicher Sandstrand angelegt. Der See eignet sich aber auch hervorragend zum Surfen, Segeln und Paddeln.

Praktische Tipps

Adressen in 26452 Sande

■ **Tourist-Information,** Hauptstraße 79, Tel. 04422 95880, www.sande.de.

■ **Bahnhof,** am südlichen Ortsrand, es bestehen Verbindungen nach Oldenburg, Wilhelmshaven oder Richtung Jever. Direkt neben dem Bahnhof befindet sich der ZOB mit einer Park+Ride-Anlage.

■ **Wochenmarkt,** Sander Marktplatz, Donnerstag von 7 bis 12 Uhr.

■ **Paddel- und Pedalstation Sande,** Alt-Marienhausen 1, Tel. 0163 3446334. Direkt am Ems-Jade-Kanal gelegen. Die Sander Paddel- und Pedalstation wurde schon häufiger zur erfolgreichsten

◁ Klappbrücke über dem Ems-Jade-Kanal

Station der ostfriesischen Halbinsel gekürt, das liegt auch an der tollen Lage.

■ **Monte Pinnow,** Ladestraße 2, in unmittelbarer Nähe des Bahnhofs Sande, www.dav-wilhelmshaven.de. Eine Führung kostet 3 € pro Person.

Gastronomie/Unterkunft

■ **Restaurant Piräus,** Hauptstraße 114, Tel. 04422 6290465. Griechische Spezialitäten in guter Qualität, in der Nähe des Ems-Jade-Kanals gelegen.
■ **Marienstübchen,** Alt-Marienhausen 2, Tel. 04422 3186. Das nette kleine Ausflugsziel beim Marienturm bietet leckeren hausgemachten Kuchen in schöner Atmosphäre.
■ **Pitts Steakhaus,** Bahnhofstraße 37, Tel. 04422 7339050. Hier dreht sich alles um Fleischgerichte.
■ **Athen Restaurant Demitra,** Hauptstraße 92, Tel. 04422 2121. Die Speisekarte weist die typisch griechischen Gerichte aus.
■ **Nurinuri,** Hauptstraße 116, Tel. 04422 998058. Hier gibt es indische und griechische Spezialitäten.
■ **Hotel Auerhahn,** Hauptstraße 105, Tel. 04422 8990, www.auerhahn.de. Das 180-Betten-Haus verfügt über ein Restaurant, ein Hallenbad sowie einen Whirlpool und eine Sauna.
■ **Wohnmobilstellplatz Altmarienhausen,** liegt direkt neben der Paddel- und Pedalstation Sande am Ems-Jade-Kanal.

Herrlichkeit Gödens

Überregional bekannt ist das **Wasserschloss Gödens,** es hat seinen Namen von der Familie *Frydag zu Gödens.* Doch über das Schloss hinaus gibt es noch mehrere kleine Ortschaften in der Nähe wie Altgödens, Neustadtgödens, Mariensiel und Dykhausen, die bis zur 1972 bestehenden Gemeinde Gödens gehörten. Bei der **Kommunalreform** wurden die Gemeinde und das Schloss dann ein Teil der Gemeinde Sande. Die Entwick-lung der Ortschaften und des Schlosses stand in engem Zusammenhang mit der **Ausdehnung der Meeresbucht Jadebusen.** Die Bucht ist das Ergebnis einiger schwerer Sturmfluten im Mittelalter. Der Jadebusen erreichte 1511 seine größte Ausdehnung durch die **Antoniusflut,** die Bucht an seiner Westseite war das „Schwarze Brack". In den Wassermassen dieser Überschwemmung ging auch die Burg der Häuptlinge *zu Gödens* unter, sie wurde schon zuvor während der sogenannten **Sächsischen Fehde** stark beschädigt. 1517 ließ Häuptling *Hicko von Oldersum* eine neue Wasserburg an der heute bekannten Stelle bauen.

Um 1525 begann die Bevölkerung mit **Eindeichungen des Schwarzen Brack,** ein neuer Deich zwischen Sande, dem Gödenser Siel und Horsten rang dem Meer ein Stück Land ab. 1544 wurde am Siel die neue Ortschaft **Neustadtgödens** gegründet. Mit einem Hafen ausgestattet, entwickelte sich das Dorf zu einem wichtigen Handelspunkt. Doch bereits ein halbes Jahrhundert später bekam der wirtschaftliche Aufschwung Neustadtgödens einen Dämpfer, durch weitere Eindeichungsmaßnahmen wurde der Sielort vom Meer abgeschnitten.

Um 1530 bestimmte *Hebrich von Gödens* den **Calvinismus** als geltende Religion in der Herrlichkeit Gödens. So wurden in den folgenden Jahren viele Glaubensflüchtlinge der Täuferbewegung aufgenommen. Der Täufer *Gerhard Westerburg* trat zum Glauben der reformier-

▷ Der Hainbuchen-Laubengang im Schlosspark

ten Kirche über und wirkte in seiner neuen Heimat als Pastor. Freiherr *Franz Iro von Frydag* führte um 1640 eine **Religionsfreiheit** in der Herrlichkeit Gödens ein. So kamen weitere Bewohner verschiedener Konfessionen in den Norden. In Neustadtgödens entstanden in wenigen Jahrzehnten **fünf Gotteshäuser** für die diversen Glaubensrichtungen. Die **lutherische Kirche** ist die älteste und stammt aus dem Jahr 1695, der markante Kirchturm kam 1714 hinzu. In ihrem Inneren hängt ein Altarbild, das 1690 vom niederländischen Maler *Augustinus Terwesten* geschaffen wurde. Dargestellt ist der gekreuzigte Christus, von Engeln umgeben.

In Neustadtgödens stehen mit der **Wedelfelder Wassermühle** und der **Oberahmer Peldemühle** zwei historische Windmühlen. Eine diente der Ent-wässerung des Landes, eine mahlte das Korn. Ein Verein kümmert sich heute um den Erhalt der Mühlen.

Schloss und Schlosspark

Nach einem Brand wurde das **Wasserschloss Gödens** 1671 von Freiherr *Haro Burchard von Frydag* im Stil des niederländischen Barocks aufgebaut und gelangte 1746 durch Heirat in den Besitz der Freiherren *von Wedel*. Schloss Gödens steht heute unter **Denkmalschutz** und wird von einer Stiftung verwaltet. Da sich das Schloss selbst in Privatbesitz befindet und bewohnt wird, kann es nur im Rahmen öffentlicher Veranstaltungen an **wenigen Tagen im Jahr** teilweise **besichtigt werden.** An diesen Terminen gibt es **interessante Führungen** mit *He-*

158ofl_mna

Ostfrieslands Herrlichkeiten

Ostfriesland hat eine wahre Schatztruhe: seine Herrlichkeiten. Es handelt sich dabei um teils liebliche, teils trutzige **Wasserburgen, Schlösser und Parks.** Die reichen und mächtigen Friesen im Spätmittelalter wollten komfortabler wohnen und bauten sich der Zeit entsprechend gut ausgestattete Steinhäuser als feste Burgen. Doch zunächst waren es, basierend auf einem quadratischen Grundriss, **mehrgeschossige Turmhäuser,** wie beispielsweise das um 1400 erbaute **Steinhaus in Bunderhee** im Rheiderland. Diese Turmburgen wurden in der Regel als Speicher oder schützendes Bauwerk errichtet. Bei kriegerischen Konflikten konnten auch die Bauern aus der Umgebung in den Anlagen Schutz suchen. Später veränderte sich diese Bauweise zu einem sogenannten **zweigeschossigen Saalbau,** aus dem sich in der frühen Neuzeit **mehrflügelige Schlösser** entwickelten. Zur Sicherheit für die Bewohner waren diese meist von **breiten Wassergräben** umgeben. Als die Gebäude in ruhigeren Zeiten zunehmend zum Wohnen und Leben genutzt wurden, statteten die Hausherren diese immer prächtiger aus.

Es lohnt sich, die Gelegenheit wahrzunehmen, diese historisch bedeutenden Bauten aus der Zeit der **ostfriesischen Häuptlinge** anzusehen. Einige sind heute in Privatbesitz und können nicht besichtigt werden, aber oft sind allein schon die zugehörigen **Landschaftsgärten** sehenswert. Die wohl schönste Gartenanlage in Ostfriesland weist **Schloss Lütetsburg** auf. Diese ist ganzjährig zu besichtigen und lohnt einen

Besuch, ebenso wie die deutlich kleineren Gärten des **Jever Schlosses** oder von **Schloss Gödens,** die aber auch durchaus ihre Reize haben. Die Bauten werden heute verschieden genutzt. Die vom Wasser umgebene **Norderburg in Dornum** beherbergt beispielsweise eine Schule, und in der **Burg Berum** kann man sich in komfortablen Ferienwohnungen einmieten. Der ehemalige Bundespräsident *Horst Köhler* hat hier schon mal seinen Urlaub verbracht. Die **Manningaburg in Pewsum** gibt heute einem **Museum** ein Dach über dem Kopf, auch heiraten kann man dort.

Insgesamt gibt es noch 25 dieser Burganlagen, hauptsächlich in der Küstenregion, davon liegen auch einige außerhalb der Grenzen des heutigen Ostfrieslands. Tauschgeschäfte oder politische Gründe veränderten mehrfach das zu Ostfriesland gehörende Territorium. Am bekanntesten der außerhalb von Ostfriesland liegenden früheren Herrlichkeiten dürften das **Schloss in Jever,** die **Herrlichkeit Gödens** oder das **Schloss Neuenburg bei Zetel** sein.

Der Dichter *Theodor Fontane* weilte als Gast im Schloss Lütetsburg und schrieb am 12. August 1882 von der Pracht beeindruckt dieses Gedicht:

Lütsburg

Ein uraltes Schloß am Meeresstrand;
ein herrlicher Park im baumlosen Land;
durch Dämme geschützt vor der stürmenden Flut,
manch geräumiger Hof, manch reiches Gut,
viel wogendes Korn und Vieh auf der Weide
und mahlende Mühlen und schweigende Heide.
Viel Gottessegen! Wie seltenste Arten
die Bäume gedeihn trotz Nordwinds im Garten,
wie die Rosen am Schloß blühn wunderbar,
so blüht im Hause die Töchterschar.

[>] Gedenkstein zu Ehren Haro Burchard Frydags im Schlosspark Gödens

*Wie im Hofe entspringt ein klarer Quell,
in den Herzen entspringt der Frohsinn hell.
Die Jüngsten umjubeln die alte Veste,
die Großen empfangen im Saal die Gäste,
neun Schwestern, von eigener Art eine jede,
und doch so ähnlich in Antlitz und Rede;
die Stirnen klar und hell die Blicke,
und alle haben den Schalk im Genicke,
selbständig jede und selbstlos zugleich,
streng gegen sich, für die anderen zu weich.
Wer jemals hier Gastfreundschaft genoß,
des Geist spukt um das alte Schloß.*

159ofl_mna

len Gräfin von Wedel. Darüber hinaus steht das Schloss für **Trauungen** zur Verfügung. Den prächtigen **Festsaal** im Schloss, in dem gelegentlich Konzerte stattfinden, schmücken Darstellungen aus der griechischen Mythologie und wertvolles Inventar.

Das **Eingangstor** zum Schlosspark trägt ein sogenanntes **Chronogramm**, liest man die hervorgehobenen Großbuchstaben der Inschrift als römische Zahlen, ergibt sich das Erbauungsjahr des Tores. Es stammt, wie ein großer Teil der gesamten Anlage, aus dem 17. Jahrhundert und wurde aus **Sandstein** gefertigt. Der Schlosspark ist wochentags für jeden zugänglich, ein Spaziergang lohnt sich.

Praktische Tipps

Adressen in 26452 Sande/Neustadtgödens
■ **Tourist-Information,** Hauptstraße 79 (Sande), Tel. 04422 95880, www.sande.de.
■ **Wedelfelder Wassermühle,** Timpweg 2, Tel. 04422 4581, www.neustadtgoedens.de. Die Wasserschöpfmühle wurde 1844 errichtet, sie diente der Entwässerung des früheren Schwarzen Bracks. Der Erdholländer mit *Steert*, so nennt man den langen Balken zum Ausrichten der Flügel, ist die einzige noch voll funktionsfähige Wasserschöpfmühle im Landkreis Friesland. 1962 stellte sie ihren Betrieb ein.
■ **Oberahmer Peldemühle,** Sanderahmerstraße 34, Tel. 04422 4833, www.friesland-touristik.de. Der zweistöckige Galerieholländer stammt von 1764, 1966 wurde der Betrieb eingestellt. Er hat eine Windrose sowie Segelflügel und kann während der Öffnungszeiten besichtigt werden.
■ **Museum im Landrichterhaus,** Brückstraße 19, Tel. 04422 4199, www.neustadtgoedens.de. Das Ausstellungsmotto lautet: Der Ort ist das Objekt,

fünf historische Gotteshäuser auf engstem Raum und ein intaktes Gebäudeensemble. Im Museum gibt es Einblicke in die Entwicklung der Ortschaft, der Herren von Gödens und über die Geschichte der Religionsgemeinschaften.

Gastronomie

- **Gaststätte Zur Waage,** Horster Straße 7, Tel. 04422 1491. Ländliches Restaurant und Kneipe, geboten wird leckere Hausmannskost.
- **Neustädter Stübchen,** Brückstraße 33, Tel. 04422 5337. Das Café ist eine mutige Kombination – in einer ehemaligen Kirche gibt es heute Kaffee und Kuchen.

Zetel

Zusammen mit der Nachbargemeinde Bockhorn bildet die Gemeinde Zetel die sogenannte **Friesische Wehde.** Diese ist ein flacher Geestrücken südwestlich vom Jadebusen. Mit einem Niveau von gut 15 Metern über dem Meeresspiegel erhebt sich die Landschaft spürbar über das umliegende flache Marschland. Im Westen und Osten der Gemeinde Zetel gibt es **größere Wälder,** der Süden wird von **Moorgebieten** dominiert. Den **Neuenburger Urwald** sollte man nicht verpassen, er ist ein beeindruckendes Naturdenkmal im südlichen Friesland.

Die Gemeinde Zetel besteht aus 16 Ortschaften und Siedlungen, in Zetel selbst steht das **Rathaus** mit der Kommunalverwaltung. Knapp 12.000 Einwohner leben in den Orten der Gemeinde. Das älteste Gebäude in Zetel selbst ist die **St.-Martins-Kirche,** sie wurde im Jahr 1249 auf einer Warft errichtet. Der zehn Meter hohe Glockenturm steht separat wenige Meter südlich vom Kirchenschiff. Aus dem Jahr 1865 stammt die **Rutteler Mühle** in Zetel, eine der wenigen historischen Mühlen, die noch in Betrieb sind. Direkt angeschlossen sind ein kleines Café und ein Mühlenladen.

Alljährlich findet im November der **Zeteler Markt** statt, er ist Frieslands größter Jahrmarkt. Ehemals als Viehmarkt gegründet, finden dabei heute mehr als 100 Schausteller zusammen.

Im Ortsteil Bohlenbergerfeld ist das **Nordwestdeutsche Schulmuseum** im Gebäude einer ehemaligen Volksschule untergebracht. Im 1978 gegründeten Museum ist ein originales **Klassenzimmer** aus der **Kaiserzeit** um 1910 zu betrachten. Dazu gibt es eine umfangreiche Sammlung von Lehrmitteln, allein mehr als 400 Schullandkarten und mehrere tausend Schulwandbilder sind im Archiv des Museums. Jährlich wechselnde **Sonderausstellungen** und eine Tonbildschau vertiefen das Thema Schule. Nach vorheriger Absprache können Gruppen an einer historische Unterrichtsstunde teilnehmen, inklusive Schreibübungen auf einer Schiefertafel und Rechnen mit dem Abakus. Anschließend schmecken Kaffee und Kuchen im Museumscafé.

Das **Schloss Neuenburg** wurde von *Graf Gerd zu Oldenburg* im Jahr 1463 errichtet, gewissermaßen als Gegenstück zur Friedeburg. Die Wasserburg zum Schutz gegen die streitlustigen Friesen bauten die Bewohner des 16. Jahrhunderts zu einem **Wohnschloss** um. Die

▷ Laubbäume im Neuenburger Urwald

„Neue Burg" gab dem umliegenden Dorf seinen Namen. Heute ist das historische Gebäude in kommunaler Hand, in ihm befinden sich eine **vogelkundliche Ausstellung des Heimatvereins,** auch einen **Trausaal** gibt es im Schloss. Die ehemalige Hauskapelle der Grafen wird heute als Kirche für die Bürger von Neuendorf genutzt.

Direkt hinter dem Wassergraben vom Schloss hat der Heimatverein Neuenburg ein **kleines Museumsdorf** zusammengetragen. Hier bekamen 1964 einige historische Gebäude einen neuen Standort. Auf dem Gelände stehen neben dem Heimatmuseum Rauchkate eine Friesenscheune, eine Wagenremise und ein Backhaus. Auch heute noch wird der alte Ofen unter fachkundiger Hand eines Bäckers in Betrieb genommen, an den Backtagen entsteht Köstliches. Nach Absprache kann man an einer **Führung** teilnehmen.

Neuenburger Urwald

Als Rest der historischen alten Waldgebiete im norddeutschen Flachland ist der Neuenburger Urwald von großer Bedeutung. Er ist ein ehemaliger sogenannter **Hudewald,** in den das Vieh zum Weiden geschickt wurde. Auf Wunsch des Oldenburger Herrscherhauses wurde er 1850 fortwirtschaftlich nicht mehr genutzt. 1880 wurde der Neuenburger Urwald als Naturdenkmal geschützt und 1938 unter **Naturschutz** gestellt. Durch die fehlende Bewirtschaftung entwickelten sich zwischen dem alten Baumbestand verschlungene Dickichte und bizarre Totholzformationen. Die von Pilzen bewachsenen Baumstämme erzeugen einen erdigen urtümlichen Geruch und verstärken den Charakter des Urwalds. Hier wachsen vornehmlich **uralte und mächtige Eichen,** die bis zu 500

160ofl_mna

Jahre alt sind, gemischt mit Hainbuchen.

Heute ist der Neuenburger Urwald ein **beliebtes Ausflugsziel**. Mithilfe eines **Knotenpunktsystems** kann man sich auf den zahlreichen **Wanderwegen** und Pfaden praktisch nicht verlaufen, der Wald ist gut ausgeschildert. Eine Jagdhütte aus den 1950er-Jahren dient heute als Schutzhütte. Wegen des hohen Totholzvorkommens bietet der Wald zahlreichen zum Teil stark gefährdeten Tierarten eine Heimat. Neben vielen Insektenarten leben hier natürlich viele Vögel, dabei gibt es auch selten gewordene Greifvögel wie zum Beispiel **Eulen**. Auch für **Fledermäuse** ist dieser Wald ein geschätztes Gebiet. Und natürlich gibt es in dem Urwald auch Rehe, Eichhörnchen und Füchse.

Für **Künstler** ist der Neuenburger Urwald eine Quelle der Inspiration, Poeten schrieben Gedichte und Geschichten, Maler und Zeichner setzten sich künstlerisch mit den Motiven auseinander. Einige dieser Arbeiten und Werke sind in der Gemeinde Zetel verblieben.

Praktische Tipps

Adressen in 26340 Zetel

■ **Tourist-Information,** Ohrbült 1, Tel. 04453 9350, www.zetel.de. Im Bürgerbüro wird eine Wanderkarte angeboten, in der 15 kulturhistorisch interessante Orte in Zetel und Neuenburg mit einem QR-Code, über den sich weitere Infos abrufen lassen.

■ **Wochenmarkt Zetel,** am Hankenhof in der Ortsmitte, Donnerstag von 8 bis 12 Uhr.

■ **Rutteler Mühle (Neuenburg),** Friedeburger Straße 2, Tel. 04452 333, www.ruttelermuehle.de. Im Bio-Mühlenladen gibt es unter anderem Brot, Naturkost sowie Honig von regionalen Imkern, Nudeln und Knabbereien.

■ **Schloss Neuenburg,** Schloßgang 1, www.neuenburger-schloss.de (Erw. 3,50 €, Kinder ab 6 J. 2 €). Das 1462 erbaute Schloss beherbergt heute einen Kindergarten sowie den Trau- und Sitzungssaal mit angeschlossenem Seminarhaus.

■ **Heimatmuseum Rauchkate Neuenburg,** Schlossgang 1, www.heimatverein-neuenburg.de, Führungen nach Anmeldung unter Tel. 04452 8713.

■ **Nordwestdeutsches Schulmuseum** (Bohlenbergerfeld), Wehdestraße 97, Tel. 04453 1381, www.schulmuseum.de.

☗ **Naturfreibad am Driefeler Esch,** Südenburg 33, Tel. 04453 1539, www.zetel.de (Erw. 2 €, Kinder ab 6 J. 1 €). Eines der schönsten Freibäder mit großer Wasserfläche, Sandstrand und Liegewiese. Für Kinder gibt es schöne Kletter- und Spielgeräte, die größeren können sich an der Tischtennisplatte austoben. Leckeres für zwischendurch bietet die Caféteria am Eingangsbereich.

Gastronomie/Unterkunft

■ **Restaurant Röker-Deel,** Horster Straße 40, Tel. 04453 3130. Urige Gastwirtschaft mit toller Atmosphäre, die gutbürgerliche Küche wird für ihre Steaks und Schnitzel gelobt.

■ **Neuenburger Hof (Neuenburg)**①, Am Markt 12, Tel. 04452 266. Schlichte Zimmer mit wunderschönem Ausblick auf das Schloss Neuenburg, im Haus befindet sich auch ein **Restaurant.**

Varel

Die kleine Stadt Varel liegt südlich von der Meeresbucht Jadebusen und gehörte im Mittelalter zum Stammesgebiet der Friesen, damals wurde die Ortschaft von **Häuptlingen** regiert. In der Mitte des 15. Jahrhunderts geriet Varel in den Einflussbereich der Grafschaft Oldenburg. Erst im 19. Jahrhundert wurden die Bauernschaften Nordende und Südende zusammengeschlossen und bildeten gemeinsam mit dem Kirchspiel Varel eine Einheit. Am 1. Mai 1858 bekam Varel die **Stadtrechte.**

Heute ist der Ort in 21 Stadtteile aufgeteilt, der bekannteste von ihnen ist sicherlich das **Nordseebad Dangast.** Mehr als drei Viertel der Fläche des Stadtgebiets werden landwirtschaftlich genutzt. In Varel leben etwa 24.000 Menschen.

Sehenswert und denkmalgeschützt ist die **Vareler Schlosskirche.** Ihre ältesten Teile gehen bis ins 12. Jahrhundert zurück, der gedrungen wirkende Kirchturm wurde in der ersten Hälfte des 13. Jahrhunderts an das Kirchenschiff angebaut. Im 17. Jahrhundert schuf der Bildhauer *Ludwig Münstermann* eine neue Ausstattung für das Kircheninnere im Stil des norddeutschen Manierismus. Dazu gehören das aus Eichenholz geschnitzte Altarrentabel sowie die Kanzel und der Taufstein.

☑ Beliebtes Freizeitziel – der Vareler Hafen

Neben der Schlosskirche ist Varel vor allem für seine **Windmühle** bekannt, auch „Grode Möhl" genannt. Der Galerieholländer stammt aus dem Jahr 1847, ist fünfgeschossig und eine der größten historischen Windmühlen in Deutschland. Bis 1965 war die Mühle in Betrieb und wurde dann in den 1970er-Jahren aufwendig renoviert. Bis zu 12.000 Besucher besichtigen die Vareler Windmühle jedes Jahr, die Führungen sind kompetent und vermitteln viel Wissen über die historische Technik. Im Gebäude befinden sich eine **Sammlung zur Vareler Industriegeschichte** und zahlreiche heimatkundliche Exponate – ein Besuch lohnt sich.

Wenige Kilometer nordöstlich der Innenstadt liegt der **Vareler Hafen.** Über die 1977 gebaute **Wilhelm-Kammann-Schleuse** wird die Verbindung zwischen dem Vareler Binnentief zu Jadebusen und Nordsee hergestellt. Direkt hinter dem Deich liegt die **große Meeresbucht.** Von der Deichkrone aus bietet sich ein guter Blick auf die riesigen Schlickflä-

161ofl_mna

chen. Dort mündet auch das Flüsschen Jade ins Meer. Im Juli gibt es hier ein **Schleusenfest,** das Besucher von weit her anlockt. Geschützt hinter dem Deich schaukeln zahlreiche Boote malerisch im klaren Hafenwasser, Cafés, Fischgeschäfte und eine Promenade am Wasser laden zum Verweilen ein. Der am Hafenbecken aufgestellte **„Future Fish"** ist Kunstwerk und Mahnmal zugleich. Die große Skulptur von Künstler *Diedel Klöver* besteht aus rostigem Schrott und ist prall gefüllt mit **Plastikmüll,** der aus dem Meer stammt.

Praktische Tipps

Adressen in 26316 Varel

■ **Tourist-Information,** Edo-Wiemken-Straße 61 (Dangast), Tel. 04451 91140, www.dangast.de.

■ **Hallenbad Varel,** Haferkampstraße 66, Tel. 04451 2636, www.vareler-bäder.de. Nur in den Sommermonaten Juli und August geschlossen (Erw. 3 €, Kinder 1,70 €).

■ **Heimatmuseum Varel,** Neumarktplatz 3, Tel. 04451 4936, www.heimatvereinvarel.de. Ausgestellt werden Exponate aus der Vorzeit, der Grafschaft und zur 300-jährigen Stadtentwicklung. Da-

zu werden verschiedene Einrichtungsgegenstände gezeigt (auch Sonderausstellungen).

■ **Windmühle Varel,** Mühlenstraße 52, Tel. 04451 860801, www.heimatvereinvarel.de. Das älteste Exponat ist eine Urne der Chauken von ca. 300 n. Chr.

■ **Wochenmarkt,** Neumarktplatz, Mittwoch und Samstag von 7.30 bis 12.30 Uhr.

■ **Vareler Mittwoch Live,** im Sommer mittwochabends Live-Musik auf dem Vareler Schlossplatz.

Verkehr

■ **Bahn,** Varel hat einen Bahnhof (Verbindung nach Oldenburg und Wilhelmshaven). Vor dem Bahnhofsgebäude befindet sich der Busbahnhof.

Einkaufen

(UNSER TIPP) Die traditionsreiche Marke **„Friesland Porzellan"** stand kurz vor dem Aus, als die Keramikfabrik „Royal Goedewaagen" aus den Niederlanden die Firma übernahm. Seitdem wird fleißig vorwiegend in Handarbeit ein breites Spektrum vom klassischen Geschirr bis hin zu ungewöhnlichen Objekten weiterproduziert. Das feine Porzellan

◹ Schrottkunstwerk „Future Fish"

gibt es auch im Werksverkauf: Rahlinger Straße 23, Tel. 04451 17209, www.friesland-porzellan.de.

■ **Fischeinzelhandel Wilters,** Am Hafen 54, Tel. 04451 959857, www.fisch-wilters.de. Meeresspezialitäten und Fisch am Hafenbecken, mit Fischimbiss – in der Fangsaison täglich frischer Granat.

Gastronomie/Unterkunft

■ **Restaurant Emma,** Neumühlenstraße 9, Tel. 04451 925242, www.emma-varel.de. Die Speisen sind sowohl von der deutschen als auch von der italienischen Küche beeinflusst, gerne werden die Gerichte für Vegetarier oder Veganer entsprechend angepasst.

■ **Bistro No. 1,** Neumarktstraße 8, Tel. 04451 6821. Essen und trinken in angenehmer Atmosphäre direkt am Marktplatz. Pizza und Lasagne werden oft als sehr gut bewertet.

■ **Scheune Varel,** Obernstraße 7 a, Tel. 04451 961818, www.scheune-varel.de. Die friesische Gulfscheune aus dem Jahr 1770 wurde nach langjähriger Renovierung als Restaurant und Gesellschaftshaus eröffnet. Angeboten wird eine breite Palette frisch zubereiteter Speisen wie Fisch, Burger oder knackiges Gemüse aus dem Wok.

■ **Vareler Brauhaus und Fischrestaurant Aal & Krabbe,** Am Hafen 2 a, Tel. 04451 3091, www.vareler-brauhaus.de und www.aalundkrabbe.de. Hier wird das regional geschätzte *Tide-Bier* in den Sorten Pils, Trüb und Dunkel gebraut. Im Restaurant „Aal und Krabbe" werden maritime Köstlichkeiten serviert. Nachmittags gibt es Kaffee und Kuchen.

■ **Bistro Vareler Schleuse,** Am Hafen 80, Tel. 04451 1249660, www.bistro-vareler-schleuse.de. Der Betrieb profitiert von seiner schönen Lage direkt an der Schleuse auf einer Halbinsel, von Wasser und Booten umgeben.

■ **Hotel Friesenhof①,** Neumarktplatz 4–6, Tel. 04451 9250, www.hotel-friesenhof.de. Das gemütliche Hotel in zentraler Lage ist eine gute Adresse für Urlaub, Erholung und Wellness. Im Haus befindet sich das Restaurant Neumärkter, es gibt ausgewählte regionale und internationale Speisen.

Dangast

Das südlichste aller deutschen Nordseebäder gehört zur Stadt Varel und liegt direkt am Jadebusen. Zusätzlich zum gesunden Nordseeklima gibt es hier auch eine **eigene Heilquelle.** Gegen Ende des 18. Jahrhunderts wurde hier ein **Seebad nach englischem Vorbild** eingerichtet, 1825 nahm der Mathematiker und Landvermesser *Carl Friedrich Gauß* (1777–1857) in Dangast warme Bäder. Er hielt sich im Rahmen der Landvermessung in Dangast auf, ein Vermessungsstein auf dem Deich erinnert noch heute an die damalige „Mitteleuropäische Gradmessung".

Das **moderne Meerwasserschwimmbad** „DanGastQuellbad" wird aus einer **Jod-Sole-Quelle** gespeist. Kleine und große Badegäste können sich in dem Schwimmbad auf mehr als 1000 Quadratmetern Wasserfläche austoben, die Riesenrutsche hat eine Länge von 75 Metern. Geschützt wird das Schwimmbad durch einen Deich, direkt davor liegt der Badestrand. Ein eiszeitlicher Überrest aus Sanden und Kies, die Hohe Geest, sorgt für den fast zwei Kilometer langen **Dangaster Sandstrand.** Man hat allerdings mit Sandaufschüttungen etwas nachgeholfen, um den Gästen den perfekten Badeurlaub bieten zu können. Die Ortschaft Dangast liegt somit sicher vor den Fluten der Nordsee leicht erhöht auf dem Geestrücken.

Bekannt ist Dangast aber auch für sein **altes Kurhaus** aus dem Jahr 1820 und den **kleinen Sielhafen.** Das jährlich stattfindende dreitägige **Hafenfest** ist eine überregional geschätzte Attraktion, dazu gehört traditionell die spektakuläre **Meisterschaft im Schlickschlittenren-**

Landkreis Friesland

5

nen. Aufgrund fehlender Meeresströmung am Rand des Jadebusens ist das Watt hier besonders schlickhaltig. **Wattwanderungen** sind beliebt, besonders die zum 1910 errichteten **Leuchtturm Arngast,** der mitten in der Meeresbucht steht. Wattwanderungen sollten aber zur eigenen Sicherheit nur mit einem **ortskundigen Wattführer** unternommen werden. Man kann den markanten Leuchtturm aber auch vom Hafen aus bequem mit dem **Ausflugsschiff** „Etta von Dangast" erreichen. Auch die Natur in und um den Jadebusen ist bemerkenswert, über die Besonderheiten informiert das **Nationalpark-Haus Dangast.** Jedes Jahr Mitte Oktober während der Zugvogeltage gibt es zahlreiche Führungen.

Dangast ist seit Langem ein beliebter **Treffpunkt berühmter Künstler.** Schon zu Beginn des 20. Jahrhunderts gab es zahlreiche Arbeitsaufenthalte expressionistischer Maler wie *Karl Schmidt-Rott-*

Dangast

0 — 100 m   © REISE KNOW-HOW

Übernachtung
1 Campingplatz Rennweide
2 Strand-Hotel Dangast
3 Zum Störtebeker
7 Hotel Graf Bentinck
8 Strandcampingplatz

Essen und Trinken
4 Haus Gramberg
5 Kurhaus Dangast
6 Mamma Mia
7 Hotel Graf Bentinck

Sport und Freizeit
9 Auf Achse

Jadebusen

Badestrand

Hundestrand

Skulptur „Friesendom"

Schwimmbad

Kukshörner Weg

An der Rennweide

Edo-Wiemken-Straße

Am Alten Deich

Skulptur „Grenzstein"

Kurhaus Dangast

Yachthafen

Etta von Dangast

Sielhafen

Wohnmobilstellplatz

Sielstraße

Kirchweg

Sielstraße

Dangaster Tief

Bordumer Straße

Danksteder Straße

Danksteder Straße

Hollwert

Hollwert

Edo-Wiemken-Straße

Saphuser Straße

Auf der Gast

Sielstraße

Franz-Radziwill-Haus

★ Nationalpark-Haus Dangast, Varel

luff und *Ernst Heckel.* Der Maler *Franz Radziwill,* ein wichtiger Akteur des Magischen Realismus, lebte von 1923 bis zu seinem Tod in einem Haus an der Sielstraße. In dem Gebäude ist heute ein **Kunstmuseum** eingerichtet. Im Kurhaus von Dangast gingen Künstler wie *Joseph Beuys, Anatol Herzfeld, Julius Preller* und andere ein und aus und hinterließen in dem Dorf am Meer ihre Spuren. In jüngerer Vergangenheit prägte der Bildhauer *Eckart Grenzer* (1943–2017) den Ort. 1984 meißelte er aus einem Granitblock direkt am Strand einen 3,20 Meter hohen **Phallus,** betitelt mit „Begegnung der Geschlechter", ein **Grenzstein** zwischen Meer und Land. Damit stand der Ort für geraume Zeit im Mittelpunkt des Medieninteresses.

Im EXPO-Jahr 2000 entstand der **Skulpturenpfad „Kunst am Deich"** entlang des Radwanderwegs am Jadebusen. Die **sieben entstandenen Skulpturen** zum Thema „Die sieben Tage der Schöpfung" wurden aufgrund der guten Resonanz dauerhaft aufgestellt. Die Rungholt-Sage inspirierte *Grenzer* um die Jahrtausendwende zu der großen Skulptur **„Friesendom",** die im Jahr 2005 fertiggestellt wurde. Zwischen vier sechs Meter hohen Granitstelen, die zusammen 50 Tonnen schwer sind, hängt eine Bronze-Glocke. Sie beginnt bei orkanartigen Windstärken zu läuten und erinnert so an die Gefahren der See.

Praktische Tipps

Adressen in 26316 Varel-Dangast
■ **Tourist-Information Varel-Dangast,** Edo-Wiemken-Straße 61 (Dangast), Tel. 04451 91140, www.dangast.de.

■ **Schwimmbad,** DanGastQuellbad, Edo-Wiemken-Straße-61, www.dangast.de. Badespaß und Entspannung im gesunden Jod-Sole-Wasser, mit Riesenrutsche, Dampfbad, Saunalandschaft und großem Außenbereich. (UNSER TIPP:) „Mitternachtssauna", Termine im Veranstaltungskalender auf www.dangast.de.

■ **Ausflugsfahrten mit der „Etta von Danganst",** Kapitän *Anton Tapiken,* Tel. 04451 911413, www.ettavondangast.de. Verschiedene Touren führen durch den Jadebusen, zu den Seehundbänken oder nach Wilhelmshaven, Abfahrt: Hafen Dangast.

■ **Yachthafen,** Jade-Yacht-Club Varel-Dangast e. V., Dangaster Straße, Tel. 04451 5301, www.jyc-dangast-varel.de.

Gastronomie
5 **Kurhaus Dangast,** An der Rennweide 46, Tel. 04451 4409, www.kurhausdangast.de. Der Familienbetrieb wurde 1797 gegründet. Heute ist der Rhabarberkuchen legendär, es gibt aber auch Herzhaftes wie Scholle mit Bratkartoffeln, und die schöne Aussicht von der Terrasse auf den Jadebusen gibt es gratis dazu.

7 **Restaurant Graf Bentinck,** Dauenser Straße 7, Tel. 04451 1390, www.bentinck.de. Gut bürgerliche und kreative Küche der Nordsee in friesischem Ambiente, auch Vegetarier kommen auf ihre Kosten.

6 **Mamma Mia,** Edo-Wiemken-Straße 46, Tel. 04451 85653, www.mammamia-dangast.de. Italienische Spezialitäten mit Pizza und Pasta – im Sommer auch auf der Terrasse.

4 **Haus Gramberg,** An der Rennweide 44, Tel. 04451 2779. Familienrestaurant mit deutscher Küche, der Schwerpunkt liegt auf Fischgerichten.

Unterkunft
7 **Hotel Graf Bentinck③,** Dauenser Straße 7, Tel. 04451 13 90, www.bentinck.de. Das Motto des Hauses lautet „Wohnen wie Zuhause", und sehr gepflegt und ansprechend sind die Zimmer wie auch

der Saunabereich. Zum Hotel gehört ein **7** **Restaurant.**

2 **Strand-Hotel Dangast**②-③, Edo-Wiemken-Straße 59, Tel. 04451 966820, www.strandhotel-dangast.de. Wie der Name schon verrät, ist der Strand nur wenige Schritte entfernt, die Dachterrasse bietet einen fantastischen Blick auf den Jadebusen. Ein **Café** und ein **Restaurant** gehören dazu.

3 **Zum Störtebeker**②, An der Rennweide 2, Tel. 04451 959449, www.zum-stoertebeker.de. Hotel

mit Restaurant, gehobener Komfort gepaart mit friesischer Gemütlichkeit.

1 **Campingplatz Rennweide Dangast,** Edo-Wiemken-Straße 60, Tel. 04451 3161, www.rennweide.de. Platz vorm Deich direkt an der See für Wohnwagenurlauber, Zelter und Wohnmobilisten.

8 **Strandcampingplatz Dangast,** Auf der Gast 40, Tel. 04451 911422, www.dangast.de. Unmittelbar am Weltnaturerbe Wattenmeer gelegen, es stehen auch Mietwohnwagen zur Verfügung.

163ofl_mna

■ **Wohnmobilstellplatz,** Sielstraße, direkt neben dem kleinen Hafenbecken gelegener schöner Stellplatz.

Museen und Führungen

■ **Franz Radziwill Haus,** Sielstraße 3, Tel. 04451 2777, www.radziwill.de (Erw. 5 €, Kinder 3 €). Der Maler wurde in seinem Schaffen von der Künstlergemeinschaft „Die Brücke" sowie von *Marc Chagall* und *Edvard Munch* inspiriert. 25 seiner Gemälde, die von den Grundfarben Rot, Gelb, Grün und Blau geprägt sind, werden hier ganzjährig ausgestellt.

■ **Nationalpark-Haus Dangast,** Zum Jadebusen 179, Tel. 04451 7058, www.nlph.de. Das Informationszentrum ist in der ehemaligen Dangaster Dorfschule untergebracht, es werden unter anderem Wattführungen durchgeführt.

■ **Historische Ortsführung „Das Seebad im Wandel der Zeit",** 1½-stündige Führung durch den Ort, Startpunkt ist das Kurhaus Dangast (4 €). Termine siehe Veranstaltungskalender auf www.dangast.de.

Sport und Freizeit

9 **Auf Achse Fahrradverleih,** Auf der Gast 34, Tel. 04451 6306, www.dangast-auf-achse.de. Hier werden Fahrräder aller Art und Zubehör vermietet, aber es stehen auch Räder zum Verkauf bereit. Routenbeispiele für schöne Touren in die Umgebung werden hier ebenfalls angeboten.

Veranstaltungen

■ **Aktueller Veranstaltungskalender** siehe www.dangast.de oder im Kalender „Wohin", zweimal im Jahr vom Frisländer Boten herausgegeben.

■ **Beachvolleyballturnier,** im Juni/Juli auf dem Strand vor dem Kurhaus Dangast, Anmeldung über den Deutschen Volleyballverband.

■ **Dangaster Hafenfest mit Schlickrennen,** jährlich Ende Juli oder Anfang August, Programm und Termine über Veranstaltungskalender.

■ **Dangaster Dorffest,** Ende Juli oder Anfang August, Marktbetrieb und Live-Musik.

■ **Mittelaltermarkt am Meer,** im August mittelalterliches Programm mit altem Handwerk, Mitmachaktionen für Kinder und Flammenshow – geeignetes Wetter vorausgesetzt.

Der Jadebusen

Ganz ähnlich wie die Meeresbucht Dollart entstand auch der Jadebusen durch **schwere Sturmfluten** im Mittelalter. Die Entwicklung der Landverluste an der Mündung des Flüsschens Jade begann vermutlich mit der **Ersten Marcellusflut** im Januar 1319. In dieser Region an der Küste gab es vor allem weiche Torfböden, diese konnten die Fluten problemlos wegräumen. Große Moorflächen schwammen bei Wassereinbrüchen auf, wurden von der Kraft des Wassers zerstückelt und trieben davon.

Durch die Ausweitungen der Bucht entstand im 14. Jahrhundert ein **Weserdelta,** durch die Verbindung zwischen Jadebusen und dem Weserstrom wurde das westlich der Bucht gelegene Budjadingen zeitweise zur Insel. Bei der **Clemensflut** im November 1334 ging das Kirchspiel **Arngast** unter, nur eine kleine

◁ Imposante moderne Kunst:
der Friesendom von Eckart Grenzer in Dangast

Insel mit ein paar Häusern verblieb noch für einige Jahrhunderte. Heute erinnert der Leucht-turm Arngast namentlich an das Dorf, auch wenn er nicht an der gleichen Position steht. Nach drei schweren Sturmfluten in kurzer Folge erreichte der Jadebusen seine größte Ausdehnung, die letzte von ihnen war die **Antoniflut** in der Nacht vom 17. auf den 18. Januar 1511.

Reste des untergegangenen Marschlands blieben als kleine Inseln in der Meeresbucht noch bis ins 17. Jahrhundert bestehen. Das Gebiet, auf dem sich heute die Stadt Wilhelmshaven befindet, war im 16. Jahrhundert ebenfalls eine Insel.

Nach diesen Katastrophen, bei denen neben dem Landverlust auch eine große Zahl von Tieren und Menschen ums Le-

164ofl_mna

ben kamen, begannen im Bereich des Jadebusens **umfangreiche Eindeichungen.** Das **Schwarze Brack** war eine weit ins Binnenland ragende Bucht an der Westseite des Jadebusens. Ihren Namen bekam sie wegen der dunklen Färbung ihres brackigen Wassers, welches wegen der vorher hier gelegenen Hochmoore schwarz war.

Nachdem die Ausbreitung des Jadebusens gestoppt wurde, machten sich die Küstenbewohner daran, Teile des verloren gegangenen Landes zurückzu gewinnen. Stück für Stück wurde das Schwarze Brack verkleinert, 1544 erfolgte am Gödenser Siel die Gründung von **Neustadtgödens.** Das Eindeichen gestaltete sich im Osten der Bucht als schwieriger, die Küstenschutzmaßnahmen hatten auf dem weichen Moorboden wenig Halt. Auch gab es Rückschläge zu verkraften, denn Sturmfluten wie die Weihnachtsflut 1717 zerstörte Teile der neu errichteten Deichlinien wieder. Aber letztlich wurde das **Meer zurückgedrängt** und der Jadebusen kleiner.

1883 legte das Reichskriegshafengesetz fest, dass jegliche Veränderungen an den Strömungsverhältnissen im Jadefahrwasser zu unterbleiben hatten. Also war die Gründung von Wilhelmshaven ein Grund dafür, dass der Jadebusen seine endgültige Form fand. Die Landgewinnung endete, die letzten Reste der Insel Arngast verschwanden im Jahr 1904.

Heute ist die Meeresbucht etwa **190 Quadratkilometer** groß, die schützenden Seedeiche haben eine Höhe bis zu neun Metern und werden regelmäßig ertüchtigt. Es gibt in der Bucht mit 3,60 Metern den **größten Tidenhub an der deutschen Nordseeküste.** Vor allem für Wat- und Wasservögel, die hier Rast- und Brutplätze haben, ist der Jadebusen von enormer Bedeutung. Ungestört können sie hier das vielseitige Nahrungsangebot der ausgedehnten Wattflächen nutzen. Mehrere Teilgebiete der Bucht haben den Rang eines **Vogelbrutgebiets von nationaler Bedeutung.** Innerhalb der Deiche ist der Bereich als **Nationalpark Niedersächsisches Wattenmeer** geschützt. Die umliegenden Marschgebiete wurden zum **Landschaftsschutzgebiet** erklärt. Inmitten der Bucht steht seit 1910 der **Leuchtturm Arngast,** gut 36 Meter ist die Stahlkonstruktion hoch. Er gehört zu den bekanntesten Leuchttürmen der deutschen Nordseeküste und ist seit 2003 ein Baudenkmal.

Ihren Namen hat die Meeresbucht Jadebusen vom **kleinen Flüsschen Jade.** Das nur etwas über 20 Kilometer lange Fließgewässer entsteht nördlich der Gemeinde Rastede durch den Zusammenfluss mehrerer Bäche. Die Jade fließt Richtung Norden und durchquert im späteren Verlauf die nach ihr benannte Gemeinde. Der kleine Fluss bildet auf seinen letzten Kilometern die Grenze zwischen den Landkreisen Friesland und Wesermarsch.

Nur wenige Kilometer östlich von Varel befindet sich das **Schöpfwerk Wapelersiel** an der Bundesstraße 437. Hier wird das Wasser der Jade durch mächtige Sieltore in den Jadebusen geleitet. Das Siel hat seinen Namen von der **Wapel,** einem Nebenfluss der Jade.

◁ Deichtreppe am Jadebusen

5

Nationalpark Wattenmeer und Weltnaturerbe

Das **Wattenmeer** der Nordseeküste zwischen dem niederländischen Den Helder und dem dänischen Esbjerg ist die **weltweit größte zusammenhängende Wattlandschaft.** Die Wattenmeerregion umfasst rund 22.000 Quadratkilometer, etwa die Hälfte fällt bei Niedrigwasser trocken. Fast alle in Deutschland liegenden Wattenmeergebiete, das sind rund 63 Prozent der Gesamtfläche, wurden zu **Nationalparks** er-

klärt. Der älteste ist der 1985 gegründete **Nationalpark Schleswig-Holsteinisches Wattenmeer** mit einer Fläche von rund 4400 Quadratkilometern. Nur ein Jahr später, also 1986, wurde der **Nationalpark Niedersächsisches Wattenmeer** gegründet. Er umfasst das Gebiet vom Dollart an der niederländischen Grenze, und reicht bis nach Cuxhaven an die Fahrrinne der Außenelbe. Auch die Ostfriesischen Inseln gehören zum Nationalparkgebiet, ausgenommen sind nur bebaute Flächen wie Ortschaften, Häfen, Flugplätze etc. Dort ist der Naturschutz jeweils auf andere Art und Weise geregelt. Der Nationalpark Niedersächsisches Wattenmeer ist mit 3458 Quadratkilometern der zweitgrößte in Deutschland. Nach langen erfolgreichen Schutzbemühungen erklärte die UNESCO den Nationalpark zum **Biosphärenreservat,** seit 2009 gehört er zum **UNESCO-Weltnaturerbe.** Dieser Status hat die Region auch touristisch international bekannt gemacht.

Das Wattenmeer ist mit zehn bis zwölf Millionen Zugvögeln das **vogelreichste Gebiet Mitteleuropas** und die zentrale Drehscheibe auf dem Weg der Vögel in ihre Überwinterungs- und Brutgebiete, die hier im Frühjahr und im Herbst einen Zwischenstopp einlegen. Darunter sind rund zwei Millionen Möwen und Seeschwalben, zwei Millionen Gänse und Enten sowie sieben Millionen Watvögel. Rund 100.000 Brutpaare ziehen hier ihre Jungen auf. Enten und Gänse finden auf den vielen landwirtschaftlichen Flächen wie Wiesen und Weiden Futter. Auch die vielen ostfriesischen Binnenseen werden gern angeflogen. Im Wattenmeer gibt es über 60 Fischarten, es ist die Kinderstube für Seehunde, Kegelrobben und Schweinswale.

Über diesen einzigartigen Lebensraum informieren die verschiedenen **Wattenmeer-Besucherzentren** und **Nationalpark-Häuser** ausführlich, die in vielen Urlaubsorten zu finden sind. Ihre Aufgabe ist es, den Blick für die Lebenszusammenhänge im Wattenmeer zu schärfen. So lassen sich auch verregnete Urlaubstage mit spannenden Führungen, Ausstellungen und Vorträgen unterhaltsam verbringen. Das Angebot richtet sich an alle Altersgruppen, viele der informativen Ausstellungen bieten **Mitmach-Exponate** auf Kindernasenhöhe und haben **Aquarien,** in denen die typischen Meeresbewohner des Wattenmeers heranwachsen und herumschwimmen. Besonders beliebt bei den Kleinen sind die **Fütterungen,** bei denen sich die Tiere, die sonst schwer zu entdecken sind, aus ihren Verstecken wagen. **Wattwanderungen** bieten viele geprüfte Nationalparkführer und auch einige Nationalpark-Häuser an.

165ofl_mna

◁ Wattenmeer vor Neuharlingersiel bei Ebbe

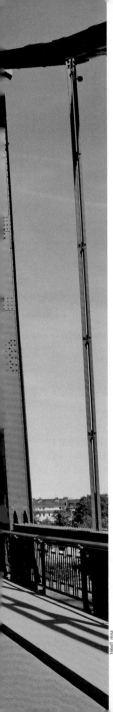

6
Wilhelmshaven

>> Mit fast 80.000 Einwohnern ist Wilhelmshaven
eine bedeutende Stadt in Niedersachsen
und vor allem für ihr Umland.
Charmant ist, dass sich hier
Stadt und Strandleben verbinden lassen.
Es gibt ein breites kulturelles Angebot,
bedeutende technische Bauwerke,
interessante Museen.
Viele kleine Geschäfte laden auch
zum Stöbern ein.

< Fahrbahn auf der Kaiser-Wilhelm-Brücke

ÜBERBLICK

Die größte Stadt der ostfriesischen Halbinsel ist eng mit dem Wasser verbunden: Die zahlreichen großen Hafenanlagen mit dem Zugang zu Jadebusen und der Nordsee zeugen davon. Ein Höhepunkt für viele Urlauber sind natürlich die Bademöglichkeiten am Wilhelmshavener Südstrand, aber auch das kulturelle Angebot ist vielschichtig.

Schon im **Wappen** spiegelt sich die kurze aber abwechslungsreiche Geschichte der Stadt Wilhelmshaven wider. Das erste Wappen stammt aus dem Jahr 1892. Mehrere umliegende Gemeinden verbanden sich zur **Stadt Rüstringen,** 1911 bekam Rüstringen ein eigenes Hoheitszeichen, den **Rüstringer Friesen.** Dieses Bildnis wurde einem mittelalterlichen Siegelbild entnommen, doch bei der Vereinigung der Städte Wilhelmshaven und Rüstringen im Jahr 1937 wieder aufgegeben. Dafür entwickelte man 1939 ein **neues Wappen für Wilhelmshaven,** das bei einem Besuch des damaligen Reichskanzlers *Adolf Hitler* präsentiert wurde. Nach dem verlorenen Zweiten Weltkrieg wurde dieses Wappen auf Anordnung der britischen Militärregierung 1946 für **ungültig erklärt.** So kam es 1948 dazu, dass erneut der Rüstringer Friese mit Schild und friesischer Lanze zum bis heute gültigen Wappen der Stadt Wilhelmshaven wurde.

Die niedersächsische Hafenstadt ist ein Ort der Kontraste. Ohne das Stadtgebiet zu verlassen, können Gäste vormit-

NICHT VERPASSEN!

- ◗ Das **Rathaus** aus dunklen Klinkern wurde von Architekten Fritz Höger entworfen | 333
- ◗ Die **Kaiser-Wilhelm-Brücke** ist das Wahrzeichen der Stadt | 336
- ◗ „Menschen, Zeiten, Schiffe" – so lautet das Motto des sehenswerten **Deutschen Marinemuseums** | 339
- ◗ Morgens shoppen, nachmittags im Strandkorb am **Südstrand** den Urlaub genießen – in Wilhelmshaven ist das möglich | 340
- ◗ **Rosarium Wilhelmshaven:** Mehr als 5000 Rosen sind zu bestaunen | 349

Diese Tipps erkennt man an der gelben Markierung.

Anschlusskarte Seite 283

Nationalpark Nieder-sächsisches Wattenmeer

Hooksiel
Alter Hafen
Waddewarden
Voslapper Groden
NSG
353 Sengwarden
NSG
Jever-
Sillenstede
Voslapp
351 JadeWeserPort
Solt-
Fedder-warden
Fedder-wardergroden
Niedersachsen-damm
Rüstersiel
Fedderwarder-groden
hörner
Watt
l a n d
210
Grafschaft
Coldewei
Wilhelms-haven
Heidmühle
Altengroden
Heppenser Groden
Accum
Maade-bogen
Neuen-groden
Stadtpark
Ostiem
Fedder-warden
SCHORTENS
29
Roffhausen
Neuende
210
Heppens
Eckwarder-höhne
Wilhelmshavener Kreuz
330 **WILHELMSHAVEN**
Middelsfähr
Marensiel
Sanderbusch
Innenhafen
Kaiser-Wilhelm-Brücke
Südstrand
Feldbalje
Dyk-hausen
Sande
Neufeld
Bordumer Sand
Jadebusen
Jappen-sand

tags Badeurlaub verbringen, am Nach-mittag einen Einkaufsbummel machen und abends die vielfältigen kulturellen Einrichtungen besuchen. Neben dem Tourismus gibt es in Wilhelmshaven aber auch **Schwerindustrie** und **chemi-sche Industrie,** gleichzeitig ist das **Mili-tär** auch heute noch von großer Bedeu-tung. Entsprechend seiner Bedeutung ist die Stadt verkehrstechnisch gut zu er-reichen. Sie liegt dort, wo die Autobahn **A 29** endet. Wilhelmshaven ist gut an das **Bahnnetz** angeschlossen, und auch die Anreise mit dem **Sport- oder Segel-boot** ist eine Überlegung wert – denn die Stadt ist vom Wasser geprägt. Der **Fernbus** steuert Wilhelmshaven eben-falls an, dennoch kann man vor Ort gut mobil sein. Carsharing ist im Kommen –

Wilhelmshaven bietet seinen Besuchern neun **Elektroautos** an vier Stationen an.

Natürlich ist die Stadt auch ein idealer Ausgangspunkt für kleine oder ausge-dehnte **Touren mit dem Fahrrad.** Ent-sprechend gibt es hier einige Ladestatio-nen für E-Bikes, hat man das eigene Rad nicht dabei, gibt es verschiedene Mög-lichkeiten, sich eines auszuleihen. Damit kann dann auch das grüne Umland der Stadt erkundet werden, benachbarte Nordseebäder wie Dangast oder Hook-siel sind so gut erreichbar.

Sehenswert sind die **Kaiser-Wilhelm-Brücke, der Südstrand,** das **Deutsche Marinemuseum** oder das von dem be-kannten Architekten *Fritz Höger* erbaute **Rathaus** aus dunklen Klinkern. Das geo-metrisch streng geordnete Gebäude im

Stil des Backsteinexpressionismus wird von seinem zentralen Turm überragt. Schön ist auch der Blick vom rund 48 Meter hohen Rathausturm – leider ist er wegen Baumaßnahmen für unbestimmte Zeit gesperrt.

Grüne Parks und Plätze laden zum Flanieren und Erholen ein. Aber auch das **Aquarium Wilhelmshaven,** das **Küstenmuseum** oder das große **Besucherzentrum des UNESCO Weltnaturerbes Wattenmeer** warten auf interessierte Nordseeurlauber. Darüber hinaus gibt es auch die Möglichkeit, an verschiedenen Führungen oder Ausflügen teilzunehmen.

Stadtgeschichte

Preußen an der Nordsee

Das Stadtgebiet wurde ursprünglich von Friesen besiedelt, zwei landwirtschaftlich geprägte Kirchspiele befanden sich auf der Fläche am nordwestlichen Rand des Jadebusens: Heppens und Neuende. Mitte des 19. Jahrhunderts war das **Königreich Preußen** recht bedeutend, aber einen **Hafen an der Nordsee** hatte es nicht. Deshalb schloss Preußen am 20. Juli 1853 mit dem Großherzogtum Oldenburg den **Jade-Vertrag** ab und kaufte für 500.000 Taler ein **über 300 Hektar großes Gebiet.** Hier plante die **preußische Marine einen Stützpunkt** an der Nordsee.

Am 23. November 1854 erfolgte die feierliche Übergabe des Geländes an Prinz *Adalbert von Preußen*. 1855 wurde eine Kommission zum Hafenbau gegründet, bereits im Folgejahr lag ein erster Entwurf vor. In diesem war schon ei-

ne kleine Stadtansiedlung an der Südseite der Hafenanlagen vorgesehen. Das erste Hafenbecken, das angelegt wurde, ist der heutige Bauhafen.

Ab 1858 begann der Bau der Siedlung, zuerst wurden die **Lotsenhäuser** an der Manteuffelstraße fertiggestellt. Während die Bebauung auf dem von Preußen erworbenen Gebiet sorgfältig geplant und umgesetzt wurde, schoss nördlich der Hafenanlagen auf Oldenburger Gebiet **ein neuer Ort unkontrolliert** aus dem Boden, Neu-Heppens. Auf dem Gebiet von Heppens und Neuende siedelten sich Menschen an, **die keine preußische Lizenz erhielten,** zum Beispiel Gastwirte mit Schankwirtschaften.

Ursprünglich sollte der neu gebaute preußische Hafen mit seiner kleinen Ortschaft **Zollern am Meer** heißen. Aber in der Urkunde, die am 17. Juni 1869 im Grundstein der Elisabethkirche verstaut wurde, stand etwas anderes. Hafenbaudirektor *Heinrich Wilhelm Goeker* ehrte den anwesenden preußischen König *Wilhelm I.,* die Endung Hafen ließ er Niederdeutsch mit „v" schreiben: Wilhelmshaven. 1870 wurde der erste von drei Bauabschnitten für den Hafen abgeschlossen, Zugang zum Meer hatten die Schiffe damals über einen etwa zwei Kilometer langen Kanal.

Eine neue Stadt entsteht

1871 wurde das **Deutsche Kaiserreich** gegründet, der neue Marinehafen am Jadebusen wurde daraufhin zum **Reichskriegshafen** erklärt, sein Pendant an der Ostsee war in Kiel. Im gleichen Jahr gründete der neue Staat die **Kaiserliche Werft Wilhelmshaven.** Hier fanden der

167ofl_WC

Bau, die Ausrüstung und Reparatur von Kriegsschiffen der Marine statt. Damals stand für die Ortschaft Wilhelmshaven die **militärische Nutzung** im Vordergrund. In der unmittelbaren Nähe der Hafenanlagen gab es nur die Büros der Hafenbaukommission, ein Hotel, die Post, eine Apotheke und ein Kaufhaus. Dennoch erhielt Wilhelmshaven 1873 eine **Kommunalverfassung** und die **Stadtrechte**. Und die junge Stadt wuchs schnell. Auf dem Gebiet von Oldenburg wurde 1879 die **Arbeitersiedlung Bant** gegründet, schon bald reichten die Häuser bis an die Stadtgrenze von Wilhelmshaven. Der **Bedarf nach Wohnraum** konnte in Wilhelmshaven nicht ausreichend befriedigt werden, sodass die Gemeinden **Heppens** und **Neuende** immer mehr Einwohner bekamen.

Damals war der **Wasserweg** eine wichtige Möglichkeit für **Warentransporte**. Deshalb begannen 1880 die Arbeiten am ehrgeizigen Projekt **Ems-Jade-Kanal**. In der zweiten Bauphase des Hafens kamen bis 1886 zwei weitere Hafenbecken hinzu, an diese wurde der neue Ems-Jade-Kanal angeschlossen. Zwei Jahre später schon konnten Binnenschiffe von Wilhelmshaven bis nach Emden fahren.

1888 ist als sogenanntes **Dreikaiserjahr** in die deutsche Geschichte eingegangen. Nach dem Tod von Kaiser *Wilhelm I.* am 9. März übernahm sein Sohn *Friedrich III.* das Amt, allerdings nur für 99 Tage. Dann verstarb auch er, schon bei Amtsantritt war er an **Kehlkopfkrebs** erkrankt. Als sein Nachfolger bestieg der marine- und flottenbegeisterte *Wilhelm II.*, Sohn *Friedrich III.* und Enkel Kaiser *Wilhelms I.*, am 15. Juni 1888 den Thron des Deutschen Reichs. Das hatte unmittelbare Auswirkungen auf die noch junge Stadt Wilhelmshaven. Wegen des **Aufbaus einer Flotte** mussten

⌂ Feierliche Übergabe des Jadegebietes 1854

nien aus, der Wachstumsprozess beschleunigte sich erneut. Bei der Hafenerweiterung in Richtung Süden wurde ein großes **Wattengebiet eingedeicht,** im neugewonnenen Bereich entstanden der Große Hafen, der Westhafen und der Zwischenhafen. Die 1907 errichtete **Kaiser-Wilhelm-Brücke** stellte eine Verbindung zwischen der Stadt und dem neuen Südufer her. Mit einer Spannweite von **159 Metern** war sie damals die größte Drehbrücke Deutschlands. Die zweiflügelige Kaiser-Wilhelm-Brücke wurde noch im Baujahr eingeweiht und ist heute das **Wahrzeichen der Stadt.** Sie steht unter Denkmalschutz.

Krieg und Festung

Wegen der ständigen Hafenerweiterungen wuchsen auch die umliegenden Landgemeinden rasant. 1911 schlossen sich Heppens, Neuende und Bant zur **Stadt Rüstringen** zusammen. Mit rund 48.000 Einwohnern war Rüstringen sofort die größte Stadt im Großherzogtum Oldenburg, sogar größer noch als die Stadt Oldenburg selbst. Rüstringen bot den dringend benötigten **Wohnraum** für die vielen Werft- und Hafenarbeiter. Verbunden werden die beiden Städte mit einer **elektrischen Straßenbahn,** die 1913 zum ersten Mal durch die Straßen fuhr. Ihre Gleise führten sogar bis an den Südstrand.

Mit Beginn des Ersten Weltkrieges 1914 wurden Wilhelmshaven und Rüstringen zur **Festung** erklärt. Das war für die Bevölkerung mit vielen Einschränkungen verbunden, so musste neben **Ausgangsbeschränkungen** auch die **zivile Schifffahrt aufgegeben** werden.

168ofl_WCWA

die Werft und das Hafengebiet **stark erweitert** werden, das zog auch eine Aufstockung des Personalbestands nach sich.

An der Schwelle zum 20. Jahrhundert brach ein **Rüstungswettlauf** zwischen dem Deutschen Reich und Großbritan-

⌃ Kaiser Wilhelm II. als Großadmiral
(Gemälde von Adolph Behrens, 1913)

Die Kaiserliche Werft hatte während des Krieges ihre größte Belegschaftszahl, schließlich mussten die bei kriegerischen Handlungen beschädigten Schiffe sofort repariert werden. Vom 31. Mai bis zum 1. Juni 1916 fand mit der **Skagerrak-Schlacht** die größte Seeschlacht des Ersten Weltkriegs statt. Elf deutsche und 14 britische Schiffe wurden versenkt, mehr als 8500 Seeleute verloren bei den Kampfhandlungen ihr Leben. Die einst so stolze Hochseeflotte lief danach mit vielen beschädigten Schiffen in Wilhelmshaven ein. Die toten deutschen Seeleute wurden auf dem **Wilhelmshavener Ehrenfriedhof** beerdigt.

Kurz vor Kriegsende sollte im Oktober 1918 die Hochseeflotte der Kaiserlichen Marine einen letzten Kampf gegen England austragen. Doch wegen der sinnlosen Todesfahrt kam es auf den Großkampfschiffen zu Meutereien. Der in Kiel ausgebrochene **Matrosenaufstand** führte auch in Wilhelmshaven zur **Revolution,** am 6. November 1918 übernahmen **Arbeiter- und Soldatenräte** die Kontrolle über die Stadt. Drei Tage später erklärte Reichskanzler *Max von Baden* die Abdankung des deutschen Kaisers, *Wilhelm II.* ging in die Niederlande ins Exil.

Zwischen zwei Kriegen

Nach dem Waffenstillstandsabkommen musste wegen des verlorenen Kriegs in Deutschland **abgerüstet** werden. Das traf die nur auf Werft und Hafen fokussierten Städte Wilhelmshaven und Rüstringen hart. Wegen ihrer **Abwrackwerften** wurden die beiden Städte zeitweise zum größten Schrottplatz Europas. Fast alle Anstrengungen, auf eine Friedensproduktion umzustellen, scheiterten. Ab 1925 kamen viele Arbeitslose durch Arbeitsbeschaffungsmaßnahmen im Baubereich zu geringen Löhnen. Durch diese sogenannten **Notstandsarbeiten** konnten städtebauliche Maßnahmen wie der Bau eines Rathauses in Rüstringen und die Erweiterung des Rüstringer Stadtparks realisiert werden. Am 11. Oktober 1929 wurde nach eineinhalb Jahren Bauzeit das vom Architekten *Fritz Höger* entworfene **Rüstringer Rathaus** eingeweiht.

Mit großem Werbeaufwand sollte in Wilhelmshaven ein weiteres wirtschaftliches Standbein aufgebaut werden. Mit dem Slogan „Die grüne Stadt am Meer" wurde verstärkt für den **Fremdenverkehr** geworben, dafür entstand eine **Strandanlage am Südstrand** (siehe Exkurs „Wilhelmshavens Südstrand"). Das im Juni 1928 eingeweihte Ensemble aus verklinkerten Strandhotels mit Strandhalle und einer Promenade neben dem Strand am Ufer des Jadebusens zog sofort die ersten Badegäste an. Die Entscheidung, Wilhelmshaven auch als Urlaubsort auszubauen, erwies sich als richtig.

Zu einem deutlichen wirtschaftlichen Aufschwung kam es dann durch die **Machtergreifung der Nationalsozialisten** im Januar 1933. Die Reichsmarine wurde danach wieder systematisch **aufgerüstet,** 1935 war ein deutlicher Ausbau der Flotte beschlossene Sache. Das zog eine erneute **Erweiterung der Werft** und der Hafenanlagen nach sich. Am 1. April 1937 wurden Rüstringen und Wilhelmshaven zur **Stadt Wilhelmshaven vereinigt.** Das Rüstringer Rathaus wurde zum Rathaus von Wilhelmshaven, knapp 100.000 Einwohner hatte die Stadt 1937. Um die zahlreichen Arbeitskräfte für die militärische Aufrüstung unterzubringen, wurde 1938 das **Stadtgebiet vergrößert.** Bei diesen Baumaßnahmen entstanden **neue Wohn-quartiere** in Altengroden, Neuengroden, Fedderwardergroden und Voslapp. Die Bevölkerungszahl erreichte 1940 ihren historischen Höchststand, rund 133.000 Menschen lebten damals in Wilhelmshaven.

Der Zweite Weltkrieg

Am 1. September 1939 begann mit dem Angriff der deutschen Wehrmacht auf Polen der Zweite Weltkrieg. Wilhelmshaven war zusammen mit der Jade- und Wesermündung und der vorgelagerten Insel Wangerooge **Teil des Atlantikwalls.** Die 2685 Kilometer lange Verteidigungslinie entlang der Küsten sollte eine Invasion der Alliierten verhindern. Zahlreiche **Luftschutzbunker** wurden eilig zum Schutz der Bevölkerung in der Stadt errichtet. Und das war auch nötig, denn als **Marinestützpunkt** waren die Stadt und die Hafenanlagen ein **beliebtes Ziel der gegnerischen Bomber.**

Der erste Luftangriff fand bereits am 4. September 1939 statt, der letzte am 30. März 1945. Insgesamt war Wilhelmshaven während des Zweiten Weltkriegs mehr als 100 Luftangriffen ausgesetzt, 16 davon waren Großangriffe. Dabei wurde die **historische Bausubstanz** der Stadt **weitgehend zerstört,** die wohl heftigste Bombardierung fand am 15. Oktober 1944 statt. Heute erinnert ein Mahnmal auf dem Friedhof Aldenburg an die zivilen Opfer des Kriegs.

Am 4. Mai 1945 besetzte die 1. Polnische Panzerdivision die Stadt. Zahlreiche militärische Anlagen und Rüstungsbauten auf dem Stadtgebiet wurden nach dem Krieg zerstört – Deutschland wurde damit entmilitarisiert.

Moderne Stadt am Meer

Die Jahre nach dem Krieg waren keine gute Zeit für die Bewohner, zusätzlich zu den Zerstörungen der Luftangriffe und Lebensmittelrationierungen mussten auch noch **zahlreiche Flüchtlinge** aus den ehemaligen Ostgebieten des Deutschen Reichs versorgt werden. Für eine Stadt, die einst aus militärischen Überlegungen entstanden war, war das Verbot von Militär und Marine doppelt schlimm. Zumindest konnte die komplette Beseitigung der Kriegshafenstadt abgewendet werden, nur die militärischen Einrichtungen wurden demontiert. Dadurch stieg die Zahl der Arbeitslosen rasant. Wilhelmshaven musste sich neu orientieren, das gelang schließlich mit der **Ansiedlung mittelständischer Unternehmen.** Einige dieser Firmen nutzten leerstehende Immobilien der Marine.

Ebenso erfolgreich waren die Bemühungen der Stadt zur **Ansiedlung von Instituten und Hochschulen.** Auch wenn einige dieser Einrichtungen die Stadt in den 1960er-Jahren wieder verließen, gab es mit der **Gründung der Bundeswehr 1956** auch wieder eine Perspektive. Die deutsche **Wiederbewaffnung** führte zum Aufbau der Bundes-

▷ Terrasse am Südstrand mit Meerblick

marine, nun war Wilhelmshafen **erneut Marinestadt.**

Ebenfalls in der zweiten Hälfte der 1950er-Jahre baute die Nord-West-Oel-leitung NWO ein Zwischentanklager mit einer Tankerlöschbrücke auf dem Heppenser Groden. Der neue **Ölhafen** entwickelte sich schnell zum größten deutschen Mineralölhafen. Eine **Pipeline** verbindet Wilhelmshaven mit dem Emsland und dem Rhein-Ruhr-Gebiet und stellt bis heute die Rohstoffversorgung sicher.

1972 erreichte das Stadtgebiet seine heutige Ausdehnung, die Gemeinde Sengwarden wurde zum Stadtteil von Wilhelmshaven. In den 1970er-Jahren siedelte sich **weitere Großindustrie** im Norden der Stadt an, hervorzuheben ist eine Erdöl-Raffinerie. Aber beginnend mit der Ölkrise 1973 verschlechterte sich das wirtschaftliche Klima, ab Mitte der 1980er-Jahren stieg die Zahl der Arbeitslosen wieder kräftig an. Das führte auch zu einem Einwohnerschwund, viele Menschen suchten sich Arbeit in wirtschaftlich besser aufgestellten Regionen. In der Folge investierte die Stadt dennoch, erwähnenswert ist der Bau der **NordseePassage,** die 1997 eingeweiht wurde. Im Jahr 2000 war die „**Expo am Meer**" eines der offiziellen Projekte der in Hannover stattfindenden Weltausstellung.

2001 wurde die JadeWeserPort Entwicklungsgesellschaft gegründet, Ziel war der Bau eines **neuen Tiefwasserhafens.** 2012 wurde der neue Hafen dann in Betrieb genommen, das aufgespülte Areal bildet nun den Wilhelmshavener Stadtteil **JadeWeserPort.**

Wilhelmshaven ist heute der mit Abstand **größte Standort der Bundeswehr.** Das **Deutsche Marinemuseum** infor-

169ofl_mna

Wilhelmshavens Südstrand

Wilhelmshavens Südstrand ist nun seit fast 100 Jahren **Anziehungspunkt für Badegäste.** Aber auch vor dem Ausbau zum Seebad stieg manch ein Gast in die Fluten des Jadebusens. In der Frühzeit der Wilhelmshavener Stadtgeschichte wurden **Bretterböden und Bohlenwege** auf den Schlick gelegt. 1872 kamen erste einfache Badebuden hinzu. Aber erst mit der **Aufschüttung des Seedeichs,** dem sogenannten Fliegerdeich, in den Jahren 1906 bis 1909 bekam das Ufer die heute bekannte Form. Stadt und Seedeich wurden 1907 über die **Kaiser-Wilhelm-Brücke** verbunden.

Schließlich war es Wilhelmshavens Stadtbaurat *Hermann Zopff* (1871–1945), der den Südstrand als **Seebad** im größeren Stil ausbauen ließ. Als Ideengeber stand ihm der damalige Kurdirektor *Karl Rieger* (1885–1945) zur Seite. In den Jahren 1926 bis 1928 entstanden an einer 700 Meter langen Strandpromenade **fünf Strandhäuser in expressionistischer Klinkerarchitektur.** Neben fünf Hotels integrierte man Cafés, Läden, einen Lesesaal, Trinkkurhalle, Teehäuschen und eine Strandhalle in die Anlage. Vorbild für den eine Million Reichsmark teuren Bau waren Badeanlagen in Holland, Belgien und England. Beinahe vom Start weg wurde das Gebäudeensemble am Strand gut angenommen, bis zu 20.000 Kurgäste kamen in den ersten Jahren nach dem Bau jährlich.

Ab 1939 war hier während der Jahre im Zweiten Weltkrieg **militärisches Sperrgebiet,** der Badebetrieb kam komplett zum Erliegen. Auch in den ersten Jahren nach dem Krieg war Wilhelmshaven kein Badeort, erst 1950 gaben die Alliierten den Südstrand wieder frei. In den 1980er-Jahren wurden die renovierungsbedürftigen Einrichtungen am Wilhelmshavener Südstrand umfassend saniert. Für mehr als zehn Millionen Deutsche Mark kamen **Sitzmulden, Pflanzbecken** und **Alleebäume** auf die neu gepflasterte Promenade. Modernisiert wurden dabei auch Duschen und sanitäre Anlagen, und die Liegewiese am Deich bekam Badetreppen, die ins Wasser führten.

Für den Küstenschutz ist die **Flutmauer** von großer Bedeutung, ihre Oberkante liegt 7,30 Meter über dem normalen Meeresspiegel. Integriert wurden einige Plastiken, die sich künstlerisch mit dem Thema Meer auseinandersetzen. Die **Wilhelmshaven-Touristik** versucht einiges, um die Stadt am Meer in **attraktives Licht** zu setzen. So wird seit einigen Jahren im späten September während der Veranstaltung **Lichter-Meer** der Backstein am Südstrand illuminiert. Eine **Lasershow, Feuerspucker** und verschiedene **leuchtende Objekte** verzaubern das Publikum. So wird stimmungsvoll und farbenfroh die Herbstzeit an der Jade begrüßt.

miert unter dem Motto „Menschen – Zeiten – Schiffe" über die wechselvolle Geschichte der deutschen Marine von der Zeit des Kaiserreichs bis heute. Die Schiffe im Außengelände geben Einblicke in das Leben der Menschen an Bord. Auch einstündige Hafenrundfahrten mit einer Barkasse werden angeboten. Der ebenfalls im Außengelände liegende „Zerstörer Mölders" ist als schwimmendes Museumsexponat von weithin sichtbar. Schon dieses Beispiel zeigt den Spagat, den die Stadt seit jeher praktiziert, auf der einen Seite das Militär, auf der anderen Seite die touristische Nutzung. Im Norden der Stadt Schwerindustrie mit Erdölraffinerie, Kraftwerken und dem Containerhafen JadeWeserPort, auf der anderen Seite Badegäste am Südstrand und Ausflugsschiffe am Helgolandkai. Wilhelmshaven ist eine **Stadt der Kontraste.**

Sehenswertes

Mit fast 80.000 Einwohnern ist Wilhelmshaven eines der Oberzentren im Bundesland Niedersachsen. Wilhelmshaven bezeichnet sich als **„Grüne Stadt am Meer"** und profitiert auch durch die Urlauber der umliegenden Nordseebäder und Badeorte. Diese schätzen die Stadt an der Jade für ihre **Einkaufsmöglichkeiten** und kommen wegen der **zahlreichen kulturellen Einrichtungen.** Mit der **TouristCardWilhelmshaven** kann die Urlaubskasse entlastet werden, mehr als 30 Institutionen und Firmen bieten damit Rabattmöglichkeiten.

Der **Südstrand** mit seinen guten Hotel- und Versorgungsangeboten zieht sowohl Einheimische als auch Urlauber an. Er ist einer der wenigen Nordseestrände, der nach Süden ausgerichtet ist. An seinem Rasenstrand stehen Strandkörbe direkt an der gepflasterten Uferböschung mit Blick auf die Wasserfläche des Jadebusens. Die hier befindlichen Museen erweitern das Freizeitangebot.

Am in der Nähe gelegenen Großen Hafen lädt der **Bontekai am Nordufer** zum Flanieren am Wasser ein. Am Wasser entlang ist es auch nicht weit bis zum Stadtzentrum mit der **NordseePassage** am Bahnhof, einem modernen Shopping-Center. Dahinter erstreckt sich die **Fußgängerzone Marktstraße,** sie ist Wilhelmshavens Hauptgeschäftsstraße. In der Marktstraße steht in Anerkennung der ehemals vielen Arbeiter der Kaiserlichen Werft die **Bronzeplastik „Werftarbeiter".**

Wilhelmshaven

⌄ Boot im Großen Hafen

170ofl_mna

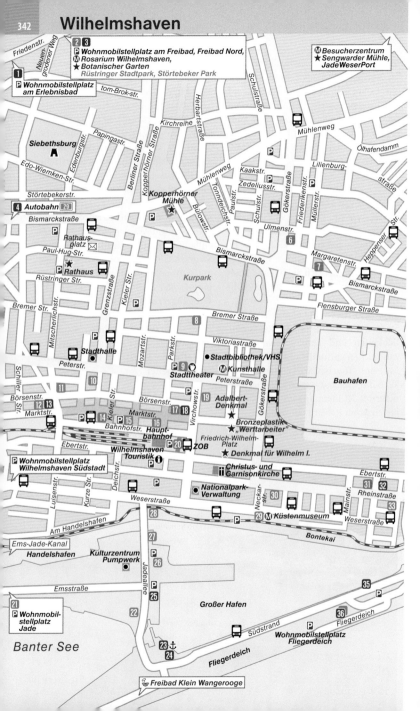

0 ▬▬▬ 100 m   © REISE KNOW-HOW

NSKN12 für Ostfrie 1/21

■ Übernachtung
- 4 Hotel am Stadtpark
- 13 Hotel Home
- 18 Hotel Keil
- 25 Atlantic Hotel
- 32 Südstadthotel
- 36 Fliegerdeich
- 38 Strandhotels Lachs, Seestern & Delphin
- 40 Hotel Seenelke

■ Essen und Trinken
- 8 Bambuspalast
- 9 Restaurant Artischocke
- 12 Morgaen Café
- 15 Beans Parc Coffee
- 19 Guido's 2.0
- 21 Strandcafé Fährhaus
- 22 Banter Ruine
- 26 Laarnis
- 27 Café Restaurant Pier 24
- 28 Kempe Haven Café
- 29 CaOs
- 30 Kush's Café
- 33 L'Orient
- 36 Fliegerdeich
- 37 Le Patron am Meer
- 39 Teehaus
- 41 An Bord

■ Nachtleben
- 10 Cocoon Karaoke-Club
- 11 Kling Klang
- 14 Downtown Diskothek

■ Sport und Freizeit
- 1 Erlebnisbad Nautimo
- 3 Rüstersieler Hafen
- 23 Marina Cramer
- 24 Yachtclub Wilhelmshaven
- 35 Yacht-Club Germania
- 42 Wilhelmshavener Segelclub

■ Einkaufen
- 2 Buchhandlung Prien
- 6 Buchhandlung am Kurpark
- 7 Bismarck Contor
- 16 Unterwegs
- 17 Kurvenhaven
- 20 Nordseepassage
- 31 Senfonie

Freiligrathstr.

Athenstraße

M Bunkermuseum

Halligenweg

Norderneystraße

← ℹ St.-Nikolai-Kirche

Saarbrücker Str.

Helgolandstr.

Friesendamm

Leiteweg

Hildesheimer Str.

Celler Str.

Hannoversche Str.

Jachmannsraße

Ausrüstungshafen

Seeschleuse

Nordhafen

Schleusenstraße

41 42

Nassau-brücke

P Wohnmobilstellplatz Schleuseninsel

Kaiser-Wilhelm-Brücke ★

Deutsches Marine-museum

M

Helgoland-kai

P

Wangeroogekai

Südstrand ★ 38 39 40 M

Aquarium Wilhelmshaven

P 37 ★ Wattenmeer Besucherzentrum

Südstrand

Jadebusen

171ofl_mna

Gegenüber des Bahnhofs lädt der **Friedrich-Wilhelm-Platz** zu einem Spaziergang ein. Dieser **grüne Park** ist der repräsentative Mittelpunkt von Wilhelmshaven. In ihm steht ein bronzenes Denkmal, das an den Namensgeber der Stadt erinnert: **Kaiser Wilhelm I.** Gegenüber vom Park ragt die beeindruckende **Christus- und Garnisonskirche** hervor. Der aus rotem Klinker gefertigte neugotische Sakralbau wurde 1872 unter dem Namen Elisabethkirche eingeweiht. Bemerkenswert ist der 55 Meter hohe Turm über der Vierung, also in der Mitte des Kirchenschiffes. Die älteste Parkanlage in der Stadt ist der **Kurpark**. Erwähnt wurde er bereits in einer frühen Bauplanung aus dem Jahr 1869. In der 17 Hektar großen Grünanlage befinden sich zwei Teiche, ein Spielplatz und ein Musikpavillon. Während der Saison finden hier regelmäßig Kurkonzerte statt.

Das **Kulturzentrum Pumpwerk** an der Deichbrücke ist immer einen Besuch wert. Das ehemalige Industriebauwerk aus dem frühen 20. Jahrhundert fand 1976 eine neue Verwendung für das kulturelle und gesellschaftliche Leben der Stadt. Jährlich finden **rund 160 Veranstaltungen** im und am Gebäude statt: Livemusik, Kleinkunst, Soziokultur und Public-Viewing während großer Fußballereignisse.

An der Südseite des Großen Hafens wird dieser durch den **Fliegerdeich** vom Jadebusen getrennt. Begehrte Liegeplätze für Sportboote befinden sich in diesem Bereich, auch einige hochwertige Appartementhäuser sind hier in bester Lage gebaut worden – mit Meerblick. Am Nordufer des Großen Hafens, am **Bontekai**, stehen ebenfalls hochwertige Appartementhäuser. Westlich vom Großen Hafen liegt der **Banter See,** ein ehemaliges Hafenbecken. Der Brackwassersee wird heute für Freizeitaktivitäten aller Art genutzt. Neben der Nutzung als Badesee lässt sich hier segeln, angeln und tauchen, auch Kanufahrer kommen auf ihre Kosten. Siebeneinhalb Kilometer lang ist der Rundweg um den Banter See.

<☐ Rathaus Wilhelmshaven
im Stil des Backsteinexpressionismus

Praktische Tipps

Adressen in 26382 Wilhelmshaven

■ **Wilhelmshaven Touristik,** Ebertstraße 110, Tel. 04421 913000, www.wilhelmshaven-touristik.de. Südlich von Bahnhof und NordseePassage gelegen.

■ **Hafenrundfahrten und Erlebnisfahrten,** Reederei Warrings, ab Wilhelmshaven-Wangeroogekai/Flutmole sowie vom Helgolandkai, Südstrand 123, Tel. 04464 94950, www.reederei-warrings.de.

Verkehr

■ **Bahn,** Hauptbahnhof im Stadtzentrum gegenüber vom Friedrich-Wilhelm-Platz, die Schienenverbindung führt über Sande nach Oldenburg.

■ **Bus,** ZOB neben der NordseePassage an der Virchowstraße.

■ **Taxi Zaage,** Tel. 04421 44450.

■ **Taxi Dirks,** Tel. 04421 21100.

■ **Fährverbindung für Personen und Fahrräder nach Eckwarderhörne** (von Mai bis August zwei Mal täglich), Reederei Warrings, ab Wilhelmshaven-Wangeroogekai/Flutmole sowie vom Helgolandkai, Südstrand 123, Tel. 0170 2451182, Fahrplan unter www.reederei-warrings. de. Gute Verbindung für ausgedehnte Fahrradtagestouren durch das Butjadinger Land.

Einkaufen

■ **Wochenmarkt,** Mittwoch und Samstag von 7 bis 12 Uhr auf dem Rathausplatz.

20 Nordseepassage, Bahnhofstraße 10, Tel. 04421 144949, www.nordseepassage.de. 50 Geschäfte sind auf einer Fläche von rund 28.000 Quadratmetern unter einem gläsernen Dach vereint. Da der Bahnhof sozusagen integriert ist, gibt es neben einem DB-Reisecenter Geschäfte für Tabakwaren, Feinkost, Fisch, Bücher, Bekleidung und mehr.

Wilhelmshaven

6

172ofl_mna

17 Kurvenhaven, Marktstraße 29, Tel. 04421 9665977, www.kurvenhaven.de. Der Plus-Size-Store ist der Meinung, dass Markenmode in den Größen 42 bis 56 zu wunderbarer Geltung kommen kann. Es können auch Termine für eine persönliche Modeberatung vereinbart werden.

6 Buchhandlung am Kurpark, Gökerstraße 37, Tel. 04421 747241, www.buchhandlung-amkurpark-whv.de. Neben einem umfangreichen Buchsortiment gibt es hier auch Schreibwaren und Schulbedarf. Spiele, CDs und DVDs lassen sich auf Wunsch bestellen.

16 Unterwegs, Parkstraße 2, Tel. 04421 994287, www.unterwegs-wilhelmshaven.de. In Wilhelmshaven wurde der erste Outdoor-Store dieser Kette eröffnet. Neben der kompetenten Beratung steht ein riesiges Sortiment zur Auswahl, es gibt unter anderem Funktionswäsche, Schuhe, Zelte, Rucksäcke und Kletterausrüstung.

2 Buchhandlung Prien, Posener Straße 61, Tel. 04421 55828, www.buchhandlung-prien.de. Egal ob Spannung oder klassische Literatur, das inhabergeführte Buchgeschäft im Norden der Stadt versorgt seine Kunden mit bestem Lesestoff.

7 Bismarck Contor, Bismarckstraße 57, Tel. 04421 31931, www.bismarck-contor.de. Das Angebot in diesem Spezialitäten-Fachgeschäft ist in keinem Supermarkt zu finden. Hier beraten begeisterte Experten fachkundig zu Wein, Spirituosen, Feinkost und mehr. Es gibt nur Produkte, die durch ihre Qualität überzeugen.

(UNSER TIPP) **31** Die **Senfonie** in Wilhelmshaven ist ein echter „Geheimtipp". *Andreas Ernst*

◹ Der Zerstörer Mölders auf dem Außengelände des Deutschen Marinemuseums

und *Tobias Klar* betreiben mit Herzblut echtes Handwerk. So entstehen im Kaltverfahren Küstensenfsorten in verschiedenen Geschmacksrichtungen, die durch die sorgfältige Verarbeitung ihre wertvollen Inhaltsstoffe und ätherischen Öle behalten. Künstliche Aromastoffe und Geschmacksverstärker sowie Farbstoffe sind tabu. Zusätzlich gibt es viel Feines wie Essig- und Ölspezialitäten, Honig aus der Region und Weiteres. Kontakt: Rheinstraße 31, Tel. 04421 9836550, www.wilhelmshavener-senf manufaktur.de.

■ Jeden Mittwoch und Samstag gibt es einen privat organisierten kleinen **Flohmarkt** in der Luisenstraße 1.

Gastronomie

Cafés

19 **Guido's 2.0,** Virchowstraße 21, Tel. 04421 9875695, www.guidos20.de. Café, Bar und Restaurant in der Innenstadt mit Spezialitäten vom 800°C-Grill und vegetarischen Gerichten.

21 **Strandcafé Fährhaus,** Henschelstraße 15, Tel. 0170 2474812, www.strandcafe-fährhaus. de. Karibikflair mitten in Wilhelmshaven, Strandbar mit Tretbootverleih und Sandstrand am Banter See.

12 **Morgaen Café,** Marktstraße 95, Tel. 04421 21668, www.morgaenwilhelmshaven.de. Frühstück, Bowls und Kuchen in netter Atmosphäre.

28 **Kempe Haven Café,** Jadeallee 24, Tel. 04421 749818, www.baeckerei-kempe.de. Traditioneller Familienbetrieb mit großer Sonnenterrasse und eigenem Bootsanleger.

39 **Teehaus,** Südstrand 119, Tel. 04421 43981. Hier gibt es ab mittags Tee und leckere Kuchen direkt am Südstrand, aber auch die Bratwurst ist lecker.

15 **Beans Parc Coffee,** Marktstraße 56, Tel. 04421 773370, www.beans-parc.com. Im Angebot sind Kaffeespezialitäten und Snacks mit Blick auf die belebte Marktstraße.

30 **Kush's,** Rheinstraße 98, Tel. 0176 64605207. Hier geht man abends hin, ab dem Spätnachmittag

hat das Szene-Café geöffnet und wird dann abends zu einer Bar.

Restaurants

37 **Le Patron am Meer,** Südstrand 106, Tel. 04421 368457, www.le-patron.de. In bester Lage direkt am Südstrand, ausgezeichnet mit dem „Seafood Star".

41 **An Bord,** Schleusenstraße 22, Tel. 04421 500 466, www.anbord.com. Regionale und maritime Spezialitäten, frische Lebensmittel ohne Einsatz von vorgefertigten Produkten.

27 **Café Restaurant Pier 24,** Jadeallee 30, Tel. 04421 7785755, www.pier-24.de. Kreative Küche von Land und Meer, internationale Käseauswahl und fantastischer Blick von der Terrasse.

26 **Laarnis,** Jadeallee 46, Tel. 04421 7595095, www.laarnis.de. Feine Küche mit traditionellen Rezepten und kreativer Zubereitung mit italienischem Einschlag, in denkmalgeschütztem Gebäude gelegen. Schön sitzt man im Garten am Teich.

9 **Artischocke,** Peterstraße 19, Tel. 04421 34305, www.artischocke-whv.de. Täglich ist ein neues 3-Gänge-Menü im Angebot, gute Küche ohne Schnickschnack. Im ersten Stock ist das Restaurant, unten ein Bistro.

8 **Bambuspalast,** Virchowstraße 54, Tel. 04421 7598068, www.bambuspalast.com. Täglich großes Buffet mit variierenden asiatischen Speisen, alles frisch zubereitet.

22 **Banter Ruine,** Jadeallee 61, Tel. 04421 41484, www.banter-ruine.de. Das traditionsreiche Restaurant wartet vor allem mit schmackhaften Fischgerichten auf.

33 **L'Orient,** Rheinstraße 14, Tel. 04421 31317, www.lorient.one. Frei nach dem Motto: „Wenn Geschmack zum Erlebnis wird", wird hier authentische libanesische Küche frisch gekocht. Auch viele vegetarische Spezialitäten stehen auf der Karte.

29 **CaOs,** Am Großen Hafen 1, Tel. 04421 8065660, www.caos-wilhelmshaven.de. In schöner Industrie-Loft-Atmosphäre lassen sich hier Gaumenfreuden mit sensationellem Blick auf den Hafen erleben.

Unterkunft

25 **Atlantic Hotel**③, Jadeallee 50, Tel. 04421 773380, www.atlantic-wilhelmshaven.de. Schöne Lage zwischen dem Großen Hafen und dem Banter See, mit Restaurant Harbour View, Seven C'sBar und großzügigem Spa- und Wellnessbereich. Mit 15-Meter-Becken-Pool, finnischer Sauna, Dampfbad und Fitnessraum.

38 **Strandhotels Lachs, Seestern & Delphin**②, Südstrand 114–118, Tel. 04421 94100, www.hotel delphin.de. Die unter Denkmalschutz stehenden Hotelgebäude liegen etwa 50 Meter auseinander, beide am Südstrand direkt am Jadebusen. Die Häuser sind modern und komfortabel eingerichtet. Alle drei haben ein Restaurant, in denen leichte Küche nach regionalen und mediterranen Rezepten serviert wird. Kaffee, Kuchen, Waffeln oder Tee werden am Nachmittag natürlich auch angeboten, bei Sonnenschein gern auf der Terrasse.

13 **Hotel Home in Wilhelmshaven**②, Börsenstraße 78–80, Tel. 04421 1812500, www.hotel home.de. Gemütliches Drei-Sterne-Haus im Herzen der Stadt mit kostenlosem WLAN und Parkplatz.

18 **Hotel Keil**②, Marktstraße 23, Tel. 04421 94780, www.hotel-keil.de. Ein kleines, aber feines Hotel in der Nähe des Bahnhofs und des Friedrich-Wilhelm-Platzes.

4 **Hotel am Stadtpark**②, Friedrich-Paffrath-Straße 116, Tel. 04421 9860, www.hotel-am-stadt park.de. Komfortables Wohnen direkt neben dem Stadtpark, mit Spa und Wellnessbereich.

32 **Südstadthotel**①, Rheinstraße 29, Tel. 04421 41547, www.suedstadthotel.de. Haus in der Urzelle der Stadt, nur wenige Minuten vom Südstrand.

36 **Fliegerdeich**③, Fliegerdeich 3, Tel. 04421 755 7940, www.restaurant-fliegerdeich.de. Schönes Hotel mit Blick aufs Wasser und stilvoll eingerichteten schönen Zimmern. Mit **36** **Restaurant** und Bar. Eine Prise Fernweh gibt es gratis dazu, zumal das Haus direkt am Jadebusen liegt.

40 **Hotel Seenelke**③, Südstrand 120, Tel. 04421 7557670, www.hotel-seenelke.de. Liebevoll eingerichtete Zimmer direkt am Südstrand. Beste Lage.

Wohnmobilstellplätze

■ **Wohnmobilparkplatz Fliegerdeich,** Südstrand 80, Tel. 04421 92790. Lage vorm Deich mit direktem Blick auf die Jade.

■ **Wohnmobilstellplatz Schleuseninsel,** Schleusenstraße 43, www.wohnmobilstellplatz-wilhelms haven.de. Auf der vom schützenden Deich umgebenen Schleuseninsel mit direktem Zugang zum Jadebusen gelegen.

■ **Wohnmobilstellplatz am Erlebnisbad Nautimo,** Friedenstraße 99, Tel. 04421 773550, www. nautimo.de.

■ **Wohnmobilstellplatz Jade,** Burgenstraße 10, Tel. 04421 933000, wohnmobilstellplatz-jade.de.

■ **Wohnmobilstellplatz Wilhelmshaven Südstadt,** Banter Weg 12, Tel. 04421 202040.

■ **Wohnmobilstellplatz am Freibad Nord,** Möwenstraße 30, Tel. 04421 291140, www.freibad-nord.de. Direkt am Schwimmbad im Stadtteil Fedderwardergroden.

Nachtleben

10 **Cocoon Karaoke-Club,** Grenzstraße 20, Tel. 0157 51775065.

11 **Kling Klang,** Börsenstraße 73, Tel. 04421 13322, www.kling-klang-online.de. Netter Musikclub mit regelmäßigen Konzerten und Motto-Parties.

14 **Downtown Discothek,** Marktstraße 66, Tel. 01577 3057635. Coole Diskothek mit passablen Preisen.

Museen und Führungen

■ **Aquarium Wilhelmshaven und Urzeitmeer-Museum,** Südstrand 123, Tel. 04421 5066444, www.aquarium-wilhelmshaven.de (Erw. 14 €, Kinder von 4 bis 15 J. 10 €, Familienkarte 35 €). Den Besucher erwartet eine faszinierende Reise durch die Wunderwelt der Ozeane. Fossilien zeigen, wie auf der Erde das Leben entstand. In verschiedenen Schauaquarien leben über 300 Tierarten.

■ **Deutsches Marinemuseum,** Südstrand 125, Tel. 04421 400840, www.marinemuseum.de (Erw. 12,50 €, Kinder von 6 bis 14 J. 7 €, Familienkarte 30 €).

■ **UNESCO-Weltnaturerbe Wattenmeer Besucherzentrum,** Südstrand 110 b, Tel. 04421 91070, www.wattenmeer-besucherzentrum.de (Erw. 6,50 €, Kinder von 6 bis 17 J. 3,50 €, Familienkarte 15 €). Ausprobieren, anfassen und staunen ist hier ausdrücklich erlaubt. Gezeigt wird alles rund ums Wattenmeer, das Heimat, Speisekammer, Laich- und Geburtsstätte für Millionen von Tieren ist. Höhepunkt der Ausstellung ist ein 14 Meter langes Pottwalskelett mit weltweit einzigartigen plastinierten Organen wie Herz und Lunge.

☐ Pavillon im Rosarium

■ **Küstenmuseum Wilhelmshaven,** Weserstraße 58, Tel. 04421 400940, www.kuestenmuseum.de (Erw. 5 €, Kinder von 6 bis 15 J. 2,50 €, Familienkarte 14 €). Die Ausstellung zeigt die Vergangenheit, Gegenwart und Zukunft der Küste sowie die über 150-jährige Geschichte der Marinestadt Wilhelmshaven. Wechselausstellungen runden das interessante Themenspektrum ab.

■ **Bunkermuseum,** Minsener Oog 1a, Tel. 04421 367908, www.bunker-museum-whv.hpage.de. Der einzige öffentlich zugängliche Luftschutzbunker ist sonntags geöffnet, mit einer Sammlung verschiedener Splitterschutzstände und Kleinbunker auf dem Außengelände.

■ **Kunsthalle Wilhelmshaven,** Adalbertstraße 28, Tel. 04421 41448, www.kunsthalle-wilhelms haven.de (Erw. 4 €, ermäßigt 2 €). Untergebracht sind hier in einem sachlichen, am Bauhaus-Stil angelehnten spektakulären Gebäude, vor allem Wechselausstellungen.

■ **Rosarium Wilhelmshaven,** Neuengroder Weg 22c (im Stadtpark), Tel. 04421 772247, www.rosarium-wilhelmshaven.de (Eintritt frei). Mehr als 5000 Rosen aus über 500 Sorten sind hier

173ofl_mna

von Muttertag bis Ende Oktober zu sehen. Verschiedene individuell gestaltete Themengärten runden die Ausstellung ab und laden zum entspannten Verweilen ein.

■ **Kopperhörner Mühle,** Mühlenweg 148, Tel. 04421 993169. Besichtigung nach Vereinbarung. Die Holländerwindmühle steht im Stadtteil Heppens und stammt aus dem Jahr 1839, bei günstigem Wind kann der Mühlenverein die Bremse lösen und die Flügel drehen sich wie einst. Das kleine Mühlenmuseum zeigt, wie früher das Korn zu Mehl verarbeitet wurde.

Sport und Freizeit

■ **Schiffsausflüge,** Reederei Warrings, Südstrand 123 (Helgolandkai), Tel. 0170 2451182, www. reederei-warrings.de. Hafenrundfahrten und Ausflugsfahrten von April bis Oktober.

1 **Erlebnisbad Nautimo,** Friedenstraße 99, Tel. 04421 773550 (Bad), 04421 7735526 (Spa), www. nautimo.de. Erlebnisbad mit 1000 Quadratmetern Wasserfläche im Norden der Stadt. Es gibt Rutschen, Saunaparadies, Wellnessbereich, Gastronomie und einen Wohnmobilstellplatz. Eintritt Erw. 5 €, Kinder 4 bis 15 J. 4 €, Familie groß 14,50 €, Familie klein 13 €, Saunabereich 18,50 €.

■ **Freibad Nord,** Möwenstraße 30, Tel. 04421 291140, www.freibad-nord.de. Großes Freibad mit 50-Meter-Becken und Nichtschwimmerbecken. Schwimmunterricht wird gegeben und Sportabzeichen kann man hier erwerben. Im Sommer gibt es auch Veranstaltungen auf dem Gelände, neben einer großzügigen Liegewiese gibt es auch die Möglichkeit, Beach-Volleyball zu spielen.

■ **Freibad Klein Wangerooge,** Anton-Dohrn-Weg, Tel. 04421 507742, www.wilhelmshaven-touristik.de. Der Banter See, früher ein Hafenbecken, bietet an seiner Südseite einen Sandstrand. Im dortigen Freibad kann man unabhängig von den Gezeiten kostenlos baden, es gibt einen Kiosk und einen Grillplatz. Von Mai bis September täglich geöffnet.

■ **Kulturzentrum Pumpwerk,** Banter Deich 1a, Tel. 04421 92790, www.pumpwerk.de. Veranstaltungszentrum zwischen City und maritimer Meile mit Gastronomie und Biergarten.

■ **Störtebeker Park,** Freiligrathstraße 426, Tel. 04421 64954, www.stoertebekerpark.de. Das soziale Projekt dient der Integration arbeitsloser Jungendlicher, die hier fit gemacht werden für eine Ausbildung. So entstand hier ein Freizeitpark, der in keine Schublade passt. Spielerisches Erleben von Natur und Umwelt ist ein wesentlicher Gedanke. Der Störtebeker Park ist ein beliebtes Ausflugsziel, vor allem für Familien, der Eintritt in den Park ist kostenlos.

Yachthäfen

35 **Hochsee-Yacht-Club Germania,** Südstrand 101, Tel. 04421 44121, www.hsyc-germania.de.

24 **Yachtclub Wilhelmshaven,** Südstrand 11, Tel. 04421 43367, www.yc-whv.de.

42 **Wilhelmshavener Segelclub e. V.,** Schleusenstraße 24, Tel. 0151 14149177, www.segelnimwsc.de.

23 **Marina Cramer,** Südstrand 3–4, Tel. 04421 43415, www.cramer-boote.de.

3 **Rüstersieler Hafen,** Waagestraße 22, Tel. 04421 64247, www.ruestersieler-hafen.de.

Veranstaltungen

Der **Veranstaltungskalender** mit allen aktuellen Terminen ist auf der Website www.wilhelmshaven-touristik.de zu finden.

■ **Gorch-Fock-Lauf,** im Juni mit Strecken unterschiedlicher Länge bis zum Marathon.

■ **Wochenende an der Jade,** jährlich Ende Juni/Anfang Juli wird ein großes Hafenfest mit Feuerwerk veranstaltet.

■ **Street Art Festival,** Anfang August kommen Straßenmaler aus aller Welt auf den Valois-Platz mit abwechslungsreichem Rahmenprogramm.

■ **Wilhelmhaven Sailing-Cup,** die älteste Traditionssegler-Regatta findet jährlich Ende September/Anfang Oktober rund um den Großen Hafen statt. Im Rahmenprogramm gibt es das Hafenschwimmen, den Kajenmarkt am Bontekai und eine Pappboot-Regatta mit abschließendem Feuerwerk.

JadeWeserPort

Mit dem JadeWeserPort existiert im Norden der Stadt Wilhelmshaven **Deutschlands einziger Container-Tiefwasserhafen.** Er verfügt über eine Wassertiefe von 18 Metern an der Kaje und bietet 160 Hektar Industrie- und Logistikfläche. Die Pläne für den Bau des Hafens reichen bis in die 1990er-Jahre zurück. Ein Argument für den Bau war es, das **strukturschwache Gebiet zu beleben.** Auch ist der Hafen am Jadefahrwasser als Antwort auf **immer größer werdende Containerschiffe** gedacht, deshalb beteiligte sich auch das Bundesland Bremen an dem Projekt. Für die Realisierung wurde 2001 eine Entwicklungsgesellschaft gegründet. Die Projektverwirklichung finanzierten vorerst die Bundesländer Niedersachsen (50,1 %) und Bremen (49,9 %). Später beteiligte sich auch der Betreiber *Eurogate* am Investitionsvolumen. Der Beginn der Baumaßnahmen wurde durch mehrere Gerichtsverfahren verzögert.

Baubeginn für das Großprojekt war im März 2008, bereits im Mai konnte die Sandaufspülung starten. Nach dem Aufschütten von Randdämmen wurden ab August 2008 Spundwände für die Kaje in den Meeresgrund gerammt. Eine **290 Hektar große Fläche** wurde für das Hafen- und Logistikgelände mit Sand aufgespült. Die Arbeit auf den Saugbaggern war nicht ganz ungefährlich, denn in diesem Bereich der Jade wurden nach dem Zweiten Weltkrieg **nicht detonierte Bomben versenkt.** Die auf Stadt- und Hafengebiet gefundenen Blindgänger

☑ Das riesige Hafengelände wurde mit Sand aufgespült

Wilhelmshaven

174ofl_mna

hatte man damals einfach ins Meer gekippt. Ein Saugbagger wurde bei der Detonation eines solchen Blindgängers beschädigt. Die Sandaufspülungen dauerten bis zum Januar 2012, etwa **46 Millionen Kubikmeter Sand** wurden dafür aus dem Meer geholt. 50.000 Tonnen Stahl verbauten die Arbeiter allein für die Spundwände. Es gab einige Schwierigkeiten bei der Fertigstellung der Kajenwand. Wegen auftretender Risse musste aufwendig nachgebessert werden, und der Termin für den Probebetrieb verschob sich. Im Sommer 2012 wurden die Sanierungsarbeiten an der Kajenwand abgeschlossen, und am 13. Juni machte ein erstes Containerschiff mit Leercontainern fest. So startete der Betreiber *Eurogate* den Probebetrieb. Die **offizielle Betriebsaufnahme des Hafens** fand am 21. September 2012 statt, an diesem Tag machte das Contai-

nerschiff *Maersk Laguna* fest. Das große Frachtschiff hat eine **Länge von 300 Metern** und eine Ladekapazität von gut **7500 20-Fuß-Containern.**

Das **Terminal** des JadeWeserPorts kann vier Schiffe mit einer Länge von gut 400 Metern gleichzeitig abfertigen. Gleisanlagen schließen sich an das Hafengelände an, die Strecke zwischen Oldenburg und Wilhelmshaven wurde wegen des neuen Hafens **zweigleisig** ausgebaut. Bis 2022 soll der Schienenweg darüber hinaus **elektrifiziert** werden. Wirtschaftlich allerdings ist der JadeWeserPort enttäuschend. Unter negativer Auswirkung der Weltwirtschaftskrise lief der Betrieb sehr schleppend an, gerade mal 76.000 TEU wurden 2013 umgeschlagen. *TEU* ist die Berechnungsgröße für Ladekapazitäten im Containerbereich. Im Verhältnis zu einer möglichen Umschlagskapazität von 2,7 Millionen TEU bekam der JadeWeserPort von Beginn an schlechte Presse – von **Geisterhafen und Milliardengrab** war die Rede. Ein Großteil der Beschäftigten von

⊡ St.-Georgs-Kirche in Sengwarden

175ofl_mna

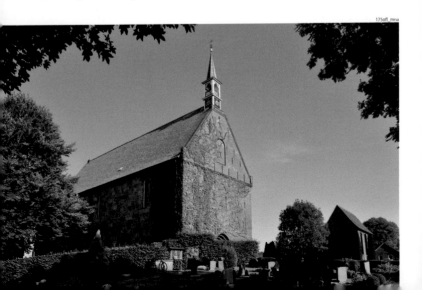

Eurogate musste in Kurzarbeit geschickt werden. Seit 2015 steigt der Containerumschlag in Wilhelmshaven langsam spürbar, 2018 wurden mehr als 650.000 TEU erreicht. Dennoch ist hier noch reichlich Luft nach oben. Kritiker bezweifelten bereits zu Beginn des Projekts dessen Wirtschaftlichkeit. Nicht benötigte Teile des Hafens wurden für die Montage und Verschiffung von **Offshore-Windkraftanlagen** genutzt.

Interessierten Besuchern werden in einem kleinen **Informationszentrum** auf dem Hafengelände viele Informationen zum Anfassen und Ausprobieren präsentiert. In einem **Hafenbus** kann man sich Teile des Geländes aus der Nähe anschauen.

Sengwarden

1168 wurde das Warftendorf erstmals urkundlich erwähnt, seit 1972 ist Sengwarden ein **Stadtteil von Wilhelmshaven.** Allerdings einer mit dörflichem Charakter im grünen Norden der Stadt, etwa 1200 Menschen leben hier. Im Mittelalter war Sengwarden eine **eigenständige Herrlichkeit.** Die romanische **St.-Georgs-Kirche** ist heute ein Baudenkmal, errichtet wurde sie um 1250 auf einer gut acht Meter hohen Warft. Wie auch andere historische Kirchen weist sie stilistische Abweichungen auf, die Kirchenfenster entsprechen dem spätgotischen Baustil. Im Inneren der Kirche befindet sich eine Orgel aus dem 20. Jahrhundert, aber das Erscheinungsbild des Instrumentes entspricht noch dem von seinem Vorgänger. Diese Orgel stammte aus dem Jahr 1644, musste aber 1904 entfernt werden.

Die zweite Sehenswürdigkeit in der Ortschaft ist die **Sengwarder Mühle.** 1863 wurde der reetgedeckte Galerieholländer in Betrieb genommen und ist im Wesentlichen mit den dazugehörigen Gebäuden im Originalzustand erhalten geblieben. Eine Besichtigung ist möglich, auch mit Führung. Der Erlös wird für die Unterhaltung des historischen Bauwerks eingesetzt.

Praktische Tipps

Adressen in 26388 Wilhelmshaven/ Sengwarden
- **Tourist-Information,** s. Wilhelmshaven.
- **Sengwarder Mühle,** Onkestraße, OT Wilhelmshaven-Sengwarden, Tel. 04423 2868. www.seng warder-muehle.de. Mai–Oktober mittwochnachmittags geöffnet.
- **Besucherzentrum JadeWeserPort,** Am Tiefen Fahrwasser 11, Tel. 04421 7719091, www.jade weserport.de (Erw. 4 €, Kinder bis 16 J. 2,50 €, Familien 10 €). Interaktive Ausstellung zu den Themen Hafen und Containerschifffahrt, mit Schifffahrtssimulator und Containerscanner. Von der Aussichtsterrasse auf dem Dach blickt man auf die Hafenanlagen. Samstags gibt es Hafenbustouren (unbedingt rechtzeitig vorher anmelden). Kombiticket Erw. 10 €, Kinder ab 6 J. 8 €.

Unterkunft
- **Pension Forke①,** Hauptstraße 49, Tel. 04423 2305, www.pension-forke.com. Einfache Zimmer in gastfreundlicher Atmosphäre.

7
Praktische Reisetipps von A bis Z

>> Wie komme ich am besten
zu meinem Reiseziel?
Wo kann ich barrierefreien Urlaub machen?
Welche Ausflüge und Führungen lohnen sich?
Was kann ich mit Kindern unternehmen?
Wie funktioniert die Kommunikation unterwegs?
Diese und zahlreiche weitere Fragen
zur Reiseplanung beantwortet dieses Kapitel.

17fodl_mna

◁ Untergehende Sonne über dem Watt

Adressen

Die ortsbezogenen wichtigen Adressen sind bei den einzelnen Orten angeben.

■ **DGZRS – Deutsche Gesellschaft zur Rettung Schiffbrüchiger:** an verschiedenen Orten an der Nordseeküste vertreten, die Seenotleitung hat ihren Standort in Bremen – Bremen Rescue: Werderstraße 2, 28199 Bremen, Tel. 0421 536870, UKW-Kanal 16, Notfallnummer 124124, www.seenot retter.de.
■ **Notruf Polizei:** 110
■ **Notruf Feuerwehr:** 112
■ **Notruf ärztlicher Bereitschaftsdienst:** 116117 (bundeseinheitliche Rufnummer)
■ **Ostfriesland Touristik:** Ledastraße 10, 26789 Leer, Tel. 0491 91969670, www.ostfriesland.travel.

Allergiker

Viele gastronomische Betriebe besonders in den Küstenorten, in der gehobenen Küche und auf den Inseln nehmen inzwischen verstärkt Rücksicht auf Allergiker und **verzichten** z. B. bei der Speisezubereitung **auf Gluten und Nüsse.** Per Gesetz müssen die Inhaltsstoffe der Gerichte auf den Speisekarten ausgewiesen werden. **Auch zahlreiche Unterkünfte** achten auf eine allergikerfreundliche Ausstattung, die auf Teppichböden und Daunenbetten verzichtet, sodass auch Hausstauballergiker entspannt dort wohnen können. **Haustiere** sind deshalb häufig **nicht erlaubt.** Im Zweifelsfall sollte vor der Buchung nachgefragt werden, ob man sein Haustier mitbringen darf.

Anreise

Ostfriesland lässt sich per **Bahn, Bus,** mit dem **Auto** oder dem **Flugzeug** erreichen. Um auf die Ostfriesischen Inseln zu kommen, gibt es **Fährschiffe.** Bis auf Spiekeroog haben alle auch einen Flugplatz. Alle Informationen zur Anreise sind auf der Website www.ostfriesland.de zu finden.

Mit dem Auto

Über die **Autobahnen** A 1, A 28, A 29 und A 31 ist die Anreise nach Ostfriesland sehr einfach. Die A 28 führt nach Leer, die A 29 nach Wilhelmshaven und die A 31 nach Emden. Das südliche Ostfriesland lässt sich gut über die A 31 erschließen. Zu den kleineren Ortschaften führt ein Netz an **Bundes-, Land- und Kreisstraßen.** Die meisten Ostfriesischen Inseln sind **autofrei,** das Auto kann in Urlaubergaragen an Land kostenpflichtig geparkt werden.

Mit der Bahn

Die Deutsche Bahn bietet Verbindungen mit dem **Intercity** über Emden und Leer nach Norddeich/Mole an. Seit 2020 gibt es eine **ICE-Verbindung zwischen den Alpen und der Nordsee,** seitdem fahren

▷ Fähre Harlingerland legt im Hafen an

die ersten ICE-Züge bis nach Norddeich/Mole. Die **NordWestBahn** betreibt Verbindungen von Osnabrück, Bremen und Oldenburg nach Wilhelmshaven bzw. über Sande, Jever, Wittmund bis nach Esens. Ergänzend dazu gibt es eine Linie von Münster über Leer nach Emden.

◼ **Deutsche Bahn AG:** Tel. 0180 6996633 (0,20 € pro Anruf aus dem Festnetz, max. 0,60 € aus dem Mobilfunknetz), www.bahn.de.
◼ **NordWestBahn GmbH:** Tel. 0180 6600161 (0,20 € pro Anruf aus dem Festnetz, max. 0,60 € aus dem Mobilfunknetz), www.nordwestbahn.de.

Mit dem Fernbus

Aus den größeren Städten Deutschlands und aus allen Regionen, aus denen viele Urlauber in die Ferienorte anreisen, fahren inzwischen regelmäßig die Fernbusse von **Flixbus,** im Sommer werden die Zielgebiete **mindestens täglich** angesteuert. Bedient werden beispielsweise Strecken von Köln nach Norden, von Düsseldorf nach Leer oder von Bremen nach Wilhelmshaven. Die Preise richten sich nach Angebot und Nachfrage.

◼ **Flixbus:** Tel. 030 300137300, www.flixbus.de.

Mit dem Flugzeug

Der nächstgelegene Flughafen ist in **Bremen.** Von dort ließe sich mit der Bahn weiterfahren oder man mietet einen Leihwagen. **Regionale Flugplätze** befinden sich in Emden, Leer/Papenburg, Norden/Norddeich, Harlesiel und Wilhelmshaven sowie auf den oben genannten Ostfriesischen Inseln. Von den Flugplätzen Emden, Leer/Papenburg, Norden/Norddeich und Harlesiel werden auch **Rundflüge** angeboten. Linienflüge zu verschiedenen Inseln bietet der **Ostfriesische Flugdienst** an.

◼ **OFD Ostfriesischer Flugdienst:** Tel. 04921 89920, www.fliegofd.de.
◼ **Flugplatz Leer Papenburg:** Tel. 0491 9196 604, www.flugplatz-leer-papenburg.de.
◼ **JadeWeserAirport (Sande):** Tel. 04421 202 333, www.edwi.info.

177ofl_mna

■ **Frisia Luftverkehr Norddeich:** Tel. 04931 93320, www.inselflieger.de.
■ **Frisia Luftverkehr Harle (Harlesiel):** Tel. 04464 94810, www.inselflieger.de.

Mit der Fähre zu den Inseln

Nach **festem Fahrplan** verkehren die Fähren nach Borkum, Norderney und Langeoog, die Verbindungen zu den anderen Inseln sind **tideabhängig** und wechseln daher täglich die Zeiten, die den jeweiligen Fahrplänen zu entnehmen sind.

■ **Nach Borkum von Emden oder Eemshaven (NL):** AG Ems, Tel. 01805 180182 (0,14 €/Min. aus dem deutschen Festnetz), www.ag-ems.de.
■ **Nach Juist von Norddeich:** AG Reederei Norden-Frisia, Tel. 04931 9870, www.frisia.de.
■ **Nach Norderney von Norddeich:** AG Reederei Norden-Frisia, Tel. 04931 9870, www.frisia.de.
■ **Nach Baltrum von Neßmersiel:** Reederei Baltrum Linie, Tel. 04933 991696, www.baltrum-linie.de.
■ **Nach Langeoog von Bensersiel:** Schiffahrt der Inselgemeinde Langeoog, Tel. 04971 92890, www.schiffahrt-langeoog.de.
■ **Nach Spiekeroog von Neuharlingersiel:** Nordseebad Spiekeroog GmbH, Tel. 04976 9193101 und 9193133, www.spiekeroog.de.
■ **Nach Wangerooge von Harlesiel:** Deutsche Bahn, Tel. 04464 949411, www.siw-wangerooge.de.

Ausflüge und Führungen

Stadtführungen, Rundfahrten

Fast in allen touristisch besser erschlossenen Gebieten werden Stadtführungen verschiedenster Art angeboten, in den Städten **auch Nachtführungen** und **historische Rundgänge**, teilweise auch nach Themen geordnet. Die Termine und Zeiten sind den jeweiligen Veranstaltungskalendern zu entnehmen, **Tickets** sind in der Regel über die **Tourist-Informationen** erhältlich. Zu beachten ist, dass bei begrenzter Teilnehmerzahl eine **Vorab-Reservierung** sinnvoll sein kann, besonders in der Urlaubssaison. Im Sommer sind die Führungen zahlreicher als in der Nebensaison und im Winter. Das Gleiche gilt für Ausflüge und Rundfahrten mit dem Schiff oder geführte Fahrradtouren.

Wattwanderungen

In den Küstenorten werden Wattwanderungen meist von den **Nationalpark-Häusern** oder **privaten Wattführern** angeboten. Die Termine werden auf dem Veranstaltungskalender der Nationalpark-Häuser festgehalten und sind über die jeweiligen Websites abrufbar oder werden per Aushang bekannt gegeben. Die privaten Wattführer machen meist Eigenwerbung durch **Aushang und Flyer in den Tourist-Informationen** sowie

▷ Wattwanderer im Schlick

den örtlichen **Supermärkten.** Auch die Tourist-Informationen halten die Adressen auf Anfrage bereit oder stellen diese auf ihre Website.

Baden

Wer sich gern im Wasser tummelt, hat in Ostfriesland die Wahl zwischen den **Stränden** an der Küste, den zahlreichen **Seen** im Binnenland und den vielen **Schwimmbädern.** An der Küste sind die Badestrände in den Urlaubsorten **bewacht,** sodass man dort im kühlen Nass relativ sicher schwimmen kann. Auch an den bewachten Badeständen an den vielen großen Seen wacht während der Sommersaison die Deutsche Lebensrettungsgesellschaft **DLRG** über das Geschehen im Wasser. Die Rettungsschwimmer nutzen zur Ansprache auch das **Megafon,** um auf Gefahrenstellen aufmerksam zu machen. Diese Ansagen sollten im eigenen Interesse unbedingt befolgt werden.

Beim Baden im Meer in **Gefahr** zu geraten, ist leider ziemlich leicht, denn das Meer mit seinen **Strömungen** wird gern **unterschätzt.** Auch wenn das Wasser ruhig erscheint, tut sich unter der Oberfläche eine Menge. Deshalb ist es wichtig, die **aktuellen Tidenzeiten** zu kennen. Und es ist (überlebens-)wichtig, die **örtlichen Verhältnisse** genau abschätzen zu können, um gar nicht erst in eine Gefahrensituation zu kommen. Wer nicht schwimmen kann, geht am besten nur bis zum Bauch ins Wasser. Aber auch wenn man schwimmen kann und sich zu weit vom Strand entfernt hat, besteht die Gefahr, **in den Sog der Gezeiten zu geraten.** Dann ist es aber in der Regel zu spät, denn gegen die starken Strömungen im Wattenmeer lässt sich oft nicht mehr anschwimmen. Das gilt besonders für das Baden im **Meer vor den Ostfriesischen Inseln.**

Barrierefreies Reisen

Die **Ostfriesland Touristik** hat eigene **Broschüren mit barrierefreien Unterkünften und Tipps.** Im Jahr 2018 wurde Ostfriesland als erste barrierefreie Reiseregion nach dem bundesweiten Kennzeichnungssystem „Reisen für Alle" ausgezeichnet. Voraussetzung dafür war, dass es in mindestens sieben Ferienorten, verteilt auf Inseln, Küste und Binnenland, barrierefreie zertifizierte Urlaubsinspirationen gibt. Diese sogenannten **Leuchtturmorte** bieten Übernachtungsmöglichkeiten sowie zwei weitere Angebote aus den Bereichen Freizeit, Sehenswürdigkeiten, Führungen oder Gastronomie und eine **barrierefreie Tourist-Information.** Viele Ferienorte stellen auf ihren Websites Informationen zur Barrierefreiheit bereit.

■ **Weitere Information:** Tel. 0491 91969651 oder www.ostfriesland.travel/barrierefrei.

Camping und Wohnmobilstellplätze

In Ostfriesland gibt es viele **Campingmöglichkeiten** und eine stetig steigende Zahl von **Stellplätzen für Wohnmobile.** Die meisten sind sehr gut ausgestattet, um dem Trend des mobilen und flexiblen Reisens gerecht zu werden. Sowohl an der Küste als auch an den vielen Seen im Binnenland wurde in den letzten Jahren kräftig aufgestockt. **Besonders Familien** können hier schöne Ferien verleben. Die **Ostfriesland Touristik** hat eine **eigene Übersichtskarte mit Broschüre** herausgegeben, die eine gute Übersicht über die verschiedenen Möglichkeiten und deren Ausstattung gibt. Zusätzliche Informationen speziell für Reisemobilisten, die im **südlichen Ostfriesland** unterwegs sind, gibt die Broschüre „Urlaub mit dem Reisemobil im Südlichen Ostfriesland". Zu beziehen sind beide Broschüren über die Ostfriesland Tourismus GmbH.

■ **Ostfriesland Tourismus GmbH:** Ledastraße 10, 26789 Leer, Tel. 0491 91969660, www.ostfriesland.travel. Die Website liefert eine Fülle an Informationen zur Urlaubsregion Ostfriesland mit zahlreichen Tipps zu Aktivitäten, Kultur, Gastronomie, Unterkünften und Sehenswertem. Hier kann man sich schon vor der Reise virtuell auf die einzigartigen Natur- und Kulturschätze einstimmen.

Drachen

In Ostfriesland **weht oft der Wind,** daher ist es ein gutes Revier, um Drachen steigen zu lassen. An den Nordseestränden ist das aber aus Naturschutzgründen nur an den **ausgewiesenen Drachenstränden** erlaubt. In den touristischen Hochburgen gibt es etliche Geschäfte, in denen die entsprechende Ausrüstung angeboten wird. Besonders die **Drachenfestivals** in Greetsiel, Norden-Norddeich und im Wangerland sind sehr beliebt.

Drohnen

In den **Naturschutzgebieten** und an den **Nordseestränden** ist der Einsatz von Drohnen und Quadrokoptern **verboten.** Welche Regeln im Einzelnen gelten, sollte bei der **Tourist-Information** erfragt werden. Im Binnenland gibt es je nach Region unterschiedliche Vorschriften, auf den Ostfriesischen Inseln ist deren Einsatz generell verboten.

Einkaufen

Wie überall in Deutschland haben die Geschäfte in der Regel von Montag bis Samstag geöffnet. In den **Kurgebieten und Städten** an der Küste werden oft zumindest während der Sommersaison **auch sonntags** Waren angeboten. Die Preise sind am Festland vergleichbar mit denen in ganz Deutschland. Das gilt jedoch nicht für die Inseln, weil alle Waren per Schiff oder Flugzeug dorthin gebracht werden müssen. Die höheren Transportkosten schlagen sich auf das Preisgefüge nieder, man sollte im Supermarkt mit etwa **30 Prozent Mehrkosten** rechnen. Wer sich durch Ostfriesland bewegt, wird insbesondere an den Rändern der Städte ausgedehnte Industriegebiete mit großen Geschäften finden. **Discounter** gibt es, abgesehen von den Inseln, praktisch überall. Nur wer in sehr ländlichen Bereichen unterwegs ist, muss auch mal mit längeren Distanzen bis zum nächsten Supermarkt rechnen. In den größeren Supermärkten sind fast

immer auch Bäckereien oder Backshops zu finden. Aber es gibt auch noch **echte Handwerksbäckereien** mit langer Tradition. Diese stehen häufig auch auf den **Wochenmärkten,** wo man sich auch mit regionalen Produkten versorgen kann. Ein Bummel über den Wochenmarkt ist ohnehin empfehlenswert, weil örtliche Erzeuger Spezialitäten anbieten, die sich auch nach dem Urlaub zu Hause noch genießen lassen.

Die größeren Städte haben häufig eine Fußgängerzone, wo sich neben den Filialen der großen Handelsketten auch manch kleines Geschäft mit einem ausgesuchten Angebot und der persönlichen Handschrift der Betreiber finden lässt. Ein Hinweis an dieser Stelle zum Gebrauch des Reiseführers sei hier noch genannt: Die Autoren geben bei den einzelnen Beschreibungen der Orte gern auch **Einkaufstipps.** Diese sind persönlicher Art und sollen dabei unterstützen, das ein oder andere Geschäft, das uns durch sein Warenangebot überzeugt hat und woanders in der Form nicht so häufig zu finden ist, zu entdecken.

Fahrradfahren

Ostfriesland ist ein **Paradies für Fahrradfahrer.** Es gibt kaum Steigungen, dafür ein großes und **sehr gut ausgeschildertes Radwegenetz** – 3500 Kilometer sind es insgesamt. Mehrere Radfernwege führen durch Ostfriesland durch die Marsch, Moor und Geest, entlang der Küste und durch das grüne Binnenland. Fast immer ist Wasser in der Nähe, denn die Routen führen oft entlang der zahlreichen Fehnkanäle, Tiefs und Flüsse. Unterwegs gibt es viel zu entdecken, es gibt urige Orte, alte Kirchen und Windmühlen, Leuchttürme und belebte Städte oder verträumte kleine Orte. Sogenannte **Melkhuskes und Cafés** laden zu Pausen ein. Viele Hotels haben sich auf die vielen Fahrradfahrer eingestellt und bieten häufig auch die Infrastruktur für die vielen E-Bikes, die das Radeln auch gegen den Wind sehr erleichtern. Inzwischen sind **mehr als 80 Prozent der Fahrräder** auf Ostfrieslands Straßen **mit Elektroantrieb** ausgestattet.

Die Touren lassen sich alle in Etappen verschiedener Länge und Dauer gliedern. Auch interessante **Tagestouren oder Sternfahrten** lassen sich organisieren. Fast jeder Ort hat entsprechende Beispiele ausgearbeitet, die bei den jeweiligen örtlichen Tourist-Informationen erhältlich sind. **E-Bike-Ladestationen** gibt es inzwischen so viele, dass hier bewusst keine Adressen für Ladesäulen aufgeführt werden.

Der „Ostfriesland-Wanderweg" beginnt in Rhauderfehn und führt auf 97 Kilometern teilweise auf der Trasse einer ehemaligen Kleinbahnlinie bis nach Bensersiel an die Nordsee. Der 6000 Kilometer lange **„Nordseeküstenradweg"** quert acht Länder und führt an der gesamten Nordseeküste entlang, auch in **Ostfriesland** über **rund 280 Kilometer.** Eine Tour führt auch in einem Rundkurs durch Ostfriesland, dabei werden Emden, Greetsiel, Norden, Bensersiel, Jever, Wilhelmshaven und Aurich besucht.

Eine weitere **Radfernroute** ist der **„Emsradweg"**, der an der Quelle des gleichnamigen Flusses beginnt und erst nach **375 Kilometern** an der Mündung in den Dollart in der Seehafenstadt Emden endet.

Die **„Internationale Dollard Route"** beginnt vielleicht in Ditzum im Rheiderland und endet nach **300 Kilometern** in Delfzijl in den Niederlanden. Wer auch im Nachbarland unterwegs sein möchte, kann dort in einem Zickzackkurs über

179ofl_mna

Nieuweschans wieder zurück nach Deutschland radeln. Die Strecke führt dann über Bunde, Papenburg, Weener, Leer und Jemgum zurück nach Ditzum. Unterwegs bietet sich auch die Möglichkeit für einen **Besuch der Nordseeinsel Borkum.**

Die „Deutsche Fehnroute" hat eine **Länge von 139 Kilometern.** Der Rundkurs geht in nördlicher Richtung von Papenburg über Leer und Großefehn nach Wiesmoor und dann in südlicher Richtung über Uplengen, Augustfehn und durch das Saterland nach Ostrhauderfehn und Rhauderfehn wieder nach Papenburg.

Mit der **„Tour de Fries"** lässt sich Friesland erkunden, das nicht mehr zu Ostfriesland gehört, sondern in den Osten und Südosten der ostfriesischen Halbinsel führt. Sie beginnt in Wilhelmshaven und folgt einem **280 Kilometer langen Rundkurs** durch die schöne Landschaft wieder zurück nach Wilhelmshaven.

Die **Friesenroute „Rad up Pad"** lockt mir dem Zielgebiet Krummhörn, Emden, Ihlow, Großefehn, Wiesmoor, Aurich, Brookmer- und Südbrookmerland, Norden, um nur einige Orte zu nennen. Der **Rundkurs ist 290 Kilometer lang** und verläuft wie fast überall in Ostfriesland auf gut befahrbaren Wegen.

Die **„Tour de Fries"** sowie die Friesenroute **„Rad up Pad"** werden im Kapitel „Touren in Ostfriesland" am Anfang des Buches näher beschrieben.

Weitere ausgeschilderte Touren durch die schöne Landschaft Ostfrieslands sind u. a. der **„Ems-Jade-Kanal-Radweg"** (85 Kilometer), der **„Friesische Heerweg"** (300 Kilometer) und der **„Overledinger Rundkurs"** (100 Kilometer).

Die **Ostfriesland-Touristik** hat sich auf die vielen **Fahrradfahrer** eingestellt und hält entsprechende Vorschläge bereit. Es gibt ein ganz besonderes Angebot mit Prospekten zum Radurlaub, zahlreiche Informationen vom Fahrradtaxi und dem Abholdienst vom Bahnhof bis hin zu Fährüberfahrten. Eigens entwickelte Piktogramme für die Unterkünfte erleichtern die Suche nach einem passenden Quartier. Wer möchte, kann auch auf das Angebot verschieden langer, **bereits fertig konzipierter Touren** zurückgreifen, die die Ostfriesland-Touristik schon als **Gesamtpaket** inklusive Übernachtung und Verpflegung zusammengestellt hat. Die meisten Informationen gibt es auch im Internet.

Ein besonderes Erlebnis sind die **„Paddel- und Pedal"-Touren,** auf denen sich radeln mit paddeln kombinieren lässt, denn Rad- und Wasserwege gibt es reichlich. Das Angebot richtet sich an **Individualreisende** ebenso wie **Gruppen,** es gibt ebenfalls vorbereitete Touren. Einige Paddelstrecken lassen sich wegen der leichten Strömung sowohl flussaufwärts als auch abwärts fahren. Der Perspektivwechsel aus dem Paddelboot verspricht interessante Einblicke in eine Landschaft mit vielen Gesichtern. Insgesamt gibt es **20 Paddel- und Pedalstationen in ganz Ostfriesland** bis nach Wilhelmshaven. Weitere Informationen unter www.paddel-und-pedal.de oder über die Ostfriesland-Touristik.

◁ Auf Tour am Dollart

7

Gastronomie

Viele gastronomische Betriebe, vor allem Restaurants an der Küste Ostfrieslands, haben eine Speisekarte, auf der von kleinen Vorspeisen bis hin zum Menü oder zur Tagesempfehlung vieles zu finden ist. Sie lassen sich schwer in eine Kategorie wie Restaurant oder Café pressen, **weil dort das Angebot an Speisen und Getränken vielfältig ist.** Mittagstisch ist durchaus üblich, dann allerdings mit eingeschränkter Menüauswahl, dafür ist das Essen mittags günstiger als abends. Milch- und Mehlspeisen wie Milchreis oder Pfannkuchen und Omeletts sind oftmals günstig. Eine Besonderheit in Ostfriesland sind die **Melkhuskes,** die häufig auf dem Land zu finden sind. Dort gibt es meist Milchspeisen, Kuchen und gelegentlich auch Eis. Hier machen viele Radfahrer einen Zwischenstopp. Bei den **Imbissbuden** gibt es wie überall gute und weniger gute. In den Urlaubsorten sind auch die schlechten gut besucht, sodass dies kein sicheres Indiz für die Qualität der angebotenen Speisen ist. Auch die Preise sind sehr unterschiedlich. So erstaunt es nicht, dass das **Fischbrötchen** direkt am Hafen, auf der Promenade oder in zentraler Lage des Ortes manchmal teurer ist als das im Fischimbisswagen vor dem Supermarkt.

Wie viel im Urlaub für Essen und Trinken ausgegeben wird, hängt in erster Linie davon ab, ob man im Hotel inklusive Frühstück, Halb- oder Vollpension wohnt oder auf dem Campingplatz, in einer Pension oder einer Ferienwohnung untergekommen ist. Wer **selbst kocht,** kommt natürlich günstiger weg, als

wenn er täglich ins Restaurant geht. In **Restaurants** herrscht meist eine **nette, gesellige Atmosphäre,** oder man wird mit einem sensationellen Blick auf die Highlights des Urlaubsziels oder den Touristentrubel in der Innenstadt belohnt – zum Glück kann sich jeder selbst aussuchen, ob er selbst kochen oder bekocht werden will.

Gepäckservice

Wer mit den öffentlichen Verkehrsmitteln anreisen und sein Gepäck nicht selbst tragen möchte, kann größere Koffer bereits im Vorfeld zu Hause mit einer **DHL-Gepäckmarke der Deutschen Post** aufgeben bzw. mit dem **Hermes-Gepäckversand** verschicken. Alternativ ist der Transport mit dem **Gepäckservice der Deutschen Bahn** möglich. Allerdings sollte man seine Sachen dann gut verpacken und mit beschädigten Gepäckstücken rechnen. Die Transportdienste gehen erfahrungsgemäß mit Koffern nicht gerade zimperlich um, Schäden werden oftmals billigend in Kauf genommen. Der Transport mit DHL, Deutscher Bahn oder Hermes dauert **mindestens zwei Tage** und muss rechtzeitig vorher angemeldet werden. Kostenpflichtige Gepäckschließfächer befinden sich in der Regel an größeren Bahnhöfen und an den Fährterminals.

■ **Gepäckservice der Deutschen Bahn:** Tel. 0180 6996633 (0,20 € pro Anruf aus dem deutschen Festnetz, max. 0,60 € pro Anruf aus dem Mobilfunknetz), www.bahn.de/gepaeckservice.

■ **Gepäckservice der Deutschen Post/DHL:** Tel. 0228 4333112 (0,20 € pro Anruf aus dem deutschen Festnetz, max. 0,60 € pro Anruf aus dem Mobilfunknetz), www.dhl.de.
■ **Gepäckservice Hermes-Versand:** Tel. 01806 311211 (0,20 € pro Anruf aus dem deutschen Festnetz, max. 0,60 € pro Anruf aus dem Mobilfunknetz), www.myhermes.de.

Gesundheit

Die ärztliche Versorgung auf der ostfriesischen Halbinsel ist **genauso gewährleistet wie im übrigen Deutschland.** Wer sich unwohl fühlt und Hilfe benötigt, erreicht den **ärztlichen Bereitschaftsdienst** unter der bundesweit einheitlichen Rufnummer **116117.** Im gesundheitlichen Notfall kann unter der **Notfallnummer 112** ein Rettungswagen bzw. der Notarzt gerufen werden. Wer einen Impfpass hat oder Allergien, sollte sicherheitshalber die notwendigen Dokumente im Urlaub bei sich tragen.

Hinweise zu **Wellness- und Thalasso-Angeboten** sind unter diesem Stichwort am Ende dieses Kapitels zu finden.

Gezeitenkalender

Wer an der ostfriesischen Nordseeküste unterwegs ist, sollte den Gezeitenkalender seines Ferien- oder Ausflugsortes dabei haben, um zu wissen, wann man schwimmen kann und wann nicht. Außerdem ist er eine wichtige Hilfe, um zu wissen, **wann man sich aus dem Watt** besser wieder zurück ans Festland macht, ohne von der Flut überrascht zu werden. Der letzte Zeitpunkt zur Umkehr ist Niedrigwasser, man sollte sich also bei ablaufendem Wasser hinauswagen und rechtzeitig wieder zurückkehren, sodass auch tiefere Priele mit starker Strömung noch problemlos durchquert werden können. Auf jeden Fall sollte man nur mit einem erfahrenen Wattführer losgehen.

Zu bedenken ist, dass **an jedem Ort andere Zeiten für Hoch- und Niedrigwasser** sind. Ein Gezeitenkalender von Wilhelmshaven ist deshalb für die Region um Emden nutzlos. Aktuelle Informationen und Gezeitenkalender werden vom **Bundesamt für Schifffahrt und Hydrografie** (www.bsh.de) veröffentlicht, oder sind auf den jeweiligen Websites der Tourist-Informationen zu finden. Bei öffentlichen Badestellen an der Küste gibt es in der Regel einen Aushang.

Hauptsaison

Die Saisonzeiten werden **überall unterschiedlich** gehandhabt. Grundsätzlich aber lässt sich davon ausgehen, dass in den Ferienzeiten von Niedersachsen und Nordrhein-Westfalen sowie von Weihnachten bis zum Heiligen-Drei-Königs-Tag die **Höchstpreise** bezahlt werden müssen. Viele Unterkünfte legen ihre Saisonzeiten auf **Mitte Mai bis Mitte September.** Manche haben nur eine Haupt- und eine Nebensaison, andere fügen jeweils im Frühjahr und im Herbst noch eine **Zwischensaison** ein. Wer nicht an die Ferienzeit gebunden ist und seine Termine relativ frei wählen kann, wird durch kluge Planung Geld sparen können. Vor allem bei den **Ferienwohnungen** variieren die Preise zwischen den Saisonzeiten ganz erheblich. Es gibt einige Vermieter, die in der Hauptsaison nur vermieten, wenn die Gäste mindestens eine Woche bleiben, denn Leerstände während der Hauptsaison will sich niemand leisten. Ein Aufenthalt von zehn Tagen wird aus diesem Grund abgelehnt, weil die Ferienwohnung vielleicht vier Tage nicht vermietet werden kann und die Miete entfällt, denn die meisten Urlauber fahren von Samstag bis Samstag.

Heiraten

Ostfriesland hat viele geschichtsträchtige und besondere Orte, um sich das Ja-Wort zu geben. Die **örtlichen Tourist-Informationen oder Standesämter** geben Auskunft über die verschiedenen Möglichkeiten. Heiraten lässt sich beispielsweise in alten Mühlen, historischen Gebäuden, Burgen und Schlössern, Schiffen, Museen, Mühlen und an Stränden und – wer möchte – auch auf dem Leuchtturm. Die Website www.ostfriesland.travel/service/heiraten informiert über die vielen Möglichkeiten – quer durch ganz Ostfriesland vom Rheiderland ganz im Westen bis nach Jever im Osten, von Rhauderfehn im Süden und bis zur Nordseeküste im Norden oder auf den Ostfriesischen Inseln.

Wer an seinem **Lieblingsurlaubsort** heiraten möchte, muss sich zunächst an das **dortige Standesamt** wenden, um einen Termin zu vereinbaren und den Ort der Trauung festzulegen. Anschließend wird dann auf dem **Standesamt in der Heimat** die Anmeldung zur Eheschließung mit allen erforderlichen Unterlagen durchgeführt. Bei sehr beliebten Trauorten sollte man besonders bei einer Hochzeit in der Hauptsaison **frühzeitig mit der Planung** der Festlichkeiten **beginnen,** damit am Wunschtermin sowohl der Trauort als auch das Hotel für Brautpaar und Gäste rechtzeitig gebucht werden können. Einen Trauzeugen braucht man heutzutage übrigens nicht mehr. Wer aber auf diese Tradition nicht verzichten möchte, kann jede Person ab einem Alter von 14 Jahren als Trauzeugen benennen. Für eine Hochzeit außerhalb des Standesamtes fallen **zusätzliche Gebühren** für den Außeneinsatz des Standesbeamten an, und in der Regel wird auch eine **Miete** in unterschiedlicher Höhe **für den gewünschten Trauort** erhoben. Spätestens zwei Werktage vor dem Tag der Trauung sollte man dann auf dem Wunschstandesamt noch einmal vorsprechen, um die nötigen Papiere vorzulegen, sich ein **Familienbuch** auszusuchen und natürlich auch zu bezahlen. Dann steht für den „schönsten Tag im Leben", dem hoffentlich noch viele weitere gemeinsame „schönste Tage" folgen werden, nichts mehr im Wege.

Hunde

Abhängig vom Ferienort sind die Vorschriften für das Mitführen von Hunden **sehr unterschiedlich**. Am strengsten sind sie in den Naturschutzgebieten, an der Küste und auf den Ostfriesischen Inseln. In der Ruhe- und Schutzzone des Nationalparks Wattenmeer müssen Hunde **ganzjährig angeleint** geführt werden, oft auch an den Hundestränden und in den Orten. Im Binnenland sieht das etwas anders aus. Wer seinen Hund mit auf Reisen nehmen möchte, sollte sich vorher mit den **örtlichen Vorschriften** vertraut machen. Unter **www.ost friesland.de** sind hilfreiche Informationen über Hundestrände zusammengefasst. Im Binnenland gibt es auch Hundeübungsplätze.

Es sollte eine Selbstverständlichkeit sein, die Hinterlassenschaften seines Vierbeiners **zu beseitigen,** fast überall sind bei der Tourist-Information entsprechende **Tüten** zu finden oder man hat selbst welche für den Fall der Fälle griffbereit in der Tasche.

Empfehlenswert ist es auch, sich vor Buchung bei seinem Vermieter zu erkundigen, **ob der Vierbeiner willkommen ist.** Die meisten Tourist-Informationen haben in den Suchkriterien nach der passenden Unterkunft einen eigenen Punkt dafür. Ist dieser bei der Suche aktiviert, werden nur Unterkünfte ausgewählt, in denen ein Haustier untergebracht werden darf. Besonders in den Urlaubsorten gibt es allerdings viele Quartiere, bei denen für den Vierbeiner **eine Extragebühr** entrichtet werden muss. Das sollte bei der Planung und Preisfindung berücksichtigt werden.

Mit Kindern unterwegs

Auf der Internetseite www.ostfriesland. de gibt es unter der Rubrik **„Tipps für den Familienurlaub"** jede Menge Informationen über das Angebot in der gesamten Region, vom Kinderspielplatz über das Schwimmbad bis hin zum Abenteuerland, Baumwipfelpfad, Klettergarten, Fußballcamps oder Mini- und Spielgolfanlagen. Die besonderen Kindertipps in diesem Buch sind bei den einzelnen Orten angegeben und mit einem Piktogramm gekennzeichnet. Ein echtes Erlebnis für Kinder ist ein **Urlaub auf dem Bauernhof.** Einige Höfe der Region haben sich auf die **Zielgruppe „Familie"** spezialisiert und ein abwechslungsreiches Angebot ausgearbeitet. Wissenswertes dazu gibt es bei den jeweiligen Tourist-Informationen.

Kleidung

Durch den sogenannten **Windchill-Faktor** fühlen sich die Temperaturen immer ein paar Grad kühler an. Das ist besonders an der Küste, auf Deichen und anderen exponierten Stellen wie Wiesen und Weiden der Fall. Sehr bewährt hat sich in Ostfriesland, wo **fast ganzjährig der Wind weht,** in allen Jahreszeiten das sogenannte **Zwiebelprinzip.** Dabei trägt man mehrere Schichten verschiedener Kleidung übereinander. Beispielsweise beginnt man im Sommer mit dünner

Unterbekleidung wie T-Shirt und „Zipp-off-Hose", bei der sich der untere Teil der Hose mit Reißverschlüssen abtrennen lässt. Darüber kommt eine windfeste Kleidungsschicht, im Winter eine wärmende. Den Abschluss bildet die dritte Schicht aus regenfester Jacke und Hose. Ein **Loopschal** rundet das Ganze ab, er kann flexibel als Mütze oder um den Hals getragen werden. **Im Winter** sind Schal, Mütze und Handschuhe auf jeden Fall empfehlenswert, wenn man warm bleiben will. Dann ist auch einen **Kopfbedeckung** extrem wichtig, denn erstaunliche 70 Prozent der Körperwärme kann man dann über den Kopf verlieren. So vorbereitet, kann das Wetter kommen, wie es ist: Jeder ist bestens auf alles vorbereitet.

Klima und Wetter

Ostfriesland liegt in der **Westwindzone der gemäßigten Breiten,** die durch den **Golfstrom** beeinflusst sind. Der besonders milde Golfstrom ist eine der größten und schnellsten Meeresströmungen der Erde. Er führt Wärme heran, lässt aber auch Tiefdruckgebiete mit überwiegend westlichen Starkwinden entstehen. In Nordeuropa ist es deshalb im Durchschnitt 5 bis 10 °C wärmer oder, andersherum gesagt, es wäre 5 bis 10 °C kälter, wenn es ihn nicht geben würde. Deutschland befindet sich in einer **Zone wechselhaften Wetters.** Die mit der Klimaveränderung verbundene **Erderwärmung** führt auch im Küstenbereich an der Nordsee zu extremeren Situationen. Im Verlauf des Golfstroms steigt erhitzte

Luft auf, wird durch die Erdrotation in drehende Bewegung versetzt und Tiefdruckgebiete entstehen. Auf dem Rücken eines mächtigen Azorenhochs gelangen sie nach Nordeuropa, und manche erreichen erst hier vor der Küste ihre volle Kraft. Je länger ihr Weg über das Meer ist, desto stärker werden sie. Die **Stürme an der Nordsee** haben immer wieder die Küstengeografie verändert, sie tun es heute und auch noch in Zukunft. Es ist zu vermuten, dass die Wetterextreme zukünftig weiter zunehmen, sofern die Klimaerwärmung nicht gestoppt werden kann. Das zumindest ist die heutige Einschätzung der meisten Experten.

In der **Deutschen Bucht** ist es selten windstill. In Ostfriesland weht meist ein beständiger Wind aus westlicher Richtung. Herrscht Tiefdruck, dreht sich der Wind auf der Nordhalbkugel gegen den Uhrzeigersinn. Wind aus südlichen bis südwestlichen Richtungen bringt schlechtes Wetter mit. Dann bewegt sich ein Tief auf den Nordseebereich und das ostfriesische Binnenland zu, und bald sind auch dessen Ausläufer zu spüren: der mehr oder minder satte Regen einer Warmfront. Das Wetter kann sich deshalb **sehr schnell verändern.** Manchmal hat man alle Wetter mehrfach an einem einzigen Tag: Regen, Sonne, Wolken, im-

▷ Jann-Berghaus-Brücke in Leer in dichtem Nebel

mer im Wechsel, bei stärkerem Wind auch gern mal im Minutentakt. An der Küste ist das häufiger der Fall als im Binnenland. **Regen ist zu allen Jahreszeiten** absolut üblich, auch wenn in den letzten Jahren die Sommer von **längeren Trockenperioden** geprägt sind. Weht der Wind aus Nordwest bis Nord, kündigt sich meist ein dem Tiefdruckgebiet folgendes Hochdruckgebiet an, um das sich der Wind im Uhrzeigersinn dreht und schönes Wetter mitbringt.

Langzeitprognosen sind nicht sehr zuverlässig, denn oft spielt auch das örtliche Mikroklima eine entscheidende Rolle. Es ist empfehlenswert, sich bei der Wahl seiner Kleidung darauf einzustellen (siehe Kapitel „Kleidung"). **Regenschirme** sind nur bedingt geeignet, besonders bei böigen Winden klappen sie schnell zusammen. Besser ist es, **Regenjacke und -hose** oder einen **Regenponcho** dabei zu haben. Brillenträgern ist ein **Südwester** oder Hut mit breiter Krempe (mit Kinnriemen für böigen Wind!) zu empfehlen. Im Frühling und im Sommer ist es im Binnenland milder als an der Küste, im Winter manchmal umgekehrt, denn die Nordsee ist wärmer als die Luft und gibt an der Küste die Wärme an die Luft ab. Generell lässt sich sagen, dass die Monate **Januar und Februar** in der Regel am kältesten sind, am unbeständigsten ist es im **November und Dezember**. Die jährliche **Durchschnittstemperatur** liegt bei 7 bis 9 °C. Im Sommer ist es an der Küste oft kühler, Hitzewellen lassen sich dort besser ertragen als im Binnenland. In den Monaten **Juli und August** ist es im Jahresmittel am wärmsten, aber das Thermometer steigt selten über 30 °C.

■ Eine **Wetterprognose** bieten die meisten **Tourist-Informationen** über ihre Website oder per Aushang an. Hilfreich für die Planung sind beispielsweise die Websites www.dwd.de, www.wetter.de und www.wetter-online.de oder etwa die Apps Windfinder und WeatherPro (kostenpflichtig), für die an die Niederlande grenzenden Gebiete liefert die Website www.buienradar.nl relativ zuverlässige Vorhersagen (nur in holländischer Sprache).

180ofl_mna

Kommunikation unterwegs

Die meisten Unterkünfte bieten ein **Gäste-WLAN** an, das kann aber durchaus kostenpflichtig sein. Deshalb sollte bei Buchung gefragt werden, ob Kosten entstehen können und in welcher Höhe. **Auch auf Campingplätzen** kann es wegen möglicher Entfernung zum Sendemast zu Problemen kommen. **Tourist-Informationen** bieten an bestimmten Stellen ein **kostenfreies Gäste-WLAN** an, die genauen Standorte können dort erfragt werden. Häufig lassen sich diese Informationen aber auch über die jeweilige Website abrufen.

Auf dem Land, während Fahrten mit den öffentlichen Verkehrsmitteln wie Bus, Bahn und Fähre ist der **Mobilfunk empfang nicht immer gewährleistet** und abhängig vom Mobilfunkanbieter. Besonders im Binnenland sind ganze Orte vom Internet „befreit", es gibt immer wieder **größere Funklöcher.** Ganz im Westen Ostfrieslands kann es sein, dass sich Telefon ins niederländische Netz einwählt.

Kurbeitrag

Viele Gemeinden, besonders an der Küste, erheben einen **Gästebeitrag,** wie die Kurabgabe auch genannt wird. Sie wird ab dem Zeitpunkt der Anreise für die Dauer des Aufenthalts erhoben und **nach Anzahl der Tage berechnet.** Man-

che Gemeinden rechnen das direkt mit den Hoteliers und Gästewohnungsbesitzern ab, bei manchen Gemeinden muss man auch **selbst** dafür sorgen, dass man eine **Gästekarte für die Dauer des Aufenthaltes** bekommt. Über die jeweiligen Details informieren die **Tourist-Informationen** telefonisch oder veröffentlichen die entsprechenden Vorschriften auf ihrer Website. Für Besucher, die häufiger kommen, könnte sogar eine **Jahreskarte** günstiger sein. Den Gästebeitrag muss, sofern er erhoben wird, jeder zahlen – ausgenommen sind nur **berufliche Aufenthalte,** für die man sich gegen einen entsprechenden Nachweis bei der Tourist-Information eine **Sondergenehmigung** holen kann. mit dem Gästebeitrag erhält man häufig **ermäßigten Eintritt** beim Besuch von Museen, Schwimmbädern und weiteren Einrichtungen.

LGBT+

In Ostfriesland ist der Umgang mit homo- und bisexuellen Menschen wie in ganz Norddeutschland **relativ entspannt.** Es ist aber empfehlenswert, besonders außerhalb der größeren Städte, seine geschlechtliche Orientierung in der Öffentlichkeit nicht zu offensiv zur Schau zu tragen.

▷ Anreise mit dem Bus zur Baltrum-Fähre am Anleger Neßmersiel

Nationalpark-Häuser

In einigen Küstenorten sowie auf den Ostfriesischen Inseln gibt es Nationalpark-Häuser, die **Wissenswertes über den Lebensraum Watt sowie seine Tier- und Pflanzenwelt vermitteln.** Informationen über das örtliche Angebot und die jeweiligen Öffnungszeiten gibt es bei den Tourist-Informationen und über die Website www.nationalpark haus-wattenmeer.de.

Öffentliche Verkehrsmittel

In den **Städten** ist das Netz an öffentlichen Verkehrsmitteln im Nahverkehr **recht gut,** und einige Städte haben auch einen **Bahnanschluss.** Wer sich aber in

kleinere Orte sowohl im Binnenland als auch an der Küste begibt, **kann es schwerer haben,** den öffentlichen Nahverkehr zu nutzen. Besonders außerhalb der Saison ist es auf dem Land nicht leicht, bequem von A nach B zu kommen. Es gibt viele verschiedene Anbieter und die Fahrpläne der unterschiedlichen Linien sind oft nicht aufeinander abgestimmt.

Aus den großen Städten Deutschlands und aus den Regionen, aus denen viele Urlauber in die Ferienorte an der Küste anreisen, fahren mittlerweile **regelmäßig Fernbusse,** im Sommer werden die Zielgebiete sogar meist täglich angesteuert.

Da sich das Geflecht öffentlicher Buslinien verschiedener Betreiber für den Außenstehenden als recht unübersichtlich darstellt, gibt es in Ostfriesland den **Verkehrsverbund Ems-Jade** (VEJ). Dieser bietet einen speziellen Service für Urlauber zwischen Ems und Jade an, den sogenannten **Urlauberbus.** Es gilt ein Tarif von **nur 1 Euro je Richtung und Person** auf allen Linien des Verkehrsverbundes. Er umfasst sowohl die Landkreise Aurich, Friesland, Leer und Wittmund als auch die Städte Emden und Wilhelmshaven. Von mehr als 4900 Haltestellen aus kann man sich auf 220 Linien mit dem **Vorzeigen der Gästekarte** ohne ein eigenes Fahrzeug günstig fortbewegen. Auf der Website www.urlauberbus.info sind zur besseren Orientierung der **Streckennetzplan** sowie viele weitere nützliche Informationen zu finden.

■ **Verkehrsverbund Ems-Jade (VEJ):** Norderstraße 32, 26603 Aurich, Tel. 04941 93377, www.urlauberbus.info
■ **Flixbus:** Tel. 030 300 137300, www.flixbus.de

Paddel- und Pedalstationen

In Ostfriesland gibt es viele sogenannte Paddel- und Pedalstationen, an denen man **vom Drahtesel ins Kanu** wechseln kann und umgekehrt. Diese Art der Fortbewegung verspricht **verschiedene Perspektiven** mit vielen neuen Eindrücken. An manchen Stationen wird auch ein **Rückholservice** angeboten, aber der ist nicht selbstverständlich, deshalb wird empfohlen, sich vorher nach den Einzelheiten zu erkundigen. Die Adressen der einzelnen Stationen sind bei den jeweiligen Orten aufgeführt und sind auch auf den Webseiten der verschiedenen Regionen zu finden. Einen Gesamtüberblick bietet die Website www.paddel-und-pedal.de.

Rauchen

Es gilt das **Nichtraucherschutzgesetz Niedersachsens.** In allen öffentlichen Einrichtungen ist das Rauchen generell **verboten.** Dies gilt auch für Restaurants und Kneipen, in denen gegessen werden kann. Eine Ausnahme besteht für separate Raucherräume. Darüber hinaus gibt es reine Raucherkneipen, die am Eingang als solche ausgewiesen sein müssen und zu denen Personen unter 18 Jahren keinen Zutritt haben.

Raucher dürfen ihre **Kippen** auch nicht auf der Straße oder am Strand wegwerfen, sondern müssen sie einstecken und entsprechend entsorgen.

Reiten

Viele Reiter träumen davon, einmal **am Strand zu reiten.** Es gibt in Ostfriesland etliche **Reiterhöfe** – besonders natürlich auf den Ostfriesischen Inseln –, mit denen sich solche Ausritte unternehmen lassen. Informationen dazu unter **www.ostfriesland.de.** Einige Pferdehöfe bieten auch **Gastboxen** für das eigene Pferd an. Auch im Binnenland gibt es etliche Reitanlagen und -hallen sowie Einstellmöglichkeiten für das eigene Pferd. Niedersachsen ist ein ausgesprochenes Pferdeland. Informationen liefern oft die örtlichen Tourist-Informationen.

Sicherheit

Auch wenn zahlreiche Küsten- und Inselkrimis anderes suggerieren, ist das **Reisen in Norddeutschland tatsächlich relativ sicher.** Es gibt selten Gewalttaten, noch seltener Einbruch und Diebstahl, allen voran in Sachen Sicherheit sind natürlich die Inseln. Auch auf den Campingplätzen schaut jeder Camper in der Regel auf das Hab und Gut der umliegenden Nachbarn. Trotzdem sollte jeder darauf achten, dass die **Geldbörse nicht unbewacht** offen auf dem Tisch verbleibt, während man sich selbst anderswo umschaut. Auch in den größeren Städten und auf Märkten oder bei Veranstaltungen sollte mit einer gewissen Aufmerksamkeit auf mögliche **Taschendiebe** geachtet werden.

Sonnenschutz

Besonders im Sommer wollen die Urlauber in den meisten Fällen **Sonne tanken.** Natürlich lassen sich auch mit sonnenlosem Wetter schöne Ferien verbringen. Aber mehr Spaß macht es schon, wenn die Sonne scheint. Es ist bekannt, dass **UV-Licht** die **Haut altern** lässt. Weniger bekannt hingegen ist, dass schon ein schlichter Sonnenbrand innerhalb von drei Tagen eine **Alterung der Haut um ein halbes Jahr** mit sich bringt. Wer sich regelmäßig zu viel Sonne aussetzt, hat auch ein höheres Risiko, an **Hautkrebs** zu erkranken. Besonders **Sonnenbrand** ist ein echter Risikofaktor. Für die Haut

ist es deutlich besser, sich häufiger, aber nur kurz in der Sonne aufzuhalten, als über einen längeren Zeitraum am Stück. Gerade junge Menschen haben eine sehr empfindliche Haut, die die UV-Strahlen stärker durchlässt und sie dadurch langfristig schädigt. Auch wenn die Freude am Sonnenschein bei vielen Menschen groß ist, raten Mediziner dazu, das **Sonnenbaden behutsam** anzugehen, damit sich die Haut an das Licht gewöhnen kann. Insbesondere in den ersten Tagen des Sommerurlaubs ist es empfehlenswert, sich nur **vor 11 Uhr** und **nach 15 Uhr** in der Sonne zu tummeln. Am frühen Vor- und späten Nachmittag ist die Strahlung der schädlichsten UV-Variante nämlich wegen des längeren Wegs durch die Erdatmosphäre entscheidend geschwächt. Die übrige Zeit sollte man möglichst im Schatten verbringen. **Schatten** ist überhaupt das beste prophylaktische Mittel. Ein bedeckter Himmel reicht allerdings nicht aus: Er lässt trotz Wolkenschicht immer noch bis zu 80 Prozent der UV-Strahlung durch.

Wer längere Aufenthalte im Freien plant, z. B. bei einer Fahrradtour oder einem Spaziergang, sollte sich eine halbe bis dreiviertel Stunde vorher mit einem Sonnenschutzmittel mit **möglichst hohem Lichtschutzfaktor** (LSF) eincremen. An ihm sollte auch nicht gespart werden, besonders wenn man sich in der Nähe von, im oder auf dem Wasser aufhält. Die Wasserfläche verstärkt nämlich die Strahlung noch. Beim Eincremen ist es wichtig, auch die besonders exponierten **Ohren** und den **Haaransatz** nicht zu vergessen. Nach einer Empfehlung der EU werden für den richtigen Schutz von Kopf bis Fuß in Badekleidung **etwa 36 Gramm Sonnen-**

schutzmittel benötigt. Mit anderen Worten benötigt eine vierköpfige Familie pro Sonnentag fast eine ganze Flasche Sonnenschutzcreme. **Wasserfeste Sonnenmilch** gibt es sogar noch mit LSF 50. Allerdings sollte diese nach dem Baden oder starkem Schwitzen erneut aufgetragen werden, denn auch wenn „wasserfest" auf der Packung steht, verschwindet durch die Feuchtigkeit ein Teil des Schutzes. Interessant ist auch, dass der LSF nicht linear, sondern exponentiell mit der Auftragsmenge abnimmt. Wer also nur die Hälfte der empfohlenen Menge verwendet, ist nicht etwa halb so gut geschützt, wie auf der Packung steht, sondern deutlich schlechter. Nach acht Stunden ist der Sonnenschutz nur noch gut 40 Prozent gewährleistet. Für die **Lippen** gibt es zusätzlich spezielle Pflegestifte mit Sonnenschutz, außerdem **Schutzsprays für die Haare,** damit diese nicht austrocknen. Wenn man beabsichtigt, den ganzen Tag draußen zu verbringen, kann es je nach Sonnenintensität durchaus sinnvoll sein, **passende Kleidung** – die es inzwischen sogar mit Lichtschutzfaktor gibt – zu tragen.

Sollte dennoch einmal ein Sonnenbrand entstanden sein, hilft es am besten, die betroffenen Hautpartien **zu kühlen.** Ein leichter Sonnenbrand lässt sich gut selbst behandeln, zum Beispiel mit kühlenden Umschlägen wie Quarkwickeln, feuchtigkeitsspendenden Lotionen und Kompressen mit kaltem Wasser. Die Sonne sollte danach jedoch erst einmal für längere Zeit gemieden werden. Ein **starker Sonnenbrand** muss auf jeden Fall **von einem Arzt behandelt werden.** Kommt es nach einem Aufenthalt im Freien zu Symptomen wie Kopfschmerzen, Schwindelgefühlen, Übelkeit oder Erbrechen, könnte es sich um einen **Sonnenstich** handeln. Darum ist ratsam, dass besonders Menschen mit wenig, keinem oder dunklem Haar zur Vorbeugung in der Sonne eine **Kopfbedeckung** tragen. Werden die Tipps zum richtigen Schutz vor der Sonne berücksichtigt, steht einem entspannten Urlaub nichts im Weg. Schließlich hat die Sonne unbestrittenermaßen auch gesundheitsfördernde Wirkung. Aber wie überall gilt es, **das richtige Maß zu finden.**

Sport

In Ostfriesland lässt sich im Urlaub nicht nur entspannen, auch **sportlich Aktive** finden hier zahlreiche Möglichkeiten, um sich körperlich auszutoben. Im Binnenland gibt es viele **Radwege** – insgesamt ist das Netz 3500 Kilometer lang, aber auch **einzelne Touren** unterschiedlicher Länge entlang der Binnendeiche oder auf Fernwanderwegen sind möglich. Unterwegs sieht man Windmühlen, Parks, Fehnkanäle, Wiesen, Deiche, historische Burgen und kleine Dörfer, es geht vorbei an Feldern und Weiden, meist am Wasser entlang. Dabei ist es egal, ob man zu Fuß, mit dem Fahrrad oder auf dem Wasser unterwegs ist. Die **Länge der Touren** lässt sich nach Belieben und Kondition **selbst festlegen.** Wer Radfahren und Paddeln kombinieren möchte, sucht sich eine passende Tour bei den vielen **Paddel- und Pedalstationen** aus (→ „Fahrradfahren").

Auf den Binnenseen und an der Küste steht natürlich der **Wassersport** hoch im Kurs. Erstere locken teilweise mit Was-

182ofl_mna

serski-, Wakeboard- und Stand-Up-Paddling-Fahren (SUP). Auf den Fehnkanälen lässt sich entspannt paddeln und gelegentlich Tretboot oder SUP fahren. Auf den größeren Wasserläufen lassen sich auch **Touren mit dem Motorboot** unternehmen. An der Küste gibt es viele **Surf-, Kite-Surf- und Segelschulen.** Über die örtlichen Angebote informieren die Tourist-Informationen.

In den Ferienorten an der Küste bieten viele Tourist-Informationen während der Ferien auch **Strandgymnastik** oder **Nordic-Walking** an. Zusätzlich verfügen einige über ausgeschilderte Nordic-Walking-Routen oder Fitness-Parcours, die sich zu jeder Zeit nutzen lassen. Einen ersten Überblick bietet die Website **www.ostfriesland.travel.** Details über das aktuelle sportliche Veranstaltungsprogramm bekommt man über die Websites der entsprechenden Tourist-Informationen oder direkt vor Ort.

Wer gerne **unter freiem Himmel schwimmt,** kann dies in einem der vielen Binnenseen oder in der Nordsee tun, Alternativen bei schlechtem Wetter oder in der kühlen Jahreszeit sind die **vielen örtlichen Schwimmbäder,** die besonders in den Kurorten häufig abwechslungsreiche Schwimmmöglichkeiten und gut ausgestattete Sauna- und Wellnessbereiche bieten.

Ostfriesland ist eine wasser- und fischreiche Region, entsprechend sind die Bedingungen bestens und für den **Angelsport nahezu ideal.** Aal, Karpfen, Hecht, Schleie, Zander, Barsch und Weißfische sind in vielen Gewässern vertreten. Die passenden Fischgründe finden sich in den Flüssen, Seen Kanälen, Sieltiefs und Kolken. Auch **interessante Fließgewässer** sind hier zu finden, beispielsweise der Spetzerfehnkanal, der Sauteler Kanal, die Harle, die Werdumer

⌂ Angelsport in der Ferienhaussiedlung am Großen Meer

Leide oder der Nordgeorgsfehnkanal. Es kann sogar passieren, dass Meeresfische am Angelhaken hängen, wenn in den Gezeitenflüssen Leda und Jümme die Angel ausgeworfen wird. Einheimische schwören darauf, dies bei auflaufendem Wasser zu tun, dann beißen die Fische besonders gut. Fällt die Flut in den Abendstunden, sind das ideale Bedingungen für den Fang von **Aalen.** Der Fischereiverein Stickhausen in Detern kürt jedes Jahr den **„Fisch des Jahres".** Jeder kann dort ein Foto seines Fangs machen, die Fangergebnisse angeben und alles an den Verein senden. Erlaubnisscheine zum Angeln oder Gastkarten stellen meist die **Tourist-Informationen** und/oder die **örtlichen Fischereivereine** gegen eine geringe Gebühr aus. Voraussetzung ist ein gültiger Angelschein. Einige Fischkutter bieten Touren zum **Hochseeangeln** an, die Informationen dazu haben die Tourist-Informationen der Küstenorte.

(UNSER TIPP:) Das ist das **Sportangel-Fachgeschäft „Zum scharfen Haken"** – ein Schelm, wer dabei an Böses oder gar an ein Gasthaus denkt. Von außen ist der Laden eher unscheinbar, aber drinnen öffnet das **Paradies für jeden Angler** seine Pforten. Man bekommt dort alles, nur fürs Fliegenfischen ist die Auswahl begrenzt. Es gibt eine eigene, vom Inhaber *Josef Joggl* selbst entwickelte Rutenkollektion, sogar Regenzelte und Warteliegen sowie Räucheröfen vom Tisch- bis zum Standmodell sind im Angebot. Auch einheimische Angler kommen gern dort vorbei, und auch bei vielen Urlaubern mit Angelschein hat sich dieser Tipp herumgesprochen. Dort kann auch ein **Erlaubnisschein für die umliegenden Gewässer** erworben werden.

■ **Öffnungszeiten:** montags bis freitags von 17 bis 20 Uhr: Hauptstraße 173, 26842 Ostrhauderfehn, Tel. 04952 829845.

Unterkunft

Während der Ferienzeiten sind die Unterkünfte in der Regel zumindest in Küstennähe und in der Nähe der Binnenseen **ausgebucht,** viele Campingplätze sind dann ebenfalls sehr gut besucht. Es ist deshalb empfehlenswert, sich **frühzeitig** nach einem schönen Ferienquartier umzusehen und **rechtzeitig zu buchen.** Während der Hauptsaison sehen es Hotels, Pensionen und Vermieter von Ferienwohnungen nicht gern, wenn man nur einen Kurzaufenthalt plant, manche geben einen Mindestaufenthalt von drei Tagen oder einer Woche vor. Oft sind die Preise an den ersten drei Tagen deutlich höher – zumindest in den Unterkünften an der Küste und auf den Inseln, manchmal gibt es bei längeren Aufenthalten einen Rabatt. Immer mehr werden heute **Tagespreise** angegeben, was heißt, dass es keine festen Preise mehr gibt, sondern man muss eine konkrete **Buchungsanfrage mit An- und Abreisetag** stellen. Die Preise werden dann tagesaktuell entsprechend der Nachfrage kalkuliert und

Preiskategorien für Unterkünfte
① bis 45 €
② 45–65 €
③ über 65 €
Die Preise gelten für ein Doppelzimmer pro Person/Nacht mit Frühstück in der Hochsaison.

angepasst. Über das Wochenende liegen die Preise oft höher als in der Woche. Um Überraschungen zu vermeiden, ist es zudem sinnvoll, vor der Buchung **anzurufen** und konkret zu fragen, **was** im angegebenen Preis **inkludiert ist.** Nicht immer ist die Kalkulation eindeutig nachzuvollziehen. Manches Mal wird nur der Preis pro Person (im Doppelzimmer) angegeben, manchmal sind es Zimmerpreise, mal mit Frühstück, mal ohne. Auch ein **Parkplatz** kann zumindest in den touristisch stark erschlossenen Regionen preislich durchaus zu Buche schlagen. Einige Hotels und Pensionen bieten auch **Paketpreise mit zusätzlichen Leistungen** an. Die Kosten für **Ferienwohnungen und -häuser** richten sich nach **Lage und Ausstattung.** Die Preise für in den letzten Jahren neu gebaute Ferienhäuser unterscheiden sich teilweise kaum noch von denen der Hotels. Und auch die **Endreinigungspauschalen** fallen oft erheblich ins Gewicht, teilweise liegen sie **im dreistelligen Bereich.** Zur eigenen Sicherheit sollten diese Details **vor der Buchung klar definiert** sein.

Ein Tipp: Die Unterkünfte an den großen Fahrradrouten haben sich oft auf **Radfahrer** spezialisiert und bieten die entsprechende Infrastruktur zum Beispiel zum Aufladen der Akkus an oder Picknick-Pakete für unterwegs. Auch die Preise sind oftmals einigermaßen bezahlbar. Viele Tourist-Informationen, vor allem im Binnenland, haben ihre Websites so strukturiert, dass sich **gezielt nach solchen Unterkünften** suchen lässt. Teilweise werden sogar spezielle **Radfahrer-Pakete** angeboten. Auch hier lohnt sich ein Blick aufs Detail. Zum Blättern haben die Tourist-Informationen meist ein Gastgeberverzeichnis mit Hotels, Pensionen und Ferienwohnungen.

Buchungsportale im Internet

Als Ergänzung zu den sorgfältig zusammengetragenen Unterkunftsempfehlungen in diesem Buch können Buchungsportale wie **booking.com, agoda.com** oder **airbnb.de** dazu genutzt werden, aktuelle Preise und Bewertungen anderer Reisender einzusehen und Unterkünfte direkt zu buchen. Die Plattformen listen Unterkünfte aller Art und Reisende finden diese darüber leicht. Sie übernehmen auch bürokratische Aufgaben wie die **Abwicklung der Bezahlung** und stellen den **Kontakt** zwischen Unterkunft und Unterkunftssuchenden her.

Hilfreich bei der Entscheidungsfindung sind die **Bewertungen anderer Kunden** in diesen Portalen. Gäste beurteilen eine Unterkunft nach oder während ihres Aufenthalts und sorgen im besten Fall für **aussagekräftige Benotungen** (1–10, 10 ist das Optimum). Je mehr Nutzer eine Bewertung abgegeben haben, desto **verlässlicher** ist das Ergebnis. Vorsicht ist allerdings geboten, wenn nur sehr wenige Nutzer ihre Meinung abgegeben haben. Aber auch sonst lohnt es sich, **kritisch zu lesen:** Achtet man auf die zu den Rezensionen verfassten Texte, so erhält man oft **Aufschluss über die Echtheit der Bewertung.** Auch lassen sich Veränderungen im Qualitätsstandard erkennen, wenn eine insgesamt positiv bewertete Unterkunft in jüngster Zeit **zahlreiche schlechte Bewertungen** erhalten hat. Über die Plattform Airbnb können private und gewerbliche Vermieter ihr „Zuhause" oder einen Teil davon anbieten. Auch hier vermittelt das Portal zwischen Anbieter und Kunde. Es werden zusätzlich **Touren und Aktivitäten mit Einheimischen** vermittelt, bisher allerdings nur in touristischen Ballungsgebieten. **Tripadvisor** ist ein reines Bewertungsportal, das die Nutzer bei Bedarf an Buchungsportale und/oder die Websites von Unterkünften bzw. Restaurants weiterleitet und sich besonders für **Gastrotipps** eignet.

Ob man sich für die Buchung über ein Online-Buchungsportal entscheidet, hängt von der **Präferenz der Nutzer** ab. Zur generellen Sondierung der Marktsituation und zur Einschätzung von Unterkünften sind die Portale meist empfehlenswert. Die Nutzung ist für Endkunden zunächst **kostenlos,** für die Betreiber der Unterkünfte fällt jedoch eine Provision an – die im Zweifelsfall **irgendwann eingepreist** wird.

Veranstaltungen

In einem so großen Zielgebiet wie Ostfriesland **ist das Angebot** an abwechslungsreichen Veranstaltungen **riesig,** ob es sich um Gezeitenkonzerte, Drachenfestivals und Krabbenkutterregatten an der Küste oder sportliche Events, Gartenveranstaltungen, Herbst- und Lichterfeste oder verkaufsoffene Sonntage und besondere Märkte im Binnenland handelt – es ist für jeden Geschmack zu fast allen Jahreszeiten etwas Passendes dabei. Die Dichte der Veranstaltungen hängt von der **Zahl der Touristen** ab. In den Küstenorten ist sie naturgemäß dichter als im Binnenland und im Sommer ist mehr los als im Winter. Die Tourist-Informationen bieten auf ihren Websites einen **Veranstaltungskalender** an, viele erlauben auch die **Suche nach Themengebieten.** Die Kontaktdaten finden sich bei den einzelnen Orten. Mehr dazu gibt es unter www.ostfriesland.travel und Anregungen unter www.teetied-ostfriesland.de, dem Urlaubermagazin der Ostfriesland Tourismus GmbH in Leer. Im Startkapitel dieses Reiseführers befinden sich **Event-Tipps** unter der Überschrift „Ostfriesland zu jeder Zeit", dort werden die wichtigsten Veranstaltungen aufgeführt. Bei insgesamt mehr als 10.000 Veranstaltungen pro Jahr fällt die Auswahl vermutlich gar nicht so leicht. Die wichtigsten Veranstaltungen von überregionaler Bedeutung sind hier aufgelistet.

- **April:** Ditzumer Ostermarkt
- **Mai:** Ossiloop – jährlich zwischen Leer und Bensersiel in wechselnder Richtung
- **Mai:** Krummhörner Orgelfrühling
- **Mai:** Drachenfest am Meer in Norddeich
- **Mai:** Esenser Schützenfest
- **Ende Mai:** Pfingstmarkt in Bunde
- **Pfingsten:** Deutscher Mühlentag
- **Juni:** Emder Matjestage
- **Juni:** Störtebeker Straßenfest in Marienhafe
- **Juni:** Weinfest im Blumenreich in Wiesmoor
- **Juni:** Internationales Filmfest Emden-Norderney
- **Juni:** Uplenger Schützenfest
- **Juni:** Welterbe-Wattenmeer-Geburtstag in ganz Ostfriesland
- **Juli:** Schlickschlittenrennen in Upleward
- **Juli:** Auricher Weinfest
- **Juli:** Highland Games Ostfriesland in Großheide

- **Juli:** Stadtfest Wittmunder Bürgermarkt
- **Juli:** Moormerlander Weinfest
- **Juli:** Fest der 1000 Laternen in Augustfehn
- **Juli/August:** Straßenfest mit „Hafen in Flammen" in Carolinensiel
- **Juli/August:** Wikingerfest am Meer in Norddeich
- **August:** Sommerfest am Großen Meer
- **August:** Emden à la carte
- **August:** Auricher Stadtfest
- **August:** Regatta der Krabbenkutter in Neuharlingersiel
- **September:** Blütenfest in Wiesmoor
- **September:** Ostfriesisches Heerlager in Timmel
- **September:** Erntedankfeste in vielen Gemeinden
- **September:** Friedeburger Festival
- **Oktober:** Strohballen-Rollmeisterschaft in Dornumersiel
- **Oktober:** Brüllmarkt in Jever
- **Oktober:** Gallimarkt in Leer
- **November:** Aufstellen des schwimmenden Weihnachtsbaums in Carolinensiel
- **Dezember:** Weihnachtsmärkte in vielen Orten wie Jever, Aurich, Weener
- **31. Dezember:** Silvesterparty am Meer in Norddeich

Wellness und Thalasso

In den größeren Schwimmbädern gibt es in den Ferienorten meist neben den klassischen Badebecken auch einen Saunabereich und Wellness-Angebote für einen entspannten Urlaub. Hier lässt sich in der wohligen Wärme der **Thermal- und Meerwasserschwimmbäder** ausspannen oder das vielseitige Angebot der **Saunalandschaften** wie türkisches Dampfbad, Bio- und Themensaunen bis zur finnischen Sauna nutzen. Über die Möglichkeiten informieren die jeweiligen **Tourist-Informationen.**

Auch manch großer **Campingplatz** an den Binnenseen hält für seine Gäste inzwischen einen Saunabereich bereit.

In den Ferienorten an der Küste und auf den Inseln bieten die örtlichen Schwimmbäder meist auch **Thalasso-Kuren bzw. -Therapien** an. Thalasso nutzt die Heilkraft aus dem Meer und bei einer Thalasso-Kur geht man am Spülsaum spazieren, schwimmt im Meer und tut seinem Körper neben der Bewegung an der frischen Luft bei therapeutischen und kosmetischen Anwendungen mit Meerwasser, Meersalz, Schlick und Algen etwas Gutes. Die Mineralstoffe und Spurenelemente haben eine positive Wirkung auf den Körper. Ebenfalls vorteilhaft wirkt sich auch das **Reizklima** an der Nordsee aus. Eine Thalasso-Therapie hilft vor allem bei **Atemwegserkrankungen, Erschöpfungszuständen** und **Neurodermitis.** Eine Thalasso-Kur kann vom Arzt verordnet oder muss selbst bezahlt werden, es sei denn, der behandelnde Arzt stellt für ambulante Anwendungen ein Rezept aus. Anwendungen zur Vorsorge und Kräftigung sind generell selbst zu bezahlen. Nähere Informationen gibt es bei den Tourist-Informationen an der Küste und auf den Inseln.

Umweltschutz im Urlaub und im Alltag

Dass drei Viertel des Mülls im Meer aus **Plastik** besteht, ist weitgehend bekannt, der größte Teil sind **Einwegverpackungen.** Die Erkenntnis, dass sein Umfang immer größer wird und auch uns Menschen gefährdet, ist inzwischen bei den meisten Verbrauchern angekommen. Das Hauptproblem dabei: Das Plastik ist **erst nach 350 bis 450 Jahren zersetzt,** Fischernetze im Meer sogar erst nach 650 Jahren. Davor zerfällt es in immer kleinere Teile. Sind sie kleiner als fünf Millimeter, spricht man von **Mikroplastik.** Viele Plastikteilchen sind so klein, dass man sie mit bloßem Auge nicht mehr erkennen kann. Gerade im Meer sind diese kleinen Partikel aber ein besonderes Problem, denn das Mikroplastik **gelangt in die Nahrungskette,** wie sich in Muscheln und Meerestieren wie Fischen, Garnelen und Krebsen wissenschaftlich nachweisen lässt. Dort reichert es sich sogar an. Wenn wir diese Tiere essen, gelangt das Mikroplastik **auch in den menschlichen Körper.** Inzwischen nimmt jeder Deutsche in der Woche unbeabsichtigt etwa 7 Gramm zu sich, so viel wiegt eine Scheckkarte. Für mehr als eine Million Seevögel und 100.000 andere Tiere ist der Plastikmüll **tödlich,** weil sie sich darin verheddern oder ihn schlucken. Noch sind die Auswirkungen nicht vollständig erforscht, aber sicher ist, dass die im Plastik enthaltenen Weichmacher und Flammschutzmittel giftig sind.

Der Plastikmüll ist aber nicht nur im Meer und in den Flüssen zu finden, sondern überall, besonders rechts und links stark befahrener Straßen und in der Nähe von Fast-Food-Restaurants. Leider entsorgen viele den Müll nicht im Mülleimer, sondern **werfen die Verpackungen einfach aus dem Autofenster.** Bei diesem Müll handelt es sich um unterschiedlichste Stoffe wie Plastiktüten und -flaschen, Verpackungen wie Coffee-to-Go-Becher oder Kartonagen. Direkt an der Nordseeküste findet man viele Teile von Fischernetzen und deren Abrieb, Plastikwannen, Fender und vieles mehr. Dort kommt der Plastikmüll mit der Flut oder im Sturm an die Ufer. Im Sommer wird alles Unerwünschte von den Kurverwaltungen morgens weggeräumt, damit der Strand sauber ist, aber wer im Herbst oder Winter nach einem Sturm an der Wasserkante entlang geht, kann den Plastikmüll meist **säckeweise** einsammeln. Jeder einzelne kann auch im Kleinen einen Beitrag zum Schutz der Umwelt leisten. Hier kommen ein paar Beispiele für einen einfachen Anfang:

■ **Vernünftig Einkaufen:** Das Wichtigste ist, Plastikverpackungen zu vermeiden. Ein Stoffbeutel oder Einkaufskorb sind wiederverwendbar und leisten nicht nur während der Ferien gute Dienste. Am besten ist unverpackte lose Ware.

■ **Einmalverpackungen vermeiden:** Coffee-to-Go mag morgens eine bequeme Sache sein, aber er verursacht jede Menge unnötigen Müll. Es ist viel besser, seinen eigenen Becher mitzubringen. Andere Getränke am besten in Mehrweg-Pfandflaschen aus Glas einkaufen. Die Umwelt freut es und ein gutes Gewissen darf man auch haben.

> Auf dem Wochenmarkt am Museumshafen Carolinensiel werden vorwiegend regionale Produkte verkauft

■ **Biologische und regionale, saisonale Produkte verwenden:** Wer Bioprodukte oder regionale Waren kauft, vermeidet Umweltgifte. Die strengen Biosiegel wie Demeter oder Bioland geben eine hilfreiche Orientierung bei den Nahrungsmitteln, der Blaue Engel hilft bei Produkten wie Papier, Lacken und Pflanzenschutzmitteln. Leider sind Bio-Produkte im Supermarkt oft in Plastik verpackt, damit sie nicht von anderen Lebensmitteln „vergiftet" werden. Daher ist unverpackte Ware die bessere Wahl. Bei regionalen Lebensmitteln entfällt ein langer Transport und wer in Hofläden oder auf Wochenmärkten einkauft, unterstützt die Direktvermarktung. Am besten sind saisonale Waren, hier entfallen ebenfalls lange Transportwege, vor allem aus Übersee.

■ **Saubere Wäsche und ein gutes Gewissen:** In vielen Waschmitteln ist wasserschädliches Phosphat enthalten, vor allem Weichspüler ist sehr umweltschädlich. Es gibt inzwischen gut funktionierende phosphatfreie Waschmittel, und auf den schädlichen Weichspüler lässt sich ebenfalls gut verzichten.

■ **Das Auto gelegentlich stehen lassen:** Das lässt sich zwar nicht überall umsetzen, aber vielleicht ist der Urlaub ein Anlass, sich überwiegend zu Fuß oder mit dem Fahrrad vorwärts zu bewegen. Gerade Ostfriesland ist wegen des gut ausgebauten Radwegenetzes gut geeignet. Vielleicht tut die Bewegung auch so gut, dass nach dem Urlaub zu Hause das Auto des Öfteren in der Garage bleibt und stattdessen umweltfreundlichere Alternativen genutzt werden.

183ofl_mna

Störtebeker

8
Land und Leute

>> Wie entstand Ostfriesland?
Wann kamen die Friesen ins Land?
Welche Landschaftsformen gibt es in Ostfriesland?
Was hat es mit dem
Wappen und der Flagge auf sich?
Warum sind die Ostfriesen ein
besonderer Menschenschlag?
Was steckt hinter den teilweise jahrhundertealten
Traditionen und Bräuche?
Was wird gegessen und getrunken?
In welcher Sprache unterhält man sich?
All diese Fragen beantworten
die nachfolgenden Seiten.

◁ Störtebeker-Büste in der Marienkirche in Marienhafe

Ostfrieslands Geschichte

Es ist heute kaum vorstellbar, aber gegen Ende der Weichsel-Kaltzeit vor etwa 11.600 Jahren waren weite Teile der heutigen Nordsee **trockene Tundra.** Das sogenannte **Doggerland** erstreckte sich zwischen den Britischen Inseln und dem europäischen Festland. **Riesige Eisschilde** an den Polkappen banden damals noch das Wasser der Ozeane, der **Meeresspiegel** lag etwa 60 Meter unter dem heutigen Niveau. Über das fruchtbare Land und seine Ebenen zogen Kleinwild und Hirsche. Auf der Suche nach Beute durchstreiften auch die Jäger und Sammler der Steinzeit das Doggerland. Doch das Klima wurde wärmer, die Eisschilde der Nordhalbkugel schmolzen und der **Meeresspiegel stieg stetig an.** Die vordringende Nordsee erreichte erstmals um 6500 v. Chr. den Bereich der heutigen Küstenlinie.

Die südliche Nordseeküste zeichnet sich durch eine sehr geringe Neigung aus, das Meer geht nur sehr langsam in Land über. Bei Flut verschwindet es unter den Nordseewellen, bei Ebbe werden viele Quadratkilometer Schlick sichtbar. An der Kante zum Wattenmeer, einige Kilometer vom Festland entfernt, lagerten sich Sedimente ab. Aus unendlich vielen Sandkörnern bildeten sich im Lauf der Zeit **Sandbänke.** Vor ungefähr 2000 Jahren waren diese zu einer Höhe angewachsen, sodass sie nicht mehr ständig überspült wurden. **Pionierpflanzen** wie Queller und Strandhafer festigten den Sand mit ihrem langen Wurzelwerk und ließen auf den Sandbänken **Dünen** wachsen. So entstand die **Kette der West- und Ostfriesischen Inseln.** Sowohl die Form als auch die Anzahl der frühen Inseln sind allerdings unbekannt.

Die Nordsee zur Zeit der Antike

Inwieweit die Nordsee zur Zeit der Antike von Griechen und Römern tatsächlich befahren wurde, bleibt ungewiss. Auch ob der Hellene *Pytheas von Massila* (etwa 380 bis 310 v. Chr.) bei seinen Seereisen das Wattenmeer der Nordsee tatsächlich erreichte. Aus seinen Berichten geht aber hervor, dass an den Stränden der Insel Abalus **Bernstein** angespült wurde. Pytheas beschrieb das „Gold des Nordens" erstmals zutreffend als **fossiles Baumharz.** Mit *Abalus* (oder *Abalon*) könnte die **Insel Helgoland** gemeint sein. Die römischen Berichte entstanden etwas später zur Zeit um Christi Geburt. Sie beziehen sich auf die Eroberungsversuche der Römer im nördlichen Germanien. Das Römische Reich beherrschte in der frühen Kaiserzeit den gesamten Mittelmeerraum und strebte eine weitere Ausdehnung nach Nordosten an. *Gaius Julius Cäsars* Truppen überquerten 53 v. Chr. den Rhein in Richtung Germanien. Er war somit der erste, der in dieser den Römern unbekannten Region eine Militärexpedition durchführte. 12 v. Chr. gelangten die Römer erstmals in den Bereich des heutigen Ostfrieslands. Ihr damaliger Feldherr und Heerführer war *Drusus* (38 v. Chr. bis 9 v. Chr.), ein Stiefsohn des Kaisers *Augustus.* Er stieß in die Gebiete östlich des Rheins vor. Bei seinen Erkundungsfahrten kam *Drusus* bis zur Nordseeküste.

Am westlichen Ufer der Ems in Höhe der Ortschaft **Jemgum** befindet sich der **archäologische „Fundplatz Bentumersiel"**, an dem zahlreiche Artefakte aus der Römerzeit entdeckt wurden. Der Ort diente um die Zeit von Christi Geburt möglicherweise als Hafen und Versorgungsstützpunkt. Denn über die Ems gelangten römische Truppen bis weit ins Innere des zu erobernden Landes. *Plinius'* Berichte beziehen sich auf die kriegerischen Handlungen im nördlichen Germanien. Die sogenannten **Germanenkriege** gipfelten im Jahr 9 n. Chr. in der **Varusschlacht** im heutigen Teutoburger Wald, die den Invasoren eine vernichtende Niederlage einbrachte. Dass jedoch die römischen Feldherren *Drusus* und *Tiberius* weitere Teile der Nordsee befuhren, als bis zu den Mündungen der Flüsse Ems, Weser und Elbe, ist relativ unwahrscheinlich. Denn mit den **gefährlichen Fahrwassern** im flachen Wattenmeer hatten die Eroberer **große Probleme.** So berichtete der Geschichtsschreiber *Cassius Dio* (um 163 bis 229 n. Chr.): „Als Drusus dann in das Land der Chauken eingefallen war, geriet er in eine gefährliche Lage, da seine Schiffe in Folge der Ebbe des Ozeans auf dem Trockenen sitzen blieben."

Die Friesen

Während der Zeit der Völkerwanderung im fünften Jahrhundert besiedelten die **Angelsachsen** Britannien; sie kamen von der deutschen Küste aus dorthin. Zeitgleich errichteten **sächsische Stäm**me im Land Wurten (Warften), Burgen und Hafenanlagen. Die **Friesen** hingegen besetzten die Nordseeküste vom niederländischen Ijsselmeer bis hin zur Weser. Im fünften und sechsten Jahrhundert n. Chr. ging die Besiedelung stark zurück, vermutliche Ursache war der **Anstieg des Meeresspiegels,** der die Marsch überflutete und die Geest vernässte. Doch seit dem siebten und achten Jahrhundert n. Chr. leben Friesen an der westlichen Nordseeküste. Das Meer hatte sich wieder zurückgezogen und fruchtbares Land hinterlassen: Die **Marsch** gilt als größtes natürliches Weidegebiet in Europa. Die Bauern züchteten Rinder, und Schafe. Das Vieh, die Milch- und Wollprodukte wurden anschließend **im Binnenland verkauft.** Der erworbene Wohlstand führte auch dazu, dass die Friesen in den **Seehandel nach Übersee** einsteigen konnten. Doch die stürmischen Wellen der Nordsee waren auch immer wieder eine drohende Gefahr für das Leben und den Besitz der Siedler an der Küste, denn sie drohten ständig, das ertragreichste Land zu vernichten. Im ersten Jahrtausend nach Christi war eine **Besiedelung** nur in den höher gelegenen **Geestgebieten** und auf künstlich aufgeschütteten Erdhügeln möglich, den sogenannten **Warften.** Doch ab etwa 1000 n. Chr. begannen die Friesen, zum Schutz der Küste **Deiche** zu errichten. Das war nur durch das gemeinsame Handeln aller möglich, egal ob reich oder arm: Ihr Zusammenhalt war gefordert, auch im Anschluss der Bauzeit, denn die Deiche mussten erhalten werden. Der Sinnspruch „Deus mare, Frisio litora fecit" (Gott schuf das Meer, der Friese die Küste), beschreibt diese Zeit sehr gut und gilt bis heute.

Christianisierung

Bereits im 8. Jahrhundert reichte das Frankenreich bis weit ins westliche Friesland und so begann die **Ausbreitung des Christentums** hier schon relativ früh. Begleitet wurden die Franken von Missionaren, die heiligen *Liudger, Willibrord* und *Bonifatius* sind die bekanntesten von ihnen. Im Jahr 785 eroberte *Karl der Große* dann ganz Friesland bis hin zur Weser. Als er im Frankenreich alle Stammesherzogtümer abschaffte, gewährte er jedoch **einigen Stämmen mehr Eigenständigkeit.** In der sogenannten „Lex Frisionum" hielt er erstmals das **alte friesische Strafrecht** fest und fasste es mit den geltenden fränkischen Gesetzen zusammen. Erst mit der Christianisierung verbreitete sich das **Schrifttum,** wodurch diese Gesetzessammlung überhaupt erst aufgeschrieben werden konnte. Dieses Rechtsbuch galt fortan für alle Friesen und unterschied mit Edlen, Freien, Halbfreien und Sklaven vier Stände, darunter jedoch keinen Klerus. Allerdings wurde Friesland in **mehrere Gebiete mit unterschiedlichen Rechten aufgeteilt.** Eines davon lag im Osten und reichte

Mittelalterliche Küstenlinie

0 ▬▬▬▬ 10 km

- ⌇ ehemalige Küstenlinie
- ⌇ heutige Küstenlinie
- ☐ Geest

NORDSEE

Spiekeroog
Wangerooge
Langeoog
Baltrum
Norderney
Dornumer Bucht
Juist
Hilgenrieder Bucht
Harle-bucht
Crildumer-bucht
Osterems
Memmert
Bant
Jever
Borkum
Westerems
Lêybucht
Aurich
Schwarzes Brack
Bucht v. Sielmönken
Fivelbusen
Bucht v. Campen
Krummhörn
Emden
Ems
Dollart

8

von dem Flüsschen Lauwers in der heutigen niederländischen Provinz Groningen bis an die Weser. Dieses Gebiet ist größer als das heutige Ostfriesland und Ost-Friesland. Ein freier Bauer musste mehr als 12 Hektar Land besitzen, wer **weniger Land** sein Eigen nannte, **war von öffentlichen Verpflichtungen** wie dem Deichbau **entbunden**. Eine Leibeigenschaft gab es nicht. Dies führte dazu, dass sich im Mittelalter in Ostfriesland **keine feudale Struktur** entwickeln konnte, wie es sonst üblich war. Und auch der christliche Glaube konnte sich wegen der starken Tradition der Friesen

© Reise Know-How NSKN02 für Ostfrl 1/21

Mellum

Weser

Made-bucht
Bremerhaven ◯
◯ Wilhelmshaven
Heete
Jadebusen Ahne

Friesische Balje

von Freiheit und Unabhängigkeit nur schwer durchsetzen. Eine Macht des Klerus wurde schlichtweg nicht akzeptiert.

Als *Martin Luther* (1483–1546) in Wittenberg seine Thesen veröffentlichte, waren die reformierten Gedanken, die sich bereits seit 1520 in Ostfriesland zeigten, willkommen. Als 1524 der vom niederländischen Calvinismus geprägte Magister *Aportanus* (1495–1530) in der Großen Kirche in Emden zu wirken begann, verbreitete sich das reformierte Gedankengut vor allem **im Westen Ostfrieslands** und fasste in der Bevölkerung Fuß. Vor allem in den **Städten** lebten nun Anhänger des evangelisch-lutherischen und evangelisch-reformierten Glaubens. Bis ins 17. Jahrhundert gab es ein relativ friedliches Nebeneinander von Menschen der evangelischen Glaubensrichtung und Katholiken – vermutlich **aufgrund der großen Toleranz,** die die Seefahrer in den Städten Emden, Norden, Aurich und Leer **im Umgang mit anderen Kulturen** gelernt hatten. 1599 entstand das sogenannte **Emder Konkordat,** auch das „ostfriesische Sonderrecht" genannt, das ausdrücklich das Nebeneinander von reformierter und lutherischer Konfession in Ostfriesland regelte. Noch heute ist der Westen mehrheitlich reformiert und der Osten stark lutherisch geprägt. Sowohl Lutheraner als auch Reformierte dürfen zum Teil bis heute vollberechtigte Mitglieder einer Kirchengemeinde sein, sodass die **Einheit der evangelischen Kirche in Ostfriesland** bewahrt wurde.

Beginnend mit dem 9. Jahrhundert wurde Ostfriesland in **zwei Kirchenbezirke** aufgeteilt, ein Teil wurde dem **Bistum Bremen** und der andere dem Bistum **Münster** zugeschlagen. Im Zuge der Christianisierung gab es viele Klostergründungen, allein im heutigen Ostfriesland lassen sich **mehr als 30 Klöster, Stifte und Ordenshäuser** nachweisen. Nach der Reformation (1517–1648) wurden die Klöster in Ostfriesland zumeist als profane Gebäude genutzt oder abgerissen, um das Baumaterial für andere Zwecke zu nutzen. Eines der mächtigsten Beispiele dafür war mit 68 Metern Länge, im Querhaus 35 Metern Breite und einem fast 45 Meter hohen Kirchturm das **Kloster Ihlow**. Es wurde im Jahr 1228 von Zisterziensermönchen gegründet, aber nach 300 Jahren 1529 im Zuge der Reformation aufgelöst und anschließend mit der Kirche zerstört. Erst mit dem beginnenden **Seebädertourismus** im 19. Jahrhundert kamen mit den Badegästen wieder **Katholiken** nach Ostfriesland und es wurden die **ersten katholischen Kirchen** gebaut. Doch bis heute ist der evangelische Glaube die häufigste Religion.

Die Sieben Seelande

Im zwölften Jahrhundert n. Chr. schlossen sich die friesischen Landgemeinden zu einer Einheit für Recht und Schutz zusammen und nannten sich **„Sieben Seelande"**, wobei die Sieben für Einheit und Vielfalt stand. Dieser Zusammenschluss umfasste im 13. Jh. n. Chr. große Bereiche des heute niederländischen Küstengebiets, das heutige Ostfriesland, und reichte bis zum Land Wursten im Osten des Elbe-Weser-Dreiecks. Gemeinsam trugen die Friesen die Verantwortung für den **Deichbau** und wehrten sich gegen die **Einfälle der Normannen.**

Auch schützten sie ihr Land gegen die Begehrlichkeiten auswärtiger Herrscher wie die Grafen von Oldenburg, Sachsen, Westfalen und gegen die Bischöfe von Münster und Bremen. Das machte die Friesen stark und selbstbewusst.

Immer wieder versuchten im Laufe der Geschichte Herrscherdynastien, sich die niedersächsische Nordseeküste einzuverleiben, aber meist scheiterten sie – oder die Bewohner ignorierten fremde Gesetze und Regeln weitgehend und blieben ihrer Sprache treu. Die verschiedenen Besatzer bissen sich sprichwörtlich an diesem **eigensinnigen Menschenschlag** die Zähne aus. Bereits im 13. Jahrhundert, als das restliche Deutsche Reich überwiegend feudale Strukturen aufwies, gründeten die Ostfriesen den sogenannten **Upstalsboom,** eine Art Eidgenossenschaft und **frühe Form der Demokratie.**

Heute leben die Friesen als nationale Minderheit in den Niederlanden und im deutschen Ostfriesland, nicht jedoch an der olden-burgischen Küste und im Elbe-Weser-Dreieck.

Die Friesische Freiheit

„Eala Frya Fresena" – das heißt so viel wie „Seid gegrüßt, ihr freien Friesen". Das war auch der **Grußspruch der freien Friesen.** Gedacht ist dieses Motto als bewusster Gegensatz zur feudalen Niederwerfung. Eng verknüpft damit ist der niederdeutsche Ausspruch *„Lever dood as Slaav",* was so viel wie „Lieber tot als

▷ Autobahnschild „Friesische Freiheit"

Sklave" bedeutet. Es ist die Antwort auf den Grußspruch der freien Friesen. Er ist sowohl in Ostfriesland als auch in Nordfriesland bis heute gebräuchlich.

Deichbau als Verteidigung gegen das Meer und die Verteidigung gegen Fremde sorgten dafür, dass sich bereits im Mittelalter die Friesen **genossenschaftlich** in eigenständigen Landesgemeinden organisierten und diese Aufgaben gemeinsam meisterten. Ihre vermutlich durch *Karl III.* (839–888) nach einem Sieg über die Normannen im Jahr 885 verliehenen Rechte und Freiheiten verteidigten die Friesen anschließend aktiv gegen auswärtige Fürsten, die immer wieder versuchten, die Friesen zu unterwerfen.

Die mit der Friesischen Freiheit verliehenen **Rechte auf Eigentum, politische Mitbestimmung** und **persönliche Freiheit** beinhaltete auch die Freiheit von gewissen Steuern und Abgaben. Das **Fehlen der Heerfolge** war den Friesen bereits Mitte des 9. Jahrhunderts zugestanden worden. Letzteres bedeutete, dass sie nicht zum Wehrdienst verpflichtet waren und es galt: „Dass die Friesen auf keiner Heerfahrt weiter zu ziehen brauchten als ostwärts bis zur Weser und westwärts bis zur *Vlie* (Anm.: damals ein Fluss bzw. eine Meeresbucht in den Niederlanden), südwärts nicht weiter, als dass sie am Abend zurückkommen können, weil sie ihr Land vor dem nordischen Heer schützen und vor der See sichern sollen." Die Vertreter der friesischen Landgemeinden trafen sich vom 12. bis in die erste Hälfte des 14. Jahrhunderts einmal im Jahr am Dienstag nach Pfingsten mit dem Ziel, **Recht und Freiheit für alle Friesen** sicherzustellen. Auf den Treffen wurde auch das Zusammenleben innerhalb der Gemeinden geregelt und der Bund der Freien Friesen politisch nach außen vertreten.

Der mittelalterliche Versammlungsort **Upstalsboom in Rahe bei Aurich** (siehe auch S. 181) ist deshalb für den friesischen Raum von großer historischer und

185ofl_OL

identitätsstiftender Bedeutung. Mit „Upstal" wurde eine eingezäunte Weide bezeichnet, „Boom" stand für Schlagbaum. Es handelte sich also ursprünglich um ein gemeinschaftlich genutztes Stück Weidegrund in der Nähe von Aurich, durch den die Friesische Freiheit erst berühmt wurde. Die Versammlungen fanden auf einem **Grabhügel einer hochgestellten Familie** statt, die Gründe für die Auswahl gerade dieses Ortes sind nicht erforscht. Im Grabhügel selbst fanden Archäologen Beweise für die **Handelsbeziehungen der Friesen mit dem Vorderen Orient,** die sich heute im Historischen Museum in Aurich befinden, darunter auch ein Damaszener-Schwert und eine Millefiori-Glasperle.

1833 errichtete die Ostfriesische Landschaft auf dem Upstalsboom ein **Denkmal** in Form einer **Steinpyramide.** Seit 2009 weisen zwei Hinweisschilder an den Autobahnen A 28 bei Filsum und A 31 bei Neermoor auf dieses geschichtsträchtige Alleinstellungsmerkmal hin. Man kann das Motiv der Schilder inzwischen sogar auf Postkarten, Aufklebern und Magnetschildern erwerben.

Die Zeit der Häuptlinge

Im 14. Jahrhundert wurde das Prinzip der friesischen Freiheit langsam aufgeweicht. Das späte Mittelalter, also das 14. und 15. Jahrhundert, entwickelte sich zum **Zeitalter der ostfriesischen Häuptlinge.** Diese waren auf Zeit gewählte Gerichtsherren, aber **keine Grundherren der freien Bauern.** Ihre Burgen und die zugehörigen Gemeinden wurden **Herrlichkeiten** genannt. Die öffentliche Gewalt mit Ausübung der Gerichtsbarkeit, das militärische Aufge-

186ofl_mna

botsrecht und der Schutz des Landfriedens lagen zunehmend in den Händen einzelner Familien und wurde **dynastisch vererbt.** Wichtige Häuptlingsfamilien waren die *tom Brook, Ukena* und *Cirksena.* Sie beeinflussten die Geschichte Ostfrieslands während dieser Zeit maßgeblich. Doch die **Machtkämpfe** unter den Häuptlingsfamilien wurden zu einem Problem. Denn sie machten teilweise gemeinsame Sache mit den **Piraten der Nordsee,** auch Vitalienbrüder oder Likedeeler genannt.

Einige ostfriesische Häuptlinge nutzten die schlagkräftigen Seeräuber, um ihre Truppen bei Stammesfehden zu verstärken. Im Gegenzug boten sie den Vitalienbrüdern einen **Unterschlupf,** außerdem konnten diese ihre erbeuteten Waren in Ostfriesland verkaufen. Dem Städtebund der Hanse gefiel das überhaupt nicht, schließlich wurde der Handel ihrer Kaufleute von den Seeräubern bedroht. Im April 1400 segelten elf Koggen der Hanse Richtung Emsmündung. 950 schwer bewaffnete Soldaten konnten die Vitalienbrüder in einer **Seeschlacht** entscheidend schwächen. Die Hanse machte Emden zu ihrem Stützpunkt im Kampf gegen die Piraten. Letztlich wurden auch die berühmtesten Vitalienbrüder, *Klaus Störtebeker* und *Gödecke Michels,* gestellt und in den Jahren 1400 und 1401 auf dem Hamburger Grasbrook hingerichtet. Die Köpfe vieler Vi-

187ofl_mna

talienbrüder wurden zur Abschreckung auf Pfähle gesteckt und am Elbufer aufgestellt.

1464 wurde *Edzard Cirksena* von Kaiser *Friedrich III.* in den **Reichsgrafenstand** erhoben. 1595 wurde Graf *Edzard II.* gezwungen, seine Resident von Aurich nach Emden zu verlegen. Aurich ist bis heute die **Hochburg der Verwaltung in Ostfriesland.** Das Haus der *Cirksena* wurde 1662 in den **erblichen Fürstenstand** erhoben und unter seinem Einfluss entwickelte sich Ostfriesland sowohl gesellschaftlich als auch wirtschaftlich positiv. Dennoch verteidigten die Friesen ihre **Freiheitsrechte** vehement, so konnte sich keine starke Adelsherrschaft durchsetzen. Im Dreißigjährigen Krieg (1618–1648) konnten sich die ostfriesischen Stände von ihren Landesherren **weitgehend unabhängig machen.** Aus der Vertretung der ostfriesischen Stände ging später die sogenannte **„Ostfriesische Landschaft"** hervor, die sich heute aber von einer politischen Institution zu einer Einrichtung für die Pflege des ostfriesischen Kulturguts gewandelt

⌃ Grabplatte des Häuptlings Gerhard II.

◁ Mausoleum der Familie Cirksena in Aurich

8

hat (→ gleichnamigen Exkurs im Kapitel „Landkreis Aurich"). Mit Fürst *Carl Edzard* verstarb im Mai 1744 der letzte ostfriesische Herrscher aus dem Haus der *Cirksena*.

Unter preußischer und französischer Herrschaft

Nach *Carl Edzards* Tod machte König *Friedrich II.* von Preußen sein **Nachfolgerecht** geltend. In der „Emder Konvention" aus dem Jahr 1744 war festgehalten worden, dass das Recht auf Belehnung des Fürstentums Ostfriesland für den Fall sicherstellt war, dass männliche Erben fehlten. So besetzte der preußische König von Emden aus die Region und die **Herrschaft der Preußen** begann. **Aurich** blieb Sitz der Landesbehörden und wurde zur **Regierungshauptstadt** der von nun an **preußischen Provinz Ostfriesland**. Dieser Umstand war wirtschaftlich und auch gesellschaftlich von großem Vorteil für die Küstenregion. **Emden** bekam 1751 einen **Freihafen** und das **Postwesen** wurde ausgebaut. Von Emden aus segelten Handelsschiffe in die ganze Welt. Unter **Friedrich dem Großen,** wie *Friedrich II.* später genannt wurde, stieg das Königreich Preußen zur **europäischen Großmacht** auf. 1806 begann der französische Kaiser *Napoleon Bonaparte* den **Krieg gegen Preußen.** Nach dem Sieg der Franzosen wurde Europa im **Frieden von Tilsit** im Jahr 1807 in einen russischen und einen französischen Einflussbereich aufgeteilt. Ostfriesland wies man dem damals zu Frankreich gehörenden **Holland** zu, das

unter der Regentschaft von Napoleons Bruder *Louis Bonaparte* stand. Auf das im Westen Ostfrieslands liegende Rheiderland gab es noch alte niederländische Ansprüche, sodass es unter französischer Herrschaft zum **Departement Ems-Oriental** gehörte und von **Groningen** aus verwaltet wurde.

Am 21. November 1806 verhängte *Napoleon* gegen Großbritannien eine Wirtschaftsblockade, die sogenannte **Kontinentalsperre.** Dadurch blühte der Schmuggel auf. Im Dezember 1810 brachte *Napoleon* die ganze Nordseeküste in seine Gewalt. Englische Schiffe kreuzten vor der Küste Ostfrieslands und man bereitete sich auf eine **Invasion der Engländer** vor. Durch die französische Herrschaft wurde das Gesellschaftssystem maßgeblich verändert und auch die modernen französischen Rechtsvorstellungen brachten die Franzosen mit. Das Zivilrecht war im **„Code civil"** festgeschrieben. Von großer Tragweite für die Ostfriesen war eine Vorschrift aus dem Jahr 1811, die die bisher übliche **patronymische Namensgebung** untersagte. Bis dahin wurde der Nachname traditionell aus dem Vornamen des Vaters abgeleitet. Stattdessen mussten die Ostfriesen ihren bis dahin unbekannte **erbliche Familiennamen** annehmen. Doch dieses System setzte sich erst in der Mitte des 19. Jhs. durch. Um den Schmuggel zu unterbinden, wurden in Ostfriesland **französische Zollbeamte** eingesetzt. Deren Nachkommen leben oft bis heute in der Region und so sind **französische Nachnamen** durchaus gebräuchlich.

▷ Gemälde einer historischen Fehnlandschaft des Künstlers Gerhard Ulpts

Zu der befürchteten Invasion der Engländer kam es zur Zeit der französischen Fremdherrschaft aber nicht. 1813 erlitten die Franzosen unter *Napoleon* die entscheidende Niederlage in der **Völkerschlacht von Leipzig,** damit endete auch die Kontinentalsperre. So regierten erneut die Preußen in der Küstenregion. 1814 wurde Ostfriesland Teil des neugegründeten **Königreichs Hannover** und wirtschaftlich ging es mit der ganzen Region bergab. Die Armut führte Mitte des 19. Jahrhunderts zu einer **Auswanderungswelle.** Viele Ostfriesen suchten fortan ihr Glück in den **USA,** vor allem zog es sie nach Illinois und Iowa. Natürlich gingen die Menschen an Orte, wo schon Freunde aus der Heimat ein neues Zuhause gefunden hatten. Bis heute gibt es in den USA Regionen, in denen **ostfriesisches Plattdeutsch** gesprochen wird. Ab 1882 erschienen für rund 90 Jahre die „Ostfriesischen Nachrichten – Heimatblatt der Ostfriesen in Amerika".

Fehnsiedlungen verändern das Land

Torf wurde in Ostfriesland schon in vorchristlicher Zeit als Brennmaterial verwendet, das belegen archäologische Funde. Neben dem Bau von Deichen und Landgewinnung durch Polderflächen zählt die **Binnenkolonisation** zu den großen Kulturleistungen der Ostfriesen. Besonders Letztere führte zu einer tiefgreifenden Veränderung der Hoch- und Niedermoorgebiete. Die Technik für den Torfabbau in größerem Stil war in den Niederlanden entwickelt worden, wo der systematische Abbau 1599 begann. Hatten bis zum 17. Jahrhundert nur die in Moornähe lebenden Geestbauern den für den eigenen Haushalt benötigten Torf aus dem Moor gegraben, setzte nun eine **Hochmoorkolonisation** ein. Sie hatte das Ziel, den Torf **wirtschaftlich zu verwerten** und die Abbauflächen in **Agrarland** umzuwandeln. Die erste

188ofl_FSW

Historische Kirchen in Ostfriesland

Ein wichtiger Teil des kulturellen Erbes von Ostfriesland ist die **große Anzahl historischer Gotteshäuser.** Eine Vielzahl gibt es besonders in den Marschgebieten, einige sind bereits im **12. Jahrhundert** im Stil der Romanik errichtet worden. In der Regel setzte man diese Gebäude auf **Warften,** denn die damaligen Deiche boten noch keinen ausreichenden Schutz. Erwähnenswert ist das **Rheiderland,** allein sieben Dörfer

189ofl_mna

der heutigen Gemeinde Jemgum hatten bereits im 13. Jahrhundert eine steinerne Kirche. Kirchen wurden sogar in Dörfern errichtet, in denen nur wenige Dutzend Menschen lebten, beispielsweise in **Böhmerwold** und **Marienchor.** Dort haben dann die Gemeindemitglieder sogar ihre festen Sitzplätze. Auch in der Krummhörn gibt es in den Dörfern viele historische Gotteshäuser, ab Mitte des 12. Jahrhunderts ersetzten steinerne Gebäude die vorherigen Holzkirchen. Für die ältesten Kirchen der Krummhörn wurde als Baumaterial **Tuffstein** verwendet, der mit Schiffen aus der Eifel herangeschafft wurde. Im östlichen Ostfriesland wurden für den Kirchenbau teilweise **Granitquader** verwendet, aber spätestens ab dem 13. Jahrhundert setzte sich in ganz Ostfriesland der **Backstein als Baumaterial** durch. Mönche vermittelten den Friesen die Kunst, die vorhandene lehmhaltige Erde zu wetterbeständigen Ziegeln zu brennen. Gebaut wurden damit meist schlichte Einraumkirchen, bei einigen sind noch die Jahrhunderte alten Originalgewölbe erhalten. Die Backsteinbauten gestaltete man außen oft mit dekorativen Konsolen, Rautenmustern oder Blendfeldern, Letzteres sind dekorative Elemente ohne Funktion.

Im 12. und 13. Jahrhundert entstanden neben den Kirchen auch zahlreiche **Klöster** in Ostfriesland. Zu ihrer Blüte hatte die Klosterlandschaft Ostfriesland etwa 30 Stifte und Klöster verschiedener Ordensgemeinschaften. Das älteste Ordenshaus entstand in **Reepsholt,** bereits um 953 soll es gegründet worden sein. Das bedeutendste ostfriesische Kloster ist das **Kloster Ihlow.** Der Zisterzienserorden gründete es im Jahr 1228 wenige Kilometer südlich von Aurich im Ihlower Wald. Nach der kirchlichen Erneuerungsbewegung der Reformation wurden die Klöster im 16. Jahrhundert aufgelöst und die

Gebäude abgerissen. Wertvolles Kulturgut ging dabei verloren.

Häufig stehen bei den Kirchen in Ostfriesland die Glockenstühle oder Kirchtürme **separat.** So konnte das Kirchenschiff bei einem Einsturz des Turms nicht beschädigt werden. Die Backsteintürme hatten im Marschboden wegen ihres Gewichts – Backsteine und die Glocken wiegen schwer – oft mit einer **Schieflage** zu kämpfen. Die Kirchtürme von Suurhusen bei Emden oder Midlum im Rheiderland sind berühmte Beispiele dafür.

Im Inneren der zahlreichen historischen Bauwerke befanden sich auch häufig **Kunstschätze von hohem Wert,** ein berühmtes Beispiel ist die Ausstattung mit **Orgeln.** So fügen sich in Ostfriesland auf begrenztem Raum zahlreiche Orgeln aus vielen Jahrhunderten zur **Orgellandschaft Ostfriesland** (siehe gleichnamigen Exkurs im Kapitel „Landkreis Aurich") zusammen. Aber auch kostbare Taufbecken, Altäre oder Kanzeln sind keine Seltenheit. Wenn wegen Baufälligkeit Neubauten nötig wurden, übernahm man meist die ältere Inneneinrichtung.

◁ St.-Mauritius-Kirche
mit eingestürztem Kirchturm

deutsche Moorsiedlung entstand 1630 mit dem zum Emsland gehörenden **Papenburg.** Kurz darauf, im Jahr 1633, gründeten Emder Kaufleute in Westgroßefehn die erste **ostfriesische Fehnsiedlung.** So begann die Urbarmachung der bis dahin weitgehend unzugänglichen Moorgebiete Ostfrieslands. Südlich von Wittmund lag früher das größte Hochmoorgebiet als nahezu unüberwindliche Barriere zwischen dem Oldenburger Land und der Küstenregion. Auch um Aurich gab es zahlreiche Moorlandschaften, die nicht erschlossen waren.

Doch ab den 1630er-Jahren wurden planmäßig Torfarbeitersiedlungen angelegt, die sogenannten **Fehnkolonien.** Anfangs schlossen sich wohlhabende Geschäftsleute zu sogenannten **Compagnien** zusammen. Sie finanzierten die Anlage eines schiffbaren Haupt- oder Stammkanals, der auch der Entwässerung diente, und verpachteten ihr Land als sogenannte Kolonate an Unterpächter. Die Arbeiter siedelten sich mit ihren Familien dort an. Anfangs brachte die Moorkolonisation den Fehngesellschaften kaum Gewinne ein, das änderte sich erst in den folgenden Jahrhunderten. Die Unterpächter und ihre Familien verpflichteten sich zur **Urbarmachung des gepachteten Landes,** die Errichtung eines Hauses, zum Abbau des Torfs und zur Anlage weiterer schiffbarer Nebenkanäle bis zu ihrem Kolonat. Das Anlegen der Kanäle ohne technische Hilfsmittel war **reine Handarbeit** und eine mühevolle Aufgabe, der sich aber kein Kolonist entziehen konnte. Im Laufe der Jahrhunderte entstanden in Ostfriesland **fast 50 Moorkolonien.** Der Ursprung dieser Ortschaften ist an der Namensendung „-fehn" heute noch zu erkennen, beispielsweise bei Warsingsfehn, Spetzerfehn oder Westrhauderfehn.

Mit dem **Urbarmachungsedikt** *Friedrich II.* vom 22. Juli 1765 kam die Moorkolonisation endgültig in Fahrt. Der Erlass besagte, dass Land mit nicht geklärten Besitzrechten, insbesondere die nicht urbar gemachten Moorflächen, an den Staat fielen. Dieser parzellierte dann die Flächen und verpachtete sie, was für das Königreich Preußen zu Einnahmen aus der Erbpacht führte.

Die Grundlage für die Moorkultivierung bildete ein **schiffbares Kanalsystem,** das die Abbaugebiete entwässerte und gleichzeitig das Umland erschloss

---

Wussten Sie schon ...

dass *Friedrich der Große* der Initiator bei der **Verbreitung der Kartoffel in Ostfriesland** war?

1754 bis 1756 erließ *Friedrich II.* eine Anordnung zum Kartoffelanbau, damit die Menschen in seinem Königreich immer satt wären. Doch die Leute weigerten sich, weil sie die aus Südamerika stammende Feldfrucht nicht kannten. Frei nach dem Motto: „Wat de Buur nich kennt, dat freet er nich", dachten sie, man könne Erdäpfel nicht essen. Doch der König hatte eine zündende Idee. Er **befahl die Anpflanzung** eines großen Ackers mit Kartoffeln, den er streng bewachen ließ. Jetzt kamen die Menschen zu der Auffassung, dass Kartoffeln sehr wertvoll sein müssten und wollten auch welche haben. So pflanzten am Ende fast alle Bauern Kartoffeln an und sie setzten sich als **Grundnahrungsmittel** durch. Auch wenn heute auch Nudeln und Reis verspeist werden, so sind Kartoffeln aus der traditionellen ostfriesischen Küche nicht wegzudenken.

---

und sicherstellte, dass der abgebaute Torf in die Absatzgebiete gelangen konnte. Als erstes wurde dazu ein sogenannter **Stichkanal** gegraben, der dafür sorgte, dass das Wasser aus den Abbaugebieten in ein natürliches Fließgewässer „entsorgt" werden konnte. Gleichzeitig war der Kanal oft die einzige Verbindung zur Außenwelt, denn Straßen gab es damals noch nicht. Um zu verhindern, dass sich über die tideabhängigen Stichkanäle Ebbe und Flut auf das Kanalsystem auswirkten, regulierten sogenannte **Verlaate,** also Sperrtore, den Wasserstand. Der gleichmäßige Wasserstand ermöglichte den Schiffen die Fahrt. So wurde der gesamte Wasserhaushalt in den Fehnkanälen kontrolliert. Ausgehend vom Stammkanal, auch **Hauptwieke** genannt, sorgte ein weit verzweigtes Netz von sogenannten Nebenwieken für die infrastrukturelle Erschließung einer jeden Moorkolonie. Die Anwohner waren dazu verpflichtet, für die **Schiffbarkeit** dieses Kanalnetzes zu sorgen, diese Vorschrift galt noch bis in die 1950er-Jahre. Die Schiffbarkeit hatte immer die höchste Priorität. Alle Warenbewegungen und die Versorgung der Menschen fanden über das Kanalnetz statt. Die Pisten entlang der Kanäle dienten einzig dem Zweck, dass bei Windstille die Schiffe getreidelt, also vom Ufer aus gezogen, werden konnten. **Brücken** verbanden die Ufer miteinander, sie durften aber für den Schiffsverkehr kein Hindernis darstellen, sondern mussten so konstruiert sein, dass sie durch einen Dreh- oder Klappmechanismus „aus dem Weg geräumt" werden konnten.

Die *Fehntjer,* wie sich die ersten Siedler selbst nannten, wohnten und arbeiteten oft unter erbärmlichen Bedingungen in großer **Armut.** Sie lebten in primitiven Behausungen, die aus dem Material errichtet wurden, das die sie umgebende Natur lieferte. Aus Soden und Torfstücken wurden Wände aufgeschichtet, aus kleinen Baumstämmen und Ästen wurden Haus- und Wandgerüste errichtet und mit Lehm verschlossen. Die Dächer bestanden aus Reet, Stroh und Heidesoden. Diese einfachen Behausungen nannte man **Pullenhütten.** Seitdem gibt es den Spruch „Den Ersten sien Doad, den Tweten sien Not, den Dridden sien Broad", was übersetzt heißt „des Ersten Tod, des Zweiten Not, des Dritten Brot". Ein Erbpachtvertrag aus Warsingsfehn legte beispielsweise Folgendes fest: „Der Erbpächter muß innerhalb von sieben Jahren ein gutes Haus errichtet haben, welches 24 Fuß von der Wieke entfernt stehen muss. Er muß fünf gute Obstbäume [...] auf sein Gedeelte pflanzen. Auch muß das Gedeelte mit einer Hecke längs des Weges an der Wieke versehen werden". Zu einem sogenannten **Kolonistenhaus** mit getrenntem Wohn- und Schlafzimmer, also einem größeren Wohnbereich und einem Stallteil, reichte es nicht immer. So entstanden auch viele kleinere Häuser, in denen Wohnen, Kochen und Schlafen in einem Raum stattfanden, die Fehntjer nannten diese Häuser „Eenkökenhuus". An diesen Raum schloss sich ein kleiner **Stallbereich** an, in dem Schafe oder Ziegen gehalten werden konnten. Das Ziel eines jeden Fehntjers war es, die Qualität seiner Behausung zu verbessern. Um 1850 kamen die ersten Kolonistenhäuser auf, etwas später bot das sogenannte **Landarbeiterhaus** den größten Wohnkomfort in den Moorkolonien. Diese wurden nach dem Vorbild der in Ostfriesland weit verbreiteten **Gulfhöfe** errichtet, waren aber deutlich kleiner. Im Landkreis Aurich und auch im Moormerland waren die Fehnhäuser mit einem **Reetdach** eingedeckt, lediglich in den unteren Bereichen des Dachs verwendete man **teure Dachziegel.** Diese Mischung aus Reet- und Tonpfannendächern bestimmte bis in die 1920er-Jahre hinein das Ortsbild. Heute sieht man diese Form der Dachbedeckung nur noch selten.

190ofl_FSW

Die Kolonistenhäuser lagen wie auf einer Schnur aufgereihte Perlen entlang der Fehnkanäle, meist mit dem Wohngiebel in Richtung Kanal ausgerichtet. Der Torf aus den Abbaugebieten im Binnenland wurde mit Spezialschiffen, sogenannten **Torfmutten,** in die Absatzgebiete transportiert. Sogar die Ostfriesischen Inseln und Städte wie Emden, Hamburg oder Bremen konnten auf dem Wasserweg erreicht werden. Auf der Rückreise brachten die Schiffe Dünger, Schlick und Gülle mit in die Moorkolonien, damit der **sandige Untergrund** der abgetorften Flächen **kultiviert** werden

⌂ Pullenhütte der Moorkolonisten

konnte. Das führte zu einer **ausgeprägten Transport- und Handelsschifffahrt.** Oftmals gelang es jedoch erst der fünften Generation, in den Fehnsiedlungen zu einem gewissen Maß an Wohlstand und einem **höheren Lebensstandard** zu kommen. Der Besitz eines eigenen Schiffes war die Grundlage, um den abgestochenen Torf gewinnbringend zu verkaufen. So siedelten sich Werften in einigen Fehnsiedlungen an. Spezialisierte Handwerksbetriebe wie Schiffsausstatter und Segelmacher hatten vor Ort ihre Betriebsstätten, und viele Familienmitglieder orientierten sich zur **Seeschifffahrt** und lösten sich aus dem Kolonistendasein. Die Schifferfamilien lebten in mehr Wohlstand, wie man beispielsweise in Westrhauderfehn an den prächtigen Kapitäns- und Kaufmannshäusern entlang des Hauptkanals sehen kann. Die ursprünglichen Moorsiedlungen entwickelten dadurch teilweise ein städtisch orientiertes Flair. Es ist heute kaum zu glauben, aber zur Blütezeit der Fehnschifffahrt überstieg in Westrhauderfehn die Anzahl der Seeschiffe sogar

die der Stadt Leer, es gab in der Gemeinde rund **40 Kapitäne.**

Die eigentliche **Technik des Torfabbaus** erfolgte immer nach demselben Prinzip. Zunächst musste das **Moor entwässert** und dann die obere Torfschicht mittels **Abbunken** mit einem speziellen Spaten entfernt werden. Teilweise erfolgte das durch **Brandrodung.** Weil die oberste Torfschicht nur bis in wenige Zentimeter Tiefe durchgetrocknet war, konnte kein Tiefenbrand entstehen. Anschließend wurden mit einem Spezialgerät, dem sogenannten **Sticker,** die Torfsoden von oben abgestochen und mit dem „Tweekrieger" paarweise seitlich herausgehoben. So entstand eine Torfkuhle, der sogenannte **Spitt.** Bis zu 4500 Torfstücke täglich schaffte ein fleißiger Torfstecher allein. Auf eine Torfkarre, die *Törfkaar,* passten 21 Torfsoden, die damit zum Trockenfeld transportiert wurden. Dort trockneten sie zunächst an, um sie später zu luftigen Haufen aufzuschichten, die etwa **zwei Monate** liegen blieben. Waren sie **trocken** genug, wurden sie zu sogenannten *Bülten* aufge-

Wie der Tee nach Ostfriesland kam

Der Teestrauch ist etwa **5000 Jahre alt.** Die Geschichte des Tees begann also lange vor unserer Zeitrechnung und beschränkte sich zunächst auf den **asiatischen Raum.** Es waren holländische Kaufleute, die **1610** den ersten Tee aus Asien nach Amsterdam mitbrachten. Doch das neue Getränk war umstritten. Zu dieser Zeit wurde in Ostfriesland als Hauptnahrungsmittel **Bier** getrunken. Doch der niederländische Arzt Dr. *Cornelius Bontekoe* (1647–1685) schwärmte in einem seiner Bücher über die positive Wirkung der aufgebrühten Blätter: „Tee kann einen Menschen, der beinahe am Ende seiner Kräfte ist und gleichsam den einen Fuß bereits im Grabe hat, neue Kraft und neues Leben geben". So setzten sich die Teebefürworter schließlich durch und dank einer erfolgreichen Marketing-Kampagne begann der **Siegeszug des Tees.** Inzwischen weiß man, dass *Bontekoe* für seine Aussagen von der Niederländischen Ostindien-Kompanie bezahlt wurde.

Das Leben der Ostfriesen richtete sich traditionell schon immer nach **Westen** aus, denn im Norden lag die Nordsee und im Süden und Osten erschwerten Moore das Reisen. Von den Niederlanden aus machte der Tee dann den Sprung über die Ems nach Ostfriesland und auf die Inseln. Es bestanden ja traditionell **gute Handelsbeziehungen** zwischen beiden Regionen.

Damals wurde eine **Menge von 50 Tassen pro Tag** empfohlen – pro Person, versteht sich. Für die körperlich sehr anstrengende Arbeit brauchten die Menschen jede Menge Energie. Sie spürten die anregende Wirkung des Tees schnell und nahmen diese Empfehlung deshalb sehr ernst. Der preußische König *Friedrich II.* wollte den Tee verbieten lassen, aber er konnte sich damit nicht durchsetzen. Die Adelige *Katha-*

rina von Braganza dagegen verbreitete die Teekultur am englischen Hof und in Adelskreisen.

Seit Ende des 17. Jahrhunderts ist der **Ostfriesentee** das ostfriesische **Nationalgetränk** und zählt heute ähnlich wie Brot als **Grundnahrungsmittel.** Der Moment des Teetrinkens war und ist für die Menschen ein ganz besonderer. Man kann kurz innehalten, eine kleine Pause machen und damit „die Zeit anhalten". So entwickelte sich die **Kultur der Teezeremonie,** denn „Tee trinken heißt, die Seele baden".

Am 1. Mai 1806 eröffnete *Johann Bünting* aus Edewecht in Leer einen kleinen Laden, in dem er Tee mischte, den er im Hafen gekauft hatte. Die Stadt war damals ein wichtiger Handelsplatz für Waren aus Übersee wie Tabak, Gewürze und eben auch Tee. Der Ostfriesentee wurde schon damals aus verschiedenen Sorten gemischt, um eine möglichst gleichbleibende Qualität zu erreichen. Hauptbestandteil der Mischungen sind Tees aus dem indischen Anbaugebiet **Assam.** Heute gibt es drei große Hersteller des traditionellen Ostfriesentees: *Bünting* aus Leer mit dem „Original Ostfriesentee" (auch wenn der berühmte „Grünpack" häufiger verkauft wird), *Thiele* aus Emden mit „Echter Ostfriesentee" und *Onno Behrends* aus Norden mit „Schwarzer Friese".

Die Ostfriesen haben mit **drei Kilo Tee im Jahr** weltweit den **größten Pro-Kopf-Verbrauch** – das entspricht gut 300 Litern des fertig zubereiteten Getränks. Deutschlandweit sind es im Durchschnitt nur 27 Liter. Die Teetrinkweltmeister stehen damit sogar im Guinness-Buch der Rekorde – vor allen anderen Nationen, in denen der Tee ebenfalls zur Kultur gehört.

◁ Wiese-Werft in Westrhauderfehn

8

häuft, bis sie soweit durchgetrocknet waren, um als Brennmaterial verkauft zu werden.

Als sich der erwerbsmäßige Torfabbau Mitte des 20. Jahrhunderts dem Ende zuneigte, **verloren die Kanalsysteme** mehr und mehr **an Bedeutung.** Die Werften in den Fehnkolonien zogen mit ihren Betrieben in die Hafenstädte oder legten sie still. Das Schienen- und Straßennetz wurde ausgebaut und der Güterverkehr verlagerte sich entsprechend vom Wasser auf Straße und Schiene. Die früher unbefestigten **Treidelpfade** wurden verbreitert und zu **asphaltierten Straßen** ausgebaut, das Kanalbett verengt oder zugeschüttet. Die Schleusenanlagen verfielen oder wurden durch Schöpfwerke ersetzt, die Nebenwieken verschlammten und Pflanzenbewuchs machte die Schifffahrt unmöglich. Heute verlaufen auf den einstigen Wasserwegen oft **Land- oder Bundesstraßen,** beispielsweise ist der Fehncharakter in Ostrhauderfehn durch verfüllte Kanäle zu großen Teilen verloren gegangen. Spätestens mit dem Zweiten Weltkrieg kam die Torfgräberei und Fehnschifffahrt zum Erliegen. In den Gemeinden Großefehn, Westrhauderfehn und in der Stadt Papenburg versuchte man, die verbliebenen Gebäude und Kanäle aus der Fehngeschichte zu erhalten, um diese für die Bevölkerung als **kulturhistorisches Andenken** zu bewahren – erfolgreich, denn die Orte haben eine ganz eigene Atmosphäre.

Ein gutes Bild, wie sich im Lauf der Zeit diese Lebensbedingungen verbesserten, vermittelt ein Besuch im **Moormuseum Moordorf** nahe Aurich. Dort sind auf einem Freigelände verschiedenste Behausungen, kleine und große

Sodenhütten, einfache Lehmhütten, Kolonistenhäuser, eine Schule, eine Schmiede und ein Landarbeiterhaus aufgebaut worden, alle aus verschiedenen Phasen der Siedlungsgeschichte, sind hier vereint. An einer Stelle ist der Torfabbau gut zu sehen und erklärt. Im nördlichen Teil des Museumsgeländes ist noch ein kleiner Rest des **ehemaligen Hochmoors** zu sehen, das ursprünglich den Lebensraum für verschiedene Vögel wie den Großen Brachvogel und die Uferschnepfe bot.

Ausbau der Infrastruktur und Versuch der Industrialisierung

Nachdem Ostfriesland 1815 dem Königreich Hannover zufiel, folgte zunächst ein **wirtschaftlicher Rückgang.** Das löste den Wunsch nach einem **Ausbau des Verkehrswesens** aus, um die Handelsknotenpunkte leichter erreichen zu können. Vor allem in Aurich legte man großen Wert darauf. Ein großes Hindernis stellte die **Entwässerung** dar, weil in regenreichen Zeiten auch kurze Straßen teilweise unpassierbar wurden. So waren die kaum befestigten Straßen überwiegend auf der höherliegenden Geest angelegt worden. Doch auch hier sorgten an manchen Stellen wasserundurchlässige Lehmschichten dafür, dass das Niederschlagswasser nicht vernünftig ablaufen konnte und an diesen Stellen bei starkem Regen kaum ein Durchkommen waren. **Gepflasterte Chausseen** waren material- und arbeitsintensiv, deshalb wurden diese in Ostfriesland **erst ab 1845** gebaut. Die erste Pflasterstraße der Region führte von Emden über Aurich bis nach Wittmund.

In den Jahren 1854 bis 1856 wurde das **Schienennetz** für die Hannoversche Westbahn angelegt, womit die Städte Emden und Leer über Osnabrück an das Eisenbahnnetz angeschlossen wurden. Das war vorteilhaft für den **Seebäder-tourismus,** der zu dieser Zeit auf den Ostfriesischen Inseln begann. Auf diesem Wege konnten erstmals auch mehr Gäste nach Emden zum Hafen anreisen, die nicht aus Ostfriesland kamen. Weil Preußen seit dem Verlust Ostfrieslands an das Königreich Hannover **keinen Zugang mehr zur Nordsee** hatte, kaufte es am 20. Juli 1853 vom Großherzogtum Oldenburg ein 313 Hektar großes Gebiet am Jadebusen, um dort einen **Marinehafen mit Siedlungsgebiet** zu errichten. So begann die **Geschichte der Stadt Wilhelmshaven,** die ihre Gründung strategischen Überlegungen verdankt, 1871 zum sogenannten Reichskriegshafen erklärt wurde und bereits 1873 die Stadtrechte bekam.

Als 1866 schließlich Preußen das Königreich Hannover annektierte, ging es wirtschaftlich wieder bergauf in der Region. Auch die **hochdeutsche Sprache** setzte sich langsam durch und wurde nun auch in den Schulen gesprochen. Von 1880 bis 1888 wurde der **Ems-Jade-Kanal** gebaut, um den Kriegshafen in Wilhelmshaven über den Wasserweg mit Ostfriesland zu verbinden – allen Städten voran mit Emden. Doch Hauptwirtschaftszweig blieb nach wie vor die **Landwirtschaft,** die Rinderzucht nahm eine wichtige Rolle ein. Aurich und Leer waren die wichtigsten Viehhandelsplätze Ostfrieslands. In diesem agrargeprägten Umfeld gab es nur **wenige industrielle**

Betriebe, abgesehen von den Werften in Emden und Leer, wo auch hauptsächlich die Warenumschlagsplätze lagen. Besonders Emden wurde vom Staat wirtschaftlich gefördert und der dortige Hafen wurde zum **Hauptumschlagplatz** für Waren aus dem Ruhrgebiet, zum Beispiel **Erz** und **Kohle** ausgebaut. Als Anschubhilfe für diese Entwicklung sorgte insbesondere der 1899 fertiggestellte **Dortmund-Ems-Kanal.**

Als 1913 in Emden die **große Seeschleuse** eingeweiht wurde, galt sie mit einer Binnenlänge von 260 Metern als damals größte der Welt. Gleichzeitig wurde auch ein neues Hafenbecken angelegt, sodass Emden zum **wichtigsten Umschlag- und Handelsplatz Ostfrieslands** wurde. In den Jahren von 1900 bis 1909 wurde auch der Marinestützpunkt Wilhelmshaven ganz erheblich vergrößert, um den **Ausbau der deutschen Hochseeflotte** zu ermöglichen. Acht Großkampfschiffe sollten dort liegen.

Bis 1905 lebten etwa 30 Prozent mehr Menschen in Ostfriesland, als zu Beginn der preußischen Herrschaft im Jahr 1866. Das **Wirtschaftswachstum** machte die Gegend als Wohn- und Arbeitsort attraktiv. Als 1914 der Erste Weltkrieg begann, wurde dieser zunächst frenetisch bejubelt, viele meldeten sich freiwillig zum Dienst an der Front. Doch die Ernüchterung folgte bald. Die Kampfhandlungen kostete viele Soldaten an der Ost- und Westfront das Leben. Die Seeschlachten der deutschen Marine waren für das Kriegsgeschehen dabei eher von geringer Bedeutung, die britische Marine behielt in der Nordsee die Oberhand.

Im November 1918 unterschrieben schließlich Vertreter des Deutschen Reichs die Kapitulationsschrift, und der

Land und Leute

Erste Weltkrieg war zu Ende. In vielen Orten Ostfrieslands stehen heute **Gedenktafeln für die Gefallenen** der verheerenden Schlachten an der Ost- und Westfront. Die gefallenen Marinesoldaten wurden auf einem Ehrenfriedhof im Wilhelmshavener Stadtteil Rüstringen bestattet.

Antisemitismus, Weimarer Republik und der Nationalsozialismus

Am 9. November 1918 wurde die Deutsche Republik ausgerufen – sie löste das Kaiserreich ab und somit gab es nun eine **parlamentarische Demokratie.** Zwar hatte sich Ostfriesland nach dem Krieg aufgrund seiner Landwirtschaft relativ günstig entwickelt, weil deren Produkte zunächst stark gefragt waren. Aber ab 1924 war dieser Bereich von einem **starken Preisverfall** betroffen. Die Landbevölkerung verarmte, Banken, Handwerk und Handel folgten in die Krise, es gab eine hohe Arbeitslosigkeit, Streiks und es kam zur Rezession. Die Besetzung des Rhein-Ruhrgebiets durch Frankreich hatte zur Folge, dass der Handel nach Emden beschnitten wurde und auch der heimische Schiffbau schwere Verluste erlitt. Für diese Misere wurden Sündenböcke gesucht, die Menschen waren offen für **Hetztiraden** und **Antisemitismus.** Diese wurden unter den in ärmlichen Wohn- und Arbeitsverhältnissen lebenden Moorkolonisten und später zunächst in den jüdischen Viehhändlern gefunden. Das Phänomen des Antisemitismus war seit Ende des 19. Jahrhunderts in vielen deutschen Seebädern zu

spüren gewesen, der Vorreiter in Ostfriesland war **Borkum.** Viele Badegäste waren Juden gegenüber feindlich gesinnt. Die Insulaner wollten diese wichtige Einnahmequelle jedoch nicht verlieren und duldeten diese Strömung zunächst stillschweigend. Durch ihre antisemitischen Äußerungen taten sich besonders der evangelische Pastor *Ludwig Münchmeyer* hervor, der auf Borkum tätig war, sowie einige Wittmunder Pastoren. Sie heizten die Lage an, und so breitete sich der Antisemitismus schnell aus. Die gesamte Region entwickelte sich besonders im ländlichen Raum zu einer Hochburg der NSDAP. Mit deren Machtübernahme und der Ernennung *Adolf Hitlers* zum Reichskanzler endete am 30. Januar 1933 die Weimarer Republik.

Bei den Reichstagswahlen am 5. März 1933 erreichten die Nationalsozialisten in Ostfriesland insgesamt über **57 Prozent** der abgegebenen Stimmen, in einigen Orten und Landkreisen lag der Wert sogar bei bei rund 70 Prozent. Demokratische Politiker wurden mit Macht aus dem Amt gedrängt, **die Medien** gleichgeschaltet und zum wichtigsten Organ der NSDAP. Leitmedium in Ostfriesland wurde die 1932 gegründete **Ostfriesische Tageszeitung OTZ.** Mit Schlagzeilen wie „Vergeltung am jüdischen Gastvolk", „Wir zwingen Alljuda in die Knie" oder „Judas Stunde hat geschlagen" rief sie bereits im April 1933 zum Boykott jüdischer Geschäfte auf. Der Fremdenhass gipfelte in der **Reichsprogromnacht** am 9. November 1938, jüdische Synagogen in Aurich, Emden, Esens, Leer, Norden und Weener brannten nieder, Geschäfte wurden ausgeraubt, jüdische Familien verhaftet und in Konzentrationslagern inhaftiert. Wer konnte, flüchtete vor Diskriminierung und Verfolgung. Im Februar 1940 wurde von der Gestapo offiziell verfügt, dass sämtliche Juden bis zum 1. April 1940 Ostfriesland zu verlassen hätten. Im selben Monat meldeten sich die ostfriesischen Städte und Landgemeinden „judenfrei". Nur ein sehr kleiner Teil der jüdischen Bevölkerung Ostfrieslands konnte sich retten, die meisten kamen in den **Konzentrationslagern** um.

Zweiter Weltkrieg

Am 1. September 1939 überfiel die deutsche Wehrmacht Polen, und schon war es mit dem Frieden wieder vorbei. Die Bevölkerung vor allem auf den Ostfriesischen Inseln und an der Küste lebte nun in ständiger Angst vor feindlicher **Bombardierung,** denn die britischen Bomber flogen damals noch in Richtung des Deutschen Reichs auf Sicht. **Vor allem Emden** als wirtschaftliches und industrielles Zentrum Ostfrieslands wurde mehrfach Ziel der britischen Luftangriffe, Esens diente als Gelegenheitsziel und selbst Aurich wurde mehrfach bombardiert. Der verheerendste Bombenangriff am 6. September 1944 zerstörte 80 Prozent der Innenstadt Emdens und fast die komplette historische Bebauung. Damit zählt Emden zu den im Zweiten Weltkrieg **am stärksten zerstörten Städten.** Bereits am 4. September 1939 wurde der erste Luftangriff auf **Wilhelmshaven** geflogen, Ziel waren die hier stationierten Kriegsschiffe und die Werften. Der schwerste der über 100 Luftangriffe erfolgte am 15. Oktober 1944 und legte die historische Innenstadt in Schutt und Asche. Das **Binnenland** war durch die kriegerischen Auseinandersetzungen zum Glück **nur wenig in Mitleidenschaft gezogen** worden. 1944 wurde westlich von Aurich im Südbrookmerland das **Konzentrationslager Engerhafe** errichtet. Die Menschen lebten unter den schlimmsten Bedingungen und mussten rund um Aurich Panzergräben von Hand ausheben. Am 22. Dezember 1944 wurde das Lager nach nur zwei Monaten wieder aufgelöst, doch schon in dieser kurzen Zeitspanne starben 188 Häftlinge. Die alliierten Bodentruppen erreichten Ostfriesland gegen Ende April 1945 im südlichen Rheiderland. Am 30. April nahmen kanadisch-britische Truppen Leer ein, am 5. Mai kam es nach zweitägigen Verhandlungen zu der **kampflosen Übergabe Aurichs.** Damit endeten die kriegerischen Handlungen in Ostfriesland, die Region gehörte nun zur **britischen Besatzungszone.**

Nachkriegszeit, Flüchtlinge und Wirtschaftswunder

1946 bildeten die Briten das Land Hannover, aus dem das spätere **Bundesland Niedersachsen** hervorging. Auch Ostfriesland gehört seitdem dazu. Erster Ministerpräsident war *Hinrich Wilhelm Kopf* (1893–1961). Wie überall in Deutschland war die Nachkriegszeit eine **Phase der Neuordnung.** Besonders an der Küste und auf einigen Inseln mussten umgehend die Trümmer beseitigt und Wohnraum geschaffen werden. Erschwerend kam hinzu, dass in Ostfriesland viele **Flüchtlinge und Vertriebene aus den Ostgebieten** des Deutschen

Reichs Zuflucht suchten. Innerhalb von fünf Jahren stieg die Einwohnerzahl Ostfrieslands um rund 100.000 Menschen auf fast 400.000, fast elf Prozent waren Heimatvertriebene. **Die Versorgung** der vielen Menschen besonders in den Städten stellte eine echte Herausforderung dar und noch bis in die 1960er-Jahre gab es Barackenlager für die Heimatvertriebenen, beispielsweise in Emden.

Doch bereits im Frühjahr **1947** fand auf den Ostfriesischen Inseln **die erste Badesaison** statt, um den besonders für die Insulaner wichtigen **Tourismus** wieder zu beleben. Das landwirtschaftlich geprägte Binnenland kehrte ebenfalls zur Normalität zurück. Das beginnende **Wirtschaftswunder** machte sich bald auch an der Nordseeküste bemerkbar. Der 1951 veröffentlichte Schlager „Pack die Badehose ein", den der Kinderstar *Cornelia Froboess* sang, schadete sicher nicht. Wo sonst konnten die Deutschen dunkle Kriegsgeschehnisse besser verarbeiten als an der See?

1949 wurde die **Bundesrepublik Deutschland** gegründet, *Konrad Adenauer* wurde zum ersten Bundeskanzler und *Theodor Heuss* zum ersten Bundespräsidenten des neuen westdeutschen Staates. In diesem Jahr erhielt die Insel **Borkum die staatliche Anerkennung als Meeresheilbad** – 100 Jahre nach ihrer Gründung als Nordseebad. Auf den Inseln kam der Badebetrieb relativ schnell wieder in Gang, später zogen die Küstenorte wie Norddeich und Bensersiel oder Dangast am Jadebusen nach.

1972 erfolgte die **niedersächsische Kommunalreform,** die die Zugehörigkeit vieler Gemeinden neu regelte und Eingliederungen oder Zusammenfas-

192ofl_mna

sungen in Samtgemeinden nach sich zog und im Wesentlichen bis heute Bestand hat. Als am 31. Januar 1978 der Regierungsbezirk Aurich mit den Bezirken Osnabrück und Oldenburg zum Regierungsbezirk Weser-Ems zusammengefasst wurde, verlor Ostfriesland seine eigenständige Verwaltung. Einzige Ausnahme ist die **Ostfriesische Landschaft** als Kulturbehörde, die die ostfriesische Bevölkerung auf den Gebieten der Kultur, Wissenschaft und Bildung vertritt (siehe gleichnamigen Exkurs im Kapitel „Landkreis Aurich").

Tourismus, Dienstleistung und Wirtschaft

Heute sind **Landwirtschaft und Tourismus** die hauptsächlichen Einkommensquellen der Bevölkerung. Hinzu kommen Handwerk und Dienstleistungen, die indirekt mit dem Tourismus verbunden sind. In den 1980er Jahren stieg die **Stadt Leer** nach Hamburg als zweitgrößter deutscher **Seereedereistandort** auf. Wichtige Warenumschlagsplätze im internationalen Handel sind heute der Emder Hafen und der JadeWeserPort in Wilhelmshaven, Deutschlands **einziger Tiefwasserhafen.**

Auch das Landschaftsbild hat sich verändert, denn statt der historischen Windmühlen für die Kornverarbeitung produzieren vielerorts **moderne Windräder** Energie und versorgen die Bundesrepublik Deutschland mit „grünem Strom". In der Zeit nach dem Zweiten Weltkrieg hat sich auch an der Küste in Sachen Tourismus viel getan. Seit 1979 Nordens Stadtteil Norddeich zum **Seebad** erklärt wurde, folgten in den 1980er-Jahren unter anderem Harlesiel, Carolinensiel oder Dangast. Viele **Campingplätze** locken Urlauber nicht mehr nur auf die Ostfriesischen Inseln, sondern an die gesamte niedersächsische Nordseeküste. In den letzten Jahren haben auch die Gemeinden in Ostfrieslands **Binnenland** viel in den Tourismus investiert. An den Badeseen, die häufig durch Materialentnahmen für den Ausbau des Straßennetzes entstanden sind, wurden Ferienanlagen und Campingplätze gebaut, viele auf Sterneniveau. Die Freizeitanlagen locken Familien auch aus den umliegenden Orten und Städten und anderen Bundesländern. Das mobile Reisen auf vier Reifen boomt ebenfalls seit einigen Jahren. Inzwischen haben viele Gemeinde **Wohnmobilstellplätze** geschaffen, um die hohe Nachfrage zu befriedigen. Besonders der **Fahrradtourismus** hat in den letzten Jahren Fahrt aufgenommen. Viele Unterkünfte haben sich auf diese Zielgruppe spezialisiert und bieten entsprechenden Service. Inzwischen sind auf Ostfrieslands gut ausgebautem Rad- und Fernwandernetz **mehr als 80 Prozent E-Bikes** unterwegs, viele Gasthöfe, städtische Einrichtungen und Gemeinden bieten die passende **Ladestruktur** an. Voraussichtlich wird sich der Fremdenverkehr auch zukünftig positiv entwickeln, denn Urlaub in deutschen Landen ist wieder beliebt.

◁ Car Carrier am Autoterminal Emden

Die Natur Ostfrieslands

Wer an Ostfriesland denkt, hat die Bilder einer flachen grünen Landschaft mit weitem Horizont vor Augen. Der Volksmund sagt, dass schon am Donnerstag zu sehen ist, wer am Sonntag zum Kaffee kommt. Dennoch weist die Region bei näherer Betrachtung **erstaunlich abwechslungsreiche Landschaftsformen**

auf. An der Küste dominieren das Wattenmeer, Salzwiesen, Marschland, Geest und kleine Reste der ehemals großen Moore. In der Küstenregion gibt es Wiesen, Weiden, landwirtschaftlich genutzte Flächen, kleine Wälder sowie von Menschen besiedelte Dörfer und Städte. Auch hier ist das Meer eine indirekte Bedrohung, weil viele Flächen **unterhalb des Meeresspiegels** liegen und nur aufgrund der Seedeiche geschützt sind. Schließlich hat man große Flächen der Marsch mit menschlicher Hand durch

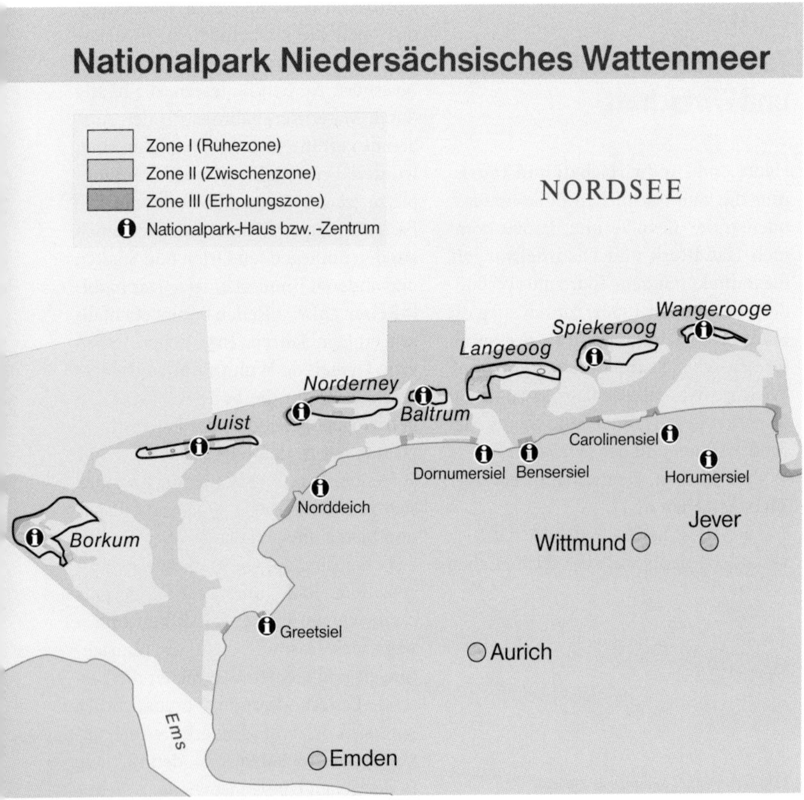

Nationalpark Niedersächsisches Wattenmeer

Zone I (Ruhezone)
Zone II (Zwischenzone)
Zone III (Erholungszone)
Nationalpark-Haus bzw. -Zentrum

NORDSEE

Wangerooge
Spiekeroog
Langeoog
Norderney
Baltrum
Juist
Carolinensiel
Dornumersiel Bensersiel
Horumersiel
Norddeich
Jever
Borkum
Wittmund
Greetsiel
Aurich
Ems
Emden

Eindeichung und Entwässerung dem Meer abgerungen. Hinzu kommt, dass die großen und kleinen Flüsse **tidenabhängig** sind und dadurch ständig ihren Wasserstand verändern. Eine heftige Sturmflut kann auch hier zur Gefahr werden, sollten schützende Deiche brechen. Das Land muss ständig **entwässert** werden. **Wasserläufe** sind in Ostfriesland allgegenwärtig und gehören wie auch die Wallhecken im Binnenland (→ Exkurs „Wallhecken") zum Landschaftsbild.

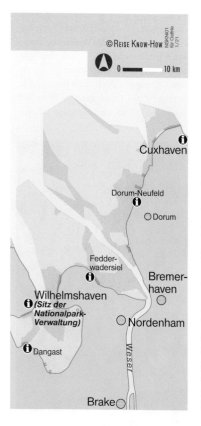

Wattenmeer

Der Begriff „Watt" entstammt dem altfriesischen Wort „wad", was so viel heißt wie *seicht* oder *untief.* Er bezeichnet auch Gebiete, in denen man *waten* kann. Auf den ersten Blick wirkt das Wattenmeer so, als sei dort nicht viel Leben zu finden. Es ist jedoch sehr nährstoffreich und bildet die **Lebensgrundlage für zahlreiche Kleinstlebewesen.** Bei genauer Betrachtung lässt sich erkennen, dass es sich tatsächlich um einen der produktivsten Lebensräume der Erde handelt. Wer im Watt leben will, muss mit extremen Bedingungen zurechtkommen. Es gibt starke Temperaturschwankungen, der Salzgehalt des Wassers verändert sich ständig, und neben den häufigen Überschwemmungen herrschen an einigen Stellen starke Strömungen. Dennoch gibt es im Watt und an der Küste **mehr als 10.000 Tier- und Pflanzenarten,** die sich perfekt an diesen speziellen Lebensraum in der Nordsee angepasst haben. Das Wattenmeer ist die größte Wildnis im dichtbevölkerten Mitteleuropa und seine Natur ist noch weitgehend intakt. Darum genießt es den höchstmöglichen Naturschutz als UNESCO-Weltnaturerbe und Nationalpark Niedersächsisches Wattenmeer. 1992 wurde es als UNESCO-Biosphärenreservat anerkannt.

Im **Schlick** ist die Tierwelt ebenfalls sehr zahlreich vertreten, angefangen beim Zooplankton über Würmer, Muscheln, Krebstiere und Fische reicht das Spektrum bis zu den großen Meeressäugern. **Seehunde** sieht man im Sommer auf den Sandbänken rund um die Ostfriesischen Inseln oft in großer Zahl. Gelegentlich tauchen unter ihnen auch Ke-

gelrobben auf. Im Nordseewasser tummeln sich darüber hinaus **Schweinswale,** auch kleine **Tümmler** genannt, die sich von Krebstieren und Fischen ernähren. Das Wattenmeer zeigt viele ökologische Spezialisten, die ganz besondere Lebensgemeinschaften gebildet haben. Dies ist besonders an der Schnittstelle zwischen Land und Meer zu sehen, wo sich Pflanzen und Tiere zwischen Ebbe und Flut und den Gebieten, in denen Süß- und Salzwasser aufeinander treffen, der ständig wechselnden Landschaft oft auf erstaunliche Weise anpassen.

Salzwiesen

Zwischen Deich und Wattenmeer befinden sich an der Küste und auf den Ostfriesischen Inseln Salzwiesen, auch **Salzmarsch** oder **Vorland** genannt. Salzwiesen entstehen durch Ablagerungen von Sedimenten und organischem Material auf flachem Boden. Jede Flut schwemmt Schwebeteilchen ins ufernahe Watt und das feine Material sinkt dort ab. Diesen Prozess unterstützen die Küstenschutzorganisationen durch den **Bau von Lahnungen,** das sind niedrige Damm-anlagen zur Landgewinnung im Watt. Lahnungen sind nicht nur zur Sicherung des Vorlands da, sie begünstigen auch die Entstehung von Salzwiesen. Im Lauf der Jahre verfestigt sich das Sediment durch den Bewuchs von Pflanzen. Salzwiesen haben einen ganz speziellen Charakter und lassen sich in drei Zonen einteilen, die vom Salzgehalt des Bodens bestimmt werden: die mehrmals täglich überflutete **Quellerzone** *(Salicornietum),* die untere Salzwiese – auch nach dem gleichnamigen Gras **Andelgraszone** *(Puccinellietum)* genannt – und die obere Salzwie-

194ofl_mna

se oder **Rotschwingelzone** *(Festucetum),* die nur noch selten im Jahr überspült wird.

Die Primärpflanze im nassen Schlick ist der **Queller,** auch „ostfriesische Salzstange" genannt. Er ist die einzige Salzwiesenpflanze, die ohne regelmäßige Salzzufuhr nicht lebensfähig ist. Sein Lebensbereich ist die Quellerzone, die etwa 700 Mal pro Jahr vom Meerwasser überflutet wird. Hier wächst sonst nur noch das Schlickgras. Queller ist **essbar** und gilt als wohlschmeckend – das wissen auch die hier rastenden Gänse. Allerdings ist er wie alle Pflanzen im Nationalpark Niedersächsisches Wattenmeer geschützt und **darf nicht gepflückt** werden.

Die **Andelgraszone** wird etwa 200 Mal pro Jahr geflutet. Hier wachsen Strandaster, Strandflieder, Keilmelde, Dreizack und das namensgebende Andelgras.

In der Vielfältigkeits- oder **Rotschwingelzone,** die nur noch 20 bis 70 Mal pro Jahr vom Meerwasser überspült wird, wachsen Rotschwingel und verschiedene Binsenarten. Typische Pflanzen sind Strandwermut, Strandbeifuß und Strandgrasnelke.

Die etwa 50 Pflanzenarten der Salzwiesen haben sich an die extremen Lebensbedingungen hervorragend angepasst. Sämtliche hier wachsenden Pflanzen müssen sich gegen das Salzwasser schützen und verfolgen dabei verschiedene Überlebensstrategien, die meist mit dicken Stängeln und festen harten Blättern einhergehen. In den Salzwiesen leben **zahlreiche Insektenarten,** die sich auf diesen besonderen Lebensraum spezialisiert haben. Rund 400 Insektenarten sind allein auf den 25 häufigsten Salz-

wiesenpflanzen zu finden. Auch deshalb sind Salzwiesen ein **beliebtes Brutgebiet** für verschiedene Vogelarten wie Gänse, Enten und Watvögel wie Uferschnepfe oder Rotschenkel. Einer der charakteristischsten Vögel an der Nordsee ist der schwarz-weiß gefiederte **Austernfischer** mit einem knallroten Schnabel und Beinen sowie seinem markanten Ruf.

Strand und Dünenlandschaften

Natürlich gewachsene Sandstrände sind nur auf den Inseln vorhanden, während die Sandstrände an der Küste **künstlich aufgeschüttet** worden sind. Auch Dünenlandschaften kommen nur auf den Inseln vor, mit einer Ausnahme: Im Naturschutzgebiet Hollsand in der Gemeinde Uplengen gibt es eine große **Wanderdüne,** sie ist mit 18 Metern Höhe zugleich der höchste Punkt auf dem ostfriesischen Festland. Für manche Tier- und Pflanzenarten ist die stetige Veränderung der Dünenlandschaft notwendig. Die sogenannten **Weißdünen** bilden ein natürliches Bollwerk gegen die heranstürmende Nordsee. Sie werden nicht mehr von ihr überflutet, bestehen aus feinem Quarzsand und sind hauptsächlich mit Strandhafer bedeckt. Der **Strandhafer** ist die Pflanze, die als erste aus dem Sand sprießt und die Dünen mit ihrem ausgeprägten Wurzelwerk

◁ Die für die Salzwiesen typische Strandaster blüht von Juli bis September

zusammenhält. **Bis zu 30 Meter tiefe Wurzeln** verankern eine Pflanze im Dünensand, und erst dadurch kann sich aus losem Sand eine Düne bilden. Mit der Zeit sammelt sich dort immer mehr Sand an. Nur Strandhafer, -roggen und -distel wachsen in diesem ganz speziellen Lebensraum der Weißdünen. Aus den Weißdünen gehen normalerweise flachere **Graudünen** hervor und aus diesen die **Braundünen.** Die Dünen sind sehr schnell vom Bewuchs vorwiegend aus Sanddorn und Hundsrosen bedeckt, sodass sie als Dünenlandschaft kaum noch wahrzunehmen sind.

⌂ Kühe auf einem Binnendeich im Rheiderland

Seedeiche

Mit dem Bau der ersten Seedeiche wurde das Leben am Meer **sicherer.** Das Wissen darüber lernte man von den benachbarten Niederländern. Die ersten längsseits zum Meer gebauten Schutzanlagen der Region entstanden etwa um das erste Jahrtausend. Getreu dem Motto „De nich will dieken, de mutt wieken" – wer nicht eindeichen will, muss weichen – war die Beteiligung am Deichbau bald Pflicht für alle Anlieger. Heute sind diese in sogenannten Deichverbänden zusammengeschlossen. **Deiche sind** überall an der Küste **allgegenwärtig,** häufig gibt es ältere Binnendeiche, auch Schlafdeiche genannt, in der Marsch und direkt an der Küste und den tidenbeeinflussten Flüssen gelegene höhere Seedeiche. Sie schützen das Marschland, das häufig unter oder auf dem Niveau des Meeresspiegels liegt. Die Höhe und Breite der Deiche ist von der jeweiligen **Landschaft** und der **Dynamik des Meeres** abhängig, teilweise sind sie über neun Meter hoch und bis zu hundert Meter breit. Ihre schützende Grasnarbe wird in der Regel durch Schafe gepflegt. Sie halten das Gras kurz und treten die Oberfläche fest. Unerwünscht sind dagegen die ebenfalls vorkommenden Bisamratten oder auch Kaninchen, die durch ihre Wühltätigkeit die Stabilität der Deiche gefährden. Deshalb dürfen sie das ganze Jahr über gejagt oder gefangen werden. Da die Deiche **ständig erhöht und verstärkt** werden müssen (→ Exkurs „Küstenschutz als Daueraufgabe"), wird viel Kleiboden aus der Marsch benötigt. Die durch die Bodenentnahmen hinter dem Deich entstehenden bis zu drei Meter tiefen Gruben, *Kleipütten* genannt, füllen sich rasch mit Wasser. Wenn diese neuen Lebensräume mit strukturreichen Ufer-, Flach- und Tiefwasserzonen naturnah gestaltet werden, entstehen wertvolle Lebensräume insbesondere für Wat- und Wasservögel.

Marschland

Das hinter dem Deich liegende **fruchtbare Flachland** ist Schwemmland. Marschbauern haben es über Jahrhunderte dem Meer abgerungen. Das Marschland an der deutschen Nordseeküste bildet zusammen mit den niederländischen und dänischen Flächen das **größte Marschgebiet der Welt.** Die norddeutschen Marschgebiete werden nahezu vollständig vom Menschen bewirtschaftet. Auf dem Grün findet Viehhaltung für die Milchwirtschaft statt. Zu einem wichtigen Sinnbild Ostfrieslands

sind die **Herden schwarz-bunter Rinder** geworden. Das Ostfriesische Milchschaf ist eine vom Aussterben bedrohte einheimische Nutztierrasse, die zu den gefährdeten Arten zählt, und bereits um 1850 gezüchtet wurde. Sie ist sehr anpassungs- und widerstandsfähig und wird in der Schafmilchwirtschaft eingesetzt. Die weiß, schwarz oder gescheckten Schafe sind leider nur noch sehr selten zu sehen. Im **Pferdeland Niedersachsen** sieht man natürlich auf grüner Marsch häufig das Wappentier. Auch wird hier **Ackerbau** betrieben, im Sommer ernten zahlreiche Mähdrescher das reife Getreide. Zum Schutz gegen den fast immer wehenden Wind sind die meisten Flächen von sogenannten **Wallhecken** umgeben (→ Exkurs „Wallhecken"), die mit Büschen und Bäumen bepflanzt sind. Hier brüten und leben viele kleine Singvögel und Insekten.

Ansonsten ist es heute wegen der intensiven Flächennutzung relativ artenarm. Hasen, Feldmäuse und Maulwürfe sind hier zu finden, aber auch Fasane, verschiedene Enten und Gänsevögel, Schwäne und Reiher. In den zahlreichen Binnengewässern schwimmen unter anderem Aale, Karpfen, Zander, Barsche und Hechte.

Geest

Die Geest entstand durch **Sandablagerungen während der Eiszeiten,** dementsprechend ist der Boden eher sandig und wenig bis gar nicht fruchtbar, sodass hier vorwiegend **Kartoffelanbau** betrieben wird. Die Geest liegt generell höher als die Marsch, die Ortschaften auf der Geest waren in der Vergangenheit vor

Küstenschutz als Daueraufgabe

Was haben **Deiche** mit Ostfriesland zu tun? Sehr viel, denn ohne diese Deiche würden großen Teile Ostfrieslands **unter Wasser liegen** – und besonders bei Sturmfluten dem Meer preisgegeben sein. Deiche sind direkt an der Nordsee allgegenwärtig, sie bestimmen das Landschaftsbild. Ganze **610 Kilometer** beträgt die **Deichlinie in Niedersachsen.** Die Nordseeküste ist von **Marschland** umsäumt, das von fünf bis zu 30 Kilometer weit ins Binnenland reichen kann. Fließgewässer, deren Wasserstand mit den Gezeiten steigt oder fällt, werden **Tidenflüsse** genannt. Dazu gehören zum Beispiel Ems, Weser und Elbe und deren Nebenflüsse. Die Geländehöhen in den Marschen liegen in der Regel zwischen 1,40 und 0,50 Meter unter Normalnull (NN), also **unterhalb des Meeresspiegels,** in Ostfriesland befinden sich tiefste Stellen mehr als zwei Meter darunter. Ohne schützende Deiche würden schon bei normalen Tiden die küstennahen Bereiche **überflutet** werden, deshalb sind die Schutzdeiche an den Tidenflüssen besonders bei Sturmfluten von entscheidender Bedeutung. Ohne seine schützenden Seedeiche wäre Niedersachsen 14 Prozent kleiner.

Das Wattenmeer ist ein sehr **dynamisches System,** das von Seegang, Tideströmungen und dem Wetter beeinflusst wird. Seine ständigen Veränderungen, zu denen auch der Anstieg des Meeresspiegels beiträgt, beeinflussen den Küstenschutz immer stärker. Bei allen Maßnahmen gilt es, sich in den verschiedenen Spannungsfeldern so zu bewegen, dass sich die zum Teil höchst unterschiedlichen Interessen von Landwirtschaft, Tourismus, Schifffahrt, wirtschaftlichen und städtebaulichen Aspekten sowie dem Naturschutz weitgehend **miteinander verbinden lassen.** Aber letztendlich ist das gesetzlich vorgeschriebene Zünglein an der Waage entscheidend: Der **Schutz der** in den betreffenden Gebieten lebenden **Menschen bei Sturmfluten** hat allerhöchste Priorität. Alle anderen Belange müssen im Zweifelsfall hinten anstehen.

In Niedersachsen wurden alle Maßnahmen zum Schutz gegen die Gewalten des Wassers in den sogenannten **Generalplänen für Küstenschutz und Inselschutz** festgelegt. So kam der „Generalplan Küstenschutz" 2007 zu dem Ergebnis, dass allein in Niedersachsen 125 Kilome-

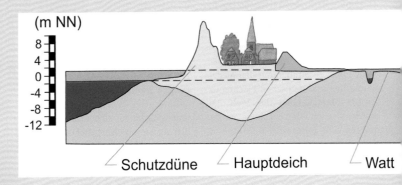

ter Deiche **erhöht und verstärkt** werden müssen. Die Prioritätenliste wird vom niedersächsischen Umweltministerium gemeinsam mit den Deichverbänden – das sind alle Anrainer, deren Grundstücke an einen Deich grenzen – und dem Niedersächsischen Landesbetrieb für Wasserwirtschaft, Küsten- und Naturschutz (NLWKN) erarbeitet. **Die Inseln** haben im Kontext des Küstenschutzes im Übrigen eine besondere Rolle, denn sie sind wesentliche **Teile des Küstenschutzes für das Festland.** Sie brechen die Wucht der Wellen bei Sturm, wirken als Bollwerke und nehmen dem Meer die zerstörerischen Kräfte, bevor es auf die Küstenlinie trifft. Deshalb ist der Küstenschutz auf den Ostfriesischen Inseln besonders wichtig. Genauso wichtig ist aber auch das Deichvorland an der Festlandküste, das überwiegend aus Salzwiesen besteht. Oftmals weiden auf den Deichen **Schafe.** Sie werden ganz bewusst zur Deichpflege eingesetzt, denn sie halten das Gras kurz und sie haben das ideale Gewicht, um die Oberfläche der Deiche festzutreten.

In den Generalplänen zum Küstenschutz sind alle Küstenschutzanlagen auf dem Festland und auf den Inseln wie Deiche, Schutzdünen und Deckwerke verzeichnet. Sämtliche Maßnahmen wurden vermessen und kartografiert. Der Küstenschutz ist eine **Kombination aus verschiedenen Komponenten.** Die Hauptdeiche und Sperrwerke schützen vor Überflutungen. Die Schutzdünen auf den Inseln sichern diese. Die Binnendeiche befinden sich oberhalb eines Sperrwerks, im Notfall bieten sie Schutz, wenn die Seedeiche brechen. In Ostfriesland liegen drei der insgesamt 14 Sperrwerke Niedersachsens: das Ems-Sperrwerk, das Leda-Sperrwerk und das Sperrwerk Leysiel in der Krummhörn.

Die **Höhe der Deiche** ist sehr unterschiedlich und reicht von 5,60 Meter über Normalnull in Cuxhaven bis zu über neun Meter im Bereich von Norden/Norddeich. Das hängt mit den **unterschiedlichen Höchstwasserständen** bei extremen Sturmfluten, dem **örtlichen Wellenlauf** und dem **Tidenhub** zusammen. Diese Faktoren bestimmen auch den jeweiligen Querschnitt der Schutzdeiche, die ebenfalls unterschiedlich ausfallen und den jeweiligen örtlichen Gegebenheiten angepasst werden. Die Seedeiche sollen so konstruiert sein, dass sie ohne große bauliche Veränderungen im Bedarfsfall jederzeit erhöht werden können. Angesichts dieser komplexen Daueraufgabe ist es kein Wunder, dass das Land Niedersachsen seit 1955 **mehr als 2,4 Milliarden Euro in den Küstenschutz investiert** hat.

NLWKN (2007)

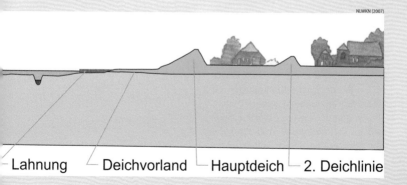

Lahnung — Deichvorland — Hauptdeich — 2. Deichlinie

den Fluten der See sicher. In Deutschland sind Geestgebiete nur im Norden zu finden. In Ostfriesland verraten manche Ortsnamen, dass sie auf der Ostfriesisch-Oldenburgischen Geest liegen, beispielsweise **Tergast** oder **Holtgaste.** Auch die Äcker und Grünlandflächen der Geest sind von schützenden Wallhecken umgeben. Hier leben verschiedene Kleinvögel, aber auch Wachteln und Rebhühner sowie Insekten und andere Kleintiere.

Moore

Früher war Ostfriesland zu großen Teilen mit Mooren bedeckt, die aufgrund der besonderen klimatischen Bedingungen und der Bodenbeschaffenheit entstehen konnten (siehe Exkurs „Sensationelle Funde im Moor"). Die Moore waren für die Menschen **lebensfeindliche, unzugängliche** und **gefährliche Landschaften.** Vorwiegend waren das ausgedehnte Hochmoorgebiete, Niedermoor war rar in Ostfriesland. Erst durch ihre **Entwässerung** gelang es, den Torf abzubauen und den Boden urbar zu machen. Einige Moorseen sind auch heute noch vorhanden. Im dunklen Wasser gibt es wenig Leben, nur sehr spezialisierte Tiere und Pflanzen können in dem nährstoffarmen Umfeld mit hohem Säuregehalt überleben. Doch dort ist die Natur nahezu unberührt mit seltenen Vogel- und Pflanzenarten, die umliegenden Flächen werden nicht bewirtschaftet. Pflanzen und Tiere wie Moorlilie, Sonnentau, Torfmoose und Wollgräser, die mit ihren weißen Blütenständen besonders im Frühsommer einen bezaubernden Anblick bieten, sind hier zu finden.

Teilweise werden die Moorseen auch von Wasservögeln wie Krickenten, Löffel- und Stockenten sowie Gänsen besucht. Aber in den Hochmooren leben auch Moorfrösche, Eidechsen und Kreuzottern. An einigen Orten finden heute Maßnahmen zur **Moorrenaturierung** statt, es gibt Rundwege und Infotafeln zur Tier- und Pflanzenwelt der Moore.

Der größte Hochmoorsee Deutschlands ist mit 89,2 Hektar das **Ewige Meer.** Den Besucher erwartet hier eine einzigartige Landschaft, die eigenwillig und spröde ist, aber zu jeder Jahreszeit ihren Reiz hat. Das umliegende Naturschutzgebiet ist nach dem gleichnamigen Hochmoorsee benannt.

Ein weiterer Moorsee ist das 26 Hektar große **Lengener Meer** in der Gemeinde Uplengen, das bereits 1984 unter Naturschutz gestellt wurde. In unmittelbarer Nähe befindet sich das 557 Hektar große **Stapeler Moor.** Aber es gibt weitere Moorgebiete wie das Barger Meer, das Wolfmeer oder das Neudorfer Moor.

Einen sehr guten Überblick über den Torfabbau bietet das **Moormuseum Moordorf** in der Gemeinde Südbrookmerland. Das Freilichtmuseum hat auch einen Moorerkundungspfad mit einem Bohlenweg und einer Aussichtsplattform.

▷ Die Moorleiche „Mann von Bernuthsfeld"
im Ostfriesischen Landesmuseum

Entwässerung und Nutzung der Flüsse

Das Land an der Nordseeküste Niedersachsens liegt nur unweit oberhalb des Meeresspiegels und ist vielerorts durch **Landgewinnungsmaßnahmen** entstanden. Wäre das Land nicht eingedeicht, würde zweimal täglich bei Flut die Nordsee ins Landesinnere strömen. Deshalb sind für eine künstliche Entwässerung die Landstriche von einem breiten Netz an **Gräben, Tiefs** – so werden Fließgewässer in Küstennähe genannt –, **Kanälen** und **Bächen** durchzogen, in denen das Regenwasser zur Nordsee oder zu den Flüssen hin abfließen kann. Mit gut

72 Kilometern ist der **Ems-Jade-Kanal** der längste künstlich angelegte Wasserlauf in Ostfriesland. Von Bedeutung sind auch der Ems-Seitenkanal sowie der Nordgeorgsfehnkanal. Besonders die ehemaligen Moorgebiete in den Gemeinden Großefehn, Rhauderfehn und Wiesmoor sind von einem weitläufigen Netz künstlich angelegter Fehnkanäle durchzogen.

Durch die Eindeichung der Flüsse kann kein Meerwasser in das Marschland fließen, aber auch kein Regenwasser auf natürlichem Weg in die Nordsee gelangen. Eine **künstliche Entwässerung** ist deshalb unabdingbar. Im Laufe der Jahrhunderte ist ein ausgeklügeltes Entwässerungssystem aus Sielen und

Land und Leute

197ofl_OLEeb

Sensationelle Funde im Moor

Bis heute werden im Moor archäologische Funde gemacht, darunter befinden sich allein in Europa mehr als **700 Leichen.** Moorfunde sind **wertvoll für die archäologische Forschung.** Durch die konservierende Wirkung des Moores bleiben Materialien erhalten, die in trockenen Böden verfallen würden. Der Sauerstoffmangel im Untergrund und das saure Umfeld sorgen dafür, dass beispielsweise Hölzer oft hervorragend erhalten bleiben und wie frisch bearbeitet aussehen. Außerdem lassen sich die Funde zeitlich sehr gut eingrenzen, weil die Bestandteile des Torfs darüber Auskunft geben, **wann die Funde an Ort und Stelle gelangt sind.**

2004 entdeckte ein Torfarbeiter im Berumerfehner Moor beim Ewigen Meer eine rund 70 Zentimeter lange und knapp 500 Gramm schwere **Holzkeule** mit einem geschnitzten Griff und einer Ledermanschette. Am Ende der Keule befindet sich eine etwa acht Zentimeter dicke Kugel. Es wird vermutet, dass es sich um

eine **Waffe** handelt oder um das **Statussymbol einer wichtigen Persönlichkeit** aus der Jungsteinzeit. Etwa 4700 Jahre alt ist dieses vollständig erhaltene Fundstück. Bereits 1927 wurde der sogenannte „Pflug von Walle" entdeckt, ein drei Meter langer **Hakenpflug aus Eichenholz** aus der frühen Bronzezeit (1800–700 v. Chr.).

1907 wurde im Hochmoor Hogehahn bei Bernuthsfeld im Landkreis Aurich die **Moorleiche** *,Mann von Bernutzsfeld'* – auch als „Bernie" bekannt – gefunden. Der archäologische Fund aus dem 7. oder 8. Jahrhundert weist eine Besonderheit auf: Der Mann hatte **außerordentlich gut erhaltene Wollkleidung** an. Er war zwischen 30 und 40 Jahre alt, hatte Arthrose und einen guten Zahnstatus, wie wissenschaftliche Untersuchungen ergeben hatten. Zwei Brüder hatten die Leiche beim Torfstechen gefunden und aus Furcht auf einer benachbarten Parzelle begraben. Doch die Nachricht über den Fund verbreitete sich und so kam es dazu, dass so-

198ofl_mna

wohl der **Fundplatz als auch die Bestattungsstelle archäologisch untersucht wurden.** Dabei wurden das Skelett und unter anderem weitere Haare, Kleidungsstücke und eine Messerscheide gefunden. Heute kann man den Fundkomplex im Ostfriesischen Landesmuseum in Emden besichtigen.

Drei Jahre später fand ein Mann aus Moordorf ebenfalls beim Torfgraben eine **goldene Scheibe** offensichtlich sehr viel älteren Ursprungs aus der Nordischen Bronzezeit (1500 bis 1300 v. Chr.), die eine Grabbeigabe gewesen sein könnte. Er verkannte den Wert und gab sie seinen **Kindern zum Spielen.** 1919 erwarb ein Händler die „Sonnenscheibe" und verkaufte sie an einen Auricher Altmetallhändler, der sie ein Jahr später dem British Museum zum Kauf anbot. Doch das lehnte den Kauf ab, und so kam die Scheibe schließlich in das heutige **Niedersächsische Landesmuseum** nach Hannover. Die Scheibe hat einen Durchmesser von 14,5 Zentimetern, ist 0,14 Millimeter dick und wiegt 36,17 Gramm. Materialanalysen lassen vermuten, dass das Gold aus Irland stammt. Das reichlich verzierte Muster ist von hinten in die Scheibe getrieben worden, über 1000 Striche und Punkte sind dabei entstanden. Die Wissenschaft ist heute der Auffassung, dass es sich um ein **Symbol der Sonne** handelt. Nachbildungen der Sonnenscheibe befinden sich im Moormuseum in Moordorf, im Auricher Stadtmuseum und im Ostfriesischen Landesmuseum Emden.

◁ Sonnenscheibe von Moordorf

Schöpfwerken entstanden, damit das Wasser abfließen kann. Die Schifffahrt nutzt Schleusen, um unterschiedliche Wasserstände zu überwinden. Die Flüsse werden aber nicht nur für die Entwässerung, sondern auch für die **Bewässerung** genutzt. Auch wenn die künstliche Entwässerung sehr wichtig ist, fehlt es dem Land manchmal an Wasser. Die Tiere auf den Weiden benötigen dann Trinkwasser, und auch für die wild lebenden Pflanzen und Tiere ist das Wasser überlebenswichtig. Dann wird zugewässert und das Wasser künstlich ins Land geholt.

Die Wasserstände von Ems, Leda, Jümme und einigen Fehnkanälen sind von den **Gezeiten beeinflusst** und fallen mit Ebbe oder steigen mit der Flut. Mächtige **Sperrwerke** in der Nähe der Flussmündungen von Ems und Leda und andere Küstenschutzmaßnahmen schützen das Land vor dem Eindringen des Meeres besonders bei Sturmfluten. Die Ems wird von der Schifffahrt genutzt und deshalb regelmäßig ausgebaggert und vertieft (siehe dazu auch Exkurs „Dicke Pötte aus Papenburg"). Was für die Industrie gut sein mag, zieht negative Konsequenzen für das Ökosystem nach sich. Teilweise muss die Zuwässerung des Landes unterbrochen werden, weil der **Salzgehalt** in den Gewässern **zu hoch** ist. Dieser ist zum einen auf die Erhöhung des Meeresspiegels zurückzuführen, zum anderen aber auch auf die Flussvertiefungen. Dadurch verändern sich auch die Strömungen, das Meerwasser kann weiter und schneller in die Flüsse eindringen. Der hohe Salzgehalt schadet den Tieren und Pflanzen, aber auch der Landwirtschaft. Steigt der Salzgehalt des Wassers weiter an, kann es nicht mehr zur Bewässerung genutzt werden. Es wird zwar an Konzepten gearbeitet, um das Problem zu mindern, aber verschiedene Interessenlagen erschweren das Finden von vernünftigen Lösungen leider erheblich.

Waldgebiete

Nahe der Küste und auf den Inseln gibt es nur wenige Wälder. Einzeln stehende Bäume sind dort durch die sogenannte **Windschur** ganz schief gewachsen. Im Norden Ostfrieslands stehen die meisten Bäume an den Straßen und auf den Wallhecken, ausgedehnte Wälder sind eher im Süden der Region zu finden. **Größere Waldgebiete** sind der Heseler Wald, der Ihlower Forst und der Karl-Georgs-Forst in der Gemeinde Friedeburg. Hier wachsen **heimische Laubbäume** wie Eichen, Buchen, Erlen und Linden, aber auch **verschiedene Nadelhölzer** wie Tannen und Fichten sowie die sogenannte Stechpalme Ilex. Dam- und Schwarzwild finden hier Unterschlupf und Lebensraum. Wird der Wald überwiegend sich selbst überlassen, wie das **Naturdenkmal Neuenburger Urwald** in Friesland, entsteht ein einzigartiger Lebensraum, in dem die Artenvielfalt spürbar größer ist. In den morschen Stämmen umgestürzter Bäume finden Käfer und Vögel Nahrung, auch Fledermäuse und kleine Singvogelarten sind zu entdecken, und das laute Klopfen der Spechte zeigt an, dass hier reichlich Nahrung zu finden ist. Im Herbst sind auf den Holzstämmen manchmal kuriose Gebilde zahlreicher **Pilze** zu sehen.

Park- und Gartenkultur in Ostfriesland

In der Zeit der Romantik standen Botanik und Natur hoch im Kurs. Im 18. und 19. Jahrhunderts entstanden die **historischen Gartenanlagen** des Adels, die sich an der Kunst der englischen Landschaftsgärten orientierten. Schöne Beispiele für diese herrschaftlichen Anlagen sind die Gärten der Schlösser Lütetsburg, Jever und Gödens oder an der Evenburg in Leer. Auch der „verlorene Garten" der Osterburg in Groothusen ist sehenswert. Einen besonderen Lebensraum bilden die großen, von Bäumen eingesäumten **Alleen,** beispielsweise die Lindenallee der Evenburg oder die prächtigen Alleen im Haus Altenkamp in Papenburg-Aschendorf etwas außerhalb Ostfrieslands. Dass die Gartenkultur in Ostfriesland nach wie vor beliebt ist, zeigen die zahlreichen **Hausgärten** in der Region. Besonders die Gemeinde Wiesmoor hat sich zu einem regelrechten **Mekka für Pflanzenliebhaber** entwickelt, der Gartentourismus ist dort in den letzten Jahren zu einem wesentlichen touristischen Schwerpunkt geworden.

▷ Eine Augenweide beim Spaziergang: Rhododendron im Lütetsburger Park

In ganz Ostfriesland finden sich viele verschiedene **Parks, Gärten und öffentliche Grünflächen,** die zu Entdeckungsreisen einladen und regelrechte Oasen der Ruhe sind. Auch etliche der prächtigen, manchmal von Wassergräben umgebenen **Gulfhöfe** weisen teils wunderschöne Gärten auf.

Schon seit vielen hundert Jahren gilt die **Eiche** mit ihrem imposanten Wuchs und ihrem harten Holz als Sinnbild körperlicher und moralischer Stärke. Drei Eichen im Garten des Sitzes der Ostfriesischen Landschaft in Aurich (siehe Exkurs „Die Ostfriesische Landschaft") verkörpern die **drei ehemaligen Landstände Adel, Bürger und Bauern.** In vielen Dörfern, nicht nur Ostfrieslands, wurden nach dem Deutsch-Französischen Krieg 1870/71 und dem Ersten Weltkrieg sogenannte **Heldeneichen** gepflanzt. Doch unabhängig von dieser heldenhaften Bedeutung ist die Eiche in den Geestregionen Ostfrieslands weit verbreitet. Man sieht sie dort oft auf den Wallhecken, aber sie wurde auch als Bauholz eingesetzt. Ihre Früchte dienten früher als Futter für die Schweinemast.

Ein Beispiel für die Verschmelzung zwischen Gartenkunst und Bildender Kunst ist der **Skulpturengarten** des Stahlbildhauers *Leonhard Wübbena* in Funnix, der seit 2007 während der Sommermonate mit eigenen Werken und wechselnden Gastkünstlern in einer klug gestalteten Gartenanlage überrascht.

199ofl_mna

Wappen und Flagge Ostfrieslands

Tatsächlich ist Ostfriesland aus historischen Gründen ein **Land mit zwei Wappen.** Das Wappen, das heute allgemein am meisten als ostfriesisches Wappen gebraucht wird, ist das der ostfriesischen Grafenfamilie *Cirksena* aus Greetsiel. Es wurde 1625 von Graf *Rudolf Christian* festgelegt. Darauf zu sehen sind die sechs Wappen der wichtigsten ostfriesischen Häuptlingsgeschlechter, mit denen die *Cirksenas* verwandt waren, sich mit ihnen verbunden fühlten oder deren Herrschaft sie übernahmen. Links oben ist das Wappen der 1464 zu Grafen erhobenen Familie *Cirksena* zu sehen, ein **goldener Jungfrauen-Adler** auf schwarzem Grund. Mangels Nachkommenschaft starb starb die Familie 1744 aus. Oben rechts ist das Wappen der ersten Häuptlingsfamilie *tom Brook* aus dem Brookmerland abgebildet, ein **goldener Adler auf rotem Grund.** Sie kam schon im 14. Jahrhundert an die Macht, wurde aber bereits 1426 besiegt. In der Mitte befindet sich das Wappen der Häuptlingsfamilie *von Manslagt* aus der Krummhörn, die schon sehr lange durch Heirat mit den *Cirksenas* verbunden war. In der Mitte rechts steht der **weiße Löwe** mit mit einer gestürzten Krone für die Familie des Häuptlings *Fokko Ukena* aus Moormerland. Er wurde 1431 durch einen Verbund unter der Führung der *Cirksenas* gestürzt. Unten links ist der **Esenser Bär** auf goldenem Grund zu sehen, rechts das Wappen des Häuptlings *Hero Omken.* Beide Wappen stehen für das **Harlingerland,** das lange Zeit vom Geschlecht der *Attena* beherrscht worden war. Erst im Jahr 1625 wurde das Harlingerland formal in die Grafschaft Ostfriesland eingegliedert und fand so Einzug in das ostfriesische Wappen, das im selben Jahr festgelegt wurde.

Die **Ostfriesische Landschaft** war neben den *Cirksena*-Fürsten ein **zweiter Souverän im Fürstentum** und sie ist seit dem 14. Januar 1678 berechtigt, ein **eigenes Wappen** zu führen. Dieses Recht wurde ihr durch den deutsch-römischen Kaiser *Leopold I.* verliehen – ein einmaliger Vorgang für eine solche ständische Organisation. Die Ostfriesische Landschaft (→ gleichnamigen Exkurs) ist heute ein **Höherer Kommunalverband** mit Sitz in Aurich. Ihm zugehörig sind die Landkreise Wittmund, Aurich und Leer sowie die Stadt Emden. Das sogenannte **Upstalsboom-Wappen** der Ostfriesischen Landschaft zeigt in einem roten Schild eine grüne Eiche auf einem Hügel. Daneben steht ein mit einem Harnisch, einer Lanze und einem Degen bewaffneter Soldat, der einen mit Straußenfedern verzierten Helm trägt, darüber ist eine Königskrone zu sehen. Die

▷ Wappen der Familie Cirksena

freiheitliche Tradition der Friesen führte zu einer starken Stellung der Grafschaft Ostfriesland in der Standesversammlung. Die Landstände hatten umfangreiche landesherrliche Rechte. Das Wappen wird bis heute von der Ostfriesischen Landschaft offiziell verwendet.

Die **Flagge Ostfrieslands** zeigt drei waagerechte Streifen in den Farben Schwarz, Rot und Blau. Das Schwarz steht für die Farbe der Häuptlingsfamilie *Cirksena*, Rot ist die der *tom Brooks* und Blau ist die Farbe für das Harlingerland. Gegen Ende des 20. Jahrhunderts hat auch die Ostfriesische Landschaft die Flagge angenommen, womit diese heute die offizielle Flagge Ostfrieslands ist. Häufig findet auch die Variante Anwendung, bei der das Wappen in die drei Streifen integriert ist.

200ofl_HMA

Das Ostfriesenlied

In Oostfreesland is't am besten
over Freesland geit der nix!
War sünd woll de Wichter mojer,
war de Jungse woll so fix?
In Oostfreesland mag ik wesen,
anners nargens lever wesen,
over Freesland geit der nix.

In Ostfriesland ist's am besten
über Friesland, da geht nichts!
Wo sind wohl die Mädchen schöner,
wo die Jungen wohl so tüchtig?
In Ostfriesland mag ich sein,
nirgendwo anders lieber sein,
über Friesland, da geht nichts.

Nargens bleiht de Saat so moje,
nargens is de Buur so riek,
nargens sünd de Kojen fetter,
nargens geiht de Ploog so liek,
nargens gifft't so feste Knaken,
weet man leckerder to maken
Botter, Kees' un Karmelkbree.

Nirgendwo blüht die Saat so schön,
nirgendwo ist der Bauer so reich,
nirgendwo sind die Kühe fetter,
nirgendwo geht der Pflug so gerade,
nirgendwo gibt's so feste Knochen,
weiß man leckerer zu machen
Butter, Käse und Buttermilchbrei.

Nä,'t is nargens, nargens bäter
as war hoch de Dieken staan,
war up't Eiland an de Dünen
hoch herup de Bulgen slaan;
war so luut de Nordsee bullert,
war ji könen up de Dullert
Dreemast-Schepen faren seen.

Nein, es ist nirgends, nirgends besser
als da wo hoch die Deiche stehen,
wo auf der Insel an den Dünen
hoch herauf die Wellen schlagen,
wo so laut die Nordsee rumort,
wo ihr könnt auf dem Dollart
Dreimast-Schiffe fahren sehen.

War in'd Wagen Törf un Kienholt
worden haalt van't Hochmoor her;
war de ganse Welt sück lüstig
makt up't Is bi't Eierbeer;
war s' int Feld mit Kloten scheten,
wor se Bookweit-Schubbers eten,
Harm up Freersfoten geit.

Wo im Wagen Torf und Kiefernholz
werden geholt vom Hochmoor her
wo die ganze Welt Spaß hat
auf dem Eis beim Eierbier;
wo sie im Feld mit Kloten schießen,
wo sie Buchweizenpfannkuchen essen,
Harm auf Freiersfüßen geht.

För Oostfreesland, för Oostfreesland
laat ick Blot un Leven geern,
was'k doch man weer in Oostfreesland,
war so mennig söte Deern!
In de Frömde wünsk ik faken:
Kunk doch Moders Breepott smaken;
sat'k doch weer in ,d Hörn bi't Für!

Für Ostfriesland, für Ostfriesland
lass ich Blut und Leben gern,
wär ich doch nur wieder in Ostfriesland
wo so manches süße Mädchen!
In der Fremde wünsch ich oft:
Könnt ich doch Mutters Breipott
schmecken; säß ich doch wieder im
(Groß-)Vaterstuhl am Feuer!

Der Text wird in der gleichen Melodie intoniert wie das deutsche Volkslied: „Weißt Du, wie viel Sternlein stehen?". Es stammt der Überlieferung nach aus der Feder des aus Dornum stammenden Ostfriesen *Enno Hektor* (1820–1874), der seine Heimat aus wirtschaftlichen Gründen hatte verlassen müssen. Er setzte sich zeitlebens auch aus der Ferne für die ostfriesische Sprache und Kultur ein. Das Gedicht entstand in Dernau, südlich von Bonn an der Ahr gelegen, und trug ursprünglich den Titel „Sehnsucht nach der Heimat". Doch heute wird es meist nach der ersten Textzeile benannt und immer wieder gesungen. Der Text ist nicht nur sentimental, sondern befasst sich zugleich selbstironisch mit einigen **ostfriesischen Eigenarten.** Vermutlich verfasste *Enno Hektor* damit eine Parodie auf das „Deutschlandlied" von *August Heinrich Hoffmann von Fallersleben* (1798–1874), das kurz zuvor am 26. August 1841 auf Helgoland entstanden war. Der Text lautet wie folgt:

Die Ostfriesen

Nicht alles ist so, wie es auf den ersten Blick erscheint. Bei vielem lohnt es sich, erst einmal genauer hinzuschauen und sich erst danach ein Urteil zu bilden. So sind die eigenwillig und oftmals **wortkarg** erscheinenden Ostfriesen meist **nett und freundlich,** auch wenn es vielleicht anfangs anders aussehen mag. Das liegt daran, dass die Ostfriesen in von Mooren oder vom Meer umgebenen entlegenen Gebieten lebten und auf sich selbst gestellt waren. Sie hatten ihr Land

vor den **Gewalten des Meeres** zu schützen und dieses teilweise mühsam **der Nordsee abgerungen,** deshalb ließen sie sich von Menschen, die nicht zu den Einheimischen zählten, wenig beeinflussen und bewahrten ihre **Selbstständigkeit.** Das gehörte zur Tradition, stärkte den Zusammenhalt und die eigene Identität.

Bis heute hat sich daran nichts Wesentliches geändert. **Die Einwohner Ostfrieslands** und der angrenzenden Küstenlandstriche **halten zusammen.** Die gegenseitige **Hilfsbereitschaft** insbesondere in den ländlichen Gebieten oder auf den Inseln ist groß. Das muss auch so sein, denn nur gemeinschaftlich lassen sich die Herausforderungen meistern, die Wind, Wetter und die teilweise abgeschiedenen Lagen mit sich bringen. Es gibt meist ein **reges Vereinsleben,** und der Winter gilt als die Jahreszeit, in der man besonders eng mit Familie und Freunden zusammenlebt. Begegnet man den Menschen als Gast freundlich auf Augenhöhe und behandelt sie mit dem gebotenen **Respekt,** wird man in der Regel auf offene Ohren und **viel Hilfsbereitschaft** stoßen.

Die Eigenständigkeit der Ostfriesen zeigt sich in **Sprache und Kultur,** ihrer **Identität** und ihrer **Küche.** Sie freunden sich nicht mit jedem sofort an und reden meist auch nicht lang herum, kommen gern schnell auf den Punkt. Sie tun damit sprichwörtlich „Butter bei die Fische". Das kann auf Menschen, die nicht aus dem Norden kommen und das so nicht kennen, unhöflich wirken. Es ist aber selten so gemeint. Zieht jemand dauerhaft nach Ostfriesland, erwarten die Einheimischen, dass man sich mit dem **Niederdeutschen,** also der niedersächsischen Muttersprache, auseinandersetzt, zumindest passive Sprachkenntnisse aufweist und auch **am gesellschaftlichen Leben teilnimmt.** Sind diese Voraussetzungen erfüllt, wird man aber schnell in die Gemeinschaft aufgenommen.

Bräuche und Traditionen

Dass sich in abgelegenen Regionen eigene Bräuche und Traditionen entwickeln können, ist kein Geheimnis. Fast jedes Gebiet weist **Besonderheiten** auf. Die wichtigsten, denen man auf einer Reise nach Ostfriesland begegnen kann, werden hier kurz erklärt. Aber auch **regionale Eigenheiten** sind durchaus anzutreffen. Zum Beispiel die merkwürdig anmutende Mannschaftssportart **Bessensmieten,** also Besenwerfen, im Landkreis Wittmund und im Jeverland. Die Wettbewerbe finden meist am Fastnachtsdienstag statt. Als Wurfgeschosse dienen **Reisigbesen.** Ausgangspunkt ist immer der **Ofen** eines Privat- oder Gasthauses. Gewonnen hat die Mannschaft, die mit den wenigsten Würfen die größte Distanz überwunden hat. Die nachfolgend beschriebenen Bräuche kann der Reisende aber fast überall in Ostfriesland entdecken, sie werden zum passenden Anlass praktiziert.

Die Traditionen im Jahresverlauf

In der Weihnachtszeit und zum neuen Jahr werden in vielen ostfriesischen Haushalten die sogenannten **Neeijahrskoken** (Neujahrskuchen) gebacken, auch *Rullerkes* genannt. Ihr typischer

Geschmack kommt von Kardamom, Anis und Kandiszucker, der mit Wasser angelöst dem Teig zugemischt wird und das Gebäck beim Verzehr knuspern lässt. In noch warmem Zustand wird die runde Waffel über eine spezielle Form zum Auskühlen gerollt, die wie eine Miniatur-Zuckertüte aussieht. Das Ergebnis ähnelt einer Eiswaffel. In manchem Haushalt wird der Neeijahrskoken auch kurz vor dem Essen mit **Sahne** gefüllt oder eben einfach so als süßes Gebäck zum Tee geknabbert. Dazu wird **Bohntjesopp** gereicht. Wer jedoch eine „friesische Bohnensuppe" bestellt, bekommt keinen Eintopf, wie mancher vielleicht denken mag. Vielmehr handelt es sich bei *Sinbohntjesopp* um einen **Likör** aus Rosinen, Zucker, Kandiszucker und „Ostfreeske Branntwien", einer Art Weinbrand, der in einem irdenen Gefäß angesetzt und in Miniaturtassen oder Gläsern mit kleinen Löffeln serviert wird, mit denen die eingelegten Rosinen gegessen werden.

Auf vielen Inseln und den Orten an der Küste wird das **Neujahrsschwimmen** zum Anlass genommen, sich ins eiskalte Wasser zu werfen, oft in lustigen Kostümen und zur Freude der Zuschauer. Bei kalten Tagen ist das Wasser meist wärmer als die Außentemperatur, dennoch erfordert es von den Teilnehmern viel Mut, sich im leichten Badeanzug ins „kühle Nass" zu stürzen. Die ein oder andere Gemeinde öffnet den Teilnehmern im Anschluss ans gemeinsame Bad im Meer die Sauna im Schwimmbad, um sich wieder aufzuwärmen.

Ostern wird *Paasken* genannt, die drei Tage von Karfreitag bis Ostersonntag sind die höchsten Feiertage im christlichen Kirchenjahr. Traditionell wird in der Dämmerung am Ostersonnabend das **Paaskefüür** (Osterfeuer) entzündet. Schon Wochen vorher sammelt man fleißig Holz und türmt es auf festgelegten und abseits der Bebauung gelegenen Plätzen zu riesigen Haufen auf. Am Samstagabend versammeln sich Dorfgemeinschaften und Gäste um das Osterfeuer und warten auf den Augenblick, in dem das Paaskefüür entzündet wird. Auf diese Art verabschieden sich alle vom Winter und **begrüßen den Frühling.** Die Osterfeuer sollten früher auch die Fruchtbarkeit, das Wachstum und die Ernte sichern, indem anschließend die Asche verteilt wurde. Gemeinsam verbringen die Menschen heutzutage den Abend mit Bier, Glühwein und Softgetränken, dazu gibt es meist Gegrilltes. Am Ostersonntag steht dann das traditionelle **Eiertrüllern** auf dem Programm. Hartgekochte Eier werden von Kindern und Erwachsenen vom Deich oder Steigungen gerollt mit dem Ziel, die Eier möglichst weit und unversehrt nach unten zu befördern. Das gleiche Ziel wird auch beim **Eiersmieten** verfolgt, nur findet der Eierweitwurf auf einer Wiese statt.

Der **Tanz in den Mai** mit dem traditionellen Aufstellen des Maibaums ist in ganz Deutschland Tradition. In Ostfriesland steht dieser Brauch vor allem bei den Jugendlichen hoch im Kurs. Am Vorabend zum ersten Mai wird in der Gemeinschaft auf dem Dorfplatz ein langer Pfahl mit Tannenzweigen, Birkengrün und bunten Bändern geschmückt und aufgestellt. Nach dem Schmücken des Baums folgt der Tanz in den Mai und es wird gemeinsam gefeiert. Der Baum muss während der Nacht **gut bewacht** werden, denn andere Dör-

fer dürfen ihn zwischen Sonnenunter- und -aufgang nach bestimmten Regeln **stehlen.** Ist das gelungen, muss die bestohlene Dorfgemeinschaft den Baum **wieder auslösen,** bevor er an seinen ursprünglichen Ort zurückkehren darf.

Überwiegend im Landkreis Aurich wird am Himmelfahrtstag die Tradition des **Bruudpadds** (Brautpfadlegen) gepflegt. Kinder sammeln dafür am Vortag Blumen und füllen am Himmelfahrtstag eine flache Kiste oder ein Holztablett mit Sand, in dem mit den Blüten ein **kunstvolles Arrangement** wie Anker oder Herz, manchmal auch Leuchttürme, Schiffe oder ein historisches Gebäude gestaltet wird. In manchen Gemeinden beurteilt eine Jury das Ergebnis und kürt die schönsten Brautpfade. Die Tradition geht auf den letzten ostfriesischen Fürsten *Carl Edzard* zurück, der im Mai 1734 auf Schloss Berum seine Hochzeit feierte. Zu diesem Anlass wurden duftende Blütenteppiche ausgelegt.

Wie vielerorts in Deutschland ziehen am frühen Abend des 10. November die Kinder mit Laternen durch die Straßen von Haus zu Haus und singen den Bewohnern ein **Martinilied.** In Ostfriesland verkleiden sich die Kinder dabei auch gern und werden dann für ihre Sangesdarbietung mit **Süßigkeiten** belohnt. Das Lied „Mien lüttje Lateern" von *Greta Schoon* ist dabei sozusagen der **Gassenhauer des Martinisingens.** In einigen ländlichen Gebieten schließen sich später diesem Brauch auch Jugendliche und Erwachsene an, statt Süßigkeiten gibt es für sie dann einen **Schnaps. Schützenvereine und -gesellschaften** stehen auch in Ostfriesland hoch im Kurs. Die Schützencompanie Esens e. V. von 1577 hat eine sehr lange Tradition, sie feiert jährlich eines der **größten Schützenfeste in Niedersachsen,** das als eine der wichtigsten Veranstaltungen in Ostfriesland gilt und zahlreiche Besucher anzieht. Es beginnt an einem Freitag im Juli mit der Festplatzeröffnung, einem Platzkonzert und einem Fackelumzug. Die Straßen in Esens sind dann mit bunten Fahnen, Girlanden und Wimpeln herausgeputzt. Am Samstag wird der **neue Jungschützenkönig** gekürt, abends findet der **Festball** statt. Und auch am Sonntag ist bei einem Festumzug mit rund 1500 Schützen richtig was los. Am Montag findet dann der zweite Festumzug statt und der **neue Schützenkönig** wird ermittelt. An diesem Tag bleiben in Esens die Geschäfte geschlossen, viele Firmen feiern mit ihren Mitarbeitern auf dem Schützenplatz. Und für den Dienstag organisiert die Schützencompagnie ein **Kinderprogramm.** Die Feierlichkeiten enden mit einem **Höhenfeuerwerk.** Auch während des ganzen Jahres bieten die Corporalschaften (Unterabteilungen) und weitere Abteilungen viel an, es finden Wettkämpfe statt, gemeinsam werden Ausflüge unternommen und man pflegt das gesellige Zusammensein. Doch auch in den meisten anderen Gemeinden gibt es Schützen. Sie organisieren sich meist in Schützenvereinen oder -gesellschaften.

Bis Mitte des 20. Jahrhunderts war Ostfriesland überwiegend durch **Landwirtschaft** und **Seefahrt** geprägt. Daran

201ofl_hi

erinnert das jährliche **gemeinsame Binden der Erntekrone** für das Erntedankfest, das in der Kirche gefeiert wird. Die Erntekrone wird aus verschiedenen Getreidehalmen gebunden und dann in einem Festumzug zur Kirche getragen, wo sie meist über dem Taufbecken an die Decke gehängt wird. Im Kirchenschiff liegen vielfältige Feldfrüchte und Obst. Häufig wird der Erntedankgottesdienst auf Niederdeutsch abgehalten. Oft wird abends getanzt und an manchen Orten auch ein **Erntedankmarkt** abgehalten. In Wittmund hängt jedes Jahr eine große Erntedankkrone im Treppenhaus des Landkreisgebäudes. Anlässlich der Ernte werden an einigen Orten **Festumzüge** veranstaltet, beispielsweise in Münkeboe, Schwerinsdorf, Klostermoor und Völlenerkönigsfehn. Da in Ostfriesland viele Kartoffeln angebaut werden und besonders die „fetten Kleikartoffeln" begehrt sind, gibt es zum Ende der Erntezeit **Kartoffelmärkte,** die sogenannten Tuffelmärkte. Die *Tuffelarnt,* also die Kartoffelernte, ist traditionell bis zur Eröffnung des Gallimarkts in Leer abgeschlossen.

Noch älter als das Schützenfest in Esens ist der **Gallimarkt in Leer.** Als im Jahr 1508 Graf *Edzard* Leer das **Marktrecht** verlieh, legte er den Termin für den **Viehmarkt** auf den 16. Oktober. Das ist der Todestag des Heiligen *Gallus,* eines irischen Missionars. Ab dem Ende des 19. Jahrhunderts entwickelte sich um den Viehmarkt ein **Volksfest.** Nach dem Viehmarkt wird um 11.30 Uhr in der Altstadt die Kirmes eröffnet, die für fünf Tage die Stadt in Atem hält. Dann ist Leer voller Besucher und viele Fahrgeschäfte laden zum Vergnügen ein. Speisen und Getränke werden allerorts auf dem ganzen Veranstaltungsgelände angeboten, sodass auch für kulinarische Abwechslung gesorgt ist.

Am Vorabend zu Nikolaus, also am **5. Dezember,** herrscht überall in Ostfriesland drängende Enge. Jung und Alt treffen sich dann in Bäckereien und Geschäften zum **Knobeln.** Wer dann mit einem geringen Einsatz mit drei Würfeln einen hohen Wurf schafft, hat die Chance, Kuchen, Würste oder ganze Enten zu gewinnen. Besonders Kinder warten fiebrig darauf, ihr Taschengeld zu setzen und mit einem dicken Gewinn nach Hause zu kommen. Die Gewinne werden von den Bäckereien und Geschäften gespendet. Das Ganze geht auf einen **holländischen Seefahrerbrauch** zurück, denn die Seeleute erhielten am Vorabend zu Nikolaus ihre Heuer und verspielten sie oft noch am selben Abend. Auch in der heutigen Zeit ist dieser Brauch nicht wegzudenken, er ist zur fest etablierten Tradition geworden.

Der **Nikolaus** wird in Ostfriesland *Sünnerklaas* genannt. Wie überall in Deutschland stellen die Kinder am Vorabend zum 6. Dezember einen Stiefel vor die Tür und hoffen darauf, dass der Nikolaus diesen mit Leckereien und kleinen Geschenken füllt. Früher bekamen die ostfriesischen Kinder nicht an Weihnachten die meisten Geschenke, sondern an Nikolaus. Damit der Nikolaus beim Verteilen der Geschenke nicht am Haus der Kinder vorbeiritt, legten sie

◁ Aufstellung zum Fackelumzug anlässlich des Esenser Schützenfestes eine Scheibe Schwarzbrot, ein Blatt Grünkohl oder ein Stück Kandiszucker auf die Fensterbank. Mancherorts wird das immer noch so gemacht, nur befindet sich dann ein Stück Würfelzucker auf der Fensterbank. Heute liegt im Stiefel traditionell ein „**Stutenkeerl**", das ist ein Hefegebäck in Form eines Mannes mit einer Pfeife aus gebranntem Ton und Rosinenaugen. Auch ein Pferd aus Spekulatiusteig, der „Rieder up Peerd", findet sich häufig im Stiefel. Ursprünglich kam dieser Brauch aus den Niederlanden. Der Heilige Nikolaus ist der **Schutzpatron der Seefahrer** und war daher in den Hafen- und Seefahrergemeinschaften von großer Bedeutung.

Am **Silvestertag** steht das **Speckendicken** bei vielen Familien fest im Kalender. Speckendicken sind sehr deftige Pfannkuchen, die gemeinsam zubereitet und gegessen werden, um das Jahr herzhaft ausklingen zu lassen. Sie bestehen aus Mehl, Sirup, Anis, Kardamom, Milch, Mettwurst und Speck, das Ganze wird zu einem Teig zusammengerührt und in einer Pfanne oder mit dem Waffeleisen ausgebacken.

Traditionen zu verschiedenen Anlässen

Die Ostfriesen sind **Meister im Bogenflechten.** Es hat eine lange Tradition, zu besonderen Anlässen in gemeinschaftlicher Arbeit im Freundeskreis, der Familie oder Nachbarn einen Bogen zu erstellen und ihn zu schmücken. Dies geschieht zur Trauung, zur Silbernen oder Goldenen Hochzeit, zum beginnenden Ruhestand, runden Geburtstagen oder auch zu Geburten. Auch die neuen Nachbarn werden zumindest auf dem Land oft mit einem Bogen Willkommen geheißen. Die meisten Bögen basieren auf einem **hölzernen Grundrahmen** oder einem dicken Seil, an dem Tannengrün befestigt ist. Als Zierde folgen Papierblumen und weitere Symbole wie Eheringe oder die Jahreszahl des Jubiläums. Wenn der Bogen befestigt wird, wird an alle ein Schnaps ausgeschenkt und anschließend im Haus oder im Garten gefeiert.

Wer mit **25 Jahren immer noch nicht verheiratet ist,** soll traditionell daran erinnert werden, dass es höchste Zeit wird, eine Familie zu gründen, um nicht als „alte Schachtel" oder „alte Socke" zu enden. Freunde und Verwandte einer Frau verzieren zu diesem Anlass am 25. Geburtstag den Gartenzaun mit einer Girlande oder flechten einen Bogen, alte Zigarettenschachteln dienen oft als aussagekräftiges Symbol. Bei Männern werden alte Socken und leere Flaschen verwendet. Muss dann auch noch der 30. Geburtstag ledig gefeiert werden, heißt es für Männer, dass sie zum Johlen der Freunde zur Strafe eine **Treppe fegen müssen,** auf der jede Menge Korken oder Kronkorken liegen. Dazu gibt es Getränke und jede Menge Spaß. Frauen hingegen werden häufiger zum **Türklinkenputzen** eines öffentlichen Gebäudes verdonnert, die sie so lange polieren müssen, bis ein junger Mann sie freiküsst.

Der Tradition nach setzte man die *Sinbohntjesopp* anlässlich der bevorstehenden **Geburt eines Kindes** an. Zur sogenannten *Puppvisiet* kommen Freunde und Nachbarn **nach der Geburt** bis heute, *Kinnertöön* nennt sich dieser traditionelle Besuch. Man stößt mit der *Sin-*

2F021ofl_WCF

△ Alte Socken zum 25. Geburtstag

bohntjesopp gemeinsam auf das freudige Ereignis an und begrüßte damit den neuen Erdenbürger. Heute wird das Getränk auch auf Richtfesten oder Hochzeiten gereicht und ist in dem ein oder anderen regionalen Eisbecher zu finden.

Das früher weit verbreitete **Beiern** ist eine besondere Form des Glockenschlags, bei dem der Klöppel von Hand mit kurzen ruckartigen Bewegungen an den Glockenrand geschlagen wird. Das muss gut geübt sein, deshalb dürfen nur ausgewählte Personen Beiern. Heute wird diese Technik **anlässlich hoher kirchlicher Festtage** wie Weihnachten und Silvester nur noch in wenigen Orten angewandt. In der Auricher Lambertikirche erklingt dann die Tonfolge GG, AA, DD, EE in einem bestimmten Rhythmus und in verschiedenen Lautstärken. Auch in Schortens wird diese Tradition noch gepflegt. Das Wort hat seine Wurzeln im mittelniederländischen Begriff für Glockenspieler, dem „beiaert".

Ist jemand **verstorben,** wird nach der Trauerfeier nicht zum Leichenschmaus, sondern zur **Teetafel** gebeten. Dazu werden „Freud-und-Leid-Kuchen", eine Art trockener Butterkuchen, Rosinenbrot oder Bienenstich gereicht, oft auch belegte Brote. Zum Abschluss wird im Gedenken an den Verstorbenen allen ein letzter Schnaps ausgegeben, angestoßen wird damit aber nicht.

8

Regionale Sportarten

Kreierrennen

An der Küste gehört zu den besonderen regionalen Sportarten sicherlich das Kreierrennen. *Kreier* wurden die **Schlickschlitten** genannt, die die Wattfischer früher nutzten, um ihre Reusen in den Prielen zu erreichen. Wattfischerei gab es im Dollart und in der Wesermündung. Mit einem Bein knieten die Fischer auf dem speziell geformten Holzschlitten, mit dem anderen stieß man sich ab. Die Schlitten sind aber nur ab einer Geschwindigkeit schnell, die einen Wasserfilm unter dem Schlitten erzeugt. Heute wird diese Fortbewegungsart an der Nordseeküste vom Dollart bis zum Jadebusen lediglich noch in sportlichen Wettbewerben ausgeführt.

Klootschießen

Die **älteste Disziplin im Friesensport** ist wohl das Klootschießen, auch *Klootscheten* genannt. Die Ursprünge liegen vermutlich in einer alten Verteidigungstechnik, bei der der Gegner mit sogenannten **Kluten** (Lehmklumpen) beworfen wurde. Die friesischen Kämpfer waren dafür bekannt und gefürchtet. Heute ist das Sportgerät eine **Holzkugel,** deren Kern mit Blei gefüllt ist – dem *Kloot*. Das Ziel des Mannschaftssports ist es, mit einem Anlauf von 25 Metern und dem Absprung auf einer Rampe den *Kloot* so weit wie möglich zu werfen. Das ist schwierig und setzt Schnelligkeit, Kraft und Konzentration voraus. Traditionell finden die Wettkämpfe meist bei **Frost** auf einer Wiese oder Weide statt, wobei zwei Mannschaften gegeneinan-

203ofi_mna

204ofl_FKVwg

der antreten. Sieger ist der **Werfer mit der größten Weite.** Der Wahlspruch der Klootschießer lautet „Lüch up und fleu herut", hebe auf und fliege weit. Derzeit liegt der Rekord bei über 106 Metern. Der Friesische Klootschießerverband zählt rund 41.000 Mitglieder.

Boßeln

Das Boßeln (→ Exkurs „Ostfriesischer Traditionssport Boßeln" im Kapitel „Landkreis Friesland") ist Ende des 19. Jahrhunderts aus dem Klootschießen

△ Werfer Tammo Ubben beim Klootschießen in Ihlowerfehn

◁ Plakat für ein Schlickschlittenrennen

hervorgegangen und ist in Ostfriesland weit verbreitet. Gespielt wird auf **befestigten Straßen,** auch auf großen Straßen mit viel Verkehr. Deshalb ist allergrößte Vorsicht geboten, sobald man das Hinweisschild auf Boßelspiele sieht. Manchmal geben Spieler mit Warnweste Zeichen, die mit Signalen um Rücksicht und eine Reduzierung der Fahrgeschwindigkeit bitten.

Padstockspringen

Das Padstockspringen ist eine Sportart, die in Ostfriesland und im niederländischen Friesland nicht sonderlich ernsthaft betrieben wird, aber auf einen realistischen Ursprung zurückgeht. Der Padstock war eines der ersten „Verkehrs-

Die Ostfriesische Teezeremonie – ein UNESCO-Weltkulturerbe

Nachdem sich um das Jahr 1720 in Ostfriesland ein nennenswerter Teehandel etabliert hatte, kam durch den Handel mit dem Fernen Osten auch **Porzellan** nach Europa, das sich besonders zur **Zubereitung von Tee und als Trinkgefäß** eignet. Am bekanntesten ist das Teegeschirr mit dem Muster „Ostfriesische Rose", ein dünnwandiges und geripptes Porzellan, das man in dieser Region überall sieht. Es bestand früher aus Teebüss, Treckpott und Kopkes (Teedose, Kanne und kleine Tassen).

„Teetrinken heißt, den Lärm der Welt zu vergessen", so lautet ein wahrer Satz. Die mit **Teetied** bezeichnete ostfriesische Teekultur gehört vielerorts zum festen Bestandteil des Tagesab-laufs. Der Tee wird mit **losen Teeblättern** zubereitet, dann kommt ein großes „Kluntje" (ein Stück brauner oder weißer Kandiszucker) in die Tasse, erst dann wird eingeschenkt. Dann knackt das Kluntje in der Hitze des Tees ganz leise. Mit einem speziell geformten Löffel, der wie eine Miniatursuppenkelle aussieht, wird entgegen des Uhrzeigersinns **Sahne** am Rand der Tasse entlang eingetröpfelt – man will schließlich die Zeit anhalten. Die Sahne sinkt ab und steigt **in kleinen Wolken,** den „Wulkje", wieder nach oben. Der Tee wird nicht umgerührt, damit mit jedem Schluck ein anderer Geschmack entsteht: Erst kommt als „Vorspeise" die milde Sahne, dann kräftiger Tee als „Hauptspeise" und zum

205ofl_OT

Schluss die süße Neige des Kandiszuckers als „Dessert", quasi ein **ostfriesisches Drei-Gänge-Menü.**

Teetrinken ist gesund, seine anregende und wohltuende Wirkung ist bekannt. Die **Aminosäuren** im Tee stimulieren das menschliche Immunsystem. Da sich die Teezeremonie in Ostfriesland als „identitätsstiftende Kulturpraxis" etabliert hat, gehört sie seit 2016 zum **immateriellen UNESCO-Weltkulturerbe.** Wohin auch immer man kommt, dem Besucher wird fast überall Tee angeboten. Er gehört dort einfach als Selbstverständlichkeit zum täglichen Leben. Es wird so lange nachgeschenkt, bis der Gast seinen Teelöffel in die Tasse stellt und damit signalisiert, dass er keinen weiteren Tee mehr möchte. Das ist auch der einzige Grund für den Teelöffel, denn umgerührt wird der Tee nicht, um die süße Neige beim letzten Schluck zu erhalten. Als **absoluter Frevel** gilt es übrigens, **wenn der schwarze Belag,** den der Tee in der Kanne hinterlässt, **beseitigt wird.** Erst wenn die Kanne innen komplett von einer dicken schwarzen Schicht überzogen ist, so sagt man, habe der Ostfriesentee den richtigen Geschmack.

◁ Teestube im Bünting-Teemuseum

mittel", denn oftmals war es weit zur nächsten Brücke oder zum nächsten Steg über die vielen Entwässerungskanäle und Wassergräben. Mit dem Padstock, einem langen Stab, kann man hingegen schnell ohne nasse Füße **in Stabhochsprungtechnik** über die vielen Gräben kommen. Vorausgesetzt, man setzt den Stab nur so weit weg, dass man auch abspringen kann. Im Rheider- und auch im Jeverland gibt es einige Wettbewerbe, bei denen sich diese Technik auf unterhaltsame Art und Weise beobachten lässt. Nicht selten enden zur Freude aller Anwesenden die Sprünge im Wasser.

Schöfeln

Wenn im Winter die Fehnkanäle zufrieren, wird *geschöfelt,* denn mit **Schlittschuhen** über das Eis gelangt man oft schneller über die Tiefs und Kanäle, als wenn man erst zur nächsten Brücke muss. Auch lassen sich größere Entfernungen so leichter meistern. Im Mittelalter nutzen die Menschen einen Fußknochen vom Rind als Schlittschuh, der mit einem Lederriemen am Fuß befestigt wurde, den sogenannten **Schlittknochen.** Schöfeln wurde ab dem 18. Jahrhundert zum Volkssport. Leider führt die Erwärmung der Erde dazu, dass die Wasserläufe immer seltener zufrieren. Aber wenn das Eis trägt, tummeln sich immer noch zahlreiche Menschen darauf. In den Niederlanden entwickelte eine Firma aus Breinermoor einen eigenen Schlittschuhtypen, der unter jeden Schuh und unter jede Schuhgröße geschnürt werden konnte. Er ging als „Breinermöörker Schöfels" in den ostfriesischen Wortschatz ein.

8

Speisen und Getränke

Kulinarisch geht es in der ostfriesischen Küche auch heute noch **meist bodenständig** zu, und es werden die Lebensmittel der Region sowie der jeweiligen Saison bevorzugt. Deftig und reichlich waren die Speisen früher, schließlich sollten die Menschen nach schwerer körperlicher Arbeit satt werden. Sättigende Eintöpfe mit einem Stück Speck als Einlage waren üblich. Milch und Kartoffeln standen das ganze Jahr über zur Verfügung, ansonsten variierten die Speisen und hingen insbesondere früher davon ab, was **Garten, Land und Meer** so hergaben. Für die langen Wintermonate legte man **Vorräte** an, die auf verschiedenste Art und Weise haltbar gemacht worden waren. Es gab Eingekochtes und Getrocknetes, Kohl und Wurzelgemüse hielten sich ohnehin bei richtiger Lagerung recht lang, vor allem natürlich, wenn sie **fermentiert** waren. Auch Kartoffeln hielten sich gut. Täglich gab es Schwarzbrot mit Butter, selten Graubrot und selten sonntags einmal Weißbrot. **Fisch und Granat,** heute oft Krabben genannt, kamen bei den Insel- und Küstenbewohnern häufiger auf den Tisch, Fleisch gab es selten, Zucker und Süßigkeiten ebenfalls. Heute ist durch das ganzjährige Angebot im Supermarkt die Küstenküche natürlich vielfältiger geworden. In vielen Restaurants stehen die **traditionellen Rezepte** jedoch nach wie vor auf der Speisekarte, auch wenn sie teilweise **modern interpretiert** werden. Das hat auch seinen Grund: Sie sind gut zubereitet richtig lecker.

An der Küste wurde schon immer **Fisch** in allen Formen gegessen. Die Fänge stammten in der Vergangenheit auch aus Reusen oder Fischgärten, die im Wattenmeer aufgestellt und ausgelegt worden waren. Im Frühjahr und Herbst gab es Schollen, im Sommer Lachs, Butt, Rochen, im Herbst Granat und Aal, im Winter Miesmuscheln und auch getrockneten Fisch, Klippfisch genannt. Dazu wurden Schollen, Scharben, Schellfisch und Kabeljau ausgenommen, gesäubert und im Freien auf Holzgestellen getrocknet. So war der Fisch lange haltbar. Zur Zubereitung musste man ihn über Nacht in Wasser einweichen und ließ ihn nach dem Abgießen gar ziehen. Heute ist Fisch nach wie vor fester Bestandteil des Speiseplans, auch wenn er **teuer geworden** ist und die **Fangquoten begrenzt** sind. Wer seinen Fisch guten Gewissens genießen möchte, sollte auf Sorten zurückgreifen, die nicht gefährdet sind. Der WWF veröffentlicht regelmäßig einen **Fischratgeber,** der sich auch als App aufs Handy laden lässt. Er gibt Empfehlungen, welchen Fisch man bedenkenlos essen kann, ohne die Bestände zu gefährden. Denn generell gilt: Zu viele Menschen essen zu viel Fisch.

Im **Frühjahr** beginnt die Saison für den Fang von **Nordseekrabben,** die eigent-lich Nordseegarnelen heißen (siehe Exkurs „Krabbe oder Garnele?"). Mit „Krabben" bezeichnet man im engeren Sinne Krebse. Die frisch gefangenen Tiere werden noch **an Bord** der Fangschiffe in Meerwasser **gekocht,** erst dadurch bekommen sie ihre charakteristische rötliche Färbung. Leider sind die **Krabbenbestände** seit Jahren **rückläufig** und es gibt sehr viel Beifang beim Fischen. Man sollte Krabben als **Delikatesse** betrachten und selten essen. Besser sind frische Krabben, von abgepackter Ware sollte man Abstand nehmen. Sie werden häufig in Nordafrika gepult, mit Konservierungsstoffen versetzt und haben bereits eine lange Reise im Lkw hinter sich, bevor sie in den Handel kommen. Ein regionales Produkt ist das dann nicht mehr und ökologisch keinesfalls sinnvoll.

Besonders im Frühsommer ist für **Matjes** Hochsaison, am berühmtesten ist wohl der **Emder Matjes** (→ Exkurs „Emder Matjes – das Silber der Meere wird zur Delikatesse" im Kapitel „Emden"). Ende Mai bis Anfang Juni werden noch nicht geschlechtsreife Heringe gefangen, ausgenommen und in Salzlake durch Fermentierung gereift. So entsteht ihre besonders zarte Konsistenz. Die Spezialität Matjes wird im Norden in verschiedenen Variationen auf den Speisekarten angeboten, sei es als kalter Heringsstipp „nach Hausfrauenart" mit einer klassischen Sahnesoße mit Äpfeln, Zwiebeln und Gewürzgurken zu heißen Pellkartoffeln oder mit Bohnen, Kartoffeln und Zwiebelringen. Im traditionellen Gericht **Labskaus** wird Matjes zusammen mit Kartoffelstampf, Roter Bete, Fleisch und Petersilie mit Spiegelei und Gewürzgurke serviert. Auch als Salat gibt es abwechslungsreiche Zubereitungen z. B. mit Roter Bete und Mayonnaise, fast jeder Ostfriese hat sein eigenes Familienrezept.

In der Region der Nordseeküste gibt es viele Rezepte für die Zubereitung von **Lammfleisch.** Klassisch wird es im Ofen geschmort und mit Bohnen und Kartoffeln serviert. Aber auch hier existieren unzählige Familienrezepte und unterschiedliche Variationen mit verschiedenen Gemüsesorten. Auch Fleischgerichte, meist vom **Schwein,** gehören fest zur ostfriesischen Küchentradition. Vom traditionellen **Snirtjebraa** (Schweinebraten, dem klassischen Schlachtetag-Essen) bis hin zu Eintöpfen mit Schweinefleisch wie **Wuddeldick,** einem Möhreneintopf, gibt es viele Variationen.

Das Wintergemüse **Grünkohl** wird in der gesamten Region angeboten, meist mit einer Beilage aus Schweinefleisch, geräucherter Mettwurst und Kartoffeln. Dazu werden scharfer Senf gereicht und Bier sowie Schnaps ausgeschenkt, denn das Gericht ist deftig und fettreich. Grünkohl wird normalerweise erst nach den ersten Frösten und **den ganzen Winter über** geerntet. Der Volksmund bezeichnet ihn gern scherzhaft als „Friesenpalme". Wer das Gericht noch nicht kennt und in den Wintermonaten an der Küste weilt, sollte diese Speise unbedingt einmal selbst probieren.

Gemüse wird in der Küstenküche oft zu einem **kräftigen Eintopf** verarbeitet oder aber gekocht mit (Milch-)Soße und Fleisch serviert. Als weitere Beilage gibt es in der Regel **Kartoffeln,** ob als Suppe, mit Birnen oder Äpfeln, als Kartoffelbrei oder als Bratkartoffeln. Kartoffelpuffer werden heute häufig mit Krabben und Meerrettichcreme oder Lachs verfeinert.

Milchgerichte gibt es wegen der weit verbreiteten Milchwirtschaft häufig, auf den Speisekarten steht oft **Milchreis.** Es ist ein preiswertes und leckeres Gericht, das traditionell mit Zucker und Zimt oder auch mit roter Grütze gegessen wird. Das Gleiche gilt für **Pfannkuchen,** die süß oder deftig angeboten werden. Was wären Tee oder Kaffee ohne **Kuchen?** Gerade Torten und Obstkuchen sind in der ostfriesischen Küche ein

Land und Leute

8

Lot jo dat schmecken – Lasst es euch schmecken

Traditionell ist die ostfriesische Küche eher **deftig und kalorienreich,** es gibt Fleisch- und Fischgerichte, aber auch himmlische Sahnetorten, Rote Grütze und Milchreis. Dazu werden viele regionale Zutaten verwendet.

Wuddeldick (Möhreneintopf)

Zutaten (für vier Personen)

1 kg Schweinefleisch (Nacken, Hohe Rippe, mageres Bauchfleisch), 750 ml Wasser, 150 g durchwachsener Speck, 1 Zwiebel, 1 kg Möhren, 1 kg Kartoffeln, Petersilie, Salz, Pfeffer, eine Prise Zucker

Das Fleisch und den gewürfelten Schinken mit Wasser in einem Topf zum Kochen bringen und eine Stunde kochen lassen. In der Zwischenzeit das Gemüse schälen und in Würfel schneiden. Zum Fleisch geben und eine halbe Stunde mitkochen. Das Fleisch aus dem Gemüse nehmen, in Scheiben schneiden und warmstellen. Dann mit dem Kartoffelstampfer das Gemüse andrücken und würzig abschmecken. Die Petersilie hacken und darüber streuen. Das Fleisch darauf anrichten.

Ostfriesischer Snirtjebraa (Schmorbraten, „Schlachtetag-Essen")

Zutaten (für vier Personen)

1 kg Schweinefleisch (Nacken, Schulter oder Filet), 6 mittelgroße Zwiebeln, 1,5 l Wasser, 1 EL Tomatenmark, 1–2 EL Butterschmalz zum Anbraten, 1 EL Speisestärke, Salz, Pfeffer, Pimentkörner, Lorbeerblätter

Das Fleisch in gleichmäßige apfelgroße Stücke schneiden, Schwarten und Fettstücke entfernen. Die Zwiebeln halbieren. In der Zwischenzeit das Butterschmalz in einem großen Topf erhitzen und die Fleischstücke gleichmäßig von allen Seiten darin anbraten. Nach rund fünf Minuten die Zwiebeln zugeben und mitbraten, dabei alles gut salzen und pfeffern. Anschließend Tomatenmark dazugeben, verrühren und alles weiterbraten, bis am Topfboden Röstaromen entstehen. Dann wird das Wasser dazugegeben, wer mag, kann auch einen Teil des Wassers durch Rotwein ersetzen. Zwei bis drei Lorbeerblätter und acht bis zehn Pimentkörner hinzugeben. Das Ganze bei milder Hitze mindestens zwei bis drei Stunden schmoren lassen, bis sich das Fleisch zerdrücken lässt, dabei ab und zu umrühren. Das Fleisch aus dem Topf nehmen und im Ofen warm stellen. Anschließend werden die Pimentkörner und die Lorbeerblätter herausgesucht. Dann kommt der Pürierstab zum Einsatz, um die Zwiebeln zu zerkleinern. Die Grundsoße noch einmal mit Salz und Pfeffer kräftig abschmecken. Die Speisestärke nach Anleitung zubereiten und zur Soße geben, alles Aufkochen und dabei gründlich verrühren. Nach wenigen Minuten ist die Soße für den Braten fertig. Als Beilage zum Snirtje-Braten werden häufig Rotkohl und gekochte Kartoffeln serviert.

Grünkohl – die „Ostfriesenpalme"

Zutaten (für zwei Personen)

1 große Dose Grünkohl, 600 g TK-Grünkohl oder 1,25 kg frischer Grünkohl; 3 große Zwiebeln, 25 g Gänse- oder Zwiebelschmalz, 0,5 l doppelt konzentrierte Fleisch- oder Gemüsebrühe, zartschmelzende Haferflocken, 4 geräucherte Mett-

enden oder Kohlwürste, 2 Kasseler Koteletts, 100 g geräucherter Speck, 2 EL mittelscharfer Senf, Öl, 8 mittelgroße Kartoffeln, Salz, Pfeffer

Die Pelle von zwei der Mettenden ziehen und die Wurst fein würfeln, den Speck und die Zwiebeln ebenfalls. Die Zwiebeln in Öl und Schmalz anschwitzen. Den Grünkohl darauf geben, einen Teil der Brühe zufügen und bei mittlerer Hitze zum Kochen bringen. Die kleingeschnittene Wurst und den Speck dazugeben und weiterköcheln lassen. Den Grünkohl immer wieder mit Brühe leicht aufgießen und einkochen lassen. Bei kleiner Hitze gut zwei Stunden kochen lassen, mit Salz, Pfeffer und Senf abschmecken. Mit leicht geöffnetem Deckel an einem kühlen Ort bis zum nächsten Tag ziehen lassen. Danach den Kohl bei niedriger Hitze erwärmen und die Kasseler Koteletts braten oder zusammen mit den übrigen angepieksten Mettenden erwärmen lassen. Sollte der Kohl zu viel Wasser ziehen, Haferflocken zugeben und unterrühren, um die Flüssigkeit zu binden, bis die gewünschte Konsistenz erreicht ist. Nochmals ordentlich mit Senf, Salz, Pfeffer und Zwiebelschmalz abschmecken. Die Kartoffeln kochen und als Salzoder Bratkartoffeln dazu servieren.

Ostfriesentee-Gelee

Zutaten
2 EL schwarzer Tee, 900 ml Wasser, 1 kg Gelierzucker, Kardamom, Zimt, Anis, Vanille, einen Spritzer Zitronensaft, 1 Schnapsglas Rum

Das Wasser zum Kochen bringen, die Teeblätter damit überbrühen und etwa fünf Minuten ziehen lassen, danach durch ein Sieb gießen und 750 Milliliter abmessen. In einem ausreichend großen Topf den Tee und den Gelierzucker rührend zum Kochen bringen und etwa vier bis fünf Minuten kochen lassen. Zum Schluss die Gewürze nach Geschmack dazugeben. Das heiße Gelee in kleine Gläser füllen, diese sofort zuschrauben und etwa fünf Minuten auf dem Kopf stehen lassen. Danach vorsichtig mit einem Topflappen anfassen und umdrehen. Der Deckel muss sich nach dem Abkühlen in der Mitte nach unten wölben.

⊡ Grünkohl mit Kohlwurst simmert im Topf

8

Krabbe oder Garnele?

Die Nordseekrabben heißen eigentlich **Langschwanzgarnelen,** als Krabben bezeichnet man die rundlichen Kurzschwanzkrebse mit den kräftigen Scheren. An der Nordseeküste sind Letztere oft Wollhandkrabben, die Anfang des 20. Jahrhunderts nach Europa eingeschleppt wurden und **in Ostasien als Delikatesse** gelten. Dennoch hat sich in der Umgangssprache *Krabbe* für die Nordseegarnele durchgesetzt. Die kleine Garnele ist ein typischer Bewohner des Wattenmeers. Sie zieht sich bei Ebbe ins Meer zurück und kommt mit der Flut wieder ins flache Wattenmeer. **Hauptfangzeit** ist in den wärmeren Monaten, denn wenn es kälter wird, halten sie sich in tiefere Bereiche auf. Im allgemeinen Sprachgebrauch sind Krabben, Garnelen und Shrimps dasselbe. Meist werden sie **geschält** verkauft. Sie sind auch an der niedersächsischen Nordseeküste zu finden und werden dort ebenfalls als Krabben oder Granat bezeichnet. In Ostfriesland nennt man sie auch Porren.

Die Garnelen werden direkt nach dem Fang **noch an Bord** der typischen Spezial-Fischkutter mit seitlichen Auslegenetzen **gekocht,** erst dadurch bekommen sie ihre charakteristische Rotfärbung. Man kann frische Garnelen fertig gepult oder mit Schale kaufen (1 kg ergibt gepult etwa 350 g Krabbenfleisch). Das Pulen macht zwar etwas Arbeit, aber danach hat man sich seine eiweißreiche Mahlzeit auch wirklich verdient. Um beim Pulen nicht zu viel Arbeit zu haben, ist die sogenannte **A-Sortierung** die beste Wahl. Mit etwas Übung hat man den Bogen schnell raus: Zum Pulen nimmt man den Garnelenkopf zwischen Daumen und Zeigefinger der einen Hand und den Schwanz mit der anderen

207ofl_mna

Hand. Dann werden beide Enden wie beim Auswickeln eines Bonbons vorsichtig gegeneinander gedreht, bis ein leises Knacken signalisiert, dass der Panzer gebrochen ist. Das ist der Zeitpunkt, um mit Gefühl eine Schalenhälfte abzuziehen. Die andere Hälfte lässt sich dann vorsichtig leicht aus dem Rest des Panzers herausziehen.

Nordseekrabben sind eine **gesunde Mahlzeit** und ein richtiger Fitmacher mit hochwertigem Eiweiß, Aminosäuren sowie lebenswichtigen Vitaminen und Mineralstoffen. Zudem haben sie wenig Fett und einen geringen Fettsäuregehalt. Mit knapp 100 Kalorien pro 100 Gramm (gepult) sorgen sie trotzdem für ein schnelles Sättigungsgefühl. Oft wird das Krabbenfleisch im Fischimbiss **auf Brötchen** angeboten. In Restaurants kommen sie zum Fisch hinzu oder mit Rührei zur Geltung. Als Salat mit Mayonnaise, wie man ihn in den Supermärkten bekommt, verlieren sie allerdings an Geschmack. Besser macht man den Salat selbst mit einer Joghurtsoße, einer Marinade oder mit einem Spritzer Zitronensaft an, denn dann schmeckt man die feinen, leicht süßlichen Geschmacksnuancen viel besser heraus. Der Sud der ausgekochten Schalen ergibt eine sehr feine Basis für eine Fischsuppe, wenn man ihn nach dem Kochen einfach durch ein Sieb schüttet, danach durch ein Küchenhandtuch gießt und dabei auffängt. Die Schalen lassen sich tiefgefroren übrigens gut aufheben.

Muss. Besonders beliebt ist die gehaltvolle **Ostfriesentorte.** Dazu wird Biskuitteig schichtweise mit Schlagsahne und in Branntwein eingelegte Rosinen gefüllt, die oberste Schicht besteht aus Sahne, die mit *Brannwiensopp,* so nennt man diese Rosinen in Ostfriesland, verziert wird. Auch **Apfeltorte** und **Käsekuchen** haben in den meisten Cafés einen festen Platz in der Auslage.

Die Hitliste der Getränke wird im Norden eindeutig vom **Schwarztee** angeführt (→ Exkurse „Wie der Tee nach Ostfriesland kam" und „Die Ostfriesische Teezeremonie – ein UNESCO-Weltkulturerbe" im Kapitel „Geschichte"). Daraus hat sich eine eigenständige **ostfriesische Teekultur** entwickelt. Es gehört in jedem Haushalt zum guten Ton, seinen Gästen eine frisch aufgebrühte Tasse Tee anzubieten, auch abends noch. Der kleine Teelöffel, der neben der Tasse liegt, dient lediglich dazu, um in die leere Tasse gestellt zu werden und damit anzuzeigen, dass man genug Tee hatte. Ansonsten schenkt der Ostfriese dem Besuch immer wieder nach. Die Regel sind **drei Tassen,** denn „dree is Oostfresen recht". Das ostfriesische „Elführtje" lässt sich mit dem englischen „5 o' clock tea" vergleichen, dazu wird gern ein Schnaps getrunken.

An alkoholischen Getränken wird an der Küste traditionell **Bier** ausgeschenkt, und zwar ein gepflegtes Pils. Dazu gibt es gelegentlich einen **klaren Schnaps,** gern auch als *Köm* (Aquavit) gereicht. Zur **Bohntjesopp,** dem beliebten Likörgetränk, (→ Kapitel „Bräuche und Traditionen/Die Traditionen im Jahresverlauf").

◁ Verkaufsfertige Krabben mit Messbecher

Die Sprache: Könen ji Platt prooten?

„Sprache ist Heimat", stellte der Philosoph und Sprachwissenschaftler *Wilhelm von Humboldt* schon im 19. Jahrhundert fest. Die erste Sprache, die wir hören und zu sprechen lernen, festigt die persönlichen Wurzeln, die Beziehung zu anderen und die eigene Identität. Die Einwohner in vielen Regionen Niedersachsens sprechen **Niederdeutsch,** umgangssprachlich auch als *Plattdeutsch* oder ostfriesisch *Plattdütsk* bezeichnet. Es gibt eine Vielzahl unterschiedlicher Dialekte, die oft sogar von Ort zu Ort wechseln, sodass Sprachkundige in der Regel schon an der Wortwahl erkennen, wo oder von wem jemand seine Sprache gelernt hat.

Das Niederdeutsche hat sich aus dem **Altsächsischen** entwickelt, das zu den westgermanischen Sprachen zählt. In Niedersachsen, hauptsächlich in Ostfriesland und im Elbe-Weser-Dreieck sowie in Schleswig-Holstein in Dithmarschen, lebt die größte Zahl an Menschen, die damit aufwachsen. In Deutschland gibt es etwa vier bis fünf Millionen Menschen, die Plattdeutsch sprechen, das sind gut **sechs Prozent der Bevölkerung.** Aber es leben auch viele Niederdeutsch – *Nedersaksisch* – sprechende Personen im niederländischen Westfriesland sowie in anderen Gebieten in und außerhalb Deutschlands, z. B. in Dänemark, Brasilien, den USA und Kanada. Mit anderen Worten überall da,

wo sich Menschen aus Norddeutschland einst niedergelassen haben. Die Sprache ähnelt dem Englischen und dem Friesischen, was an der gemeinsamen Herkunft liegt. Sie ist eine Sprachform, die in den „niederen", also den nördlichen Regionen Deutschlands beheimatet ist. Da die germanische Bevölkerung Großbritanniens ursprünglich aus dem heutigen Norddeutschland stammt, haben die angelsächsischen Dialekte und das Altenglische **starke Übereinstimmungen** mit dem Niederdeutschen bzw. Altsächsischen. Das Englische hat also seinen **westgermanischen Grundcharakter** nie verloren und Basisworte wie *Kind, Butter, Kindergarten* oder *Angst* sind eins zu eins in den Wortschatz übertragen worden. Aber auch in Ländern wie den Niederlanden, Dänemark, Island, Schweden und Norwegen gibt es viele Ähnlichkeiten bei Worten wie Wasser, Pfanne, Salz, Milch oder Kopf. *Vater* beispielsweise heißt auf Niederdeutsch *Vadder,* Englisch *father,* Niederländisch *vader,* Friesisch *Faader,* Schwedisch und Norwegisch *far.*

Das Niederdeutsche weicht erheblich vom Hochdeutschen ab. Man assoziiert sofort eine **Mischung aus Englisch, Hochdeutsch und Niederländisch.** Mit etwas Übung lässt sich recht gut verstehen, was die Leute sagen. Die Sprache hat einen eigenständigen Wortschatz und auch eine eigene Grammatik. Erst in der Mitte des 19. Jahrhunderts fand Niederdeutsch auch in der **Literatur** Verwendung, zum Beispiel in einigen Dialogen aus Thomas Manns Roman „Die Buddenbrooks". Ob es sich beim Niederdeutsch um eine **eigene Sprache** oder um einen **Dialekt** handelt, ist wissenschaftlich umstritten, aber die Unter-

Land und Leute

schiede zum Hochdeutschen sprechen überwiegend dafür, dass Plattdeutsch als eigene Sprache anzusehen ist. In den Niederlanden und in Deutschland ist es durch die Sprachencharta des Europarats offiziell anerkannt und geschützt und es gilt in Deutschland auch als Amtssprache. 75 Prozent der Einwohner im Sprachgebiet haben passive Sprachkenntnisse.

Ursprünglich war Niederdeutsch **nur** eine **gesprochene Sprache.** Das änderte sich aber. In der Zeit zwischen 1200 und 1600 entwickelte es sich zu einer **bedeutenden Schriftsprache.** Sie wurde neben Latein in Urkunden und Gesetzen verwendet, es gab Ende des 15. Jahrhunderts mit der Kölner- und der Lübecker Bibel sogar **niederdeutsche Fassungen der Heiligen Schrift.** Im 16. Jahrhundert nahm die Bedeutung als Schriftsprache jedoch nach und nach ab. Als regionale Sprache wurde Niederdeutsch mündlich aber lange weiterverwendet, während es in der Schrift Stück für Stück vom **Hochdeutschen** verdrängt wurde und sowohl Funktion als auch Prestige verlor – erst Mitte des 19. Jh. wurde Niederdeutsch erneut verschriftlicht.

Niederdeutsch war die Sprache der „kleinen Leute", wer etwas auf sich hielt, sprach Hochdeutsch, und ihre Überlebenschance wurde besonders im Zuge der Industrialisierung und Verstädterung immer geringer. **Seit Mitte des 20. Jahrhunderts** war es dann auch in den küstennahen Schulen **Pflicht, Hochdeutsch zu lernen.** Als dann die Zeitungen ebenfalls auf Hochdeutsch erschienen, wurde dieses zur neuen Gemeinschaftssprache und verdrängte das Niederdeutsche auch aus den meisten Familien. Hinzu kam, dass im und nach dem Zweiten Weltkrieg viele Zuwanderer aus anderen Sprachgebieten nach Norddeutschland übersiedelten, sodass Plattdütsk als gebräuchliche Sprache der Einheimischen spätestens seit den 1960er-Jahren massiv abnahm.

Heute wird aktiv versucht, **das Niederdeutsche wiederzubeleben.** Es gibt eine Supermarktkette, die in Norddeutschland damit wirbt, **zweisprachig** zu sein und auch die Beschriftung im örtlichen Laden wird dort ins Niederdeutsche übersetzt. Eine immer größer werdende Zahl von Autoren setzt sich ebenfalls **für den aktiven Sprachgebrauch** ein, mehr und mehr Bücher werden in Mundart verfasst. Inzwischen gibt es sogar im Internet einige **Wörterbücher** und hilfreiche Sprachlektionen für den Fall, dass einem einmal sprichwörtlich die Worte fehlen (→ Exkurs „Kleiner Ostfriesischer Sprachführer").

Eine gebräuchliche oder verbindliche **Rechtschreibung** gibt es jedoch bis heute nicht, vielmehr benutzen Sprachwissenschaftler eine **phonetische Transkription,** die die Laute wiedergibt – wobei die Aussprache natürlich von Region zu Region unterschiedlich sein kann. Erstaunlicherweise haben sich viele Worte aus dem Niederdeutschen ins Hochdeutsche übertragen. Vor allem in der Fachsprache der Seefahrt sind Begriffe wie Bug, Heck, Reling, Steven oder ein- und ausscheren zu finden.

Zur deutschen Standardsprache zählen inzwischen aber auch ursprünglich aus dem Plattdeutschen stammende Worte wie Bernstein, Laken, Lappen, Mettwurst, Ufer, Hafen, verrotten oder binnen. Sogar der umgangssprachliche Trecker statt Traktor dürfte fast allen Deutschen bekannt sein. Auch wenn es

8

Wenn Di maal de Woorden fehlen – kleiner ostfriesischer Sprachführer

Der kleine Sprachführer kann bei der Verständigung helfen und dient dazu, vielleicht einen Spruch oder einige Worte, denen man auf seiner Reise begegnet, zu verstehen, z. B., wenn sich Einheimische miteinander unterhalten. Die Aussprache in den verschiedenen Regionen weicht zwar voneinander ab, aber man versteht sich untereinander – sogar mit den in den Ostniederlanden lebenden **Nedersaksisch** sprechenden Menschen. Hier ein kleiner Auszug aus dem Wörterbuch für Niederdeutsch und küstenbezogene Bezeichnungen.

A

achtern – hinten
– „Ik bün achter d'Diek" – „Ich bin hinter dem Deich"
anners – anders
– „Anners noch wat?" – „Sonst noch etwas?"
ankieken – ansehen, besichtigen

B

Ballje – Badewanne, Bottich
betahlen – zahlen, bezahlen
– „Dat is 'n bietje to düür!" – „Das ist ein bisschen zu teuer!"
Billen – Hintern/Gesäßbacken
– „Kinner, de wat willen, kriegen wat vör de Billen." – „Kinder, die was wollen, kriegen was auf den Hintern."
Blanker Hans – poetisch für Nordsee/bildhafte Bezeichnung für die tobende Nordsee bei Sturmfluten
blieven – bleiben
Boßel – Boßelkugel
Büdel – Beutel, Geldbeutel
Buhn – Steindamm zur Uferbefestigung

D

Dag – Tag
Dalben, Duckdalben – Pfahl, Pfahlgruppe zum Festmachen der Schiffe
Deern – Mädchen, Magd, Tochter
Diek – Deich
– „Well nich will dieken, de mutt wieken." (ostfriesisches Sprichwort) – „Wer nicht will deichen, der muss weichen" – Wer sich nicht am Deichbau beteiligen will, muss sein Land verlassen.
Dingsdag – Dienstag
Dönnerdag – Donnerstag
Dörp – Dorf
Dwarsloper – Strandkrabbe, „Querläufer"

E

een – einer, eine, jemand, irgendeiner, man
– „Is daar een?" – „Ist da jemand?"
Etenstied – Essenszeit
ehrgüstern – vorgestern

F

Füür – Feuer, auch leuchtendes Seezeichen, z. B. Leuchtfeuer, Quermarkenfeuer
Fisk – Fisch
Fredag – Freitag
Frees – Friese
Freesland – Friesland
– „Holl di fuchtig!" – Abschiedsgruß (vertraulich)

G

Gatt – (tiefe) Strömungsrinne im Watt, z. B. zwischen den Ostfriesischen Inseln
Geest – an die Marsch angrenzendes gehobenes Land eiszeitlicher Herkunft
Geldbüdel – Geldbeutel

gliek – gleich, sofort

Gröönkohl – Grünkohl

Groden – mühsam aus der See gewonnenes flaches Marschland (auch „Polder" oder „Koog")

güüst – trocken, unfruchtbar

H

Heck – Achterschiff, Weidegatter

heten – heißen

– „Wo heetst du? – „Wie heißt du?"

Heller – Deichvorland

Hör – Anredeform für Sie/Ihnen

– „Wo geiht Hör dat?" – „Wie geht es Ihnen?"

Huus – Haus

I

Ies – Eis

Insett Bohnen – Schnippelbohnen (ostfriesisches Gericht)

J

Jack – Jacke

jo – ja

juchtern – herumtoben

K

Karnmelk – Buttermilch

Karnmelksbreei – Buttermilchbrei (ostfriesische Milchspeise)

kieken – gucken, sehen, schauen

Kieker – Fernglas

Kiekut – Aussichtspunkt

Kimm – Horizont

Kinner – Kinder

Klipp – Felsenklippe bzw. steile Abbruchkante der Geestküste

Klock – Uhr

klönen – sich gemütlich unterhalten

Klöönsnack – Unterhaltung

Klootscheten – Klootschießen (neben Boßeln der zweite ostfriesische Nationalsport)

Kluntje – Kandiszucker

Koffje – Kaffee

Kümo – Abkürzung für Küstenmotorschiff

Kuur – Schnaps

L

Land unner – Überschwemmung

– „Nu is Land unner." – „Jetzt ist das Land überschwemmt."

leev – lieb

– „Ik hebb di leev." – „Ich liebe Dich."

lüttje – klein

M

Maandag – Montag

maken – machen

– „Maken wi al!" – „Wird schon erledigt!"

Marsch – Schwemmland, durch Landgewinnung entstanden

Middag – Mittag

Middeweek – Mittwoch

Moder – Mutter

Moin – ostfriesischer Gruß zu jeder Tageszeit

– „Moin mitnanner." – „Guten Tag zusammen."

N

nee – nein

nüms – niemand

O

Och Heer! – Ach herrje!

Olldag – Alltag

Oostfreesland – Ostfriesland

P

Plaat – Sandbank

Potteten – Eintopf

Pricke – besenartiges Seezeichen im Watt, markiert die Fahrrinne

Priel – Wasserrinne im Watt

Q

quaad – böse, gemein

R

Reet – trockenes Schilfgras zum Dachdecken
Rieg – Reihe
– „Du büst an de Rieg." – „Du bist an der Reihe."
Rötelmoors – Plaudertasche
Ruder – Steuerrad eines Schiffs

S

sabbeln – quasseln
Sand – Sandbank, flache Sandinsel
Saterdag – Samstag, Sonnabend
Schart – Durchlass im Deich, durch den
   ein Verkehrsweg führt
Snack – Gespräch, Unterhaltung
snacken – reden
Siel – verschließbarer Gewässerdurchlass
   in einem Deich
Slaapstuuv – Schlafzimmer
Sliek – Schlick, Schlamm des Meeres
Smacht – Hunger
Sömmer – Sommer
Stöövke – Stövchen, Teewärmer
Stuuv – Wohnzimmer
Stuut – Weißbrot
Sönndag – Sonntag
Sünn – Sonne

T

Teenöös – Teeliebhaber, „Teenase"
Tied – Zeit
– „Ach du leve Tied!" – „Ach du liebe Zeit!"
Tünn – Tonne
twee – zwei

U

unnergahn – untergehen
upstahn – aufstehen

V

Vader – Vater
van – von
Vörjahr – Frühjahr
Vörmiddag – Vormittag

W

waar – wo
– „Waar willen Se denn hen?" – „Wo wollen Sie
   denn hin?"
Wadd – Watt
Weer – Wetter
Week – Woche
Wien – Wein
Wulkje – Wölkchen, Sahnewolke
   (auch „Wölkchen" der Sahne im Tee)
   (→ Exkurs „Teezeremonie")
Wuddel – Wurzel, Möhre

---

mal an etwas „hapert", jemand „pinkeln" muss oder sich „klamm" fühlt, wird das Gesagte vermutlich verstanden werden, obwohl die Worte dem Niederdeutschen entstammen.

Es folgen ein **Gedicht** von *Horst Rehmann* sowie eines zur traditionellen Teezeremonie, dessen Verfasser unbekannt ist. Das Gedicht kann jeweils auf Plattdütsk und mit der hochdeutschen Übersetzung gelesen werden, sodass sich die Sprachen gut vergleichen lassen.

Land und Leute

Alldagstrott

Fröh um soess bimmelt de Wecker,
ik sliek drömelig in't Baad,
glieks achteran birs ik to'n Bäcker,
denn les ik noch dat Keesblatt.

Twee Rundstück, wieken Camembert,
fix noch een Ei, heeten Tee daarto,
mien Stormschritt is bewunnernswert,
ik sluut de Ingangsdöör un gah.

Acht Stunnen duurt mien Warkdag,
ik flitz nohuus vergnöögt un flott,
gehöör woll to den Minschenslaag,
de bloot noch kennt – den Alldagstrott.

Teetied

Toeerst de Kluntje unnerndrin,
nu schenk de heete Tee man in.
Denn sall dat Knistern di beglücken,
wenn d' Kluntje fallt in Stücken.

En Lepel Rohm noch – is dat klaar,
kummt bold dat Wulkje
wunnerbaar,
denn Sluck för Sluck de Tee
proberen,
man ja nich mit de Lepel
röhren!

Un is de Teestünn denn vörbi,
puust ut dat Lücht
– dat raa ik di!

Alltagstrott

Früh um Sechs klingelt der Wecker,
ich schleiche tölpelhaft ins Bad,
gleich darauf renn ich zum Bäcker,
dann les ich noch im Käseblatt.

Zwei Brötchen, weicher Camembert,
noch schnell ein Ei und heißer Tee,
mein Sturmschritt ist bewundernswert,
ich schließ die Eingangstür und geh.

Acht Stunden währt mein Arbeitstag,
ich flitze heim vergnügt und flott,
gehör wohl zu dem Menschenschlag,
der nur noch kennt – den Alltagstrott.

Teestunde

Zuerst das Kandisstück unten rein,
dann schenke den heißen Tee ein.
Dann soll Dich das Knistern beglücken,
wenn das Kandisstück fällt in Stücken.

Ein Löffel Rahm noch, das ist klar,
dann kommt bald das Wölkchen (hoch),
wunderbar.
Dann Schluck für Schluck den Tee
probieren,
und bloß nicht mit dem Löffel
(um)rühren.

Und wenn die Teestunde ist vorbei,
puste bloß die Kerze (vom Stövchen) aus,
das rate ich Dir.

„Moin"

(UNSER TIPP) Zum Schluss noch eine Anmerkung zu einer sprachlichen Besonderheit, die für praktisch ganz Norddeutschland gilt: Als Gast sollte man auf jeden Fall mindestens die übliche Grußformel **„Moin"** kennen, in manchen Regionen sagt man auch **„Moin moin"**. Das heißt aber nicht, wie viele vermuten, „Guten Morgen". Ganz im Gegenteil stammt das Wort aus dem Niederdeutschen und bedeutet „schön" oder „gut". Man wünscht sich damit schlichtweg alles Schöne und Gute, egal ob morgens, mittags oder abends.

9
Anhang

208ofl_mma

◁ Wasserburg Schloss Gödens

Literaturtipps

⟨UNSER TIPP:⟩ Im Nationalpark-Haus und in den Buchhandlungen sind handliche, wasserdicht laminierte **Klapptafeln** erhältlich zu verschiedenen Themen wie Pflanzen, Vogelwelt, Zugvögel, Brutvögel, Funde im Watt und am Strand und Vogelfedern am Meer. Sie lassen sich gut transportieren und man lernt auf seinen Streifzügen durch die Landschaft viel über die Natur.

Aktuelle Themen

■ *Meier, Dirk:* **Weltnaturerbe Wattenmeer – Kulturlandschaft ohne Grenzen,** Boyens Buchverlag, Heide, 2010. Die Küstenlandschaft steht im Spannungsfeld zwischen Natur- und Küstenschutz, das Buch setzt sich mit diesem wichtigen Thema auseinander.

Belletristik

■ *Englert, Lothar:* „**Friesische Freiheit", „Friesische Macht", „Friesische Herrlichkeit" und „Radbods Schwert"** – die historischen Romane entführen den Leser ins 14. Jahrhundert und erzählen die Geschichte der Machtkämpfe zwischen den ostfriesischen Häuptlingen. Die Bücher sind veröffentlicht im Leda-Verlag, Leer, der inzwischen zum Gmeiner-Verlag, Meßkirch, gehört.

■ *Lienemann, Insa/Jakob, Katharina:* **Ostfriesland – Heimatbuch,** Conbook, Neuss, 2016. Der Jungjournalist Max Tillmann aus Bochum übernimmt einen Job in Ostfriesland und der Leser begleitet ihn auf seinen unterhaltsamen Recherchereisen.

■ *Lott, Sylvia* hat viele verschiedene Romane geschrieben, die einen Bezug zur Küste und zu den Ostfriesischen Inseln haben, beispielsweise „**Der Dünensommer"** oder „**Die Rosengärtnerin".** Ihre Bücher erscheinen im Blanvalet Verlag, München.

■ *Lüpkes, Sandra:* „**Die Schule am Meer",** Roman über Juists Inselschule, ebenso liebenswert sind die Krimiserie um Kommissarin *Wencke Tydmers* und ihre Inselromane. Die Autorin entführt ihre Leser in die faszinierende Landschaft der Küstenregion Niedersachsens. Ihre Bücher erscheinen im Rowohlt Verlag, Hamburg.

■ *Oltmanns, Jutta:* **Die Lerche des Himmels,** Blanvalet, München, 2018. Leer um 1660: Silvana träumt davon, nach Frankreich zu reisen, um das Geheimnis der Gravur auf ihrer Laute zu lüften. Der historische Roman spielt in Ostfriesland und in Frankreichs Provence.

■ *Stumpf, Brenda:* **Glücksorte in Ostfriesland,** Droste Verlag, Düsseldorf, 2019. Ein schönes Buch, um schon vorab eine kleine Reise nach Ostfriesland zu unternehmen und Land und Leute ein wenig kennenzulernen.

Bildbände

■ *Narten, Michael:* **Ostfriesische Inseln – sieben Sehnsuchtsorte in der Nordsee,** Hinstorff Verlag, Rostock, 2015. Kleiner Bildband über die Ostfriesischen Inseln.

■ *Narten, Michael:* **Ostfriesland – Region zwischen Meer und Moor,** Hinstorff Verlag, Rostock, 2015. Kleiner Bildband über die Landschaft an der ostfriesischen Küste und im Binnenland.

■ *Stromann, Martin:* **Ostfriesland von oben – Flug über Inseln,** Küste, Watt und Meer, Ostfriesland-Verlag, Norden, 2017. Der Bildredakteur des Ostfriesland Magazins hat die schönsten Luftbilder aus 20 Jahren seiner Arbeit zwischen zwei Buchdeckeln vereint.

Geschichte/Architektur

■ *Dahlke, Christian:* **Romanische Kirchen in Ostfriesland und Romanische Kirchen in Friesland,** Manfred Schmitz Verlag, Nordstrand, 2015. Kirchenreiseführer über die 95 bzw. 30 noch erhaltenen Kirchen romanischen Ursprungs in Ostfriesland und Friesland.

■ *Deutsche Stiftung Denkmalschutz:* **Streifzüge durch Ostfriesland,** Deutsche Stiftung Denkmalschutz Publikationen, Bonn, 2016. Streifzüge der Redaktion des Magazins „Monumente" durch Ostfriesland, das Jeverland und Wilhelmshaven.

■ *Meier, Dirk:* **Die Nordseeküste – Geschichte einer Landschaft,** Boyens Buchverlag, Heide, 2006. Fundiertes Wissen über die Entstehung der Küstenlandschaft der Nordsee.

Kinderbücher

■ *Wilhelmsen, Ute/Wild, Susanne:* **Watt für Entdecker,** Wachholtz Verlag, Kiel, 2011. Eine Entdeckungsreise durchs Watt für Kinder.

■ Siehe auch *Ahlborn Silke* in „Natur".

■ *Wolf, Klaus-Peter/Göschl, Bettina:* **Die Nordsee-Detektive,** Jumbo-Verlag, Hamburg. Buchreihe mit spannenden Geschichten und Abenteuern, auch als Hörbuch erhältlich.

Kochen und Backen

■ *Arends, Silke:* **Das Seenotretter-Kochbuch,** Koehlers Verlagsgesellschaft, Hamburg, 2011. Bordrezepte echter Seenotretter, wie Blechdorsch, Huhn auf Dose oder Fischsuppe – eben alles, was nach einem anstrengenden Einsatz gern auf den Tisch kommt, abgerundet durch Geschichten von Bord.

■ *Haar, Annelene von der:* **Das Kochbuch aus Ostfriesland,** Hölker Verlag, Münster, 2007. Traditionelle Familienrezepte in einer Aufmachung, die an historische Kochbücher erinnern – mit alten Stichen und gedruckten „Fettflecken", man darf das Buch also ruhig mit an den Herd nehmen.

■ *Kramer, Karin:* **Ostfriesland kocht,** Ostfriesland-Verlag, Norden, 2016: Über 100 Gerichte, die zum Land hinterm Deich gehören, werden hier vorgestellt. Auch Zeitgemäßes ist darunter wie vegane und vegetarische Gerichte.

■ *Kramer, Karin:* **Ostfriesland backt,** Ostfriesland-Verlag, Norden, 2018: Über 100 Rezepte für süßes und pikantes Gebäck, leckere Torten und Kuchen, herzhafte Brote, Tartes und Waffeln lassen sich damit nachbacken.

Krimis

■ *Gerdes, Peter:* Der Gründer des Leda-Verlags in Leer hat eine **Krimiserie um Hauptkommissar Stahnke** veröffentlicht, der in Ostfriesland ermittelt. Mal muss er in einer Klinik für Essstörungen ermitteln, mal im Umfeld von Öko-Aktivisten. Seine Bücher erscheinen bei Leda im Gmeiner-Verlag, Messkirch.

■ *Kuhn, Christian:* **Nordseedämmerung,** Heyne Verlag, München, 2020. Der Bundespräsident macht Urlaub auf Juist. Doch es mehren sich die Hinweise, dass ein Attentat auf ihn geplant ist. Kriminalkommissar *Tobias Velten* versucht, das zu verhindern.

■ *Scheepker, Andreas:* **Auricher Abschiede,** Gmeiner-Verlag, Messkirch, 2020. Ein Krimi mit spannendem Plot, der zugleich durch Aurich und Umgebung führt.

■ *Scheepker, Andreas:* **Das Salz der Friesen,** Gmeiner-Verlag, Messkirch, 2020. In dem historischen Kriminalroman machen sich der Jurist *Lübbert Rimberti* und Häuptling *Ulfert Fockena* im Auftrag Graf *Ennos* von Ostfriesland auf die Spurensuche nach dem Mörder seines Vertrauten.

■ *Wolf, Klaus-Peter:* Der im Ruhrpott geborene Wahl-Norder ist der Erfinder der erfolgreichen **Ostfriesland-Krimis,** die in 24 Sprachen übersetzt und mehr als zehn Millionen mal verkauft wurden. Seine Bücher erscheinen im Fischer Verlag, München. Zwölf Bände gibt es bereits, 2021 erschien der Titel „Ostfriesen-Zorn".

Magazine

■ *Land & Meer:* **Das Urlaubsmagazin für Deutschlands Norden,** Land & Meer Verlagsgesellschaft mbH, Hamburg. Das Magazin erscheint jährlich.

■ *Ostfriesland Magazin:* SKN Druck und Verlag, Norden, www.skn.info. Monatlich erscheinendes **Magazin über ganz Ostfriesland,** teilweise mit Sonderbeilagen zu bestimmten aktuellen Themen, auch über die Ostfriesischen Inseln.

■ *Ostfriesland Magazin:* **Aufbruch ins Unbekannte – Geschichten aus 30 Jahren Ostfriesland Magazin,** SKN Druck und Verlag, Norden, 2014. Das Buch entführt auf ein Leseabenteuer nach Ostfriesland.

Mundart/Traditionen/Brauchtum

■ *Oltmanns, Jutta:* **Wachters tüsken de Welten,** Quickborn-Verlag, Hamburg, 2017. Mehr als 70 Fotografien bereichern die Gedichte und Gedanken, für die Jutta Oltmanns 2016 mit dem Freudenthal-Preis für neue niederdeutsche Literatur ausgezeichnet wurde.

■ *Rodrian, Katrin:* **Moden un Maneren – Ostfrieslands Bräuche, Traditionen und Besonderheiten,** Ostfriesische Landschaft, Aurich, 2014. Die Gepflogenheiten der Ostfriesen in Wort und Bild von der Teetied bis zur Einholung des Pastors werden anschaulich erläutert.

Natur

■ *Ahlborn, Silke:* **Natur-Erlebnisbuch Nordsee (STRAND-Detektive),** Wachholtz Verlag, Kiel, 2016. Kinder ab sieben Jahren gehen mit diesem Buch auf Entdeckertour, mit dem sie im Watt, Wasser und Spülsaum, aber auch in den Dünen und Salzwiesen schnuppern, ausprobieren und experimentieren können.

■ *Haag, Holger:* **Was lebt an Strand und Küste?** Franckh-Kosmos Verlag, Stuttgart, 3. Aufl. 2018. Ein unterhaltsamer Naturführer mit 85 Bildtafeln und Erklärungen über heimische Tiere und Pflanzen für Kinder.

■ *Haag, Holger:* **Welcher Vogel ist das? Strand und Küste,** Franckh-Kosmos Verlag, Stuttgart, 2013. 78 der bekanntesten Vögel von Strand und Küste werden in diesem Naturführer vorgestellt, die typischen Merkmale und die hervorragenden Fotos machen das Bestimmen sehr einfach.

■ *Hamann, Cordula:* **Gärten in Ostfriesland,** Edition Temmen, Bremen, 2011. Vielfältige Gärten zwischen Wittmund, Aurich, Emden und Norden mit überraschenden und interessanten Fakten zu Pflanzen und Gartenkunst.

■ *Henning, Nina:* **Gärten und Grün in Ostfriesland – Hefte zur ostfriesischen Kulturgeschichte 7,** Ostfriesische Landschaft, Aurich, 2019. Ein geschichtlicher Streifzug durch Ostfrieslands Parks und Gärten.

■ *Janke, Klaus/Kremer, Bruno P.:* **Düne, Strand und Wattenmeer – Tiere und Pflanzen unserer Küsten,** Franckh-Kosmos Verlag, Stuttgart, 2018. Der Naturführer beantwortet die häufigsten Fragen zu 400 Arten, die an der Küste heimisch sind.

■ *Rudolph, Frank:* **Strandsteine – Sammeln und Bestimmen,** Wachholtz Verlag, Kiel, 16. Auflage 2016. Ideal für Steinesammler, denn mit diesem Buch lässt sich auch ohne Vorkenntnisse leicht nachvollziehen, welches Alter, Herkunft, Entstehung und Zusammensetzung die gemachten Strandfunde haben.

■ *Thiede, Walter:* **Wasservögel und Strandvögel – Arten der Küsten und Feuchtgebiete,** blv Verlag, München, 7. Aufl. 2012. Handlicher Führer als idealer Begleiter für naturkundliche Touren zur Bestimmung der Arten.

■ *Tierstimmen am Strand,* aus der Reihe **Kosmos-Naturführer,** Franckh-Kosmos Verlag, Stuttgart, 1. Aufl. 2017. Kleiner Naturführer mit CD und Bestimmungshilfe für 40 Tiere, die Stimmen lassen sich aufs Smartphone übertragen und unterwegs anhören.

■ *Wilhelmsen, Ute:* **Was lebt an Strand und Küste?** Franckh-Kosmos Verlag, Stuttgart, 2. Aufl. 2016. Schöner kleiner und handlicher Naturführer für Erwachsene, mit dem sich 142 der bekanntesten Tier- und Pflanzenarten leicht bestimmen lassen.

Unterhaltung

■ *Lüpkes, Sandra:* **Ostfriesland-Quiz,** Grupello Verlag, Düsseldorf, 2012. Das unterhaltsame Quiz stellt viele Fragen, die nur echte Ostfriesland-Kenner beantworten können.

Nützliche Apps und Websites

■ *Beachexplorer:* www.beachexplorer.org. **App,** mit der man seine Strandfunde melden oder selbst nach Unbekanntem suchen kann.

■ *Buienradar:* www.buienradar.nl. **Wetter-App** aus Holland mit sehr zuverlässigen Prognosen für Ostfriesland.

■ *Flora Incognita:* **App** der Technischen Universität Ilmenau, die beim Erkennen von Pflanzen sehr nützlich ist. Einfach Pflanze fotografieren und suchen lassen, die Infos kommen schnell und zuverlässig aufs Handy.

■ *NABU-Insektenwelt:* Nützliche **App zum Bestimmen von Insekten** wie Käfern und Wanzen, Schmetterlingen, Libellen und sonstigen Insekten.

■ *WeatherPro:* Eine sehr professionell gemachte **Bezahl-App,** die viele Details zum Wetter vermittelt.

■ *Windfinder:* www.windfinder.com. **Wetter-App** mit Gezeiten, beliebt vor allem bei Seglern.

■ *Zwitschern!:* Eine **App,** die zum Identifizieren von Vögeln hilfreich ist. Zum Hören und Suchen.

(UNSER TIPP!) Die Website **www.ostfriesland. de** hat unter dem Punkt Service jede Menge **Buchtipps** zusammengestellt, geordnet nach Krimis, Kochbüchern und weiteren Titeln.

Kleines Ostfriesland-Glossar

Deich: Schutzanlage entlang von Küsten und Flüssen, die das tief gelegene Hinterland vor dem Wasser der See schützt. Deiche wurden in der Vergangenheit auch zur Gewinnung von Neuland errichtet.

Delft: Künstlich angelegtes Gewässer, das in Emden so genannt wird.

Erdholländer: Ebenerdig gebaute Windmühle, die Flügelmechanik ist vom Erdboden aus zu bedienen.

Fehnkolonie: Siedlung im Moor, Papenburg ist die älteste und größte in Deutschland.

Fehnkultur: Kultivierung von Moorlandschaft, siehe auch Moorkultivierung. Fehn ist vom niederländischen Veen abgeleitet, das bedeutet Moor.

Friesen: Germanischer Volksstamm, der an der Nordseeküste, in den Niederlanden und Deutschland lebt.

Friesische Freiheit: In Ostfriesland konnte sich lange Zeit kein flächendeckendes Herrschaftssystem entwickeln. Während des Hochmittelalters verteidigten die Friesen ihre Freiheit gegen auswärtige Fürsten.

Galerieholländer: Hoch gebaute Windmühle, die Flügelmechanik wird von einer Galerie aus bedient.

Geest: Entstanden durch Sand- und Kiesablagerungen während der Eiszeiten. Sie liegt höher als das Marschland, der Boden ist aber wenig fruchtbar.

Gezeiten: Wasserbewegungen der Meere und Ozeane, die von der Anziehungskraft von Mond und Sonne ausgelöst werden. Das Ergebnis der Gezeiten sind Ebbe und Flut, also Hoch- und Niedrigwasser.

Granat: siehe *Nordseegarnele,* auch *Porre* oder *Nordseekrabbe* genannt.

Groden: siehe *Polder*

Häuptlinge, ostfriesische: So wurden die Herrscher oder Vorsitzenden von unabhängigen Ländereien und Herrlichkeiten genannt.

Häuptlingswesen, ostfriesisches: Das entwickelte sich im 14. Jh. aus der verfallenden Friesischen Freiheit und endete mit dem Aufstieg der Familie Cirksena, die ab 1464 als Grafen regierte.

Herrlichkeiten: Unabhängige Ländereien mit Burgen und später Schlössern.

Kaje: Ein Uferbauwerk, das Fahrwasser davor hat eine ausreichende Tiefe, um Schiffe anlegen zu lassen. Sie wird auch Kai oder Kaimauer genannt.

Kanal: Eine künstlich hergestellte Wasserstraße, aber auch natürliche Gewässer können kanalartig ausgebaut werden. Einige Kanäle in Ostfriesland werden durch die Gezeitenströme beeinflusst.

Kolk: Insbesondere bei Deichbrüchen entstanden in der Vergangenheit Strudellöcher im Marschboden. Diese Wasserlöcher können ziemlich tief sein und werden auch als Wehle bezeichnet.

Koog: siehe *Polder*

Krabbe: Krabben sind Kurzschwanzkrebse, in der Küchensprache wird der Begriff oft für die *Nordseegarnele* verwendet.

Lahnung: Uferschutzanlage im Uferbereich des Wattenmeers. Die Holzpflockreihen mit dazwischen gelagerten Sträuchern reduzieren die Wasserströmungen und sorgen für die Absetzung von Sediment, also Schwebteilchen.

Marschland: Nach der Eiszeit entstandenes Schwemmland an der Nordseeküste, es ist flach und fruchtbar und wird in der Regel landwirtschaftlich genutzt.

Moor: Feuchtgebiet mit charakteristischen Biotopen. Ständiger Wasserüberschuss hält den Boden sauerstoffarm, das verhindert den vollständigen Abbau von abgestorbenen Pflanzen. Wird dieser Boden getrocknet, entsteht Torf. Die großen Moorgebiete in Ostfrieslands Vergangenheit waren wegen ihrer schwammigen Böden unzugänglich und landwirtschaftlich nicht zu nutzen. Insbesondere Hochmoore waren wichtig für den Wasserhaushalt der Region, denn sie können große Niederschlagsmengen aufnehmen.

Moorkultivierung: Urbarmachung von Moorlandschaft durch Entwässerung und Torfabbau.

Mutte: Schiffstyp, kleinere Art der Tjalk mit abgerundeter Form des Vor- und Achterschiffs.

Nordseegarnele: Sie wird aufgrund ihrer langgestreckten Gestalt zu den Garnelen gerechnet und auch als *Granat, Porre* oder *Nordseekrabbe* bezeichnet.

Pogge: Schiffstyp, anderer Begriff für Mutte.

Polder: Landgewinnung durch Deichbau – nach der Eindeichung einer Fläche entsteht flaches Marschland, das entwässert werden muss. In einigen Bereichen wird es auch *Groden* genannt, in Nordfriesland *Koog.*

Porre: siehe *Nordseegarnele,* auch *Granat* oder *Nordseekrabbe* genannt.

Schloot: Auch *Sloot* genannt, es handelt sich um ein künstlich angelegtes Gewässer, also einen Wassergraben.

Schöpfwerk: Das Wasser des Binnenlands wird mit Maschinenkraft im Schöpfwerk in das Meer gepumpt.

Siel: Das ist ein verschließbarer Durchlass für Gewässer in Marschgebieten, wenn das mit Hilfe von Pumpen geschieht, siehe Schöpfwerk.

Sieltief: siehe *Sielzug*

Sielzug: Niederschlagswasser fließt durch den Sielzug zum Siel, siehe auch *Tief.*

Tide: Aus dem Niederdeutschen stammender Begriff für die Gezeiten.

Tidenhub: Höhenunterschied zwischen Hochwasser und Niedrigwasser.

Tief: Ein Fließgewässer, das in der Regel unter dem Meeresspiegel liegt, sprachlich ist es abgeleitet vom niederländischen Diep. Ein Tief dient der Entwässerung des Binnenlands.

Tjalk: Schiffstyp, einmastiges Plattbodenschiff mit Seitenschwertern für den Einsatz in flachen Gewässern wie dem Wattenmeer oder den Fehnkanälen. Der Mast war in der Regel umzulegen, die Seitenschwerter dienen der Kippstabilität auf dem Wasser.

Torf: So nennt man organisches Sediment, das sehr langsam in Mooren entsteht. Die Entstehung größerer Vorkommen dauert mehrere tausend Jahre. Torf wurde in der Vergangenheit als Brennstoff verwendet, heute wird er mit anderen Stoffen gemischt als Torferde im Gartenbau verwendet.

Torfabbau: In den vergangenen Jahrhunderten wurde Torf nach der Entwässerung durch Gräben und Kanäle von Menschenhand gestochen, im 20. Jahrhundert begann der industrielle Torfabbau in großem Stil.

Torferde: Hierbei handelt es sich um ein Kultursubstrat zur Düngung von Pflanzen, die saure Böden lieben. Wegen der Gewinnung durch den Torfabbau werden Moorlandschaften unwiederbringlich zerstört.

Torfmutte: Schiffstyp, siehe *Mutte*

Verlaat: Der Fachbegriff aus dem Wasserbau kommt aus der niederländischen Sprache, mit den Sperrtoren kann der Zufluss von Wasser reguliert werden, was wichtig für die Fehnkultur war.

Warft: Auch *Warf* oder *Wurt* genannt, es handelt sich um einen künstlich errichteten Hügel aus Erde auf flachem Marschland. Eine Warft bot Siedlungen oder Kirchen Schutz bei Sturmfluten, bevor Deiche ausreichende Sicherheit gaben.

Wehle: siehe *Kolk*

Wieke: Kanal in einer Fehnkolonie.

Wurt: siehe *Warft*

209ofl_mna

Sommerferien in Deutschland

Bundesland	2022	2023	2024
Baden-Württemberg	28.07.–10.09.	27.07.–09.09.	25.07.–08.09.
Bayern	01.08.–12.09.	31.07.–11.09.	28.07.–09.09.
Berlin	07.07.–19.08.	13.07.–25.08.	18.07.–01.09.
Brandenburg	07.07.–20.08.	13.07.–26.08.	18.07.–01.09.
Bremen	14.07.–24.08.	06.07.–16.08.	22.06.–04.08.
Hamburg	07.07.–17.08.	13.07.–23.08.	18.07.–28.08.
Hessen	25.07.–02.09.	24.07.–01.09.	13.07.–25.08.
Meckl.-Vorpommern	04.07.–13.08.	17.07.–26.08.	21.07.–01.09.
Niedersachsen	14.07.–24.08.	06.07.–16.08.	22.06.–04.08.
Nordrh.-Westfalen	27.06.–09.08.	22.06.–04.08.	07.07.–20.08.
Rheinland-Pfalz	25.07.–02.09.	24.07.–01.09.	14.07.–25.08.
Saarland	25.07.–02.09.	24.07.–01.09.	14.07.–25.08.
Sachsen	18.07.–26.08.	10.07.–18.08.	20.06.–31.07.
Sachsen-Anhalt	14.07.–24.08.	06.07.–16.08.	23.06.–04.08.
Schleswig-Holstein	04.07.–13.08.	17.07.–26.08.	21.07.–01.09.
Thüringen	18.07.–27.08.	10.07.–19.08.	20.06.–31.07.

10

Das ist
noch nicht alles!

Mehr Reise Know-How gibt es hier:

>> **www.reise-know-how.de** <<

@ ReiseKnowHow

@ reiseknowhowverlag

@ Reise_KnowHow

auf www.reise-know-how.de
für den Newsletter anmelden

Zugspitze, Foto: Aneta Niemitz

Landkarten | KulturSchock | Wanderführer | ReiseSplitter

URLAUB
in Großheide, Ostfriesland

Tourist-Info Großheide
Schloßstraße 10, 26532 Großheide
✉ urlaub@grossheide.de
☎ 04936 3179-326 / -320

Viele Informationen über
Großheide/Ostfriesland
finden Sie unter
www.grossheide.info

Register

Fotonachweis

- Fehnbuch (FB), S. 33
- Historisches Museum Aurich (HMA), S. 170, 423
- Wikimedia Commons (WC), S. 105, 335
- Wikimedia Commons, commons.wikimedia.org/wiki/File:Kaiser_Wilhelm-10959b_(Adolph_Behrens).jpg © Wehrgeschichtliches Ausbildungszentrum der Marineschule Mürwik (WCWA), S. 336
- Wikimedia Commons, commons.wikimedia.org/wiki/File:OstfrieslandAlteSocke.JPG © Frisia Orientalis (WCF), S. 431
- Leeraner Miniaturland (LM), S. 58
- Ostfriesland Tourismus GmbH (OT), www.ostfriesland.travel, S. 195, 434
- Ostfriesische Landschaft, S.166 (OLig, © Inga Graber), 389 (OL)
- Fehn- und Schifffahrtsmuseum Westrhauderfehn (FSW), S. 393, 397, 398
- Hayen Iggena (hi), S. 428
- Niedersächsischer Landesbetrieb für Wasserwirtschaft, Küsten- und Naturschutz (NLWKN), S. 414
- Ostfriesisches Landesmuseum Emden, (OLEeb), © Prof. Dr. Erhard Bühler, S. 417
- Friesischer Klootschießerverband (FKVwg), © Wilfried Gronewold, S. 433
- Kinka Tadsen (kt), S. 467
- Alle weiteren Fotos: Michael Narten (mna)

Danke

Ohne die Unterstützung vieler Helferinnen und Helfer kann kein guter Reiseführer entstehen. Deshalb möchten wir an dieser Stelle allen, die uns geholfen haben, ganz herzlich danken, denn so konnten wir gemeinsam ein Buch machen, das hoffentlich vielen Leserinnen und Lesern gefällt. Falls wir jemanden vergessen haben, so ist dies keine Absicht, sondern ein echtes Versehen, für das wir uns entschuldigen.

Wir danken allen Mitarbeitern der Tourist-Informationen in Ostfriesland und in Friesland, die so freundlich das Telefon abnehmen und alle Fragen der Autoren beantworten sowie *Wiebke Leverenz* für schöne Fotos; den Mitarbeitern der Ostfriesischen Landschaft, insbesondere *Anita Willers* und *Elke Brückmann* für Nachhilfe in Plattdütsk, *Katrin Rodrian* für Hintergrundwissen kulturhistorischer Themen und *Inga Graber* für unkonventionelle Bilderhilfe; *Diethelm Kranz* für „Bernie" und kompetente Unterstützung; *Dr. Rolf Bärenfänger* für ein ausführliches Gespräch über archäologische Funde; *Marcus Neumann* für ein Interview im Fehnmuseum; *Miriam Kulessa* und *Maike Lindemann* über Insights im südlichen Ostfriesland; *Jan-Christoph Kerski* für eine Exklusivführung durch das Leeraner Miniaturland; *Oliver Grensemann* und *Kevin Bökhof* für Wissenswertes über die Pünte; *Wolfgang Specker* über Navigationshilfe im Büchermeer; *Susanne* und *Henrike Kranz* für Tipps in Aurich; *Helga Kruse* und *Wilfried Gronewold* für schöne Schnappschüsse; *Dieter Anneken* für herrliche Torten, Suppen und tolle Tipps; *Jutta Oltmanns* und *Horst Rehmann* für plattdeutsche Texte; *Roland Dubberke* für Fototrips in Ostfriesland; *Micha Schulz* für viele gefahrene Kilometer in seinem „Kleinen" in Ostfriesland; dem *NLWKN-Team* im Wetterwarndienst des Niedersächsischen Landesbetriebs für Wasserwirtschaft, Küsten- und Naturschutz für Infos zu Tidenhüben an der niedersächsischen Nordseeküste; *Stefan Olbrich* vom Lütetsburger Schloss für eine Abbildung aus dem Hausbuch; *Julia* und *Ulrich Löhmann* für Infos zum Goldfiligranschmuck der Ostfriesen; *Hayen Iggena* und *Ottmar Dirksen* für Fotos vom Esenser Schützenfest; ohne Euch wäre das Buch nicht so gut, wie es geworden ist.

Die Autoren

Nicole Funck, geboren 1963 in Köln, studierte an der Ludwig-Maximilians-Universität in München und ist Expertin für Kommunikation und Marketing mit langjähriger Führungserfahrung in mittelständischen Unternehmen, vorwiegend aus dem technischen und touristischen Umfeld. Sie lebt und arbeitet im Großraum Hannover. Mit dem Schreiben vertraut, veröffentlichte sie viele Beiträge und war an zahlreichen Buchveröffentlichungen beteiligt. Ihr Reiseführer über die Mongolei, erschienen 2015 im Reise Know-How Verlag, wurde mit dem ITB BuchAward ausgezeichnet. Im gleichen Verlag veröffentlichte sie die mit *Michael Narten* verfassten Reiseführer über die Nordseeinseln Borkum, Helgoland, Amrum, Föhr und Juist sowie über die Nordseeküste Niedersachsens.

Michael Narten, geboren 1964 in Hannover, arbeitete viele Jahre als Art Director in Hannover und Hamburg. Heute ist er als Grafiker, Fotograf und Buchautor in Hannover tätig. In den vergangenen zehn Jahren war er an der Veröffentlichung zahlreicher Bücher beteiligt. Als Autor verfasste er mehrere Titel über die Stadtgeschichte Hannovers. Ein weiterer Schwerpunkt seiner Arbeit ist die Aufarbeitung von Firmengeschichten in Buchform. Zwei Bildbände über die Ostfriesischen Inseln und Ostfriesland sind im Hinstorff-Verlag erschienen, sechs Reiseführer über die Nordseeinseln Borkum, Helgoland, Amrum, Föhr und Juist sowie die Nordseeküste Niedersachsens im Reise Know-How-Verlag.

›› Schreiben Sie uns!

Wir hoffen, dass Ihnen dieser Reiseführer gefällt und er Ihnen ein guter Begleiter auf einer außerge-
wöhnlichen und spannenden Reise ist.

Weil ein Reiseführer von Erfahrungen lebt, sind wir an Ihren Erlebnissen interessiert: Haben Sie
in unserem Buch ein Restaurant entdeckt, das es nicht mehr gibt, eine Sehenswürdigkeit, die wir
noch nicht aufgeführt haben, oder eine falsche Adresse? Dann schreiben Sie uns! **Wir nehmen
jeden Hinweis und jede Kritik ernst und arbeiten kontinuierlich daran, die Bücher aktuell zu
halten und immer weiter zu verbessern.** Jede Mail wird gelesen und beantwortet. Auch wenn wir
nicht jeden Wunsch erfüllen können, machen wir uns immer Gedanken über Ihre Anmerkungen.

Schreiben Sie uns:
per Mail an info@reise-know-how.de oder an
Reise Know-How Verlag Peter Rump GmbH, Postfach 140666, 33626 Bielefeld

Wenn sich Ihre Infos direkt auf das Buch beziehen, würde uns die Angabe der Seitenzahl und der
Auflagenzahl bzw. des Erscheinungsjahres Ihrer Ausgabe die Arbeit sehr erleichtern. Besonders
hilfreiche Beiträge und Ergänzungen zu den Büchern belohnen wir mit einem Sprachführer Ihrer
Wahl aus der über 240 Bände umfassenden „Kauderwelsch"-Reihe.

Herzlichen Dank und gute Reisen
Ihr Reise Know-How Verlag